Lili Hahn
...bis alles in Scherben fällt
Tagebuchblätter



Literarischer Verlag Braun

Umschlaggestaltung: Peter Kaczmarek

Lili Hahn

# ...bis alles in Scherben fällt

## Tagebuchblätter

Literarischer Verlag Braun

CIP-Kurztitelaufnahme der Deutschen Bibliothek

Hahn, Lili

...bis alles in Scherben fällt
Tagebuchblätter – 1. Auflage
Köln: Braun 1979
ISBN 3-88-97-127-7


Druck- und Bindearbeiten:
Plambeck & Co Druck und Verlag GmbH, 4040 Neuss

# Vorwort

„bis alles in Scherben fällt“ sind Auszüge aus meinem Tagebuch, ein Tagebuch, das zu führen ich längst vor dem Dritten Reich begann und das schließlich mein einziger und letzter Vertrauter in einer Zeit der Vereinsamung wurde. Nicht veröffentlicht sind alle Eintragungen sehr persönlicher Natur und Dinge, die für den Leser von keinerlei Interesse sind. Die Personen, die in diesen Blättern erscheinen, sind unverfälscht und echt. Von einigen mußte ich die Namen ändern, da sie noch am Leben sein mögen oder Verwandte haben, denen ich Peinlichkeiten ersparen wollte.

Als das Dritte Reich ausbrach, war ich neunzehn Jahre alt, jung und formungsfähig. Ich gehörte zu jener Generation, für die der erste Weltkrieg geführt wurde – um ihr eine bessere Zukunft und einen dauerhaften Frieden zu sichern. Als das tausendjährige Reich und der zweite Weltkrieg zu Ende war – der ebenfalls für eine bessere Zukunft und einen dauerhaften Frieden geführt wurde – war ich einunddreißig. In den Ruinen, der Asche und dem Schutt lag meine Jugend begraben, all meine Träume und meine Gesundheit.

Einige Leute behaupten nun, ich sei zynisch – falls es zynisch ist, aus Erfahrungen zu lernen und für neue Eindrücke offen zu sein. Die Lehre, die mir im Dritten Reich zuteil wurde, war, skeptisch zu sein; skeptisch gegenüber dem, was in den Zeitungen steht; skeptisch gegenüber den Versprechungen von Politikern; skeptisch gegenüber allem, was eine Regierung ihrem Volk erzählt.

Entgegen dem Märchen, daß Waffen den Frieden garantieren, habe ich gelernt zu begreifen, daß, solange es Soldaten und Waffen gibt, Kriege sein werden.

Ich habe außerdem gelernt, daß Korruption und moralischer Verfall einer Nation nicht vom Grunde aufsteigt und den Gipfel einhüllt, sondern daß es den umgekehrten Weg geht. Der moralische und ethische Zerfall sikkert von der Spitze zum Boden wie ein giftiges Gas und betäubt die Massen. Da die Bevölkerung mehr oder weniger das Produkt ihrer Regierung ist, verloren die Deutschen völlig die Achtung für Menschenleben. Es wurde ihnen beigebracht, daß Juden, Polen, Zigeuner und Kommunisten Untermenschen sind und daß es absolut richtig ist, diese zu mißhandeln und umzubringen. Diese Einstellung führte zu der Schlußfolgerung, daß ein Menschenleben nicht zählt. Das Volk wurde einfach brutaler und zügelloser – die Erbschaft eines jeden Krieges.
Jedoch – ich will nicht jene Deutschen vergessen, deren Abstammung und politische Vergangenheit völlig intakt war, die aber genau so verfolgt wurden wie die Juden, denn sie ließen ihr Gewissen sprechen.
Nicht alle diese Deutschen wurden erfaßt und nur wenige von denen, die für ihre Überzeugung starben, wurden berühmt wie die Geschwister Scholl, Bürgermeister Gördeler, Graf Stauffenberg und wie sie alle hießen. In meiner Erinnerung aber leben sie fort. Und sie lehrten mich, daß keine Nation nur gut oder nur schlecht ist.

I

# Prolog

Der 30. Januar begann wie jeder gewöhnliche Tag. Am Nachmittag fuhr ich zur Redaktion und ungefähr eine Stunde nachdem ich dort war, hörten wir von der Straße das Ausrufen von Extra-Blättern, konnten aber nicht verstehen, was da unten geschrien wurde. Hoffmann, der gerade da war, rannte davon und kam atemlos mit einem Blatt zurück: „Adolf Hitler zum Reichskanzler ernannt." Hindenburg hatte unter dem Druck der Verhältnisse nachgeben müssen, da die Nazis die stärkste Partei darstellten.

Was sich dann innerhalb der nächsten Stunden abspielte, übersteigt alle Phantasie. Natürlich war unser einziges Telefon dauernd belegt. Wenn Langer nicht mit irgendeinem Nachrichtendienst sprach, riefen Leser an und führende Leute der Deutschnationalen Partei. Einige unserer Mitarbeiter erschienen sporadisch, schrieben rasch ein paar Situations- oder Stimmungsbilder und liefen wieder davon. In unserer sonst so stillen kleinen Redaktion ging es einfach chaotisch zu.

Und dann sahen wir in der Nachbarschaft die ersten Fahnen in den Fenstern erscheinen, kleine und große, Hakenkreuzfahnen und schwarz-weiß-rote. – Während einer Atempause ging ich hinunter, die wenigen Schritte zur Mainzer Landstraße. Wohin das Auge fiel, hingen Fahnen aus den Fenstern. Alles schien auf den Beinen zu sein. Überall sah man kleine Gruppen von SA-Leuten zusammenstehen mit Männern in Zivil. Lastwagen, in denen singende, rufende SA-Leute standen, rumpelten der Stadt zu, die Hakenkreuzfahnen im Fahrtenwind wehend, als ob sie winkten.

Langer entschloß sich, eine dünne Zwischenausgabe herauszuwerfen mit den wichtigsten Meldungen, die dann für die richtige Ausgabe mehr detailliert wurden. – Von der Straße ertönte mehr Singen und Rufen herauf.

Der Nachmittag verflog im Handumdrehen und die Drucker kamen mit mürrischen Gesichtern. Sie sind eingefleischte Kommunisten.
Es war lange nach Mitternacht als ich die Redaktion verließ. Trotz der späten Stunde schien niemand zu schlafen. Die Straßenbahn war besetzt wie am Tage: Vom Bahnhof an bis zur Hauptwache, die Zeil entlang war ein riesiger Fackelzug, der sich singend im Gleichschritt durch die Straßen bewegte. Der nachtschwarze Himmel war in rötlichen Rauch getaucht. Menschenmassen standen dicht gedrängt auf den Trottoirs, gestikulierend, rufend, winkend, die Marschierenden anfeuernd. Wo kein Fackelzug war, liefen die ordentlichen Frankfurter Bürger kreuz und quer über die Fahrbahn. Die Pausen zwischen den Marschliedern wurden mit „Sieg Heil"-Rufen gefüllt. Was da alles marschierte war die braun gekleidete SA, die SS in schwarzen Uniformen und Parteimitglieder in Zivil. Die Straßenbahn kam nur im Schneckentempo voran, bis wir das Stadtzentrum verließen.
Nun bin ich zu Hause, aber viel zu aufgewirbelt um zu schlafen. In meinen Ohren hallt noch immer der Schritt tausender genagelter Schaftstiefel auf dem Asphalt als Kontrapunkt zu den Liedern rauher Männerstimmen und selbst in unserem stillen Villenviertel hört man ein gelegentliches „Sieg Heil!" – Und das ist es, was zu dieser Stunde in allen großen und kleinen Städten Deutschlands geschieht.

19. Februar 1933

Vater, der mich ursprünglich in der ‚Post' unterbrachte, hatte mir vor längerer Zeit erklärt, daß ab 1. Januar auch das ‚Frankfurter Volksblatt' (die Frankfurter Nazi-Zeitung) meine Rundfunkbesprechungen drucken wollte.

Meine ganze Verbindung mit dem ,Volksblatt' bestand darin, daß ich einen Durchschlag meiner Besprechungen in ein Couvert und in den Briefkasten steckte. Ich muß gestehen, ich habe nicht einmal nachgesehen, ob sie mich überhaupt druckten.
Gestern rief mich nun das ,Volksblatt' an. Der neue Chefredakteur Norbert Bruchhäuser wollte mich sprechen. So bin ich heute Nachmittag zum ,Volksblatt' gegangen. Die allgemeine Begrüßung dort ist ,,Heil Hitler!", was mir absolut idiotisch vorkommt.
Bruchhäuser war sehr nett und sagte mir, daß wir da mit den Rundfunkbesprechungen etwas zu klären hätten. Als Beispiel zog er eine Rezension heran, die ich vor ein paar Tagen geschrieben hatte. Es handelte sich um eine Sendung von Klavierwerken für vier Hände, gespielt von Hans Rosbaud und Erich Itor Kahn, letzterer ein fest beim Funk engagierter Pianist. Ich betonte die hervorragende Technik und das perfekte Zusammenspiel der beiden Künstler und ließ mich über die tief empfundene musikalische Interpretation aus.
Bruchhäuser war etwas vorsichtig und machte es klar, daß er nicht meine Rezension als solche kritisieren wollte, aber – ich hätte doch schreiben sollen, daß die und die Arier das besser gemacht hätten. –
Erst habe ich geschluckt und dann tief Luft geholt und sagte mit liebenswürdigem Lächeln: ,,Nein, Herr Bruchhäuser, es tut mir leid, aber das hätte ich beim besten Willen nicht schreiben können!"
,,Wirklich nicht? Ja – dann glaube ich, wäre es besser, wenn Sie über diese Sendung gar nichts geschrieben hätten."
Ich kann nur hoffen, daß das, was ich heute erlebt habe, nicht ein Symbol ist für das, was die Zukunft bringt.

28. Februar 1933

Bruchhäuser rief vor einigen Tagen an. Nach der Begrüßung fragte er: „Sie haben sicherlich schon gesehen, daß Ihre Kritiken nicht mehr erschienen sind?"
„Nein."
„So? Ja – damit Sie sich nicht wundern, wollte ich Ihnen sagen, daß wir in Zukunft auf Ihre Mitarbeit verzichten müssen. Es tut mir leid ...", irgendwie blieb er stekken.
„O das macht nichts! Die ‚Frankfurter Post' druckt mich ja noch."

1. Mai 1933

Heute habe ich meinen 1. Mai erlebt. Dieser alte sozialistische 1. Mai ist nun zum „Nationalfeiertag der Arbeit" erhoben worden. Vom Pressedienst erhielten wir einen Berliner Aufmarschplan der zeigt, wie sogar in dieser Riesenstadt alles organisiert ist, sozusagen bis zum letzten Mann! Frankfurt stand dem natürlich nicht nach!
Jede Firma hatte ein Plakat mit ihrem Namen darauf, das jemand in der ersten Reihe trug und dahinter trat die ganze Gefolgschaft an. Es war Pflicht zu erscheinen.
Unser Treffpunkt war an der Ecke Mainzerlandstraße und Hohenzollern Anlage. So weit man sehen konnte, waren dicht gedrängte Menschenmassen und ich weiß, daß wir an unserem Aufmarschpunkt nur ein winziger Ausschnitt waren von dem, was nicht nur in Frankfurt, sondern in ganz Deutschland geschah.
In den Anlagen waren Kapellen aufgebaut, die Marschmusik spielten, und die Polizeipferde tänzelten im Rhythmus mit. Dicht gedrängt standen die Zuschauer

auf den Trottoirs. Sämtliche Häuser waren beflaggt. Die Sonne strahlte vom blauen Himmel und alles redete und lachte in freudiger Stimmung. Langer und ich lachten auch, aber aus einem anderem Grunde; es ist grotesk, daß sogar in dieser Unzahl von Menschen komische Figuren nicht untergehen. Vorne waren unsere Chefs mit Frauen aufgebaut: der kurze runde rosige Löbcke neben dem dünnen farblosen Hoffmann. Sie sahen aus wie Pat und Patachon.

Auf einmal verstummten die Massen. Das Deutschlandlied erklang und anschließend „Die Fahne hoch – –". Alles sang mit. Ich sah mir die Menschen an, von denen viele braune Uniform trugen. Sie waren mitgerissen, begeistert! Sie hatten wieder Arbeit, konnten wieder leben und für die Zukunft planen. Sie waren willens, ihrem Führer blind vertrauend zu folgen.

Der erste Redner der Partei erschien auf einer Tribüne. Der Lautsprecher in unserer Gegend funktionierte nicht. Langer beugte sich zu mir: „Komm, laß uns gehen!" Langsam schoben wir uns zum nächsten Trottoir und gingen zwischen den Zuschauern unter, um uns mit einiger Mühe die paar Schritte zum Cafè Exzelsior durchzuarbeiten.

Im oberen Stockwerk fanden wir einen freien Tisch. Langer fuhr sich mit der Hand über Stirn und Augen: „Das ist doch furchtbar, nicht?" und machte eine Geste zur Straße.

Langer, der mir schon seit einiger Zeit etwas vorgeklagt hatte, sagte mir, daß er sich nun endgültig entschlossen habe, die ‚Post' zu verlassen, die durch die Nazis bereits in finanzielle Schwierigkeiten geraten ist. Wie Langer sagt: „Wir sind ja nur ein spießiges Bourgeois-Blatt." – Bereits am 30. Januar hatte die NSDAP erklärt, daß es für jeden PG, der in Arbeit und Brot steht, ein M u ß ist, mindestens eine NS-Zeitung zu abonnieren und nach Möglichkeit zwei neue Leser zu werben. Langer beob-

achtete die Entwicklung bei der ‚Post' für eine Weile, sah aber keine Besserung – im Gegenteil – und will Mitte Mai nach Berlin gehen da er glaubt, dort bei weitem größere Chancen zu haben.
Es wurde allmählich Zeit, uns wieder mit unserem Betrieb zu vereinigen, denn wir hörten von der Straße die „Sieg Heil!" Rufe, die immer das Ende eines Aufmarsches bedeuten.
Langer wußte, in welchem Restaurant unsere Mai-Feier stattfand. Allgemeines Geschrei begrüßte uns, die wir „im Gedränge von den anderen getrennt worden" waren. – Drei Tische waren in Form eines Hufeisens zusammengestellt und da saß nun die ganze ‚Post'. Es gab Kartoffelsalat, Wurst und ungeheure Mengen Bier.
Zum Glück kam auch dieses gesellige Beisammensein in leicht angetrunkenem Zustand zu einem Ende.

15. Mai 1933

Gestern war Langers letzter Tag in der ‚Post'.
Zu meinen neuen Pflichten gehört es nun, morgens um neun Uhr auf dem Polizeipräsidum zu sein bei einem Kriminalassistenten Gabbusch, der uns über Frankfurts Moritaten berichtet: Größere Einbrüche, Geldschrankknacker, schwere Verkehrsunfälle und ganz gelegentlich einmal ein Mord. Eine halbe Stunde wird selten überschritten, doch geht es während dieser Zeit ganz lebhaft zu mit Witzen und Gelächter, deren Zielscheibe oftmals Gabbusch ist, was er aber mit gutem Humor nimmt. Er hat die komische Angewohnheit, beinahe jeden Satz mit „ne ne ne" zu enden, was anscheinend für „nicht" steht. Zum Beispiel: „Sehen Sie, das ist so, nenene ne." Wir haben uns das schon alle angewöhnt.

20. Juni 1933

Wir (die Frankfurter Presse) waren zu einer Pressekonferenz zum Rundfunk eingeladen, um nachmittags um drei Uhr den Herrn Reichssendeleiter Eugen Hadamowsky zu begrüßen – oder er uns.
Anscheinend dachten die hohen Herren der ‚Post', daß es einen bessere Eindruck macht, wenn ich nicht alleine gehe. So hatte ich als Staffage Herrn Hoffmann als Begleitung. – Wir wurden in den großen Konferenzraum im Funkhaus geführt. Da steht nur ein riesig langer Tisch darin von Stühlen umgeben.
Um drei Uhr war alles von der Presse versammelt. Normalerweise sind die Nazis sehr pünktlich, aber heute klappte irgendetwas nicht. Wir fingen an, uns miteinander zu unterhalten. Hoffmann, der hier völlig deplaciert war, tat das Beste was er tun konnte – er schwieg.
Irgendein Parteibonze kam, entschuldigte Hadamowsky, der unterwegs angehalten worden sei und daher verspätet. Ein guter Geist erschien und stellte silberne Kästen mit Zigaretten, Zigarren und Aschenbecher auf den Tisch. Einige von uns blieben sitzen, andere gingen vor die Türe um etwas frische Luft zu schnappen.
Die erste Stunde des Wartens war vorüber. Der Parteibonze erschien erneut. Tausend Entschuldigungen. Der Herr Reichssendeleiter sei nicht mehr weit von Frankfurt; er müsse in etwa einer halben Stunde hier sein. – Langsam versammelte sich alles wieder. Hoffmann fragte mich flüsternd, wer dieser oder jener sei. Wir rauchten und sprachen, bis nach insgesamt beinahe zwei Stunden die Nachricht kam: Herr Reichssendeleiter Hadamowsky ist hier. Er wird in wenigen Minuten mit uns sein.
Plötzlich betraten zwei hohe Parteifunktionäre den Raum. Man erkennt das an dem Gold, das sie an ihren

brauen Uniformen haben. Einer war von der Entourage Hadamowskys, der andere unser Gau-Propagandaleiter Müller-Scheld.
Müller-Scheld überblickte den Tisch mit den vollen Aschenbechern und sah uns an. Er ist ein gut aussehender Mann, aber jetzt war sein Gesicht vor Wut verzerrt. Er begrüßte uns kurz und kalt und legte los: daß in Zukunft, wenn hohe Würdenträger der Partei kämen, die Presse die Chefredakteure zu schicken hätte und nicht die dritte oder vierte Garnitur! Er erwarte mehr Respekt bei derartigen Ereignissen. Und wie wir überhaupt da herumsäßen und rauchten. Das sei ja einfach unerhört! Im übrigen verlange er, daß die Presse in Zukunft Buchbesprechungen, die über den Rundfunk gehen und sich mit Büchern von Parteigenossen befassen, anhört und in aller Einzelheit berichtet. Anschließend an die Ansprache des Herrn Reichssendeleiters fände eine derartige Buchbesprechung statt. Wir könnten also gleich hierbleiben und mithören.
Hoffmann rutschte etwas ungemütlich auf seinem Stuhl hin und her, während er auf meinen Stenogrammblock schielte. Hadamowskys Begleitmann fühlte sich offensichtlich nicht wohl in seiner Haut. Einige Kollegen hatten völlig ausdruckslose Gesichter, andere sahen aus als ob sie im nächsten Moment explodierten. Und dann kam Hadamowsky in Person. Ahnungslos über das, was vorangegangen war, begrüßte er uns jovial und liebenswürdig. Es war klar, daß er uns gewinnen wollte.
Er sprach über die Bedeutung des Rundfunks und der Presse. Liebe Zeit – dafür hätte der Mann wirklich nicht extra nach Berlin kommen müssen! Nach Beendigung seiner Rede sagte er „Heil Hitler!“, fragte, ob wir noch irgendetwas zu erörtern wünschten? (Nein, wir wollten zurück zu unseren Redaktionen, nachdem wir schon so viel Zeit vergeudet hatten!) Einige Hasenherzen standen

etwas unschlüssig herum wegen der nachfolgenden Buchbesprechung. Doch der goldbetreßte Begleiter Hadamowskys erschien als rettender Engel und drückte jedem von uns einen Waschzettel in die Hand.
Wir gingen.
Hoffmann lief mit mir die Eschersheimerlandstraße entlang Richtung Turm. Ich bemerkte, wie er mich verschiedentlich ansah und einige Anläufe nahm.
Auf einmal platzte er heraus: „Was halten Sie denn davon?"
„Wovon?"
„Was Müller-Scheld gesagt hat?"
„Ach so. Ich glaube, er ist zu weit gegangen."
„Meinen Sie?"
„Ja."
„Ich habe gesehen, Sie haben mitstenographiert."
„Ja."
„Aber das können Sie doch nicht bringen!"
„Warum nicht?"
„Das geht doch nicht!"
„Wieso? Wir haben es doch im Wortlaut."
„Ja aber – –"
„Was aber? Herr Hoffmann – wir waren zu einer Pressekonferenz geladen, nicht? Und normalerweise wird das getan um der Presse mitzuteilen, was sie veröffentlichen soll."
„Meinen Sie wirklich?"
„Ja. Ich meine wirklich. Und wir werden Herrn Müller-Scheld wortgetreu drucken."
Vor uns watschelte meine Kollegin Tilly von Waldesheim, alle zwei- oder dreihundert Pfund von ihr. Obwohl Herr Hoffmann sehr aufgeregt war über mein Vorhaben, beobachtete ich, wie er völlig fassungslos auf sie starrte. Und dann brach es aus ihm hervor: „Die Frau möchte ich mal nackt sehen!"
Ich lachte schallend.

Am nächsten Morgen erschien die ,Frankfurter Post' als einzige Zeitung, die nicht nur die Tirade Müller-Scheld erwähnte, sondern sie sogar teilweise im Wortlaut brachte.
Als ich am Nachmittag auf die Redaktion kam, begrüßte mich ein strahlender Löbcke. Die ,Frankfurter Zeitung' hätte angerufen. Sie hätten gehört, wir hätten die Müller-Scheld Geschichte gebracht. Sie wollten wissen, ob das wahr sei? Dann möchten wir ihnen doch bitte zwei Exemplare schicken. Herr Müller-Scheld sei nämlich für einige Zeit in Urlaub gefahren.

29. Juni 1933

Das erste Mal, daß ich Karl X begegnete, war bei einer politischen Veranstaltung, die er als Vertreter der F. Z. wahrnahm. Von da ab kreuzten sich unsere Wege öfter und die große Gestalt, die mit schnellen langen Schritten in einem dunklen offenen fliegenden Mantel heraneilte, wurde für mich ein vertrautes Bild. Sah ich ihn einmal nicht, war ich irgendwie enttäuscht.
Nach einer Weile begann er, von mir Notiz zu nehmen und unsere Blicke trafen sich immer öfter. Magnetisch wurden wir zueinander gezogen und nun ist er zu einem wichtigen – vielleicht dem wichtigsten Bestandteil meines Lebens geworden.
Nun hat er mein Leben in praktischer Hinsicht etwas erleichtert. Er veranlaßte Günther Rund, den Polizeireporter, mich morgens abzuholen. Günther steht nun jeden Morgen pünktlich mit seinem Motorrad vor unserem Haus. Zwischen Günther und mir hat sich dabei ein nettes kameradschaftliches Verhältnis entwickelt – obwohl er mich kürzlich sozusagen vor die Füße des Verkehrsschupos am Opernplatz setzte. Er tat es aber sehr sanft und sogar der Schupo mußte lachen. Im übrigen

verhält er sich wie manche andere Kollegen, die mir wohlwollen und wissen, unter welch fragwürdigen Verhältnissen ich meine journalistische Erfahrung und Erziehung empfange und mir helfen wennimmer ich einen Bock mache – und ich mache deren sicher mehr als mir bewußt ist.

Gestern morgen, als wir zum Präsidium kamen, ließ Günther mir wie üblich den Vortritt in Gabbuschs Büro.

Ich sagte laut und freundlich: „Guten Morgen!"

„Heil Hitler! heißt das nene ne", sagte Gabbusch.

Ich fing an zu grinsen, worauf Gabbusch fragte, ob ich das vielleicht komisch fände?

„Aber nein! Was denken Sie Herr Gabbusch? Entschuldigen Sie – es hat gar nichts mit Ihnen zu tun?"

„Dann vielleicht mit dem Deutschen Gruß?"

Ich fühlte die Augen der Nazireporter auf mir, warf Günther einen Blick zu und sagte: „Na schön, Herr Gabbusch – eigentlich wollte ich Herrn Runds motorisierte Ehre retten. Er hat mich nämlich vorhin auf dem Weg hierher auf die Straße gesetzt. Und da das sehr komisch war, mußte ich eben noch lachen."

Ein Aufatmen ging durch den Raum und dann Gelächter und Fragen: Wie – wo – wieso?

Als wir gingen, noch auf der Treppe im Präsidium, fing Günther an, mich zu maßregeln: „Hör' mal Lili, da gibt es nichts zu lachen! Du hast alles, was mit den Nazis zu tun hat, tierisch ernst zu nehmen. Wenn mich zum Beispiel jemand fragt, ob ich schon diesen oder jenen politischen Witz gehört hätte, sage ich ‚nein'. Ich kenne einfach keine Naziwitze! Du mußt immer damit rechnen, daß Dich jemand reinlegen will."

14. August 1933

Ich bin avanciert! Langers Nachfolger will, daß ich in Zukunft mehr Symphoniekonzerte und dergleichen wahrnehme und da er sich nicht für kompetent hält auf dem Gebiete der Kunst, soll ich vom 1. Oktober ab für das Feuilleton verantwortlich zeichnen.
Eigentlich wäre das ein Grund zur Freude – wenn ich nicht ständig dieses unbestimmte Gefühl der Unsicherheit hätte, das sich wie eine dumpfe Vorahnung über mein Leben breitet, ein Schatten, der alle hellen Töne der Freunde dämpft.

19. Oktober 1933

Zum erstenmal, seit ich Karl kenne, rief ich ihn an, um sicher zu gehen, daß er am Abend ins Café Hauptwache kommt. Er sagte, ich solle auf jeden Fall auf ihn warten.
Es ging auf Mitternacht zu, als er kam. Wohlmeinende Kollegen hatten mich zwar gewarnt, daß Karl trinkt, doch hatte ich ihn bisher nur in animiertem Zustand erlebt. Diesmal war er schwer angeschlagen. Er mußte mehr als reichlich getrunken haben, bevor wir uns trafen, war aber nicht in high spirits, sondern niedergeschlagen.
„Was ist es?" fragte er.
„Das Schriftleitergesetz."
„Ja – das ist grau-en-haft! Bist du dir darüber in vollem Umfange klar?"
„Ja."
„Hast du eigentlich einen Presse-Ausweis? Ich meine nicht den von der ‚Post' sondern vom Landesverband."
Ich nickte.

„Dann werde mal im Augenblick nicht nervös. Es dauert sowieso einige Monate, bis so ein Gesetz in Kraft tritt. Inzwischen werde ich mit Dörenfeld sprechen, und wir werden schon etwas ausknobeln.“

24. November 1933

Vater macht täglich seine Runde durch die Krankensäle, seine Assistenzärzte im Gefolge.
Neulich bei der großen Chef-Visite hatte sein Oberarzt, Dr. Kunz, unter dem weißen Ärztemantel die SA-Uniform getragen, einschließlich Schaftstiefel. Nicht nur das – er hatte den Kittel weit offen, damit jeder sehen konnte was darunter war. – Nach der Visite nahm Vater ihn beiseite und sagte ihm in netter Form, daß er sich doch bitte für die Visite umziehen möchte, da er, Vater, nach wie vor die Politik aus dem Krankenhaus halten wollte. Kunz fuhr hoch und erklärte, daß er nachher „Bereitschaftsdienst“ habe und daher keine Zeit zum Umziehen. Vater, der leider immer noch eine Schwäche für die Nazis hat, blieb weiterhin freundlich und muß ihm in väterlicher Weise erwidert haben: „Dann entschuldigen Sie sich eben in einem solchen Falle von der Visite, Kollege“, woraufhin Kunz in einer leicht drohenden Form erklärte, daß er diesen Vorfall natürlich seinem Standartenführer werde melden müssen. Wie es das Verhängnis will, ist besagter Standartenführer Bekkerle zur Zeit Frankfurts Polizeipräsident.
Vater war nach diesem Rencontre völlig vor den Kopf geschlagen. Er konnte es einfach nicht begreifen, daß er nun, da er seinem alten Prinzip treu blieb, in ernstliche Schwierigkeiten geraten sollte. Aber es war auch die bittere menschliche Enttäuschung, die weh tat. „Mit ausgefransten Hosen und halb verhungert ist der Kerl herumgelaufen, als ich ihn als Assistenzarzt engagiert habe.

Jetzt ist er gut angezogen, herausgefressen und knattert auf einem schweren Motorrad durch die Gegend – dieser heimtückische Charakter!"
Ich hätte heulen können! Vater tat mir in der Seele leid – aber was kann man in einem solchen Falle sagen?
Unser rettender Engel war Karl. Er kennt Beckerle noch aus der Zeit von vor dem Dritten Reich, als jener Kriminalrat war. Karl hat irgendwie die Gabe mit Menschen umzugehen, daß sie ihn mögen – sogar wenn sie politisch völlig konträr zu ihm stehen. Was er Beckerle erzählte, weiß ich nicht. Mir sagte er nur, daß die Angelegenheit bereinigt sei; Vater habe im Augenblick nichts zu befürchten, aber er soll doch um Himmels willen vorsichtiger werden.

28. Januar 1934

Am 20. Januar war eine Versammlung des Landesverbandes Rhein-Main im Reichsverband der Deutschen Presse. Nach dem üblichen jährlichen Geschäftsbericht wies der Landesverbandsvorsitzende, Otto Dörenfeld, auf das neue Schriftleitergesetz hin und auf den damit verbundenen Ariernachweis, der rückwirkend vom 1. Januar 1800 erbracht werden muß. Ich muß gestehen, daß ich keine Ahnung habe, was noch gesagt wurde, denn als Dörenfeld sagte „1. Januar 1800" war mir klar, daß mein Schicksal besiegelt ist. So lange es sich nur um einen jüdischen Großvater handelte, waren noch Möglichkeiten und schüchterne Hoffnungen vorhanden. Mit diesem Datum aber komme ich bei den Großeltern an, was bedeutet, daß ich über eineinhalb jüdische Großeltern verfüge, denn nun stellt sich auf einmal heraus, daß der rein arische Generalleutnant von Kusserow das rein jüdische Frl. Oppenheim geheiratet hatte.
Als wir die Versammlung verließen, sah mich Karl.

Auf der Straße hakte er mich unter, während seine Fingerspitzen über meinen Handrücken strichen: „Nun laß' mal den Mut nicht sinken, Liebes. Wir werden schon irgend einen Dreh finden, um für dich eine Befreiung zu erwirken. Wir haben ja noch beinahe ein Jahr Zeit."

„Ja Karl – nur – – es ist hoffnungslos! Ich hatte nie weiter gedacht als bis zu meinem Großvater. Aber da wir bis 1800 zurückgehen, kommt heraus, daß besagter Großvater eine Halbjüdin geheiratet hat."

„Hmmmmm-"

„Ich weiß –. Vielleicht wäre die letzte Chanc, daß Onkel Heinz mich in die F. Z. nimmt, bis die Entscheidung endgültig ist."

„Wer?" fragte Karl.

„Onkel Heinz. Ach so – H. S. Er ist Mutters Cousin."

„Und das hast du mir nie gesagt?"

„Wozu? Ich kenne ihn kaum. Meine Eltern haben aus politischen Gründen von der Verwandtschaft nie viel Gebrauch gemacht."

Ich kam gerade rechtzeitig zum Mittagessen nach Hause. Mit unweigerlichem Instinkt fühlte Mutter, daß irgendetwas nicht in Ordnung war. Mit der ihr eigenen Hartnäckigkeit fragte und fragte sie so lange, bis ich schließlich antwortete.

Da platzte die Bombe. Während Vater die Neuigkeit mit einer gewissen Ruhe hinnahm, anscheinend immer noch in der Überzeugung, daß sich diese Kinderkrankheiten bis zum Jahresende auswachsen würden, war Mutter voller Empörung. Sie sei in einem christlichen Elternhaus aufgewachsen. Ihr Vater sei bereits als ganz junger Mensch getauft worden und habe eine Christin geheiratet, denn die Großmutter Oppenheim habe sich taufen lassen bevor sie den Großvater von Kusserow geheiratet habe und ... und ... und.

Sie begreift einfach nicht – oder will nicht begreifen, daß es bei Hitler nicht um Fragen der Religion geht, sondern lediglich um Rasse.
Vater zog sich während dieser ebenso endlosen wie altvertrauten Tirade zurück, um sein Mittagsschläfchen zu halten. Mutter aber fuhr fort mir zu beweisen, daß sie nichts mit den Juden zu tun habe – bis mir schließlich die Geduld riß. Unbarmherzig sagte ich: „Weißt du was ich wünschte? Daß die Juden farbig wären. Dann wüßtest du wenigstens, wo du hingehörst!"

11. Februar 1934

Mein Leben wird zusätzlich dadurch kompliziert, daß die ‚Post' in immer größere finanzielle Schwierigkeiten gerät. Herr Schätzlein ist nicht mehr da, und Herr Löbcke hat dessen Arbeit übernommen. Anscheinend hatte Schätzlein wenigstens dafür gesorgt, daß das Geld gerecht verteilt wurde. Nun aber kommen Löbcke und Hoffmann erst. Dann sind die Drucker dran, ohne die ja der Betrieb stillstünde. Der Rest wird unregelmäßig aufgeteilt zwischen der jungen Buchhalterin, dem Chefredakteur und mir. Wir erhalten aber nicht mehr, wie noch Ende letzten Jahres, am Monatsende unser Gehalt, sondern über den ganzen Monat verteilt auf Stottern, und selbst das nicht mehr in voller Höhe. Wenn Hoffmann eine größere Inseratenserie hereinbringt – er hat sich offenbar mit dem Werbeleiter von Tietz angefreundet – erscheinen kurz darauf Frau Löbcke und Frau Hoffmann. – Da ich ja noch ein Dach über dem Kopfe habe und an einen gedeckten Tisch zurückkehren kann, ist das für mich keine solche Katastrophe. Für den Chefredakteur ist die Situation peinlicher. Er wohnt als „möblierter Herr" bei einer Witwe und scheint seine Miete damit zu bezahlen, daß er ihrem Söhnchen Stunden gibt und die Schulaufgaben beaufsichtigt. Auf die Dauer aber kann es für keinen von uns weitergehen.

23. März 1934

Heute hatte ich eine etwas unfreundliche Auseinandersetzung mit Löbcke. Seit Wochen bekam ich kein Gehalt mehr ausgezahlt. Gelegentlich gab er mir mal acht oder zwölf Mark.
Schließlich mußte ich ihm sagen: „Es tut mir leid, Herr Löbcke, aber unter diesen Umständen kann ich nicht weiterarbeiten. Mit dem bißchen Geld kann ich gerade die Straßenbahn bezahlen aber nicht alle möglichen Veranstaltungen wahrnehmen, wenn ich die Taxis aus meiner eigenen Tasche finanzieren muß."
Löbcke war für einen Moment starr. Dann antwortete er mit hämischer Stimme, die immer lauter wurde: „Fräulein Schröder, wenn es Ihnen hier nicht paßt, können Sie zu einer anderen Zeitung gehen", und er machte eine Pause und dehnte die Worte: „– Wenn Sie eine nimmt in Ihrer Situation."
„Machen Sie sich mal um mich keine Sorgen, Herr Löbcke. Wie die Dinge stehen, schulden Sie mir jetzt 600 Mark. Vielleicht erzählen Sie mir lieber, wie Sie das regeln wollen?"
Löbckes rosiges Gesicht wurde um eine Schattierung dunkler als er anfing zu lachen, wobei sein runder Bauch hüpfte: „600 Mark? Ja –", er lachte immer mehr: „da müssen Sie zusehen, wie Sie sich die holen!"
„Ganz wie Sie wünschen, Herr Löbcke!" Ich machte eine Kunstpause, um ihm die Chance zu geben einzulenken. Als er aber weiterhin nur lachte, fügte ich hinzu: „Dann auf Wiedersehen beim Arbeitsgericht."
Meine erste Unterhaltung nach dem Verlassen der ‚Post' war natürlich mit Karl. Solange ich keine endgül-

tige Zulassung zur Schriftleiterliste habe, sieht die Situation nicht sehr vielversprechend aus. Karl meinte, ich solle eine Woche Ferien nehmen und in der Zwischenzeit wollte er noch einmal mit Dörenfeld sprechen.

15. April 1934

Ich verbrachte zwei mit Sonne und Ruhe gefüllte Wochen auf Tante Annemaries Gut am Simsee. Sie, die Schwester von Onkel Heinz, sieht die Entwicklung mit nüchterner Klarheit und bei ihr fand ich das Verständnis, das Mutter so völlig abgeht.

Der lange Arm meines Elternhauses streckte sich jedoch selbst in diesem idyllischen Fleckchen Erde nach mir aus, um einen dunklen Schatten über mich zu werfen.

Da Vater so beschäftigt ist mit Krankenhaus, Privatpraxis, Reichsversicherung, Schwesternkursen etc., bleibt uns nicht viel Zeit, uns miteinander zu unterhalten. Um so erstaunter war ich, einen ausführlichen Brief von ihm zu erhalten. Der Inhalt erstaunte mich jedoch bei weitem mehr als die Tatsache an und für sich und ich mußte den Brief zweimal lesen – um ihn dann immer noch nicht begriffen zu haben. Vater sorgt sich um mich. Nicht um meine verkorkste Zukunft, die er noch immer als unerfreuliches Zwischenspiel betrachtet, sondern um meine persönliche Haltung. Er versteht, wie er mir schreibt, daß ich aus Trotz in die Opposition getrieben werde, was ja mit Rücksicht auf meine Jugend begreiflich ist. Ich solle aber nicht ins Extrem verfallen, denn die Nazis haben in vielem recht, wenn sie auch im Augenblick übertreiben. So traurig es für Tante Annemarie sein möge, daß Onkel Heinz Deutschland verlassen müsse, so verkörpere er doch gerade diesen intellektuellen Typ des Juden, der so absolut zersetzend sei und

zerstörerisch wirke. Onkel Heinz hat sich praktisch ganz allein in diese prekäre Lage gebracht. – Der Brief fing an, sich in spezifischen Ablehnungen jüdischer Sitten und Gebräuche zu ergehen.
Hat Vater, der in wissenschaftlichen Fragen so scharf und logisch denkt, sich von Mutter mit ihrem Christentum auch schon benebeln lassen? Wie kann er, der mit einer Jüdin verheiratet ist, dies schreiben? Hakt denn bei der Politik der Verstand aus? Er sprach immer mit Hochachtung und Verehrung von seinem jüdischen Lehrer, Prof. Lichtlein in Königsberg. Sollte er ihn vergessen haben? – Ich bin völlig vor den Kopf geschlagen und frage mich nun, was man von den Durchschnitts-„Volksgenossen" erwarten darf, wenn ein Mann wie Vater mit Bildung, Kultur und Intelligenz schon solch gefährlichen Unsinn von sich gibt.

23. April 1934

Nun ist meine Ferienzeit um. Ich fing an, mich nach einer neuen Position umzusehen. Da ich auf allen Redaktionen Kollegen habe, mit denen ich oft zu tun hatte, bedurfte ich keiner besonderen Einführung. Doch jede Unterhaltung endete mit der Frage:
„Sind Sie schon in die Schriftleiterliste eingetragen?"
„Nein. Ich habe nur eine vorläufige Zulassung."
„Das tut mir leid, Fräulein Schröder. Wir könnten wirklich eine Mitarbeiterin wie Sie gebrauchen. Kommen Sie doch bitte wieder sobald Sie Ihre endgültige Zulassung haben."
Sogar bei der ‚Neuen Zeitung', dem Ableger der F. Z., die im gleichen Gebäude ist, ging es mir nicht besser, denn Onkel Heinz sitzt sozusagen auf gepackten Koffern, bereit, jeden Tag Deutschland zu verlassen. Er kommt schon nicht mehr auf die Redaktion.

1. Mai 1934

Wir haben einen Frühling wie ich mich dessen nicht erinnern kann. Alles steht bereits in voller Blüte und gestern saß ich um Mitternacht noch mit Freunden in einem Gartenlokal – so warm ist es. Die Natur bemüht sich offenbar einen Ausgleich zu schaffen gegen die Unbarmherzigkeit der Menschen.
Am 24. April war mein Termin vor dem Arbeitsgericht, der kurz und überraschend verlief. Während ich einige Zeitungsausschnitte vorlegte aus der Zeit, in der ich kein Geld mehr bekommen hatte und das Insignium zeigte, in dem mein Name neben dem Feuilleton erscheint, konnte Löbcke keine Quittungen nachweisen.
Der Richter wollte ihn gerade verurteilen, mir die fraglichen 600 Mark zu zahlen, als Löbcke plötzlich seine Sprache fand: „Wissen Sie, Herr Richter – ich hab' sie ja eigentlich nur aus Mitleid beschäftigt."
Der Richter sah Löbcke fragend an, der ein bißchen herumdruckste und dann verlegen hinzufügte: „Da ist nämlich etwas mit dem Stammbaum nicht in Ordnung."
Der Richter donnerte mit Todesverachtung: „Wollen Sie mir vielleicht auch noch erzählen, daß Sie sie aus Mitleid für das Feuilleton haben verantwortlich zeichnen lassen?!"

3. Juni 1934

Eine alte Freundschaft zerbrach. – Vor ein paar Tagen hatten wir unseren Kammermusikabend mit Gräbers. Nach dem Musizieren kam die übliche gesellige Stunde, die den Abend mit Tee-mit-Rum beendete.
Die Unterhaltung drehte sich im Anfang um die neuen

literarischen Erscheinungen in der Buchwelt und wandte sich dann musikalischen Ereignissen zu. Frau Rapp erzählte, daß Klemperer einen solch scheußlichen Unfall gehabt habe.
Irgend jemand fragte: „Was ist denn geschehen?"
„Er ist beim Dirigieren rücklings vom Podium gestürzt."
Während wir unsere Kommentare des Bedauerns gaben, rief Frau Gräber aus: „Ich wünschte, er hätte sich das Genick gebrochen!"
Einen Augenblick herrschte konsterniertes Schweigen; dann fragte jemand vollkommen entgeistert: „Aber – warum?!"
Und Frau Gräber antwortete: „Weil er ein Judd ist!"
In die betretene Stille klang Mutters vor Erregung gepreßte Stimme: „Sie scheinen nicht zu wissen, daß mein geliebter Vater auch ein Jude war!"
Frau Gräber, nun sichtlich verlegen, machte Ausflüchte, daß sie das ja nicht persönlich gemeint habe – während Mutter mit hochrotem Kopf aufstand, die Tränen zurückkämpfend, das Zimmer verließ.
Was für eine Ironie – daß Frau Gräber mit einem Satz erreichte, was ich mit so vielen Worten vergeblich Mutter zu erklären versuchte. Zum erstenmal durchrang es Mutters Oberfläche, daß sie – obwohl Christin – auch betroffen ist. – Wie lange aber wird diese Erkenntnis anhalten?

5. Juli 1934

Mir schwirrt der Kopf! In meinem Gehirn geht es zu wie in einem Theater, in dem eine Panik ausgebrochen ist. Meine Gedanken fallen über- und durcheinander wie die Menschen, die verzweifelt um den Ausgang

kämpfen. Ich habe Schwierigkeiten, meine Gedanken in verständliche Worte und Sätze zu ordnen.
So weit ich es beurteilen kann, scheint die Folge einer „gelenkten“ Presse zu sein, daß Gerüchte und Spekulationen wild ins Kraut schießen. Ganz Deutschland spricht über Röhm und den „Röhm-Putsch“.
Stabschef Röhm hatte in Wiessee im Hotel Hanselbazar sein Stabsquartier und feierte dort angeblich wilde Orgien mit seinen ‚Lustknaben‘. Unser Führer hatte davon Wind bekommen und überraschte ihn und seine Freunde inmitten einer solchen Orgie. – So lautete die offizielle Version.
Mutter war voller sittlicher Entrüstung über „diese Zustände“; es war einfach unerhört! Und wie schrecklich für Hitler (den Ritterlichen), so etwas mit einem Menschen zu erleben, auf den er sich so verlassen hatte!
Vater hingegen strahlte: „Siehst du, nun wird alles in normale Bahnen gelenkt werden. Hitler greift selbst durch, wenn er derartige Mißstände entdeckt. Es ist nur ganz natürlich, daß sich in einer solchen Bewegung Rivalitätskämpfe abspielen. Das gehört auch zu den Kinderkrankheiten einer Revolution. Eben Papen hat angedeutet, daß der Wendepunkt kommen muß.

29. Juli 1934

Trotz all des politischen Tohuwabohus geht das Leben zu Hause in der Form weiter, deren ich mich erinnere, so weit ich zurückdenken kann. Mutters Geburtstag wurde daher gestern wie üblich gefeiert. Der Kammermusikabend wurde verlegt, ein paar Freunde mehr – und zwar bereits zum Abendessen – eingeladen. Am frühen Nachmittag herrschte eine solche Verwirrung und Aufregung im Hause, daß ich es vorzog das Weite zu suchen.

Meine Zuflucht ist noch immer die Hauptwache, in der am Samstagnachmittag, im Gegensatz zu den anderen Tagen, die Kuchenschlachten der dicken Damen früher beendet sind, da viele Ehemänner sie zeitig zu Hause erwarten.
Als ich die nun ziemlich leere Hauptwache betrat, sah ich an einem Tisch Arni Stein mit Gerhard Straube sitzen. Stein sah mich und winkte mir zu. Die üblichen Neckereien flogen hin und her, und es war offenbar, daß keiner von uns es eilig hatte, nach Hause zu gehen. – Nach einer Weile erschien Willi Becher, ein Kollege einer kommunistischen Zeitung, die nicht mehr erscheint. Natürlich kann er nirgends unterkommen. Karl hatte ihn als Korrekturleser in die F. Z. geschickt.
„Heil Hitler!" sagte Becher ironisch. „Ihr seid doch sicher meiner Meinung – der arme Mann muß geheilt werden. – Ich habe mich hier mit meiner Frau verabredet. Kann ich bei euch auf sie warten?"
„Natürlich!" sagte Stein.
Nach einer Weile kam Frau Becher und dann erschien – wider Erwarten – Karl.
Er machte eine steife Verbeugung: „Wenn die Herrschaften schon ein großes Treffen arrangieren, könnten sie mich ja wenigstens rufen."
Er zwängte einen Stuhl zwischen Stein und mich. Während sich unsere Hände trafen, sagte Stein: „Wir wußten doch, daß unsere Gedanken dich herziehen würden."
Karls schlanke, sensitive Hand fuhr über seine Stirne und strich die Haare zurück. Er schüttelte den Kopf: „Ich bin krank – krank!" Wenn Karl getrunken hat, pflegt er immer sehr langsam und akzentuiert zu sprechen. „Ihr sitzt hier und könnt lachen!"
Stein mit seiner geschmeidigen Stimme sagte: „Aber sieh' mal X – solange wir noch lachen können, ist ja noch nicht alles verloren!

,, – – solange wir noch lachen können –", Karl erhob die Stimme etwas drohend: ,,Stein – weißt du denn wie lange noch?"
,,Pst!" machte Willi, ,,nicht so laut, Karl!"
Da Karl den Ober nicht bemerkte, bestellte ich ein belegtes Brötchen und Kaffee für ihn.
Mit der Starrköpfigkeit des leicht Betrunkenen fuhr Karl unbeirrt fort: ,,Dieser Hitler hat also erklärt, daß Recht und Ordnung wiederhergestellt sind. Was für Recht und Ordnung? Glaubt er, wenn er einige hundert Leute ermordet – das ist Recht? Seid ihr euch denn nicht klar, was das bedeutet? Er ist zu diesen Morden auch noch beglückwünscht worden. Wenn also du", er deutet auf Stein, ,,oder du", er zeigt auf Straube, ,,ein verkehrtes Wort sagst, wie die Gestapo annehmen kann ‚ein verräterisches Wort' – etwas was gegen ihre sogenannte ‚Ordnung' verstößt, dann bist du mindestens im Gefängnis – wenn nicht schlimmer."
Straube drehte sich vorsichtig um, stellte aber beruhigt fest, daß die Tische in unserer Nähe leer waren.
Ich hatte das vom Kellner gebrachte Brötchen in kleine Bissen geschnitten. Geistesabwesend nahm Karl sie und spülte sie genauso geistesabwesend mit Kaffee hinunter. – Seine Sprache wurde allmählich wieder normal und gedämpft. Eindringlich sagte er: ,,Machen wir uns doch nichts vor – diese Gründung des ‚Volksgerichtshofes' mit seinen sogenannten ‚Sondergerichten' ist doch nur dazu da, Leuten wie uns einen Maulkorb umzuhängen!"
,,Wer hängt wem einen Maulkorb um, wer?" fragte eine aufgeregte Stimme in unserm Rücken.
Hinter uns stand Max Fuchs, genannte ,,Maxe", ein freier Sportreporter, ein Kleiderschrank von einem Mann, der, obwohl Diabetiker, niemals dem Anblick der Torten im Buffet widerstehen konnte. In seiner Riesenpatze jonglierte er einen Teller mit einem Stück Torte, das mit Schlagsahne gekrönt war.

„Dir sollte man einen Maulkorb umhängen“, sagte Stein vorwurfsvoll. „Laß' dir einen von deinem Doktor verschreiben.“

„Warum soll er das Geld zu seinem Doktor tragen?“ fragte Becher sarkastisch. „Hitler hängt ihm einen umsonst um.“

„Ihr habt doch – ihr habt doch nicht von mir gesprochen mit dem Maulkorb?“

Wir lachten und Willi Becher zog vom Nebentisch einen Stuhl heran: „Komm', setz dich.“

Als ich das Eßzimmer betrat, ging es an der Tafel bereits lebhaft zu. Unter den alten Freunden war auch der international bekannte Arzt und Forscher Prof. Sjöderbloom, der einen so ausgesprochenen Gegensatz zu Vater bildet. Während Vater national und konservativ ist, ist Sjöderbloom ein unbedingter Kosmopolit. Die gegenseitige berufliche Wertschätzung und das gemeinsame Interesse für Kammermusik hat sie im Laufe der Jahre näher gebracht.

Nach den ersten Toasten auf das „Geburtstagskind“, den üblichen leichten Unterhaltungen und Scherzen, wandte sich das Gespräch der Politik zu. Während Tante Elly, beladen mit dem Wissen, das sie aus den Tageszeitungen geschöpft hatte, von Hitler sprach, als sei er ihr persönlicher Bekannter, warf Sjöderbloom ganz bescheiden und harmlos ein: „Finden Sie nicht, daß wir in der letzten Zeit etwas reichlich mit Toten gesegnet sind?“

Diese Bemerkung brachte Tante Elly in eine etwas peinliche Lage. Im Grunde bewunderte sie Hitler; auf der anderen Seite hatte sie die alte Freundschaft ihrer Eltern in der nächsten Generation fortgesetzt und Mutter mit Enthusiasmus in ihr altjüngferliches Herz geschlossen. Ihr war Mutters Situation bekannt und Hitlers Antisemitismus ist eine Tatsache.

Vater kam ihr zur Hilfe: „Ich halte alles was vorgefallen

ist, für die typischen Kinderkrankheiten einer Revolution, oder – – den üblichen Kampf um die Macht. Wir wissen nicht, wer von diesen Männern bestimmte Erwartungen hatte, die sich nicht erfüllten. Es ist schließlich seit dem Zusammenbruch des Kaiserreiches zum ersten Male, daß eine starke Persönlichkeit versucht, Deutschland wieder zu vereinigen."

6. August 1934

Am Nachmittag des 31. Juli rief Karl mich zu Hause an und bat mich, am Abend auf die Redaktion zu kommen.
Als ich zur vereinbarten Stunde erschien, sah ich gerade noch eine Sekretärin mit Stenogrammblock sein Zimmer verlassen.
„Was ist es, Karl?"
„Nichts Besonderes." Er sah mich plötzlich scharf an: „Ich wollte dich nicht erschrecken! – Es ist nur so viel los, daß ich dich einfach sehen wollte. – In einer halben Stunde bin ich fertig, dann können wir zusammen fortgehen."
Wir hatten ein Glas Bier getrunken und schlenderten langsam zum Holzhausenpark. Im Park angekommen, setzten wir uns auf eine Bank. Es war eine warme Sommernacht mit strahlendem Sternenhimmel. Die Büsche, hinter denen die Lampen verborgen sind, warfen lange Schatten auf den Rasen und von Zeit zu Zeit hörte man ein verschlafenes Vogelstimmchen einen zarten Laut pfeifen. Uns beiden aber war das Herz schwer. Unsere berufliche Zukunft war mehr als vage und jeder neue Tag nahm etwas mehr Hoffnung fort.
Eine Weile saßen wir schweigend zusammen. Nach einem tiefen Seufzer sagte Karl: „Ich habe Angst – keine persönliche Angst, sondern Angst vor dem, was uns al-

len bevorsteht – dir, mir, unseren Freunden ... allen, die anders sind und anders denken als die heutigen Machthaber.“ Er verfiel in grüblerisches Schweigen, um plötzlich das Ende seiner Gedankenkette laut auszusprechen: „Und nach dieser Affäre Röhm – ? Psychologisch wäre es der beste Zeitpunkt für Hindenburg, abzutreten.“

* * *

Zwei Tage später schrien es die Zeitungsjungen an jeder Straßenecke aus, und es ging unentwegt mit den höchsten Tributen über den Funk: „Hindenburg ist tot.“

Ein großer Teil der Bevölkerung war betroffen. Wenngleich sie Hitler zu ihrem sogenanten Führer erwählt hatten, so wußten sie doch, daß Hindenburg immer im Hintergrund stand; Hindenburg, der getreue Eckerhard, der Held von Tannenberg. Was immer sie gegen den alten Mann gehabt hatten, was immer sie für schlechte Witze über ihn gemacht hatten, um zu beweisen wie senil er war, war mit einem Schlage vergessen. Viele beschlich ein Gefühl der Unsicherheit, denn sie ahnten, daß mit seinem Tode auch eine Epoche gestorben war. Etwas war beendet; aber was würde an dessen Stelle treten?

Hitler ließ keine Zweifel und Fragen aufkommen darüber, welchen Weg Deutschland in Zukunft gehen wird. Er liquidierte die Position des Reichspräsidenten und vereidigte die Wehrmacht auf seine Person. Am Sonntag den 5. August gab er Hindenburg ein riesiges Staatsbegräbnis.

Mutter sprach mit feuchten Augen über den Verlust unseres getreuen Eckerhards, dem Wächter Deutschlands, und zum ersten Male hatte ich das Gefühl, daß Vaters Optimismus einer leichten Depression Platz machte.

Zum Bersten angefüllt mit Fragen, die mir die Eltern doch nicht beantworten konnten, verließ ich gestern abend das Haus in der Hoffnung, in der Hauptwache ein paar Kollegen zu treffen.

Nachdem ich über eine Stunde alleine Kaffee getrunken und Zeitung gelesen hatte und gerade gehen wollte, kam Karl, sah sich nach Gesellschaft um, erblickte mich, trat an meinen Tisch und sagte: „Komm mit mir."

Wir gingen zu ‚Eimuths Weinstuben'.

„Bist du dir darüber klar", fragte Karl, „daß Hindenburgs Todesstunde die wahre Geburtsstunde des Dritten Reiches ist?"

Karl, der in beängstigendem Tempo trank, breitete plötzlich die Zeitung, die er unter dem Arm gehabt hatte, vor mir aus. Seine Finger trommelten auf die Überschrift: „Sieh dir genau das Datum an. Am 1. August hat dieser Verbrecher offiziell beschlossen, der Herr Deutschlands zu werden. Einen Tag vor Hindenburgs Ableben erließ er bereits die Gesetze, die ihm die uneingeschränkte Macht gaben!"

Er ließ bereits die zweite Flasche Wein öffnen. „Dieser ‚Führer' – ein wildgewordener Spießer – ein skrupelloser Emporkömmling. Neue Ideen hat er nicht gebracht, aber er hatte den unglaublichen Vorteil, daß die Zeit reif für ihn war. Die Stupidität der Alliierten und seiner deutschen Vorgänger ebneten ihm den Weg. – Wäre von Papen nicht so besorgt gewesen um die Moral, sondern hätte etwas für die Arbeitslosen getan, wäre Herr von Schleicher nicht in von Papens ausgeleierten Spuren weitergefahren, hätte Hitler es nie schaffen können. Er ist eben kein ‚von'. Er kommt aus dem Nichts und hat den richtigen Instinkt. Er weiß, was das Volk hören will. Er spricht die Sprache des Mannes auf der Straße."

Die zweite Flasche war fast geleert und Karl hatte nun ein gewisses Stadium erreicht, in dem nichts ihn mehr

halten konnte. Mit erhobener Hand rief er den Oberkellner: „Plaum!"
Der Mann erschien in seinem Kellnerfrack, die weiße Serviette über dem Unterarm.
„Noch eine, Plaum!"
Als der Kellner gehen wollte, hielt Karl ihn zurück: „Halte mal! Hast du gehört, was unser Führer bei dem Begräbnis unseres verehrten Generalfeldmarschalls von Hindenburg gesagt hat?"
„Ich weiß nicht, was Sie speziell meinen." Die intelligenten erfahrenen Augen des geschulten Oberkellners übersahen die Situation. Er beugte sich zu Karl: „Was immer es ist, Herr X – bitte nicht so laut. Wir wollen doch beide noch für eine Weile unsere Freiheit genießen, nicht?"
Karl nickte leicht und sagte, zwar deutlich, aber etwas leiser: „Unser Führer hat gesagt: ‚Nun geht der Reichspräsident, der Sieger von Tannenberg, Generalfeldmarschall von Hindenburg, als unsterblicher Feldherr in Walhal ein.' "
Plaum erwiderte: „Das habe ich auch in der Zeitung gelesen."
„Na?" fragte Karl. „Und hast du dich nicht auch gefragt, ob vielleicht jemand unserem Helden geholfen hat, die Freuden Walhals etwas zeitiger zu genießen, als das Schicksal ursprünglich für ihn vorgesehen hatte?"
Ich schob meine Hand durch Karls Arm, wobei ich ihm einen leichten Druck gab.
Plaum sah Karl an: „Natürlich wundert man sich nach alledem, was vorgefallen ist." Und sich zu mir wendend, sagte er mit einem fast unmerklichen Lächeln: „Machen Sie sich keine Sorgen. Ich bin mit einer Jüdin verheiratet."
Er ging, um die nächste Flasche Wein zu holen.
Karls ruhelose Hände schienen auf einmal eine Aufgabe

gefunden zu haben. Mit dem rechten Zeigefinger zeichnete er langsam ein großes N auf die dunkle, polierte Holzplatte des Tisches und murmelte vor sich hin: „N steht in der Geschichte für Napoleon."
Auf einmal feuchtete er seinen Finger im Weinglas an, tauchte ihn dann in die Asche des Aschenbechers und zeichnete ein großes H.
Mit einem spöttischen Ausdruck sah er mich aus den Augenwinkeln an: „Ob dieses H wohl in der Weltgeschichte genauso eine katastrophale Rolle spielen wird wie das N?"
Der Kellner Plaum kam mit der Weinflasche. Mit etwas schräg gehaltenem Kopf sah er auf das große schmutzige H und mit einem fast entschuldigendem Lächeln wischte er es mit seiner weißen Serviette von der Tischplatte, so daß sie wieder makellos wie zuvor glänzte.

II

# Das Dritte Reich

14. September 1934

Beruflich hänge ich immer noch zwischen Himmel und Erde. Zwar ist bis heute kein Berufsverbot gegen mich ausgesprochen worden; allein über die Eintragung in die Berufsliste herrscht Schweigen. Sonderbarerweise erwähnen die Eltern auch nichts mehr.
So gehe ich gelegentlich zum Stammtisch im Café Hauptwache, wenngleich auch dieser sein Gesicht langsam ändert. Zwei neue Kollegen erscheinen täglich mit der größten Selbstverständlichkeit und die unbeschwerte Atomosphäre des gegenseitigen Vertrauens hat einer lauernden Wachsamkeit Platz gemacht, da wir die beiden für Nazi-Spitzel halten. Die alten Freunde stehen jedoch zusammen, und wann immer wir diese zwei fragwürdigen Gestalten abschütteln können, ist die alte Offenheit wieder da.
Vor ein paar Tagen hatte es Gerhard Straube vom ‚General-Anzeiger' plötzlich sehr eilig, die Hauptwache zu verlassen, als ich gehen wollte. Einige Schritte vom Tisch entfernt sagte er: „Lili, du sollst mal zu Fritz Peters kommen, unserem ‚Briefkasten-Onkel'. Er erwartet dich."
Peters ist ein Mann um die Fünfzig mit verschmitzten kleinen Augen und blonden, sich grau färbenden Haaren. Er spielt immer den derben Raubautz, damit um Himmels willen niemand auf die Idee kommt, was für ein weiches, mitfühlendes Herz in ihm schlägt, jedoch sein sensitiver Mund mit den feingeschnittenen Lippen straft ihn Lügen.
Nachdem ich mich vorgestellt hatte, sah er mich lächelnd an und nickte mir gutmütig über den Schreibtisch zu: „Du bist also die Lili Schröder". Er schien einen Moment nachzudenken: „Sag' mal, Mäderl, der Straube hat gemeint", er wurde etwas verlegen, „du hättest etwas Zeit übrig, mir mit dem Briefkasten zu

helfen?“ Er deutete auf einen riesigen Stoß beschriebener Blätter. „Weißt', ich krieg' halt jetzt so viele Briefe, daß ich's nicht mehr allein schaffen kann. Der Straube hat mir erzählt, daß dein Vater Arzt ist. Da kannst' vielleicht die medizinischen Fragen beantworten; und da sind noch ein paar Hausfrauenprobleme.“ (z. B. „Wie macht man Handkäse?“)
Peters hatte offensichtlich schon alles für mich vorbereitet und gab mir ein Bündel Briefe in die Hand. –
Zu Hause angekommen legte ich meine neueste Arbeit auf den Schreibtisch. Mein Blick fiel auf einige Zeitungsausschnitte, die unter dem Briefbeschwerer hervorsahen. Die sichtbaren Zeilen lauteten: Am 5. Mai ist im Bürgerkeller in München ein ‚Reichsparteitag' abgehalten worden. Einer der führenden Nazis sagte: „In den nächsten tausend Jahren findet in Deutschland keine Revolution mehr statt.“
Böse Zungen sprechen nun vom Tausendjährigen Reich.

3. Oktober 1934

Katherina hat eine Stelle gefunden! Sie ist Pfarrhelferin der Maria-Hilf-Kirche, einer kleinen Hilfskirche, die zur Gallusgemeinde gehört, draußen im sogenannten Altenheiner Viertel, in der Nähe des Flughafens. Dort leben vorwiegend einfache Leute und die Mehrzahl von ihnen ist arm. Katherina muß den katholischen Pfarrer mit Hausbesuchen, Sprechstunden, Büro-Arbeiten und dergleichen stützen. Da es sich nicht um die Hauptkirche handelt – offenbar ist die Gemeinde sehr gewachsen – ist ihre Position so im Brennpunkt, daß politisch Schwierigkeiten zu erwarten sind. Außerdem ist sie von der Kirche angestellt. Vielleicht würde man ihr in der katholischen Kirche sowieso nichts tun. Schließlich hat sich einer der ältesten SA-Führer letzten Monat mit allem Pomp in einer katholischen Kirche trauen lassen. Ich frage mich, ob er Angst vor der himmlischen Strafe hatte, oder ob es nur ein Augenauswischer sein sollte, um der Bevölkerung zu beweisen, daß die Nazis nicht antikirchlich sind?

* * *

Vor einigen Wochen haben mich gemeinsame Café-Hauptwache-Freunde mit Rechtsanwalt Max Kowalski bekanntgemacht. Sein abendliches Stammquartier ist das Café Milani am Roßmarkt, in dem wir uns gelegentlich treffen. Er ist viel älter als ich, ein breiter, untersetzter Mann mit den typischen alten dunklen Augen des Juden, über denen sich eine wundervolle Stirne wölbt.
Eines Abends überraschte ich Kowalski über einem Bündel Notenblätter, in denen er offensichtlich korrigierte.
Er sah meine Verblüffung und lächelte: „Ich muß gerade noch etwas durchsehen."
Völlig erstaunt fragte ich: „Ich dachte, Sie seien Anwalt?"
Sein Bleistift verhielt einen Augenblick über einer Note, als er antwortete: „Die Anwälte sagen, ich sei ein guter Komponist und die Komponisten sagen, ich sei ein guter Anwalt."
Er sah noch einmal flüchtig durch den Rest seiner Noten und steckte sie dann in einen großen, bereits adressierten Umschlag.
„Was komponieren Sie?" fragte ich.
„Lieder. Goethe-Lieder."
„Und wo schicken Sie sie nun hin?"
„Zu meinem Verleger."
„Mein Gott, Herr Kowalski", rief ich aus, „warum gehen Sie nicht aus Deutschland fort?"

Er sah mich mit seinen schwermütigen Augen an: ,,Ich kann nicht. Wohin sollte ich denn gehen? In Österreich wird es auf die Dauer auch nicht besser sein. Und hier ist meine Heimat – meine Sprache."
Wir beendeten den Abend mit einem nächtlichen Bummel durch das hell erleuchtete Stadtinnere und unterhielten uns über Musik. Plötzlich begann er mit einer wundervollen Baritonstimme Don Carlos' Arie zu singen: ,,Schlaf find' ich erst am Ende meiner Tage – – –"

24. Oktober 1934

Unsere Nachbarn gegenüber sind bei Nacht und Nebel mit ihrem taubstummen Töchterchen aus Deutschland verschwunden. Sie hatten durch irgendwelche unterirdischen Quellen erfahren, daß Lisa in wenigen Tagen abgeholt werden sollte, um – entsprechend dem Gesetz gegen Erbkrankheiten – sterilisiert zu werden.
Offensichtlich werden die Fälle unterschiedlich gehandhabt. Nicht jeder erhält eine schriftliche Aufforderung, sich dann und dann dort und dort einzufinden. So weit wir erfahren konnten, wurde in Familien, in denen mit Schwierigkeiten zu rechnen ist, eine Art Verhaftung vorgenommen. Die sogenannten ‚Erbkranken' scheinen vielfach einfach abgeholt zu werden, in ein Krankenhaus gebracht und operiert.

1. November 1934

Bei der Volksabstimmung am 19. August, bei der das Volk – wie üblich nachträglich – befragt wurde, ob es mit der Zusammenlegung der Position von Reichspräsident und Reichskanzler einverstanden sei, war die Antwort mit 90% ja, mit 10% nein. Das kränkte aber

unseren Führer, denn er wollte sie alle haben; das ganze deutsche Volk sollte hundert Prozent hinter ihm stehen. So erließ er einen Appell an die Partei, daß sie auch diese zehn Prozent zu gewinnen und zu überzeugen hat. Steuersenkungen, Steuerfreiheiten, Wohnungsbau, Gehaltsangleichungen – alles wird getan, um auch den letzten Opponenten zu gewinnen. Jedoch, was mich unsicher macht, sind alle die „Schlachten", die die Nazis schlagen. Da begann am 7. Oktober die „Schlacht gegen Rohstoffverschwendung". Angeblich werden jährlich in 17 Millionen Haushaltungen zwei Millionen Zentner Fett mit dem Spülwasser weggegossen. Die Motivierung für größere Sparsamkeit in dieser Beziehung ist: Deutschland ist auf sich selbst angewiesen und kann sich daher keine Verschwendung leisten. Diese Haltung fand ich verständlich und in keiner Weise alarmierend. Jedoch, am 23. Oktober hieß es: „Nach der Fettschlacht die Rohmaterialschlacht!" Bronze soll durch Gußeisen, Kupfer durch Aluminium ersetzt werden. – Zutiefst beunruhigt fragte ich Karl nach seiner Meinung.
Er sah mich einige Augenblicke schweigend an, bevor er antwortete: „Erinnerst du dich nicht der Wahlplakate? ‚Hitler bedeutet Krieg'. Das sind die ersten Vorbereitungen."

19. November 1934

Hans Langer ist ganz begeistert von seiner neuen Tätigkeit beim Franz-Eher-Verlag. Er schlug mir vor, nach Berlin zu kommen. Er würde mich als Redakteurin unterbringen. Er meinte, daß ich mir um meine Abstammung keine Sorgen zu machen brauche. Meine Papiere würde er schon in Ordnung bringen. – – Vielen Dank, lieber Freund: NEIN! Glaubst du wirklich, daß ich in

dieser ganz antisemitischen Atmosphäre leben könnte, ohne mit der Wimper zu zucken? Ich werde nie meine Abstammung verleugnen!
Inzwischen arbeite ich für den Briefkastenonkel vom ‚General-Anzeiger'. Es scheint ein unerschöpfliches Reservoir zu sein. Kürzlich kam eine Anfrage: „Mein Sohn will Konditor werden. Was für eine Ausbildung muß er dafür haben?" Ich ging zu einem Konditor, der ein berühmtes kleines Café führt und schrieb eine ausführliche Antwort, die Peters in der Mitte der Briefe in einen besonderen Kasten setzte. Sein Kopf und Herz aber arbeiteten weiter und er gab mir den Auftrag, über andere Berufsausbildungen zu schreiben. So geht es nun: „Ich möchte Lokomotivführer werden." „Wie werde ich Hebamme?" „Wie wird man Elektriker?" etc., etc. Es ist gerade keine sehr stimulierende journalistische Tätigkeit, aber solange ich den mir inzwischen vertrauten und liebgewordenen Geruch der Druckerschwärze atmen kann und solange da ein Funke Hoffnung besteht, will ich die Verbindung mit den Kollegen nicht abreißen lassen.

27. November 1934

Eines Abends, als ich alleine in der Hauptwache saß, kam Kreutzer herein, der junge Mann, der die Lokalnachrichten zur ‚Post' zu bringen pflegte. Er sah mich und fragte, ob er sich zu mir setzen dürfte? Wir unterhielten uns über die ‚Post', ihre Verleger und derart verfängliche Themen, als plötzlich Ulrich Reiß erschien, ein junger, sehr begabter Organist, den ich vor langer Zeit kennengelernt hatte. Er gesellte sich zu uns. In der für Reiß charakteristisch unbefangenen Art, die schon fast ans Naive grenzt, steuerte er in wenigen Minuten auf die Politik los. Wenngleich er mich kannte, so konnte er doch kaum wissen, auf welcher Seite ich stand, geschweige denn der für ihn wildfremde Kreutzer. Doch Reiß schien einfach vorauszusetzen, daß jemand, der auch nur eines klaren Gedanken fähig ist, „dagegen“ sein mußte. Zu meiner größten Verblüffung hatte er recht. Der etwas scheue Kreutzer vergaß alle Vorsicht, und nach kurzer Zeit machten wir drei vorbehaltlos unseren bedrängten Herzen Luft.

Von da ab trafen wir uns regelmäßig: der lange, schlanke ernste Kreutzer mit seinen glatten, gescheitelten dunkelbraunen Haaren und hellbraunen Augen. Der für einen Mann gerade noch mittelgroße Reiß, der etwas zur Rundlichkeit neigt, mit dichten gewellten blonden Haaren, blauen Augen, seinem unverwüstlichem vergnügten Temperament und seinem ansteckenden Lachen. Seine jüdische Freundin ist Geigerin. Myriam Schnabel hat kohlschwarze Haare und grüne Augen, ist zierlich und genau so groß wie Reiß – wenn sie hohe Absätze trägt. – Kreutzers jüdische Freundin, Gerti Grünbaum studiert wie Kreutzer Chemie, nur stammt sie, im Gegensatz zu ihm aus einem recht wohlhabenden Hause, ist äußerst elegant gekleidet, mittelgroß, schlank und ausgesprochen hübsch. Ihr kurzes dunkles Haar scheint stets richtig zu liegen. Ihre etwas melancholischen großen braunen Augen sehen durch eine elegante Brille, eine Brille, die eher wie ein Schmuckstück an ihr aussieht als ein Handicap.

Nach einigen Treffen in diesem oder jenem Lokal gingen wir eines abends in die ‚Toska‘, eine kleine Tanzbar. Dort gesellte sich plötzlich Dr. Goldschmidt, der Onkel einer früheren Schulkameradin von mir, zu uns. Während wir alle Anfang bis Mitte der Zwanzig sind, ist Dr. Golschmidt Mitte der Fünfzig, ein eingefleischter Junggeselle, Rechtskonsulent des Britischen Konsulates und jung im Herzen. – Von diesem Abend an gehörte er zu unserem Kreis.

Eines Tages schlug Dr. Goldschmidt, ein begeisterter Pianist, vor, wir sollten uns doch einmal im Musikhaus Andrée treffen, in dem man im zweiten Stock stundenweise einen Raum mit Flügeln mieten kann. Seitdem haben wir einmal in der Woche unsere musikalischen Soiréen. Dr. Goldschmidt ist ein äußerst musikalischer Pianist. Zusammen mit Reiß spielt er Werke für zwei Klaviere oder vier Hände. Oftmals improvisiert Reiß – wofür er ausgesprochen begabt ist – und Dr. Goldschmidt begleitet improvisierend auf dem anderen Instrument.
Nachdem ich mich vergewissert hatte, daß meine Freunde keine musikalische Unehre über unser Haus bringen würden, fragte ich die Eltern um Erlaubnis, ob wir alternierend mit Andrée alle zwei Wochen einen Nachmittag bei uns musizieren könnten, was gestattet wurde.
Mutter begrüßte die Gäste, hörte etwas zu und ließ uns dann allein. Aber unverbesserlich wie sie ist, erklärte sie mir am Abend: „Aber Lilichen – dieser Professor Goldschmidt ist doch viel zu alt für dich!“
Wie sollte Mutter je begreifen, daß es sich hier um einen Kreis von verlorenen Seelen handelt? Wie kann sie, die beschützt und behütet ihr altes Leben weiterlebt, verstehen, was es für einen jungen Menschen bedeutet, nur mit tausend Fragezeichen und Unsicherheiten in die Zukunft zu blicken? Wie könnte sie erfassen, was es bedeutet, nicht zu wissen ob man den erwählten Beruf je ausüben kann? Wie sollte sie sich vorstellen können, wie einem jungen Menschen zu Mute ist, der nicht weiß, ob er den Partner, den er liebt, je heiraten kann, weil er der verkehrten Rasse angehört?
Ich muß gestehen, manchmal fühle ich mich in dem kalten, unpersönlichen Raum des Musikhauses Andrée im Kreise meiner Freunde wohler als zu Hause. Wenn Reiß mit Dr. Goldschmidt diese traumhafte Phantasie in

f-moll von Schubert spielt mit ihrem sehnsüchtigen Thema, dann vergesse ich, daß wir in einem nackten Raum sitzen, in dem außer zwei Flügeln nur einige Stühle und leere Notenpulte stehen. So lange wir nicht von unseren Sorgen und Zweifeln sprechen, läßt uns die Musik für wenige Stunden alles vergessen.
Interessant war, was Myriam uns kürzlich erzählte. Es war Ende der Zwanziger Jahre, als sie auf einer Reise einen längeren Aufenthalt in München hatte. Sie ging in den Wartesaal, um etwas zu essen, und nach einer Weile setzte sich ein Herr zu ihr an den Tisch. Er fing an, ihr über den Nationalsozialismus zu erzählen, von dem sie nichts wußte, und wofür sie sich auch nicht interessierte. Als der Fremde jedoch begann, ihr das Parteiprogramm im Hinblick auf die Judenfrage auseinanderzusetzen, erklärte sie ihm, daß sie Jüdin sei.
„O", sagte jener Herr, „Juden wie Ihnen wird nichts passieren. Alteingesessenen Juden mit Kultur – so wie Sie – werden ihr Leben ungestört weiterführen wie bisher. Darum brauchen Sie sich gar keine Sorgen zu machen!" Und dann stellte er sich vor: „Ich bin Rudolf Heß."

10. Dezember 1934

Vor einigen Tagen ging es durch alle NS-Zeitungen: „Studienrat Dr. Schulte von der Winrich in Marienburg wurde heute fristlos ohne Pension entlassen, weil er sich geweigert hatte, auf der Straße mit der Sammelbüchse für das Winterhilfswerk zu sammeln. Mit seinem Verhalten hat er sich selbst aus der Volksgemeinschaft ausgeschlossen."
Derartige fristlose Entlassungen ohne Pension gab es bisher für Beamte nur bei ernstlichen kriminellen Vergehen. Wenn man sich also weigert, mit der Sammel-

büchse auf die Straße zu gehen, so schließt man sich aus der Volksgemeinschaft aus, und das hinwiederum ist offensichtlich ein Verbrechen. Ich will ohne weiteres einräumen, daß dem WHW – wenn es wirklich das ist, was die Nazis sagen – eine ausgezeichnete Idee zugrunde liegt. Aber wenn man nun aus irgendwelchen Gründen gegen die „Bewegung" ist und einfach nicht bereit, etwas für sie zu tun, was dann? Ich hoffe nur, daß der arme Studienrat Dr. Schulte von der Winrich nicht für eine Familie mit kleinen Kindern zu sorgen hat. Es mag anderen in ähnlicher Lage eine Warnung sein: Charakter ist im heutigen Deutschland etwas, das man nur zu leicht mit Hunger zu bezahlen hat.

2. Januar 1935

Weihnachten, das Fest der Tränendrüsen, haben wir glücklich wieder hinter uns gebracht.
Die Neujahrsnacht verbrachten wir wie jedes Jahr zusammen, mit Alkohol, Kartenspiel und Bleigießen, während außerhalb unserer vier Wände von allen Größen der Partei und Regierung Reden gehalten wurden über Friede und Gleichberechtigung. Je mehr jedoch vom Frieden gesprochen wird – offensichtlich bläst im Augenblick jeder die Friedensschalmei – um so mehr fürchten die, die denken und beobachten können, den Krieg. Und zur gleichen Stunde sprach der ehemalige französische Minister Jouvenel zu den französischen Soldatenbünden und sagte: „Solange wir alten Frontkämpfer leben, wird kein neuer Krieg entstehen." Dieser optimistische Ausspruch wurde ganz groß in allen deutschen Zeitungen gebracht. Brauchen die Nazis eine Rückversicherung von den Franzosen, um ungestörter ihre Vorbereitungen treffen zu können?

14. Januar 1935

Zum 250. Geburtstag von Johann Sebastian Bach am 21. März habe ich einen Bach-Artikel an die ‚Rhein-Mainische-Volkszeitung' verkauft, von der behauptet wird, sie habe ein sehr hohes Niveau. – Außerdem schreibe ich über unpolitische Dinge, die ich beobachte oder höre und erscheine gelegentlich in der einen oder anderen Zeitung, natürlich selten mit vollem Namen.

* * *

Mit Karl hatte ich mich oft durch all die Monate getroffen; entweder sahen wir uns in der Hauptwache, im ‚Deutschen Bund' oder ich war bei ihm auf der Redaktion. – Wahrscheinlich ist es sehr unsinnig, fast ans Abergläubische grenzend, daß man sich immer bestimmte Daten aussucht, um irgendwelche Resolutionen zu fassen.

Als ich in den ersten Stunden des neuen Jahres zu Bett ging, schlaflos ins Dunkel starrend, versuchte ich mir vorzustellen, was das neue Jahr mir wohl bringen würde. Unvermeidlich vor meinem inneren Auge Karl, der zu einem Teil meines Lebens geworden war, zu dem ich fliehen konnte, wenn ich Angst hatte und nicht mehr weiter wußte. In dieser Nacht jedoch entschloß ich mich, diese Verbindung zu lösen. Solange er verheiratet ist, konnten wir an keine gemeinsame Zukunft denken und vom politischen Standpunkt aus betrachtet, bin ich für ihn nur ein Klotz am Bein. – Natürlich überdachte ich mehrere Tage, was ich ihm sagen sollte. Aber schließlich kam ich zu der Überzeugung, daß ich, unbesehen ob es schwer ist oder weh tut, den Schritt machen muß.

Es ist nun weit nach Mitternacht und vor ein paar Stunden noch saß ich Karl an seinem Schreibtisch in der

F. Z. gegenüber. Er war wider besseres Wissen deprimiert über das gestrige Ergebnis der Abstimmung im Saargebiet. 91 Prozent wollten zurück ins deutsche Reich.
Ich griff über den Schreibtisch und erfaßte seine Hand: „Weißt du, Lieber, als ich dich das erstemal sah, zitiertest du Heine – ‚Doch schon beim nächsten Morgenlicht –'!"
Er unterbrach mich: „Ach, mein Kind – du verstehst das nicht! Bis zum nächsten Morgenlicht müssen wir noch durch eine Nacht, die so grauenhaft ist, daß man sie vielleicht mit der Apokalypse vergleichen kann."
Karl schwieg, sah geradeaus, durch mich hindurch, durch die Wand hinter meinem Rücken auf etwas in der Ferne, was für mich verborgen war. Nach einer Weile kehrte sein Blick zu mir zurück. Fast entschuldigend fügte er hinzu: „Weißt du, einige wenige sehen, was kommt und sind unbeeinflußt von all den Phrasen; doch die Mehrzahl... Es ist wie mit der Religon. Die meisten Menschen brauchen eine Krücke; sie sind nur zu gerne bereit zu glauben. So haben sie sich diesen mittelmäßigen kleinen Spießbürger zu ihrem Gott und Helden auserkoren. Wie auf einer Schmierseifenbahn schliddern sie in eine Diktatur und haben keine Ahnung was geschieht – bis es zu spät ist." Karls Stimme füllte sich mit bitterem Hohn: „Wir bekommen doch wieder Zucht und Ordnung, die störenden Elemente – die ‚Linken' ... werden zur Rechenschaft gezogen und bestraft. Der Bourgeoisie dämmert es noch nicht, daß das nur die Vorläufer sind von dem, was kommt. Sie werden die Nächsten sein, deren Briefe gelesen und Telefongespräche abgehört werden um sicher zu sein, daß sie gute Staatsbürger sind. Und ehe sie sich's versehen, leben sie unter einer Diktatur –."
Wir tranken noch ein Glas Bier gegenüber im ‚Deut-

schen Bund'; dann brachte mich Karl nach Hause. Im Holzhausenpark streckten die Bäume ihre nackten schwarzen Äste in den kalten Winterhimmel.
Mit Herzklopfen und etwas zögernd sagte ich: „Karl – ich habe in letzter Zeit viel über uns beide nachgedacht – –"
Karls ganz weiche Stimme fragte: „Ja?"
„Und ich bin zu dem Schluß gekommen, daß wir uns nicht mehr sehen sollten."
Er blieb stehen und drehte mich so, daß wir einander gegenüberstanden: „Warum?"
„Muß ich dir das wirklich im einzelnen erklären? Du weißt genau so wie ich, wie verkehrt und sinnlos das alles ist – und ich finde, unser Leben ist gerade kompliziert genug."
Er zog mich an sich als wolle er mich nie mehr loslassen. Seine Fingerspitzen tasteten mein Gesicht ab, als ob er blind sei und in den Händen die Erinnerung halten wollte.
„Wie du willst, mein Kleines –. Ich muß diese Entscheidung dir überlassen... Aber versprich mir, wenn du jemals ernstliche Schwierigkeiten haben solltest, ruf' mich! Versprich mir das – bitte!"

4. März 1935

Ich besinne mich heute nicht mehr was es war, das Sjöderbloom gesagt hatte, und was für eine Bemerkung ich daraufhin machte, denn es liegt schon viele Monate zurück. Es mußte im Oktober gewesen sein. Ich erinnere mich nur, daß er mit einem Lächeln antwortete, daß er nun für einige Monate in die Einsamkeit ginge, und wenn er zurückkäme, würden wir uns einmal alleine unterhalten. Und so war es gekommen. Jener Kammermusikabend war der letzte mit ihm für eine lange

Zeit, und ein anderer Kollege Vaters war vorübergehend als zweite Geige eingesprungen.
Doch nun am letzten Mittwoch übernahm Sjöderbloom wieder seinen Platz. Offensichtlich hatte er sein wissenschaftliches Problem gelöst. Nach einem schweigenden Übereinkommen wird an den Kammermusikabenden zwischen den Ärzten nicht gefachsimpelt – dafür aber politisiert!
Nach dem Musizieren kam die Pause. – Steinbach goß nur wenig Tee in seine Tasse, sprenkelte ein klein wenig Zucker hinein und füllte sie mit einer großen Portion Rum auf, wobei er wie eine Zauberformel vor sich hinmurmelte: „Rum muß, Zucker kann ... Wasser braucht nicht." Dann wandte er sich mit der ihm angeborenen Liebenswürdigkeit Sjöderbloom zu: „Willkommen, liebe zweite Geige!"
Sjöderbloom hob seine Teetasse und sagte fast melancholisch: „Wissen Sie – diese Abende haben mir wirklich gefehlt ... Ohne Musik ist das Leben doch nur eine halbe Sache."
Nach dem Austausch einiger belangloser Bemerkungen konnte sich Marietta nicht länger zurückhalten. Sie fragte Sjöderbloom: „Sagen Sie, lieber Professor – was halten Sie eigentlich von der politischen Lage?"
Das für Sjöderbloom so typische Lausbubenlachen erschien: „Nicht viel, gnädige Frau", und ernsthafter fuhr er fort: „Es erscheint mir alles wie eine Wiederholung – wie Überbleibsel aus der Völkerwanderung – oder Inquisition –"
Er schwieg, während Etta fast atemlos sagte: „Wie meinen Sie das?"
„Während der Inquisition hat man die Hexen verbrannt. Nun sind es die Juden und die Kommunisten. Man verbrennt sie n o c h nicht – man sperrt sie vorläufig nur ein."

,,Um Gottes willen!" rief Etta aus, ,,über das Stadium sind wir aber doch nun hinaus?"
,,Glauben Sie wirklich, gnädige Frau?" fragte Sjöderbloom höflich. ,,Wir haben einen Weltkrieg hinter uns mit all seinem Elend und seinen Leiden. Und was haben wir daraus gelernt? Ist unter diesen Schmerzen eine neue Idee geboren?" Er wandte sich uns allen zu: ,,Sagen Sie mir doch bitte: Ist da irgend eine neue Idee, die man zu verwirklichen versucht? Hitler erscheint mir wie ein Überbleibsel aus der Völkerwanderung, ein Mitglied der großen Gesellschaft der geistig Halbtoten – – Hunderte von Jahren hinter seiner Zeit. – Liebe Freunde – wir sind Zeugen eines letzten Wiederauflebens der Vergangenheit mit seiner absoluten Macht auf der einen Seite und Unterdrückung auf der anderen. Im Augenblick handelt es sich bei uns um Macht gegen – Ohn-Macht. Herrenrasse gegen Untermenschen. Drüben über dem Ozean, in der ,Neuen Welt', in Amerika, ist es Kapitalismus gegen – – gegen Armut. Aber was ist daran neu? Zweitausend Jahre Christentum mit Blutvergießen und Unterdrückung. Mir erscheint das nicht besonders originell."
,,Nein", sagte unser ungläubiger Vater. ,,Entweder hat sich dieser Herr Christus etwas unklar ausgedrückt oder seine Anhänger haben ihn mißverstanden."
,,Aber Bärchen!" rief Mutter empört aus.
,,Ich glaube", warf Steiba ganz harmlos ein, ,,wir müssen uns unserem Haydn zuwenden, sonst wird es zu spät.'
Es ist meine Aufgabe, die Gäste aus dem Hause zu lassen, wenn es später ist und Lenchen schon zu Bett ging. Steinbachs standen noch mit den Eltern im Musikzimmer; so befand ich mich alleine mit Sjöderbloom im Treppenhaus.
,,Signorina", sagte er, ,,wenn ich Ihnen Freitag um acht Uhr den Wagen schicke, würden Sie zu mir kommen?"
,,Ja, Signore."

Sjöderbloom hatte mir seinen Wagen zur vereinbarten Stunde geschickt. Der Chauffeur setzte mich vor dem eleganten Etagenhaus im Westend ab; das Mädchen öffnete die Türe und führte mich in das Herrenzimmer, in dem Sjöderbloom mich mit ausgestreckten Händen begrüßte. Einen Augenblick später erklang ein Schnaufen; unter dem Schreibtisch kam ein Boxer hervor, um mich zu beschnuppern. Zu der Zufriedenheit seines Herrn akzeptierte mich der Hund.

Sjöderbloom bot mir einen Sessel an: „Bonzo ist mein ständiger Begleiter. Während der Sprechstunde liegt er unter dem Schreibtisch zu meinen Füßen ohne sich zu rühren. Die Patienten haben keine Ahnung von seiner Gegenwart."

Bonzo streckte sich mit einem Seufzer vor unseren Füßen aus; das schwere Haupt mit der sorgenvollen Stirne ruhte auf den Vorderpfoten, während seine Augen jeder unserer Bewegungen folgten.

Der große, geschmackvoll eingerichtete Raum mit seinen dunklen Möbeln, der Bibliothek, dem weinroten Teppich und den kleinen Skulpturen, gebadet in dem weichen Licht einiger Stehlampen, nahm mich gefangen.

Wir unterhielten uns zuerst über Musik; dann wandte sich das Gespräch dem kürzlich überstandenen Fasching zu. Sjöderbloom hatte einen Tag in Köln verbracht, während ich im ‚Steinernen Haus' war. Ich erzählte ihm, daß mich einige Assistenten vom Bürgerhospital praktisch überredet hatten, mit ihnen zu gehen.

„Hatten Sie Spaß?" wollte Sjöderbloom wissen.

„Nnn-ein – eigentlich nicht. Aber ich hatte ein interessantes Erlebnis. – Einige Männer, offensichtlich Berufsoffiziere, Mitte bis Ende Vierzig, machten leicht be-

trunken Revolution. Der eine verstieg sich sogar so weit, Andeutungen über die Vorbereitung eines Putsches durch die Wehrmacht zu machen. Als ich ihn stellte und sagte: ‚Wie können Sie denn nur so leichtsinnig sein!? Sie wissen doch gar nicht wer ich bin!' brauste er auf: ‚Wissen Sie denn wer ich bin?' und ich antwortete: ‚Ja – ein Offizier, der zu viel redet.' Da fing er an, sich zu verteidigen: ‚Wieso – was wollen Sie eigentlich? Ich habe doch gar nichts gesagt –' "
Sjöderbloom war amüsiert: „In vino veritas –; es ist allerdings eine sonderbare Art, einen Umsturz zu planen."
„Ja", sagte ich, „aber ganz davon abgesehen – es war so grotesk. Da waren all diese kostümierten Leute, zum Teil mit Masken, die Girlanden, die Luftschlangen, das gedämpfte bunte Licht, Musik und Lachen – und in dieser Atmosphäre von ‚Fröhlichkeit und Heiterkeit' machten diese Offiziere Revolution – Revolution auf einem Faschingsball!"
Sjöderbloom dachte einen Moment nach und fragte dann unvermittelt: „Und Sie sind Journalistin?"
„Ja."
„Ein gefährlicher Beruf –", meinte er.
„Wieso?" wunderte ich mich.
Sjöderbloom erwiderte: „Ein lügender Journalist ist gefährlich für die Öffentlichkeit – einer der die Wahrheit schreibt, ist gefährlich für die Regierung und gelegentlich mag es sogar für den der schreibt gefährlich sein."
Er bot mir eine Zigarette an und fuhr fort: „So wundervoll die Erfindung Gutenbergs war – er hat sicher keine Ahnung gehabt, was er mit dem Druck, der Vervielfältigung des geschriebenen Wortes, für eine Büchse der Pandora öffnete."
Da Sjöderbloom schwieg, sagte ich: „Leider muß ich Ihnen in gewissem Grade recht geben. Wenn wir von

den Büchern absehen, so verstehe ich was Sie meinen wohl besser als Leute, die nichts mit der Presse zu tun haben. Wir beginnen gerade, einen Geschmack davon zu bekommen, wie man die Zeitung – also das gedruckte Wort – als Instrument benutzen und mißbrauchen kann."

„Das ist ja nicht neu", stellte Sjöderbloom fest. „Es hat schon öfter in der Geschichte skrupellose Leute gegeben, die sich das zu Nutze machen, wie zum Beispiel Herr Baron von Rothschild."

Ich sah Sjöderbloom fragend an.

„Sie kennen diese Geschichte nicht, Signorina? – Als Napoleon in Waterloo bereits geschlagen war, saß Rothschild in London. Er hatte seinen eigenen Nachrichtendienst und verbreitete über die Presse die Neuigkeit, Napoleon habe gesiegt. Das führte zu einem katastrophalen Sturz an der Börse und gab Rothschild die Möglichkeit, riesige Mengen von Papieren spottbillig aufzukaufen. Als er seine Transaktionen durchgeführt hatte, kam die Wahrheit heraus."

Ich schüttelte den Kopf: „Nein – ich kannte diese Geschichte nicht. Doch wissen Sie, Signore, wenn Rothschild auch sicherlich eine Reihe von Leuten geschädigt, vielleicht sogar arm gemacht hat, so handelte er doch aus egoistischen Gründen und nur für sich. Aber die Nazis?"

„Die Nazis", erklärte er, „kämpfen um Macht. Um Macht zu haben und zu halten, ist jedes Mittel recht."

Als ich darauf nichts zu antworten wußte, fuhr er fort: „In fast jedem Land ist es doch nur eine kleine Gruppe, die die Macht in den Händen hält, ob sich die Staatsform Monarchie nennt oder Republik, ob sie sich kommunistisch oder faschistisch bezeichnet oder behauptet, eine Demokratie zu sein. In Wirklichkeit – mit Ausnahme von den skandinavischen Ländern und der Schweiz – ist

das Volk doch eine Hammelherde, die tut, was von oben her befohlen wird ... alle Lügen schluckt, ohne auch nur einen Moment zu zweifeln."
„Glauben Sie wirklich, daß das ganz allgemein ist?" fragte ich nachdenklich. „Ich dachte immer, das sei typisch deutsch. Schließlich haben wir ja auch das wundervolle Wort vom ‚Kadavergehorsam' geprägt."
Sjöderbloom lächelte: „So weit ich informiert bin, ist es in Amerika auch nicht anders. Pulitzer und Hearst haben mit ihren Lügengeschichten in der Presse den Mexikanischen Krieg entfesselt. – Schade, daß Sie Journalistin sind."
„Warum?"
„Wenn Sie es nicht wären", antwortete er, „würde ich Ihnen sagen: Signorina, glauben Sie kein Wort von dem, was in der Zeitung gedruckt ist. Versuchen Sie, zwischen den Zeilen zu lesen und zweifeln Sie selbst daran noch!"
Ich mußte lachen und erwiderte: „Da Politik nicht mein Ressort ist, will ich Ihre Worte beherzigen, Signore."

30. März 1935

Ich war zwei Tage in Basel, um unser altes Gästebuch dort zur Veröffentlichung anzubieten. Der Erlös sollte auf ein Schweizer Bankkonto gehen, im Falle daß – – –.
Die Eltern hatten das Für und Wider lange mit mir erwogen. Nach dem ich Vater in einem schwachen Augenblick überzeugen konnte, daß es nicht schlecht wäre, in einem Land wie der Schweiz, die bisher immer neutral geblieben und für die das Bankgeheimnis unantastbar ist, eine kleine Rücklage zu haben, erklärte er sich endlich einverstanden. Wir stimmten überein, daß seiner Eltern Gästebuch das geeignetste Objekt sei. Es

enthielt eine Unzahl Namen der Großen in der Welt der Musik, Malerei und Literatur von der Mitte des neunzehnten bis zu Beginn des zwanzigsten Jahrhunderts, mit einigen Noten, Zeichnungen und Gedichten. Es sollte daher von allgemeinem Interesse sein.

Bevor ich mich auf große Fahrt begab, wandte ich mich jedoch an meinen halb französischen Freund und Kollegen Dr. Walter Groß und fragte ihn, ob er mich an irgend jemanden empfehlen könnte?

„Sicher", sagte Walter. „Mein Schwager, Dr. Klotz, ist Redakteur an den ‚Baseler Nachrichten'. Ich werde dich ankündigen. Ruf' ihn nur an, wenn du in Basel bist. Er wird Zeit für dich haben."

In Basel kam ich so früh am Morgen an, daß ich meine Bekannten noch nicht anrufen konnte. Um noch eine Stunde totzuschlagen, setzte ich mich in den Bahnhof und bestellte ein Frühstück. Mein Koffer stand neben mir am Tisch.

Der Kaffee war noch nicht serviert, als sich ein Mann zu mir setzte. Oberflächlich betrachtet wirkte er wie ein harmloser Bürger der Mittelklasse. Unauffällig gekleidet war er weder jung noch alt.

Er machte gar keine Umstände, sondern fragte direkt: „Kommen Sie aus Deutschland?"

„Ja", antwortete ich.

„Bleiben Sie länger hier?" fragte der Fremde weiter.

Ich muß ihn wohl völlig konsterniert angesehen haben. Ich meine, es war mir völlig klar, daß er nicht auf ein Abenteuer aus war. Seine Fragen mußten einen anderen Grund haben. – Bei näherer Besichtigung sah ich seine gut geformte Stirn. Äußerst wache, intelligente Augen schienen durch seine Brillengläser das Fragezeichen hinter meiner Stirne zu lesen.

In beruhigendem Ton sagte er: „Sie brauchen mir nicht zu antworten. Ich wollte Sie nur warnen. Hier laufen nämlich viele Nazi-Spitzel herum. Seien Sie sich dessen stets bewußt, wenn Sie mit einem Fremden sprechen. – Wie kurz oder lange Sie auch immer hier sein mögen – ich wünsche Ihnen eine gute Zeit." Damit stand er auf und ging.

Der Frühlingsmorgen kam mir auf einmal gar nicht mehr so strahlend und sonnig vor.

Leider muß ich sagen, daß meine Baseler Reise offensichtlich unter keinem guten Stern stand.

Dr. Klotz empfing mich sehr freundlich, nachdem Walter Groß mich avisiert hatte. Mit Interesse sah er sich das ganze Gästebuch durch, fand es sehr ungewöhnlich, meinte jedoch, daß es für die Veröffentlichung noch zu früh sei. Vielleicht in 30 bis 50 Jahren ...

Meine Gastgeber waren reizend und führten mich zum Abendessen aus, wobei mir auf einmal klar wurde, daß die deutsche und die schweizer Butter, die deutsche und schweizer Mayonnaise doch sehr verschieden voneinander sind. Sie lachten, weil ich nicht viel essen konnte, und heimgekehrt halfen sie mir mit einem hochprozentigen Zwetsch die Übelkeit zu bekämpfen.

Am nächsten Tag traf ich mich mit meinen Cousinen Thea und Lili. Beide hatten ihren Doktor gemacht. Thea, klein, mit blonden Locken und strahlenden dunkelblauen Augen, ist ein Pulverfaß. – Lili, groß, rotblond mit hellen Augen, etwas farblos, ist der Prototyp der dekadenten Jüdin. Sie hatte Theologie studiert und plant, als Missionarin nach Palästina zu gehen, um kleine Judenkinder zu überzeugten Christen zu machen.

Durch einen Nebel von Übelkeit und Schmerzen wunderte ich mich, was mit unserer Familie verkehrt ist? Ich sah mir Lili von der Seite an, diese blasse lange Figur in ihrem schwarzen Samtkleid, die das Christentum nach Palästina bringen will und dachte an meine Schwester Katherina mit ihrer ewigen Kirchenrennerei. Sollte auch Lili, Mutters Patenkind, Angst vor dem Leben haben und sich in die Arme der christlichen Kirche flüchten wie Katherina? – Wir erörterten jedoch keine derartigen Themen, sondern machten einen vergnügten Spaziergang, wobei ich etwas von Basel sehen sollte. Für meine Cousinen mag es vergnügt gewesen sein; ich dagegen kämpfte gegen eine ständige Übelkeit, hatte starke Schmerzen und ausgesprochene Sehnsucht nach meinem Bett. Aber ich war ja untersucht und geröntgt worden. Mein Blinddarm war gesund. Was sonst konnte es schon sein?

Auf meinem Heimweg teilte ich das Abteil mit einer Frau, einer kleinen zierlichen Jüdin mit rotumränderten Augen, die sich vergeblich bemühte, die Tränenflut zu dämmen. In ihre dunklen Haare schlich sich ein verfrühtes Grau ein. In ihrer Hilflosigkeit erinnerte sie mich an bestimmte Rollen Elisabeth Bergners, die Schauspielerin, die so meisterhaft die Tragik menschlicher Konflikte ausdrückt, – wenngleich zwischen den beiden keine äußere Ähnlichkeit vorhanden war.

Obwohl ich mich so miserabel fühlte, daß ich schon anfing, mir selbst leid zu tun, konnte ich ihre Verzweiflung nicht länger mitansehen und sprach sie an: „Was ist es? Kann ich irgendetwas für Sie tun?"

Als Antwort machte sie eine müde Handbewegung und fing an, völlig hemmungslos zu schluchzen.

Ich fühlte mich hilflos und konnte nichts anderes tun als abwarten.

Schließlich brachte sie heraus: „Ich war zu Besuch – bei – Adolf Busch. Und nun – muß ich wieder zurück – nach Deutschland."

Ich überlegte: „Konnten Sie denn nicht dort bleiben?"

Sie schüttelte den Kopf und eine erneute Flut von Tränen fiel aus ihren Augen.

Ich drängte: „Ist da wirklich keine Möglichkeit, daß Sie

in der Schweiz bleiben? Auch ohne die Hilfe von Adolf Busch?"
„Nein. Ich kann meine Mutter nicht im Stich lassen. – Ich muß zurück – zu meiner Arbeit."
Ich schwieg. Doch plötzlich kam mir eine Idee: „Wenn Sie bei Buschs waren, wird Sie das interessieren!"
Während ich aufstand und den Koffer aus dem Gepäcknetz hob, sagte sie: „O – es war so wundervoll! Die Musik – es war alles wie früher –"
Ich öffnete den Koffer und entnahm ihm das Gästebuch. Mich neben sie setzend, sagte ich: „Sehen Sie hier – das ist ein altes Gästebuch, das meine Großeltern führten."
Nach wenigen Seiten versiegten die Tränen. Sie war völlig abgelenkt und hatte Gelegenheit, sich wieder zu fangen. Während der verbleibenden Stunden unterhielten wir uns. Sie ist Sekretärin im Ullstein-Verlag in Berlin und scheint die Zukunft so klar zu sehen wie ich. Nur – sie hat keinen arischen Vater und erlebte – vielleicht zum letzten Male – in der Schweiz wie es ist, als Mensch zu leben – ohne Angst.

3. April 1935

Vater war ein bißchen enttäuscht über die Ablehnung des Gästebuches, nahm sie jedoch nicht zu tragisch, da er immer noch nicht die direkte Gefahr erkannt hat, in der wir leben und daher auch nicht die Notwendigkeit einer kleinen finanziellen Rücklage im Ausland einsieht.
Über meine körperliche Misere in Basel schwieg ich mich aus.

6. April 1935

Ulrich Reiß fährt jede Woche einmal zum Lehrer-Seminar nach Weilburg, zusammen mit dem Organisten Karl Müller von der Peterskirche. Dort werden Volksschullehrer ausgebildet und von beiden in Musik unterrichtet.
Heute Abend rief Reiß mich an.
Nach der Begrüßung, die mir von seiner Seite etwas unfrei erschien, sagte er: „Lili, Sie haben mir doch erzählt, daß der Bischof von Ermland ein Heim eingerichtet hat für ledige Mütter aus dem Arbeitsdienst?"
„Ja", bestätigte ich.
„Ich war heute in Weilburg und Herr Müller hatte seine Frau mitgebracht. Wir politisierten wie üblich beim Mittagessen. Da hab' ich das auch mit dem Heim erzählt."
Pause.
„Ja und – Ulrich?" fragte ich.
„Frau Müller besuchte eine Bekannte, die dort im Arbeitsdienst ist. Da hat sie die Leiterin vom Arbeitsdienst gefragt, ob das mit dem Heim wahr wäre. Sie könnte das nämlich gar nicht glauben."
Er brach wieder ab und diesmal – ich muß gestehen, mit einigem Herzklopfen – wartete ich.
Er fuhr fort: „Die Leiterin war empört und wollte natürlich wissen, wo sie das her hatte. Da gab Frau Müller meinen Namen an."
„Was?" rief ich entgeistert aus. „Das ist doch nicht möglich!"
„Ja, doch", sagte Reiß.
Wir schwiegen beide einen Moment.
Dann erklang Reiß' Stimme etwas zögernd: „Die Leiterin sagte, daß sie diesem Gerücht nachgehen würde ... und sie würde mich fragen, wer meine Quelle war. ... Was soll ich denn jetzt machen?"

„Wie?“ fragte ich ungläubig. Und nach einem Augenblick fügte ich hinzu: „Wissen Sie das wirklich nicht?“
„Nein – ich meine ...“ Schweigen.
Ich überlegte mir blitzartig, daß dieser gute Freund mich – wenn es hart auf hart ginge – auf jeden Fall verkaufen würde.
„Aber Ulrich“, sagte ich ironisch, „das ist doch ganz einfach! Da ich Ihnen das erzählt habe, geben Sie meinen Namen an.“
„Wirklich?“
„Ja – sicher!“
Auf der anderen Seite der Leitung hörte ich einen Stein zu Boden fallen und Reiß sagte ganz erleichtert: „Dann kann ich also Ihren Namen nennen? Dankeschön! – Also dann – auf Wiedersehen.“

11. April 1935

Von Wolf bekam ich zum Geburtstag den dritten Band der Wassermann-Trilogie, „Dr. Kerkhovens dritte Existenz“. Das Paket kam aus Amsterdam, wo auch das Buch verlegt wurde.
Wir haben's wirklich weit gebracht, daß namhafte Schriftsteller nicht einmal mehr in ihrer Heimat gedruckt werden können. Wenn das Buch wenigstens politisch wäre ... es genügt allein, daß sein Verfasser Jude ist. –
Ich war übrigens nach meiner Rückkehr aus Bayern noch einmal in der ‚Schillerhof-Buchhandlung‘, um mir eines der Bücher zu kaufen, die hier bald nicht mehr erhältlich sein werden. Leider kam ich zu spät. Der Buchhändler, dessen Augen ängstlich suchend nach rechts und links schauten, flüsterte mir zu, daß die Gestapo inzwischen bei ihm gewesen sei und die Kiste mit den

unerwünschten Büchern im Keller entdeckt habe. Sie habe sie beschlagnahmt und mitgenommen.

15. April 1935

Durch meine Tätigkeit in der Presse und durch Karl geschult, machte ich gar nicht den Versuch, mich in Bezug auf Reiß und den Arbeitsdienst in Optimismus zu wiegen. Meine Nächte waren etwas ruhelos. Natürlich zog es mich mit allen Fasern zu Karl, um von ihm Hilfe und Rat einzuholen. Aber das hatte Zeit. Für den Augenblick machte ich meine Pläne und wartete – wartete, bis die Post mir gegen Mittag eine Vorladung zur Landesleiterin des Weiblichen Arbeitsdienstes Gau Hessen-Nassau brachte, deren Sitz in der Ortskrankenkasse ist.

Vater hatte am Abend sein monatliches Treffen im Verein für Handel, Industrie und Wissenschaft.

Nachdem er das Haus verlassen hatte, ging ich zu Mutter: „Ich habe etwas mit Katherina zu besprechen und möchte gerne, daß du dabei bist."

Wir betraten Katherinas Heiligtum mit dem Weihwasserpott neben der Türe und einem Kruzifix an der weiß getünchten Wand. – Katherina bot mir einen Sessel an.

„Danke", sagte ich und blieb stehen, während sie mit Mutter auf einem kleinen Sofa Platz nahm.

„Sag' mal Katherina – du hast uns doch vor einiger Zeit einmal von den Heimen für ledige Mütter aus dem Arbeitsdienst erzählt, die der Bischof von Ermland in seiner Diözese in Ostpreußen eingerichtet hat?"

„Ja", sagte Katherina.

„Ich habe das Freunden weitergegeben und bin denunziert worden."

„Um Gottes willen!" rief Katherina aus und sprang auf, während Mutter völlig entgeistert sitzenblieb.

,,Nun reg' dich mal nicht auf", sagte ich. ,,Es ist ja bis jetzt noch nichts passiert."
,,Aber wer hat dich denn denunziert?" wollte sie wissen.
,,Das ist ja im Augenblick unwichtig. Überlege dir mal: Wer hat denn diese Geschichte in die Welt gesetzt?"
,,Einer unserer Hilfspfarrer. Ich weiß nicht mehr welcher es war. Er hat öffentlich an einem Mütterabend die Mütter gewarnt, sie auf die Gefahren für ihre Töchter im Arbeitsdienst hingewiesen und nannte als Beispiel das Heim in der Diözese Ermland in Ostpreußen."
,,Katherina", sagte ich, ,,weißt du positiv, daß das gesagt worden, und daß es wahr ist?"
,,Ja. Er sollte die Mütter warnen über die Gefahren, die der Arbeitsdienst für ihre Töchter bedeutet. Ich war an dem Abend nicht anwesend. Aber Pfarrer Schaller erzählte mir am nächsten Morgen davon, und ich wurde wiederholt in der Sprechstunde von Müttern über diese Ledigen-Mütter-Heime befragt."
Nach kurzem Nachdenken fragte ich noch einmal eindringlich: ,,Du bist also überzeugt, daß dies gesagt worden, und daß es die Wahrheit ist?"
Katherina antwortete ohne Zögern: ,,Ja, bestimmt!"
Ich ging im Zimmer auf und ab und sagte dann: ,,Denkst du, daß es unter diesen Umständen schwierig ist, festzustellen, wer diese Warnung gab? Ich habe eine Frist von nur zwei Wochen gestellt bekommen."
Katherina schwieg.
Mutter, die mit Ungeduld unserem Gespräch folgte, konnte sich nicht mehr zurückhalten und sagte: ,,Lilichen – was ist denn eigentlich geschehen?"
Dem Drängen nachgebend, erzählte ich, was passiert war. Zuerst waren sie empört über Frau Müller, ,,diese gemeine Person!"

Es war lächerlich, aber ich versuchte diese dumme Kuh zu verteidigen: „Frau Müller hat gar nicht begriffen, um was es ging. Sie wollte niemanden hereinlegen. Sie scheint nur bohnenstrohdumm zu sein; außerdem ist sie die typische Deutsche, die an höherer Stelle beweisen mußte, wie deutsch sie ist, daß sie solch einer Verleumdung gar keinen Glauben schenken konnte."
Das nächste Opfer von Mutters und Katherinas Zorn war Reiß.
„Ich gebe zu, Reiß ist ein Schwächling. Es scheint sich bei ihm um einen typischen Fall von ‚Deutschem Mann' zu handeln", erwiderte ich. „Aber vergeßt nicht – er ist so gut wie verlobt mit einer Jüdin, und ich will nicht, daß Myriam mit hereingezogen wird. – Mein Fehler war, daß ich nicht auch meinen Freunden gegenüber das Mißtrauen aufbrachte, daß du heute jedem Deutschen gegenüber haben mußt."
Mutter sprach auf und rief entrüstet: „Aber Lilichen! Du übertreibst immer gleich so maßlos! Unseren Freunden können wir trauen. Du kannst doch nicht das Kind mit dem Bade ausschütten!"
Nebelhaft erschien vor meinen inneren Augen wie ein Gespenst das haßverzerrte Gesicht von Frau Gräber: ‚Klemperer hätte sich das Genick brechen sollen – weil er ein Jud ist!' – Mutters Vorwurf ignorierend sagte ich: „Also Katherina – sei so gut! Morgen abend möchte ich wissen, wer das öffentlich ausgesprochen hat. Und noch eines – für den Augenblick laßt Vati verschont mit der ganzen Geschichte."
Am nächsten Abend, während Vater noch über seinen medizinischen Zeitschriften saß, waren wir wieder in Katherinas Zimmer versammelt. Sie hatte bis jetzt trotz aller Bemühungen nicht ausfindig machen können, wer an jenem Mütterabend die Frauen gewarnt hatte. Es war ihr einfach unmöglich –. Aber ich sollte einmal zu Pfarrer XYZ im Marienkrankenhaus gehen. Vielleicht

wußte er etwas. Wenn nicht, könnte er mich zum mindesten beraten, denn er ist in derartigen Dingen sehr erfahren.
Für den Augenblick sollte Katherina nicht erwähnt werden. Ich werde erst einmal der Vorladung Folge leisten, und dann würden wir weitersehen.

27. April 1935

Inzwischen war ich bei dem Pfarrer XYZ im Marienkrankenhaus. Er bestritt nicht, von solchen Heimen zu wissen. Es war jedoch staunenswert für mich festzustellen, daß er sich nach bestem Wissen und Gewissen nicht erinnern konnte, wer das jemals gesagt haben sollte. Da waren Warnungen an Mütter gegeben worden über die Gefahren des weiblichen Arbeitsdienstes und auf diese Heime für ledige Mütter hingewiesen worden. Unzweifelhaft – er hatte davon Kenntnis, nur gehörte es nicht zu seinem Aufgabenbereich. Die Namen – ? Er hatte sich nicht dafür interessiert. Er war ehrlich betrübt, mir nicht helfen zu können und schloß seine salbungsvolle Rede mit dem Vorschlag, ich solle an den Caritasverband in Freiburg schreiben. Vielleicht könne ich von dort eine Bestätigung bekommen und wäre damit entlastet. Falls ich die Antwort nicht rechtzeitig erhielte, so sollte ich doch bei der Vorladung jetzt die ganze Angelegenheit bagatellisieren und so tun, als ob das eine ganz bekannte Tatsache sei, die die Spatzen von den Dächern pfiffen.
Gestern war nun der große Tag. Ich fuhr zur Ortskrankenkasse in Sachsenhausen. Ich will gar nichts beschönigen: Ich war aufgeregt und hatte ganz primitiv Angst. – Dieser Verein sitzt in einem oberen Stockwerk. In der Aufregung fand ich die Treppe nicht und mußte den Paternoster nehmen, vor dem ich mich fürchtete. Machen

wir uns nichts vor: Zur Heldin bin ich nicht geboren!
Und dann saß ich der ,,Landesmutter" gegenüber, eine sehr kompakte, arische Angelegenheit, umgeben von zwei Sekretärinnen, die vor Ehrfurcht fast am Boden krochen und wohl in meinem Falle hauptsächlich als Zeuginnen fungierten.
Nachdem meine Personalien aufgenommen waren, fingen die Fragen an: Meine Beziehungen zu Reiß und Müllers. Ob noch andere Leute anwesend waren als ich Reiß von den Heimen erzählte?
Nein, wir waren ganz allein. (Wir waren wie üblich zu sechst.)
Von wem ich das Gerücht erfahren hatte?
Das wußte ich nicht mehr.
Wirklich nicht?
Nein.
Ich sollte mal darüber nachdenken!
,,Es tut mir leid, aber ich kann mich wirklich nicht erinnern – und es wundert mich, daß Sie noch nichts darüber gehört haben. Das pfeifen doch die Spatzen von den Dächern!"
Die ,,Landesmutter" traf bald der Schlag. Mit der Feststellung, daß ich weiteres hören würde, wurde ich entlassen mit dem Gruß ,,Heil Hitler!"
Ich machte eine schweigende Verbeugung.

4. Mai 1935

Hanns Schrader rief mich an und fragte, ob ich bereit wäre, mit ihm zu Erichs Eltern zu gehen? Natürlich sagte ich ja!
Erich Kohlhöfer, ein Freund Schraders, ist Kommunist wie seine Brüder Alwin und Paul. Erich und Alwin sind Berufsmusiker, Paul ist Schriftsteller. Erich ist der

kleinste und physisch zarteste von ihnen. Er war vor einiger Zeit wegen irgendwelcher kommunistischer Umtriebe verhaftet worden; ich glaube, er hatte Flugblätter angeklebt. – Was nach seiner Verhaftung im einzelnen mit ihm geschah, werden wir wohl nie erfahren. Die Tatsache jedoch ist, daß er so grauenhaft gequält wurde, daß er schließlich die Namen seiner Brüder und einiger Freunde verriet. Sie landeten alle im Zuchthaus mit Ausnahme von Paul, einem kranken Mann, der gerade einmal wieder in einer Lungenheilstätte war.
Schrader war über das Geschehene zutiefst betroffen und ich will – was immer die Zukunft bringen mag – Freunde wie Schrader und manche andere nie vergessen, die weder rassisch noch politisch verfolgt sind, aber aus rein menschlichem Gefühl für Gerechtigkeit und Menschenwürde zu ihren weniger glücklichen Freunden halten, selbst auf die Gefahr hin, persönlich in Schwierigkeiten zu geraten. Denn wer kann wissen, ob Kohlhöfers Elternhaus nicht überwacht wird, um festzustellen, wer dort ein- und ausgeht?
Vater Kohlhöfer ist Schuster, ein kleiner Handwerker, ein Philosoph; vergrämt, versorgt, aber trotz allem, was nun über ihn hereingebrochen ist, nicht bereit, sich und seine politische Überzeugung beugen zu lassen. Die Mutter, eine warmherzige, fürsorgliche Frau, die gleich für uns Kaffee kochte, stimmte kein Klagelied an oder vergoß Tränen. Natürlich machen sie sich unbeschreibliche Sorgen um ihre Söhne, besonders um den sensiblen Erich, der wohl mehr leidet unter dem erzwungenen „Verrat" als unter der Tatsache, im Zuchthaus zu sitzen. Sie schätzten es, daß wir zu ihnen gekommen waren, und wir fühlten die unausgesprochene Bitte: „Helft unserem Erich, wenn er wieder heraus ist."
Alwin würde die Haft überstehen wie seine Freunde und so viele Unbekannte, die sein Schicksal teilten. Aber Erich wird für den Rest seines Lebens mit einem

Schuldgefühl belastet sein – ein unschuldiger Schuldiger.

16. Mai 1935

Vor zwei Tagen erhielt ich die Vorladung von der Gestapo zum 20. Mai.
Mutter und ich suchte am Abend Katherina in ihrem Zimmer auf. Sie erklärte gleich, daß sie beim besten Willen nicht eruieren konnte, wer die Geschichte in die Welt gesetzt haben sollte. Sie war nahezu hysterisch, als sie auf mich zukam: ,,Löwe –" (ihr Kosename für mich) ,,du kannst mir glauben – es ist wahr: jeder Mensch weiß von der Geschichte – von den ledigen Mütterheimen, aber niemand kann mir sagen, welcher Pfarrer an diesem Abend die Mütter gewarnt hat."
Ihre Stimme fing an zu zittern und stieg wesentlich in der Tonlage als sie hinzufügte: ,,Du kannst doch sagen, daß ich es dir erzählt habe! Du kennst ja auch gar keinen von diesen Pfarrern. Was wollen sie denn von dir?" Nun überschlug sich ihre Stimme fast: ,,Dann muß ich eben ins Gefängnis!" Sie heulte beinahe.
Mutter stand hilflos und etwas versorgt zwischen uns.
,,Ich möchte vorschlagen – ", sagte ich und beide sahen mich erwartungsvoll an, ,,daß wir diese Angelegenheit einmal weniger gefühlvoll aber dafür sachlicher überlegen."
Ich hob abwehrend die Hand: ,,Um Himmels willen Katherina – sei nicht so theatralisch! – Wir müssen uns über eines klar sein: Unsere Familie ist bereits belastet wegen der Geschichte mit Vater; ihr erinnert euch doch der Aufregung mit seinem Assistenzarzt, der in Uniform zur Visite kam. Wir werden also möglicherweise schon irgendwo in einer Liste geführt. Nun ist mein

Name in den Akten.“ Ich wandte mich an beide: „Glaubt ihr wirklich, daß wir uns einen Gefallen damit tun, wenn Katherina nun als Nummer drei in Erscheinung tritt? Ich bin viel mehr der Überzeugung, daß wir dich ganz draußen lassen sollen, nachdem ich nun schon so weit in der Suppe bin.“

Katherina atmete erleichtert auf. Sie meinte zwar noch zögernd: „Ich habe euch das doch aber erzählt – –“

Etwas am Ende meiner Geduld ging ich auf sie zu: „Du weißt nicht, wer es gesagt hat – – nach deiner Darstellung weiß ja scheinbar niemand, wer es gesagt haben könnte. So ist es doch klar, daß es an mir hängenbleibt. Wenn ich nun den Mund auftue und sage, daß ich es von dir habe, daß du es erzähltest als wir beim Abendessen zusammensaßen, dann ... sind wir alle drin. Jeder von uns kann es weitererzählt haben. Wir sind alle verdächtig, und du und ich bringen nur Vater und Mutter noch mit in die ganze Misere hinein.“

„Sie hat recht“, warf Mutter zu meinem Erstaunen ein. „Also – dann ist es klar: Ich weiß nicht, von wem ich diese Geschichte gehört habe. Und, Katherina, mach’ um Himmels willen keinen Blödsinn! Du hast überhaupt nichts damit zu tun!“ Nachdem kein Widerspruch mehr erfolgte, setzte ich noch hinzu: „Was wir nicht umgehen können ist, daß wir nun doch mit Vater sprechen müssen.“

Wir marschierten die Treppe hinunter und gingen ins Eßzimmer, in dem Vater allein an dem großen runden polierten Tisch saß, rechts von ihm ein volles und ein leeres Glas und eine Weinflasche. Seine Hände legten automatisch die Patience Karten, während sich seine Gedanken offenbar mit einem ganz anderen Problem befaßten. – Wir setzten uns schweigend zu ihm.

„Bärchen“, rief Mutter leise aus.

Seine großen Augen sahen uns an; er schien uns jetzt erst wahrzunehmen. „Ja, Liebes?“

„Wir müssen etwas mit dir besprechen ...", sie blieb stecken.
„Ja?" fragte er halb zerstreut. „Was ist es denn?"
„Ich bin das Karnickel, Vati", sagte ich in leichtem Ton.
„So?" sagte er ernsthaft.
„Ja", fuhr ich mutig fort. „Ich bin da in eine etwas dumme Geschichte geraten. Ich habe etwas Politisches gesagt und bin denunziert worden."
„Ach Herrje", sagte Vater, „was hast du denn gesagt?"
Ich erzählte ihm kurz was passiert war, ohne jedoch die erste Vernehmung beim weiblichen Arbeitsdienst zu erwähnen.
Er schüttelte den Kopf: „Und woher weißt du, daß du denunziert worden bist?"
„Ich habe eine Vorladung vor die Gestapo bekommen."
„Hmhm." Er überlegte sich das, während unser aller Augen an ihm hingen. „Scheußliche Geschichte" sagte er fast unwillig mehr zu sich selbst. „Aber Kind – mach' dir mal keine unnötigen Sorgen. Es wird nichts so heiß gegessen, wie es gekocht wird."
(O Väterchen! Bei den Nazis wird noch viel heißer gegessen als gekocht wird. Du hast nur noch nichts mit derartigen Leuten zu tun gehabt, die dir das bestätigen können.)
Gestern waren wir sechs vom ‚Club der verlorenen Seelen' verabredet. Ich rief Reiß an und veranlaßte ihn, eine halbe Stunde früher zu kommen, damit wir uns erst alleine sprechen könnten.
Er sagte: „Ich wollte Sie schon anrufen. Ich habe nämlich heute eine Vorla—"
Ich unterbrach ihn barsch: „Wir sehen uns ja."
Anscheinend hatte es sich noch nicht bis zu ihm herumgesprochen, daß Telephongespräche von Verdächtigen abgehört werden.

Reiß und ich trafen uns zur vereinbarten Zeit am frühen Nachmittag in der Hauptwache, in einer ihrer ruhigsten Stunden.

„Sie wollten mir sagen, daß Sie eine Vorladung zur Gestapo bekommen haben?" eröffnete ich das Gespräch.

„Ja", sagte er völlig verblüfft. „Woher wissen Sie das?"

„Weil ich auch eine bekommen habe."

„Was machen wir denn jetzt?", fragte er ganz hilflos.

„Wieso ‚wir'? Sie brauchen sich doch darüber nicht aufzuregen. Sie sagen, daß ich Ihnen das erzählt habe, und damit sind Sie aus der ganzen Sache heraus."

„Aber wenn sie mich fragen, woher Sie das haben?"

„Woher ich das habe? Wie sollen Sie das wissen?... Ulrich – lassen wir da keine Unklarheiten aufkommen: falls ich Ihnen je gesagt haben sollte woher ich das habe, so war das eine Lüge, die Sie längst vergessen haben. Sie haben dieses Gerücht von mir gehört. Punkt. Wenn Sie darüber hinausgehen, verspreche ich Ihnen, daß ich Sie auffliegen lasse. Das könnte ich nämlich immer noch tun. An Ihrer Stelle würde ich mir lieber mal den Kopf zerbrechen, was Sie antworten, wenn Sie gefragt werden warum Sie es weitererzählt haben. Welche Absicht verfolgten Sie damit?"

Er sah mich völlig verdonnert an.

„Und", setzte ich hinzu, „falls das Verfahren weitergeht, womit wir rechnen müssen, bleiben Sie bei dem, was Sie der Gestapo erzählen. Nur keine Widersprüche! Erzählen Sie immer die gleiche Geschichte!"

Wir versuchten die übrige Zeit, bis die anderen kamen, mit leichter Konversation auszufüllen, was nicht ganz glücken wollte. Die alte Unbefangenheit war zerstört – eine Abkühlung war an ihre Stelle getreten.

Nach einer Weile kam Kreutzer, wie mir schien ein bißchen befangen, und entschuldigte seine Freundin, die gerade in ein chemisches Experiment verwickelt war, von dem sie nicht fortkonnte. Myriam, die fast gleichzeitig mit Dr. Goldschmidt erschien, war warmherzig und natürlich wie immer. Ich hatte das Gefühl, daß Reiß mit Kreutzer gesprochen hatte, und daß außer Dr. Goldschmidt alle im Bilde waren, denn er begrüßte uns freudig harmlos und anscheinend voller Unternehmungslust.
Dann sah er sich erstaunt im Kreise um: ,,Ist etwas nicht in Ordnung?"
Betretenes Schweigen antwortete ihm.
Schließlich sagte ich: ,,Ulrich hat eine Geschichte, die ich hier in unserem Kreise erzählte – über die Heime für die ledigen Mütter aus dem Arbeitsdienst – weiterkolportiert, sie anscheinend sehr unzuverlässigen Leuten erzählt, und ich habe eine Vorladung zur Gestapo erhalten."
Goldschmidt war für einen Moment sprachlos. Dann wandte er sich an Reiß: ,,Reiß – ?!"
Ich hatte das beklemmende Gefühl, das Mißtrauen in unserem Kreis berghoch aufwachsen zu sehen.
,,Reiß?" sagte Dr. Goldschmidt ein zweites Mal, ,,ist das wahr?"
Reiß nickte verlegen.
Goldschmidt war konsterniert. Nach einigem Zögern fragte er mich: ,,Aber wieso brachte man Sie mit herein, wenn Reiß das kolportierte?"
Die Hauptwache füllte sich. Die Tische neben uns wurden besetzt.
Ich legte das Geld für den Kaffee auf den Tisch und griff nach meinen Handschuhen: ,,Entschuldigen Sie, Herr Doktor, ich glaube, wir können das hier nicht weiter erörtern. Es kommen bereits zu viele Leute. Und ich denke, dieses Treffen ist das Ende unseres schönen Bei-

sammenseins. So wie die Dinge liegen fürchte ich, daß wir eine etwas gefährliche Kombination darstellen", und ging.

22. Mai 1935

Auf der Gestapo klopfte ich an die Türe mit der Nummer, zu der ich vorgeladen war. Ich hatte das Zimmer noch nicht richtig betreten und konnte das Gesicht des Beamten kaum erkennen, da er mit dem Rücken gegen das helle Fenster saß, als eine bekannte Stimme fragte: „Was haben Sie denn da für einen Mist gemacht, nenenene?"
„Herr Gabbusch!" rief ich erleichtert aus.
Wir schüttelten die Hände. Er war inzwischen von der Kriminalpolizei zur Gestapo versetzt worden wie so viele andere Beamte, die zum Teil nicht einmal Mitglieder der Partei waren.
„Was haben Sie denn mit dem Reiß gehabt?" wollte er wissen.
„Gar nichts", erwiderte ich. „Eine ganz harmlose Freundschaft."
„Na, ne schöne Freundschaft, wissen Se! nenene ne."
Er fragte mich kreuz und quer. Schließlich sagte er: „Zu dumm, daß Sie nicht mehr wissen, woher Sie das haben!"
„Wirklich Herr Gabbusch – Ihnen würde ich's ja im Vertrauen sagen –. Aber Sie wissen, wie das so geht bei den vielen Menschen, die ich treffe."
„Ja, das verstehe ich." Er sah mich lauernd an: „Fräulein Schroeder – wir sind nicht ganz so uninformiert wie Sie annehmen – nenenene. Sie haben nichts mit den katholischen Kreisen zu tun, das wissen wir. Aber Ihre Schwester ist umso aktiver. Sie ist Katholikin. Und

diese Brunnenvergiftung kommt aus katholischen Zirkeln. Sie haben das von Ihrer Schwester erfahren! – Denken Sie mal scharf nach."
„Meine Schwester!" rief ich in äußerster Verblüffung. „Ausgerechnet!", ich fing an zu lachen: „Diese alte Betschwester! Nein Herr Gabbusch ... das wäre der letzte Mensch, für den ich die Kastanien aus dem Feuer holen würde!" endete ich mit Überzeugung.
„Hmmm", machte Gabbusch. „Ich würde Ihnen ja gerne helfen" meinte er nachdenklich, „schon weil wir uns so lange kennen. Wenn Sie nur das mit den Spatzen auf den Dächern nicht gesagt hätten, nenene – "
Die Vernehmung schien beendet und während ich mich erhob, fragte ich: „Und wie geht das nun weiter?"
„Ich versuch' mein Bestes, aber ich muß es an den Assessor zur Bearbeitung weitergeben, nenene. Ich wünsch' Ihnen alles Glück – Sie können's brauchen."
Ich war schon in der Türe, als er sich plötzlich des Deutschen Grußes erinnerte.
„Heil Hitler!" rief er stramm.
Ich winkte ihm zu und schloß leise die Türe.

3. Juni 1935

Sjöderbloom und ich treffen uns nun regelmäßig. Gelegentlich haben wir ein gemütliches Abendessen bei ihm zu Hause.
Vor einiger Zeit fragte er mich, ob ich auch andere Sachen schriebe als für die Zeitung?
„Ja", antwortete ich, „ich habe einige Kurzgeschichten geschrieben."
„Haben Sie sie irgendwo eingesandt?" fragte er weiter.
„Nein, sie liegen in meiner Schublade."

„Würden Sie sie mir wohl einmal zu lesen geben, Signorina?"
So hatte ich ihm das letzte Mal ein Manuskript mitgebracht. Meine Geschichte gefiel ihm, und wir unterhielten uns länger darüber.
Nach einer Weile fragte er: „Ist Dr. Fränkel nicht Ihr Nachbar?"
„Ja. Haben Sie auch von dem Verfahren gehört?"
„Eine schauderhafte Sache", meinte Sjöderbloom.
„Er tut mir so unbeschreiblich leid!"
„Wer?" wollte Sjöderbloom wissen, „der Vater oder der Sohn?"
„Ach" sagte ich mit einer Handbewegung, „Gert windet sich da schon heraus. Aber Dr. Fränkel – !"
„Wie lange sind Sie eigentlich schon Nachbarn?"
„Ewig", antwortete ich. „Als die Stadt meinem Vater das Grundstück zur Pacht anbot, war es ihm zu groß. Fränkels nahmen die Hälfte, und wir bauten gleichzeitig und zogen gleichzeitig ein, 1914, als mein Vater bereits an der Front war. Wenn irgendetwas nicht funktionierte, wie das ja bei neuen Häusern immer ist, kam Dr. Fränkel zur Hilfe."
„Und was ist mit dem Sohn?"
„Signore – ich weiß das nur aus nicht für meine Ohren bestimmte Unterhaltungen zwischen meinen Eltern, durch Dienstbotenklatsch – und jetzt durch die Zeitung. So weit mir bekannt ist waren Fränkels, die nebenbei getaufte Juden sind, viele Jahre kinderlos verheiratet. Dann plötzlich wurde Gert geboren – das Abbild des arischen Hausfreundes."
Sjöderbloom lachte: „Das sind die Tücken der Natur. – Aber Fränkel muß das doch auch gesehen haben?"
„Was sich hinter den vier Wänden ihres Hauses abgespielt hat, ist uns nicht bekannt. – Nun lebt in unserer nächsten Nachbarschaft ein Major a.D. mit drei Töchtern, die alle ein ziemlich lockeres Leben führen – ein-

schließlich des Herrn Papa. Gert hat mit seinem guten jüdischen Blut das edle arische Blut der einen Majorstochter geschändet. Sie war abends bei ihm. Da es dunkel war, brannte Gert Licht, hatte aber weder die Vorhänge noch die Läden geschlossen. Nur ein Dienstbote oder Chauffeur von gegenüber kann von einem Mansardenfenster aus in sein Zimmer im ersten Stock gesehen haben und hat ihn denunziert. – Bei der Vernehmung sagte Gert, er habe sich immer nur für einen Halbjuden gehalten, da ihm zu Ohren gekommen sei, daß Dr. Fränkel gar nicht sein Vater ist. So mußte der arme Fränkel aussagen, daß ihm der Fehltritt seiner Frau bekannt war. Er habe ihr aber vergeben und Gert als seinen Sohn anerkannt."

Sjöderbloom schüttelte den Kopf: „Ist denn das nicht fürchterlich, Signorina?"

„Es ist unbeschreiblich!" erwiderte ich. „Wissen Sie, jetzt, nach über zwanzig Jahren noch einmal diese ganze Demütigung erneut durchleben zu müssen und auch noch mit vollem Namen durch die Zeitungen gezerrt zu werden ..."

Sjöderbloom schwieg und zog nachdenklich an seiner Zigarette: „Ist es nicht erstaunlich Signorina, was ein Mann innerhalb so kurzer Zeit aus einem Volk machen kann? Bedenken Sie doch nur – in anderer Leute Fenster gucken und dann zu einer Behörde laufen und sagen: Nun hört nur mal, was ich gesehen habe!"

Wir schwiegen beide eine Weile, während unser Zigarettenrauch sich vermischte und gemeinsam in dem hohen Raum zur Decke schwebte. In der großen Stille hörte man nur die gleichmäßigen Atemzüge Bonzos, der schlafend zwischen unseren Füßen auf dem Teppich lag.

Offenbar am Ende einer langen Gedankenkette sagte Sjöderbloom plötzlich etwas amüsiert in seiner leisen unaufdringlichen Art: „Ich glaube, ich habe Frau

Steinbach damals an jenem Kammermusikabend, als ich über die Hexenverbrennung sprach, ziemlich erschreckt. Und doch – je länger ich mir dieses Dritte Reich ansehe und je mehr mir einzelne Fälle zu Ohren kommen, um so mehr empfinde ich es, als ob wir eine Renaissance des Mittelalters erlebten."
Ich drückte meine Zigarette im Aschenbecher aus und sah ihn fragend an.
„Sehen Sie nicht die Parallelen, Signorina? Im Mittelalter waren es die Kirchenfürsten, die willig ihre Türen und Ohren öffneten für die Denunzianten, die ihnen ihre Entdeckungen in bezug auf Hexen, den Antichrist und Succubus mitteilten. Heute halten die Behörden die Türen auf für jeden, der ihnen etwas zutragen will über Staatsfeinde, Rassenschänder, Kommunisten oder Juden." Er schwieg wieder.
Ich nickte: „Sie haben recht – von dieser Seite habe ich es noch gar nicht gesehen. Aber es stimmt; es ist eine Wiederholung. Anscheinend führen die Machtvollen nur einen anderen Titel – das Volk ist immer das gleiche –"
Sjöderbloom sah mich mit einem fast anerkennenden Blick an: „Genau das ist es, was ich meinte." Nach einer kurzen Pause fragte er: „Signorina – haben Sie sich einmal überlegt was einen Despoten macht – einen Diktator?"
Ich zögerte die Antwort hinaus, indem ich einen Schluck Wein trank und sagte dann: „Ich glaube, es ist eine Kombination von mehreren Dingen –"
„Welchen?"
„Ich denke, es bedarf einer strengen, willenstarken Persönlichkeit – und die Zeit muß reif sein für ihn. Ich bin zum Beispiel der Überzeugung, daß – wäre Deutschland nicht in einer solchen Misere gewesen, hätten wir nicht eine solche Ansammlung von Versagern gehabt – Hitler hätte es nie schaffen können."
Während das entwaffnende Lächeln auf seinem Gesicht

erschien sagte er: „Die Antwort ist nicht ganz befriedigend."
„Wieso, Herr Professor?'
Wir lachten; doch er wurde sofort wieder ernst: „Signorina – ein Despot wird gemacht von Denunzianten."
„Wirklich?" fragte ich erstaunt.
„Überlegen Sie doch einmal: in einem normalen gesunden Staat braucht man keine Denunzianten. Im Dritten Reich – oder in jeder Diktatur – spielen die Denunzianten dem Diktator die Waffen in die Hand, mit denen er sein Schreckensregiment führen kann, die Waffen, jeden Gegner stets in Angst und Furcht zu halten."
Ich nickte.
„Und noch eines, Signorina", fuhr Sjöderbloom fort: „Fallen Sie nur nicht auf die Geschichte von dem Genius Hitler rein. Ich halte Hitler für gar keine Persönlichkeit. Meiner Ansicht nach ist der geistige Leiter, der spiritus rector, Dr. Joseph Goebbels. Hitler ist eine Kombination dieses häßlichen kleinen dunkelhaarigen Mannes mit dem Klumpfuß, dem viel zu großen Mund und dem überragenden Intellekt – plus Göring, dem großen, gut aussehenden nordischen Mann mit seiner ausgesprochenen Liebe für Prunk – und dem gefährlichen, kaltblütigen Henker Himmler. Diese drei und die anderen derzeitigen Parteigrößen stoßen ihn in immer größere Höhen. – Auf der anderen Seite steht der kleine Mann, der kleine Gemüsehändler, der unterste Beamte, der nur die Volksschule absolviert hat. Sie alle fühlen sich ihrem Führer so nahe und verwandt. Praktisch ist er doch einer der Ihren. Er denkt und handelt, wie sie in der gleichen Situation denken und handeln würden. Und so entstehen alle diese kleinen machtvollen Hitlers, die ihre Mitmenschen unter einer grausamen Fuchtel halten. Aber weil er der Erste war, erheben sie ihn zu ihrem Idol; sie umgeben ihn mit solchem Mythos und

vergöttern ihn mit einem derartigen Kult, daß die Gefahr besteht, daß die Hysterie der kleinen Hitlers sich in eine Massen-Autosugestion der ganzen Bevölkerung auswächst."
Er schwieg während ich versuchte, mir noch einmal die fanatischen Massen zu vergegenwärtigen, die ich bei Aufmärschen erlebt hatte. Das übersetzt auf die ganze Bevölkerung ... Ich sagte laut: „Das klingt ebenso logisch wie beängstigend."
Nach kurzem Nachdenken meinte Sjöderbloom: „Bis jetzt kann ich dieses Phänomen noch unbeteiligt beobachten. Wie lange allerdings unbeteiligt ..." Er beendete den Satz nicht.

4. Juni 1935

Seit Monaten erschien einmal in der Woche in der Briefkasten-Seite des ‚General-Anzeiger' mein zwei-, manchmal dreispaltiger Kasten mit „Wie werde ich –"
Eines Tages sagte Peters: „Mäderl, sag' mal, was glaubst' denn über wie viele Berufe du noch schreiben kannst, bevor du zu den Akademikern kommst? Weißt' – ich hab' mir das überlegt und hab' hier mit jemandem gesprochen. Ich glaub', da wäre eine Möglichkeit, daß du in unserer Berliner Redaktion eine Stelle bekommen könntest – offiziell als Sekretärin. Tatsächlich könntest du dort journalistisch arbeiten. Natürlich nicht unter deinem Namen." Er sah mich fragend an und blinzelte nervös.
„Glaubst du wirklich, daß das möglich wäre?" fragte ich atemlos, „daß ich in Berlin wieder journalistisch arbeiten könnte?"
Er sah auf seine Hände, die gefaltet vor ihm auf dem Schreibtisch lagen, während um seine feinen Lippen ein Lächeln spielte: „Es ist möglich. Wie gesagt – offiziell

würdest du als Sekretärin eingestellt. Das würde die Leute in Berlin befriedigen. Und hier – wer kann denn genau feststellen, wer unsere Berliner Berichterstatter sind?"
„Peterlein – ich würde dir am liebsten um den Hals fallen!"
„Das kannst' aber nicht – mit all den Stenotypistinnen hier. Die könnten's meiner Frau erzählen!"
Dann fragte ich praktisch: „Wann soll ich gehen?"
Er meinte, ich solle Ende Juni fahren. Selbst wenn es wegen der Leute, die in Urlaub sein werden, nicht gleich klappte, könnte ich mich inzwischen mit Berlin vertraut machen.
Die Eltern nahmen das Berliner Angebot mit gemischten Gefühlen auf. Auf der einen Seite waren sie froh für mich, daß ich augenscheinlich eine Chance habe, beruflich wieder auf die Füße zu kommen. Auf der anderen Seite – ich bin doch noch so jung und Berlin eine so verwirrende Weltstadt! Schließlich gaben sie jedoch ihren Segen.

26. Juni 1935

Das große Abschiednehmen hat für mich begonnen. Siegrid ist so viel wie möglich mit mir zusammen und begleitet mich mit ihrem Hund Kai bei meinen Besorgungen.
Willi Becher kam eines Nachmittags zu mir; ein Besuch, den ich nie erwartet hatte. Mit gemischten Gefühlen wollte er mir Glück wünschen. Er war deprimiert.
„Willi", sagte ich, „laß dich um Himmels Willen nicht unterkriegen. So lange wir noch Freunde haben wie Karl und den Dicken (Gerhard Straube), werden wir nicht untergehen. Glaub' nicht, daß ich in's Paradies reise! Bis jetzt habe ich ja keinen Vertrag."

Nach kurzem Nachdenken meinte er: „Du als Frau wirst das kaum verstehen können – – "
„Was Willi? Daß du nicht mehr so verdienst wie früher? Und teilweise von deiner Frau abhängst?"
Er nickte.
„Sie tut es bestimmt gerne und es ist ja nicht für ewig."
„Woher willst du das wissen?" fragte er deprimiert.
„Weil ich es weiß. Ich kann dir nicht erklären wieso – ich weiß es einfach und dieses Wissen trägt mich weiter von einem Tag zum andern."
Er hatte auf meiner Couch gesessen. Nun stand er auf und ging im Zimmer auf und ab. „Wenn ich nur auch so überzeugt wäre – – – "
Ich überlegte. Dann sagte ich: „Schön – darf ich dir ein anderes Rezept empfehlen?"
Da er schwieg fuhr ich fort: „Dann sieh' mal die positiven Dinge deines Lebens. Du kannst dich frei bewegen und hingehen wohin du willst. Wenn du dein Leben mit dem von Kohlhöfers vergleichst, bist du ein König. – Und deine Frau scheint wirklich sehr an dir zu hängen – was mir völlig unverständlich ist!"
Endlich fing er an zu lachen: „Na ja", erwiderte er, „wenn du das Leben so betrachtest ..."
„Nein, ich betrachte das Leben nicht so, Willi! Mir ist nur klar, daß wir in einer außergewöhnlichen Zeit leben und daß wir – Leute wie du und ich und Kohlhöfers und unzählige andere – in einer außergewöhnlichen Misere leben. Ich sehe lediglich nach den Aussichten, dieses Debakel zu überleben und habe inzwischen gelernt, daß man das nicht kann, wenn man Mitleid mit sich selbst hat. Mensch – Willi! – Ich fing praktisch gerade an zu leben – und da war's auch schon aus. Glaubst du, daß ich irgendetwas ändern würde wenn ich den ganzen Tag Tränen über mich vergösse?"

Er dachte nach und sagte zögernd: „Eigentlich hast du recht, aber ..."
„Aber?" wiederholte ich. „Es ist nicht leicht, wolltest du sagen, nicht? Die Engländer sagen: ‚make the best of it' und das, Willi, finde ich, sollten wir versuchen."
Er ging –, etwas getröstet. Zum mindesten hatte er Stoff zum Nachdenken. Ich hatte so überzeugend zu ihm gesprochen, daß ich bald selbst daran glaubte – obgleich mir das heulende Elend im Halse saß. Vielleicht jedoch ist das der Weg, Selbstdisziplin zu lernen. –
Sjöderbloom machte an einem Sonntagnachmittag eine Autofahrt mit mir durch den sonnigen Vor-Taunus. Seine Stimmung paßte sich dem Wetter an; er war fast ausgelassen, voller Humor, unbeschwert und beschwingt.
Zum Abendessen fuhren wir zum Forsthaus. Erstaunt erkannte ich in dem Kellner der uns bediente, einen jener jungen Männer wieder, der vor Hitlers Zeiten täglich im Holzhausenpark saß, um mit seinen arbeitslosen Leidensgenossen die Zeit totzuschlagen.
Langsam wurde Sjöderbloom ernst: „Sie wollen uns wirklich verlassen, Signorina?"
„Ich will nicht, Signore, aber es bleibt mir wohl kaum eine andere Wahl."
„Ich werde Sie besuchen", sagte er bestimmt. „Mein Schneider ist in Berlin." Er zwinkerte mir zu: „Sie können sich gar nicht vorstellen, wie viele Anzüge ich mir werde machen lassen. Und dann muß ich ja auch zu den Anproben."
Die Trennung von Sjöderbloom ist die einzige Trübung in meiner Vorfreude auf Berlin und auf die Arbeit.

6. Juli 1935

Nun bin ich wirklich in Berlin! – Ich habe ein piekfeines

Zimmer im Parterre eines eleganten Hauses in der Keithstraße. Große Barockmöbel zieren den Raum und sogar die Couchdecke ist aus Seide. Meine Wirtin, eine jüdische Witwe, vermietet mehrere Zimmer ihrer riesigen Wohnung und unterhält einen Hutsalon.
Entsprechend der in Frankfurt getroffenen Vereinbarung, rief ich die Berliner Redaktion des ‚General-Anzeiger' an und meldete mich bei einem Dr. König. Ich war ihm bereits avisiert und da, wie er sagte, das Berliner Büro mit Rücksicht auf die Urlaubszeit fast ausgestorben sei, schlug er vor, uns heute am späten Nachmittag im ‚Romanischen Café' zu treffen. Er beschrieb mir den Tisch, an dem ich ihn finden würde.

10. Juli 1935

Einsam und verloren durch Berlin schlendernd überlegte ich, daß ich doch an Generaloberst von Seeckt schreiben könnte. Wozu sollte ich noch länger warten? Durch die Zeitungen hatte ich erfahren, daß er längst von China zurückgekehrt war und wieder in Berlin lebte. Unsere Beziehungen lagen zwar einige Jahre zurück und hatten mit einer Dissonanz geendet, aber das Schlimmste, was mir nun passieren konnte war, daß er nicht antworten würde.
Bereits im Februar 1931 hatte ich ihm meine Sorgen wegen meiner Abstammung mitgeteilt, und er hatte sofort geantwortet. Unter anderem hatte er geschrieben: „Es stünde schlecht um unser Deutschtum, wenn es nicht im Stande wäre, nicht-germanische Elemente in sich aufzunehmen und amalgamieren. Die sogenannte Reinstämmigkeit hält selten einer Kritik stand." ... „Die Übertreibung der sogenannten ‚Völkischen' lehne ich aber als unhistorisch, engherzig und einseitig ab."
‚So mein Freund' dachte ich, ‚nun laß mal sehen, wie du

heute denkst.‘ Ich schrieb ihm, daß ich in Berlin sei, Schwierigkeiten habe, mich seiner früheren tröstenden Briefe erinnere und mich fragte, ob er mir einen Rat geben könne? –
Die Antwort kam prompt: „...nachdem Sie seiner Zeit unsere Beziehungen so kurzer Hand abbrachen, freute ich mich wieder von Ihnen zu hören. Ich wollte, der Anlaß wäre ein freundlicherer. Ich habe in dieser letzten Zeit häufig an Sie gedacht, da ich mich nicht nur Ihrer damaligen, noch geringen Sorgen und Nöte und unserer aus ihnen erwachsenen Verbindung entsann, sondern weil ich mir vorstellte, wie schwer die Verhältnisse gerade auf Ihnen lasten mußten. Sie können sicher sein, daß meine Ansichten sich nicht geändert haben, auch wenn die Dinge einen ganz anderen Verlauf genommen haben, als ich ihn vorausahnen konnte."
Er schlug mir ein Treffen vor.

14. Juli 1935

Das Wiedersehen mit Seeckt verlief etwas frostig. Es war mir klar, daß er genau wußte warum ich „unsere Beziehungen seiner Zeit so kurzer Hand abbrach" und nun vorsichtig war, um mich nicht mit einem verkehrten Wort zu verjagen. Ich hingegen verhielt mich kühl und abwartend um nicht zu sagen mißtrauisch. – Er konnte mir jedoch nichts Positives raten, wollte aber Erkundigungen einziehen.

15. Juli 1935

Berlin ist wirklich eine aufregende Stadt. Falls ich hier wieder journalistisch arbeiten könnte, würde ich Frankfurt kaum vermissen, denn offensichtlich kommen

meine Freunde sowieso hierher. Wenn ich sie auch nicht so oft sehe, so habe ich sie hier wenigstens für mich alleine und in konzentrierter Form.
Dr. König traf ich vor einigen Tagen wie vereinbart im ‚Romanischen Café'. Wir unterhielten uns über den Plan, den die Frankfurter für mich ausgeheckt hatten. Er schien grundsätzlich einverstanden, erklärte mir jedoch, daß der zuständige Mann, der die Einstellungen vornimmt, gerade in Urlaub sei und da eben sogar in Berlin absolut nichts geschähe er mich nicht einmal unter dem Vorwand einer Krise engagieren könne.
Auch Königs Frau ist mit den Kindern in Urlaub; er ist also alleine und schlug mir vor, daß wir uns hier im Café nachmittags treffen. Auf diese Art und Weise könnten wir alle Einzelheiten erörtern.
Seitdem trete ich jeden Nachmittag im ‚Romanischen Café' an, um mir von meinem vielleicht zukünftigen Chef auf den Zahn fühlen zu lassen. Er ist ein sympatischer, umgänglicher, etwas vorsichtiger Mensch. Offensichtlich kein Freund des Dritten Reiches drückt er sich in dieser Beziehung kaum einmal klar aus oder legt sich fest. Für mich ist die ganze Situation etwas grotesk. Irgendwie sind wir durch die Umstände zusammengeworfen worden. Er ist im Augenblick alleine und bis zum gewissen Grade dankbar für etwas Gesellschaft. Ich kenne kaum jemanden in Berlin, kann noch nicht arbeiten und bin froh durch Dr. König etwas Ansprache zu haben. Unter normalen Umständen hätte wohl kaum einer dem andern einen zweiten Blick gegönnt. Was uns im Augenblick verbindet ist lediglich das Alleinsein.
Inzwischen war Walter Groß hier und wir verbrachten einen Tag zusammen. Habe ich Walter je erwähnt? Unsere Bekanntschaft verdanken wir dem Journalistenstammtisch im Café Hauptwache. Danach trafen wir uns gelegentlich und unterhielten eine nicht reizlose

Freundschaft. Er ist als Elsässer mehr Franzose als Deutscher; außerdem ist er Jude. Alles, was die Sinne anspricht, schätzt er: eine ausgesuchte Küche, erlesene Weine, besonders feinen Kirsch und – Frauen. So lange man sich als Frau in Walters Gesellschaft befindet, hat man das Gefühl, etwas Besonderes zu sein.

Da zur Zeit des Weltkrieges das Elsaß zu Deutschland gehörte, wurde Walter als junger Mensch eingezogen. An einem Abhang liegend wurde er durch ein Geschoß im Oberschenkel getroffen.

„Weißt du, Lil", sagte Walter von dem Lazarettarzt, „ich glaube, dieser Metzger hätte das Bein retten können. Es war gar nicht so schlimm. Aber vielleicht war es zu viel Arbeit. Die Wunde war natürlich voller Erde und Dreck. Eine Amputation war wohl schneller und einfacher – "

Wir standen auf der Rolltreppe, die uns auf die Plattform vom Wannsee-Bahnhof beförderte. Ich hatte Walter untergehakt und er wandte sich mir zu.

Seine hellwachen Augen sahen mich durch die blonde Hornbrille direkt an; auf seiner intelligenten klaren Stirne stiegen zwei Falten steil von der Nasenwurzel hoch, während sein sinnlicher Mund ein schmerzliches Lächeln versuchte: „Diese Rolltreppen scheinen extra für Leute wie mich erfunden worden zu sein. Treppensteigen ist nämlich eine Tortur. – Dieser Metzger konnte das Bein kaum höher abnehmen als er es tat. Nun habe ich dauernd Entzündungen am Stumpf."

Ich wußte wirklich nicht was ich darauf erwidern sollte.

Nach einer kurzen Pause fuhr er fort: „Übrigens, wenn du irgend etwas über die Grenze gebracht haben willst – Gold, Schmuck oder so etwas, kannst du es mir geben. Ich stecke es unter das Polster meiner Protese. Ist das nicht ein gutes Versteck?"

Sein bitterer Humor schnitt mir ins Herz.
„Warum sagst du nichts Lil? Findest du meine Idee nicht ausgezeichnet? Denk' doch, wenn ich an die Grenze komme und die Zöllner fragen mich, ob ich etwas zu verzollen habe, dann kann ich sagen: ‚Wollt Ihr nicht meine Protese untersuchen? Das Bein habe ich, der Jude, für euch im Krieg verloren!' Was meinst du, Lil?"
Ich sah ihn an: „Walter, bitte – "
Unsere Hände trafen sich.
„Verzeih" sagte er, „aber manchmal ..."
Er fing sich und war von da an der charmante Gastgeber, den ich von so manchem Abend in seinem Heim kannte und wir verbrachten einen sonnigen harmonischen Tag am Wannsee.
Walter war in Berlin, um einen Bericht über die Vorbereitungen zur Olympiade zu schreiben. Er war höchlichst amüsiert über all die Anstrengungen, die die deutsche Regierung macht, um im Ausland einen guten Eindruck zu erwecken.
„Da ich so lange in Deutschland gearbeitet habe und – wie du weißt – mit verschiedenen Kollegen freundschaftlich verbunden bin, ist es für mich ja kein Problem auch an die unoffiziellen Direktiven für die Presse heranzukommen."
Während er mit seinen sensiblen kräftigen Händen liebevoll das Weinglas vor sich drehte und die Lichter beobachtete, die es auf das Tischtuch warf, sagte er amüsiert: „Die Nazis sind ja so zartfühlend! Sie sind dafür, lieber einmal einen Juden durchschlüpfen zu lassen, als vielleicht einen Ausländer zu beleidigen. Davon abgesehen – unterschätze nicht die ökonomischen Vorzüge dieses internationalen Treffens. Du weißt ja, wie dringend Deutschland Devisen braucht und jede ausländische Währung zählt; jeder Ausländer, der die Olympiade besucht, bringt sie mit."

,,Daran hatte ich noch gar nicht gedacht", sagte ich verblüfft: ,,Aber glaubst du wirklich Walter, daß auch Juden kommen werden?"
,,Das weiß ich nicht. Mag sein, daß einige kommen, um einen persönlichen Eindruck von dem zu gewinnen was hier vor sich geht. Aber weißt du", er lachte, ,,die Warnung, lieber einen Juden durchschlüpfen zu lassen, bezieht sich auf etwas anderes. All die Latein-Amerikaner, Italiener, Spanier usw. könnten doch von diesen ungebildeten Posauken hier mit Juden verwechselt werden. Viele dieser Leute haben dunkle Augen, dunkles gewelltes Haar und oftmals eine große Nase – all die Dinge, die Streicher als charakteristische Merkmale der Juden schilderte." Er lächelte amüsiert als er fortfuhr: ,,Der Witz ist, daß viele dieser absolut un-nordischen Leute überzeugte Antisemiten sind. So wird diese Olympiade wegen Hitler eine besondere Attraktion für sie sein. Eigentlich sollte sie unter dem Motto laufen: ,Antisemiten aller Länder, vereinigt euch'."
Als wir von einander Abschied nahmen fragte ich: ,,Wann sehen wir uns wieder Walter?"
,,Auf jeden Fall werde ich nächstes Jahr die Olympiade hier wahrnehmen. Mag sein, daß ich im Herbst nach Frankfurt komme. Aber du bist ja hier."
,,Wer weiß? Wenn du in Frankfurt bist, kannst du ja auf jeden Fall einmal bei meinen Eltern nach mir fragen."

1. August 1935

Heute habe ich Tante Therese, Onkel Heinzens Mutter angerufen. Wir haben uns nie zuvor gesehen und sie schien begierig, mich zu treffen. So lud sie mich zum Mittagessen ein.
Etwas durch die Schilderungen von Tante Annemarie vorgewarnt, betrat ich mit Hut und Handschuhen be-

waffnet das Haus. Eine Bediente – wie ich später erfuhr „die Zofe“ – empfing mich und geleitete mich in den „Salon“.

Im Salon, einem großen Raum mit schweren dunklen Möbeln, kleinen Tischen und unzähligen Fotografien berühmter Leute, saß Grande Dame in einem hochlehnigen Sessel. Sie streckte mir huldvoll ihre Hand entgegen, musterte mich kritisch, um sich dann schwerfällig zu erheben. Ihre wulstigen Lippen streckten sich zu einem Lächeln als sie mir ihre beringte Hand auf die Schulter legte, während ihre Rechte mich unter dem Kinn faßte, um mein Gesicht mehr zum Licht zu drehen. Freudig erstaunt rief sie aus: „Was siehst du doch Gustav ähnlich, meinem Lieblingscousin!“

Die Unterhaltung lief nun frei und ungehindert. Sie hatte mich offensichtlich sofort ins Herz geschlossen wegen meiner Ähnlichkeit mit Großvater Simon, während sie mir durch ihre Ähnlichkeit mit Onkel Heinz vertraut erschien.

Die Zofe verkündete, daß angerichtet sei. Tante Therese, die inzwischen wieder in ihrem Sessel Platz genommen hatte, erhob sich nochmals schwerfällig, hielt mir ihren Arm hin und ließ sich von mir ins Eßzimmer geleiten, zu dem die Zofe die Türe aufhielt.

Es fiel mir etwas schwer zu essen und Konversation zu machen, da ich aus dem Staunen einfach nicht herauskam. Wenn auch nur für zwei, war der Tisch – nein, die Tafel – gedeckt wie für eine Gesellschaft. Das Silber glänzte auf dem weißen Damasttischtuch und wurde offensichtlich täglich poliert. Es gab Suppe, einen Fleischgang und Nachtisch. Und während der ganzen Mahlzeit stand die Zofe hinter uns, die jeder unserer Bewegungen zu folgen schien, denn man brauchte nur die Hand zu heben, so kam ihr Arm hinter unseren Rücken hervor, um das Salzfaß näher zu rücken, Wein aufzufüllen oder nochmals anzubieten. Mich machte diese schweigende

Person hinter uns nervös, während Tante Therese ihre Gegenwart völlig ignorierte und sich ungezwungen über Familienangelegenheiten unterhielt.
Wie viele Juden haben wegen der Nazis bereits Deutschland verlassen müssen, einschließlich Onkel Heinz. Wie viele von uns – Voll- oder Halbjuden – haben die größten Schwierigkeiten oder sind aus unseren Berufen geworfen. Und da sitzt Tante Therese, la Grande Dame, und lebt so, wie die großen Damen der Gesellschaft vor der Jahrhundertwende gelebt haben. Vor ihrer Türe ist die Zeit stehengeblieben. Hinter der Türe aber hat sich nichts geändert; da gibt es keinen Hitler und keine Progrome; da ist das Personal noch auf der Stufe der Primitiven, die irgendwie nicht als Menschen zählen und offenbar nichts sehen und nichts hören und daher auch nichts kolpotieren werden.
Nach dem Essen bewegten wir uns wieder in den Salon, in dem nach kurzer Zeit Tee und Gebäck serviert wurde. – Als ich mich verabschiedete, hielt mir Tante Therese ihre Wange zum Abschiedskuß hin und lud mich ein, in ein paar Tagen eine Spazierfahrt mit ihr zu machen. Ich konnte nicht ablehnen. Für mich ist sie eine bestechende Persönlichkeit – dieses Überbleibsel aus dem vorigen Jahrhundert. Wenngleich ich mir unter dieser Spazierfahrt nichts vorstellen kann, will ich mir dieses Erlebnis nicht entgehen lassen.

7. August 1935

Vereinbarungsgemäß hatte ich kurz nach unserem Treffen Seeckt angerufen und war auch noch einmal bei ihm. Er kann mir auch nicht helfen. Das Einzige, was er mir anbot war seine Bereitschaft, Auskunft über mich zu geben, falls jemand sie will.
Sein Buch ‚Gedanken eines Soldaten' soll neu aufgelegt

werden. Der Verlag forderte ihn auf, zwei neue Kapitel hinzuzufügen. Da er keine Sekretärin hat, fragte er mich, ob ich bereit wäre, sein Diktat im Stenogramm aufzunehmen und zu Hause abzutippen. Ich nahm an.
Einige Tage ging ich zu ihm zum Diktat. Offenbar lag es nun bei mir, den Ton anzugeben, den ich sachlich und geschäftlich hielt. Gelegentlich hatte ich das Gefühl, daß es Seeckt auf der Zunge brannte, eine persönliche Frage zu stellen, aber – im letzten Moment unterließ er es.
Der Aufsatz ‚Persönlichkeit und Idee im Feldherrntum' lag fertig getippt vor ihm als er mich etwas zögernd fragte, ob ich bereit sei auch den nächsten zu tippen, wenn er ihn geschrieben habe. Ich bejahte und warte nun auf seinen Anruf.

8. August 1935

Vor einigen Nächten wachte ich durch meinen alt vertrauten Schmerz auf, der diesmal jedoch derart intensiv war, daß ich es kaum aushalten konnte. Zum ersten Male wurde mir völlig bewußt was es bedeutete, alleine in einer fremden Stadt zu sein – nicht mehr von der Obhut und Fürsorge der Eltern umgeben. Während ich verzweifelt versuchte eine erträglichere Lage zu finden, überlegte ich, daß ich weder Frau Pächter noch sonst jemanden mitten in der Nacht aufwecken konnte, und daß ich nicht einmal einen Arzt kannte, den ich anrufen konnte. Wie einfach war das doch alles zu Hause. War ich wirklich ernstlich krank, so brauchte ich nur Vater zu rufen ... Und dann kam Mutter auf leisen Sohlen, gab mir die Medizin und fand stets das Richtige zum Essen oder Trinken, um mich schnell wieder auf die Füße zu bringen. –

Am nächsten Morgen waren die Schmerzen vergangen und die Sonne schien, während in der Erinnerung nur das dumpfe Gefühl eines Alptraumes zurückblieb. Auch das verlor sich jedoch, als ich am Nachmittag meine Spazierfahrt mit Tante Therese machte.
Ich holte sie in ihrer Wohnung ab und geleitete sie die Treppe hinab. Dunkel gekleidet, mit langen schwarzen Glacé-Handschuhen und einem großen schwarzen Strohhut, nickte sie dem Chauffeur huldvoll zu, der sprungbereit an der Türe einer großen schwarzen Limousine bereit stand.
Ehrerbietig fragte der Mann, wohin gnädige Frau gefahren werden wolle, wobei er sie nur in der dritten Person anredete. – Dann rollten wir langsam zur Heeres-Straße.
Sobald der Fahrer nur ein bißchen auf das Gaspedal trat, erklang Tante Thereses energische Stimme: ,,Nicht zu schnell!"
Während sie hocherhobenen Hauptes zum Fenster hinausschaute auf die Passanten, die sich vor dem Kaufhaus Wertheim auf dem Trottoir bewegten, erwartete ich fast, daß die Menschen stehenbleiben würden, um in begeisterte Hoch-Rufe auszubrechen. – Liebenswürdig wies sie mich auf das eine oder andere Gebäude hin oder erklärte mir eine Straße. Dann war ich einige Augenblicke ihre Großnichte. Im übrigen aber hatte ich das Gefühl, die Gesellschaftsdame einer königlichen Hoheit zu sein. – Diese Spazierfahrt grenzte für mich etwas ans Unwirkliche und verursachte in mir eine Mischung von äußerstem Staunen und höchstem Amüsement. Ich begriff, daß diese egoistische Despotin von dem Geschehen unserer Zeit in keiner Weise berührt war und daher auch verständnislos fragen konnte, als ihr Sohn etwas fluchtartig Deutschland verließ: ,,Aber warum? Er hat doch gar nichts getan!"
Auf dem Heimweg dachte ich: ,Meine liebe Tante The-

rese, ich wünsche dir, daß es dir erlaubt sei, deine Illusionen mit ins Grab zu nehmen. Möge dich ein gnädiges Schicksal davor bewahren, noch in deinen letzten Tagen mit der rauhen Wirklichkeit Bekanntschaft zu machen!" – Unwillkürlich fällt mir wieder Tucholskys Wort ein: „Lerne lachen ohne zu weinen".

10. August 1935

Gestern abend ging ich, wie so oft, zu Hilprich zum Abendessen. Seine große Speisekarte hat auch für leicht minderbemittelte Leute wie mich etwas zu bieten. An diesen warmen Sommerabenden sitze ich gerne an einem der Tische auf dem Kurfürsten-Damm, von dem aus ich auf die elegant gekleideten Menschen sehen kann, die gemächlich vorbeibummeln.
Jedoch diesmal störte mich etwas; zuerst war mir nicht klar was da nicht in das übliche Bild paßte. Auf einmal aber sah ich es: zuerst vereinzelt, dann immer häufiger und in Gruppen, gingen junge Leute mit aufgekrempelten Hemdsärmeln auf und ab. Dieser Typ verlief sich normaler Weise nicht auf den Kurfürsten-Damm. Und plötzlich, wie auf ein Signal, brach die Hölle los.
Zu den jungen Leuten, die auf den Trottoiren verteilt waren, gesellten sich offene Lastwagen, auf denen ebenfalls junge Leute mit aufgekrempelten Hemdsärmeln standen und dann schallte es über den Kurfürsten-Damm in Sprechchören: „Juda verrecke!"
„Wanzen sind auch Tiere – trotzdem muß man sie zertreten! Juden sind auch Menschen – !"
„Juda verrecke!"
Die Lastwagen fuhren unentwegt um den mittleren Grünstreifen herum. Alles brüllte und johlte bis auf einmal ein gellender Pfiff erschallte und der Spuk ins Nichts verschwand. Es war der Moment, in dem die Po-

lizei anrollte. Sie fuhr nun ebenfalls einige Male auf und ab und entfernte sich. Kaum war sie fort, erschienen die Lastwagen wieder.

Langsam senkte sich die Dämmerung, die Verkünderin der Nacht, über Berlin. Die Scheinwerfer der Lastwagen begannen, vor sich hinzustarren und die weißen Hemden der Unruhstifter fingen die Reflexe der Lichter aus den eleganten Schaufenstern auf.

Während es nun auf der einen Seite verächtlich gröhlte: „Wanzen sind auch Tiere – trotzdem muß man sie zertreten! Juden sind auch Menschen ..“ schrie es von der gegenüberliegenden Seite haßerfüllt: „Trotzdem muß man sie vernichten – vernichtennn – “

„Juda verrecke!“

„Hinaus mit der Judenlaus!“

Ein gellender Pfiff ließ die Sprechchöre verstummen. Die Nazis verschwanden; die Polizei rollte an.

Ich weiß nicht mehr wie oft sich dieses Spiel wiederholte. Völlig versteinert saß ich da, Augen und Ohren weit offen, um nichts von dem zu versäumen, was sich vor mir abspielte. Noch hatte ich keine Erklärung für diesen Aufruhr. Doch plötzlich bildete sich weiter unten auf der Straße ein größerer Auflauf. Und nun kam des Rätsels Lösung: im gleichen Block mit Hilprich befindet sich das Union-Lichtspieltheater, das gerade den jüdischen Film ‚Plüsch und Plümowski‘ wiederaufführte. Daß es sich um einen jüdischen Film handelte, daß Leute ihr gutes Geld in dieses Kino trugen, um jenes miserable „jüdische Machwerk“ zu sehen, war für die Nazis offenbar zu viel. Zum Ende der Vorstellung, als die ahnungslosen Besucher das Lichtspielhaus verließen, wurden sie von den aufgebrachten Nazis angerempelt und bedroht. Die Polizei kam jedoch rechtzeitig und bald war wieder Ruhe – eine fast beängstigende Ruhe, denn der Tag und Nacht lebendige Kurfürsten-Damm war auf einmal ausgestorben.

Zutiefst deprimiert und geschlagen ging ich nach Hause. In meinen Ohren schallte es immer wieder: „Juda – verrecke!" – haßerfüllt und unbarmherzig. Mir schauderte! Was steht uns noch bevor? Vor meinen inneren Augen zogen viele meiner Bekannten und Freunde vorbei, bis ich auf einmal die Idee hatte, in Tante Thereses Schlafzimmer zu blicken, in dem dieser alten Frau aus einer so wohlbekannten jüdischen Familie von ihrer Zofe beim Entkleiden geholfen wurde.
Ruhelos ging ich im Zimmer auf und ab. Ich konnte nicht lesen oder schlafengehen. Ich mußte meine Eindrücke jemandem mitteilen, jemandem der verstand wie mir zu Mute war. Noch in der gleichen Nacht schickte ich Walter einen Stimmungsbericht nach Strassbourg.

19. August 1935

Dr. König erzählte mir, daß hier eine große Juristentagung stattfindet und daß ich am nächsten Tag mit ihm zu ‚Telcho' gehen sollte, da er sich dort mit einem Herrn aus Butzbach verabredet habe. Butzbach, das nicht weit von Frankfurt entfernt ist, ist mir nur durch seine Zuchthäuser bekannt.
Wir saßen auf ‚Telchos' engem Balkon und schauten auf den Potsdamer Platz hinab, auf dem sich unentwegt Autos und Menschenmassen in allen Richtungen bewegten.
„Ich glaube", sagte Dr. König, „da kommt Dr. Pfeifer."
Wenige Minuten später stand ein unauffälliger Fünfziger in der Türe und überblickte den Balkon. Dr. König erhob sich und ging dem Fremden entgegen.
Dr. Pfeifer nahm an unserem Tisch Platz, wollte jedoch nichts bestellen, da er gleich wieder gehen müsse. Er erörterte kurz und sachlich etwas mit Dr. König.

Als er schon im Aufbruch war fragte ich: „Sie leben in Butzbach?"
„Ja", antwortete er, „ich bin dort Zuchthausdirektor."
Wir begleiteten ihn zur Türe als ich sagte: „Falls ich eingesperrt werden sollte will ich sehen, daß ich zu Ihnen kommen kann."
Er war schon auf der Treppe, drehte sich aber noch einmal lächelnd um: „Das geht leider nicht. Ich habe nur Männer."
Dr. König und ich kehrten zu unserem Tisch zurück. Aber wir blieben nicht lange alleine. Ein großer schlanker Mann, an dessen Schläfen sich das erste Grau in die braunen Haare mischte, nickte Dr. König zu und bewegte sich auf unseren Tisch zu.
Dr. König konnte mir gerade noch zuflüstern: „Ein Anwalt, Dr. Hartmann." – Er machte uns miteinander bekannt.
„Berlin ist ja nun wirklich voll von Juristen" meinte Dr. König, der sich anscheinend bemühte, ein Gespräch in Gang zu bringen.
„Diesmal hätte ich fast die Tagung versäumt" erklärte Hartmann.
„Waren Sie denn fort?" fragte König.
„Ja – in Schlesien."
„In Schlesien?" wiederholte König erstaunt. „Hatten Sie dort jemanden zu vertreten?"
Hartmann zuckte die Achseln: „Wie man's nimmt."
Ich hatte das Gefühl, daß Hartmann König etwas erzählen wollte, aber meine Anwesenheit ihn daran hinderte. Auf einmal sagte König: „Sie können ruhig in Gegenwart von Fräulein Schroeder sprechen. Wir versuchen, sie in unserer Redaktion unterzubringen, da sie in Frankfurt aus rassischen Gründen nicht mehr in der Presse arbeiten kann."

Dr. Hartmann sah mich zum ersten Male voll an und fragte mich nach Einzelheiten. Dann, zu uns beiden gewandt, sagte er: „Wissen Sie, ich habe da ein paar tolle Abende in einem kleinen Kurort in Schlesien erlebt. – Da sitzt ein katholischer Geistlicher, der meistens zivil trägt, und es sich offenbar zur Aufgabe gemacht hat, getauften katholischen Juden arische Vorfahren zu besorgen."
Ich sah ihn ungläubig an: „Wie macht er denn das?"
„Er sucht in der ganzen Gegend in den Kirchenbüchern nach gleichen oder ähnlichen Namen und trägt Geburts- und Taufurkunden zusammen."
„Ich habe", sagte König nachdenklich, „auch schon von verschiedenen Hilfsaktionen katholischer Priester gehört. Manche von ihnen scheinen wirklich Mut zu haben." Er schüttelte verwundert den Kopf.
„Sind diese katholischen Juden", fragte ich Hartmann, „nun aus religiöser Überzeugung oder aus Selbsterhaltungstrieb konvertiert?"
Hartmann lächelte: „Wer, Fräulein Schroeder, sieht dem andern ins Herz?"
Ich nickte schweigend.
„Der eine Jude, den ich dort traf", fuhr Hartmann fort, „schien wirklich vom Katholismus ganz eingefangen zu sein und zu jedem materiellen Opfer bereit."
„Waren denn da noch mehr?" fragte König halblaut.
„Ja", erwiderte Hartmann, „noch einer, aber nicht getauft, sondern vom Judentum überzeugt." Er mußte unwillkürlich lachen. „Da die beiden jüdischen Herren aus Berlin stammen und in diesem gottverlassenen Erdenwinkel in der gleichen Pension wohnten, kamen sie natürlich mit einander ins Gespräch. Während sich der katholische Jude in diesem sogenannten Kurort aufhielt, weil der Geistliche, der ihm die arischen Papiere

besorgen sollte, sich dorthin zurückgezogen hatte, war der andere auf der Flucht und ruhte sich nur etwas aus, da er ohne Kontrolle für eine Weile dort untertauchen konnte. Die drei: der Geistliche – übrigens ein hochgebildeter, intelligenter, fanatischer Katholik –, der katholische Jude und der jüdische Jude trafen sich nun jeden Abend im Gasthaus zu einem Glas Wein und – ja – Polemiken. Ich hatte das Vergnügen, drei solcher Abende beizuwohnen.

Es handelte sich eigentlich nur um Dialoge, die offenbar schon vor meinem Kommen während vieler Abende geführt worden waren, Dialoge zwischen dem katholischen Geistlichen und diesem Juden, in dem er seinen Conterpart gefunden hatte in Bezug auf Bildung und Intelligenz. Der Priester war vormals Dozent für Theologie.

Als ich am ersten Abend die Gaststube betrat und mich zu den drei Herren an den Tisch setzte, hatte ich das Gefühl, etwas verspätet den Zuschauerraum eines kleinen Theaters für Kammerspiele betreten zu haben. Stellen Sie sich diese kleine, spärlich beleuchtete, vom Rauch geschwärzte Gaststube vor. Einige rohe, gescheuerte, derbe Holztische mit einfachen Stühlen. Da es ein Wochentag ist, ist nur unser Tisch besetzt. Sogar der Platz hinter dem Schanktisch ist verlassen. – An diesem einen Tisch sitzt der mittelgroße, völlig farblose Geistliche in einem weiten grauen Wollpullover. Seine hellen Augen sehen durch eine randlose Brille, die je nach der Bewegung seines Kopfes das gedämpfte Licht reflektiert. Seine Glatze ist von einem Kranz grauer Haare umrahmt, die nach einem unfreiwilligen Heiligenschein aussehen. Ihm gegenüber sitzt der Jude, ein schlanker Mensch, schätzungsweise Mitte der Dreißig, mit üppigen dunklen Haaren und leuchtenden großen lebendigen Augen. Zwischen ihnen ist der Getaufte, ein unbedeutender Mann unbestimmten Alters mit der Tendenz, fett zu werden, von dem ich während der Diskussionen nie ein Wort hörte." Mit einem liebenswürdigen Lächeln fügte er hinzu: „Ich schloß mich seinem Schweigen an.

Der Geistliche war offensichtlich gerade in der Mitte einer Vorlesung: ‚Von Zeit zu Zeit', dozierte er, ‚sendet Gott einen Nero oder Hitler, die er als Werkzeuge der Läuterung benutzt. Hitler ist die Geißel, um die Menschen zur Kirche zurückzuführen.' Er verstummte und erhob den Kopf etwas siegesbewußt, wobei er sein energisches Kinn vorstreckte.

‚So?' fragte der Jude mit einer klingenden sympathischen Stimme. ‚Und was hat die Kirche während der 2000 Jahre gemacht, durch die sie die westliche Welt dominierte? Europa hat sich in Haß und Kriegen zerfleischt.'

‚Das sagen die Atheisten', unterbrach der Pater sanft, wobei er langsam eine farblose Hand abwehrend erhob, ‚aber ohne die Kirche – gäbe es heute kein Europa mehr.'

‚Womit Sie sagen', warf der Jude ironisch ein, ‚daß die Kirche Europa vor dem Untergang bewahrt hat?'

‚Genau das ist es, was ich sage. Die Kirche ist die Bewahrerin der Menschheit.' Fast ekstatisch fuhr er mit erhobener Stimme fort: ‚Die Kirche wacht über diesem kostbaren Schrein Gottes, über seine Geschöpfe –'

Dem Juden schien keine innere oder äußere Bewegung des Geistlichen zu entgehen. Er betrachtete ihn nüchtern und etwas amüsiert und sagte dann kühl: ‚Was Sie sagen ist eine grauenhafte Entstellung – außerdem entbehrt es jeder Logik. Die Mehrzahl der Menschheit ist ja gar nicht christlich und müßte daher längst ausgelöscht sein – denn ihr fehlt ja die Segnung ihrer Kirche.'

‚Wir kennen die unerforschlichen Wege Gottes nicht', lenkte der geschulte Kirchenmann ein, setzte begütigend hinzu: ‚Sie wollen etwas mit dem Verstand erklären, was nur der Glaube zu begreifen vermag.' Und mit prophetischer Verklärtheit sagte er überzeugt: ,Gott wird die Geißel Hitlers so lange über Europa schwingen, bis die Menschen in ihrer Not erkennen werden, daß keine weltliche Macht sich jemals gegen die göttliche Allmacht behaupten kann. Um wieder Frieden zu finden, werden sie in ihrer Verzweiflung die vergessenen Gebete stammeln – und befreit und geläutert zu ihrem Gott und Meister zurückkehren.'

Einen Moment herrschte verblüfftes Schweigen. – Dann fragte der Jude liebenswürdig, leise und sehr deutlich: ,Und die Juden?'

,Die Juden?' fragte der Pater erstaunt zurück. ,Für 30 Silberlinge haben sie einst Gottes Sohn verraten.' Seine kraftlose blasse Hand erhob sich drohend: ,Bestraft sind ihre Kinder und Kindeskinder bis ins letzte Glied! Der Zeitpunkt, an dem unser himmlischer Vater in seiner unerforschlichen Weisheit diesen Fluch von den Juden nimmt, ist uns sterblichen Menschenkindern verborgen.'

,Gottes Sohn?' fragte der Jude ironisch. ,Wir Juden haben Gottes Sohn verraten?' Als der Pater – offensichtlich erregt – erwidern wollte, erhob der Jude seine Hand, eine kräftige, männliche, lebendige Hand, die Finger gespreizt, abwehrend: ,Bitte lassen Sie mich ausreden. Ich habe Sie auch angehört und Ihre Interpretationen. – Wenn Ihr Gott die Allmacht besitzt, die Sie ihm zuschreiben, wozu brauchte er diesen Sohn? Konnte er denn in seiner Allmacht die Welt nicht in seinem Sinne alleine regieren? Wozu brauchte er dieses Opfer – das historisch nota bene nie bewiesen worden ist? Und zur Krönung von allem: Warum mußte dieser Sohn das Produkt eines Ehebruches sein? Selbst die Bibel erzählt – ich möchte fast sagen etwas naiv – daß Joseph und Maria verheiratet waren und schon einige Kinder hatten bevor dieser Gottessohn geboren wurde.

Konnte denn Ihr Gott, der nun die Geißel Hitler über Europa schwingt, konnte er sich keine Jungfrau auserwählen wie so viele andere Götter? Hatte nicht er, in seiner Allmacht, den Akt der Zeugung geschaffen, zu dem – gleichgültig ob es sich um Pflanzen oder andere Lebewesen handelt – immer zwei Partner gehören? Die Geschichte von der <unbefleckten Empfängnis> beweist lediglich den totalen Mangel naturwissenschaftlicher Kenntnisse der damaligen Zeit und erlaubt daher diese phantastische Erklärung des Sohnes Gottes.

Die Judaslegende jedoch, die von jenen phantasievollen Analphabeten in die Welt gesetzt wurde, ist ein Verbrechen. Und dies, Herr Doktor', der Jude neigte sich leicht zu dem Priester, ,erachte ich als einen der größten Schuldposten auf der Debisseite der katholischen Kirche und so', er sah den Pater mit unbeweglichem Gesicht direkt an und seine Stimme nahm im Volumen um eine Nuance zu: ,So schreibe ich auch Hitler, <die Geißel> auf Ihr Konto.'

,Nicht allen Menschen ist es gegeben, Gott zu sehen', sagte der Geistliche nachsichtig. ,Sie zählen heute zu den Geschlagenen. Gott wird Ihnen Ihre Worte vergeben.' Während er sich erhob fügte er salbungsvoll hinzu: ,Und ich will täglich für Ihre Rettung beten!'

Dr. König, der wie ich, völlig fasziniert gelauscht hatte, schwieg.

Fast gleichzeitig fragten wir dann: „Wie ging es weiter?"

„Der nächste Abend war genau so anregend wie der erste", antwortete Hartmann. „Interessant war nur, daß der Jude mir erklärte: ,Das machen ihre Heiligkeit nun jeden Abend. Jedesmal schafft er sich einen völlig unerwartete Abgang und hat damit das letzte Wort.'"

Dr. König fragte fast bittend: „Was geschah am nächsten Abend?"

„Am nächsten Abend war ich frühzeitig in der Gaststube, um nichts zu versäumen. Die beiden Juden saßen bereits am Tisch und nach wenigen Minuten erschien der Priester – völlig unbefangen, harmlos, freundlich. Und die Wirtstochter stellte vor jeden ein Glas Wein.

Mir war aufgefallen, daß der Geistliche die Angewohnheit hatte, den Stiel des Glases zwischen Zeige- und Mittelfinger zu nehmen, während er es vor und zurückschob. Im Anfang befürchtete ich zwar, daß er es mit einer ungeschickten Bewegung umwerfen würde, gewöhnte mich jedoch an dieses Zeremoniell, das dem Trinken voranging.

Während der Pater nun sein Glas vorwärts und rückwärts über den Tisch schob, blies der Jude große Rauchwolken von seiner schwarzen Zigarre vor sich und unterbrach das Schweigen, indem er mit unnachahmlicher Ironie fragte: ‚Haben Hochwürden für meine Seelenrettung gebetet?'

Der Geistliche, der fast 24 Stunden Zeit gehabt hatte, sich mit neuer Geduld zu wappnen und wohl einen Angriff erwartete, sagte schlicht: ‚Ja, ich habe für Sie gebetet, und ich werde das, wie ich Ihnen sagte, in Zukunft täglich tun, bis der Herr Sie erleuchtet. Gott, unser Himmlischer Vater, erwartet niemals, daß wir ihn verstehen. Aber – was immer Sie sagen mögen, wie sehr Sie ihn immer verhöhnen mögen – er ist es, der bestimmt über Leben und Tod. Jedoch ist der Tod nicht das Ende, denn die vom Körper befreite Seele lebt nun ewig ungestört mit Gott.'

‚Ja, ja', sagte der Jude, ‚ich habe davon auch schon gehört. Jedenfalls ist Ihrer Ansicht nach die Welt von einem bestimmten Gott geschaffen worden. Als Krönung schuf jener Gott den Menschen. So weit ich informiert bin, schuf er ihn nach seinem Ebenbild. Da dieser christliche Gott der Gott der westlichen Welt ist, muß er also weiß sein – was wirklich einen Grund zum Wundern gibt. Schließlich ist doch die Mehrzahl der Menschheit farbig. Also er schuf als Krönung seiner Schöpfung den Menschen und die Bakterien – die meines Wissens viel älter sind als die Menschen. Leider ist jedoch über sie nichts in der Bibel zu lesen – dafür aber um so mehr vom Teufel.'

Das Weinglas vor- und zurückschiebend, haftete des Paters Blick an dem Wein, als ob er ihm die Wahrheit verkünden könne und erwiderte halb zerstreut: ‚Satan ist ein gefallener Engel.'

‚Also auch eine Schöpfung Ihres Gottes!?' fragte der Jude erstaunt. ‚Wahrscheinlich hat er diesen Satan geschaffen bevor die Menschen sein Ziel wurden, wie?'

Da wir noch am Anfang der Debatte standen und der Pater sicherlich mit den besten Vorsätzen gekommen war, erwiderte er milde: ‚Da Gott den Menschen sein Ebenbild gab, gab er es sicher auch den Engeln.'

Für eine kurze Weile herrschte Schweigen.

Dann fragte der Jude nachdenklich: ‚Ist da nicht mit dieser göttlichen Allmacht etwas von Anbeginn falsch? – Er, der universelle Geist ohne Fehler...? Trotzdem fehlte eines seiner Geschöpfe; und er hatte nicht einmal die Macht, es zurückzurufen. Ihr unfehlbarer, allmächtiger Gott schuf also Satan. Er setzte eine abgrundtief böse Kreatur in die Welt und – wie Sie glauben – unbeabsichtig', und immer noch nachdenklich und langsam, zögernd sprechend', denn es sollte doch ein vollkommener Engel werden. Irgend etwas lief verkehrt...'

Plötzlich aber fragte er scharf und unbarmherzig: ‚Warum machen Sie nicht Ihren Gott verantwortlich für Satan und seine Schandtaten?'

Die blasse Stubenfarbe des Geistlichen wurde noch um eine Schattierung blasser, als er fast unhörbar vor sich hinmurmelte: ‚Herr vergib' ihnen, denn sie wissen nicht was sie tun.'

Der Jude aber, dem das Entsetzen des Paters kaum entging, fuhr unbeirrt fort: ‚Machen Sie Ihren Gott so verantwortlich wie jeden Menschen, der zur Verantwortung gezogen wird, wenn er ein Unheil zum Schaden anderer schafft. Wie ist es, Herr Doktor', fragte der Jude lauernd, ‚verlangen Sie nicht von Ihren Gläubigen, daß sie ihre geringste Verfehlung in der Beichte bekennen? – Bei wem oder vor wem verantwortet sich denn Ihr Gott für seine unbeschreiblichen Grausamkeiten? Auf der gleichen Ebene liegt auch Ihr Konzept von Hitler, <der Geißel>. Nachdem Ihr Gott Satan ungestraft auf seine Geschöpfe loslassen konnte, bin ich überzeugt, daß er auch Hitler ebenso ungestraft wüten lassen wird.'
Mit völlig blutleerem Gesicht, mit fast übermenschlicher Anstrengung sich beherrschend, sagte der Priester mit vor Erregung gepreßter Stimme: ‚Möge Gott Ihnen vergeben – ich kann es nicht! – Gott sendet uns sündigen Menschenkindern das Böse – ob es Satan ist oder Hitler – um uns zu versuchen, unsere Stärke, unseren Glauben in ihn und seine ewige Allmacht zu prüfen.'
Der Jude stieß einen Laut aus, der klang wie eine Mischung von einem kurzen Lachen und Schluchzen. Er erhob den Arm, so daß der Ellenbogen beinahe in einer Ebene mit seinem Gesicht stand, und mit einer abwehrenden Bewegung sagte er fast drohend: ‚Fragen Sie mich nicht, auf einen solchen Gott zu hören! Diese sogenannte Allmacht enthält weder Vernunft noch Verantwortung', er machte eine Atempause, ‚– und Vertrauen verdient sie auch nicht!'
Die ganze Hand des Geistlichen hatte den Stiel des Weinglases umfaßt. Er schien ihn mit einer eisernen Faust umklammert zu haben. Ich zog den Atem ein, denn ich erwartete jeden Augenblick das Splittern des Glases zu hören.
Der Jude erhob sich. Schlank und elegant stand er vor

dem Tisch und blickte mit unbeschreiblichem Spott auf den katholischen Geistlichen hinab: ‚Ich glaube, es ist besser, Sie beten für ihn – Ihren Herrn! Er benötigt dringend die Verzeihung seiner Geschöpfe, denen er die <Geißel> Hitler sandte!‘ Er wandte sich auf dem Absatz um und ging.“

Dr. König spielte gedankenverloren mit ein paar Brotkrumen auf dem Tisch, während mein Blick über den Potsdamer Platz schweifte, ohne daß ich irgendetwas sah. Die Sonne schien, aber meine Gedanken waren in der kleinen dunklen verräucherten Gaststube. – Das Klappern einer Tasse am Nebentisch brachte uns plötzlich wieder in die Gegenwart zurück.

„Das ist einfach phantastisch!“ sagte ich überwältigt zu Dr. Hartmann. „Wie ging das weiter?“

Er sah geistesabwesend auf seine Armbanduhr: „Um Himmels willen! Seit einer halben Stunde sollte ich schon bei Kempinski sein!“ Er stand auf. „Ich muß schleunigst gehen!“

„Wissen Sie, Herr Hartmann“, sagte König langsam, „Sie sollten das wirklich in ein Bühnenstück umsetzen.“

„Ich glaube“, erwiderte Hartmann, „die Kombination dieser Charaktere ist zur Zeit nicht hoch im Kurs. Außerdem – was glauben Sie, Herr König, wie viele Bühnenstücke ich das Jahr hindurch erlebe? Sie fangen in meinem Büro an und haben meistens ihren Höhepunkt im Gerichtssaal – oder enden im Gefängnis. Wenn ich das alles auf die Bühne bringen wollte“, er lachte abwehrend, „müßte ich meine Praxis aufgeben!“

Er griff in die Hosentasche und legte das Geld für die Kellnerin auf den Tisch, machte die Andeutung einer Verbeugung zu mir, winkte König mit der Rechten zu und entfernte sich eilig.

Irgendwie scheint mir das Schicksal nicht sehr freundlich gesonnen zu sein.
Mit meiner Einstellung beim ‚General-Anzeiger' klappt es nicht. Dr. König läßt sich über Einzelheiten nicht aus, aber offenbar müssen noch irgendwelche Formalitäten erfüllt werden – oder vertuscht. Was immer es ist – ich bin praktisch schlechter daran als in Frankfurt, wo ich ja wenigstens ab und zu gedruckt wurde.
Vorgestern kam ein Brief von Mutter, in dem sie mir mitteilte, daß ich eine Vorladung für den 27. September zum Sondergericht habe.
Zur Krönung von allem schleppte ich mich vor einigen Tagen vom Mittagessen nach Hause. Abgesehen von diesen grauenhaften Schmerzen, war mir auch noch hundeübel.
Diesmal bat ich meine Wirtin, Frau Pächter: „Bitte rufen Sie einen Arzt", und legte mich am hellichten Mittag ins Bett.
Sie kam in mein Zimmer: „Was ist denn nur? Was fehlt Ihnen denn?"
„Ich weiß es nicht. Ich habe blödsinnige Schmerzen."
„Wen soll ich denn rufen?" fragte Frau Pächter.
„Irgendeinen! Haben Sie denn keinen Arzt?"
„Doch... aber er ist natürlich Jude."
„Ach – wirklich?"
„Ja", sie mußte lachen, „Dr. Block."
Er kam endlich, dieser Dr. Block, ein eher kleiner, sympathischer, sanfter Mann mit großen graublauen Augen und wenigen grauen Haaren. Vorsichtig fühlte er mich ab, während Frau Pächter wie eine besorgte Glucke im Hintergrund stand, schüttelte den Kopf und meinte, er wüßte nicht genau was mir fehlte, habe allerdings einen Verdacht. Er setzte mich unter Morphium

und versprach, in ein paar Stunden wiederzukommen. Es folgte eine Periode von Schlaf, Dämmerzustand, Schmerzen, Morphium, Schlaf, Dämmerzustand – bis ich wieder wach war und keine Schmerzen mehr hatte.

Dr. Blocks Urteil: „Sie haben einen Nierenstein." Es seien Untersuchungen durch einen Facharzt erforderlich. Als ich ihm sagte, daß mein Vater Internist in einem Krankenhaus ist, meinte er: „Da haben Sie doch eine viel bessere Pflege als hier und es kostet Sie nichts. Sobald Sie transportfähig sind, setzen Sie sich in den Zug und fahren nach Hause."

Dr. Block und ich verstanden und mochten einander. Als ich mich nach seiner Praxis erkundigte, erwiderte er: „In vier Wochen verlasse ich Deutschland."

„Wohin wollen Sie denn gehen?" fragte ich erstaunt.

„Nach America. Chicago. Es ist schon alles arrangiert. Freunde erwarten mich dort. Ich muß noch einmal eine Prüfung machen und ein Jahr in einem Krankenhaus arbeiten. Danach lasse ich mich dort nieder."

„Ich wünsche Ihnen von Herzen Glück, Herr Doktor!" sagte ich.

„Ich fühle nur Erleichterung in dem Gedanken, Deutschland mit meiner Familie verlassen zu können. Ich glaube, Sie brauchen das Glück nötiger als ich!" Er lächelte mir ermutigend zu: „Werden Sie erst einmal wieder gesund. Danach sehen Sie zu, ob Sie nicht auch mit Ihren Eltern über die Grenze unseres so äußerst geschätzten Vaterlandes gehen können. Frau Pächter hat mir erzählt, daß Ihre Frau Mutter Jüdin ist."

Damit trennten wir uns.

Plötzlich erschien es mir, als ob alles im Aufbruch sei. Erst vor wenigen Tagen hatte ich mir für einen Spottpreis ein ausgezeichnetes Jackenkleid gekauft. Das Geschäft gehört einem Juden, der – wie viele andere – alle

Ware verkaufte, fast verschleuderte, das Geschäft schloß und mit dem ganzen Geld, das er flüssig machen konnte, Deutschland verließ.

Noch einmal traf ich mich mit Kolberg, dem früheren Konzertmeister des Frankfurter Opernhauses, den Furtwängler nach Berlin gerufen hatte.

„So“, meinte er, „für Sie ist es also auch aus?“

„Ja“, sagte ich, „ich muß erst einmal —“ Ich unterbrach mich und sah ihn scharf an: „Was meinen Sie mit ‚auch‘?“

„O“, erwiderte Kolberg. „Es begann alles sehr gut. Wir hatten unsere ersten Orchesterproben und ich fing an, mit den Kollegen vertraut zu werden und dann kam Furtwängler eines Tages und sagte: ‚Kinder – machen wir uns nichts vor. Ich bin nichts ohne Euch und Ihr seid nichts ohne mich!‘ Er machte es alles sehr taktvoll und nett und ich hatte das Gefühl, daß es ihm selbst wehe tat. Aber der langen Rede kurzer Sinn war, daß die Berliner Philharmonie mit ihren jüdischen Orchestermitgliedern nicht mehr lange leben würde...“

Ich war fassungslos: „Was wollen Sie denn nun machen?“

„Ich? Ich denke, ich gehe nach Amerika. Da habe ich schon einige Schüler und Freunde. Und außerdem – Musik ist international.“

Ich mußte mich von Dr. König und Seeckt verabschieden. König hoffte, daß ich bald und gesund zurückkehren würde und mittlerweile alle Hindernisse beseitigt seien. Doch ich weiß irgendwie, daß ich nicht zurückkommen werde und ein anderer meiner Träume zerschlagen ist. Vielleicht hätte ich es geschafft, wenn ich in Berlin hätte bleiben können –.

Seeckt machte mir gelinde Vorwürfe: „Warum haben Sie mir nicht gesagt, daß Sie krank sind? Ich spürte, daß etwas nicht in Ordnung war, aber Sie schwiegen. – Fräulein Lili – wollen Sie mir nicht jetzt, da Sie wieder

nach Hause zurückkehren, sagen, was Sie bedrückt? Ich fühle, daß da noch etwas anderes zwischen uns steht."
Sein schmaler, fein geschnittener Kopf mit den gescheitelten weißen Haaren wandte sich mir zu, und während sich das Licht in seinem Monokel fing und Blitze auf mich zu schießen schien, sah ich in dem klaren gesunden Auge einen bittenden Ausdruck: „Wollen Sie nicht bitte jetzt sprechen – oder wollen wir uns so kühl trennen?"
Für eine Weile saßen wir uns schweigend gegenüber. Wie lange hatte ich in meiner jugendlichen Enttäuschung gewünscht, mich an ihm zu rächen? Und nun saß er mir gegenüber – elegant, fast zerbrechlich in seiner feingliedrigen Schlankheit, den Kopf lauschend gebeugt, während er auf seine unglaublich schlanken zarten Hände blickte, deren Fingerspitzen sich trafen.
Ich sagte zögernd: „Ich war so schrecklich enttäuscht ... über Ihren letzten Brief damals. – Wissen Sie – ich glaubte so sehr an Sie ... so wie man wahrscheinlich nur an jemanden glauben kann, wenn man sehr jung ist – –"
Seeckt hob den Kopf und lächelte verhalten: „Und nun? Nun sind Sie doch nicht mehr so ‚sehr jung'? Ist es für die ältere und klügere Lili immer noch so schwer zu verstehen und – zu vergeben? Ich gebe zu – es war ein Fehler. Ich vergaß, wie alt ich bin. Auch Sie, liebes Fräulein Lili, werden es einmal in Ihrem Leben lernen, wenn Sie viel älter sind –" ein Ausdruck von Selbstironie huschte über sein Antlitz, „daß das Herz kein Alter kennt. – – Können wir nicht das Vergangene vergessen und wieder Freunde sein?"
Unsere Blicke trafen sich, und all mein gegen ihn aufgespeicherter Groll war plötzlich verflogen.
Wir erhoben uns gleichzeitig, und während wir uns bei den Händen hielten, legte er den Arm um meine Schulter und geleitete mich zur Tür.

„Sind wir wieder Freunde?"
„Ja", sagte ich „und wir werden die Korrespondenz dort wieder aufnehmen, wo sie abbrach."
Als ich in die Keithstraße zurückkehrte, sah ich gerade noch das Mädchen, das Hutstumpen verkauft, die Wohnung verlassen. Frau Pächter stand in ihrem Berliner Zimmer, umgeben von einer solchen Menge Stumpen, wie ich sie nie zuvor bei ihr gesehen hatte.
„Wissen Sie", sagte sie, „ich habe mir überlegt, daß ich besser auf Vorrat einkaufe ... damit ich etwas Reserve habe, wenn ich im Ausland von vorne anfangen muß."
Zwei Tage später saß ich im Zug nach Frankfurt.

12. September 1935

Vater bedauerte mein Mißgeschick und war wohl etwas besorgt um mich, aber nicht übertrieben pessimistisch. Wahrscheinlich war es das Gerüttel der Eisenbahn, das jedoch eine neue schwere Kolik auslöste.
Eine Untersuchung durch den Urologen bestätigte nur, was Dr. Block gesagt hatte. Doch bevor Dr. Dessecker zum Messer griff, wollte er mir erst durch konservative Behandlung eine Chance geben.
Da ich nun aber in Frankfurt bin und der 27. September mit jedem Tage näherrückt, muß ich mir überlegen was ich in der leidigen Denunziationsgeschichte unternehme.
Katherina suchte mich abends in meinem Zimmer auf, um zu fragen, wie ich mich fühlte?
„Im Moment kann ich nicht klagen", erwiderte ich. „Die Zigarette schmeckt sogar wieder."
Wir saßen uns eine Weile gegenüber, bis ich das Schweigen brach: „Es ist weniger der Nierenstein, der mir Unbehagen verursacht, als der Termin am 27."

Katherina starrte auf meinen Schreibtisch und schwieg. Ich verlor die Geduld und drängte auf eine Antwort: „Hast du denn inzwischen nichts über diese Heime für ledige Mütter erfahren? Schließlich stammen ja diese Informationen aus deinen katholischen Kreisen."

„Nein – und ich habe die Hoffnung fast aufgegeben", sagte sie, während sie angespannt auf die Spitzen ihrer Schuhe blickte. „Derjenige, der darüber an jenem Mütterabend sprach, scheint einfach vom Erdboden verschwunden zu sein. Niemand – niemand kann sich erinnern wer es war." Sie sagte das fast weinerlich.

„Mmm", überlegte ich laut, „das ist fatal –"

„Hat dir denn der Caritas-Verband in Freiburg keinen Aufschluß geben können?" wollte sie wissen.

„O doch – natürlich! Sie waren sehr hilfreich. Sie wissen genau so viel wie du – nämlich nichts!"

„Ja, was haben sie denn geantwortet?" fragte Katherina.

„Sie schrieben mir zuerst, daß es sehr wahrscheinlich ist, daß in Ermland ein Heim sei. Da ich mit dieser blöden Antwort nichts anfangen konnte, fragte ich noch einmal zurück mit der Bitte, etwas spezifischer zu sein, da ich wegen dieser Behauptung unter Anklage stünde. Sie sollten mir mitteilen, wie viele solcher Heime der Bischof von Ermland eröffnet habe und wie viele ledige Mütter aus dem Arbeitsdienst dort Aufnahme gefunden hätten? Und weißt du was? ‚Keine' haben sie erwidert. Auf einmal war nicht das kleinste Heim da!" Ich lachte, stand auf, steckte mir eine Zigarette an und ging im Zimmer auf und ab.

Katherina, die mir mit den Augen folgte, wurde zusehends nervöser. Plötzlich, fast laut, stieß sie hervor: „Ja – was soll denn nun aber geschehen?!"

Ich blieb direkt vor ihr stehen: „Geschehen – Käthe? Ich denke, geschehen ist mehr als genug. Da weder du noch irgendeiner deiner katholischen Freunde weiß, welches namenlose Phantom an jenem Mütterabend diese Geschichte in Umlauf setzte, ist es wohl klar, daß ich wegen Verleumdung verurteilt werde. Trotzdem – ich kann das Gefühl nicht loswerden, daß in eurem Lager einer den andern deckt." Bevor sie etwas erwidern konnte, sagte ich: ,,Entschuldige mich jetzt bitte; ich muß jemanden anrufen." Damit ging ich aus dem Zimmer.

Ich wählte Reißens Nummer.

Er stieß einen hörbaren Seufzer der Erleichterung aus, daß ich wieder in Frankfurt bin: ,,Ich habe nämlich eine Vorladung –"

,,Ja", unterbrach ich ihn, ,,das wollte ich nur wissen."

,,Was soll ich denn aber tun?"

,,Ich wollte mich nur vergewissern, Ulrich. In ein paar Tagen werde ich Sie anrufen; dann werden wir uns treffen und die Angelegenheit durchsprechen." Ich hing ab.

Dann rief ich die F.Z. an: ,,Ist Herr X noch im Hause?"

,,Einen Augenblick bitte", erklang es auf der anderen Seite und dann: ,,Ja, Herr X. ist noch hier. Ich verbinde."

Karl meldete sich. Mir wurde etwas benommen, als ich nach so langer Zeit seine Stimme wieder hörte.

,,Hallo", sagte er ungeduldig, ,,ist da jemand?"

Ich antwortete und nach einem Wort der Begrüßung fuhr ich fort: ,,Ich muß dich einmal sprechen."

Er fragte nur: ,,Kannst du jetzt kommen?"

Ich zögerte: ,,Es wäre mir lieber morgen. Und in deinem Büro."

Als ich Karls Redaktionszimmer betrat, stand er auf und strich mir mit dem Handrücken unbeholfen über die Wange. Dann sah er mich prüfend an: „Du hast abgenommen und bist blaß.“ Mit leichtem Spott, den seine Augen Lüge straften, fragte er: „Ist dir die Berliner Luft so schlecht bekommen?“
Er hatte also inzwischen erfahren, daß ich in Berlin war.
Wir saßen uns gegenüber, wie so oft in früheren Monaten, den Schreibtisch mit seinen Stößen von Zeitungen, Manuskripten, Notizen und Hellschreiberbändern zwischen uns.
Karl gab sich einen Ruck: „Ich nehme nicht an, daß du zu mir gekommen bist, um mir über Berlin zu erzählen – obwohl ich darüber auch etwas hören möchte. – Womit kann ich dir helfen?“
„Ich bin denunziert worden.“
Seine Augen öffneten sich weit: „Von wem?“
„Von einem Freund – aus purer Dummheit.“
Er kniff die Lippen zusammen; sein Ausdruck wurde hart: „Würdest du mir bitte einen genauen Bericht geben, von Anfang an – mit allen Details, deren du dich erinnerst?“
Ich erzählte von unserem Freundeskreis, von Reißes Fahrt nach Weilburg, von den Konferenzen mit Katherina, von der Vernehmung beim weiblichen Arbeitsdienst, von Gabbusch auf der Gestapo und der neuesten Vorladung zum Sondergericht.
Er hörte angespannt zu, warf gelegentlich eine Frage ein und meinte zum Schluß, daß ja alles bereits reichlich weit vorgeschritten sei.
Die Stirn in die Hand gestützt, mit halbgeschlossenen Augen, überlegte er. Auf einmal sah er mich an: „Ich weiß, daß dir das keinen Spaß machen wird, aber ich

halte es für das Beste wenn du versuchst, dich herauszulügen. Du mußt die Fürsorge bewundern, mit der man sich allgemein um diese jungen Frauen kümmert." Er fing an, sich in seiner ironischen Art zu amüsieren, über die groteske Situation, daß ich für die Nazis nur Lob haben sollte. „Du mußt betonen, wie großartig du es findest, daß sogar der Bischof von Ermland – usw." Er lachte spöttisch: „Du verstehst, wie ich mir das vorstelle."

Ich nickte.

„Trotzdem würde ich vorsichtshalber an deiner Stelle mit einem zuverlässigen Anwalt Verbindung aufnehmen", sagte Karl. „Kennst du jemanden?"

Ich überlegte. „Ja – vielleicht Dr. Jelkmann. Er hat unseren Nachbarn, den Sohn von Dr. Fränkel, vertreten. Weißt du, dieser Rassenschande-Prozeß."

„Bei dem der Vater gar nicht der Vater war?" erinnerte sich Karl. „Gut, dann wende dich morgen an Jelkmann. Ich will mir die Sache inzwischen auch noch durch den Kopf gehen lassen. Ruf' mich doch morgen wieder an."

Dann mußte ich ihm noch von Berlin erzählen und meinem unfreiwilligen übereilten Aufbruch.

Als ich gehen wollte, schloß er mich wortlos in die Arme und wir standen zusammen wie zwei verlorene Kinder, die gegenseitig Trost suchen.

17. September 1935

Es ist so viel geschehen, daß ich kaum weiß, wo ich anfangen soll zu berichten. Am besten wohl chronologisch.

Am nächsten Morgen rief ich Jelkmann an, der mir noch am gleichen Nachmittag eine halbe Stunde einräumte. Er begrüßte mich mit der charmanten Lie-

benswürdigkeit der alten Schule. Ein großer, gut aussehender Mann, etwa in Vaters Alter, mit fast weißen Haaren, frischen Farben und blauen Kinderaugen, flößte er mir absolut Vertrauen ein. Das Einzige was ich verschwieg war, woher ich das Gerücht hatte.
Er versuchte zwar kurz, dieses Schweigen zu brechen, indem er freundlich und eindringlich sagte: „Aber gnädiges Fräulein, Sie könnten sich doch von der ganzen Anklage befreien, wenn Sie die Quelle namhaft machen würden."
„Das weiß ich, Herr Doktor. Abgesehen davon, daß ich wirklich nicht gerne jemand anderen für mich ins Gefängnis schicken würde – können wir uns nicht dahin einigen, daß ich es nicht weiß? Würden Sie mir den Gefallen tun und meine Vergeßlichkeit in diesem Punkte als Tatsache hinnehmen?"
Mit beinahe väterlichem Verständnis akzeptierte er: „Da Sie sich anscheinend über die Konsequenzen klar sind, will ich mich nicht bemühen, Ihrer –" er suchte nach einem Wort, „Ihrer Erinnerung nachzuhelfen."
Wir lächelten uns an.
Nachdem ich ihm alles bisher Vorgefallene erzählt hatte, einschließlich Karls Vorschlag, mich mit lobender Anerkennung für die Fürsorge der Nazis herauszulügen, erklärte mir Jelkmann, daß dieser Termin am 27. September ja noch kein Gerichtstermin sei, sondern eine Vernehmung durch einen Untersuchungsrichter. Wir besprachen noch verschiedene Einzelheiten und Jelkmann entließ mich mit der Vereinbarung, daß wir uns nach diesem Termin wieder sprechen würden.
Von Jelkmanns Büro ging ich direkt zu Karl in die F.Z. Auf der Treppe trafen wir uns.
„Ich wollte gerade rasch eine Tasse Kaffee trinken", sagte er. „Begleitest du mich? Wir können dann zusammen auf die Redaktion zurückgehen."

Unterwegs erzählte ich ihm von meinem Besuch bei Jelkmann.

Nachdem wir wieder auf der Redaktion waren, fragte mich Karl noch einmal über Reiß aus: „Kannst du dich denn darauf verlassen, daß er tut, was du mit ihm absprichst?"

„Das kann ich nur hoffen, Karl. Im Grunde ist er offensichtlich ein Feigling. Wenn er keiner wäre, hätte er sich ja nicht so benommen. Mit Rücksicht auf diesen kleinen Schönheitsfehler in seinem Charakter wird er mit der entsprechenden Dosis von Angst, die ich ihm einjagen kann, schon mitspielen."

„Wie denkst du dir das?" fragte Karl gespannt.

„Ich glaube, ich sollte ihn darauf aufmerksam machen, daß er alles vermeiden soll, was das Interesse zu sehr auf seine Person lenkt und Raum zu Zweifeln geben könnte, denn – werde ich ihm sagen – falls bestimmte Autoritäten anfingen, sich für sein Privatleben zu interessieren, würde wohl das Verhältnis mit seiner jüdischen Freundin ans Licht kommen. Weißt du Karl – ich bin wirklich besorgt, daß ihr Name auftauchen könnte. Für Sie wäre das wohl tödlich –"

Karls Stimme wurde schneidend: „Ja", sagte er, „besonders nach den neuesten Ereignissen."

Ich hatte, beschäftigt mit meinen eigenen Problemen, heute weder Zeitung gelesen, noch die Nachrichten am Radio gehört.

Karl stand auf, trat neben mich, die ich fragend zu ihm aufschaute: „Was ist denn nun schon wieder passiert?"

„Mein Liebes – da sind neue Gesetze herausgekommen –" Er fischte eine Zeitung vom Schreibtisch und gab sie mir. „Ich muß kurz zu einer kleinen Redaktionsbesprechung gehen. Es wird nicht lange dauern. Inzwischen kannst du das durchlesen." Er strich mir liebevoll über die Schulter und verließ den Raum.

Mir war bekannt, daß zur Zeit in Nürnberg der Parteitag abgehalten wurde. Jedoch hatte ich keine Ahnung von dem, was dort – sicherlich während langer Konferenzen ausgeklügelt – verkündet werden sollte. Unter dem Titel „Reichsbürgergesetz" folgten die einschlägigen Paragraphen.

Während ich darüber nachgrübelte, was dieses „Gesetz" nicht nur für mich, sondern für zahllose irgendwie jüdisch versippte Menschen in Deutschland bedeutete, hörte ich Karls schnelle Schritt auf dem Korridor.

Er sah mich an und sagte nur: „Dieses Gesetz tritt nicht vor Ende November in Kraft."

Ich nickte schweigend. Schließlich meinte ich: „Was macht es aus, ob es jetzt ist oder in zwei Monaten – solange es überhaupt in Kraft tritt? Es ist eine Katastrophe –"

Nach einer Weile wandten wir uns wieder dem aktuellsten Problem zu, nämlich dem Termin.

Karl fragte: „Kannst du mit diesem Reiß noch freundschaftlich umgehen?"

Ich sah ihn verständnislos an.

„Weißt du", erklärte er, „ich habe mir das alles sehr genau überlegt und kam zu dem Schluß, daß es einen guten Eindruck machen würde, wenn Ihr Euch völlig unbefangen benehmen könntet, so, als ob Eure Freundschaft noch völlig intakt sei. Das wäre ein Beweis mehr, daß keiner von Euch ein schlechtes Gewissen hat. Du hast ihm die Geschichte von diesen Heimen in rühmender Weise erzählt. Er hat das wohl auch in dieser Art aufgenommen und weitergegeben. Auf Grund Deiner positiven Haltung kam es ihm gar nicht in den Sinn, daß er dir schaden könnte. Du mußt nur diese alte Jungfer in Hosen – diese traurige Erscheinung von einem Mann – dazu bringen, daß er bestätigt, daß du offenbar nicht die leiseste Absicht hattest, irgendwelche Einrichtungen des Dritten Reiches herabzuziehen. – Daß das eine oder andere Mädchen im Arbeitsdienst schwanger wird – meine Güte! Solche Sachen passieren überall. Du mußt das bagatellisieren."

Ich ließ mir seinen Vorschlag durch den Kopf gehen.

„Wichtig ist nur", sagte Karl eindringlich, „daß dieser Kerl mit dir lügt. – Wann wirst du ihn sehen?"

„Er wartet auf meinen Anruf."

„Dann gib ihm noch einen Tag mehr Zeit. Die Wahrscheinlichkeit, daß er bis zu Eurem Treffen die Nürnberger Gesetze gelesen hat, ist um so größer. Ich sollte denken, daß ihn das nur bereitwilliger den Kopf aus der Schlinge ziehen läßt."

„Ja", antwortete ich, „und ich werde ihm diese Arbeit erleichtern mit der Warnung, alles zu vermeiden, was seine Freundin in diese ganze Misere hineinziehen könnte."

„Natürlich erwarte ich deinen Bericht über dieses idyllische Beisammensein", sagte Karl. „Wo willst du ihn denn treffen?"

„Ich dachte, ich lasse ihn zu mir nach Hause kommen. Vielleicht fange ich langsam an, unter Verfolgungswahn zu leiden. In irgendwelchen Lokalen derartige Konferenzen abzuhalten, erscheint mir jedoch etwas riskant." –

Gestern rief ich Reiß an, der prompt am Nachmittag bei mir erschien und erstaunlich schnell begriff, was ich von ihm erwartete. Mit gezwungener Unbefangenheit versuchte er, mir wie früher zu begegnen, und ich mußte anerkennen, daß er seine Rolle gut spielte. So kann ich nur hoffen, daß er vor dem Sondergericht ebenfalls überzeugend auftritt, denn ich betrachtete dieses Treffen als Generalprobe für die Vorstellung vor dem Sondergericht.

Am 26. nachmittags war ich noch einmal bei Karl. Wir sprachen ein letztes Mal die wichtigsten Punkte durch, und er band mir auf die Seele, um jeden Preis zu vermeiden, den Untersuchungsrichter über meine Abstammung in Kenntnis zu setzen. Der Refrain zu allem, was wir überlegten, war: „Lüg' dich heraus ... lüg' dich heraus – bei diesen Verbrechern brauchst du keinerlei Hemmungen zu haben." Die Angst und Sorge um mich stand in seinen Augen.
Auf dem Heimweg in der Straßenbahn fing der vertraute Schmerz bereits an, sich mit Unterbrechungen bemerkbar zu machen und wuchs sich im Verlaufe der Nacht zu einer massiven Kolik aus.
„Sie werden beim Sondergericht denken, ich spielte ihnen etwas vor", klagte ich.
„Mach' dir keine Sorgen, Kind. Schlaf, Lilichen, schlaf", murmelte Mutter tröstend während ihre kühle Hand beruhigend über meine heiße feuchte Stirne strich, und ich versank gnädig im Nichts.
Als ich wieder zu mir kam, war es heller Tag. Je wacher ich wurde, desto intensiver kehrte der Schmerz zurück. Mutter, die durch die nur angelehnte Türe im Nebenzimmer hörte, daß ich mich ruhelos hin-und herbewegte, kam sofort zu mir. Und mit ihrem Erscheinen kehrte auch die Erinnerung zurück.
„Mutti", fragte ich, „was habt ihr wegen des Sondergerichtes unternommen?"
„Beunruhige dich nicht", erwiderte sie. „Wir haben sofort heute früh Dr. Jelkmann angerufen. Er hat alles Erforderliche in die Wege geleitet."
Ich bemühte mich, klar zu denken. Irgendetwas Wichtiges war da noch. Plötzlich wußte ich es: „Würdest du bitte Herrn X. auf der F.Z. anrufen und ihm sagen, was passiert ist?"

Nach etwa 36 Stunden war ich wieder auf den Beinen und rief Dr. Jelkmann an. Der Termin sei zum 1. Oktober verlegt worden. Herr Reiß sei ebenfalls darüber informiert und würde dann erscheinen. Womit die ganze Angst und Aufregung noch einmal um einige Tage verlängert worden war.

1. Oktober 1935

Heute war nun der Termin vor dem Untersuchungsrichter. Nachträglich ist das leicht festzustellen: grundsätzlich hätten wir uns eigentlich darüber nicht aufregen müssen, denn es wurden keine verfänglichen Fragen gestellt. Die Prozedur war sehr ähnlich der bei Gabbusch, nur an höherer Stelle.

Reiß und ich hatten uns an der Konstabler Wache verabredet und gingen zusammen zum Amtsgericht, in dem das Sondergericht nur eine Abteilung ist. Wir warteten gemeinsam auf dem Gang, unterhielten uns und benahmen uns – für jeden, einschließlich dem Untersuchungsrichter sichtbar – wie die besten Freunde.

Der Untersuchungsrichter, ein nicht mehr junger Mann, zeigte absolut menschliche Züge. Er war besorgt um mein Befinden und mußte sozusagen von mir die Versicherung erhalten, daß ich dieser Vernehmung physisch gewachsen sei und bequem saß. Pflichtbewußt fragte er mich wiederholt nach der Quelle dieses Gerüchtes, das ich weiterkolportiert hatte. Abgesehen davon, daß ich ihn zu überzeugen versuchte, wie tief ich von der Fürsorge bewegt sei, mit der sich das Dritte Reich um diese gefallenen Mädchen kümmerte, die doch noch vor kurzem von der Gesellschaft mit Verachtung gestraft worden seien, konnte ich mich beim besten Willen nicht mehr erinnern, wer mir diese Geschichte von dem Bischof von Ermland erzählt habe.

Etwas betrübt schüttelte der Richter ganz leicht den Kopf. Durch die Art seiner Fragen hatte ich plötzlich das Gefühl, daß er anfing Reiß zu verdächtigen. Es schien mir, daß er uns für ein junges Liebespaar hielt, wobei ich mich für meinen Geliebten opferte und alle Schuld auf mich nahm. Die Situation entbehrte nicht der Komik.
Nach meiner Vernehmung wartete ich auf dem Gang auf Reiß, der nach einer Weile offensichtlich erleichtert erschien, so erleichtert, daß er vergnügt war und über dieses ganze „Zeremoniell" lachte. Nicht belastet, sondern nur Zeuge, hatte er gut lachen. Möglicherweise war er aber auch nur zu naiv, um die Vorgänge in ihrer ganzen Tragweite zu ermessen.
Am späten Nachmittag ging ich zu Karl. Ich mußte ihm jede kleinste Kleinigkeit berichten und endete: „Weißt du Karl – ich hatte das Gefühl, daß ich dem Untersuchungsrichter eher leid tat."
„Das ist schon möglich", erwiderte er. „Die nazistische Maschinerie läuft nämlich noch nicht völlig glatt. Wohl bemerkt: n o c h nicht", wiederholte er betont.
„Wie meinst du das?" fragte ich verständnislos. „Das Sondergericht ist doch sicherlich kein unwichtiges Rädchen in dem Getriebe."
„Das Sondergericht – ja", sagte Karl bitter. „Aber die Nazis haben noch nicht genug geschulte Leute aus ihren eigenen Reihen. Sie haben wohl alles, was verdächtig ist, herausgeschmissen oder mit Pension entlassen. Jedoch in vielen Behörden – wie zum Beispiel auch in den Gerichten – sind noch genug Leute, die weder ‚verdächtig' noch Nazis sind, die lediglich aus Mangel an ausgebildeten Parteimitgliedern vorübergehend geduldet werden müssen. Unter all diesen höheren und hohen Beamten mögen noch eine ganze Anzahl sein, die gefühlsmäßig vielleicht mehr nach links lehnten als nach

rechts, aber sich nie festlegten; oder Leute, die absolut unpolitisch und daher in den Augen der Nazis ‚unbelastet' sind." Etwas spöttisch fuhr er fort: „Mag sein, daß solch ein Mann heute dein Untersuchungsrichter war, einer jener unverdächtigen, unbelasteten Figuren, den man zum Sondergericht versetzt hat und dessen Gewissen anfängt, sich zu rühren, nachdem er erkennen muß, was für eine ehrenvolle Aufgabe ihm, dem Lauwarmen, zuteil geworden ist, nämlich", Karls Stimme wurde hart und schneidend, „seine Mitmenschen – unehrerbietige Volksgenossen – wie zum Beispiel dich – ans Messer zu liefern."

Karl ging erregt in seinem kleinen Redaktionszimmer auf und ab. „Weißt du mein Kind – diese Waschlappen sind in meinen Augen genau so große Schweine wie die hohen Herren Parteigenossen, die offensichtlich Sadisten sind und Freude daran haben, ihre sogenannten Staatsfeinde zu verfolgen – sie entweder aus dem Lande zu treiben oder hinter Schloß und Riegel zu setzen."

Nach einem längeren Schweigen fragte ich: „Und was, Karl – was sollen diese Männer tun, wenn sie verheiratet sind und eine Familie zu versorgen haben?"

„Das fragst du?" erwiderte Karl völlig konsterniert. „Hat dich, mein Kind, jemand gefragt, ob du deine Großeltern austauschen willst, um Journalistin zu bleiben? Hat Willi Becher, die Kohlhöfers oder all die vielen jüdischen, kommunistischen, sozialistischen Menschen, jemand gefragt oder ihnen eine Wahl gelassen? Sie alle müssen sehen, wie sie sich schlecht und recht mit ihren Familien durchschlagen."

Er beendete einen Rundgang durch das Zimmer, blieb vor mir stehen, erhob drohend den Zeigefinger, und die Hand schüttelnd sagte er, hart und abgehackt, wobei er jedes einzelne Wort betonte: „Die Sorge um die Familie sollte für einen Mann nie ein Grund sein, Anstand und Gewissen zu verkaufen!"

Er wandte sich um, ging auf die Türe zu, vor der er gedankenverloren stehenblieb, kehrte wieder zu mir zurück und sagte etwas sanfter: „Ich weiß nicht, ob ich als junger Mann meinen Vater je hätte achten können, wenn er käuflich gewesen wäre ...“, und halb zu sich sagte er: „Was für eine Generation wächst da heran —? Kinder, die satt zu essen haben und eines Tages erkennen werden, daß ihr Vater ein Gesinnungsschwein ist...“ Er fuhr sich mit der Hand über Stirn und Augen: „Es ist beängstigend...“

3. Oktober 1935

Nach erneuten Röntgenaufnahmen und einer eingehenden Konsultation zwischen Vater und Dr. Dessekker, der ich schweigend beiwohnte, kamen die beiden Ärzte zu dem Schluß, daß mein Stein festsitzt und mich freiwillig nicht verlassen wird. Am 9. nachmittags soll ich ins Hospital kommen und am 10. operiert werden.

6. Oktober 1935

Es ist ein sonderbares Gefühl, vor solch einer Operation zu stehen. Wenngleich ich gelegentlich wegen meiner Inaktivität und der Hoffnungslosigkeit meiner Lage so deprimiert bin, daß ich es begrüßen würde, einen Weg zu finden, mich auf eine anständige Art und Weise zu empfehlen, so geht auf der anderen Seite genau so oft mein Temperament mit mir durch. Dann will ich nicht glauben, daß mein Leben praktisch bereits zu einem Stillstand gekommen sein soll, und daß ich nichts mehr zu erwarten und zu erhoffen habe. Ich lache mir selbst ins Gesicht: Mit zwanzig Jahren bereits resignieren? Lächerlich!! Ich muß durchhalten. Das tausendjährige

Reich wird nicht einmal einen Teil meines Lebens überdauern. Und trotzdem – –
Mit diesen gemischten Gefühlen sehe ich der Operation entgegen. Falls es schief geht –? Vielleicht habe ich dann nichts verpaßt. Falls ich durchkomme –?
So wie die Dinge liegen, versuche ich, einmal kurz das Dritte Reich zu vergessen, räume meinen Schreibtisch auf, bringe meine Tagebücher zu Siegrid mit der Bitte, sie gegebenenfalls zu verbrennen, schreibe noch ein paar Briefe und mache einige Besuche. Tante Elly ist zum Beispiel ganz entzückt, mich bei sich zu haben. Ich erzähle ihr weder von meinem Fiasko in Berlin, noch von meiner bevorstehenden Operation. Tante Anna kommt ebenfalls ins Zimmer, und ich sitze wie in der guten alten Zeit zwischen diesen überdimensionalen alten Mädchen; in meinem Blickfeld ist der Glasschrank mit all den Nippesfiguren, und vor mir steht der Aschenbecher, den ich schon als Kind so bewundert hatte, mit den drei braunen Salamandern, die eine blaue Aschenschale halten.
Morgen Abend gehe ich zu Sjöderbloom.

7. Oktober 1935

Diesmal wartete Sjöderbloom nicht auf das Klopfen des Mädchens an der Zimmertüre, sondern kam mir gleich entgegen. Im Gegensatz zu der Weinflasche brachte das Mädchen heute eine große Teekanne auf den Tisch. Nach einem für sein Alter enthusiastischen Empfang durch Bonzo, saßen wir wieder unter dem gedämpften Licht der Stehlampe zusammen und unterhielten uns, den Hund ausgestreckt zu unseren Füßen.
Sjöderbloom fragte natürlich nach meinen Berliner Erlebnissen, beruflichen Aussichten und Zukunftsplänen. Ich kämpfte mit mir, ob ich ihm über alle meine Schwie-

rigkeiten berichten sollte, steckte mir, um Zeit zu gewinnen, eine Zigarette an und beschloß, mich von der Unterhaltung treiben zu lassen. Ich erzählte ihm, daß ich in Berlin hauptsächlich wartete – wartete, um vielleicht durch eine Hintertüre wieder in die Presse zu kommen.

„Und nun?“ fragte Sjöderbloom. „Werden Sie nach der Operation, nachdem Sie sich wieder erholt haben, nach Berlin zurückkehren?“

„Ich weiß wirklich nicht, Signore –. Die Ereignisse – oder sagen wir besser, die nationalsozialistische Politik – bringt uns ja am laufenden Band Überraschungen. Ich kann im Augenblick noch nicht übersehen, wie sich die Nürnberger Gesetze in dieser Hinsicht für mich auswirken.“

„Ja – die Nürnberger Gesetze –“, sagte er ernst, „sie sind ebenso grausam wie unrealistisch.“

Ich lachte bitter: „Für mich sind sie leider sehr realistisch.“

Sjöderbloom schenkte mir Tee ein, setzte die Kanne auf den Tisch zurück und sah mich nachdenklich an: „Signorina – ich weiß, wie hart das einen unabhängigen Menschen wie Sie trifft. Ich fürchte, daß es Ihnen nicht viel hilft, wenn ich Ihnen sage, daß ich Hitler für einen Irrsinnigen halte, einen Irrsinnigen, der von der Idee besessen ist, Deutschland von den Juden befreien zu müssen und die nordische Rasse wieder zurückzuzüchten. Trotz seines Kampfes gegen die Kirche – aber schließlich spielt ja in der christlichen Kirche beider Konfessionen der Jude Jesus eine für Hitler unerträgliche Rolle – trotz dieser Animosität gegen die Kirche will er es mit seinem Herrgott nicht verderben; im Gegenteil, er fühlt sich allem Anschein nach berufen … und glaubt, ein Werkzeug seines Schöpfers zu sein.“

Ich erinnerte mich eines Gespräches mit Karl, der die Vermutung äußerte, daß Hitler im letzten Winkel seines

Herzens noch Angst vor dem ewigen Fegefeuer hat. Sjöderbloom schien ähnlich zu denken.
,,Wie kommen Sie zu diesem Schluß?" fragte ich.
Sjöderbloom stand auf und ging zu seiner Bibliothek. In der unteren Reihe, in der das Regal breiter war, lagen einige Bücher vor den aufgestellten Reihen. Er nahm eines davon, zwischen dessen Seiten mehrere Papierstreifen heraussahen. Er hielt mir den Einband hin: Hitlers ,Mein Kampf'. In den Seiten mit den Lesezeichen suchend, sagte er: ,,Hier ist es. Hitler sagt: ,So glaube ich heute im Sinne des allmächtigen Schöpfers zu handeln: Indem ich mich des Juden erwehre, kämpfe ich für das Werk des Herrn.' – Verstehen Sie nun, was ich meine?"
Ich nickte und sagte überlegend: ,,Ja – Herr Hitler ist offenbar nicht nur berufen, sondern obendrein auch noch auserwählt –"
Sjöderbloom lächelte plötzlich: ,,Wissen Sie, Signorina – mir kommt gerade die Idee... wenn dieser Mann in einer anderen Zeit geboren worden wäre – er wäre sicher ein großer Prophet geworden! Er ist aus dem Material der Propheten gemacht: Die Massen mitzureißen und ebenfalls besessen zu machen, eine Massenhysterie auszulösen –" Er schüttelt den Kopf: ,,Früher waren es die Propheten, die die Massen zum Guten wie zum Bösen aufpeitschen konnten – – heute sind es die Politiker. Im Grunde genommen sind sie ja beide Charlatants. – Es ist wirklich ein Phänomen, das sich vor unseren Augen abspielt!"
Er verlor sich fast in seinen vergleichenden Betrachtungen, kehrte jedoch unvermittelt zu mir zurück. ,,Wenn Sie, liebe Signorina, nicht nach Berlin zurückkehren, sondern", das Lausbubenlächeln kehrte flüchtig zurück, ,,uns hier erhalten bleiben, müssen Sie doch in Ihrem Kopfe irgendwelche Pläne wälzen?"
Ich sah ihn voll an: ,,Nein, ehrlich gestanden – im Au-

genblick habe und mache ich keinerlei Pläne. Abgesehen von der Operation, die mich ja nun wahrscheinlich für eine Weile außer Gefecht setzen wird, komme ich langsam zu der Überzeugung, daß unser großer Führer mir die Entscheidungen in meinem Leben abnimmt."

Er überlegte einen Moment. „Hängt Ihr Herz denn so am Journalismus, Signorina?"

Ich drückte meine Zigarette im Aschenbecher aus und lächelte: „Mein Herz – ? Ich will lieber sagen – ich habe mich an den Geruch der Druckerschwärze gewöhnt, und er ist mir lieb geworden. Wenn ich jedoch genau darüber nachdenke, weiß ich nicht einmal sicher, ob ich unter den obwaltenden Umständen in der Zeitung arbeiten möchte, – selbst wenn ich es ungehindert könnte. Das Wort ‚Pressefreiheit', Signore, ist ja nur noch ein Hohn. Aber das ist es nicht –"

Er nahm seine Teetasse auf, während ich fortfuhr: „Ich sehe einer Anklage vor dem Sondergericht entgegen" (die Hand mit der Tasse verharrte zwischen Mund und Tisch) „und das mag einige Änderungen in meinem Leben herbeiführen."

„Vor dem Sondergericht?" fragte er, während die Teetasse etwas geräuschvoll zur Untertasse zurückkehrte.

Nun mußte ich ihm ebenfalls die ganze leidige Geschichte erzählen, wobei ich mir mit einigem Herzklopfen überlegte, ob diese neuerliche Belastung meiner Person wohl das Ende unserer Freunschaft bedeutete?

Wenngleich ich jede Anspielung auf Katherina unterlassen hatte, schien Sjöderbloom trotzdem richtig zu mutmaßen, denn als ich geendet hatte fragte er: „Ihre ‚Quelle'? – Sie weiß doch sicher in welch prekärer Lage Sie sich nun befinden?"

Ich nickte: „Ja."

„Und sie – ich meine die ‚Quelle' – tut nichts, um Sie zu entlasten?"

Ich fühlte, wie mir das Blut ins Gesicht stieg: „Signore – das ist alles etwas verwickelt. Es war meine freiwillige Entscheidung, für das, was ich gesagt hatte, einzustehen. Dazu konnte mich niemand zwingen. Sagen wir – ich wollte nicht, daß noch mehr Namen hereingezogen wurden."
„Hut ab, Signorina!" Seinen Worten folgte eine große Rauchwolke.
Ich beugte mich nieder und streichelte Bonzo, der einen Seufzer des Wohlbehagens ausstieß und sich streckte.
„Signorina – wollen Sie mir einen Gefallen tun?"
Ich richtete mich auf: „Ja?"
Der Hund erhob sich und stieß mit seiner großen feuchten Schnauze gegen meine Hand, mit der ich automatisch, gedankenverloren über das kurze weiche Fell strich.
Sjöderbloom fuhr fort: „Bitte denken Sie im Augenblick einmal an nichts anderes, als daß Sie gesund werden wollen. Alles andere hat Zeit. – Einverstanden?"
Er streckte seine Hand erwartungsvoll aus – und ich schlug ein.

6. November 1935

Seit ein paar Tagen bin ich wieder zu Hause und will versuchen, auf dem Papier festzuhalten, was alles geschah, ehe ich es vergesse.
Die ersten Tage nach der Operation waren sicher kein Spaß, aber auch sie vergingen. Mutter hatte sich eine Couch in mein Zimmer stellen lassen und verließ mich keinen Moment. Ich hörte sie nie, aber sobald ich aufwachte und irgendetwas wollte, war sie da.
Ich erholte mich schnell, und nach einer Woche wurden

morgens die Wundklammern entfernt. Am frühen Nachmittag fühlte ich bei jedem Atemzug einen leichten Schmerz in der Lungenspitze.
Mutter saß in einem Lehnstuhl neben dem Bett und las. Von Zeit zu Zeit lächelte sie mir zu. Auf einmal beugte sie sich näher zu mir: „Ist dir etwas?"
„Nun reg' dich bitte nicht auf. Frag' doch, ob Dr. Dessecker im Hause ist. Ich habe Schmerzen beim Atmen."
Mutter flog buchstäblich aus dem Zimmer und kehrte im nächsten Moment mit der Stationsschwester zurück. Nach einer halben Stunde erschien Dr. Dessecker. Er hörte mich ab: nichts. Blinder Alarm! Dann kam Vater, aus seinem Mittagsschläfchen aufgescheucht: Kein blinder Alarm – Lungenembolie.
Es kamen Tage und Nächte mit der Sauerstoffbombe im Zimmer, Tage und Nächte während deren ich von Zeit zu Zeit verzweifelt um ein bißchen Luft zum Atmen kämpfte. Außer den Eltern, Ärzten und Schwestern sah ich niemanden – mit einer Ausnahme.
An meiner Türe war ein kleines rotes Schildchen befestigt, das jederlei Besuch untersagte. – Trotzdem kam der Pfarrer! Herr Pfarrer Marold, der Krankenhauspfarrer, fühlte sich in keiner Weise von dem Besuchsverbot betroffen; denn wenn jemand offenbar so krank ist, bedarf er doch zweifelsohne ganz besonders des kirchlichen Trostes – bevor er ins Jenseits abmarschiert.
In ohnmächtiger Wut mußte ich ihn im Zimmer dulden, denn ich war zu schwach, um zu sprechen und ihm die Türe zu weisen – und Mutter würde niemals einen Pfarrer an die frische Luft setzen. Ich hoffte nur, daß ich bei seinem nächsten Besuch wieder bei Kräften sein würde.

7. November 1935

Endlich kam der Tag, an dem die Sauerstoffbombe aus dem Zimmer verschwand. Besuche wurden erlaubt und Mutter brachte mir einen Brief von Wolf. Sie jubelte: ,,Ach Lilichen, denk' nur – er kommt!"
,,Wer kommt?" fragte ich verständnislos.
,,Mein – unser Wölfchen kommt uns besuchen!"
,,Wirklich!?" fragte ich ungläubig. ,,Wann denn?"
,,Er wird Weihnachten mit uns feiern. Es ist wundervoll!"
Unter all den Besuchern, die nun erschienen, war auch Walter Groß. Wir sprachen über Berlin, als Walter auf einmal sagte: ,,Dein Brief über dieses Progrom auf dem Ku-Damm war übrigens ausgezeichnet! Ich habe ihn so wie er war in der französischen Zeitung gedruckt, natürlich ohne deinen Namen. Also, hab' keine Angst."
Herr Pfarrer Marold erschien ebenfalls wieder. Nun, nachdem ich über dem Berg war und das Schildchen mit dem Besuchsverbot verschwunden, steckte er erst vorsichtig den Kopf in die Tür. Doch Mutter forderte ihn sofort enthusiastisch auf, einzutreten. Das Gespräch, das zuerst nur zwischen Mutter und ihm geführt wurde und sich um fromme Dinge drehte, wandte sich schließlich mir zu.
Ich hatte etwas davon läuten gehört, daß Pfarrer Marold noch unentschieden zwischen den beiden Glaubensbewegungen schwankte, die eine nazistisch, die andere in Opposition.
Mit scheinheiligem Augenaufschlag sah ich ihn an: ,,Herr Pfarrer – ich liege doch nun hier so krank und abgeschlossen von allem, was draußen in der Welt vor sich geht. Können Sie mir nicht erzählen, wie es um den Kampf zwischen den ‚Deutschen Christen' und der ‚Bekennenden Kirche' bestellt ist?"

„Ja", sagte er etwas ausweichend, „sicher – ich werde Ihnen nächstes Mal einige Literatur darüber mitbringen."
„O ja, tun Sie das doch bitte!" Ich war begeistert und fügte liebenswürdig mit maliziösem Lächeln hinzu: „Und vergessen Sie nicht, auch eine gut geschärfte Waffe mitzubringen!"
Er verabschiedete sich hastig und ging. Und das war das Letzte, was ich vom Herrn Pfarrer sah –.
Am 3. November kam ich nach Hause. In meinem Zimmer stand ein riesiger Nelkenstrauß von Sjöderbloom zur Begrüßung. Ich war gerade rechtzeitig zu einem Kammermusikabend zurückgekehrt.
In eine Decke gewickelt lag ich auf dem großen blauen Sofa im Musikzimmer. Mit vollen Zügen genoß ich es, wieder von Musik und vertrauten Gesichtern umgeben zu sein, heraus aus der ungesunden Krankenhausatmosphäre, in der Temperatur, Puls und alle körperlichen Funktionen den Mittelpunkt des Lebens bilden.

12. November 1935

In einigen Tagen werde ich zur Erholung nach Mittelberg bei Oy fahren, soll jedoch nicht später als 15. Dezember zurückkehren, um auf jeden Fall hier zu sein, wenn mein Wolfenbruder kommt. Ich kann es überhaupt nicht beschreiben, was es für mich bedeutet, ihn wiederzusehen! Der einzige Mensch in der Welt, bei dem ich vollkommen Ich sein kann. Ihm kann ich rückhaltlos alles anvertrauen, all meine Sorgen und Zweifel vom Herzen reden. Wenn er mir auch praktisch nicht helfen kann, so wird er mich doch wenigstens verstehen und mit mir fühlen, und ich kann es mir leisten, ihm zu sagen, daß ich Angst habe. Vor meinem großen Bruder kann ich die Maske der Gleichgültigkeit und des Unbetroffenseins abnehmen.

Das Haus ist bereits in Aufruhr, obwohl es noch mehr als einen Monat dauert, bis er kommen wird. Die Weißbinder sind bestellt, um sein altes Zimmer wieder neu zu streichen. Mutter und Etta sprechen unentwegt über ihn, und sogar Katherina ist aufgeregt. – Diese Vorfreude dürfte trotz aller anderen Unerfreulichkeiten des Lebens wesentlich zu meiner Erholung beitragen!

* * *

Jeden Mittag nach dem Mittagessen muß ich mich hinlegen und schlafe auch meistens. Als ich gestern aufwachte, stand Mutter im Zimmer.
Sie sah mich liebevoll an: „Nun Lilichen, hast du gut geschlafen?“ Nähertretend strich sie über mein Gesicht. „Aber Kind! Du bist ja ganz heiß! Hast du Fieber?“
Ich schüttelte den Kopf: „Nein – ich hatte nur einen gräßlichen Traum...“ Vergeblich versuchte ich, die Erinnerung abzuschütteln.
„Ich träumte, ich war in der Stadt. Plötzlich deutete ein Mann, in dem ich den Untersuchungsrichter wiedererkannte, von der gegenüberliegenden Straßenseite auf mich und rief irgendetwas. Ich fing an zu laufen, aber er rannte hinter mir her und jeder Polizist, der uns sah, schloß sich der Verfolgung an. Sie alle jagten mich, um mich zum Sondergericht zu schleifen. Ich rannte und rannte und fühlte, wie mich meine Kräfte verließen – da wachte ich auf.“
Mutter sah mich einen Moment überlegend an. Mit einem Seufzer sagte sie dann: „Wie sonderbar ... Da du schon diesen Traum gehabt hast, will ich dir's besser sagen. Während du schliefst, ist vom Sondergericht angerufen worden. Sie wollten wissen, ob du so weit wiederhergestellt bist, daß der Termin angesetzt werden kann.“

Unter diesen Umständen rief ich Jelkmann an und war heute Nachmittag bei ihm. Mutter begleitete mich. – Er tätschelte meine Hand und stellte fest, daß ich doch noch sehr schmal und blaß aussähe.
„Meine Damen", sagte er dann in seiner fast väterlichen warmherzigen Art: „Ich würde vorschlagen, daß Fräulein Lili unbedingt erst einmal in Erholung fährt. Wenn sie zurückkommt, bin ich dafür, sobald wie irgend möglich einen Termin zu bekommen – um allen Eventualitäten vorzubeugen."
Während ich mir überlegte, was er damit ausdrücken wollte, fragte Mutter: „Was meinen Sie damit, lieber Herr Doktor?"
Beruhigend sagte er: „Nun erschrecken Sie bitte nicht, meine Damen. Aber als Jurist muß man stets allen Möglichkeiten ins Auge sehen. – Der normale Verlauf der Dinge ist, daß der Angeklagte, der vom Sondergericht verurteilt wird, sofort aus dem Gericht abgeführt und ins Gefängnis gebracht wird."
„Um Gottes willen!" rief Mutter aus, „Aber Herr Doktor!"
„Gnädige Frau!" sagte Jelkmann fast bittend. „Bis jetzt ist Ihr Fräulein Tochter ja noch nicht einmal vor dem Gericht. Nur um ganz sicher zu gehen überlegte ich, daß wir einen frühzeitigen Termin anstreben sollten. Haben wir dann wirklich Pech und Fräulein Lili sollte verurteilt werden, so könnte ich sofort Einspruch erheben gegen die Inhaftierung, mit Rücksicht auf ihren Gesundheitszustand. Verstehen Sie, meine Damen, ich will nur Zeit gewinnen, denn ich rechne zu Hitlers Geburtstag mit einer Amnestie."
Ich muß schon sagen –. Das sind wirklich erhebende Gefühle, die mich auf meine Reise begleiten werden!

22. November 1935

Nun bin ich in Mittelberg. Die Pension Angerer ist eines der typischen einfachen Holzhäuser, in denen man nachts zwischen der Decke des eigenen Zimmers und dem Fußboden des darüberliegenden die Mäuse Purzelbäume schlagen hört.

Mutter Angerer, eine rundliche Frau, der die Güte aus den Augen strahlt, führt die Küche, gut bürgerlich, massiv und sehr schmackhaft. Vater Angerer ist ein großer hagerer Mann, dessen derbe Hände zarte Aquarelle aufs Papier zaubern und der mit seinen drei Kindern Kammermusik spielt.

Die Landschaft ist nicht ganz nach meinem Geschmack. Das kleine Dorf liegt auf einem Hochplateau, und man kann die Berge nur sehen, aber nicht leicht erreichen. Bevor ich ankam, hatte es geschneit und wieder getaut. So lagen überall noch weiße Flecken in der Landschaft – wie vereinzelte Wäschestücke, die auf dem Rasen vergessen worden waren.

Da keine Ferien sind, ist es hier sehr ruhig. Vater Angerer ist der Hahn im Korb, umgeben von holder Weiblichkeit. Da ist eine Lehrerin, die ihre Mutter hierher begleitete in der Hoffnung, daß die Höhenluft ihr Asthma bessern möge. Eine andere Frau, unbedeutend und unauffällig, soll sich von irgendeiner Krankheit erholen. – Ich sah einer etwas trübsinnigen Zeit entgegen, als drei Tage nach meiner Ankunft ein neuer Gast eintraf, eine Frau von Többelmann aus Berlin, eine schlanke elegante Erscheinung und nur wenig älter als ich. Es ergab sich daher ganz von selbst, daß wir kleine Spaziergänge zusammen machen und uns gegenseitig helfen, die Zeit zu vertreiben. Was sie hier in die Einöde führte, weiß ich nicht, denn sie ist absolut gesund.

29. November 1935

Frau von Töbelmann und ich erzählten einander ein wenig aus unseren Leben. Ihre Reise hierher ist praktisch eine Flucht. Sie hatte sich absichtlich einen Platz ohne Ablenkung ausgesucht, um Zeit zum Denken zu finden und Ordnung in ihr Leben, beziehungsweise ihre Ehe zu bringen.

Natürlich erzählte ich ihr, daß ich nach meiner Rückkehr meinen Bruder aus Amerika erwarte. Die Freude darüber muß auf meinem Gesicht gestanden haben, denn sie fragte, wie lange wir uns nicht mehr gesehen hätten, wie unsere Beziehungen zu einander seien und dergleichen mehr. Dann sagte sie vorsichtig: „Ich wünsche Ihnen, daß Sie keine Enttäuschung erleben."

„Aber wieso?" fragte ich konsterniert. „Wir haben durch die ganzen Jahre in Briefwechsel gestanden und ich glaube, an unserer Beziehung hat sich nichts geändert."

Frau von Töbelmann lachte etwas: „Verzeihen Sie die Platitüde – aber ‚Papier ist geduldig'. Wenn man, wie Ihr Herr Bruder, über sechs Jahre in diesem skrupellosen Land gelebt hat, muß schon ein bißchen davon hängengeblieben sein."

„Wie kommen Sie zu dieser Ansicht?" fragte ich etwas skeptisch.

„Wissen Sie – ich glaube, diese Emigranten haben etwas gemein mit den Proseliten. Die neue Heimat ist das vollendetste Land der Welt; waren sie vorher nicht nationalistisch, so entdecken sie dieses Gefühl nun plötzlich in sich. Verstehen Sie, wie ich das meine?"

Mit einem Stoßseufzer erwiderte ich: „Wahrscheinlich besser, als Sie sich vorstellen können! Meine Schwester ist vom Protestantismus zum Katholizismus konvertiert..."

„Oooh!" Frau von Töbelmann lachte. „Dann wissen Sie also, wovon ich spreche."

Ich zögerte: „Eigentlich nicht, wenn ich in diesem Zusammenhang an meinen Bruder denke. Außerdem – nach dem, was er schreibt, scheint ja in Amerika das Staatsgefüge sehr anders zu sein als das unsere, und ich muß sagen – besonders verglichen mit dem, was wir jetzt haben – klingt es doch recht verführerisch. Ich kann mir unter diesen Umständen schon vorstellen, daß es jemanden gefangennimmt und er sein nationales Herz entdeckt." Ich schwieg und dachte nach über den Unterschied zwischen dem Lande der Freiheit auf der anderen Seite des Ozeans und dem bedrückenden Leben in einem totalitären Staat.

Frau von Töbelmann unterbrach meine Gedanken. „Aus der Ferne mag das alles sehr verlockend aussehen. Amerika behauptet, ein demokratisches Land zu sein. Die älteste und bekannteste Demokratie war Athen. In Athen waren es die zehntausend Scheffelmänner, die alles bestimmten." Sie setzte erklärend hinzu, daß Scheffel eine Bodeneinheit war. „Nur wer eine bestimmte Anzahl Scheffel hatte, konnte wählen. Da die ärmeren Leute keinen Boden besaßen, konnten sie nicht wählen und daher nicht mitbestimmen. In Amerika sind es nicht die Scheffelmänner, da sind es die Millionäre. Einige wenige Familien wie die Woolworth, Vanderbills, Rockefellers usw. sind dort in der sogenannten Demokratie bestimmend. Sie halten das Wohl und Wehe von Millionen von Menschen in ihren Händen oder – in ihren Portemonnaies. Der kleine Mann hat gar nichts zu sagen und wird mit einer geschickt geleiteten Propaganda in dem Glauben gewiegt, daß er mitbestimmt."

Ich war sprachlos. Nachdem ich mich von dieser Eröffnung erholt hatte, sagte ich: „Aber da sind doch zwei Parteien in Amerika – die Demokraten und die Republikaner. Sieht denn nicht die eine der anderen auf die Finger?"

Frau von Töbelmann schüttelte den Kopf: „Zwei Parteien? Das gehört alles zu dem Prozeß, der Bevölkerung Sand in die Augen zu streuen. De facto ist es eine einzige Partei mit einem konservativem und einem liberalen Flügel, wobei das Wort ‚liberal' eine wilde Übertreibung ist. Im Grunde handelt es sich um einen ebenso kapitalistischen wie korrupten Staat, in dem mit viel Geld unter der Hand ausgehandelt wird, wer das nächste Mal am Drücker ist."

22. Dezember 1935

Am 15. bin ich wieder nach Hause zurückgekehrt, und drei Tage später kam Wolf. Die ganze Familie war am Bahnhof angetreten und die Freude des Wiedersehens kannte praktisch keine Grenzen.
So sitzen wir nun zusammen, sprechen, sprechen und erzählen. Er ist sicherlich ein überzeugter Amerikaner und glücklich, daß er in den Staaten lebt. Wir hingegen versuchen ihm klarzumachen, was hier vor sich geht. Er begreift es nicht und ist erstaunt über unsere Haltung. Kopfschüttelnd sagte er, daß es in Amerika völlig undenkbar wäre, vom Präsidenten in einer so herabsetzenden Art zu sprechen, wie wir es von Hitler tun. Er wies auf die positiven Seiten des Nationalsozialismus hin. Er war zutiefst beeindruckt von einem Aufruf der Nazis mit dem Motto „Deutsche Weihnachten allen Volksgenossen. So will es unser Führer. Wenn je, dann gilt es in diesen Tagen: ‚Keiner soll in Deutschland hungern und frieren!'"
Ich kann nur hoffen, daß Wolf, wenn er ein bißchen länger hier ist, hinter die Kulissen sehen wird. Ich hatte mich doch so unbeschreiblich auf ihn gefreut – und nun? Mit sinkendem Herzen muß ich an Frau von Töbelmanns Warnung denken.

Wenn man Wolf vom amerikanischen Präsidenten sprechen hört, könnte man glauben, daß es sich zum mindesten um einen Halbgott handelt. Wenngleich es ja sehr schön ist, daß die Bevölkerung ihr Staatsoberhaupt so verehrt – was ist, wenn sie eines Tages einen Irrsinnigen oder Verbrecher oder eine Kombination von beidem an der Spitze ihrer Regierung vorfinden? Werden sie dann auch kritiklos voller Hochachtung und Verehrung von ihm sprechen? Da ich keinen Grund habe, an Wolfs Worten zu zweifeln, muß ich annehmen, daß die Amerikaner eine mindestens so große Hammelherde darstellen, wie die Deutschen. Ein „freies" Volk ohne eigene Meinung – um mit Kästner zu sagen: „... und lägen noch in ihren Betten – die Hände an die Hosennaht."

28. Dezember 1935

Das Fest der Tränendrüsen liegt glücklich wieder hinter uns. Am 25. kamen die Tanten Olbricht zum Mittagessen. So weit ich zurückdenken kann, teilten sie das Zeremoniell der Weihnachtsgans mit uns. Eine Freundin Katherinas kam ebenfalls während der Feiertage. Da sie in der Privaten Fürsorge arbeitet, stellte Wolf ihr tausend Fragen. Wahrscheinlich wird er durch sie, respektive ihren Chef, verschiedene Wohlfahrtseinrichtungen besuchen können.
Irgendetwas zwischen Wolf und mir zerbricht langsam. Wir haben keine Auseinandersetzungen, aber ich vermute, daß so, wie ich an der Richtigkeit seiner Ansichten zweifle, er manche meiner Einstellungen ablehnt. – Nachdem er etwas durch die Stadt gebummelt war, erklärte er uns, daß in Amerika das Motto gilt „Keep smiling!" Was immer geschieht, die Menschen bewahren ihr lächelndes Gesicht. Er erzählte von irgendwelchen Naturkatastrophen, wie einem schweren Sandsturm in

Illinois, der große Zerstörungen anrichtete und einige Menschenopfer forderte. Mit lächelnden Gesichtern begruben die Amerikaner ihre Toten, bauten die Häuser wieder auf und widmeten sich der Sysiphusarbeit, den feinen Sand aus allen Fugen der Häuser und Kleider zu entfernen. Ohne Klage taten sie es – lächelnd. Es fiel ihm auf, wie ernst, fast mürrisch, hier die Leute auf der Straße aussehen.

Ja, Bruderherz – nun bist du hier, und wir könnten kaum weiter von einander entfernt sein, wenn du noch in Amerika wärest – Keep smiling! Wahrscheinlich gehe ich ins Gefängnis; ist das nicht ein Grund zum Lachen? Ein sanftes Lächeln reicht dafür schon gar nicht mehr aus. Sind deine Amerikaner solch taube Nüsse, daß ein Gefühl des tiefen Schmerzes oder Leides sie gar nicht erreichen und durchdringen kann, daß sie stets in der Lage sind zu lächeln? Oder sind sie so dressiert, daß sie chronisch eine lächelnde Maske tragen? Wie entnervend! Wenn ich ein Gesicht sehe, will ich wissen, was in dem Menschen vor sich geht. Sich hinter einer ewig lächelnden Maske zu verstecken, ist eine Lüge, für die es drei Erklärungen gibt: Eine völlige Leere, Feigheit oder Angst, die Angst entdeckt zu werden. Was immer der Grund des Keep smiling ist – mir gefällt es nicht, während du davon eingenommen bist. Und so scheiden sich die Geister, denn unsere gegensätzliche Ansicht in diesem Punkt erscheint mir wie ein Symbol für all die anderen Probleme, die wir so sehr verschieden betrachten.

4. Januar 1936

Das neue Jahr wurde en famille begrüßt. Wir toasteten uns gegenseitig zu und während ich mir, irgendwie sehr unvernünftig, wünschte die Zeit möge stehen bleiben und ich könne dadurch einer Zukunft entgehen, vor der

ich mich fürchte, sah Mutter mir tief in die Augen, umarmte mich liebevoll und sagte: „Mein Lilichen – möge Gott über dir wachen und dich vor allem Übel bewahren!"
Ihre Worte brachten mich sofort wieder auf den Boden zurück, denn ich war überzeugt, daß es dem Herrn mit dem langen Bart, der da irgendwo über den Wolken wohnt, ziemlich gleichgültig ist, was aus mir wird.
Direkt nach meiner Rückkehr hatte ich mich bei Jelkmann gemeldet, der mich teilnehmend fragte, wie ich mich fühle?
„Danke gut", hatte ich geantwortet, „jedoch hat mein Arzt das letzte Wort."
„Ich kann also den Termin ansetzen lassen?" hatte er gefragt.
Auf meine bejahende Antwort erklärte er, daß er sofort mit dem Sondergericht in Verbindung treten werde.
Gestern kam die Vorladung. Der Termin ist am 15. Januar.

12. Januar 1936

Vorgestern, Sonntag, war ich nachmittags bei Sjöderbloom, der mir seinen Wagen geschickt hatte.
Er fragte ganz beiläufig, ob es etwas Neues gäbe in meiner Sondergerichtsangelegenheit?
„Ja – in fünf Tagen ist der Termin."
„So bald?" Er war entsetzt. „Das ist ja schauderhaft! und ich kann nicht mehr tun, als Ihnen die Daumen halten. Bitte, Signorina, rufen Sie mich an, sobald Sie das – Ergebnis haben." Nachdenklich hob er sein Glas und trank mir zu: „Daß alles gut verlaufe!"
Von da ab sprachen wir über alles andere als Politik. Wir unterhielten uns über Musik, die neuesten Schallplat-

ten, Bücher, Theater. Offenbar wollte er mich ablenken und auf andere Gedanken bringen. Es war ein erholsamer, harmonischer Nachmittag.
Als ich gegen neun Uhr abends nach Hause kam, hatten die Eltern Gäste. Steinbachs waren da und noch einige Bekannte. Da musiziert wurde, schlich ich auf Zehenspitzen ins Herrenzimmer, dessen Verbindungstüre zum Musikzimmer offen stand. Wolf erhob sich leise, um mich zu begrüßen. Auf einmal schnupperte er an mir, zwinkerte mir zu und zog eine Rolle Pfefferminz aus der Tasche. Er flüsterte mir zu: „Außer mir hat niemand gesehen, daß dich der ‚Wanderer' abholte."
Ich blickte ihn erstaunt an, denn auf einmal entdeckte ich meinen alten Wolfenbruder wieder. Wie oft hatten wir in längst vergangenen Zeiten mit einander konspiriert und uns gegenseitig geholfen, Dinge zu vertuschen, von denen wir annahmen, daß es nicht sehr bekömmlich für uns sei, wenn die Eltern etwas darüber erführen.
Ich saß bequem in der Ecke des Sofas, und während die Musik an meinen Ohren vorbeizog, ohne daß ich richtig zuhörte, versuchte ich, das Rätsel Wolf zu ergründen. Wie war es möglich, daß ein so vernünftiger sensibler Mensch wie er, der einmal meinem Herzen und Wesen am nächsten stand, sich von nationalsozialistischen Organisationen so gefangennehmen ließ, daß diese schreckliche Politik sogar in unsere Beziehungen einen tiefen Keil treiben konnte?
Katherinas Freundin hatte ihr Versprechen wahrgemacht und Wolf Zutritt zu allen möglichen Wohlfahrtseinrichtungen verschafft. Er hatte inzwischen NSV-Küchen inspiziert, Nähstuben des WHW, Sammelstellen des WHW und was sonst noch alles und war einfach begeistert. Außerdem studierte er sorgfältig in den Zeitungen, was mit diesem Thema zusammenhängt.

Ich möchte sicher nicht die Verdienste der Nazis schmälern in Bezug auf das, was sie für alle diese Ungücklichen getan haben, die ohne eigenes Verschulden in ein unvorstellbares Elend geraten sind – dank eines größenwahnsinnigen unmoralischen Kaisers. Und ich versuche zu begreifen, was diese ganzen Organisationen eines sozialen Staates für einen Eindruck machen auf einen Menschen mit ausgeprägtem Gerechtigkeitssinn, der in einem kapitalistischen Staat lebt, in dem sich jeder selbst der Nächste ist, in dem der Kontrast von Armut und Reichtum unsere Vorstellungen überschreitet. Aber sind diese wundervollen Wohlfahrtsorganisationen ein Grund, gleichzeitig eine Schreckensherrschaft aufzubauen, in der nur die Werte verschoben werden? Arm zu sein, auf die materielle Hilfe anderer angewiesen – das scheint im Dritten Reich keine Schande mehr zu sein; aber Jude oder Kommunist zu sein, das ist eine Schande. Wolf scheint nicht begreifen zu können, daß nur eine Paria gegen die andere ausgetauscht worden ist – mit einem kleinen Unterschied: Gegen Armut kann man etwas tun; aus der kann man sich wieder herausarbeiten. Aber was kann man dagegen tun, als Jude oder Mischling geboren worden zu sein? In diesem Falle scheint es sich doch um einen irreparablen Geburtsfehler zu handeln.

Da Wolf sich nur von dem Positiven betrunken machen läßt und nicht willens ist, die Greuel und Unbarmherzigkeiten zu sehen und offensichtlich denkt, daß mit uns etwas nicht stimmt, daß wir zu den ewigen „Miesmachern und Nörglern" gehören, über die die Nazis ihren Hohn ausschütten, sehe ich keine Verständigungsmöglichkeit mehr.

Heute um elf Uhr war nun der Termin vor dem Sondergericht.
Die Eltern schickten mich mit den besten Wünschen auf den Weg, wobei ich das Gefühl hatte, daß sie – besonders Vater – diese ganze Angelegenheit lediglich als ausgesprochene Unannehmlichkeit empfanden, die aber schwerlich zu ernstlichen Konsequenzen führen konnte.
Bevor wir den Gerichtssaal betraten, standen Reiß und ich auf dem riesigen steinernen Korridor, der jeden Schritt hallen läßt, und hörten uns ein letztes Mal Jelkmanns Weisungen an.
Mit fast väterlichem Stolz betrachtete er mich und sagte aufmunternd: „Sie sehen brilliant aus, mein liebes Kind. Sie werden es schon richtig machen. Und vergessen Sie nicht, daß ich hier bin, um Ihnen zu helfen." Er schüttelte meine Hand und nickte Reiß kühl zu.
Im Gerichtssaal saßen Reiß und ich nebeneinander. Das erste, was mich beeindruckte, war die Erscheinung des Richters. Auf einem schmalen, scharf geschnittenem Kopf saß das Barett, unter dem die eisgrauen Haare hervorschauten. Über hohen Jochbeinen sahen ein Paar graugrüne scharfe Augen in den Gerichtssaal. Seine schwarze Robe betonte nur das Malerische seiner Erscheinung. Ich hatte das Gefühl, auf ein Bild Rembrandts zu blicken, das aus seinem Rahmen gestiegen und lebendig geworden war.
„Was für ein Bild!" flüsterte ich Reiß zu.
„Was?" flüsterte er zurück, „was?"
Im Augenblick tagte das Sondergericht und verhandelte gegen einen jungen katholischen Priester. Er hatte behauptet, daß die Mädchen im Arbeitsdienst schwanger würden und bereits Heime eingerichtet seien, um diese ledigen Mütter aufzufangen, bis sie ihre Kinder hatten.

– Wir hörten nur den Schluß der Verhandlung und die Urteilsverkündung. Der junge Priester wurde zu sechs Monaten Gefängnis verurteilt.
Meine Gedanken überschlugen sich. ‚Sechs Monate', dachte ich, ‚sechs Monate! – –' Ich war wie betäubt, als der Priester vor unseren Augen abgeführt wurde.
Meine Hoffnung klammerte sich an Jelkmann – und den Richter. Amtsgerichtsrat Rehorns Cousin, ein Kollege Vaters, kannte uns. Wenn wir auch gesellschaftlich nicht miteinander verkehrten, so hatten wir uns doch öfter getroffen.
Der Richter Rehorn stellte seine Fragen, die Reiß und ich abmachungsgemäß beantworteten. Es lief alles programmgemäß, bis der erste Staatsanwalt mich angriff und mich beschuldigte, daß ich als Journalistin ja wissen mußte, was ich sagte. In meinem Falle handele es sich doch nicht einfach um eine junge Dame, die etwas unbesonnen irgendwelche Gerüchte verbreite. – Die Beisitzer bewegten fast unmerklich, zustimmend, ihre Häupter.
„Es muß ja", sagte der junge Erste Staatsanwalt, „besonders in Erwägung gezogen werden, daß es sich bei der Angeklagten um eine Schriftleiterin handelt, eine Position in einem verantwortlichen Beruf!"
Die Frage, was ich mir bei meiner Äußerung gedacht hätte, wurde des öfteren gestellt und ich konnte nichts anderes sagen, als daß ich es bewunderte, wie hervorragend für die ledigen Mütter aus dem Arbeitsdienst gesorgt würde.
Ich muß zugeben, daß der Richter Rehorn mir jede Möglichkeit einräumte, die ganze Schuld auf Reiß abzuwälzen, worauf ich jedoch nicht reagierte. Oder, wenn ich doch nur sagen würde, wer meine Quelle sei, so würde das Verfahren gegen mich sofort eingestellt, denn das Gericht habe nicht den Eindruck, daß ich besagtes Gerücht in böser Absicht weitergegeben hätte.

Der junge Staatsanwalt, der sich wohl seine ersten Lorbeeren verdienen wollte, war jedoch anderer Ansicht. Auf den vor mir verurteilten Priester Bezug nehmend, wies er darauf hin, daß „wir ja vorhin bereits solch einen traurigen Fall hatten". Er war strikt dafür, derartigen „Brunnenvergiftern" das Handwerk zu legen. – Ich nehme an, daß es juristisch unzulässig ist, in einem Prozeß auf die Schuld des Angeklagten in einem anderen Verfahren hinzuweisen. Aber – zulässig oder nicht ... es handelt sich ja um das Sondergericht.
Schließlich zog sich das Gericht zur Beratung zurück. Jelkmann winkte mich zu sich. Strahlend sagte er: „Ich denke, es ist alles sehr gut gegangen. Ich bin überzeugt, wir bekommen einen Freispurch!"
Nach einer Weile kam das Gericht zurück. Im Gerichtssaal kehrte Ruhe ein. Mir wurde fast schwindelig, als einige Worte zu mir durchdrangen. Das Gericht hob hervor, daß die Klägerin sich des schädigenden Charakters ihrer Äußerung bewußt gewesen sei, daß aber eine staatsfeindliche Gesinnung nicht festgestellt werden könne. Daher erhalte sie eine Gefängnisstrafe von nur zwei Monaten.
‚Zwei Monate', dachte ich, ‚zwei Monate – sechzig Tage ...' Wie die Farben in einem Kaleidoskop wirbelten die Gedanken durch meinen Kopf. ‚Was werden die Eltern sagen? ... Mein Beruf ... Sjöderbloom ... Ob die Eltern böse sein werden? ... Berlin ... zwei Monate hinter Schloß und Riegel ...' Ich hörte nicht was noch gesagt wurde, bis Jelkmann plötzlich aufstand, vor den Richtertisch trat und zu Rehorn sprach. Er beantragte mit Rücksicht auf meinen Gesundheitszustand, die gerade überstandene Operation, eine Aussetzung der Haft. Ohne mit der Wimper zu zucken, ging Richter Rehorn auf den Antrag ein und setzte die Vollstreckung der Strafe aus, bis durch eine gerichtsärztliche Untersuchung die Haftfähigkeit festgestellt sei.

Jelkmann war völlig geschlagen. Er war so überzeugt von einem Freispruch: ,,Und ich hatte das Gefühl, daß Ihnen der Richter wohlwollte", sagte er kopfschüttelnd. ,,Ich verstehe es einfach nicht." Mit einem versteckten Seitenblick auf Reiß sagte er: ,,Rufen Sie mich doch bitte morgen in meinem Büro an." Wir trennten uns.

Auf der Straße vor dem Gerichtsgebäude verabschiedete ich mich von Reiß: ,,Für Sie ist der Fall ja nun erledigt", sagte ich.

Reiß war sichtlich betroffen und entgeistert. ,,Ich hatte diesen Ausgang wirklich nicht erwartet", sagte er hilflos.

,,Wirklich nicht?" fragte ich. ,,Aber ich, mein Freund. Bedanken Sie sich bei Myriam, daß Sie nicht an meiner Stelle stehen", fügte ich ironisch hinzu.

Unbeschadet dessen, was inzwischen geschehen war, hielten die Eltern ihren Mittagsschlaf. Nur Wolf, die Pfeife in der Hand, wartete auf mich im Eßzimmer.

,,Hei Kitten!" begrüßte er mich. ,,Wie ist es gegangen?"

,,Ich habe zwei Monate bekommen."

,,Mach' keine Witze!" sagte er. Ein unsicheres Lächeln erschien auf seinem Gesicht. ,,Sag' mal wirklich... Du bist doch nicht verurteilt?"

,,Ich mache keine Witze, Wolf", sagte ich steinern. ,,Ich bin zu zwei Monaten Gefängnis verurteilt worden."

Er wurde um eine Schattierung blasser und sah mich fassungslos an: ,,Zwei Monate?! Gott – was willst du denn nur machen?"

Ich sah ihn verständnislos an: ,,Machen? – Aller Wahrscheinlichkeit nach zwei Monate ins Gefängnis gehen –. Das ist es, was ich machen werde. Und, Wolf, ich werde weder die erste noch die letzte sein, der das passiert. Ich weiß, es ist in unseren Kreisen nicht üblich, im Gefängnis zu sitzen –. Aber auch daran werden wir uns gewöhnen..."

Nun ist es Abend und ich versuche erfolglos, etwas Ordnung in meine Gedanken zu bringen.
‚Zwei Monate Gefängnis', lautete das Urteil des Sondergerichtes. Und ich hatte noch Glück gehabt... ja Glück! Ich war versucht zu lachen, als ich mich der tödlichen Frage des Vorsitzenden erinnerte: „Sie sind Mitglied des Reichsverbandes der Deutschen Presse?" – Und ohne ihm zu antworten, legte ich meinen alten Presseausweis vor ihn.
Wie würde meine Strafe ausgefallen sein, wenn sie über meine Abstammung Bescheid gewußt hätten?
Es war Glück –
Das Schicksal meiner journalistischen Laufbahn ist nun endgültig besiegelt.
Meine Gedanken fahren Karussell und drehen sich unentwegt im Kreise. Und jeder Gedanke endet: ‚Zwei Monate Gefängnis.'

16. Januar 1936

Dr. Bernd rief an.
„Sie klingen ja noch genauso wie früher", sagte er erleichtert. „Fräulein Schroeder – ich soll Ihnen Grüße bestellen von all Ihren Bekannten hier im Funk ... Es tut uns schrecklich leid, was Ihnen widerfahren ist und wir denken an Sie."
„Wie?" fragte ich perplex. „Woher wissen Sie denn das schon?"
„Es steht im ‚Volksblatt'."
Auf dem Weg zu Jelkmanns Büro kaufte ich mir das ‚Volksblatt'. Unter der Überschrift „Verleumderin abgeurteilt" stand meine Geschichte mit vollem Namen.
Ich legte die Zeitung auf Jelkmanns Schreibtisch; er sagte jedoch nur: „Herauszögern, herauszögern, so-

lange wie möglich! Zu Hitlers Geburtstag gibt es bestimmt eine Amnestie. – Lassen Sie sich von Dr. Dessecker eine Bescheinigung ausstellen, daß Sie vom ärztlichen Standpunkt aus nicht haftfähig sind. Alles weitere werde ich dann mit den entsprechenden Schriftsätzen veranlassen."

Auf dem Rückweg ging ich zur F.Z. Ohne Anmeldung betrat ich Karls Büro.

Er sprang auf und schloß mich in seine Arme: „Mein Liebes... mein Liebes... es ist einfach grauenhaft – –"

Ich mußte ihm einen detaillierten Bericht geben über den Verlauf des Prozesses und endete: „Jelkmann ist einfach geschlagen und begreift die ganze Geschichte nicht, da er das Gefühl hatte, daß Rehorn mir wohlwollte."

Nachdenklich fragte Karl: „Wie lange hat der katholische Priester bekommen?"

„Sechs Monate."

„Da ihr beide praktisch ja wegen der gleichen Sache verurteilt worden seid, hast du eine verhältnismäßig geringe Strafe bekommen." Er schwieg einen Moment. „Es ist wohl möglich, daß Rehorn dir sehr wohlwollte – –. Leute wie du, die etwas gegen die herrlichen Einrichtungen des Dritten Reiches gesagt haben und vom Sondergericht nicht verurteilt werden, werden dafür nach den Verhandlungen häufig an der Türe des Gerichtssaales von SA-Männern in Empfang genommen, um in einem KZ erzogen zu werden. Vielleicht wollte Rehorn das verhindern?"

23. Januar 1936

Vor ein paar Tagen war ich bei Sjöderbloom, der mich zum Abendessen eingeladen hatte. Das Hauptthema des Abends war mein Verfahren vor dem Sondergericht

mit all den Möglichkeiten, der Haft zu entgehen.
„Waren Sie schon bei Dr. Dessecker?" fragte Sjöderbloom.
„Natürlich."
„Und – was meint er?"
„Er sagt, daß die Wunde offensichtlich noch nicht verheilt ist, denn es ist mikroskopisch immer noch Blut nachweisbar. Den Gedanken an eine Gefängnishaft weist er weit von sich – obwohl er Pg ist."
Sjöderbloom nickte: Nach einer Pause des Überlegens sagt er: „Glauben Sie, daß alle Pgs unanständig sein müssen, daß nicht mancher von ihnen in eine Falle ging? Schließlich waren ja verschiedene von Hitlers Programmpunkten ausgezeichnet. Es wäre interessant festzustellen, wie viele von den Parteigenossen vor 1935 ‚Mein Kampf' gelesen haben."
„Nicht allzu viele", stimmte ich ihm zu. „Ich habe das bei unserem Zahnarzt erlebt. Der Gedanke, die Arbeitslosen von der Straße verschwinden zu sehen, den Menschen wieder Arbeitsplätze und Heime zu schaffen, begeisterte ihn so, daß er in die Partei eintrat. Inzwischen hat er ‚Mein Kampf' gelesen und von KZs gehört. – Das kalte Grauen sitzt ihm nun im Nacken."
Nach kurzem Überlegen fügte ich hinzu: „Was so viele Menschen einfing, war wohl die Tatsache, daß hier endlich ein Mann kam, der zuerst an Deutschland dachte und in zweiter Linie an den verlorenen Krieg."
Sjöderbloom rauchte nachdenklich. „Da sind die jungen Leute, die heute ‚Alte Kämpfer' genannt werden, die die Bewegung aufbauten und so in dem Kampf um ihr Ziel verwickelt waren, daß sie jede Kritik verloren hatten. Nun haben sie es geschafft. Für manche mag eine fürchterliche Ernüchterung eingesetzt haben. Aber was nun? – Signorina – wer ist willens, nach einem Kampf von Jahren – ganz egal, wofür er Jahre seines Lebens gab – nach unzähligen Opfern, um einen Traum

Wirklichkeit werden zu lassen, wer ist willens zuzugeben, daß dieser Traum ein Alptraum ist?" Er lächelte: „... es ist so menschlich, allzu menschlich. Diese armen Hunde können sich ja nun auch nicht mehr von der Kette losreißen. Die Kette, die eine unbrechbare Fessel ist an den Führer... an die Bewegung, an die Partei."

Wir schwiegen beide.

Nach einer längeren Pause fragte ich: „Und was würde diesen Leuten wohl geschehen, wenn sie nun versuchten, auszubrechen?"

„Das, liebe Signorina, ist Ihnen in der Röhm-Affäre praktisch vorgeführt worden."

18. Februar 1936

Von Seeckt, dem ich sofort über meine Verurteilung berichtet hatte, erhielt ich endlich einen Brief. Ich fing schon an, etwas unsicher zu werden und zu zweifeln. Unsicherheit und Mißtrauen scheinen für Menschen in meiner Lage typisch zu sein. Er schrieb mir jedoch, daß er krank war und fuhr fort:

„Über den Unfall, der Sie betroffen hat, bin ich aufrichtig entsetzt. Sie hatten etwas derartiges mir als möglich angedeutet, aber auf diesen Ausgang war ich doch nicht gefaßt. Ich denke dabei einzig und allein an die Folgen für Sie; denn daß ich der Sache selbst irgend welche Bedeutung beilege, das werden Sie nicht annehmen."

...„Daß die Gesinnung Ihrer Freunde, zu denen ich mich rechne, unverändert bleibt, mag Ihnen eine Genugtuung sein."

26. Februar 1936

Max Fuchs, jener Sportreporter, der zu unserem Journalistenstammtisch in der Hauptwache gehörte, ist im Gefängnis. Die Gestapo hatte erfahren, daß er mit einer Arierin verlobt ist. So drängten ihn seine Freunde, endlich Deutschland zu verlassen.
Als er seinen Paß beantragte, wurden ihm, dem Weltkriegsteilnehmer, keine Schwierigkeiten gemacht.
Karl erzählte wie er Max am Abend, bevor er den Paß abholte, eindringlich warnte, nicht nach Hause zurückzukehren. „Du gehst direkt zum Bahnhof, nimmst den nächsten Zug und verschwindest."
Doch Max Fuchs ging nach Hause. Die Gestapo hat ihn kurze Zeit später mit Felicitas im Bett überrascht und verhaftet.
Felicitas war als Zeugin geladen. Sie machte gar keinen Versuch, den Verkehr mit ihrem Verlobten abzuleugnen. – Max bekam sechs Monate Gefängnis und wurde sofort wieder abgeführt.
Karl fuhr fort: „Als Felicitas den Gerichtssaal verlassen wollte, holte ich sie ein, griff sie rauh am Arm und sagte in Hörweite der SA-Männer grob zu ihr: ‚Sie kommen mit mir! Wir haben noch einiges mit Ihnen zu ordnen!' Die SA-Leute, die mich wohl für einen Gestapo-Beamten in Zivil hielten, traten schweigend zur Seite."

13. März 1936

Vorgestern erhielt ich vom Landesverband Rhein-Main im Reichsverband der Deutschen Presse einen Brief, in dem mir mitgeteilt wurde, daß ich auf Grund meiner Verurteilung durch das Sondergericht im Zusammenhang mit der Nichterfüllung meines Ariernachweises mit sofortiger Wirkung aus der Berufsliste gestrichen

worden bin. Ich habe meinen Presse-Ausweis zurückzugeben.
Heute kam eine Vorladung für den 20. März zur Untersuchung im Gerichtsärztlichen Institut durch Prof. Haye.
Unbeschadet dessen, was mir persönlich geschieht, schreitet die Zeit fort, und nach der letzten Unterhaltung mit Karl vermeine ich, ein ganz leises Ticken zu hören, das Ticken, das die Zeit ankündigt, in der das Feuer an der Zündschnur entlangläuft bis die furchtbare Explosion erfolgt.
Während Hitler am 6. Februar zur Eröffnung der Winter-Olympiade, an der 28 Nationen teilnahmen, von einem Fest des Friedens sprach und der aufrichtigen Verständigung, zeigte er sich nun der erstaunten Welt von einer ganz anderen Seite.
Am 8. März überreichte er den Locarno-Mächten ein deutsches Memorandum, in dem er die Wiederherstellung der deutschen Souveränität im Rheinland forderte. Zur Beruhigung erklärte er Deutschlands Bereitschaft zu Nicht-Angriffspakten mit Frankreich, Belgien und Holland. Auch der Wiedereintritt in den Völkerbund wurde in Aussicht gestellt. Bevor sich die Locarno-Mächte jedoch von dieser Überraschung erholen konnten, rückten deutsche Truppen mit Militärmusik in den „Friedens"-Garnisonen ein. Sie waren nicht nur in Köln, Mainz und Koblenz, sondern überschritten den Rhein auf dem Wege nach Trier und Saarbrücken.
Die Bevölkerung ist vollkommen besoffen – – der geeignetste Moment für den 29. März eine Neuwahl des Reichstages durch Volksabstimmung anzuberaumen.

Dr. Dessecker legte meine letzten klinischen Untersuchungsresultate in einem Attest für Prof. Haye nieder, das ich zur gerichtsärztlichen Untersuchung mitnahm.
Prof. Haye saß an einem billigen alten Schreibtisch in einem großen leeren weißgetünchten Raum.
Ohne einen Muskel in seinem blassen Gesicht zu bewegen, nahm er das Attest von Dr. Dessecker und las es langsam. Dann richteten sich seine kalten blauen Augen auf mich, und er stellte einige Fragen, unter anderem auch: „Haben Sie noch irgendwelche Schmerzen?"
„Ja", antwortete ich.
„Wo?"
Während meine rechte Hand die Taillengegend umgriff, erwiderte ich: „Hier."
Hayes Gesicht verfärbte sich rot, und er brüllte: „Wollen Sie mich zum Narren halten?" Mit rauher Stimme, jede Silbe betonend, befahl er: „Gehen Sie in den Nebenraum", dabei deutete er auf eine offene Türe, „ziehen Sie sich vollkommen aus und legen Sie sich auf das Untersuchungssofa."
Ich ging in den Nebenraum, den Haye von seinem Schreibtisch aus teilweise überblicken konnte. Ich begann mich auszuziehen, auch Schuhe und Strümpfe, und stand mit bloßen Füßen auf dem kühlen Boden. Voller Ekel sah ich auf das Untersuchungssofa vor mir, das mit einem schmutzigen verfleckten Leintuch bedeckt war. In einem Anflug von Übelkeit schloß ich die Augen.
Da stand Prof. Haye hinter mir: „So legen Sie sich doch schon hin!" Er verblieb am Fußende des Sofas. Sein Blick glitt langsam über mich. Dann kam er näher. Als er sich über mich beugte, klaffte sein weißer Kittel auf.

Am Revers seines Anzuges steckte das Partei-Abzeichen.
Ich starrte gegen die Zimmerdecke und fühlte nur seine Hände der Narbe entlanggleiten bis er barsch sagte: „Nehmen Sie die Beine auseinander.“ Während seine Hand mein Knie hochschob, brüllte er: „Auf! Ordentlich aufmachen!“
Es schien mir als ob eine Ewigkeit verging bis er endlich sagte: „Aufstehen.“
Einige Minuten später war ich wieder angezogen und hatte alles überstanden.
Wie ich nach Hause gekommen bin, weiß ich nicht mehr, denn ich war von diesem Schock wie betäubt. Ich weiß nur noch, daß ich sofort ein heißes Bad nahm und frische Wäsche anzog.

25. März 1936

Vater kam heute verspätet zum Mittagessen. Mutter und ich warteten auf ihn, während Wolf bereits das Haus verlassen mußte.
Vater, den Blick auf mich gerichtet, sagte plötzlich: „Ich war heute im Gefängnis und habe mit dem Direktor gesprochen.“
Mir fehlten die Worte. Ich sah ihn völlig sprachlos an, denn er hatte sich nie sehr ausgiebig zu meiner Misere geäußert, aber anscheinend um so mehr darüber nachgegrübelt.
„Ein wirklich sehr netter, verständnisvoller Mensch“, fuhr Vater fort. „Ich hatte einen sehr guten Eindruck von ihm. Und er versicherte mir, daß wir uns keine Sorgen um dich zu machen brauchten.“
„Aber Vati – wie bist du denn auf diese Idee gekommen?“ fragte ich überwältigt, während meine Augen anfingen zu brennen.

„Kind", antwortete er zögernd und fast verlegen, „– ich mußte doch wissen, wohin du kommst – –"
Am Abend, als ich alleine in meinem Zimmer war, überdachte ich das Gespräch noch einmal. Natürlich war ich gerührt über Vaters Sorge um mich. Auf der anderen Seite aber erschien mir der ganze Vorfall ungemein lächerlich und beleuchtete Vaters absolute Naivität in allen Fragen des Dritten Reiches. So, als ob er mich in einem höheren Töchter-Pensionat anmelden wollte, ging er zum Gefängnis – –.

28. März 1936

Die Nachmittagspost brachte mir die Mitteilung, daß ich meine Haftstrafe am 1. April anzutreten habe:
„Die Aufnahme in das Gefängnis findet nur an Wochentagen von 8 bis 17 Uhr, an Tagen vor Sonn- und Feiertagen bis 12 Uhr statt.
Diese Ladung wollen Sie mitbringen und bei der Meldung vorzeigen."
Dieser ereignisreiche Tag muß ausgerechnet Wolfs letzter bei uns sein. Ich habe das Gefühl, daß er immer noch nicht begriffen hat was hier in Deutschland gespielt wird. Wenn er es auch nicht ausspricht, so spüre ich doch einen stillen Vorwurf von seiner Seite. Nein, er schüttelte nicht den Kopf und sagte: „Wie konntest du! Die Einrichtungen, die das Staatsoberhaupt eröffnet, macht man einfach nicht lächerlich." Aber mir ist, als ob ich seine Gedanken lesen könnte. Wir, die wir einander so nahe waren, können uns gegenseitig nicht mehr begreifen. Natürlich trauere ich über seine Abreise, denn gelegentlich schieben sich in mir die Bilder aus meiner Erinnerung an ihn mit dem jetzigen übereinander. Mag sein, daß meine Trauer der bitteren Enttäuschung, die sein Unverständnis in mir hervorrief, gilt.

31. März 1936

Vorgestern war wieder eine „Volksabstimmung“ wie das nun heißt. Mit dem Haftbefehl in der Tasche ging ich zum ersten Mal in meinem Leben wählen, um ein dickes NEIN in den Wahlzettel zu schreiben.
In den Nachtstunden verkündete der Rundfunk bereits den großen Sieg: 99% hatten „ja“ gesagt zu allem, was unser Führer tut. So gehöre ich zu dem schmählichen ein Prozent. Es wird allerdings schon seit längerem gemunkelt, daß die Wahlresultate gefälscht werden.
Morgen, bevor ich ins Gefängnis gehe, wird Siegrid vorsichtshalber dieses Tagebuch abholen. So nehme ich Abschied von dir, mein treuester Freund, der du schweigend viele meiner Gedanken, Sorgen und Nöte aufnimmst. Vielleicht bin ich sehr ungerecht, mein liebes Tagebuch – aber du bist ja doch nur aus Papier und willst mir nie antworten wenn ich eines Rates so dringend bedürfte.
Bevor ich anfange sentimental zu werden, will ich lieber schließen mit dieser meiner letzten Eintragung in der Freiheit.

28. April 1936

Nun sitze ich wieder in meinem Zimmer, umgeben von einem Meer von Blumen. Das Prunkstück steht in der Mitte des Tisches: ein großer grüner Behälter mit einem riesigen Strauß roter Tulpen. Es steckte ein Kärtchen darin: „Willkommen, Signorina!“ Die Tulpen sind umgeben von zahllosen Blumensträußen, Töpfen mit Alpenveilchen, Primeln – alles, was die Natur hervorzaubert. Auf dem Schreibtisch stehen Blumen, auf dem Bücherregal, auf dem großen Vertiko in der Ecke.
Als ich heute vormittag zu Siegrid ging, kam, einige

Schritte vom Haus entfernt, ein mir völlig unbekannter Mann mittleren Alters quer über die Straße auf mich zu: „Herzlichen Glückwunsch, Fräulein Schroeder!"
Einen Moment stutzte ich, um ihm dann strahlend zu danken.
Wer war dieser Mann? Meinte er es ehrlich oder war er ausgesandt, um mich in eine Falle zu locken? Ich weiß es nicht, denn ich habe nun einen ständigen Begleiter, der wie ein Schatten stets neben oder hinter mir ist: das Mißtrauen.
Aber ich will zurückkehren zu jenem 1. April, an dem mich Mutter zum Gefängnis begleitete.
Vater hatte den Direktor noch einmal angerufen und es wurde vereinbart, daß ich mich bei Antritt der Haft in seinem Büro melden sollte.
Nachdem sich das Gitter wieder hinter mir geschlossen hatte, wurde ich in das Büro des Herrn Direktor Hensel geführt. – Ein junger Mann in den Dreißigern stand vor mir. Sein pechschwarzes Haar, das ihm trotz aller gegenteiligen Bemühungen dauernd über die Stirne fiel, stand in auffallendem Kontrast zu den intensiven dunkelblauen Augen.
Mit ausgestreckter Hand begrüßte er mich wie eine alte Bekannte: „Da sind Sie, Fräulein Schroeder! Eigentlich hatte ich Sie schon viel früher erwartet!"
Im Verlaufe der kurzen Unterhaltung wurde mir klar, daß Dir. Hensel ein Gegner der Nazis ist. Offenbar bemühte er sich, meinem Eintritt ins Gefängnis etwas von seiner Härte zu nehmen.
Dann erhob er sich: „Ich muß Sie nun zum Frauenbau bringen."
Sofort erschien das weibliche Gefängnispersonal. Vier grobe geübte Hände griffen nach mir und tasteten mich durch die Kleider von oben bis unten ab. Dann brachten sie mich in einen anderen Raum.
Durch die vergitterten Fenster fiel das sterbende Licht

eines unfreundlichen Apriltages. Quer durch den schmutziggrauen Raum lief ein langer Tisch, auf dem Wäschestücke lagen; an den Wänden entlang standen graue metallene Schränke mit offenen Türen.
„Ausziehen!" ertönte der Befehl.
Es dauerte einen Moment bis ich begriff, daß der Befehl mir galt.
Eine scharfe Frauenstimme wiederholte: „Hören Sie nicht? Ausziehen! Alles; auch die Wäsche!"
Als meine Wäsche in einem Bündel auf dem Tisch landete, sank es in mich ein: Ich war diesen Hyänen, zwischen denen ich nackt und hilflos stand, ausgeliefert. Ich war eine Nummer, eine Kriminelle – denn sonst wäre ich ja nicht im Gefängnis...
Plötzlich erschien alles grau, farblos und unwirklich. Die Wärterinnen, die mir Wäsche und Gefängniskleidung anpaßten, schienen keine Gesichter mehr zu haben. Zwischen ihnen und mir stand eine Nebelwand.
Sie machten eine Liste von meinem Eigentum, die ich automatisch unterschrieb. Das Einzige, was meine Sinne wahrnahmen, war der penetrante dominierende Lysolgeruch. Das grobe Unterhemd, das nach tausendfachem Waschen nicht mehr weiß werden sollte, durch ständiges Chloren brüchig, scheuerte gegen meine Haut und dieser Kontakt verursachte mir Unbehagen.
Den ersten Abend verbrachte ich schweigend damit, mir leid zu tun. Ich saß auf dem harten Stuhl und starrte vor mich hin wenn ich nicht heulte. – Eine einsame Birne, die in der Mitte der Decke eingeschraubt war, leistete mir Gesellschaft bis um neun Uhr das Licht abgeschaltet wurde.
Das sogenannte Bett war ein dickes flaches Holzbrett, auf dem ein alter Strohsack lag und einige Pferdedecken. Mich fröstelte. Da lag ich Nachteule nun am frühen Abend im Dunkeln auf dieser harten Unterlage, umge-

ben von monotoner Schwärze. Doch schließlich schlief ich ein.

Als ich aufwachte, war es noch Nacht. Ich lauschte in das Dunkel, auf die fremden Geräusche, die vom Gang zu mir drangen: das metallische Geklingel der Schlüssel, halblaute Unterhaltungen zwischen den Wärterinnen, die auf den langen Korridoren ihre Runden abgingen.

Dann wurde es endlich Tag.

Der Eimer wurde abgeholt, der Wasserkrug aufgefüllt, und ich bekam mein Frühstück und sah mich in meiner neuen Behausung um. Da war ein Guckloch in der Zellentüre; gegenüber, hoch über dem Boden, war ein vergittertes Fenster. In einer Ecke stand der „Eimer", der einmal am Tag geleert wurde und als Toilette diente.

Gelangweilt setzte ich mich auf den Stuhl. Mein Blick fiel auf die hölzerne Tischplatte, in die verschiedene Initialen eingeritzt waren, einschließlich den unvermeidlichen mit einem Pfeil durchschossenen Herzen. Ich stand wieder auf und begann, die Wände etwas näher zu betrachten. Auch in sie waren Initialen eingekratzt, Flüche, Stoßseufzer, Kalender mit einem kleinen x durch die vergangenen Tage, hie und da ein ordinäres Wort.

Ich stand in der Mitte der Zelle mit etwas zurückgelegtem Kopf, um durch das hochgelegene vergitterte Fenster ein Stückchen Himmel zu sehen. Es schien windig zu sein; graue Wolkenfetzen jagten vorbei, zwischen denen gelegentlich ein blauer Fleck auftauchte. Ich bemühte mich, meine Umgebung zu vergessen und mir vertraute Stimmen und Geräusche zurückzurufen. In meine Gedanken hinein hörte ich, wie hinter mir die Zellentüre aufgeschlossen wurde und drehte mich um.

Ein schlankes junges Mädchen, ein Bündel blau liniertes

Papier unter dem Arm und Bleistifte in der Hand, kam herein. Freundlich lächelnd sagte sie leise: ,,Guten Tag, Fräulein Schroeder. Ich hoffe, Sie haben sich schon ein bißchen hereingefunden", und laut fuhr sie fort: ,,Hier haben Sie Briefpapier. Sie dürfen 24 Stunden nach Antritt der Haft nach Hause schreiben und danach einmal im Monat."

Sie legte einen Briefbogen und Bleistift auf den kleinen wackeligen Tisch. ,,Die Post wird nach dem Abendessen abgeholt", sagte sie; flüsternd setzte sie hinzu: ,,Soll ich etwas ausrichten?"

Ich schüttelte verneinend den Kopf und versuchte, die Tränen zurückzuhalten.

Katherina hatte mir Fräulein Hoffmann als Nachrichtenübermittlerin empfohlen. Sie gehört zu einem befreundeten katholischen Kreis und absolviert als Fürsorgerin ihre praktische Zeit im Gefängnis.

Der schwere Schlüssel schlug von außen gegen die Zellentüre. Ich war wieder allein und, in der Zelle auf- und abgehend, bemühte ich mich, meine Tränen zu trocknen. Sechs Schritte zur Türe, sechs Schritte von der Türe zum Fenster, sechs Schritte – –

Einen Drehwurm konnte man hier kriegen!

Und dann fing ich an, über mich ärgerlich zu werden. Ich dachte an Erich und Alwin Kohlhöfer im Zuchthaus, an Max Fuchs drüben im Männerbau und an all die vielen anderen, über die ich gehört hatte. Ich stellte fest, daß ich mich wie eine dumme Gans benahm – und damit versiegten die Tränen.

Irgendwann bekam ich etwas zu essen; ich erinnere mich nicht mehr was, obwohl es erst so kurz zurückliegt. Etwa eine Stunde später kam eine Wärterin, die mich ebenso schnell wie verstohlen musterte: ,,Kommen Sie auf den Hof."

Der Hof, eine etwas triste Angelegenheit in der frischen Luft, umgeben von den Mauern der Gefängnisgebäude,

diente unserem „Spaziergang". Im bestimmten Abstand liefen wir im Gänsemarsch eine halbe Stunde um dieses Karree. Da das Gefängnis offenbar gut besetzt war, mußten wir in zwei Schichten gehen.
Die junge Person vor mir verlangsamte ihre Schritte, so daß sie dichter zu mir kam und zischelte: „Warum bist du hier?"
„Politisch", zischte ich zurück.
Sie beschleunigte ihre Schritte, um näher an die Gefangene vor ihr zu kommen.
Nach etwa drei Minuten wußten alle Bescheid.
Die vor mir schien zu stolpern. Sie hatte offensichtlich bereits Routine im Nachrichtensammeln entwickelt.
„Wie lange?"
„Zwei Monate", murmelte ich.
Mitten in diese Sensation, daß sie eine Neue hatten, die „politisch" war, wurde eine Frau aus unseren Reihen gerufen, eine große hagere Frau um die Vierzig. Sie trug keine Anstaltskleidung, sondern hatte ein graues Kostüm an, was bedeutete, wie ich erfuhr, daß sie in Untersuchungshaft war. Nach verhältnismäßig kurzer Zeit kehrte sie zurück, ohne daß ich irgendeine Änderung in ihrem Ausdruck wahrnehmen konnte. Aber der ganze Hof schwirrte mit Neuigkeiten.
Wieder in meiner Zelle, ergriff ich das blau linierte Papier mit dem Absender „Strafanstalt Frankfurt a/M.-Preungesheim" und schrieb:
„Liebe Eltern!
Es geht mir gut. In der ersten Nacht habe ich sogar geschlafen, wenngleich nicht sehr weich. Das Essen ist ausreichend; jedenfalls habe ich keinen Hunger. Ich bin allein und habe daher Zeit zum Nachdenken – was vielleicht nicht ganz der Sinn meines hiesigen Aufenthaltes ist.
Heute, während des allgemeinen Spazierganges im Gefängnishof, wurde eine Frau hinausgerufen. Ihr wurde

ihr Urteil mitgeteilt. Sie bekam fünf Jahre Zuchthaus wegen gewerbsmäßiger Abtreibung. –
Macht Euch also keine Sorgen um mich. Ich befinde mich in der besten Gesellschaft.
Mit sehr herzlichen Grüßen Eure Lili."
Die zweite Nacht war nicht viel besser als die erste. Das erzwungene frühe zu Bett gehen hatte zur Folge, daß ich morgens zwischen drei und vier Uhr aufwachte und dann wartete, bis mein Wasserkrug um fünf Uhr gefüllt wurde.
Ich hatte bereits zum wiederholten Male alles entziffert, was in die Wände eingekratzt war und saß vor meinem Tisch, zum xten Male die Initialen betrachtend. Ich versuchte gerade mir vorzustellen, wer meine Vorgängerinnen gewesen sein mochten und warum sie hier waren – als ein Schlüssel in meiner Zellentüre klapperte.
Ich erhob mich und stand einer kleinen hageren Frau gegenüber, die mir knapp über die Schulter reichte. Ein Paar stechende Augen waren hinter blitzenden Brillengläsern verborgen. Das graue Haar, in der Mitte gescheitelt, war am Hinterkopf in einem bescheidenen Knoten zusammengehalten.
„Ich bin Frau Oberin Schäfer", sagte sie und griff in eine Tasche, die zwischen den vielen Falten ihres schwarzen Rockes verborgen war. Sie hielt meinen Brief an die Eltern in der Hand.
„Schroeder", sagte sie, „Sie haben da einen Brief geschrieben – den können wir nicht durchlassen. Sie sind hier im Gefängnis als Häftling – nicht um darüber ein Feuilleton zu schreiben. Mir ist überhaupt unbegreiflich wie Sie das erfahren konnten. – Sie werden noch einmal Papier bekommen."
Schon im Gehen wandte sie sich nochmals um: „Sie werden übrigens in Zukunft nicht mehr mit den anderen in den Hof gehen."
Eine Weile später erschien eine Wärterin, um mich zum

Arzt abzuholen. Sie schob mich in den Raum und verschwand, die Türe hinter sich schließend.
Der Arzt, ein Dr. Strüder, erhob sich und reichte mir freundlich die Hand. Er fragte teilnehmend wie ich mich fühlte.
Etwas unsicher erwiderte ich: „Danke, den Umständen entsprechend ganz gut."
„Fräulein Schroeder", sagte er (ja, er setzte „Fräulein" vor meinen Namen) „mir können Sie vertrauen. Ich bin über Sie informiert und versichere Ihnen, daß ich alles tun will was in meiner Macht steht, um Ihre Lage zu erleichtern. Also sagen Sie mir bitte, wie ich Ihnen helfen kann."
Ich zögerte einen Augenblick, doch dann sagte ich: „Dr. Dessecker, mein behandelnder Arzt, hat mich dringend vor Erkältungen gewarnt. Ich friere... es ist kalt in diesem Bau."
Er nickte: „Sie bekommen wärmere Unterwäsche und ich werde Ihnen Diät verschreiben. – Es tut mir leid, daß ich nicht mehr für Sie tun kann."
Ich sah ihn erstaunt an.
„Es wird viel über Ihren Fall gesprochen. Schließlich ist Ihr Vater ja ein Begriff in Frankfurt."
Die Tage und Nächte schlichen dahin. Ich kam mir vor wie ein Kettenhund. Hin- und herrennend in meiner Zelle ohne Ziel, ohne Zweck, entdeckte ich plötzlich die Magik des stummen Selbstgespräches – den Dialog mit dem Kunterbunt der über mich hereinstürzenden Ideen. Und das war der Augenblick, in dem die vier gräßlichen mich umklammernden Wände zusammenfielen. Entgegen der ausdrücklichen Absicht meiner Verfolger verlor die Monotonie der Haft ihre Herrschaft über mich. Und ich entdeckte, daß wenn ich die Figur einer Acht lief, die Zelle ihre Enge verlor und meine Gedanken nicht mehr gegen die Mauern prallten. Die Kettenhundphilosophie, die sich in das Unvermeidliche fügt, war gebrochen.

Der erste Gedanke, der mir in den Sinn kam war die Frage: Wer hat das Recht Gesetze zu befehlen, die nicht in der Natur des Lebens liegen?
War es nicht schon Gott, der sagte: du sollst und du sollst nicht? Wer hatte doch über Gott gesprochen – –? O ja!
Scheinbar vergessene Erlebnisse aus früheren Jahren kamen zurück als seien sie gerade geschehen. Die Zeitintervalle verschwanden und Handlungen und Geschehnisse reihten sich ohne Unterbrechung aneinander.
Ich war wieder im Saalbau und stand während der Pause des Konzertcs an eine Säule gelehnt als mein Blick auf dieses komische Paar fiel. Er war knapp mittelgroß mit grauen listigen Augen, einem grauen Schopf, grauem Bärtchen und einem Bauch. Sie war viel jünger als er und hätte altersmäßig leicht seine Tochter sein können. Ihr flachsblondes Haar war in Zöpfen um den Kopf gewunden. Aus dem rotbackigen Gesicht blickten ein Paar neugierige Augen auf mich, während er mich halb amüsiert, halb besorgt betrachtete und ihr offensichtlich seine Kommentare über mich gab. Ich kannte diese beiden, denn seit Monaten traf ich sie in den Konzerten, und stets schien ich die Zielscheibe ihres Interesses zu sein. Bis sie sich schließlich eines Abends in der Garderobe zu mir durcharbeiteten.
Ich mußte in Gedanken an das Paar lachen. Herr Pötz – wie er heißt – erweckte in mir den Eindruck eines alternden zu fetten Fauns, an dessen Worten das junge gesunde Gretchen hing als verkünde er Offenbarungen. Sporadisch traf ich sie beide oder ihn alleine. Was er beruflich tat, blieb für mich ein Geheimnis. Jedenfalls war er ein Philosoph, der über ein ziemliches geschichtliches Wissen verfügte und sehr ausgesprochene politische Ansichten vertrat. Religiös schien er auch nicht zu sein.

Wir saßen in der Kakao-Stube an der Katharinenpforte, und er lehnte sich wichtig in seinen Stuhl zurück, den Rock offen, die Daumen in die alten Hosenträger eingehängt: „In welcher Sprache, meine verehrte Freundin, glauben Sie daß Gott gesprochen hat?"
Sein Kopf war zurückgelegt, und ein spöttischer Ausdruck spielte um die herabgezogenen Mundwinkel. „Was sagte dieser Gott zu dem Neanderthaler oder dem afrikanischen Höhlenmenschen, der kaum mehr als zehn oder fünfzehn Laute kannte? Sagte er ‚Ugh-Ugh'? – Die Übersetzungen dieser Urlaute Gottes in unsere heutige Sprache sind fürwahr wunderbar! – Und wie sieht dieser Gott eigentlich aus? Wir haben doch eine absolut authentische Überlieferung wonach Gott aus Lehm den Menschen sich zum Ebenbild schuf. Nach dem, was wir heute von unseren Vorfahren wissen, muß unser himmlischer Vater ein haariger Koloß sein!"
Sich mit einer nicht ganz sauberen Hand durch den grauen Schopf fahrend, sagte er nachdenklich: „Ein Rätsel, das ich einfach nicht ergründen kann ist: Wozu rüstete er sein Ebenbild mit Zeugungsorganen aus? Und wozu mußte er dann auch noch zwei Geschlechter schaffen? Diese zwei Geschlechter machten nun hinwiederum die Erfindung einer Schlange, eines Apfels und eines Feigenblattes erforderlich. War der ‚Sündenfall' vielleicht nichts anderes als der Betrugsbeginn von ‚Höherer Warte'? Oder entsprang das alles nur der Phantasie dieser psychopathischen Propheten?"
Sich zurücklehnend, sah Pötz mich mit einem liebevollen, nachsichtigen Lächeln an: „Dieser gütige Vater der Menschheit, der Abraham aufforderte, seinen Sohn zu schlachten – natürlich nur, um ihn zu prüfen. Dieser allmächtige, allwissende Gott war aus dem Material der Tyrannen gemacht – erster in einer endlosen Kette unbarmherziger Tyrannen, die die perversesten Geschichten erfanden, um ihre Anhänger zu gläubigen Sklaven zu erziehen."

Nach einem längeren Schweigen sprach er auf einmal laut das Ende seiner Überlegungen aus: „Es waren die Propheten, die sich hinter dieser anonymen Macht ‚Gott' verschanzten, um ihren krankhaften Machtideen frönen zu können."

Während Pötz wie ein Schatten an mir durch die nicht mehr existierenden Mauern vorbeihuschte, dachte ich – eigentlich ist Hitler nichts Neues. Er fand nur eine wirtschaftlich heruntergekommene Masse, die er lehrte, an die Idee des Tausendjährigen Reiches zu glauben. Aber Hitler ist nur ein halber Messias, ein halber Christus. Er spricht nur vom Tausendjährigen Reich während Christus gesagt haben soll: „Tausend Jahre und nicht mehr tausend Jahre ist mein Reich." – – „und nicht mehr tausend Jahre?" Soll das heißen, daß wir uns dem Ende des intoleranten, blutigen Christentums nähern? Würden wir – –

Eine Wärterin schloß die Zelle auf, um mich zu meinem einsamen Spaziergang im Hof abzuholen, und damit verlor ich den Faden meiner Gedanken.

Die ersten Tage war ich alleine und gelangweilt um das Viereck marschiert. Am zweiten Tag erschien etwa in Höhe meiner Knie ein Gesicht hinter den Gittern des Souterrains. Ein paar braune Augen in einem blassen Gesicht, umrahmt von roten Locken, folgten mir. Beim dritten Rundgang lächelte ich ihr zu; beim vierten hatte sie das Fenster geöffnet (wofür wir eine Stange mit einem Haken hatten) und fragte nach meinem Namen und beim fünften wußte ich, daß sie Alice heißt. Alice erwartete mich nun jeden Tag. Ich vermute, daß sie ihren Tisch an das Fenster schob und den Stuhl darauf stellte, um heraussehen zu können. Sie war als Prostituierte wegen „Übertretung" für 14 Tage festgesetzt worden. Übertretung, wie ich von ihr erfuhr, bedeutete, daß sie einen Mann angesprochen hatte statt zu warten bis sich ihr einer näherte.

Natürlich kehrten meine Gedanken häufig nach Hause zurück. Ich stellte mir die endlosen Telefongespräche zwischen Etta und Mutter vor. Die temperamentvolle Etta, die zutiefst empört war und sich gleichzeitig bemühte, Mutter zu beruhigen.
Und Vater? – Was denkt er nun?
Vor wenigen Jahren hatte er mir aus dem ‚Völkischen Beobachter' Teile aus Hitlers Reden vorgelesen. Nach seiner Ansicht hatte Hitler die richtige Art den Alliierten gegenüber.
Deutschland erhebt sich nun wieder aus der Asche, und Vater kann die Wiederauferstehung seines Landes miterleben. Wenige Wochen bevor ich meine Haft antrat, feierte das Dritte Reich den „Tag der Wehrmacht". Die Offiziere der Garnisonen wurden im Römer empfangen, in dem gleichen Römer, in dem einst Kaiser gekrönt worden waren. Am Abend war großer Zapfenstreich auf dem Opernplatz. Von nationaler Hysterie besessen umjubelte die ganze Bevölkerung Frankfurts und Umgebung dieses Ereignis.
Statt mit schwellendem Herzen diesem großen Tag beizuwohnen, blieb Vater zu Hause, um seiner jüdischen Frau und seiner vorbestraften Tochter Gesellschaft zu leisten.
Und nun ist Vater stolz, weil Deutschland wieder eine militärische Macht ist. Wird er denn nie begreifen, daß Grenzen von Menschen errichtet und widernatürlich sind? Glaubt er wirklich, daß der Deutsche auf dieser Seite ein paar Schritte von der Grenze entfernt besser ist als der Franzose auf jener? Die Wolken, die am Himmel über uns segeln, kennen keine Grenzen. Die Blumen kümmern sich nicht darum, ob sie auf deutschem oder französischem Boden blühen – oder mitten auf der Grenze.
Mutter hatte mir oft erzählt wie verdüstert und deprimiert Vater über den verlorenen Krieg war.
Ich lief pausenlos meine Acht durch die Zelle.
Ich begreife das alles nicht. – War er denn nicht in erster

Linie deprimiert über das Massenmorden und die gräßlichen Verstümmelungen? – Wie kann ein Arzt, ein Wissenschaftler, überhaupt für Militär und Krieg sein? Er, der mit dem Eid des Hypokrates gelobte, alles in seiner Macht zu tun, um Leben zu erhalten...
Wird ein Arzt nicht überhaupt wortbrüchig wenn er den Krieg befürwortet?
Vor einigen Monaten hat Vater ein neues Projekt in Angriff genommen; er will den Tuberkelbacillus zerstören! – Ein großes Konzept, das zahllosen Menschen das Leben retten könnte. Auf der anderen Seite aber verneint er nicht die Idee des Krieges, der Millionen junge gesunde Menschen auslöscht – –
Wozu dann der Kampf gegen den Tuberkelbazillus? Warum wird stets die Jugend ins Feuer gejagt? Warum werden nicht zuerst die Altersgruppen zwischen 45 und 65 Jahren verheizt? Und erst wenn all die älteren Jahrgänge weggeschossen sind, erst dann wird die Jugend aufgerufen? So wie es jetzt ist, wird mit jedem Krieg die Jugend geschlachtet. Die Alten, die mit wenigen Ausnahmen allen Neuerungen feindlich gegenüberstehen, verbleiben als das eiserne Gerippe des Staates – dessen Zukunft die Vergangenheit ist.
Liegt hier vielleicht die Erklärung dafür, daß die Alten die Jugend mit solchem Enthusiasmus in den Krieg hetzen? Um umgestörter ihre Alterspyramide aufbauen zu können? – Die Weisheit des Alters – die mir senile Torheit zu sein dünkt. Das scheint mir jedenfalls die einzige Entschuldigung zu sein, denn kein Tier ist so brutal wie der Mensch. Kein Tier würde seine Jungen ins Feuer jagen, um das eigene Leben zu retten. Nur der Mensch ist zu dieser Bestialität fähig.
Ein Wort kam mir in den Sinn, das Steinbachs Mutter geprägt hatte und das er öfter zitierte: „Es ist immer schön, aus anderer Leut's Taschen Wohltaten zu erweisen."

Und wie schön ist es erst, anderer Leute Leben auf dem Altar des Vaterlandes zu opfern!
Eines Nachts schnellte ich aus wirren Träumen von der Pritsche auf. Da kam es noch einmal – ein durchdringender gellender langgezogener Schrei. Schnelle Füße rannten über den Gang an meiner Zellentüre vorbei. Ich wollte gerade aufspringen, als ich im fahlen Mondlicht zwei fette Schaben über den Betonboden kriechen sah. Nun trommelten Fäuste gegen eine Zellentüre. Langsam verebbend verblieb nur noch ein heulendes Wimmern – und dann war wieder Schweigen.
In diesem Eisenbetonbau ist der akustische Effekt geisterhaft – besonders wenn man obendrein in einer dunklen Zelle eingesperrt ist.
Durch eine Wärterin erfuhr ich, daß die Zigeunerin Korpatsch die Ruhestörerin war, zu der gelegentlich während des Tages eine „Freiwillige" gebracht wurde, um sie zu beruhigen. So ergriff ich die Gelegenheit, mich freiwillig zu melden, stieß jedoch bei der Oberin auf Widerstand. Da sie mich nicht umstimmen konnte, erklärte sie mir schließlich, daß die letzte Entscheidung bei Dir. Hensel läge.
Am nächsten Tag kam Hensel, begleitet von einer Wärterin, die sofort wieder ging, die Zellentüre jedoch einen Spalt offen ließ.
Hensel musterte mich, sah meine ausgetretenen Schuhe, die grauen Wollstrümpfe mit dem roten Streifen über dem Fußgelenk und die ausgewaschene blaue Barchentbekleidung, in der ich hing wie in einem Sack. Er schüttelte schweigend den Kopf und reichte mir die Hand: „Sie sind als Journalistin daran interessiert, die Korpatsch zu sehen?"
„Ja, ich habe über den Fall viel in der Zeitung gelesen. Die ganze Familie soll ja in irgendwelchen Devisenschiebungen verwickelt sein."
Den Besuch bei der Zigeunerin genehmigte er ohne wei-

teres. Er würde entsprechende Anweisungen geben. Und da ich von der Gefängnisbibliothek nicht genug Bücher bekommen konnte, wollte er mir einige seiner eigenen bringen.

Ich ging meine Acht durch die Zelle und überlegte, was das Schicksal meinen Eltern mit mir doch für ein Kukkucksei ins Nest gelegt hatte.

Mutter versuchte, mich zu einer guten Christin zu erziehen; Vater wollte eine gute Deutsche aus mir machen. – Die Ironie über das Ergebnis all ihrer Anstrengungen machte mich lachen.

Vater gab sich wohl über meine nationalen Gefühle nach den jüngsten Ereignissen keinen Illusionen mehr hin.

Meine Gedanken fingen an sich zu verwirren, da ich plötzlich die Schreie der Zigeunerin Korpatsch wahrnahm.

Warum saß ich eigentlich hier im Gefängnis? Wurde ich bestraft weil ich die Wahrheit gesagt oder weil ich eine Lüge kolportiert hatte? Wie würde ich das je herausfinden? Mit jedem Schritt wiederholte ich: „Wahrheit? – Lüge? – Wahrheit? – Lüge?“ – Schließlich setzte ich mich erschöpft auf den Stuhl und lauschte dem verebbenden Geheule der Zigeunerin.

Was für ein Hohn, überlegte ich. Wohl alle, die hier eingesperrt sind, wissen warum. Die kleine dickliche Frau in der nächsten Zelle, die ich morgens sehe wenn unsere Wasserkrüge gefüllt werden, ist wegen Diebstahls hier; Alice wegen Übertretung. Selbst die blasse junge Frau, die die Gefängnisbibliothek verwaltet weiß, warum sie die nächsten drei Jahre hier verbringen wird. Sie war noch bis vor kurzem als Kommunistin aktiv. – Aber ich? Ist es wegen der Wahrheit oder wegen einer Lüge?

Eines Morgens erschien die Oberin und zog einen Brief aus der Tasche ihres vielfältigen Rockes. Es war ein bereits geöffneter Brief von meinen Eltern.

„Hier, Schroeder – weil es Ihr Geburtstag ist. – Alles Gute zum neuen Lebensjahr –" Sie verstummte. Was immer sonst sie sagen wollte, behielt sie für sich.
Etwas zeitlos lebend hatte ich vergessen, daß gerade jener Tag mein Geburtstag war.
Während ich vor dem kleinen Tisch saß, die Augen bedeckt, die Stirne in die Hände gestützt, um ungestört zu denken, hörte ich dieses leise Geräusch, das aufeinanderreibendes Metall verursacht. Ich sah nach der Türe, doch die Luke war geschlossen. Wie lange war ich – unbemerkt – beobachtet worden? Ich stand wieder auf und begann meinen Rundgang durch die Zelle.
Wie würden meine nächsten Geburtstage aussehen? Werde ich die kommenden Jahre als Außenseiter verbringen, ausgeschaltet aus meinem Beruf – vielleicht aus jedem Beruf? Wie viele gehässige Augen, eigens geschult im Dritten Reich, würden Luken finden, durch die sie spähen konnten, um mich eines Vergehens zu beschuldigen und zu überführen? Mußte ich, wie ein gehetztes Tier, ständig auf der Hut sein?
Meine Gedanken liefen ins Leere. Ich war an einem toten Punkt angelangt. Meine Phantasie, mein Instinkt – sie verließen mich und ich starrte in ein monotones trostloses graues Nichts.
Mechanisch griff ich nach Mutters Brief, den die Oberin gebracht hatte. Diese große, undisziplinierte, schwer leserliche Handschrift meiner zierlichen kleinen Mutter ergoß eine Flut nichtssagender überschwänglicher Liebesbeteuerungen über das Papier, in denen Gottes Segen und das Leiden und die Liebe Christi als Höhepunkte erschienen. Vaters klare kleine Zeilen hatten nur hinzugefügt: „Wir denken an dich. Sei tapfer!"
Ich bemühte mich, nicht laut zu lachen. – Doch auf einmal war es mir völlig gleichgültig, ob eine der Wärterinnen durch die Luke blickte, um mich lachend durch die Zelle laufen zu sehen.

Ich war der tapfere Soldat Schweik, der begleitet von Gottes Segen und der Liebe Christi auf dem Schlachtfelde der Gesinnung marschierte.
Die Komik zwischen der Vorstellung, die Mutter von mir hat und der Wirklichkeit meiner Person überwältigte mich.
Ich kämpfte gegen einen nahezu hysterischen Lachanfall an, als ich plötzlich den alternden Faun Pötz vor mir sah: Der graue Bart, der ein etwas fliehendes Kinn prominent erscheinen ließ, die kleinen Augen, die sich gelegentlich zu Schlitzen verengen konnten, um im nächsten Moment in schauspielerischem Effekt aufgerissen zu starren.
„Ist Ihnen eigentlich klar, meine Verehrteste", erinnerte ich mich ihn gehört zu haben, „wie nahe Militär und Kirche miteinander verwandt sind?"
Die Daumen schlüpften aus den Hosenträgern, die Schlitze der Augen öffneten sich: „Nein?" fragte er erstaunt. „Haben Sie bei all den Sünden, die die Kirche erfand, nicht bemerkt, daß sie eine geflissentlich ausließ: Die Sünde wider den Frieden? – Nein? – Sehen Sie! Sie wissen jedoch, daß das Militär geschaffen wurde, um den Frieden zu erhalten. In den 2000 Jahren des Christentums hat das Militär aber nie den Frieden erhalten, sondern nur Kriege geführt. Und je zivilisierter wir werden, umso spitzfindiger werden wir auch. Die Söldnerheere wurden zu Gunsten der Massenheere aufgegeben, und es ist eines jeden Mannes Privileg, mit der Waffe in der Hand zu kämpfen.
Während die Kirche es mit den Sünden und den Zehn Geboten so genau nimmt wenn es sich um ihre Gläubigen handelt, hat sie ihre besonderen Auslegungen wenn sie sich in einer vermeintlichen Gefahr befindet. In diesen speziellen Fällen heißt es nicht rundweg: ‚Du sollst nicht töten.' Da heißt es: ‚Du sollst nicht töten – ausgenommen im Krieg.' Da ist das Massenmorden gestattet.

Für dieses Blutbad segnet die Kirche eigens die Waffen. Die Generäle, diese Meister des Massenmordes, genießen Respekt und Ansehen bei den Kirchenvätern und der Gesellschaft. Wenn jedoch in den Gehirnen der Generäle alle die verwesen würden, die sie auf dem Gewissen haben – die Herren Generäle würden aus den Nasenlöchern stinken wie die Aasgeier."
Unwillkürlich schüttelte ich mich.
Seine Hand griff über den Tisch nach mir, ohne mich jedoch zu berühren. Mit einem nachsichtigen Lächeln sagte er: „Schauen Sie nicht so entgeistert. Mit romantischen Gefühlen kann man nicht Geschichte lernen."
Seine Augen öffneten sich weit, und er blickte mich mit dem Interesse eines Wissenschaftlers an, der sich überlegt, wo am besten er das Messer ansetzt, um beim Sezieren zum Ergebnis zu kommen. Im nächsten Moment fiel die Maske des Spötters wieder über sein Antlitz: „Wer immer diese Welt schuf, erlaubte sich mit der Erfindung des Christentums einen zynischen Witz... 2000 Jahre der Heuchelei und Lüge, des Zölibates und der Hurerei, der Nächstenliebe und des Massenmordens – im Namen des Herrn – – oder für den Herrn, wie die Kreuzzüge und derartige ‚heilige Kriege' sich nannten – – Hand in Hand wandeln Kirche und Militär auf den Pfaden der Zerstörung... Sie personifizieren den Todesschatten, der über der Menschheit schwebt." Er lachte plötzlich lautlos: „Und das alles zum Wohlgefallen Gottes!"
Dir. Hensel kam noch einmal und entledigte sich eines Stoßes Bücher, die mich zum Teil deprimierten. Ob Tolstois Anna Karenina im Gefängnis war oder eine von Knut Hamsuns Heldinnen; war es Stendhal oder die Geschichte der letzten zwanzig Jahre – keine der bedruckten Seiten beantwortete meine vielen Fragen, keine hatte Bezug auf mein Schicksal und wies mir den Weg.

Mir wurde auf einmal klar, daß diese Gefängnismauern, die von meinen Gedanken durchbrochen wurden, trennend zwischen mir, meinen Eltern und Freunden aufwuchsen.

Ich glaube, Rilke sagte einmal: „Im letzten sind wir alle grenzenlos allein“, ein Wort, daß ich bisher nicht ganz begriffen hatte. Hier in der physischen Einsamkeit gewann alles eine völlig neue Perspektive. Personen, die bisher in meinem Leben eine Nebenrolle gespielt hätten, vielleicht sogar etwas grotesk erschienen, gewannen plötzlich an Wichtigkeit wie zum Beispiel Pötz, dem ich zuvor geduldig und innerlich leicht amüsiert zugehört hatte. In dieser Abgeschlossenheit jedoch kam er mir auf einmal absolut nicht mehr lächerlich vor und ich mußte zugeben, daß seine Monologe es wert waren, von mir durchdacht zu werden.

Ich begriff, daß ich zum ersten Male in meinem Leben auf mich alleine gestellt war. Erst gaben mir die Eltern Rat und Hilfe, und als ich ihnen entwuchs, waren es Freunde die mir halfen, Ansichten zu formen, Einsichten zu gewinnen, beruflich etwas zu lernen. Bis zum gewissen Grade ließ ich auch sie nun hinter mir. Ich ganz allein mußte einen Weg aus diesem Labyrinth finden, in das ich durch meine politische Überzeugung und meine Abstammung geraten war.

Gerade als meine Gedanken anfingen, sich in wirbelnden Kreisen zu drehen, wurde die Türe aufgeschlossen, und Dr. Strüder betrat die Zelle. Der liebenswürdige, sonst freundliche Mann hatte ein fast versteinertes Gesicht.

Durch gepreßte Lippen sagte er: „Ich bin mit sofortiger Wirkung meines Amtes enthoben worden –“

„Herr Doktor! Warum?“

„Weil ich als Beamter keine NS-Zeitung gehalten habe und an den Nazi-Feiertagen keine Hakenkreuzfahne heraushängte.“

Ich sah ihn entgeistert an: ,,Was werden Sie nun tun?"
,,Ich weiß es nicht." Er ballte die Fäuste. ,,Ich habe eine Frau und zwei kleine Mädelchen. Bei meiner Dienstzeit ist die Pension so gering, daß wir davon weder leben noch sterben können. Wenn ich meine eigene Praxis aufmache, werde ich natürlich keine Zulassung zu den Krankenkassen bekommen."
Dr. Strüders Schicksal lenkte meine Gedanken auf Vater. Wie lange würde er sich bei seiner unvorstellbaren Naivität noch in seiner Position halten können? Noch immer spricht er rückhaltlos seine Ansicht aus. Mitunter packt mich das Entsetzen über die Dinge, die er äußert, die man einfach nicht mehr sagen kann. Sicher – er ist im besten Sinne ein Deutscher. Das, wovon er einmal überzeugt ist, dafür tritt er unverbrüchlich mit dem ganzen Herzen ein. Das gilt auch für seinen Patriotismus, der ihn einfach nicht begreifen läßt, daß was wir heute erleben, ebenfalls Deutschland ist. Er betrachtet vieles was geschieht nicht als Dauerzustand, sondern als Ausschreitungen der Revolution, über die die Vernunft siegen muß.
Meine Zeit! Diese sogenannte Revolution liegt nun schon über drei Jahre zurück und die Nazis haben selbst mehrmals erklärt, daß sie abgeschlossen sei. Trotz allem was in unserer Familie passiert ist, sieht Vater immer noch nicht, daß die Verfolgungen intensiver werden und er selbst ein verdächtiges Subjekt ist. Er kann oder will nicht begreifen, daß weder sein deutsches Blut, noch sein Eisernes Kreuz 1. Klasse oder seine Position ihn von dem Makel befreien kann, eine Jüdin geheiratet zu haben. Meine politische Haft macht die Dingc sicher nicht besser. Doch Vater sieht sich nach wie vor als deutschen Mann an, der das Recht hat, seine Meinung offen auszusprechen und Kritik zu üben.
So entgegengesetzt unsere Ansichten auch sein mögen –

ich muß ihn respektieren wegen seiner aufrechten Haltung und Überzeugung und habe ganz einfach Angst um ihn.

Pfarrer Dietz, der katholische Gefängnisgeistliche, besuchte mich. Ein milder alter Herr mit weißen Haaren, der nicht den leisesten Versuch machte, irgendein religiöses Wort zu äußern. Wie er sagte, kam er nur, um nach mir zu sehen.

Während der wenigen Minuten, die er in meiner Zelle war, fragte ich: „Kennen Sie Max Fuchs?"

Er nickte.

„Wie geht es ihm?"

„Es geht ihm gut." Er sah wohl meinen zweifelnden Ausdruck und lächelte beruhigend: „Wirklich."

„Würden Sie –", fragte ich zögernd, „– würden Sie ihm Grüße von mir ausrichten?"

„Das will ich tun", erwiderte der alte Mann. „Es wird ihn freuen."

Nachdem ich wieder alleine war, setzte ich meinen Eisbärtrott durch die Zelle fort.

Zuerst dachte ich an Max. Was für perverse Menschen können jemanden einsperren, weil er liebt? Was hat die Liebe oder das Herz mit Rasse zu tun? Wer kann es wagen sich in diesen Fragen als Richter aufzuspielen? Wer kann behaupten, daß eine Rasse hochwertig ist und eine andere minderwertig? Wahrscheinlich muß man ein so verkorkster German sein wie der braunhaarige Hitler mit seinen etwas slawischen Jochbeinen oder so eine kleine Mickeymaus wie Goebbels, um mit einer Mischung von Minderwertigkeitsgefühlen und Neid sein Urteil zu fällen über den Wert der nordisch-germanischen Rasse und um den Übermenschen zu züchten, den zu sein einem die Natur versagt hatte.

Ich kam immer mehr ins Grübeln und endete wie so häufig mit der Frage: Warum sitze ich hier im Gefängnis? Weil ich anderer Ansicht bin als die heutigen Machthaber?

Menschen wegen ihrer Gesinnung einzusperren, ist nicht nur mittelalterlich sondern dumm und kurzsichtig. Ich glaube, die beste Methode um Verachtung und Haß großzuziehen, ist die politische Haft. Zu dieser Erkenntnis hätten jedoch die heutigen Machthaber längst kommen müssen, denn sie sollten aus eigener Erfahrung gelernt haben, daß Inhaftierung kein politisches Überzeugungsmittel ist, sondern häufig das Gegenteil bewirkt.

Heutige Machthaber, dachte ich, während ich versuchte die Bogen der Acht so weit zu gehen, wie es der enge Platz erlaubte. – Ob es heute unsere deutschen Machthaber sind oder Regierungen in anderen Ländern mit anderen Namen... was ist der Unterschied? Monarchie, Republik, Demokratie oder wie immer sie sich nennen – mit verzweifelt wenigen Ausnahmen handelt es sich um Machthaber, die ihren Untergebenen eine geistige Zwangsjacke anziehen: Sie bestimmen was moralisch und was unmoralisch ist, wofür du ins Gefängnis, Zuchthaus oder KZ geschickt wirst, wo du stirbst, für welche Fahne und wann. Diese „Diener ihres Volkes", die vom Volk angestellt und bezahlt werden – um es zu unterdrücken, haben ihre schönen Versprechen längst vergessen, die sie gaben bevor sie ihr Ziel erreichten. Nun sind sie an der Macht und dieser Zustand muß unter allen Umständen erhalten bleiben. Die Zweifler jedoch, die glauben, daß sie für ihr Geld von ihren Angestellten etwas fordern können, diese Zweifler werden unschädlich gemacht, indem man sie hinter Schloß und Riegel setzt oder mit Verleumdungen ihre Existenz zerstört; denn diese Art des Denkens ist ein äußerst gefährlicher Zeitvertreib, der das ganze Machtgefüge erschüttern könnte.

Und trotzdem – unsere Gedanken kann man uns nicht nehmen; sie haben Flügel und können sich über alles hinwegsetzen. Sie können die dicken Mauern dieser

kleinen Zelle durchbrechen, die für mich als Symbol dieser Machthaber stehen.
Ich konnte nicht mehr lesen, sondern lief und lief meine Acht und ich glaube, an diesem Tage wurde mein neues Ich geboren. Zum ersten Mal in meinem Leben erwachte in mir das Gefühl eines tiefen Hasses. Sentimentalität und Selbstmitleid verflogen endgültig. In jenen Stunden wurde mir klar, daß ich meine Gefühle besser für Dinge des Herzens aufsparen sollte. Der Kampf um das Leben, wie er sich jetzt abzeichnete, erforderte Härte gegen sich selbst und einen kühlen Kopf.
Es war sicherlich ein unglückliches Zusammentreffen, daß am nächsten Vormittag eine Oberaufseherin bei mir erschien, eine kurze rundliche Frau, die unpersönlich ihre Pflicht tat. Sie erklärte, daß ich sicherlich etwas Beschäftigung begrüßen würde, so lange ich in Einzelhaft sei. Ich könnte in den Nähsaal kommen und Handarbeiten für das WHW machen.
Mich kerzengerade aufrichtend, so daß ich ein Stück größer wurde, fühlte ich wie mir alles Blut zum Herzen strömte. Ich muß ausgesehen haben wie ein Geist als ich mit unbeweglicher Miene fragte: „Sie scheinen wohl nicht zu wissen warum ich hier bin? – Für das Winterhilfswerk werde ich keinen Finger rühren!"
Die Frau sah mich genau so unbeweglich an während in ihren Augen etwas wie Wut schimmerte: „Falls Sie Ihre Meinung ändern, können Sie mich ja rufen lassen."
„Vielen Dank", erwiderte ich eisig, „ich werde Sie bestimmt nicht mehr hierher bemühen."
Sie sah mich einen Moment verblüfft an; dann ging sie.
Von da ab verlief die Haft völlig ereignislos. Am Tage war ich mit meinen Gedanken allein und nachts mit meinen Träumen, die sich oftmals in Alpträume auswuchsen.
Ich erinnerte mich, daß eines von Wolfs letzten Worten war: „Keep smiling."

Unwillkürlich begann ich lächelnd meine endlose Acht zu gehen, wobei ich wiederholte: ‚Keep smiling – keep smiling –!‘ „Wie hirnrissig!“ sagte ich laut, setzte mich hin und massierte mein schmerzendes Gesicht. Meine Gedanken wanderten zurück zu dem, was Wolf mir über die Madison Avenue erzählte mit ihren riesigen Advertisement Agencies, etwas, was wir hier nicht kennen. Offenbar stehen diesen riesigen Unternehmen alle Mittel der öffentlichen Beeinflussung zu Gebote. Zeitungen, Magazine und Rundfunkstationen sind die Instrumente deren sie sich bedienen, um ihre Meinung in die augenscheinlich etwas leeren Köpfe der amerikanischen Bevölkerung zu hämmern. Sie sind es, die dafür Sorge tragen daß der, der von bestimmten Kreisen am Gängelband geführt werden kann, Präsident wird, während die Persönlichkeit mit Verstand und eigener Initiative eines sicheren politischen Todes stirbt.
Ich fing wieder an meine Acht zu laufen und grübelte dabei über das Phänomen der Madison Avenue nach. Ich rannte immer schneller durch die Zelle, um mit meinen Gedanken Schritt zu halten.
Da sind also zwei große Zentren in dieser Welt – ein weltliches und ein kirchliches. Das eine hat seinen Sitz in der Madison Avenue und das andere im Vatikan. Beider vornehmster Aufgabe scheint es zu sein, die Massen dumm zu halten. Und sie sind erfolgreich – nur zu erfolgreich. Ihre Techniken sind völlig verschieden, aber... Die weltliche Macht hämmert so lange Schlagworte und politische Slogans in die Menschen ein, bis sie ihnen zur zweiten Natur werden, und sie an all den Blödsinn glauben, der ihnen in den verschiedensten Variationen verkündet wird. Die kirchliche Macht erreicht ihr Ziel durch Drohungen von Sünde und dem ewigen Fegefeuer. Wenn daher so ein armer Gläubiger etwas tut, was nicht in das Konzept der Kirche paßt, so begeht er eine Sünde; die Sünde aber ist der erste Schritt auf

dem Wege zum Fegefeuer. – Es ist einfach phantastisch, was Machthunger nicht alles für perverse Methoden entwickelt.

Ich dachte an Hitler, der mit fanatischer Intensität einem gläubigen Volk alle möglichen Versprechungen macht. Wie leicht doch diese Massen der verschiedenen Nationen zu beeinflussen sind. Genau besehen handelt es sich doch nur um Hammelherden – in diesem Falle um eine lächelnde und eine tierisch ernste. – Plötzlich erinnerte ich mich, daß es in Amerika einen bestimmten Tag gibt, an dem alle Männer einen Strohhut aufsetzen und damit die Sommerzeit eröffnen. Was würde geschehen, überlegte ich, wenn Hitler – oder gar Goebbels in der Madison Avenue einzöge? Im Geiste sah ich Millionen lächelnder Amerikaner in braunen Uniformen marschieren, die rechte Hand zum Gruß erhoben, ein freundliches „Hei!" ausrufen.

Doch da ist noch eine andere Herde; sie ist von einer ganz besonderen Spezies und international: Die Katholiken. Eigentlich – wenn ich es mir genau überlege, sind sie gar nicht so verschieden von den anderen. Jede dieser Herden hat ja ihren Leithammel; ob der sich nun Kaiser, Präsident, Führer oder Papst nennt, ist im Grunde gleichgültig. Bisher war der einzige Unterschied, daß der Herr in Rom, jener, der das goldene Telefon besitzt und in solch unvorstellbarem Prunk lebt, daß er sich in das Privatleben seiner Untertanen einmischte wie kein anderer. Es will mir jedoch scheinen, daß dieser Papst nun eine Konkurrenz bekommt. Schließlich bleibt's aber in der Familie, denn Hitler ist auch Katholik. Wer weiß – vielleicht hat er gerade in der Kirche diese Finessen gelernt, die er nun in die Praxis umsetzt? Jedenfalls schreibt er seinen Gläubigen vor, wen sie lieben dürfen und wen nicht. Er behauptet wohl nicht, daß Abtreibung eine Sünde ist, sondern bezeichnet sie als strafbares Verbrechen gegen die Nation. Daher wird es wohl

nicht lange dauern bis Deutschland mit einem ungeahnten Kindersegen beglückt werden wird. Was immer die Formulierungen sind, ist ja nicht so wichtig, so lange man Resultate sieht. Die katholische Kirche, die so großzügig mit den Leben vieler Menschen verfuhr, sich ihrer auf Scheiterhaufen und in Folterkammern entledigte, sie vierteilte und auf's Rad flocht, ist so besorgt um das entstehende Leben im Mutterleib, daß sie darüber vergißt, dieses Leben weiterhin zu beschützen indem sie Kriege verhindert. – Es will mir scheinen, daß Hitler ein echtes Kind seiner Kirche ist – wobei man nur mit den Katholiken beten kann: „Gott sei uns gnädig!" – – –
Ich blickte durch das Fenster in den Himmel und dachte an die Stadt. Ob Karl jetzt wohl in der Hauptwache saß? – Ich sah ihn vor mir mit seinen braunen, glatt zurückgekämmten Haaren, die ihm bei seinen temperamentvollen Unterhaltungen stets über die Stirne fallen, seine hellen Augen, die befehlen und betteln können, seine sensiblen nervösen ausdrucksvollen Hände, die mich immer an die Hände in alten gotischen Gemälden erinnern. Doch plötzlich schob sich Sjöderblooms Gestalt zwischen Karl und mich, Sjöderbloom, der genau so groß ist wie Karl – und so viel älter als ich, daß er diese Tatsache wohl als Hindernis empfindet.
Ich blieb in der Mitte der Zelle stehen. Kann man denn gleichzeitig zwei Männer lieben? Hätte ich nicht hier, in dieser Isolierung, Zeit, mir klar zu werden? – Doch auf einmal – wie ein Spuk – verschwanden sie beide als mich das Bewußtsein durchdrang, daß Hitler mir auch diese Entscheidung abnehmen würde. Ich werde keinen von beiden bekommen, dachte ich. Ein eiskaltes Gefühl kroch in mein Herz.
Eine Wärterin, die sich gelegentlich für eine kurze Unterhaltung in meiner Zelle einfand, machte mich auf Hitlers Geburtstag aufmerksam und auf die Aussicht

einer Amnestie. Das war es, worauf auch Jelkmann wartete. Jedoch der 20. April kam und ging und nichts geschah. Nun fingen die Tage wirklich an zu schleichen und mit jedem neuen Morgen schrumpfte die Hoffnung mehr in sich zusammen und machte einer leichten Depression Platz.

Am 22. April war Seeckts siebzigster Geburtstag. In dem Buch „Deutschland in Ketten", das ich mir von der Gefängnisbibliothek geliehen hatte, war er einmal kurz erwähnt, wie er nach einer der endlosen Unterhandlungen in Versailles einsam und etwas verloren auf der Treppe vor dem Palais stand und sich eine Zigarette anzündete. Ich sah diese schlanke, einsame, fast unnahbare Gestalt, – die „Sphinx" wie er genannt wurde – vor mir. Ich konnte ihm nur meine Gedanken schikken.

Am Samstag, dem 25. nach dem Abendessen beschloß ich, mich in das Unvermeidliche zu fügen und besser Jelkmanns Prognose bezüglich der bevorstehenden Amnestie zu vergessen. – Samstag war essensmäßig der scheußlichste Tag – und ich hatte doch so gehofft, daß ich keinen mehr im Gefängnis erleben würde. Es gab in Netzen gekochte Kartoffeln mit aller Erde daran. Jeder Häftling bekam solch einen schmutzigen glitschigen Sack in die Zelle gereicht mit einem Hering, einem kompletten Fisch mit Kopf, Schwanz und Eingeweiden.

Nachdem ich das Mahl hinuntergewürgt und das Geschirr so gut es ging von dem stinkenden Fisch gereinigt hatte, bemühte ich mich zu vergessen, daß da jemals eine Aussicht für mich war früher als vom Gericht angesetzt, diesen Mauern zu entfliehen. Ich mußte den toten Punkt überwinden, um nicht meine innere Spannkraft zu verlieren.

Plötzlich schloß eine Wärterin die Zelle auf: „Kommen Sie."

Ich ging auf die Türe zu.
„Nein", sagte sie, „nehmen Sie Ihre Sachen mit – aber machen Sie schnell. Sie sind entlassen."
Später saß ich mit den Eltern und Katherina im Herrenzimmer. Irgendwie erschien mir dieser Abend unwirklich, mehr wie im Traum. So vertraut der Raum war – an diesem Abend beschlich mich ein fremdes Gefühl.
Das Phänomen war, daß ich alle Farben und Gerüche mit ungeheurer Intensität aufnahm und sie mir auf einmal übertrieben vorkamen. Das eintönige Grau der Zelle, die Heimfahrt im Dunkel, ließen plötzlich alle Farben fast blendend leuchten. Die Seife roch überparfümiert; der Wein hatte ein derart süßes Aroma, daß er mich anwiderte. Ich versuchte, eine Zigarette zu rauchen, machte sie jedoch nach wenigen Zügen wieder aus weil sie einfach schauderhaft schmeckte. Hinzu kam, daß Katherinas Gegenwart ein unbestimmtes Gefühl des Unbehagens in mir auslöste. Ich fragte mich, ob ich bereits eine Psychose entwickelte und überall Gespenster sah.
Ich wurde immer einsilbiger, was Vater zu der Bemerkung veranlaßte, daß ich wohl übermüdet sei. Dankbar zog ich mich zurück und kroch erschöpft im Dunkeln in mein Bett. Irgendwie war ich enttäuscht über meine erste Nacht zu Hause und kam mir vor wie ein Gast in meinem eigenen Raum.
Am nächsten Tag kamen dann all die Blumen, und ich erfuhr, daß Sjöderbloom vom 20. an, nachdem die Amnestie verkündet worden war, täglich zweimal angerufen hatte mit der ungeduldigen Frage: „Noch nichts Neues?"

30. April 1936

Am Montag hatte ich mir mein Tagebuch bei Siegrid geholt. Auf dem Wege zu ihr war es, daß dieser fremde Mann auf der Straße mich zu meiner Entlassung beglückwünschte. Die Erinnerung an ihn verfolgt mich immer noch.

Als ich am Abend nach dem Essen an meinem Schreibtisch saß, um Seeckt ein paar Zeilen zu schreiben und mich dann meinem Tagebuch zuzuwenden, kam Katherina zu mir.

Kätchen fragte liebevoll nach meinem Befinden. Wir wechselten einige nichtssagende Worte.

Und dann sagte meine liebenswerte Schwester mit einer vor Rührung schwankenden, gefühlvollen Stimme: „Pfarrer Perabo von St. Gallus läßt dich grüßen und dir sagen, daß es ihm ja so leid tut, daß du ins Gefängnis mußtest. Wenn er davon eine Ahnung gehabt hätte, wäre er doch selbst zur Gestapo gegangen und hätte gesagt, daß er es war, der dieses Gerücht ausstreute. Wenn du willst, sollst du ihn doch einmal besuchen kommen. Er würde sich freuen."

Es wurde mir einen Moment schwindelig, denn wie ein Schlag traf es mich: Natürlich hatte dieser Pfarrer Perabo gewußt, daß ich vom Sondergericht verurteilt worden war – und natürlich hatte Katherina die ganze Zeit gewußt, wer dieser mysteriöse Geistliche an jenem Mütterabend war.

Ich holte tief Atem und sagte gepreßt: „Sage deinem Pfarrer Perabo, er soll sich freuen und seinem Schöpfer auf den Knien danken, wenn ich ihn nicht besuchen komme. Denn wenn ich komme, stürzen die Wände ein!"

Ich ging zur Türe, öffnete sie und stieß hervor: „Geh!"

Und zu der hinter ihr geschlossenen Türe sagte ich:

„Du gottverdammtes Schwein! Du hast also wirklich deine eigene Schwester deinem katholischen Pfaffen geopfert! – – – –"
Es ist unmöglich niederzuschreiben, was während der nächsten Stunden in mir vorging.

5. Mai 1936

Gestern vormittag hatte ich einen Anruf von der Gestapo. Kriminalassistent Mohr, den ich von meiner Pressezeit her flüchtig kannte, bat mich sehr höflich, zu einer Besprechung zu kommen.
Wie höflich auch immer solch eine „Einladung" zur Gestapo ist, man antwortet bestimmt nicht mit einer Gegenfrage. Man geht.
So war ich heute um elf Uhr auf der Gestapo. Meine inzwischen etwas geschärften Sinne ließen mich wahrnehmen, daß auf der linken Seite des Raumes eine zweite Tür zu einem anderen Büro nur angelehnt war. Ich ging auf Mohr zu, einen großen schlanken Mann mit hellblonden, kurzgeschnittenen Haaren, das Abbild des deutschen Mannes. Er saß vor seinem Schreibtisch mit dem Rücken gegen das Fenster, so daß man sein Gesicht schwerlich erkennen konnte, ihm aber kaum eine Regung in dem Ausdruck seines Opfers entging.
Nach ein paar Freundlichkeiten, die wir austauschten, sagte er: „Frl. Schroeder – wir haben Anweisung bekommen, Sie noch einmal nach der Quelle Ihres Gerüchtes zu fragen."
„So?" wunderte ich mich und sah ihn groß an, „nach der Quelle?"
„Sie kennen die Quelle."
Ich nickte nachdenklich und antwortete dann: „Herr Mohr – ich dachte, diese Frage sei vor dem Sondergericht geklärt worden?"

„Nicht in unserem Sinne. Das Gericht mag Ihre Aussage für bare Münze genommen haben und als Grundlage für das Urteil. Aber nicht wir.“ Heimtückisch setzte er hinzu: „Wir glauben nämlich, daß es Ihre Schwester war, die das Gerücht verbreitete. Sie ist doch die Katholikin in Ihrer Familie. – So geben Sie's doch schon endlich zu! Sie war es doch!?“

„Ach“, sagte ich, „glauben Sie?“ Ich grinste: „Herr Mohr – und wenn ich es wirklich wüßte – glauben Sie allen Ernstes, daß ich dafür in's Gefängnis ging, um nachher Ihren Wissensdurst zu befriedigen?“ Ich lachte offen.

Mohr und ich erhoben uns gleichzeitig. Wir standen einander gegenüber, den billigen Behördenschreibtisch zwischen uns.

Er zog die mittlere Schublade auf und entnahm ihr einen Revolver, den er drohend in der Hand hielt: „Ich kann auch anders – –“

Ich nickte. Alles auf eine Karte setzend sagte ich ironisch halb lachend: „Natürlich! Sie können mich erschießen, aber – Tote sprechen nicht.“

In diesem Augenblick ertönte in meinem Rücken eine sympathische Baritonstimme: „Mohr, legen Sie den Revolver weg!“

Ich drehte mich um und blickte in ein Paar graue Augen. Unsere Blicken fingen und hielten sich. Er war mittelgroß mit blondgrauen lockigen Haaren, einem graugrünen Sportanzug mit Knickerbockerhosen, grauen Strümpfen und braunen Kreppsohlenschuhen.

„Also wer war es?“ fragte mich der Neuankömmling. „Es war doch Ihre Schwester!“

„Ich glaube, ich habe diese Frage schon hinreichend beantwortet, und anscheinend haben Sie ja diese Unterhaltung auch gehört.“

„Aber Sie wissen, wer es war“, sagte er bestimmt. „Sie wollen es nicht sagen?“

„Ich hatte genügend Zeit im Gefängnis, darüber nachzugrübeln. Es fiel mir jedoch auch dort nicht ein."
Mohr warf ein: „Herr Kommissar soll ich – –"
Der Kommissar machte eine abwehrende Handbewegung, während wir uns anblickten.
„Sie wollen es nicht sagen?" fragte er noch einmal fast zweifelnd.
Ich schüttelte den Kopf: „Ich weiß es nicht mehr."
Er überlegte kurz und kämpfte offensichtlich mit sich. Dann sagte er: „Gut, Fräulein Schroeder –. Sie können ein Gericht täuschen aber nicht uns. Ich werde Ihnen sagen wer es war: Ihre Schwester."
Er machte eine Pause während der mich ein panikartiges Gefühl der Angst ergriff. Ich dachte an den unverbesserlichen Vater mit seinem Stammtisch, an die Telefongespräche, an...
Ich weiß nicht, was dieser Gestapo-Kommissar in meinem Gesicht las, denn er fuhr fort: „Sie sagen nicht nein? – nicht ja? Auch Schweigen ist eine Antwort", und zu Mohr gewandt: „Schließen Sie die Akten. Die Vernehmung hat nichts Neues ergeben."
Damit war ich entlassen.
Ich kam gerade rechtzeitig zum Mittagessen nach Hause. Auf der Treppe hörte ich bereits Vater auf dem Vorplatz telefonieren und eine äußerst abfällige Bemerkung über die „Braunen Schwestern" machen.
Eine eisige Hand umgriff meinen Hals, als ich zur Garderobe ging, um meinen Mantel aufzuhängen.
„– – Danke, Herr Bergenhoff", hörte ich Vater, „– – ja, bis Dienstagabend dann. Auf Wiedersehen."
Ich zwang mich zu einem Lächeln als ich Vater mit einem Kuß begrüßte und sagte: „Bitte, bitte sei vorsichtig am Telefon!"
„Aber wieso denn?" fragte er ganz erstaunt.
„Wir wissen doch nie, wer mithört", warnte ich.
„Ach wo", meinte er, „du siehst Gespenster, Kleines."

Sehe ich Gespenster? Dieser Rechtsanwalt Bergenhoff, dessen jüdische Frau während des Dritten Reiches schwermütig geworden war, ist einer von Vaters Stammtischfreunden, genau wie der Senatspräsident, ein führender Deutschnationaler, der als Nazifeind bekannt ist und die anderen vier oder fünf Herren. Da sitzen sie jeden Dienstagabend im Thomas-Bräu und schimpfen auf die Nazis. Wer weiß, ob nicht ein Gestapo-Beamter am Nebentisch sitzt? – Vater hat aus den Schwierigkeiten, die er bereits im Krankenhaus hatte und aus der Tatsache meiner Haft nichts gelernt. Es ist für ihn, den Chefarzt eines führenden Hospitals, einfach unvorstellbar, daß er sich vor, den kleinen Krawallmachern auf der Straße bedroht fühlen soll.
Ich stocherte in meinem Essen herum und bemühte mich, gerade zu sitzen, obwohl ich derartige Magenkrämpfe hatte, daß ich mich lieber zusammengerollt auf meine Couch gelegt hätte.

8. Mai 1936

Die Morgenpost brachte mir einen Brief von Seeckt, der mich bat am Sonntag am Bahnhof zu sein, da er auf der Durchreise eine viertel Stunde Aufenthalt hat und mich treffen möchte. Er endete: „Sie werden dann sehen, daß wenn sich auch die Welt für Sie verändert hat, ich mich für Sie nicht verändert habe.“

10. Mai 1936

Ich sah Seeckt sofort als er aus dem Zug stieg und wir begrüßten uns herzlich. Die kurzen Minuten, die wir zusammen hatten, waren wohl die ersten, in denen wir uns ohne Scheu und ohne Barriere begegneten, wenn

auch die Unterhaltung nicht einfach war, denn Züge wurden ausgerufen, Menschen hasteten mit ihrem Gepäck an uns vorbei, Lokomotiven pfiffen und stießen zischend ihren Dampf aus; mitunter hatten wir Schwierigkeiten, unser eigenes Wort zu verstehen.
Wir gingen untergehakt, die Hände ineinander verflochten, auf dem Bahnsteig auf und ab. Ich gab ihm die Skizzen, die ich im Gefängnis geschrieben hatte und versprach ihm, ihm meine Gedanken über ihn zu schreiben, die mich während dieser Zeit beschäftigten.
Daß ich an ihn gedacht hatte, beglückte ihn. Er war gelöst und strahlend, und vielleicht konnte ich zum ersten Mal völlig unbefangen und natürlich sein, weil ich wußte – daß sein Zug abfahrbereit neben uns stand...

14. Mai 1936

Sjöderbloom hatte Vater mit ein paar Zeilen mitgeteilt, daß er in Zukunft nicht mehr in der Lage sei, sich an den Kammermusikabenden zu beteiligen.
Wir saßen wie so oft in seinem großen Herrenzimmer zusammen, in der friedvollen Atmosphäre, die ich so liebe.
„Warum, Signore, wollen Sie nicht mehr zu unseren Kammermusikabenden kommen?"
Sein freundliches Gesicht wurde ernst, fast hart: „Wissen Sie, daß Ihre Mutter mir zu meinem Geburtstag einen Brief geschrieben hat?"
„Ja", antwortete ich, „sie erzählte mir, daß sie Ihnen schrieb und Ihnen Teerosen sandte."
„Hat sie Ihnen auch erzählt, was sie mir geschrieben hat?"
Ich schüttelte verneinend den Kopf.
Er kämpfte offensichtlich einen Moment mit sich. Dann

erklärte er: „Es ist ja schließlich Ihre Mutter –. Jedenfalls werde ich nie wieder das Haus Ihrer Eltern betreten."

Nach einer längeren Pause unterbrach ich das Schweigen: „Es tut mir schrecklich leid, Signore... aber ich fürchte, ich werde an dieser Situation kaum etwas ändern können."

„Werden Sie mich trotzdem noch besuchen kommen?"

Ich sah den Zweifel in seinen Augen.

„Was hat der Brief meiner Mutter an Sie mit mir zu tun, Signore?"

Er hob sein Glas und wir tranken einander zu.

Dann bat er: „Würden Sie mir etwas aus Ihrem – Urlaub erzählen?"

„Sicher! Was wollen Sie wissen? Wie der Tagesablauf war? Oder wie ich mich in eine überzeugte ‚Nazisse' verwandelte?"

Er lächelte: „Ja – alles."

Ich gab ihm eine kurze konzentrierte Schilderung.

Er hatte aufmerksam gelauscht und meinte: „Sie sind also nicht der Ansicht, daß eine Freiheitsstrafe – ganz egal ob im Gefängnis, Zuchthaus oder KZ – die Einstellung ändern kann?"

„O doch", sagte ich überzeugt, „unbedingt!"

Er sah mich erstaunt an.

„Sehen Sie Signore", erklärte ich, „bisher fand ich dieses System nur ungerecht und brutal. Inzwischen – da ich so viel Zeit hatte, ungestört zu denken – habe ich aus tiefster Seele hassen gelernt. Ich habe die ganze Widersinnigkeit begriffen, einen Menschen seiner Überzeugung wegen einzusperren. Wenn vor Antritt einer solchen Strafe in jemandem noch versteckte Zweifel waren, so bleiben diese bestimmt hinter den Gittern zurück. Nur die Hasenherzen können im Sinne einer solchen Regierung korrigiert werden. Aber die Hasenherzen kommen nur selten hinter Gitter. Die sind meistens

vorsichtig genug, nicht gegen den Stachel zu löcken und kommen nicht in solch schiefe Situationen. – Was meine Person angeht, so kann ich nur sagen, daß ich restlos überzeugt aus dem Gefängnis gekommen bin – eine absolut überzeugte Gegnerin."
Nachdenklich stieß er eine Rauchwolke aus: „Was Sie sagen ist sehr einleuchtend." Er zog wieder grüblerisch an seiner Zigarette. „Signorina – haben Sie sich eigentlich einmal überlegt, welches Recht die Regierung hat, Ihnen ihre Überzeugung aufzuzwingen?"
„Ja, Signore – über all das habe ich lange nachgedacht und bin zu dem Schluß gekommen, daß der totalitäre Staat sich jedenfalls das Recht nimmt, über das Leben seiner Bürger willkürlich zu verfügen. Die Monarchie bestimmte nur wo, wann und für was wer zu sterben hatte oder für den Rest seines Lebens verkrüppelt wurde. Unter dem Nationalsozialismus wird dem Bürger obendrein vorgeschrieben, wen er lieben darf und wen nicht."
Sjöderbloom schüttelte den Kopf: „Sie sprechen von dem Recht, das sich der Staat oder die Regierung herausnimmt. Aber was ist mit dem anderen Recht, Signorina, dem juristischen Recht? Der Krieg gegen den freien Geist ist ausgebrochen... die Gedanken sollen geknebelt werden. Wie alle Kriege, fordert auch dieser seine Opfer. Die geistige Verkrüppelung setzt ein. Da werden neue Gesetze erlassen, die gar keine Gesetze sind. Und welche Rolle spielen die Anwälte? Zur Staffage wird Ihnen ein Anwalt zur Seite gestellt wenn Sie politisch angeklagt sind. Oder wollen Sie behaupten, daß er mehr als eine Staffage ist? Je nachdem, was für einen Richter Sie haben, hat Ihr Verteidiger doch gar keine Möglichkeit, Sie zu verteidigen. Mir scheint, daß all diese politischen Prozesse praktisch nur Farcen sind. Es ist schon alles so ausgeklügelt, daß der politische Angeklagte immer verliert, und die Machthaber immer gewinnen."

„Äußerlich gewinnen die Machthaber immer", bestätigte ich, „sicherlich. Aber – wie Sie an mir sehen – letztlich verlieren sie. Außerdem ist nichts verhängnisvoller für eine Diktatur, als Märtyrer zu schaffen. So weit ich sehen kann – und die Geschichte beweist es glaube ich auch – hat sich noch kein totalitärer Staat halten können. Das ist unsere einzige Hoffnung."
Sjöderbloom lächelte. „Das stimmt schon. Aber wie unerfreulich, der Geburt eines totalitären Staates beizuwohnen. Es ist eine solche Vergeudung von Jahren unseres Lebens, bis er auf die eine oder andere Weise zusammenbricht. Wir haben ja schließlich nur ein Leben, Signorina – und jedes Jahr, jeder Monat, jede Woche, die uns der Staat stiehlt, ist verloren. Dagegen gibt es keine Versicherung. Niemand wird uns das zurückvergüten. Es ist verloren – –"

16. Mai 1936

Heute kam der erste Brief Seeckts nach unserem Treffen – ein langer Brief voller Hoffnung, daß unsere Beziehungen sich nun wärmer gestalten mögen –.
Er begann: „Zunächst möchte ich Ihnen für die Gefängnisskizze danken. Sie enthält sehr viel feine und scharfe Beobachtungen und ist als Stimmungsschilderung – von Ihrer Person ganz abgesehen – neuartig und interessant. Die Unsinnigkeit, nicht nur vom moralischen, sondern auch vom juristischen Standpunkt aus gesehen, einer Gefängnisstrafe für Gesinnung ist schlagend." – „Die Wochen haben einen etwas harten Zug in Ihrem Gesicht hinterlassen, den ich gerne wieder fortgewischt sähe. Kein Wunder! Ich hoffe, die Härte sitzt nicht tiefer."
Doch, lieber Freund, ich fürchte die Härte sitzt viel tiefer als du annimmst und jeder neue Tag, der mir die

Hoffnungslosigkeit meiner Lage vor Augen führt, macht es schlimmer.
Zur Zeit bin ich damit beschäftigt, die Trümmer meines Lebens einzusammeln um zu sehen, wie ich sie zu einem anderen, halbwegs brauchbaren Gebäude zusammensetzen kann. Das einzig Verwertbare, was ich anzubieten habe, ist meine Fähigkeit als ‚Tippse'. So sah ich mich nach Arbeit um – unabhängige Schreibarbeit – für die ich keinen Ariernachweis erbringen muß. Schließlich verlangt ja heute sogar die IG-Farben von ihren neu einzustellenden Sekretärinnen den Ariernachweis; zwar nicht bis 1800, aber immerhin einschließlich Großeltern.
Durch eine Anzeige fand ich meine erste Arbeit. So schreibe ich täglich mehrere Stunden: „Sehr geehrte Herren! Auch Ihnen dürfte das Problem der verstopften Wasserleitungen nicht fremd sein. Wir aber haben – –" und so weiter. An Krankenhäuser, Sanatorien, Industriebetriebe und dergleichen. – Mein Arbeitgeber vertritt eine Firma, die bestimmte Chemikalien und Filter verkauft, die verhindern, daß sich in den Wasserrohren Kalk absetzt und sie langsam zuwachsen läßt.
Pfarrer Walde fragte an, ob ich bereit sei, für ihn einige theologische Abhandlungen im Stenogramm aufzunehmen, die gesammelt in Buchform erscheinen sollen.
Natürlich ist all das eine Form, die Zeit totzuschlagen und dabei etwas Geld zu verdienen, wenngleich es ohne die Hilfe der Eltern nicht ausreichen würde, meinen Lebensunterhalt zu bestreiten. Mit sinkendem Herzen muß ich mir eingestehen, daß ich auf die Dauer so nicht weitermachen kann. Ich muß mich für irgendetwas entscheiden, denn das Dritte Reich wird uns sicher noch mehrere Jahre beglücken.

20. Mai 1936

Erich Kohlhöfer ist aus dem Zuchthaus entlassen worden.
Wir fuhren zusammen in den Frühling nach Kronberg. Es war ein strahlender Tag mit dem ersten Grün an Bäumen und Sträuchern, den Knospen, Vögeln, Sonne und einer leichten Brise in der klaren Taunusluft.
Erich war blaß und in sich zusammengesunken. Mit keinem Wort erwähnten wir Gericht, Gefängnis oder Zuchthaus. Vielleicht wäre es besser gewesen, es auszusprechen, denn ich glaube, keiner von uns vergaß es und Erich, der ja immer ein stiller Mensch war, war so schweigsam, daß ich mich gelegentlich wunderte, ob er überhaupt etwas von der Natur um sich sah oder nur über Vergangenes nachbrütete.
Auch als wir uns bei Einfall der Dämmerung in einem kleinen gemütlichen Weinlokal unterhielten, gelegentlich sogar einen Grund zum Lachen fanden, hatte ich ständig das Gefühl, daß ihm die Tränen näher saßen als das Lachen. Er ist ein zerstörter Mensch – um mit Sjöderbloom zu sprechen nicht körperlich, aber seelisch verkrüppelt.

3. Juni 1936

Der Vertreter der Wasserkünste ist ein ordentlicher einfacher Mann. Wir wechseln kein persönliches Wort. Er diktiert die Briefe oder gibt mir die Adressen, an die ich einen Formbrief zu schreiben habe, und dieser Stumpfsinn macht mich fast krank.
Pfarrer Walde hingegen gibt mir geistige Probleme auf. Eines Nachmittags, nachdem er mir wieder einen längeren Vortrag diktiert hatte, sagte ich: „Herr Pfarrer, darf ich Sie etwas fragen?“

,,Ja bitte."
,,Sie haben mir da etwas über die christliche Nächstenliebe diktiert –"
,,Ja und?" fragte er etwas ungeduldig. Er ist chronisch in Eile.
,,Wie kann die Kirche eigentlich den Krieg mit ihrer Lehre vereinbaren? Ich meine – auf unserer Seite sind Christen und auf der anderen Seite ebenfalls. Obwohl die christliche Liebe keine Grenzen kennt, bringen sich die Brüder in Christo gegenseitig um."
,,Das ist alles sehr tragisch", erklärte er etwas zerstreut. ,,Die Lehre ist eben noch nicht so weit durchgedrungen, daß sie alle Christen erfüllt."
,,Nein?" fragte ich erstaunt. ,,Wie kommt es dann, daß Geistliche während des Krieges die feldgraue Uniform anzogen, und teilweise sogar als Offiziere ihre christlichen Brüder töteten? Auf beiden Seiten segnet die Kirche die Waffen, und Gott ist natürlich mit ihnen."
,,Das", erwiderte er, ,,bedarf einer längeren Erklärung. Aber Fräulein Lili, ich bin etwas knapp an Zeit. Wir müssen das auf später vertagen."

7. Juni 1936

Vor einigen Tagen rief Pötz an, um mit mir eine Verabredung in der Kakao-Stube zu treffen.
Die Hände vor sich auf dem Tisch gefaltet, den Kopf leicht zurückgelehnt, betrachtete er mich aufmerksam. Während seine Augen jeden Zug meines Gesichtes zu prüfen schienen, nickte er schweigend und lehnte sich befriedigt gegen den Rücken des Stuhles, die Daumen unter den Hosenträgern verankert.
,,Was haben denn Ihre Eltern zu Ihrem etwas ungewöhnlichen Aufenthalt gesagt?"
,,Sie haben sich schreckliche Sorgen um mich gemacht."

„So?“ Mit einer leichten Ironie wiederholte er fragend: „Sie haben sich Sorgen um Sie gemacht? – Sagen Sie, meine Liebe, haben sich Ihre Eltern denn auch Sorgen um Sie gemacht, bevor Sie geboren wurden? – Das wissen Sie nicht? – Haben Ihre Eltern Sie denn gefragt, ob Sie auf diese Welt kommen wollten? Nein? – Natürlich nicht, denn Eltern sind Egoisten. Sie wollen Kinder haben. Das ist ihr ganz persönlicher egoistischer Wunsch, und den erfüllen sie sich – ohne je zu überlegen, daß ihr Kind sie vielleicht gar nicht als Eltern haben möchte und überhaupt nicht in diese Welt kommen will.“

Die Augenbrauen etwas hochgezogen lächelte er mich überlegen an. „Und ich will Ihnen noch etwas verraten meine Freundin: Sie schulden Ihren Eltern gar nichts, sondern es ist umgekehrt. Sie haben Ihren Eltern den Wunsch erfüllt und sind erschienen und Ihre Eltern schulden Ihnen täglich eine Entschuldigung für das Leben, das sie Ihnen aufzwangen, um das Sie nicht gebeten haben.“

Er wartete schweigend auf die Wirkung seiner Worte.

„Aber“, fragte ich, „ist es denn nicht ein Gesetz der Natur sich fortzupflanzen, um die Art zu erhalten?“

Er nickte: „Das ist ein Gesetz der Natur, ja. Aber dagegen gibt es viele Einwände. – Ich will Ihnen nur einige wenige geben: Es wird behauptet, daß der Mensch sich vom Tier dadurch unterscheidet, daß er denken kann. Ich bezweifele das ehrlich, denn wenn er denken könnte, würde er von den Tieren lernen.“ Pötz neigte sich mir plötzlich zu: „Haben Sie je gehört, daß ein Vogel aus einem reichen oder armen Hause stammt? Ist Ihnen irgendeine Tierfamilie bekannt, in der die Jungen größere Chancen für eine gute Zukunft haben, weil ihr Vater jemand besonderes ist oder spezielle Beziehungen hat? – Nein – in der Tierwelt gibt es keine Rangordnung

und die Jungen haben alle die gleichen Lebensmöglichkeiten.
Der Mensch jedoch hat seine Gesellschaft in Klassen aufgeteilt. Mit wenigen Ausnahmen haben die hochgestellten, reichen Leute wenige Kinder, während die ärmere Bevölkerung mehr Kinder erzeugt, als sie ernähren kann. Ohne Sinn und Verstand pflanzen sie sich fort bis der Raum zu eng oder die Existenz schlechthin in Frage gestellt ist. – Womit wir zu meiner zweiten Einwendung kommen: Wenn der Mensch sich genügend fortgepflanzt hat, wenn ein Überangebot seiner Art vorhanden ist, dann wird Krieg geführt, um den Überschuß auszurotten. – Ich habe nie gehört, daß Tiere der gleichen Art in Reih' und Glied antreten, um sich gegenseitig umzubringen. Das bleibt allein dem Menschen vorbehalten. Der dem Tier verstandesmäßig so überlegene Mensch hat nicht die primitivsten Gesetze des Lebens begriffen. Ohne gefragt zu werden ob sie leben wollen, werden die Menschenkinder zur Welt gebracht, um in der bestialischsten Weise wieder vernichtet zu werden.
Je mehr Menschen da sind, umso mehr Kriege werden wir haben – bis schließlich jede Generation ihren Krieg führt – stets auf Kosten der Jugend.“
Er ließ seine Hosenträger los, fuhr sich mit einer Hand durch seinen grauen Schopf und strich mit der anderen seinen Spitzbart glatt. Sein Mund kräuselte sich zu einem Lächeln, während er den Kopf hin- und herwiegte: „Sie sind so wundervoll jung, daß in Ihrem Gesicht noch zu lesen ist. Sie haben noch nicht gelernt, eine Maske zu tragen. Und irgendwie haben Sie in Ihrer unfreiwilligen Isolierung erkannt, daß der Pötz mitunter ganz vernünftige Gedanken hat. – Das ist kein Grund zum Erröten, mein Kind. – Jedenfalls sind Sie mit dem, was ich über die Eltern gesagt habe, nicht ganz einverstanden?“

Als ich schweigend nickte, fragte er liebenswürdig: ,,Wenn man Ihnen die Wahl gelassen hätte, durch das Dritte Reich zu leben – und ich wünsche Ihnen, daß Sie es überleben – oder weiterhin auf dem Blatt einer Seerose in dem Teich zu schlummern, aus dem die Babies gefischt werden – hätten Sie sich dieses Leben ausgesucht?"
Ich zögerte bevor ich sagte: ,,Ich glaube nicht."
,,Sie glauben nicht? Aber Sie haben noch nie darüber nachgedacht? Natürlich nicht. So wenig Sie darüber nachgedacht haben, daß Sie Ihren Eltern das Dritte Reich verdanken. Oder waren es nicht Ihre Eltern, die solch überzeugte Royalisten waren, so national und solch ausgesprochene Gegner des Sozialismus? Wie? Irre ich mich?"
Ich blickte auf den Tisch und schüttelte unwillkürlich den Kopf.
,,Sehen Sie –. Ihre Eltern sind angeblich gebildete, intelligente Leute; aber sie haben, wie die ganze Klasse, zu der sie gehören, weder ihren Verstand noch die Lehren der Geschichte zu Rate gezogen. Sie haben lediglich beschlossen Eltern zu werden, so, wie Hitler beschlossen hatte, Politiker zu werden –. Ihre Eltern, meine Liebe, hatten nicht das Verantwortungsgefühl die Frage zu prüfen, ob diese Welt ihrem Kind irgendeine Zukunft bietet oder ob es besser wäre, daß das Ungeborene ungeboren bliebe."
Nach kurzem Schweigen fragte er: ,,Möchten Sie Kinder haben?"
,,Nein!" erwiderte ich, ,,– ich hätte nicht den Mut – –"
,,Warum nicht? Weil Sie Verantwortungsgefühl haben – etwas, was Ihren Eltern mangelt. – – Was speziell ist es, das Sie veranlaßt, es abzulehnen, diese Welt weiterhin zu bevölkern?"
,,Ich stimme mit Ihrer Prognose über die kommenden Kriege überein", antwortete ich, ,,und ich bin nicht

willens, Kanonenfutter zu produzieren. Abgesehen davon – – in einer Zeit wie dieser, in der die Rasse ein solch wichtiger Faktor ist ...“ Ich brach ab.
Pötz hatte die Hände über seinem Bauch gefaltet, sah mich mit großen Augen an und beendete den Satz für mich: „In einer solchen Zeit denken Sie, Sie sollten ein Kind nicht mit einer jüdischen Abstammung belasten? – Sehr wohl. Ich sagte zuvor, daß man Ihnen in bezug auf Ihre Eltern keine Wahl ließ. Hätten Sie selbst entscheiden können – wer weiß? – Vielleicht hätten Sie sich als Vater einen Mann ausgesucht, der heute Gauleiter ist?“ Er lachte lautlos.
„Was ich Ihnen damit verständlich machen will ist, daß nicht Sie eine Bürde für Ihre Eltern, sondern Ihre Eltern eine Bürde für Sie sind. Sie, meine Liebe, sind mit dem heute geächteten Blut Ihrer Eltern belastet; Sie sind es, die gegen die überholten Werte Ihrer Eltern zu kämpfen hat; Sie blicken auf Ihr zerstörtes Leben, das kaum begann, während Ihre Eltern eine Zeit er-lebten, die Ihnen wie ein Märchen klingt.“
Er schwieg, die Augen zu Schlitzen verengt. Plötzlich sagte er: „Es wird ein Tag kommen, an dem die Jugend nicht mehr am Gängelband geführt werden kann, sondern ganz nüchtern ihren Eltern gegenüberstehen wird und fragt: ‚Warum habt Ihr uns in diese miserable Welt gesetzt? Daß wir leben, war euer Vergnügen. Wir haben euch für nichts zu danken, sondern gehen unseren eigenen Weg. – Amüsiert euch weiter. Haltet an euren überholten Werten fest – und seid verdammt!‘ “

10. Juni 1936

Gestern löste ich mein Versprechen ein und rief Alice, meine Freundin vom Gefängnis, an. Während ihre Stimme über den Draht zu mir kam, sah ich ihre großen braunen Augen und roten Locken vor mir.

Ein bißchen verlegen sagte sie, daß sie mich nicht sehen könne, denn sie habe „Hochbetrieb" – es sei doch Reichshandwerkertag. In meinem gutbürgerlichen Milieu hatte ich weder dem Reichshandwerkertag irgendwelche Bedeutung zugemessen, noch mir seine horizontalen Konsequenzen für die berufstätigen Mädchen in der Bahnhofsgegend überlegt.
Etwas enttäuscht kehrte ich vom Telefon in mein Zimmer zurück. So lange Alice und ich im Gefängnis waren, bewegten wir uns auf der gleichen Ebene. Wir trugen die gleiche Kleidung, bekamen das gleiche Essen und empfingen die gleiche Behandlung. Unter diesen Umständen war das vertraute „Du" eine Selbstverständlichkeit. Nun aber waren wir wieder in das normale Leben zurückgekehrt, und Welten trennten uns. Automatisch wuchs mit dem bürgerlichen „Sie" die Kluft zwischen den Klassen, und ich fühlte, wie peinlich Alice berührt war, von mir angerufen zu werden. Schade – ich mochte sie, und es ist mir wirklich völlig gleichgültig wie sie ihr Geld verdient.
Mein Interesse am Reichshandwerkertag war jedoch erwacht. Ich holte mir die gestrige Zeitung vom Ständer. – Frankfurt ist zur „Stadt des Deutschen Handwerks" erklärt worden. Wie alles was die Nazis tun, rollte auch dieses Ereignis mit großem Pomp über die Bühne.
Nach den offiziellen Feierlichkeiten ergoß sich die Flut der Handwerker über die ganze Stadt. In allen Weinstuben und Kneipen saßen sie und tranken auf den Führer. Ein neues Selbstgefühl erfüllte sie, und sie zweifelten nicht einen Moment mehr an ihrer Wichtigkeit und Größe. Der deutsche Handwerksmeister Piefke, der in einem gottverlassenen Kaff vergebens versuchte, eine der Stützen der dortigen Gesellschaft zu sein, bekam es auf einmal von den Häuptern der Regierung attestiert, daß er eine wichtige Persönlichkeit ist. Geschwellt von

diesem alldurchdringenden Bewußtsein, voll des süßen Weines, berauscht vom Tausendjährigen Reich, fern von Weib und Kind, umarmten die Handwerksmeister alle Huren, die sie auf der Straße finden konnten und fielen in deren Betten.

12. Juni 1936

Als ich gestern am späten Nachmittag an der Hauptwache auf die Straßenbahn wartete, kam Karl auf mich zu:
„Du trinkst doch ein Glas Wein mit mir?"
Er ergriff mich am Arm, drehte mich um und schob mich in Richtung Eschenheimer Gasse.
Wir betraten Eimuths Weinstuben. Der Oberkellner Plaum mit dem wissenden Lächeln, bot uns einen Tisch in einer Nische an.
„Was hast du inzwischen getrieben?" fragte Karl.
„Ich habe mir Interimsbeschäftigungen als Tippse gesucht."
„Als Tippse?" Er sah mich fragend an.
Ich nickte, und er drang nicht weiter in mich.
„Und was tust du, Karl?"
„Ich muß mich vom Handwerkertag erholen." Er nahm einen kräftigen Schluck aus dem Glas, das Plaum vor ihn gestellt hatte. „Diese wildgewordenen Spießer!" Und dann schwieg er wieder.
„Abgesehen von den Veranstaltungen, die ich wahrnahm, habe ich einige nächtliche Rundgänge durch die Altstadtlokale unternommen und mich mit den Leuten unterhalten – Gott!" Er fuhr sich mit seiner schlanken nervösen Hand über Stirn und Augen: „Sind die besoffen! Sie leben in einem permanenten Rausch der Begeisterung über sich selbst, über den Führer und über das Dritte Reich. Es ist erschreckend zu sehen, was die Nazis innerhalb einer ganz kurzen Zeit aus diesen im

Grunde einfachen bescheidenen Leuten gemacht haben.“ Karl starrte auf den Römer vor ihm, um ihn dann in einem Zug zu leeren.
Plötzlich wurde er sich meiner Gegenwart wieder bewußt und mit der ihm eigenen Ironie ergänzte er seine Bemerkung: „Weißt du – Hitler in seiner geistigen Impotenz restauriert das 16. Jahrhundert, weil er unfähig ist, das 20. zu begreifen.“ Er fing an zu lachen.
Ich lachte mit ihm; doch dann sagte ich: „War es nicht an der Zeit, daß dem Handwerker wieder auf die Beine geholfen wurde?“
„Absolut“, bestätigte er, „erschreckend ist nur die Psychologie mit der die Nazis sich jeden verpflichten, ihn begeistern, ihn von seiner Wichtigkeit überzeugen. Denn – im tiefsten Innern weiß der kleine Handwerker in Posemuckel auch, daß er ohne die Nazis wieder in seinen alten Stand zurückfällt. Er wird also alles tun was in seiner Macht steht, um dieses System zu unterstützen und zu erhalten – –“ Karl leerte sein zweites Glas.
Der Oberkellner stand nahe an unserem Tisch, eine unbewegliche dunkle Gestalt, an der nur die weiße Serviette über dem Arm leuchtete und dessen Augen und Ohren nichts zu entgehen schien.
„Ich habe dir schon mehrmals gesagt“, begann Karl wieder, „daß Hitler einen Krieg vorbereitet. Sein Freund Mussolini hat gerade einen gewonnen, was Hitler nur zum Nacheifern animieren kann.“
Plaum ergriff Karls leeres Glas und sah ihn fragend an.
Karl, dessen Gedanken bereits weitereilten, nickte zerstreut. „Es wird ja auf allen Gebieten aufgerüstet, einschließlich der Kinderproduktion. – Der Geburtenrückgang wird als Selbstmord der Rasse bezeichnet. Jeder gesunde Staatsbürger muß es als heilige Pflicht ansehen, eine genügende Anzahl von Kindern aufzuziehen.“

„Die Produktion des deutschen Menschen soll also auf volle Touren gebracht werden?“ fragte ich.
„Hitler braucht Kanonenfutter und die Versicherung, daß Nachwuchs kommt für all das, was er in seinem Kriege vernichten wird. Außerdem hat er wohl die gleiche Taktik wie die Katholiken im Sinn. Denn was die katholische Kirche alles aus religiösen Gründen gegen die Empfängnisverhütung vorbringt, ist dummes Gewäsch. Sie will so viele katholische Kinder wie möglich haben, um durch die Übermacht an Menge die anderen zu überwältigen. Das gleiche hat Hitler vor. Er wird die ‚Deutsche Frau‘ in eine Gebärmaschine verwandeln und ihr einreden, daß sie darauf stolz zu sein hat. Er braucht ja schließlich Millionen neuer Menschen...“
„Karl –“ ich ergriff seine Hand, die sich nervös mit einer Zigarette zwischen den Fingern auf dem Tisch hin- und herbewegte.
„Du glaubst mir nicht?“ fragte er irritiert. „Du wirst es erleben! Leider hat die Menschheit noch nicht begriffen, daß sie mit ihrem Kindersegen die machthungrigen Ehrgeizlinge füttert. – Die Frauen werden daher mit dem gleichen Stolz Kinder produzieren, mit dem der Handwerker sein Eisen schmiedet und der nordische Germane eine SS-Uniform anzieht.“
Er rauchte ein paar Züge, bevor er seine Zigarette im Aschenbecher ausdrückte. Auf die verglimmende Asche starrend fuhr er fort: „Mir hat einmal jemand von einem Bühnenstück erzählt, das kurz nach dem Krieg in München aufgeführt wurde. Ich glaube, es überlebte nur drei Vorstellungen. Der junge Autor hatte einen Ausspruch darin, an den ich mich jetzt häufig erinnert fühle: ‚Wen die Götter lieben, beschenken sie verschwenderisch mit Dummheit, und wen sie hassen, bestrafen sie mit Intelligenz.‘ “ Er stützte seine Stirne in die Hand, über die wirr sein Haar fiel und mur-

melte: „Ich glaube, wir sind es nun – du, ich und unsere Freunde – die von den Göttern gehaßt werden..."

29. Juni 1936

Meine Arbeit bei Pfarrer Walde ist abgeschlossen. Auch für die verkalkten Wasserrohre sind alle Briefe geschrieben.
Seit einer Woche arbeite ich nun vormittags für Vater, der mir seine Gutachten für die Reichsversicherungsanstalt für Angestellte diktiert und Briefe an andere Wissenschaftler oder die IG-Farben, die anfängt, sich für seine Tuberkuloseforschung zu interessieren.
Nach Vaters Urlaub, Ende August, werde ich im Bürgerhospital im Laboratorium ausgebildet werden, und wenn ich dann noch den Führerschein gemacht habe, plane ich, mich nach einer Stelle als Sprechstundenhilfe umzusehen.

4. Juli 1936

Ich saß vor meinem Schreibtisch und sah mir einige Zeitungsausschnitte an, die ich mir unter den Briefbeschwerer gelegt hatte. Es handelte sich um Berichte und Notizen, die mich besonders interessierten. Der Ausspruch des Preußischen Innenministers Dr. Frick tat es mir an: „Nachdem durch die Bestimmung der Hakenkreuzflagge zur alleinigen Reichs- und Nationalflagge die Einheit und Geschlossenheit des deutschen Volkes ihren sinnfälligen Ausdruck gefunden hat, muß erwartet werden, daß auch von Privatpersonen bei feierlichen Anlässen ausschließlich die Hakenkreuzfahne gezeigt wird –" etc. etc.
Einer aus dem Gefängnis übriggebliebenen Angewohn-

heit folgend, stand ich auf und fing an, eine Acht durchs Zimmer zu laufen. Meine Gedanken befaßten sich zuerst mit der verhaßten Fahne. Wie viele Deutsche würden nun überhaupt nichts mehr heraushängen und damit sofort als Gegner des Systems auffallen? Dieser Fahnenkult hat eine verzweifelte Ähnlichkeit mit dem Geßlerhut. So wie die Schweizer einem leeren Hut Ehrerbietung erweisen mußten, so fordert man nun von den Deutschen, ein Stück Stoff mit Ehrfurcht zu grüßen. – Meine Acht fiel etwas schief aus, da ich um den Tisch gehen mußte. Unbewußt blieb ich einen Moment stehen. War da nicht – erinnerte ich mich wage – vor einiger Zeit eine Notiz in der F.Z., wonach im Amtsgericht Brühl drei Frauen zu einer Geldstrafe von zehn Mark verurteilt wurden, weil sie in einem geschlossenen Zug eine HJ-Fahne nicht gegrüßt hatten? Was ist es nur, das so viele Menschen veranlaßt, einem Gegenstand mit solchem Gefühlsaufwand zu huldigen – sei es nun ein alter Hut oder ein Stoffetzen? Vielleicht ist es ein Überbleibsel aus längst vergangenen Zeiten, ein primitiver Kult, als Symbole übernatürliche Kräfte verkörperten und blinde Anbetung erzwangen. Nun erleben wir die Wiederauferstehung der blinden Anbetung.

Im Grunde hat Hitler daher recht, wenn er uns Intelektuelle haßt, gegen die es nur eine Waffe gibt – die Unschädlichmachung. Denn so lange wir leben und atmen, werden wir diesen Haß erwidern... jedoch das Schlimmste ist, daß wir uns obendrein noch lustig machen – eine Todsünde, wenn es sich um eine hohe Persönlichkeit der Regierung handelt, eine Sünde, die der Gotteslästerung nahekommt. Anscheinend ist es jedoch ein internationales Privileg der Primitiven, Unkultivierten – Menschen mit Verstand und Kultur mit Haß zu verfolgen, und sie verächtlich zu machen.

Der Bogen meiner Acht führte mich zum Schreibtisch zurück und mein Blick fiel auf die kurze Meldung, die

sich mit dem „Zigeunerunwesen“ befaßte. – Schemenhaft tauchte für einen Moment die Gestalt der Zigeunerin Korpatsch in ihrer Zelle vor mir auf. – Wenn es nach Hitler ginge, dachte ich, würde er ganz Deutschland in ein riesiges Gefängnis verwandeln. Ich sah diesen kleinen Spießer vor mir, dessen Person mir von tausenden von Abbildungen her bekannt ist und der – gleichgültig wie er gekleidet ist – stets der mittelmäßige kleine Spießer bleibt. Ich verstand auf einmal, daß er die Zigeuner überwachen lassen will. Denn alles, was sich nicht ganz einfach in seine Schablone einfügen läßt, ist verdächtig. Ob das nun Zigeuner sind, die keinen festen Wohnsitz haben, sondern frei wie die Vögel im Himmel über die Erde wandern, oder Menschen, die denken können und deren Gedanken mit den Wolken hinweg über von Bürokraten errichtete Grenzen fliegen. Ich dachte an Sjöderbloom, und was er über all die kleinen Hitlers gesagt hatte. Ja – dieses Volk bestand nur noch aus Millionen kleiner Hitlers, die unbarmherzig alle verfolgten, die ihre Begeisterung nicht teilen. Wie recht hat Sjöderbloom, wenn er glaubt, daß Hitler in einem anderen Jahrhundert ein großer Prophet gewesen wäre.
Was Hitler bisher vollbrachte, hätten Brüning und seine Nachfolger auch erreichen können. Jedoch Brüning, von Papen und wie sie alle hießen, sahen Deutschland nur aus der Vogelperspektive; Hitler hingegen betrachtete es aus der Stempelkartenperspektive. Die Satten bedauerten die Hungrigen nur, während Hitler sie organisierte. Aus dem Trümmerfeld von Hunger, Haß und Hoffnungslosigkeit baute er seine Bewegung auf. Geleitet von dem Instinkt der Mittelmäßigkeit vergaß er nie, daß die Verächtlichmachung seiner Gegner, dieser intellektuellen Knechte der Unmoral und des Judentums, eine alt erprobte Waffe in der Dialektik politischer Taschenspieler war. Wie ein Alchemist braute er aus Nationalismus und Patriotismus, gewürzt mit

nordischem Kult, die Vision des Tausendjährigen Reiches zusammen. – Um der neu zu schaffenden Herrenrasse auch einen sozialen Anstrich zu geben, nannte Hitler bescheiden seine zukünftigen Übermenschen ‚Volksgenossen'. Nun steht jeder aufgenordete Gemüsehändler auf einem Piedestal und kann auf andere Rassen hinunterschauen.
Deutschland ist erwacht und eine Führerpest ist ausgebrochen: Jungvolkführer, SA-Führer, Reichsanwalts-Führer und Reichs-Ärzteführer und all die vielen nichtssagenden Hohlköpfe, die nun in ihren Verbänden ‚Führer' spielen – und für ihre Mitmenschen tödlich gefährlich werden...
Ich unterbrach meine Acht und trat zum Fenster. Mein Blick schweifte über das Grün des in der Sonne liegenden Holzhausenparkes. Ich lehnte mich etwas vor, um auch die Straße sehen zu können und dabei dachte ich: Wird Deutschland eines Tages eine „Führer-Dämmerung" erleben?

24. Juli 1936

Während die Eltern im Urlaub sind, hüte ich das Haus – und Dr. Strüder des Bürgerhospital. Vater hatte, so lange ich zurückdenken kann, stets seinem Oberarzt mit den notwendigen Anweisungen die Station überlassen. – Dieses Jahr nun fand er es plötzlich absolut erforderlich, einen Vertreter zu nehmen. Da Dr. Strüders Name auf der offiziellen Vertreterliste steht, übergab Vater ihm für vier Wochen die Innere Abteilung.
In dem Gefühl, daß es vielleicht für eine lange Zeit das letzte Mal sein mag, daß ich faul sein kann, mache ich es mir bequem. Abgesehen von Siegrid, mit der ich viel zusammen bin, sehe ich gelegentlich den einen oder anderen meiner etwas vernachlässigten Freunde.

An verschiedenen Wochenenden verabredete ich mich mit Stephani, dem einen Butzbacher Zuchthausdirektor, den ich vor einer Weile kennengelernt hatte. Meistens treffen wir uns auf halbem Wege zwischen Frankfurt und Butzbach, in Bad Nauheim, Bad Homburg oder Gießen. Während ich mit der Straßen- oder Eisenbahn komme, rollt er in seinem kleinen DKW an, in dem er mich ans Steuer ließ und mir einige Anweisungen gab, als ich ihm sagte, daß ich den Führerschein machen will.

1. September 1936

Die Eltern sind zurückgekehrt, erfrischt, erholt und fern vom Dritten Reich.
Nachdem am 16. August die Olympische Flamme erlosch, hatte unser Führer offensichtlich vergessen, daß er in seiner wundervollen Eröffnungsrede bei der Winter-Olympiade von einem Fest des Friedens und von der Verständigung zwischen den Völkern sprach. Eine Woche nach dem Ende der Olympiade bestimmte er, daß die Wehrpflicht auf zwei Jahre erhöht wird.
Kopfschüttelnd nahm ich diese Neuigkeit auf und überlegte, wie viele gute deutsche Bürger sich wohl darüber wundern, daß Hitler mit dieser „Bestimmung" wartete, bis der letzte Olympiagast Deutschland verlassen hatte.
Am Samstag hatte ich mich wieder mit Stephani getroffen. Nach dem Abendessen saßen wir bei einem Glas Wein im Homburger Kurhaus zusammen, betrachteten die tanzenden Paare und unterhielten uns.
Ich erinnere mich nicht mehr, was die Veranlassung war zu Stephanis Vermerkung: „Ich bin sicher nicht für die Art, mit der Hitler die Juden behandelt. Dagegen lehnt sich schon mein Gefühl als Jurist auf. Aber", er beugte

sich mit einem schiefen Lächeln zu mir, ,,um ehrlich zu sein – ich mag die Juden auch nicht."
Ich nickte und verfiel in Schweigen. Meine Gedanken überschlugen sich. Wie würde er wohl reagieren, wenn ich ihn über meine Abstammung aufklärte? Hätte ich es ihm gleich zu Anfang unserer Bekanntschaft sagen sollen? War ich verpflichtet, jedem Mann, den ich traf, gleich eine Warnung zu geben? – Es wurde mir unerträglich, noch länger mit ihm zusammenzusein.
Er hatte offensichtlich etwas gesagt, denn er berührte mich leicht am Arm: ,,Hörst du nicht?"
Ich fuhr aus meinen Gedanken auf. ,,Ach", sagte ich und griff nach meiner Stirne, ,,verzeih. Ich kriege auf einmal schauderhafte Kopfschmerzen."
Er fragte besorgt: ,,Willst du lieber nach Hause gehen?"
,,Ja", erwiderte ich.
Zu Hause angekommen, schrieb ich ihm noch in der Nacht einen Brief, in dem ich bedauerte, seine Einstellung nicht früher gewußt zu haben, die ich als das Ende unserer Freunschaft betrachtete.
Heute nachmittag brachte mir die Post bereits seine Antwort. Er dankte mir zutiefst für meine Ehrlichkeit und machte einige höfliche Bemerkungen über die gemeinsam verbrachte Zeit. Jedoch – –
Ich konnte mir nicht helfen; ich mußte laut lachen.
Im nächsten Moment öffnete sich die Türe, und Mutter trat ins Zimmer. Ich stand gegen den Schreibtisch gelehnt und hielt die Blätter mit der Handschrift, die ihr bekannt war, vor mir.
Ich lachte noch immer, während Mutter von mir zu dem Brief und vom Brief zu mir sah: ,,Was ist denn Lilichen?"
,,Er möchte mich nicht zur Mutter seiner Kinder haben!"
,,Wie?" fragte sie entgeistert.
,,Er ist Antisemit."

„Mein armes Herz!" sagte Mutter und kam auf mich zu.

Ich machte eine abwehrende Bewegung: „Mach' dir keine Sorgen! Meine Abstammung hat mich vor einer äußerst peinlichen Situation bewahrt! Über Heiraten haben wir nie auch nur andeutungsweise gesprochen, geschweige denn darüber, daß ich die Mutter seiner Kinder werden würde – –"

15. September 1936

Langsam werde ich in die Geheimnisse des medizinischen Labors eingeweiht. Die zarte kleine Schwester, die Vaters Labor leitet, unterweist nicht nur mich mit Engelsgeduld, sondern auch die jungen Mediziner, die eine praktische Zeit im Krankenhaus absolvieren oder die neuen Assistenzärzte, die frisch von der Universität kommen. Häufig sitzen wir zu dritt über unsere Mikroskope gebeugt, um weiße und rote Blutkörperchen zu zählen, oder in gefärbten Präparaten nach Bakterien und Kocken zu suchen.

Meinen Führerschein habe ich bereits vor zwei Wochen gemacht.

1. Oktober 1936

Den gestrigen Abend verbrachte ich mit Sjöderbloom.

Wir hatten uns schon eine Weile über die neuesten Bücher und Schallplatten unterhalten, als er plötzlich fragte: „Sagen Sie, Signorina, wie geht es Frau Steinbach eigentlich? Sie sehen sich doch noch?"

„Ja, häufig." Wissend, worauf er anspielte, fuhr ich fort: „Die Ärmste ist von einer einfach panischen Angst

um ihre Söhne besessen. Die Verlängerung der Dienstpflicht hat natürlich auch nicht zu ihrer Beruhigung beigetragen."
Sjöderbloom nickte: „Wie alt sind die Söhne?"
„Ich weiß es nicht genau. Der Älteste, der während des Krieges geboren wurde, ist gerade zum Militär eingezogen worden und der Jüngere muß demnächst zum Arbeitsdienst."
Sjöderbloom zog nachdenklich an seiner Zigarette. „Natürlich ist das alles zum gewissen Grade eine Methode, die Arbeitslosigkeit zu bekämpfen. Aber in der Praxis werden unzähligen jungen Menschen drei Jahre ihres Lebens gestohlen --" Er schüttelte den Kopf.
„Signore", sagte ich, „glauben Sie, daß man ihnen nur drei Jahre stehlen wird?"
„Nein", erwiderte er etwas resigniert, „ich glaube auch, daß das erst der Anfang ist."
Er erhob sich plötzlich, die Hände in den Taschen seines grau-schwarz gestreiften seidenen Hausmantels vergraben. „Es ist eine beängstigende Vorstellung, daß wir aller Wahrscheinlichkeit nach zum zweiten Male in unserem Leben diesen Wahnsinn erdulden müssen. Alles wird sich wiederholen -- alle Torheit, alle Begeisterung, alles Morden... Es ist gespenstisch." Er ging geräuschlos im Zimmer auf und ab, der Laut seiner Schritte vom Teppich verschluckt. Bonzo hob den Kopf, gähnte und erhob sich verschlafen. Sjöderbloom tätschelte des Hundes Haupt: „Ja, ja – es ist gut mein Alter", und setzte sich wieder in den Sessel.
„Sie waren während des Krieges zu klein --" Er unterbrach sich: „Waren Sie denn überhaupt schon da, Signorina?"
„Ja, gerade", sagte ich.
„Ich", fuhr er fort, „war damals ein erwachsener Mann und erlebte den ganzen Hurrapatriotismus mit offenen Sinnen – und als Elsässer mit mehr als gemischten Ge-

fühlen. Natürlich war die Jugend bereits in einem Siegestaumel, bevor nur der erste Schuß fiel – wenn wir von dem in Sarajewo absehen. Die Güterwagen, in denen sie singend zur Front fuhren, waren mit Girlanden aus Laub und Blumen geschmückt. An jedem Bahnhof wurden sie von Mädchen mit Blumensträußchen begrüßt. Sie hielten sich für unsterblich und siegreich." Er schwieg momentan und füllte unsere Gläser wieder auf. „Wissen Sie, Signorina, Hitler bereitet das Volk auf den gleichen Hurrapatriotismus vor. Und da die Mehrheit der Bevölkerung nicht denken kann, werden sich die Menschen wieder willig wie die Schafe zur Schlachtbank führen lassen. Diejenigen jedoch, die dieses grenzenlose Unglück über uns alle bringen, die sitzen wohlbehalten an einem sicheren Platz und sprechen von Opfern. Denn, Signorina – die am lautesten schreien über die Verpflichtung zu kämpfen und zu opfern, sind immer die Leute, die auf Grund ihres Alters oder ihrer Position die Garantie haben, persönlich bestimmt nicht betroffen zu werden."

Als er schwieg sagte ich: „Eigentlich sollte man die paar Staatsoberhäupter, die so bereitwillig Krieg führen, aufeinander loslassen, um zu kämpfen. Vielleicht wären sie dann etwas vorsichtiger."

„In der Neuzeit", erwiderte Sjöderbloom, „muß man aber das kostbare Leben der Regierung und des Militärs besonders beschützen, damit sie uns, der Bevölkerung, erhalten bleiben, denn ohne sie wären wir hilflos – wie sie glauben... dafür wären Millionen mehr Menschen am Leben.

Im alten Sparta hatte man die gegenteilige Einstellung. Dort wurden die führenden Männer, die Aristokraten und die, die Verantwortung trugen, in die ersten Linien geschickt und der kleine Mann beschützt. In der Schlacht an den Thermopylen hat Sparta seine ganze Elite eingebüßt, weil sie die Bauern nach Hause schickten und die Aristokraten ihren Kampf todesmutig alleine ausfochten –." Mit einem fast entschuldigenden Lächeln endete er: „Aber das ist schon sehr lange her und paßte weder in die Pläne des deutschen Kaisers, noch fügt es sich in die des Gefreiten Hitler. – Die neue Geschichte ist nur noch von Emporkömmlingen geschrieben."

4. November 1936

Da Vater mittwochs seinen freien Nachmittag hat, kann auch ich unabhängig über meine Zeit verfügen. – Siegrid und ich tranken Kaffee und gingen anschließend ins Kino. – Während sie später mit der Straßenbahn nach Hause fuhr, zog ich es vor zu gehen. Es war eine neblige Nacht, die den Laternen einen Heiligenschein gab und alles etwas gedämpft und geheimnisvoll erscheinen ließ.

Am Erschersheimer Turm hörte ich schnelle Schritte mich einholen. Ich wandte mich halb um, als sich Karls Arm um meine Schulter legte: „In welches Mauseloch hast du dich denn verkrochen, daß man dich gar nicht mehr sieht?"

„Ich verbringe meine Zeit im Bürgerhospital", antwortete ich und fügte lachend hinzu: „um zu lernen, wie man der leidenden Menschheit helfen kann."

Karl meinte lobend: „Fürwahr eine gigantische Aufgabe!" Nach einem kurzen Schweigen sagte er: „Wahrscheinlich wird man deiner diesbezüglichen Dienste in der nahen Zukunft dringend bedürfen."

„Karl", fragte ich, „glaubst du wirklich, daß wir so bald Krieg haben werden?"

„Ja", erwiderte er, „nun mehr denn je. Weißt du denn nicht, was sich in Spanien abspielt?"

„Doch. Dort ist Revolution. Ich habe mich gewundert,

daß Hitler ungestört deutsche Kriegsschiffe nach Spanien entsenden konnte."

„Die Affäre mit den Kriegsschiffen", sagte Karl wegwerfend, „liegt ja schon länger zurück. Natürlich betrachte ich sie als Hitlers Versuch, ausfindig zu machen, wie weit er ungestraft gehen kann. Da nichts geschah, hat er sich Spanien als Manöverplatz auserwählt."

„Ich verstehe nicht", sagte ich.

Karl griff sich an den Kopf: „Ich vergesse immer wieder, daß du nicht mehr in der Presse bist. – Hast du nie etwas von der ‚Legion Condor' gehört?"

„Nein."

„Du weißt aber, daß ein Condor ein großer Vogel ist?"

Ich nickte.

„Die ‚Legion Condor' fliegt auch – aber was sie fallen läßt, sind Bomben."

„Die bombardieren Spanien?" rief ich ungläubig aus.

„Ja, mein Kind. Der vom Weltkrieg her bekannte Kampfflieger Hermann Göring ist nicht von ungefähr am 18. Oktober beauftragt worden, sich der Rüstung anzunehmen. So bomben die Deutschen aus den Lüften, während die Italiener in Spanien ihre neuesten Panzer ausprobieren. Nach den spärlichen Berichten, die wir bekommen, muß es dort grauenhaft zugehen – aber wahrscheinlich ist es harmlos im Vergleich zu dem, was uns bevorsteht", endete er bitter.

Wir gingen schweigend nebeneinander her.

Ich fragte: „Im Ernstfall würde also Mussolini mit Hitler kämfen?"

„Ja", bestätigte Karl. „Und wenn Franco erfolgreich ist – was er bei dieser Unterstützung sein wird – dann entsteht ein apokalyptisches Triumvirat. Im Ende werden sie zwar zugrunde gehen – aber nach welcher Zerstörung und was für Opfern!"

„Warum", fragte ich, „glaubst du, daß sie am Ende zugrundegehen?"

„Weil es sich heute – mehr als in früheren Kriegen – praktisch nur noch um Materialschlachten handelt. Das hat der Kaiser schon nicht begriffen und verlor daher den Krieg."
Er brütete offensichtlich über diese Tatsache nach, denn nach einer Weile fuhr er fort: „Hitler weiß das auch nicht oder will dieser Tatsache nicht ins Auge sehen. Dieser gefährliche Tölpel ist doch in allem, was er unternimmt, so siegessicher. Er ist zu dumm, um zu begreifen, daß man mit großen Reden und Überzeugung keinen Krieg gewinnen kann. Wer die sicherste und die größte Produktionsbasis hat, gewinnt den Krieg. – Die Rüstungsindustrie wird ihn in seinem tödlichen Caesarenwahn nicht nur unterstützen, sondern anspornen. Die Kanonenkönige reiben sich bereits die Hände, denn ihre große Zeit kommt nun. Stahl ist das Einmaleins des Todes."
Wir betraten den Holzhausenpark. Neben den Laternen sah man geisterhaft die kahlen nassen Äste der Bäume und Sträucher dunkel glänzen. Über den Wiesen stand weiß der Nebel, der sich auf den Wegen in ein dünnes Grau verwandelte. Unsere Schritte und Stimmen schienen in dem feuchten Gewebe eingeschlossen zu sein.
Karl lachte einmal kurz und hart auf: „Ist es nicht grauenhaft, daß selbst in diesen kümmerlichen Minuten, die wir zusammen sind, Hitler und seine Politik uns nicht verlassen können? Dieser Schrecken ist mit uns – Tag und Nacht. Man kann ihm nicht entfliehen..."
Wir gelangten zum anderen Ende des Parkes, von dem aus wir bereits das Haus meiner Eltern sahen.
„Kommst du nicht einmal wieder auf die Redaktion?" fragte Karl.
Ich schüttelte schweigend den Kopf.
„Warum?"
Ich zögerte: „Karl – –" ich stockte. „Was ich dir vor

längerer Zeit einmal sagte, gilt immer noch..."
Er neigte den Kopf: ,,Das, mein Liebes, ist deine Entscheidung."
Mich zum Abschied küssend sagte er mit einem Lächeln, das keinen Zweifel zuließ: ,,Wie sehr du auch dagegen anzukämpfen versuchst, – wir kommen doch nie voneinander los."
Während ich auf das Haus zuging, wandte ich mich noch einmal winkend um, bevor seine Gestalt im Nebel verschwand.

5. Dezember 1936

Heute ist Wolfs Geburtstag und ich frage mich, was er wohl mit unseren absolut nichtssagenden Briefen anfängt? Systematisch habe ich es den Eltern eingetrichtert, daß jedes Wort, das wir ins Ausland schreiben, von jemandem in der Zensur gelesen wird. Ich vermute zwar, daß Vater sich meistens hart an der Gefahrenzone bewegt, aber was immer wir schreiben – das Bewußtsein, daß jemand, an den der Brief nicht adressiert ist, ihn liest, wirkt doch wie eine große Bremse.
Natürlich haben wir keine Ahnung von dem, was die amerikanische Presse über Deutschland berichtet oder was sonst es war, das Wolf nachträglich das Dritte Reich mit unseren Augen sehen läßt. Aus seinen ebenso liebevollen wie vorsichtigen Briefen geht jedenfalls hervor, daß er seit seinem Besuch hier begriffen hat, was wir vergebens versuchten, ihm zu erklären. Wie tragisch! Der rechte Zeitpunkt wurde verpaßt, und er mag sich nun Vorwürfe machen für etwas, was nicht nur nicht mehr zu ändern, sondern vielleicht nie mehr nachzuholen ist –.

25. Dezember 1936

Ein Teil des fürchterlichen Weihnachtsfestes liegt wieder hinter uns. Mit jedem Jahr wird es härter für mich, den Eltern den Gefallen zu tun, zu Hause zu sein, um den „Heiligen Abend" mit ihnen zu verbringen.
Gehorsam starrte ich den Christbaum an, befürchte jedoch, daß er in mir sehr entgegengesetzte Gefühle und Gedanken auslöste, als in dem Rest der Familie, einschließlich Lenchen. Der Geburtstag des Herrn wird gefeiert, von dem noch niemand hat nachweisen können, daß er überhaupt existiert hat. Dieses Fest der Lienen, daß er überhaupt existiert hat. Dieses Fest der Liebe, das da gefeiert wird, riß mich unwillkürlich zu Vergleichen mit dem Fasching hin. Willi Reichert bezeichnet den Fasching als eine auf Flaschen gezogene Fröhlichkeit. An einem bestimmten Tag werden die Korken entfernt und die Fröhlichkeit explodiert – zur festgesetzten Stunde. Genau so so feierten wir gestern das Fest der Liebe.
Am 24. Dezember nach sechs Uhr ist jeder Christ gut, zu Tränen gerührt und liebt die ganze Menschheit, selbst wenn er sie während des übrigen Jahres nicht ausstehen kann. Die Katholiken sind führend in dieser Liebe und halten noch um Mitternacht in all ihren Kirchen eine Christmette. Nun wird diese göttliche Liebe besonders intensiv über das ganze deutsche Volk ausgegossen, denn all die führenden Nazis wie Hitler, Göring, Goebbels und Himmler – um nur einige Namen zu nennen – sind Katholiken. In die Fußstapfen ihrer katholischen Kirchenväter tretend, haben sie alles, was nicht ihre Überzeugung teilt, in Gefängnissen, Zuchthäusern und Konzentrationslagern untergebracht. Die allein seligmachende Kirche, die im Laufe der Zeit über neun Millionen Menschen ermordete als Ketzer, Hexen und dergleichen, scheint den Nazis als leuchtendes Beispiel zu dienen und ein unbestimmter Zweifel läßt mich

unsicher fragen, ob die Nazis vorhaben, diesen Rekord zu brechen – im Namen des Herrn...

29. Dezember 1936

Der Weihnachtsabend fiel dieses Mal auf einen Donnerstag und den Feiertagen folgte ein Sonntag. Drei volle Tage saßen wir also zu Hause. Ungeduldig erschien ich am Montagmorgen früher als die anderen Mitglieder der Familie am Frühstückstisch.
Meine erste Tasse Kaffee trinkend, schweifte mein Blick gedankenlos über die Morgenzeitung, die gefaltet an Vaters Platz lag. Ein schwarzes Kreuz starrte mich unbeweglich von der Titelseite an und der Name – ? Nein – das konnte nicht sein! Ich stand auf und beugte mich über das Blatt. Auf der rechten oberen Seite war ein kleiner zweispaltiger Kasten: „General von Seeckt". Unter dem Namen war zu lesen: „Am Sonntagnachmittag verstarb nach kurzer Krankheit ganz unerwartet – –"
Ich schlich in mein Zimmer zurück und schloß die Türe hinter mir ab. In meinem letzten Brief an ihn hatte ich unter anderem meiner Angst vor einem bevorstehenden Krieg Ausdruck verliehen – und hatte keine Antwort mehr erhalten.
Aus der unteren Schreibtischschublade holte ich seine Briefe hervor. Starb er unerwartet? Nein – er hatte mich mehrmals auf den bevorstehenden Abschied vorbereitet, aber ich hatte es nicht hören oder verstehen können. Nun traf mich sein Tod zutiefst. Die Kette der Vorwürfe, die mit dem Wort „hätte" begannen, wollten nicht abreißen. Ja – ich hätte vieles anders gemacht, wenn ich gewußt hätte, daß jenes Treffen auf dem Bahnhof das letzte war, ich hätte – –
Es klopfte an meine Türe und in der Mitte des Bogens

meiner Acht blieb ich stehen. „Ja?" sagte ich unwillig und besann mich dann, daß ich abgeschlossen hatte. Ungeduldig öffnete ich.
Mutter stand vor mir mit einer Leichenbittermiene: „Lilichen!"
Bevor sie noch etwas sagen konnte, unterbrach ich: „Mutti – würdest du mir einen Gefallen tun? – Bitte sprich' nicht darüber."

31. Dezember 1936

Bei einem unserer letzten Beisammensein beschwerte sich Sjöderbloom: „Signorina – warum machen Sie so selten Gebrauch vom Telefon? Sie wissen doch, daß ich Sie zu Hause nicht anrufen kann."
„Weil, mein lieber Signore, im Krankenhaus immer ihre Sekretärin antwortet und zu Hause ihr Mädchen."
Er sah mich an und lächelte: „Morgens vor neun Uhr nehme ich die Gespräche direkt ab."
So schleiche ich morgens zu dem einzigen Telefon, an dem mich zu dieser Stunde niemand im Hause sprechen hören kann, um den Tag mit seiner Stimme im Ohr und Herzen zu beginnen.
Als ich gestern morgen anrief, meinte er, wir sollten doch das alte Jahr nicht beenden, ohne uns noch einmal gesehen zu haben. Er bat mich, am Abend zu ihm zu kommen.
„War nicht", fragte Sjöderbloom, „General von Seeckt ein Freund von Ihnen?"
Ich nickte.
„Wie haben Sie ihn eigentlich kennengelernt?" forschte er weiter.
Ich erzählte ihm von meiner Zeit in der Odenwaldschule und meinem ersten Brief an Seeckt.

,,So war das", meinte er. ,,Ich habe mich immer gewundert, wie jemand mit Ihrer Einstellung mit einem General befreundet sein kann."

,,Unterhaltungen über gewisse politische Ansichten waren von einer bestimmten Zeit an ein absolutes Tabu. Was ich an ihm mochte, was ihn mir als Freund liebenswert erscheinen ließ, war seine Sensitivität, die ans Degenerierte grenzte, sein feiner Humor, seine Liebe für Mozart, seine Aufrichtigkeit und menschliche Wärme. Aber jetzt – –", ich brach ab und Sjöderbloom sah mich etwas erstaunt an.

Als ich weiterhin schwieg, fragte er: ,,Was wollten Sie sagen?"

,,Daß ich mir tausend Vorwürfe mache. Wissen Sie – ich hatte ihn liebgewonnen. Genau betrachtet, brachte ich ihm die gleichen Gefühle entgegen, die ich für meinen Lieblingsonkel hatte. Ich nehme an, daß es meine Jugend war, die ihn zu mir zog. Wahrscheinlich verkörperte ich für diesen alten Mann die Jugend schlechthin. – Und er war so unbeschreiblich einsam. Nun verfolgen mich alle die ‚hättest du'."

,,Signorina", sagte Sjöderbloom mit einem tröstlichen Lächeln, während er seine Hand leicht auf meinen Arm legte: ,,Das Schicksal bürdet keinem von uns mehr auf, als er tragen kann. Hätten Sie Ihrem Freund, der ‚Sphinx', mehr gegeben, als sie für ihn fühlten, wäre er vielleicht enttäuscht gewesen. Wissen Sie – die meisten unserer Träume sind aus unerfüllten Wünschen gewoben."

Seine Hand verließ meinen Arm wieder und nach einem Augenblick des Nachdenkens sagte ich: ,,Danke, Signore. Vielleicht haben Sie recht."

Nach einem kurzen Schweigen fragte er: ,,Sagen Sie mir noch eines – stand Seeckt gut mit den Nazis?"

,,Nein. Er verabscheute sie, und sie bedienten sich seiner nur, wenn sie ihn brauchten, betrachteten ihn sonst

aber mit absolutem Mißtrauen. Warum fragen Sie?"
„Weil man ihm ein Staatsbegräbnis gab. Sie wissen doch, daß alle öffentlichen Gebäude Halbmast geflaggt haben. – Für den unbefangenen Beobachter sieht es aus, als ob ganz Deutschland trauere."
„Signore", sagte ich, „wer in Deutschland über den Verlust trauert, weiß ich nicht. Hitler und seine Genossen bestimmt nicht; sie sind eher glücklich. Vielleicht drücken sie mit einem Staatsbegräbnis ihre Dankbarkeit aus darüber, daß einer ihrer Widersacher abberufen worden ist. Hindenburg gaben sie ja auch ein Staatsbegräbnis."
Sjöderbloom erhob sich. „Sie mögen recht haben. An diese Möglichkeit hatte ich nicht gedacht. – Aber ich finde, wir sollten einmal alle diese Unerfreulichkeiten vergessen."
Er verließ den Raum und kehrte einen Augenblick später mit einer Flasche Sekt zurück. Fachmännisch den Kork entfernend sagte er: „Lassen Sie uns versuchen, das letzte Jahr zu vergessen", und wir tranken einander zu.
Während ich in Gedanken den gestrigen Abend zurückrufe, um ihn festzuhalten, rückt der Zeiger langsam dem Ende dieses Jahres zu, und ich muß ins Eßzimmer gehen, in dem der heiße Punsch schon wartet und in dem mit den alten Gesellschaftsspielen, Bleigießen und Sentimentalitäten die letzten Stunden von 1936 totgeschlagen werden.
Während wir dem neuen Jahr entgegengehen, weiß ich nicht, was ich mir wünschen soll – daß die Zeit stehen bleiben möge, oder daß ich einige Jahre überschlafen könnte, um nach dem Dritten Reich wieder aufzuwachen? Leider bleibt mir jedoch keine Wahl...

3. Januar 1937

Der heutige Sonntag bedeutet das Ende der langen, verhältnismäßig friedlichen Feiertage. Selbst die Nazis waren für eine kurze Zeit äußerlich relativ inaktiv. Aber das wird ab morgen schon wieder anders werden. Was dem Volk als Neujahrsgruß am 1. präsentiert wurde – der Vierjahresplan – war jedenfalls schon vor Weihnachten ausgearbeitet worden.
Deutschland soll mit seinen Rohstoffen vom Ausland unabhängig werden. Durch Verarbeitung von Altmaterial und durch den deutschen Erfindergeist werden wir mit Hilfe des Bergbaues, der Chemie und neuer Maschinen in die Lage gesetzt werden, vieles selbst herzustellen, was wir heute von fremden Ländern beziehen müssen. Selbst nach Abschluß der Aufrüstung würden dadurch freiwerdende Menschen ökonomisch beschäftigt werden können.
Dieser letzte Satz machte mich stutzig. Wie werden diese „freiwerdenden Menschen" dann beschäftigt? Was tut ein Staat, wenn er seine Aufrüstung einmal abgeschlossen hat? Sieht er zu, wie seine schönen neuen Mordwerkzeuge verrosten? Oder wartet er selbstzufrieden,bis ein anderes Land ihn mit modernen Waffen überflügelt, um dann schleunigst die alten einzuschrotten und von vorne zu beginnen? Das glauben wohl nur die Naiven – die allerdings in der Überzahl sind. Durch Karls ständige Warnungen hellhörig geworden, möchte ich vielmehr annehmen, daß mit dem sogenannten Abschluß der Aufrüstung der Krieg beginnen wird.

8. Januar 1937

Vor einer Weile bin ich nach Hause gekommen. Wie jedes Mal, wenn ich einen Abend mit Sjöderbloom verbrachte, bin ich viel zu munter, um schlafen zu gehen. So halte ich lieber einige Erinnerungen fest.

Sjöderbloom und ich unterhielten uns natürlich auch über den Vierjahresplan und den Zwang der HJ-Mitgliedschaft.

Er fragte: „Zu welchem Schluß sind Sie nach diesen Eröffnungen gekommen?“

Nachdenklich erwiderte ich zögernd: „Wissen Sie, Signore, ich hatte einen befreundeten Kollegen, der mich bei jedem Zusammentreffen darauf hinwies, daß Hitler einen Krieg vorbereitet. Er hat mich mehr oder weniger überzeugen können und dieser neueste Plan, Deutschland so weit wie möglich vom Ausland unabhängig zu machen, beweist eigentlich nur wieder die Richtigkeit seiner Behauptung.

Als Sjöderbloom schwieg, fuhr ich fort: „Das einzige, was ich nicht begreifen kann, und worüber ich endlos nachgrübele, ist die Bereitwilligkeit junger, gesunder Menschen sich zu opfern, sich zusammenschießen zu lassen. Ich meine – wir begegnen noch täglich den Krüppeln vom letzten Krieg auf der Straße. Doch schließlich – wir werden von klein auf dazu erzogen, den Krieg als eine Lebensform zu betrachten, ohne die anscheinend keine Generation leben kann. Bei all dieser Verherrlichung ist es wohl nur logisch, daß die Buben es als Selbstverständlichkeit betrachten, eines Tages die Uniform anzuziehen, um zu kämpfen und vielleicht eines Tages den Heldentod zu sterben.“

Sjöderbloom blickte nachdenklich auf sein Weinglas, drehte es einige Male spielerisch mit Daumen und Zeigefinger am Stiel, nahm einen Schluck und sagte: „Der Kult von Heroen und Heiligen macht die Welt zu einem Tummelplatz von Fanatikern und Narren... In dieser Regierung haben wir eine Mischung von beiden. Fanatismus jedoch ist mitunter lebensgefährlich – für andere.“

Er sah mich an. Als ich schweigend nickte, fuhr er fort: ,,Ich weiß nicht, ob Sie auch die Notiz gesehen haben, wonach der Reichskriegsminister verlangt", sich selbst unterbrechend warf er ein: ,,Notabene – der ‚Reichskriegsminister', nicht etwa der Verteidigungsminister... Jedenfalls er verlangt, daß die Soldaten über alle Vorgänge Bescheid wissen. So wird ab 1. Januar der ‚Völkische Beobachter' in allen Kasernen vertrieben. – Die Grundidee ist doch nur, das ganze Volk, wo immer man seiner habhaft werden kann, mit dieser nationalsozialistischen Idee zu indoktrinieren. Mit dem Jungvolk in der HJ fängt es an, geht über die Beamten zum Militär und in alle Berufsorganisationen – bis das ganze Volk überzeugt ist."

,,Und Hitler hat für das Volk so viel Gutes getan", meinte ich, ,,daß seine Gläubigen im Kriegsfall willig zur Waffe greifen werden."

,,Sicher", bestätigte er, ,,und das bestärkt sie in dem Wahn, in Hitler einen Übermenschen oder ein Genie zu sehen!"

,,Fraglos hat Hitler für die Arbeitslosen – oder sagen wir für das Heer der Elenden und Hoffnungslosen viel getan. Ich betrachte ihn jedoch nach wie vor als einen unbedeutenden kleinen Spießer, der sich dauernd verrät und beweist, daß er nicht über seinen eigenen Schatten springen kann. Genau genommen, Signore, halte ich ihn für einen Zufall der Geschichte."

Impulsiv hob Sjöderbloom sein Glas und trank mir zu: ,,Das ist gut gesagt, Signorina!" Sinnend wiederholte er: ,,Ein Zufall der Geschichte... Ein sehr unglücklicher Zufall der Geschichte..." Animiert lehnte er sich in seinem Sessel zu mir: ,,Ist ihnen klar, daß Hitler in Wirklichkeit ein Konjunkturritter ist?" Er lächelte mich an mit jenem Lächeln, daß diesem großen Mann mit den grauwerdenden Haaren stets etwas Jungenhaftes verleiht.

Wahrscheinlich sah ich ihn etwas verständnislos an, denn er erklärte: „Der Kaiser empfing seine Macht durch Geburt – Hitler empfing seine Macht durch die Erwerbslosen."

31. Januar 1937

Gestern ist das Ermächtigungsgesetz für weitere vier Jahre verlängert worden, was bedeutet, daß Hitler weitere vier Jahre ohne Einspruch wüten kann. Es war zwar nicht anders zu erwarten, aber trotzdem – irgendwie hofft man ja doch immer wider besseres Wissen.

Nun sitzen die Eltern im Musikzimmer und lauschen seinen Worten, denn „der Führer spricht" und Mutter würde sich nicht für die Welt ein Wort von dem entgehen lassen, was ihr ritterlicher Führer sagte und Vater – „halb zog sie ihn, halb sank er hin" – leistet ihr Gesellschaft.

Mit Mutter, die auch mich veranlassen wollte, mit ihr vor dem Radio zu sitzen, hatte ich eine kurze Diskussion.

Verständnislos fragte sie mich: „Warum willst du denn seine Rede nicht hören?"

„Weil, meine liebe Mutti, dieser größenwahnsinnige Narr mein Leben bereits hinreichend zerstört hat. Seine Stimme allein bereitet mir physische Übelkeit. Außerdem – ich muß schon sagen – es übersteigt mein Verständnis, daß du es immer noch fertigbringst, stundenlang den leeren Tiraden deines größten Verfolgers zuzuhören."

Vater machte eine beschwichtigende Bewegung aber ich fuhr fort: „Er sagt doch immer wieder das Gleiche! Er beginnt mit den ‚fürrzehn Jahren', die sie gekämpft haben, denn er kommt offensichtlich immer noch nicht darüber hinweg, daß er es nach diesen ,fürrzehn Jahren' geschafft hat. Nach dieser Einleitung ergeht er sich in dunklen Drohungen gegen die eine oder andere Gruppe, und danach berauscht er sich und seine Zuhörer an dem, was sie inzwischen geleistet haben, und was sie noch leisten werden. Nun sag' einmal – allen Ernstes – erwartest du denn nach diesen vier Jahren noch etwas Neues?"

„Ja –", erwiderte sie zögernd, „es könnte doch sein – –", sie wurde etwas unsicher.

Durch unsere Unterhaltung hatten wir den glorreichen Aufmarsch des Führers und seiner Getreuen verpaßt. Gedämpft drang das „Sieg Heil!", „Heil Hitler!", „Wir danken unserem Führer!", „Heil unserem Führer" zu uns, als Vater das Radio lauter stellte. Aus dem Kasten erklang klar und deutlich Hitlers Stimme: „Deutsche Männer und Frauen!"

Ich schloß gerade die Türe als er sagte: „Fürrzehn Jahre –"

5. Februar 1937

Es war gegen Mitternacht, als ich mit Mutter noch kurz im Eßzimmer saß und ein Brot aß, als Vater von seinem Stammtisch nach Hause kam. Er setzte sich schweigend zu uns. Während seine rechte Hand auf dem Tisch sich zu einer Faust ballte, wieder öffnete, zu einer Faust ballte – sah er finster vor sich hin und schüttelte gedankenverloren den Kopf.

„Was ist denn?" fragte Mutter besorgt.

„Ach", sagte er ärgerlich, „diese Unken am Stammtisch –. Einige von ihnen sehen nur noch schwarz – –. Der Küppers glaubt, Vorbereitungen für einen Krieg zu sehen – –"

„Aber das ist doch ausgeschlossen!" rief Mutter aus.

„Das habe ich erst auch gesagt", meinte Vater grüblerisch. „Aber er nahm Bezug auf eine Mitteilung in der Zeitung, die wir übersehen haben müssen. Danach sollen bis zum 15. Februar alle ungenutzten Metalle im Privatbesitz den zuständigen Überwachungsstellen angeboten werden. Wer das unterläßt, wird mit Gefängnis oder Geldstrafen belegt."

„Was heißt das?" fragte ich verständnislos.

„Das heißt, wenn du irgendwelche Metallkrüge, Behälter oder Pfannen hast, irgendwelche Metallsachen, die du nicht benutzt, sondern nur zur Dekoration verwendest, die aber keinen Kunstwert darstellen, mußt du sie anbieten... genau wie im Weltkrieg."

Während ich schweigend nickte, brach Mutter in neue Beteuerungen aus, daß Hitler keinen Krieg wolle!

„Hast du Vater eigentlich erzählt", warf ich unschuldig ein, „daß gestern die HJ an unserer Tür war, um alte Tuben, Silberpapier, Flaschen, Konservendosen und was sonst noch zu sammeln?"

„Aber das ist doch nur wegen der Rohstoffknappheit!"

„Sicher, sicher", erwiderte ich sarkastisch, „im Kriege braucht man nämlich diese Rohstoffe."

Vater sagte unwillig: „So kannst du doch nicht diskutieren –"

„Nein?" fragte ich gereizt, fing mich jedoch wieder und fügte einlenkend hinzu: „Es tut mir leid –. Wie die Dinge liegen, zerrt dieser blinde Kult für einen Schwerverbrecher etwas an meinen Nerven."

Betretenes Schweigen antwortete mir, bis Mutter sich aufraffte und fast schüchtern fragte: „Aber sag' doch nur, Kind – glaubst du denn nicht, daß du etwas hart in deinem Urteil bist?"

„Wie?" Ich sah sie entgeistert an. „Nicht hart genug! Sieh' dich doch einmal um und nimm wahr, was geschieht. Hast du denn nicht über die ‚Adolf-Hitler-Schulen' gelesen?"

,,Doch", meinte sie erstaunt.
,,Bist du dir denn nicht klar, was da großgezogen wird? Die Elite aus HJ und Jungvolk soll mit dem 12. Lebensjahr für sechs Jahre in jenen Schulen unentgeltlich erzogen werden, damit ihnen nachher jeder Weg offensteht für eine Laufbahn im Staat oder in der Partei."
,,Ist denn das aber nicht wundervoll, wenn sie das sonst finanziell nicht erschwingen könnten?" fragte Mutter naiv.
,,Und ob das wundervoll ist!" Ich mußte lachen. ,,Hast du noch nie davon gehört, wie diese ,Elite' sich ihren Eltern gegenüber benimmt, falls diese keine Nazis sind?"
Sie sah mich mit großen Augen fast erschreckt an.
,,Nein?" fuhr ich unbarmherzig fort, ,,du hast noch nichts gehört über die Eltern, die in Gegenwart ihrer HJ-Kinder nicht mehr wagen, den Mund aufzumachen, weil ihre süßen Kleinen sie kaltblütig bei ihrem HJ-Führer denunzieren. Der Jungführer gibt derartige Meldungen an den Kreisleiter weiter. Was dann geschieht, habt ihr ja an mir gesehen."
,,Das ist ja entsetzlich!" sagte Mutter betroffen.
,,Das ist es", bestätigte ich.
Nun mischte sich auch Vater ein: ,,Weißt du Kleines – ich meine, nach allem was du erlebt hast, verstehe ich ja deine negative Einstellung. Aber manchmal denke auch ich, daß du etwas zu sehr zum Extrem neigst. Du mußt ihnen noch etwas Zeit geben."
Ich schüttelte den Kopf: ,,Vati – sie sind nun vier Jahre an der Macht. Wieviel mehr Zeit erwartest du denn? Vor ein paar Tagen erst haben sie die Beamten vereidigt. Frick sagte – ich erinnere mich nicht mehr genau des Wortlautes, aber es war so ungefähr – daß die Beamten in einem öffentlich-rechtlichen Dienst- und Treueverhältnis zum Führer und Reich stehen. Darum leisten sie jetzt einen Treueid. Ich besinne mich nur, daß der Füh-

rer erst kam und dann das Reich. – Wie viele dieser Beamten, wenn sie Familie haben, besitzen die Charakterstärke, diesen Eid zu verweigern?"
Nach einer Weile des Schweigens sagte ich: „Wißt ihr was geschieht? Unser geschätzter Führer macht aus den Deutschen ein Volk der Lügner, Heuchler und Denunzianten."
Während ich aufstand, um das Zimmer zu verlassen, wandte ich mich zu Vater: „Ich glaube nicht, daß dies das Volk der Dichter und Denker ist, das du im Herzen trägst."

4. März 1937

Vor einigen Wochen habe ich meine Laborausbildung im Bürgerhospital abgeschlossen und sah mich nach Arbeit um. Es war nicht so einfach, wie ich es mir vorgestellt hatte, eine Stelle zu finden. Ich wurde ausgesprochen deprimiert, als eine Woche nach der anderen ergebnislos verstrich, obwohl ich fleißig auf alle Annoncen antwortete.
Schließlich engagierte mich ein Arzt in Oberrad. Am 15. März werde ich anfangen.

14. März 1937

Als ich gestern abend bei Sjöderbloom war, meinte er: „Sie beginnen Ihre neue Karriere nicht gerade während der glücklichsten Periode in der Geschichte der Medizin." Als ich schwieg, fuhr er fort: „Wissen Sie – lassen wir einmal die eine oder andere ‚Richtlinie' beiseite, die wir Ärzte erhalten. Wenn Sie nur das verfolgen, was offiziell mitgeteilt wird..."
Er beugte sich über den Tisch, nahm sich eine Zigarette,

die er hin- und herbewegte, um ihre beiden Enden interessiert zu betrachten, bevor er sie anzündete, und als ich immer noch abwartend schwieg, erklärte er: „Im Dritten Reich kann man wohl jede Berufsgruppe mehr oder weniger zu einem Werkzeug machen… sie ausnutzen zu den Zwecken, für die man sie brauchen kann –."
Er blickte nachdenklich vor sich hin, bis ich schließlich fragte: „Signore – worauf nehmen Sie eigentlich Bezug?"
Sein Blick wandte sich mir zu: „Ich spreche zum Beispiel über die Sonderschulen für erblich Defekte. In diesen Schulen sollen Krüppel, Schwerhörige, Taubstumme usw. ausgebildet werden, aber nur, wenn sie brauchbar sind. Wie es heißt, muß der heutige Staat darauf verzichten, Mittel für nutzlose Erziehung in Sonderschulen weiterhin zu verschwenden. Wer nicht brauchbar ist, soll so schnell wie möglich der Sicherheitsverwahrung zugeführt werden." Seine Hand, die halbgerauchte Zigarette zwischen den Fingern, umschrieb einen Bogen durch die Luft. „Diese ‚Brauchbarkeit' festzustellen, ist letztlich die Aufgabe von Ärzten."
Während ich schweigend nickte erhob er sich, um zwischen dem kleinen Tisch vor uns und seinem Schreibtisch auf- und abzugehen. Er, der meistens mit ruhiger Überlegenheit und leicht amüsiert von höherer Warte auf die Absurditäten des menschlichen Lebens hinabblickte, schien irgendwie aus dem Gleichgewicht zu sein.
„Dasselbe gilt für die ‚Ehetauglichkeitszeugnisse' ", stieß er hervor. „Sie wissen doch, diese Gesundheitszeugnisse, die heute von den Brautpaaren verlangt werden, um die Heiratserlaubnis zu erhalten. Ein Arzt entscheidet also praktisch über das Glück zweier Menschen.–

Vor einigen Tagen erst las ich über ein Brautpaar, dem das Ehetauglichkeitszeugnis versagt wurde, weil eines von ihnen durch eine Operation steril war. Es entwikkelte sich ein langer Prozeß. Die letzte Entscheidung war ablehnend mit der Begründung, daß die Ehe eines Gesunden mit einem Nichtfortpflanzungsfähigen die Möglichkeit nimmt, dem Staat Kinder zu schenken. – Aber das ist nur ein tragischer Fall. Alle möglichen Krankheiten werden von Ärzten zum Anlaß genommen, das Ehetauglichkeitszeugnis zu verweigern."

Als er vom Schreibtisch her wieder auf mich zukam, fragte ich: „Glauben Sie, Signore, daß Beethovens Vater ein ‚Ehetauglichkeitszeugnis' bekommen hätte? Er war doch, so weit mir bekannt ist, Trinker."

„Ja", erwiderte Sjöderbloom gedehnt und ließ sich fast in den Sessel neben mir fallen. „Für den alten Beethoven waren alle Voraussetzungen gegeben, entweder einen Schwachsinnigen oder einen Verbrecher zu zeugen – –"

„Und Mozart?" drängte ich weiter. „Er war tuberkulös – und was hat er den Menschen an Schönheit geschenkt!"

Sjöderbloom warf mir einen sonderbaren Blick zu, den ich nicht deuten konnte.

„Möglicherweise", endete ich, „hätte man auch Mozart dieses lächerliche ‚Ehetauglichkeitszeugnis' verweigert."

Sjöderbloom, der sich aus irgendeinem Abgrund dunkler Gedanken wieder herausgearbeitet zu haben schien, erklärte mit der mir so vertrauten, liebenswürdigen leisen Ironie: „Wir wollen doch in Zukunft in Deutschland den Übermenschen züchten. Die Menschen werden nach erbbiologischen Gesichtspunkten gepaart. Die besten Exemplare, die Nachkommen des preisgekrönten Zuchtbullen und der hochwertigsten Kühe werden die Elite darstellen, würdig, in die SS aufgenommen zu werden."

7. April 1937

Nun bin ich schon fast einen Monat in meinem neuen Beruf tätig. Die ersten Tage waren etwas bitter, aber das habe ich längst überwunden. Das Schlachtfeld meiner neuen Tätigkeit befindet sich im ersten Stock einer vormaligen Dreizimmerwohnung. Die große Küche ist als Labor eingerichtet, dessen Fenster auf den Hinterhof schauen, in dem sich eine Autoreparaturwerkstätte mit dem entsprechenden Radau befindet. In diesem Raum mache ich auch meine kurze Vesperpause.
Am ersten Tag, an dem ich mein Brot auspackte, umgeben von zahllosen Urinflaschen und allen möglichen anderen Exkrementen, die der Mensch von sich gibt, begleitet von dem unbeschreiblichen Lärm eines auf Hochtouren laufenden Motors, befiel mich für einen Moment ein überwältigendes Gefühl der Hoffnungslosigkeit. So schluckte ich mit dem Brot ein paar Tränen hinunter. Die verwandelte Privatpraxis erinnerte mich entfernt an die Redaktion der ‚Frankfurter Post' – ein anderes Leben, ein anderer Beruf, an dem mein Herz hing.
Inzwischen jedoch hat sich alles gut eingelaufen. Die Patienten sind ausgesprochen nette, einfache Leute, meistens Handwerker und Gärtner. Politik scheint nicht den Inhalt ihres Lebens zu bilden. Sie sind vielmehr darum besorgt, ein Stück guter Arbeit zu leisten oder darum, daß ihre Gärten und Felder die erwünschte Ernte bringen.
Vater bat mich, an den vier Tagen, an denen ich nachmittags Dienst habe, morgens nach wie vor im Bürgerhospital seine Gutachten zu schreiben. Meine Tage sind daher reichlich ausgefüllt.
Als ich heute kurz vor dem Abendessen nach Hause kam, traf ich in der Türe mit Etta zusammen, die eine offenbar ausgedehnte Teestunde mit Mutter gehalten hatte.

Sie begrüßte mich mit der ihr eigenen echten Herzlichkeit und nach ein paar Fragen in bezug auf meine Tätigkeit erkundigte sie sich nach meiner Beziehung zu dem neuen Chef.
,,Irgendetwas zwischen uns läuft schief", antwortete ich halb lachend. ,,Ich habe keine Ahnung, ob er etwas über mich weiß und vermeide daher jegliche persönliche Unterhaltung. Aber jedes Mal, wenn er mit einem etwas finsteren Gesicht zur Sprechstunde erscheint – was oft geschieht – dann denke ich: ,,Jetzt hat er es erfahren! Er hat gehört, daß ich im Gefängnis war oder daß ich Mischling bin – oder beides. Nun wird er mich rausschmeißen!' "
Einen Moment schwieg sie verblüfft. Dann sagte sie: ,,Um Gottes Willen, Lili! Du darfst doch derartige Gedanken gar nicht in dir großwerden lassen! Damit zerstörst du dich und dein Leben!"
Ich sah sie erstaunt an: ,,Meinst du? Liebe Etta – du denkst doch sonst so scharf und unbestechlich. Mein Leben wird nicht durch meine Gedanken zerstört, sondern durch die Tatsachen – –. Durch die Wirklichkeit des Dritten Reiches."

7. Juni 1937

Vor lauter Arbeit kommt auch mein Tagebuch zu kurz. Aber es gibt ja nicht viel Neues. Die Nazis bringen am laufenden Band Verfügungen und Gesetze heraus, mit denen sie mehr und mehr ihre Gegner verfolgen und unterdrücken. Bei jeder passenden und unpassenden Gelegenheit befiehlt Goebbels, daß alle Häuser und Wohnungen zu beflaggen sind, und da inzwischen die Zahl der Erwerbslosen unter eine Million gesunken ist, bleibt das Gros der Deutschen auch weiterhin begeistert. Diejenigen, die ihre Existenz verloren haben, die wenigen,

die ihr Gehirn zum Denken benutzen, halten sich schweigend zurück. Diese Gegner diskutieren nur mit den Gesprächspartnern, die sie genau kennen.
Neulich beim Abendessen unterhielten wir uns über die Nazi-Schweine. Um kein Mißverständnis aufkommen zu lassen: Um die Städte wird ein Schweinegürtel gelegt. Die Lebensmittelabfälle sollen gesammelt und an diese Schweine verfüttert werden.
„Ich finde die Idee dieser ‚Ernährungshilfe' einfach großartig", erklärte Mutter.
Vater nickte nachdenklich: „Ja – Fettkarten haben wir auch schon wieder... genau wie 1915."
Vaters letzte Bemerkung ließ mich nicht mehr los. Die Fettkarten und die Schweine erinnern ihn an 1915?
Der Unterschied ist nur, daß wir es diesmal nicht mit einem säbelrasselnden Kaiser zu tun haben, sondern mit einem irrsinnigen Gefreiten, der als oberster Befehlshaber der Wehrmacht seine strategischen Fähigkeiten ausprobiert und nach jedem Erfolg – und wahrscheinlich lobender Aufmunterung durch die Rüstungsindustrie – selbstbewußter und größenwahnsinniger wird. Angeblich ist am 31. Mai das deutsche Panzerschiff „Deutschland" im Hafen von Ibiza von Rot-Spaniern gebombt worden. Hitler antwortete prompt mit der Beschießung des befestigten Seehafens Almeria.
Im Grunde spielt es ja gar keine Rolle, welchen Titel der Besitzer eines so durch und durch kranken Gehirnes führt. Es genügt, daß er das Oberhaupt eines Volkes ist, das er rücksichtslos mit sich ins Verderben reißt. Er und seine Generäle haben nichts anderes im Kopfe als Krieg. Statt Generäle zu ehren, sollte man sie hängen, denn in ihren Gehirnen ist die Welt nur ein zukünftiger Kriegsschauplatz, während ihr oberster Befehlshaber dem alten nie erfüllten Traum nachjagt, als siegreicher Eroberer der Welt in die Geschichte einzugehen.
In diesen Rahmen paßt auch die gestrige Rede Goerings

über den Luftschutz. Er wies auf die Notwendigkeit hin, jetzt alle erforderlichen Maßnahmen zu treffen, um vorbereitet zu sein; „dann" fuhr er fort, „wird uns in Zusammenarbeit mit unserer unerschrockenen Luftwaffe kein Staat der Welt in die Knie zwingen können. Darauf allein kommt es an, daß jeder zur Erkenntnis kommen muß: die Zeiten, in denen man Deutschland irgendwie unter Druck setzen konnte, sind vorbei. – –"
Er erging sich über die Mitarbeit der Frauen, die in den Häusern beweisen müßten, ob sie dem Vorbild der Ahnfrauen würdig seien. Denn die wenigen Männer, die im Ernstfall zu Hause bleiben, würden in den Fabriken etc. notwendig gebraucht.
Zum Ende sagte Herr Goering: „Wir wissen, daß schlimmer noch als der Hagel der Granaten und das Detonieren der Bomben die schleichende Wirkung giftiger Gase im Luftkrieg ist." Daher beglückt die Regierung das Volk mit der ‚Volksgasmaske'.
Kein Volk, überlegte ich, denkt doch nur im Entferntesten daran, Deutschland anzugreifen. Im Gegenteil – Deutschland will angreifen und hat anscheinend bereits detaillierte Pläne – nicht nur darüber, wem welche Aufgaben zufallen, sondern auch was für Mittel angewandt werden sollen. Da laut der Genfer Konvention eindeutig der Gebrauch von Giftgasen untersagt ist, kann nur Deutschland dieses Abkommen brechen. Natürlich – Amerika hatte nicht unterzeichnet. Amerika ist mächtig genug, um je nach Geschmack seine eigenen Verbrechen zu begehen, zu denen es sicher nicht gehört, Deutschland zu überfallen. Hitler, der Genius, der wildgewordene Gefreite, kann sich ebenfalls über alle Regeln hinwegsetzen. Der Katholik Hitler hat ein selten ausgesprochenes aber oft in die Tat umgesetztes Wort der Jesuiten beherzigt: „Der Zweck heiligt die Mittel."

20. Juni 1937

Dr. Münzner hatte bereits seit längerer Zeit als Urlaub eine Mittelmeerreise geplant. Alle Vorbereitungen waren getroffen, bis auf eine kleine Übersicht. Er hatte sich nicht beizeiten nach einem Vertreter umgesehen. Wen immer er nun anrief, war vergeben.
Wie ein Gewitter stürmte er durch die Praxis: „Ich bekomme einfach keinen Vertreter! Ich muß alles absagen! Ich kann nicht fahren."
„Vielleicht", sagte ich schüchtern, „wüßte ich jemanden."
Er sah mich erstaunt an, während ich zögernd hinzufügte: „Ich weiß allerdings nicht, ob Sie einverstanden sind –"
„Natürlich bin ich einverstanden", unterbrach er mich, „wenn es ein Arzt ist, der mich vertreten kann."
Nachdem ich telefoniert hatte, wies ich auf einen der letzten Namen auf der Vertreterliste: „Hier – Dr. Strüder. Er ist frei."
Seit heute nun sitzt Dr. Strüder an Münzners Platz und zum ersten Male fühle ich mich in der Praxis verhältnismäßig unbeschwert, da ich wenigstens für die nächsten drei Wochen meiner Stelle sicher bin.

8. Juli 1937

Es war ruhig in der Sprechstunde, da viele Patienten warten, bis ihr „richtiger" Doktor wieder zurückgekehrt ist.
Dr. Strüder und ich saßen einander im Sprechzimmer gegenüber.
„Wie geht es eigentlich Dir. Hensel?" fragte ich.
„Ich höre nur selten von ihm", antwortete Strüder, „aber ich nehme an, daß er sich gut eingelebt hat." Als

er mein erstauntes Gesicht sah, sagte er: „Wissen Sie denn nicht, daß er die Leitung in Fuhlsbüttel bei Hamburg übernommen hat?"

„Nein", erwiderte ich.

Wir schwiegen und unser beider Gedanken verweilten noch einmal im Gefängnis Preungesheim.

Plötzlich sagte Dr. Strüder: „Die Gefängnisse und Zuchthäuser füllen sich nun mit Ordensbrüdern."

Ich nickte.

Dr. Strüder, ein Katholik, der weiß, warum ich im Gefängnis war, möglicherweise sogar für wen, fragte vorsichtig: „Was halten Sie von diesen Sittlichkeitsprozessen gegen all die Ordensbrüder?"

Ich sah ihn kurz prüfend an: „Um ganz ehrlich zu sein, Herr Doktor – als der erste Prozeß gegen die Franziskaner – oder welcher Orden es war – begann, glaubte ich, er sei echt. Verstehen Sie mich nicht falsch – ich will Sie nicht verletzen... Für mich ist das kirchliche Gesetz des Zölibates ebenso widernatürlich wie unverständlich. Wenn Ihre Kirche so besorgt darum ist, Gottes Wünsche zu erfüllen, sollte sie ihre Diener nicht zwingen, entgegen dem Willen ihres Schöpfers zu leben. Ich glaube, irgendwo in der Bibel steht, daß der Mann Vater und Mutter verlassen und seinem Weibe anhangen soll. Es heißt nicht: ‚Man nehme Männer und sperre sie in ein Haus und Frauen in ein anderes und falls das Fleisch schwach wird, so ist das eine Sünde'!"

Dr. Strüder mußte unwillkürlich lachen, während ich fortfuhr: „Als der erste Sittlichkeitsprozeß begann, dachte ich daher, daß diese Männer ja schließlich Menschen sind – zum großen Teil gesunde, normale Männer. Aber jetzt... Jetzt erscheint es mir ziemlich unglaubwürdig, daß sämtliche Mönche in sämtlichen Klöstern Deutschlands homosexuell sind. Jetzt glaube ich vielmehr, daß es sich um eine der üblichen feinen Methoden der Nazis handelt, sich der Orden zu entledi-

gen. Da man den Ordensbrüdern beim besten Willen nicht vorwerfen kann, daß sie Kommunisten sind und anscheinend auch sonst kein belastendes Material in den Klöstern zu finden war, wird eben festgestellt, daß sie Sittlichkeitsverbrecher sind.
Nur durch und durch minderwertige, moralisch kranke Menschen greifen zu solchen Mitteln, Unschuldige mit Dreck zu bewerfen, um sie unschädlich zu machen! Was für eine verderbte Fantasie gehört dazu, sich in den Augen des Volkes als die Reinen, die moralisch Hochwertigen aufzuspielen, die mit Widerwillen und schweren Herzens all diesen Schmutz aufdecken und bestrafen, so wie sie es mit Röhm taten. Sie wußten alle die Jahre hindurch, daß er homosexuell war. Nur in dem Moment, in dem sie ihn loswerden wollten, wurde diese Tatsache plötzlich zu einem tödlichen Verbrechen. – Jedenfalls erscheint kein Mittel niedrig genug, um nicht gegen die ‚Staatsfeinde' angewandt zu werden."
Strüder sah nachdenklich vor sich auf den Schreibtisch: „Aber warum nur? Was haben die Klosterbrüder ihnen denn nur getan?"
„Was sie den Nazis getan haben? Nun – abgesehen davon, daß in manchen katholischen Kreisen eine unverhohlene Opposition besteht – sind da immer noch Papen-Anhänger am Werke. Wahrscheinlich handelt es sich bei diesen sogenannten Sittlichkeitsprozessen um einen Warnschuß. Goebbels oder Himmler oder wer immer diese Aktion inszenierte, wollte damit beweisen, daß die Nazis im Ernstfall nicht davor zurückschrekken, durchzugreifen. Daß dafür einige unschuldige Mönche geopfert werden – – derartige Kleinigkeiten sind in den Augen der Nazis unbedeutend."
„Ja, das ist der Sinn all solcher Prozesse", bestätigte Strüder ernst. „Systematisch werden alle Gegner ausgerottet oder mundtot gemacht Ob das der Maschinenmeister in Essen ist, der in einer Wirtschaft ‚staatsfeind-

liche Äußerungen' gemacht hat und nach 12 Jahren von seiner Firma entlassen wird oder ein Webemeister in einer Plauener Gardinenfabrik, dem fristgemäß gekündigt wird, weil er nichts fürs WHW gab, oder der Ehemann, der in Halberstadt geschieden wird, weil er die Mitgliedschaft seiner Frau in der NS-Frauenschaft benörgelte und kritisierte und nicht wollte, daß sein Sohn mit dem ‚Deutschen Gruß' grüßte – was immer in den Augen der heutigen Machthaber für Verfehlungen begangen wurden – es wird dafür gesorgt, daß die Sünder büßen müssen als warnendes Beispiel für andere, die ihre Gedanken besser für sich behalten. Denn welcher Familienvater kann es sich leisten, seine Existenz zu verlieren...?" Er schwieg und überdachte wohl zum unzähligen Male sein eigenes Geschick.

„So lange es nur die Existenz ist, Herr Doktor... Aber was ist mit den Menschen, die ins KZ kommen? Oder in jahrelanger Zuchthaushaft langsam zugrunde gehen? Die Fälle, die Sie eben aufzählen, waren bis zum gewissen Grade noch begründet – wenn auch die Anklage zum mindesten fadenscheinig ist. Irgendwie jedoch hatten diese Bestraften Dinge getan oder gesagt, die man heute eben nicht mehr offen tut oder sagt. Was mir ungeheuerlich erscheint, sind die Strafen für Menschen, deren Position ein anderer haben will oder die ausgesprochene Gegner der Bewegung sind, denen die Nazis aber nichts nachweisen können. Ob das dem Rundfunkansager passiert, in dessen Schublade kommunistische Literatur gefunden wurde, die er nie zuvor gesehen hatte, die ihm, der nicht einmal Kommunist war, die Stelle kostete oder ein anderer meiner Bekannten, einem unversöhnlichen Gegner der Nazis, den sie nicht fassen konnten und in dessen Kleiderschrank sie bei einer Haussuchung Damenschuhe und Kleider fanden, um ihn als Transvestit ins Zuchthaus zu sperren – was ist der Unterschied? Der Zweck ist doch nur, diesen Staatsfeinden jegliche Möglichkeit zu entziehen, andere zu beeinflussen. So bringt die Gestapo die Indizien gleich mit, die sie dann voller Empörung bei einer Haussuchung ‚findet'. Diese Methoden sind nicht neu. Monsieur Fouchet entwickelte sie bereits meisterhaft und vor ihm die Russen unter irgendeinem Zaren... Im Grunde genommen ist es ja gleichgültig, wer die Idee zuerst hatte – sie bringt auf jeden Fall die erwünschten Resultate."

Strüders kräftige, zuverlässige Hände ballten sich zu Fäusten: „Als Einzelner ist man so hilflos gegenüber diesem System der Angst und des Schreckens –"

Wir hörten die Vorplatztüre gehen, und ich stand auf, um einen Patienten zu begrüßen. Bevor ich das Zimmer verließ, wandte ich mich noch einmal um: „Ich glaube, der Nationalsozialismus ist wie die Religion. Beider Leitmotiv ist Intoleranz."

13. August 1937

Seit einer Woche bin ich in meinem Hinterstein! 14 Tage Urlaub.

So wie die Berge unverändert mit ihren mir vertrauten Profilen in den Himmel ragen, sind auch die Einheimischen unverändert. Aufrecht, unbeugsam und frei, wie nur die Bergvölker sind, nehmen sie den Nationalsozialismus einfach nicht ernst, sondern scheinen in ihm einen unerschöpflichen Quell des Humors zu finden.

Einer alten Gewohnheit nach war ich, lange bevor die anderen Urlaubsgäste aufstanden, zu einer der Hochalmen aufgestiegen. Umgeben von den nahen schweigenden Bergen konnte ich es nicht vermeiden, daß meine Gedanken zurückkehrten zu den menschlichen Niederungen – im wahrsten Sinne des Wortes. Während ich die Schönheit in mich eintrank, fragte ich mich, was für ein Mechanismus es wohl ist, der in gewissen Menschen immer wieder den Wunsch nach Zerstörung auslöst? Denn Krieg ist doch nichts anderes als Zerstörung. Menschen werden ermordet und Heimstätten niedergebrannt. Wie ich hörte ist da – 19 Jahre nach Kriegsende – immer noch ein ganzer Landstrich in Frankreich, in dem absolut nichts wächst, als Folge des deutschen Giftgases. Da das Volk nun mit einer billigen Gasmaske beglückt wird, besteht wohl kein Zweifel mehr über den Plan eines neuen Krieges mit Gas und all den anderen Errungenschaften der modernen Technik.

Meine Gedanken fielen durcheinander, wie die Farben in einem Kaleidoskop; sie sprangen zurück in die Vergangenheit, in der ich als kleines Kind aus dem Schlaf gerissen wurde, um in den Keller getragen zu werden. Angestrengt lauschten wir auf das gelegentliche Brummen eines einsamen Flugzeuges, das für uns den Tod aus den Lüften verkörperte. Und ich erinnerte mich, wie fasziniert ich Wolf zusah, der, auf einer Leiter balancierend, elektrische Birnen und Oberlichter blau anstrich.

Nun aber werden ausgedehnte Luftschutzübungen abgehalten. Mit Flugzeugen werden die verdunkelten Städte kontrolliert; auf den Straßen halten die Blockwarte Ausschau, ob da irgendwo an einem Fenster ein lichtdurchlässiger Schlitz ist. Während am 1. September die große Entrümpelungsaktion beginnt – das heißt, alle Mansarden und Speicher von feuersicherheitswidrigen Ansammlungen gebrauchter Gegenstände geräumt werden – wird gleichzeitig verlangt, daß bei Um- oder Erweiterungsbauten Luftschutzmaßnahmen durchgeführt – also Luftschutzräume eingebaut werden.

Meine Gedanken verweilten noch einmal bei dem einsamen Piloten, der während des letzten Krieges über

Frankfurt gelegentlich ein Bömbchen fallen ließ, und dann versuchte ich mir vorzustellen, was Görings Luftwaffe bedeutete, auf die er so stolz ist, und die er in Spanien ausprobierte.

Gesprächsfetzen kehrten in meine Erinnerung zurück: „Göring hat doch nur davon gesprochen, daß wir im Falle eines Angriffs vorbereitet sein müssen."

„Sicher – aber wozu braucht er Bomber? Bomben wirft man doch nicht im eigenen Lande ab!"

„Unser Führer will bestimmt keinen Krieg mehr!"

„Aber wozu wird dann die ganze Bevölkerung mit Gasmasken ausgestattet?"

„Kein Grund zur Beunruhigung! Das ist Arbeitsbeschaffung, ganz einfach Arbeitsbeschaffung!"

Wenngleich hier eine leichte Furcht in den Fragen und Überlegungen mitschwingt, so kennt ein guter militaristischer Nazi keine derartigen Zweifel. In unerschütterlichem Glauben an die Allmacht des Führers sagt er: „Wir sind ein Volk ohne Raum. Wir haben auch ein Recht zu leben – und wenn wir mit der Waffe in der Hand darum kämpfen müssen."

Im Geiste sah ich die SA-Leute und Pgs, denen ich im Laufe der Jahre begegnet war, vor mir. Unerschütterlich glauben sie, daß alles, was ihr Führer und seine Minister tun, richtig ist. Sie haben so lange gekämpft, daß diese verhältnismäßig friedliche Zeit keine Herausforderung mehr bietet. Sie fühlen sich so stark und überlegen, daß es außer jeder Berechnung ist, daß ein Krieg Blut und Elend bringen könnte. Wir sind doch so mächtig, so gesichert, daß wir nur siegen können. So, wie wir systematisch mit den Feinden im Lande fertig werden, so werden wir auch – falls erforderlich – mit den Feinden jenseits der Grenzen fertig!

Meine Gedanken kehrten zurück zu meinem toten Freund.

„Sag' mir", fragte ich den Geist, „wie kann ein Mensch

Berufssoldat werden? Wie könnt ihr Menschen im Töten ausbilden?"
Eine weiße Wolke segelte über den blauen Sommerhimmel und verschwand hinter einer Bergspitze.
,,Ihr bildet sie nur aus, um die Heimat zu verteidigen? – Glaubst du das wirklich, mein Freund? Ist es nicht so, daß jeder Lehrling sein Handwerk erlernt, um es auszuüben? Kein Schreiner- oder Schlosserlehrling wird nach Beendigung seiner Gesellenzeit untätig herumsitzen, sondern er will beweisen, was er kann", nur die Werkzeuge sauber und geölt zu erhalten, hat keinen Sinn. Der Schreiner will ein Möbelstück herstellen, der Schlosser ein Eisengitter – und der Soldat? Ihr bringt doch diesen gehirnlosen Marionetten das Töten bei, damit sie es perfekt beherrschen. Wenn dann eure Zinnsoldaten in Reih' und Glied stehen, dann findet sich auch ein Feind – wie immer imaginär er sein wird. – –
,,Du willst das nicht zugeben? – Dann sage mir mein Freund – was hatten die Franzosen euch Deutschen getan? Was hatten sie mit dem Schuß in Sarajewo zu tun? – Du schweigst? – – Ich soll nicht so hart mit dir verfahren, sondern mich mit hübscheren Dingen befassen? ... Warum? – Weil ich jung bin? – – Ist denn meine Jugend ein Schild gegen die zukünftigen Greuel? – – Du lächelst etwas überlegen?"
Mein Blick verfing sich in einem Latschenbusch. Sein feines Gefieder schien sich in einen grinsenden Totenkopf zu verwandeln. Es fiel mir schwer zu atmen, als ich hervorstieß: ,,Ich kannte nur einen friedvollen alten Mann, den der tragische Mozart traurig machte...
Sagen Sie mir, Herr Generaloberst von Seeckt – wie viele Tausende von Menschenleben haben Sie auf dem Gewissen? Wie konnten Sie jemals wieder essen, trinken, Musik hören, lachen und lieben? Haben Sie, Exzellenz, nach dem Krieg nicht das Hunderttausendmannheer aufgebaut? Wozu? Zur Verteidigung? Wer

wollte schon dieses geschlagene Volk und zerschlagene Land angreifen?"

Der Totenkopf verlor in dem Maß seinen Schrecken für mich, in dem ich durch das Gedankengewebe des führenden Soldaten hindurchsah. Mein Blick schweifte über die Bergwiese nieder ins Tal, in dem die winzigen Häuschen und Scheunen im Dämmerlicht verschwanden, um erneut in der Sonne aufzublitzen.

„Nein, mein Freund", sagte ich nachdenklich, „in der Tiefe deines Herzens hast du weder an Verteidigung noch Angriff gedacht. Du wolltest nur dein Spielzeug zurückhaben, dein Heer – das Stammheer, das Hitler als Basis benutzen konnte, um das große deutsche Militär wieder aufzubauen, ... um erneut Unglück über die Welt zu bringen. Denn wozu sonst braucht man ein Heer oder eine Luftwaffe, die einzusetzen es Göring in den Fingern juckt? Und für all das hast du den Grundstock gelegt..."

Als Antwort erklang ein tiefes Grollen hinter den Bergen. Ich schaute auf und sah die ersten schwarzen Gewitterwolken sich über den blauen Himmel schieben.

Mich erhebend murmelte ich: „Es tut mir leid, mein Freund. Erst jetzt begreife ich es: Ein Soldat, besonders ein General, wird geboren. Er kann nicht aus seiner Haut. Wie der Schachspieler auf dem Schachbrett seine Figuren hin- und herschiebt, so bewegt der General seine Truppen auf der Generalstabskarte vor und zurück und vergißt – bis auf seltene Augenblicke – daß er mit Menschenleben spielt. So wesensfremd mir der Begriff des Krieges und des Tötens ist, so sehr ist er deine zweite Natur, dein Lebensinhalt."

Während ich dem Schutze der Almhütte zueilte, während grelle Blitze die inzwischen fast dunkle Landschaft erhellten, fühlte ich eine gewisse Erleichterung. „Ich mußte es einmal aussprechen, mein alter Freund. Wenn du mich wegen meiner Jugend liebtest, so mußt du auch den Schmerz mit in Kauf nehmen, denn wir Jungen denken und empfinden anders – im ewigen Reigen der Generationen. Unsere Philosophie mag dir fremd sein."

Ein eisiger Windstoß umklammerte mich momentan in meinem dünnen Sommerkleid.

„Ja –", ich lachte fast, wenige Schritte von der Sennhütte entfernt. „Ich will versuchen, dich so in meinem Herzen zu bewahren, wie ich dich kannte – nicht wegen dessen was du warst."

Die ersten großen Regentropfen fielen, als die Sennen mich in die offene Türe ihrer warmen schützenden Hütte zogen.

2. September 1937

Ende Juli wurde „eine Maßnahme von besonders tiefgreifender Bedeutung ergriffen". Um auf möglichst lange Sicht hinaus die Volksernährung mit Brot von allen Erschütterungen fernzuhalten, hat jeder Landwirt alles Brotgetreide, das er erzeugt, abzuliefern. Die Verfütterung von Roggen und Weizen ist künftig verboten. Es muß unbedingt eine ausreichende Reserve geschaffen werden – für den Fall einer schlechten Ernte.

Während in Norddeutschland eine große Luftschutzübung stattfand, hielt Rudolf Heß in Stuttgart auf einer Tagung der Auslandsorganisationen der NSDAP eine lange Rede, in der er sich beschwerte über all die Lügen, die über Deutschland ausgestreut werden und erklärte: „So wird auch einst die Verdächtigung, Deutschland habe kriegerische Absichten, als Lüge erkannt werden."

Da saßen sie nun diese Nazis, die von aller Herren Länder angereist kamen, in denen sie Organisationen aufbauen, um gläubig den Worten des Stellvertreters des Führers zu lauschen, Heß brauchte nicht zu betonen, daß sie hingehen sollen in alle Länder, um sein Wort zu verkünden. Das würden diese dummen Tröpfe auch ohne Aufforderung tun und wahrscheinlich mit jedem Einwohner ihres Gastlandes, der behauptete, daß sich Deutschland auf einen Krieg vorbereitet, in einen Streit geraten.

Das war vor vier Tagen. Gestern wurde in Berlin bereits mit der Ausgabe der Volksgasmaske begonnen, für 5,– Mark das Stück für jeden Volksgenossen, der keinen Wehrpaß hat. Ich nehme an, daß die Soldaten bessere Gasmasken bekommen. Und gestern fing auch die „Entrümpelung" der Mansarden und Speicher an. Die guten Bürger hatten kaum ihren alten Plunder die Treppen hinuntergeschleppt, als sie vor den Haustüren von der HJ begrüßt wurden, die alles forttrugen – im Kampf gegen die Rohstoffknappheit.

Wer bisher noch irgendwelche Zweifel hatte, wird nun überzeugt sein: daß Deutschland kriegerische Absichten hat, ist eine Lüge!

13. September 1937

Sjöderbloom sah ich in letzter Zeit nur selten, dafür aber sprachen wir fast jeden Morgen am Telefon miteinander. Ich kann nicht beschreiben, was für ein Schock es war, als vorgestern statt seiner vertrauten Stimme seine Sekretärin antwortete. Herr Professor, sagte sie, sei in Berlin, um sich operieren zu lassen. Er habe mir geschrieben. Ich konnte nichts weiter von ihr erfahren; auf alle Fragen erwiderte sie, daß ich auf seinen Brief warten solle.

Ich durchlebte Höllen, bis dieser Brief kam. Sjöderbloom schrieb, daß er Tuberkulose habe. Er hätte die

Wahl gehabt, zwei Jahre in Davos zu verbringen oder sich operieren zu lassen. Seinem Temperament entsprechend habe er sich für die Operation entschieden.

Es war nach Mitternacht, als ich zu Bett ging. Ich lag im dunklen Zimmer, zu müde, um zu lesen, aber unfähig, zu schlafen. In diesem Dämmerzustand war ich plötzlich in dem spärlich beleuchteten Krankenzimmer bei Sjöderbloom. Voller Entsetzen sah ich, wie er um Atem rang. Während der Schweiß über sein Gesicht strömte, der Brustkorb sich in unregelmäßigen Stößen hob und senkte, keuchte er nach Luft.

Ich trat an sein Lager und ergriff seine Hand. Es war, als sei ich plötzlich ausgelöscht. Mein ganzes Wesen, alle Kraft, die ich in mir trug, konzentrierte sich auf ihn. Die Angst um ihn verließ mich, als ich ihm völlig ruhig zusprach und ihn praktisch zwang, gleichmäßig zu atmen.

Ich weiß nicht, wie lange wir kämpften, mein Lebenswille gegen seine Verzweiflung, bis er schließlich erschöpft einschlief, sanft und regelmäßig atmend.

Mutter stand im Zimmer: „Lilichen!" rief sie aus, „du hast verschlafen."

Es war Mittwoch, an dem ich morgens Dienst hatte. Ich sprang aus dem Bett und in die Kleider und stürzte aus dem Haus.

Nach der Sprechstunde, als alle Patienten uns verlassen hatten, und ich noch einige Laborresultate vor Dr. Münzner auf den Schreibtisch legte, sah er auf einmal auf: „Sagen Sie mal – wissen Sie etwas über Professor Sjöderbloom? Ich habe gehört – –"

Seine Augenbrauen bewegten sich in Richtung seines Haaransatzes, als mir die Tränen aus den Augen stürzten.

Mit erstickter Stimme antwortete ich: „Ich weiß nichts."

29. September 1937

Zweimal in der Woche habe ich morgens Sprechstundendienst. Einen Teil der gleichen Strecke, die mich nun zur Arbeit führt, bin ich vor vielen vielen Jahren zur Schule gegangen. Während einer langen Zeit hatte ich diesen Weg mit meinem bevorzugten Lehrer zurückgelegt. Er war die erste Liebe meines zwölfjährigen Lebens; jedenfalls der erste Mann, der einen wesentlichen Einfluß auf mich hatte.

Von verschiedenen Richtungen kommend trafen wir uns am Eschersheimer Turm und gingen in der Morgenluft durch die Stadt über die Mainbrücke zur Schule; im Winter, wenn der Himmel schwer und grau über uns hing und im Sommer, wenn es noch frisch und kühl war, bevor die heiße Sonne den Staub tanzen ließ. Am liebsten war mir der Herbst. Die Sonnenstrahlen brachen durch den Nebel über dem Main, vergoldeten die Früchte, die auf den Handwagen zum Kauf angeboten wurden und ließen die Herbstblumen am Ufer aufleuchten. – Er ging neben mir, groß und schlank, ein klein wenig vorgebeugt, die Arme herabhängend mit offenen Händen. Die großen braunen, etwas schwermütigen Augen tranken die Schönheit ein und er wies mich auf das Spiel von Licht, Schatten und Farben hin und lehrte mich sehen. Außerdem aber lehrte er mich, ehrlich und aufrecht zu sein und furchtlos zu meiner Überzeugung zu stehen. Er verabscheute Ausflüchte und nichtssagende Redensarten, und ich wußte, daß ich ihm glauben, mich immer auf sein Wort verlassen konnte, und ich erhob ihn zu meinem Idol.

Mein Herz überstand die Tragödie, daß er heiratete und unsere Freundschaft mein Verlassen der Schule. Erst in den letzten Jahren war die Beziehung eingeschlafen.

Als ich nun am Samstagmorgen nach Oberrad fuhr, sah

ich ihn von der Straßenbahn aus und beschloß, das nächste Mal nicht am Schauspielhaus umzusteigen, sondern wie in alten Zeiten mit ihm über die Brücke zu gehen.
Wie vor vielen Jahren brachen die Sonnenstrahlen durch den Herbstnebel über dem Mainufer. Neben mir schritt die vertraute schlanke Gestalt mit der etwas vorgebeugten Haltung. Das Gesicht aber war verschlossen; die Augen blickten unpersönlich vor sich auf die Straße und schienen nichts von der Schönheit um uns wahrzunehmen.
Er hatte erfahren, daß ich im Gefängnis war. Man müsse sich heute eben überlegen, was man sage, erklärte er.
Wie? – War das der Mann, der mich gelehrt hatte, unerschrocken zu meiner Überzeugung zu stehen? Fröstelnd fühlte ich, wie er es gar nicht abwarten konnte, meine lästige Gesellschaft loszuwerden. Die Brücke, die wir in früheren Jahren stets so schnell passiert hatten, wollte heute gar kein Ende nehmen. – War dieser charakterlose Feigling, der offenbar Angst hatte, mit mir gesehen zu werden, war dieser kümmerliche Mensch, der mich mit einer kurzen Neigung des Kopfes verabschiedete, war er das Idol meiner frühen Jugend?
Ich stand alleine auf der anderen Seite der Brücke an der Straßenbahnhaltestelle und während langsam – gleich dem sich hebenden Nebel über dem Wasser – meine Gedanken wieder klar wurden, dachte ich: Enttäuschungen sind wie Tropfen, die in eine Schale fallen. Je voller die Schale wird, um so dunkler klingt der Ton.

3. Oktober 1937

Die IG-Farben, die sich schon länger für Vaters Tuberkuloseforschung interessierte, wurde wohl hellhörig, als Vater bei einem Internationalen Kongreß in Bern über seine Arbeit und bisherigen Ergebnisse einen Vortrag hielt. Jedenfalls fand sie sich nach langen Unterhandlungen bereit, Vater finanziell zu unterstützen. Woraufhin sich die Administration des Hospitals veranlaßt sah, mit ihrer Hilfe auch nicht zurückzustehen. Der Dachstock des Krankenhauses wurde in eine Tuberkulose-Station umgebaut mit einem großen Labor und das Gehalt für eine Laborantin bewilligt. Eine andere Laborantin und der Biochemiker, die Vater bisher aus eigener Tasche bezahlte, werden von der IG finanziert. Da Vater aber drei Laborantinnen benötigt, veranlaßte er mich, zum 1. Oktober meine Stelle zu kündigen, um bei ihm zu arbeiten. Ich versprach Dr. Münzner jedoch, noch einige Tage auszuhelfen, und meine Nachfolgerin einzulernen.
Am Montag, den 11. Oktober, werde ich bei Vater anfangen und freue mich darauf.

10. Oktober 1937

Von Sjöderbloom hatte ich einen kurzen Gruß. Es geht ihm besser! – Die Tragik ist nur, daß Ärzte sich selbst gegenüber nie objektiv sein können. So sehr ich mit und für ihn hoffe, wollen die Zweifel in mir nicht weichen. Es wäre ja zu schön, wenn man eine Lungentuberkulose einfach mit einer Operation heilen könnte...
Politisch überschlagen sich die Ereignisse. Während Hitler auf einmal Kolonien verlangt, wird eine große Luftschutzübung nach der anderen abgehalten. Die letzte war am 20. September in Berlin mit angeblich

feindlichen Angriffen, Abwehr und natürlich siegreichem Ausgang. Anschließend fand das große Wehrmachtsmanöver statt, dem Hitler mit Mussolini, der zu Besuch in Deutschland war, beiwohnte. Und es wurde die Achse Rom-Berlin gegen den Bolschewismus geschaffen.
Fasziniert betrachte ich das Treiben der Nazis. Sie arrangieren ein Fest nach dem anderen und das Volk taumelt benommen von Feier zu Feier und hat kaum Zeit, einmal in Ruhe zu denken.
Da ist der deutsche Beamtentag, der Tag der deutschen Kunst, der Tag des deutschen Handwerks, der Tag der deutschen Wehrmacht, der Tag – der Tag – der Tag – –; ein großer Fasching. In irgendeiner Provinz oder irgendeiner Stadt ist stets ein Grund zum Feiern und zum Flaggen. Kein Teil Deutschlands und keine Berufsgruppe wird übersehen – mit Ausnahme der Intellektuellen – und bei all diesen Veranstaltungen spricht entweder der Führer oder ein Mitglied seines Triumvirates, und das Volk fühlt sich ihnen nahe und bedeutend.

28. Oktober 1937

Vor ein paar Tagen, als mich Vater in die Stadt schickte, um etwas für das Labor zu besorgen, traf ich Günther Rund auf der Straße. Günther, der mich auf dem Motorrad zum Polizeipräsidium zu befördern pflegte und den ich ewige Zeiten nicht mehr gesehen hatte, überfiel mich mit tausend Fragen. Da ich etwas in Eile war, versprach ich ihm, ihn am Mittwochnachmittag in seiner neuen Behausung im Westend zu besuchen.
Wir saßen in seinem sonnigen Zimmer, und während er mich bewirtete, beantwortete ich alle seine Fragen und berichtete über den Verlauf meines Lebens.
„Und was treibst du Günther?“

,,Immer noch das gleiche. Allerdings – da nicht mehr so viel passiert, gehe ich nun auch ab und zu zum Gericht. Vielleicht werde ich mich mehr auf Gerichtsberichterstattung spezialisieren."

Wir tauschten Erinnerungen an Kollegen aus, die Deutschland verlassen hatten und ich erkundigte mich, wie es nun in der F.Z. sei?

Günther fühlt sich nicht mehr wohl dort und klagte über die neue Leitung und das allgemeine Mißtrauen gegen die neuen Kollegen und sogar die Drucker. Selbst der sehr zusammengeschrumpfte alte Stamm der Redakteure muß vorsichtig sein, wenn sie sich unterhalten, denn die Wände scheinen Ohren bekommen zu haben.

,,Und wie geht es Karl?"

Günthers vergnügte Augen sahen mich erstaunt an: ,,Seht Ihr euch denn nicht mehr?"

Ich schüttelte schweigend den Kopf; doch als Günthers forschender Blick mich nicht losließ, sagte ich: ,,Ich war dagegen, unser beider Leben noch mehr zu komplizieren. – Wie geht es ihm?"

Günther mußte unwillkürlich lachen: ,,Er war ziemlich geladen, als er von einem Balkon in der Zeppelin-Allee eine Ansprache à la Sprenger an das Volk hielt. Du weißt ja, wie Karl sein kann –. Es fiel ihm nicht zu schwer, den meistens angetrunkenen Gauleiter zu imitieren. Er endete: ,Volksgenossen – seid euch stets bewußt – – Adolf Hitler ist der Mann, dem ihr alles verdankt... Adolf Hitler ist euer Führer... und ihr seid die Angeführten!' "

Ich lachte als Günther fortfuhr: ,,Die Zeppelin-Allee ist ja zum Glück sehr breit – aber der Balkon war beinahe gegenüber von Sprengers Villa."

,,Und?" fragte ich nun etwas alarmiert, ,,Was geschah?"

,,Karl hat Berufsverbot in Hessen-Nassau bekom-

men." – Günther erhob sich: „Soll ich dir mal einige von meinen neuen Schallplatten vorspielen?"
Gleichzeitig mit meiner Antwort läutete das Telefon.
Günther hielt mir den Hörer hin: „Für dich."
Mutter, bei der ich Günthers Nummer hinterlassen hatte, sagte: „Die Sekretärin von Professor Sjöderbloom hat angerufen. Er ist für ein paar Stunden auf der Durchreise hier und möchte dich sehen."
Wir standen einander gegenüber, die Hände in der Begrüßung sich haltend, die Augen strahlend.
Von der Operation wußte er nichts mehr, „aber die erste Nacht! – Es war schrecklich! Ich konnte keine Luft mehr bekommen. Ich kämpfte um ein bißchen Atem und heulte wie ein kleines Kind." Er schüttelte den Kopf über sich.
„Aber dann, nach drei Uhr, sind Sie doch endlich erschöpft eingeschlafen."
„Ja", nickte er, noch so von der Erinnerung an jene Nacht mit ihren Schrecken gepackt, daß er sich über meine Bemerkung gar nicht wunderte, „dann bin ich schließlich eingeschlafen, und von da an ging es besser."
Er wird noch für einige Wochen nach Bühler Höhe zur Erholung gehen.

7. November 1937

Meine neue Arbeit macht mir Freude. Wenn auch, wie in allen Forschungslabors, vieles Routine ist, so habe ich meine persönlichen Gründe, mich nicht zu langweilen. Außerdem ist die Zusammenarbeit mit den anderen Laborantinnen und Assistenzärzten kameradschaftlich und das Arbeitsklima erfreulich.
Wir sitzen in einem Turm mit vielen Fenstern, den Blick

auf die Bäume der Nibelungen-Allee und viel Himmel. Langsam kommen die ersten Patienten auf die Station, unter ihnen, zu meinem Erstaunen, auch einige Soldaten, für die der Krieg bereits vorüber ist bevor er nur begann.

Was mich bei der Arbeit anspornt ist die Hoffnung, daß ich vielleicht ein wenig dazu beitragen kann, Vater zu einem schnelleren Erfolg zu verhelfen. Vater, der seinen Ergebnissen und Fehlschlägen mit verbissener Zähigkeit nachgeht, sieht in der Besserung des Befindens seiner Kranken begründeten Optimismus, aber er ist gezwungen, bald Ergebnisse vorlegen zu können. Zum letzten Neujahrstag erhielt er eine vorsorgliche Kündigung zum 1. Januar 1939, da er zu diesem Zeitpunkt die Altersgrenze von 65 überschritten haben wird. Fachärzten wird zwar eine Altersgrenze von 70 Jahren zugebilligt, falls man ihnen nicht ein Jahr zuvor die Kündigung ausspricht.

Vater hatte den Fehler gemacht, sich mit dem Vorsitzenden der Administration darüber zu unterhalten. Sanitätsrat deBary, ein charakterloses Individuum, der den Spitznamen ,,Gummimann" führt, erklärte Vater, daß er Verträge hielte. Vater verstand diese diplomatische Antwort nicht, mit der sich deBary aalglatt aus der Affäre zog. Der Vertrag wurde gehalten – und vorsorglich fristgemäß gekündigt. Vater ist nun äußerst deprimiert im Gedanken daran, das Krankenhaus, seine Kranken und Schwestern verlassen zu sollen. So setzt er alle Hoffnung darauf, ,,die Tb-Frage zu lösen", wie er sich ausdrückt. Er ist überzeugt, daß dann sein Vertrag verlängert würde.

Mag sein, daß im Falle des Erfolges deBary Vater seine jüdische Frau und vorbestrafte Tochter vergeben würde, denn ich glaube schon, daß wenigstens Mutter ein wichtiger Grund dafür ist, Vater seines Chefarztpostens zu entheben.

Wir sitzen in unserem gläsernen Turm und sind so vertieft in Esterasen, Lipasen, $P_H$-Werten und Ausscheidungen von Vitamin C, daß wir kaum noch wissen, was in der Außenwelt vor sich geht. Trotzdem gelangte ein beängstigendes Gerücht zu mir.
Hitler soll in einem geheimen Treffen am 5. November zwischen ihm, dem Außenminister und den Oberbefehlshabern der Wehrmacht bekannt gegeben haben, daß die deutsche Raumnot auf dem Wege der Gewalt zu lösen sei. Als „Nahziel" nannte er Österreich und die Tschechoslowakei.
Geladen mit dieser Neuigkeit kam ich bei unserem Zahnarzt, Müllerchen, an.
„Daß Österreich eine große nationalsozialistische Bewegung hat, ist ja nicht neu" kommentierte ich. „Sollte Hitler also Österreich annektieren – oder als der verlorene Sohn in die Heimat zurückkehren – wird er dort mit offenen Armen aufgenommen werden."
Müllerchen nickte. Auf seinem kleinen drehbaren Hokker kauernd sagte er mißbilligend: „In der Tschechoslowakei sind die Sudetendeutschen auch schon längst organisiert und wollen ‚Heim ins Reich'." Er starrte vor sich auf den Linoleumboden.
„Wird die Eroberung dieser beiden kleinen Länder Deutschlands Raumnot beheben?" fragte ich. „Schließlich leben dort ebenfalls Menschen. Oder sollen die nicht-deutschen Elemente vertrieben werden?"
Als er weiter schweigend auf den Boden starrte, fuhr ich fort: „Mich beunruhigt viel mehr die Frage, ob diese wahrscheinlich schnelle und unblutige Eroberung den Ehrgeiz eines Gefreiten befriedigen kann, der glaubt aller Welt beweisen zu müssen, daß er nicht nur dem Namen nach der oberste Befehlshaber der deutschen Armee ist.

Irgendetwas mit diesem Hitler ist nicht in Ordnung. So verschieden die beiden Männer auch sein mögen – unwillkürlich werde ich zu Vergleichen zwischen ihm und Kaiser Wilhelm veranlaßt. Wilhelm, der als normaler Bürger mit seinem Geburtsfehler niemals bei der Wehrmacht hätte dienen können, mußte ausgleichen, was die Natur ihm versagte. Er mußte um jeden Preis einen Krieg führen von dem spätere Generationen noch sprechen würden und dabei seiner als des heldenhaften Kaisers gedenken. Der zu kurze Arm würde vergessen werden, nicht aber der große Feldherr."
„Ja", bestätigte Müllerchen bitter, „die Generation wie die Ihre, die gar nicht dabei war, spricht jedenfalls noch von dieser Katastrophe und erlebte wenigstens die Folgen."
Ich nickte und dachte einen Moment nach. „Wissen Sie, Hitler, dieser Bastard – ich meine das nun rassisch! – hat seinen nordisch-germanischen Komplex. Wahrscheinlich überkommt ihn dieses Minderwertigkeitsgefühl, indem er sich zum Herrn und Behüter der nordisch-germanischen Rasse erhebt und eifersüchtig darüber wacht, daß dieses kostbare Blut nicht noch weiterhin beschmutzt und entehrt wird.
Was aber ist mit seinem militärischen Komplex? Während der Berufsoffizier die Militärschule besucht, Strategie studiert und alle Finessen des Tötens erlernt, um langsam die Leiter der Beförderung Sprosse um Sprosse zu nehmen, ist Hitler auf der Woge des Erfolges plötzlich vom gemeinen Soldaten zum obersten Befehlshaber der Wehrmacht erhoben worden. Vielleicht fragt er sich gelegentlich, ob da nicht der eine oder andere Offizier im Generalstab heimlich die Nase rümpft? – Wie er die Wehrmacht und das Verteidigungssystem bisher aufgebaut hat, fand allgemeine Bewunderung. Es scheint daher logisch, daß er als Krönung seiner Aufrüstung nun einen siegreichen Krieg führen muß. Muß er nicht be-

weisen, daß ein Genie ohne besondere Schulung Caesar oder Napoleon sein kann? Wie alle militärischen Narren der Vergangenheit, Gegenwart und Zukunft denkt er bei den großen Namen nur an die Glorie der Sieger, nie an das bittere Ende."
Müllerchen überlegte: „Man sagt immer, daß in der Erinnerung die unerfreulichen Erlebnisse mehr und mehr in den Hintergrund treten und nur das Angenehme zurückbleibt. Das ist wohl ähnlich mit diesen – wie Sie sagten – Narren. Sie vergessen die eindrucksvollen Bilder einer zerfetzten, verschmutzten, geschlagenen Armee, die sich qualvoll zur Heimat schleppt. In ihrer geschichtlichen Erinnerung überlebt nur das Angenehme – die Siege – – –" Er schüttelte den Kopf: „Wissen Sie – ich kann es mir trotzdem nicht vorstellen, daß Hitler – das Grabenschwein – einen Krieg führen will..." Er drehte sich mit einem Schwung auf dem Hocker und stand auf: „Dieses Mal werde ich jedenfalls nicht mehr dabei sein."

4. Dezember 1937

Da heute, am Samstagnachmittag, nicht im Labor gearbeitet wird, bat mich die ‚Quabbe' ins Ärztekasino zu kommen, bevor ich das Hospital verließe, da sie mir ein Buch geben wollte.
Die ‚Quabbe' ist Assistenzärztin in der Gynäkologie und heißt eigentlich Kaul. Den Spitznamen gaben ihr ihre Kollegen, weil sie anscheinend ohne alkoholische Flüssigkeit nicht leben kann.
Auf dem kurzen Seitengang, der zum Kasino führt, hörte ich bereits vielstimmiges Gelächter. Als ich die Türe öffnete, sah ich die ‚Quabbe', umgeben von mehreren Assistensärzten, die alle vom Lachen gerötete Gesichter hatten.

Ich blickte mich fragend um: „Ein neuer Witz?"
Eine erneute Lachsalve antwortete mir.
Die ‚Quabbe' versuchte zu erklären: „Ein deutscher Mann – –" Lachen. „Ein deutscher – – –" Sie hielt sich die Seiten.
Schließlich schob mir einer der jungen Ärzte eine auf dem Tisch liegende Zeitung zu und deutete auf die Überschrift: „Beleidigungsklage in Köln."
In einem Streit hatte ein Mann zu seinem Freund gesagt: „Du wirst noch einmal auf den Knien zu mir rutschen."
In der daraufhin von dem Freund angestrengten Beleidigungsklage entschied das Gericht, daß er beleidigt worden sei. In der Begründung heißt es: „Ein deutscher Mann ruscht nie und unter keinen Umständen auf den Knien. Wer eine derartige Bemerkung einem anderen gegenüber macht, mutet ihm etwas Undeutsches zu und kränkt ihn damit in seiner Mannesehre."

26. Dezember 1937

Ich hatte die ganzen Wochen so intensiv gearbeitet, daß ich den ersten Weihnachtsfeiertag hauptsächlich zum Schlafen und Faulenzen benutzte.
Heute Nachmittag war ich bei Sjöderbloom, der behauptet, sich wohl zu fühlen und wieder arbeitet, wenn auch noch nicht im alten Tempo.
Im Verlaufe der Unterhaltung fragte er auf einmal: „Erinnern Sie sich dessen, was Sie letztes Jahr über das Staatsbegräbnis Seeckts sagten?"
Ich nickte.
„Ich zweifelte damals etwas an Ihrer Behauptung", fuhr er fort, „daß die Nazis – und ich besinne mich auf Ihre Worte genau – mit einem Staatsbegräbnis ihre Dankbarkeit dafür ausdrücken, daß einer ihrer Wider-

sacher ins Jenseits abberufen worden ist. Vor ein paar Tagen haben sie nun Ludendorff ein Staatsbegräbnis gegeben."

Ich meinte ironisch: „Hitler hatte sich doch offiziell erst in diesem Jahr mit ihm ausgesöhnt."

„Ja eben", sagte Sjöderbloom. „In den Augen der Öffentlichkeit war die alte Freundschaft und gegenseitige Wertschätzung wiederhergestellt. In Wirklichkeit aber hat keiner dem andern je das Fiasko vor der Feldherrnhalle vergeben und Hitler hat dem alten Ludendorff nie mehr getraut. Es mußte ihm eine Erleichterung gewesen sein, von Ludendorffs Tod zu hören." Sjöderbloom lächelte. „Welch ein Zynismus!" Plötzlich wurde er nachdenklich: „Auf der anderen Seite... Die Nazis könnten eines Tages das Ende eines prominenten Widersachers beschleunigen, um ihm dann mit trauervoller Miene ein Staatsbegräbnis zu geben. Das Volk wird daran gewöhnt, daß die Heroen so geehrt werden –. Signorina – wenn Sie recht hätten, wäre diese Idee ebenso zynisch wie diabolisch."

„Das klingt sehr nach Goebbels. Er ist zynisch und diabolisch."

„Ja", bestätigte er. „Und er hat Freude an dieser Rolle – – die er für jeden anderen Staat mit der gleichen Überzeugungskraft spielen würde."

Ich sah ihn völlig verblüfft an: „Für einen anderen Staat?" fragte ich ungläubig.

„Es gibt Leute", erklärte er, „die einfach nur ihren Beruf ausüben – wie zum Beispiel der Arzt. Der Arzt behandelt die Krankheit seines Patienten, ohne die Staatsangehörigkeit, Religion oder politische Tendenz in Erwägung zu ziehen. Er will nur den Kranken gesundmachen."

„Und Sie glauben, daß Goebbels in die gleiche Kategorie gehört?"

„Ich bin davon überzeugt. Sehen Sie, Signorina – wenn

jemand häßlich ist und für einen Mann zu klein und obendrein noch einen Klumpfuß hat – muß es da nicht überwältigend sein, nur durch seine Rhetorik die Massen aufzupeitschen, die ihm jubelnd Beifall spenden? Da bekanntlich der Mensch mit seinen höheren Zwekken wächst, hat sich Goebbels auf seinem Instrument eingespielt. Sein Instrument ist die Masse. Er hat es während der Kampfzeit vorsichtig ausprobiert und mit steigendem Selbstbewußtsein seine Proben abgehalten. Nun ist er konzertreif. Er weiß, daß er dieses Ungeheuer Masse beherrscht und in jede Richtung lenken kann. In diesem Staat der großen, blonden nordischen Germanen, in diesem Staat, in dem auf körperliche Ertüchtigung solch ein Wert gelegt wird, in dem der Akademiker vielfach verhöhnt wird, in diesem Staat ist er, der häßliche, kleine, dunkelhaarige, verkrüppelte Intellektuelle – wie der Volksmund sagt ‚der nachgedunkelte Schrumpfgermane' – da ist er einer der wichtigsten Köpfe. Ob er über das Radio spricht oder bei einer der großen Kundgebungen persönlich erscheint – er weiß und fühlt, daß er nach wenigen Worten die Masse in seinem Bann hat."

Als Sjöderbloom schwieg, ergänzte ich: „Er braucht also gar nicht von einer politischen Idee überzeugt zu sein? Seine Aufgabe ist es, die Massen von irgend etwas zu überzeugen –. Er würde das für jeden Staat tun, der ihn darum angeht? ... Wie gespenstisch", sagte ich mit einem Schauder. „... ein Mann ohne Gewissen – dafür aber mit einem gefährlichen Verstand."

Sjöderbloom lächelte: „Das, Signorina, ist die vornehmste Eigenschaft fast aller Politiker – sie haben meistens kein Gewissen ... leider haben sie auch nur selten Verstand."

„Wissen Sie übrigens, daß der alte Goethe schon sagte: ‚Politik verdirbt den Charakter'?"

9. Januar 1938

Das alte Jahr ging, und ich strich es aus dem Kalender meines Lebens aus mit einem kleinen Kreuz, so wie die Gefangenen in Preungesheim an den Zellenwänden jeden vergangenen Tag auskreuzten, der zwischen dem Heute und ihrer Freiheit stand. Ich weiß im tiefsten Innern, daß das Dritte Reich nur eine sehr begrenzte Lebensdauer hat, jedoch... Wie viele Jahre werde ich mit meinen Leidensgenossen noch auskreuzen müssen, bis auch wir wieder als freie Menschen leben und atmen können?
Vater erhielt inzwischen seine endgültige Kündigung und wenn nicht noch ein Wunder geschieht, wird der 31. Dezember das Ende seiner Tätigkeit im BH sein. Er hat Erfolge mit seiner Behandlungsmethode, konnte aber bisher noch kein marktfähiges Medikament produzieren, von dem schließlich alles abhängt. Da derartige Arbeiten Zeit erfordern, zweifle ich, daß dieses kurze Jahr ausreicht.

8. Februar 1938

Am 5. Februar erklärte Hitler: „Die Befehlsgewalt über die gesamte Wehrmacht übe ich von jetzt an unmittelbar persönlich aus."
„Das bisherige Wehrmachtsamt im Kriegsministerium tritt mit seinen Aufgaben als ‚Oberkommando der Wehrmacht' und als mein militärischer Stab unmittelbar unter meinen Befehl – – –"
Sjöderbloom und ich diskutierten diese letzte Wendung der Ereignisse.
Er fragte: „Was halten Sie von diesem neuesten Coup, Signorina?"
„Ich finde ihn beängstigend! In diesem Zusammenhang

denke ich an die dunklen Prognosen meines Kollegen, von dem ich Ihnen erzählte. Er vertritt die Ansicht, daß Hitler einen Krieg entfesseln will. So betrachte ich Hitlers neuesten Schritt von diesem Standpunkt aus. – Wenn dieser Gefreite den Moment für geeignet hält, kann er einen Krieg beginnen. Als alleiniger Befehlshaber der gesamten Wehrmacht, sind nun auch auf diesem Gebiet alle Schranken gefallen. Und diese Tatsache finde ich absolut beängstigend –"

„Was Sie sagen, drückt mit anderen Worten genau das aus, was ich empfand – – Und wie geschickt Hitler sich all der Männer entledigt, die nicht von Anbeginn an in seiner Bewegung waren, oder denen er etwas mißtraut wie den Generälen von Blomberg und Fritsche."

Ich mußte unwillkürlich lachen: „Ja – das Schicksal oder das Dritte Reich hat schließlich auch unseren geschätzten General von Blomberg eingeholt – den einstmaligen Zwischenträger, der vor dem Dritten Reich geschickt hinter den Kulissen den Nazis so viele Trümpfe in die Hand spielte. Nun hat er die unverzeihliche Sünde begannen, eine junge wasserstoffsuperoxyd Blonde mit einem schon nicht mehr zweifelhaften Ruf zu heiraten. So erfüllte unser verehrter Führer des Generals häufig geäußerten Wunsch, in den Ruhestand treten zu dürfen. Es war sozusagen ein nachträgliches Hochzeitsgeschenk."

Sjöderbloom sah mich amüsiert an: „Ich wußte gar nicht, daß Sie so bösartig sein können, Signorina."

„Bösartig? Ich glaube nur stets dem, was ich den Zeitungen entnehmen kann!" – Ernst werdend fragte ich: „Was, glauben Sie Signore, hat sich wirklich abgespielt?"

Er zuckte die Achseln: „Das ist schwer zu sagen. Daß es nur die ‚unehrenhafte Eheschließung' war, glaube auch ich nicht. Obwohl solch kleine Geister wie Hitler sich natürlich immer fürchten, irgendwie lächerlich zu erscheinen und diese Messalliance gibt Anlaß zum Spott... Ich glaube vielmehr, daß die Nazis es einfach nicht ertragen können, einem Außenseiter zu Dank verpflichtet zu sein. Blomberg hat vor dem Dritten Reich eine Doppelrolle gespielt. Gesetzt den Fall, Hitler führt einen Krieg und Blomberg ist nicht einverstanden. Würde er dann hinter Hitlers Rücken mit dessen Feinden konspirieren?"

Er sah mich fragend an, und als ich nachdenklich nickte, fuhr er fort: „Göring, der eine klare Linie gehalten hat, braucht er nicht zu fürchten. So hat er ihn zum Generalfeldmarschall gemacht und sich ihn noch mehr verpflichtet..."

Sjöderbloom verstummte plötzlich, bis ich das Schweigen unterbrach: „Was ist Signore?"

„Ich war letzte Woche zu einer offiziellen Veranstaltung eingeladen. Im Verlaufe des Abends klopfte mir Gauleiter Sprenger wohlwollend auf die Schulter und fragte: ‚Was meinen Sie Professor – wollen Sie nicht auch in die Partei eintreten?' "

Ich stieß tonlos pfeifend den Atem aus.

Er nickte grüblerisch: „Was würden Sie denn an meiner Stelle tun, Signorina?"

„Fortgehen! Ich würde Deutschland verlassen!"

„Wohin sollte ich gehen?"

„Nach Schweden", antwortete ich prompt, „oder Finnland."

Er schüttelte traurig den Kopf: „Wenn ich gesund wäre – ja. Ich würde gehen und noch einmal beginnen. Aber in meiner Verfassung..."

16. Februar 1938

Politisch ist eine allgemeine Entspannung eingetreten. Der österreichische Kanzler Schuschnigg war auf dem Obersalzberg, um mit Hitler die Beziehungen zwischen den beiden Ländern zu besprechen. Beide waren sich einig, daß sie an dem Abkommen vom Juli 1936 festhalten wollten. Beide haben sofortige „Durchführung von Maßnahmen beschlossen, die gewährleisten, daß ein so enges und freundschaftliches Verhältnis der beiden Staaten zueinander hergestellt wird, wie es der Geschichte und dem Gesamtinteresse des deutschen Volkes entspricht".

Ich wälzte diesen Satz in meinem Kopf hin und her, während wir beim Abendessen saßen und war wohl etwas unaufmerksam, denn Mutter mußte mich zweimal bitten, ihr das Salz weiterzureichen.

„Bist du müde?" fragte sie teilnehmend, „Bedrückt dich etwas? – Hast du Ärger gehabt?"

Mit einem Seufzer erwiderte ich schließlich: „Nein – ich habe nur über die deutsch-österreichische Affäre nachgedacht."

Vaters große, ausdrucksvolle Augen richteten sich auf mich: „Du dachtest über das Treffen auf dem Obersalzberg nach?" und erleichtert fügte er hinzu: „Das Problem Deutschland-Österreich scheint ja nun gelöst zu sein."

„Ich bin anderer Ansicht."

„Wieso?"

„Ich glaube, die Probleme fangen jetzt erst an. Ihr müßt im Dritten Reich lernen, zwischen den Zeilen zu lesen."

Vater lächelte: „Du sprichst wie das Orakel von Delphi. Was ist da schon zwischen den Zeilen zu lesen?"

„Hitler sagt über das Verhältnis der beiden Staaten zueinander, daß es dem Gesamtinteresse des deutschen Volkes entspricht", erklärte ich. „Von dem österreichischen Volk ist nicht die Rede. Ich glaube, der arme Schuschnigg hat gar nicht begriffen, daß er mit offenen Armen in die Falle gerannt ist."

„In eine Falle?" fragte Mutter verständnislos.
„Ja", sagte ich. „Er hat nicht genau hingehört – oder auch nicht zwischen den Zeilen gelesen. Beglückt über die Verständigung mit Hitler eilte er heim, um seine Regierung umzuorganisieren. Das dürfte wahrscheinlich seine letzte Tätigkeit als österreichischer Kanzler sein."
Vater schüttelte mißbilligend den Kopf: „Du siehst wirklich alles zu einseitig, mein Kind. Was erwartest du denn? Was kann Hitler denn schon Österreich tun?"
„Er kann es schlucken."
„Wirklich, Löwe!" sagte Katherina vorwurfsvoll, die die ganze Zeit geschwiegen hatte.
Ich sah sie mit zusammengekniffenen Augen an: „Ja, wirklich! Im Herbst wollen wir uns noch einmal darüber unterhalten – wenn es noch so lange dauert."

27. Februar 1938

Durch Frankfurt ging eine Grippewelle, der schließlich auch Vaters Biochemiker zum Opfer fiel.
Ich weiß nicht mehr, ob ich diesen äußerst unerfreulichen Charakter je erwähnte. Er ist ein überschlanker, graziler ukrainischer Aristokrat, der mit einem Stock geht, da er sich als Kind angeblich bei einem Reitunfall auf dem Gut seiner Eltern die Hüfte gebrochen hatte. Er spricht mit einer scharfen Altstimme und hat einen skurrilen Humor. – Was mich bei der ersten Begegnung mit diesem zarten, interessant aussehenden Menschen abstieß, sind seine derben, grausamen Hände, die gar nicht zu der übrigen Erscheinung passen.
Wenngleich Vater mit diesem Juretschenko beruflich glücklich ist, konnte ich durch alle die Monate ein gesundes Mißtrauen nicht abschütteln. Auf meine War-

nungen jedoch, ihn mit Vorsicht zu genießen, meinte Vater nur, daß ich Gespenster sähe.
Nun hatte also Juretschenko vor einigen Wochen die Grippe gehabt. Er wollte nicht, daß Vater nach ihm sah, bat aber um Medikamente und kam nach der üblichen Grippedauer wieder ins Labor. Irgendwie konnte er sich jedoch nicht erholen, war auffallend blaß und hüstelte. Endlich gab er Vaters Drängen nach und ließ sich untersuchen.
Vater sprach später mit mir darüber, kopfschüttelnd mit einem unsicheren Gefühl. „Juretschenko hat einen Lungenspitzenkatarrh. Es ist nicht schlimm. Mit etwas Ruhe und guter Ernährung sollte er schnell ausheilen."
„Was beunruhigt dich dann?"
Vater runzelte die Stirn: „Er ließ mich nur die Lunge untersuchen. Als ich die Hüfte sehen wollte, lehnte er sehr bestimmt ab und erklärte, die habe damit nichts zu tun."
„Vermutest du eine alte Hüftgelenkstuberkulose?" fragte ich.
Vater zuckte die Achseln: „Ich konnte ihn ja nicht zwingen, sich völlig untersuchen zu lassen ... aber irgendetwas stimmt nicht."
Wir mußten gar nicht bis zum Herbst warten bis Hitler Österreich schluckte. Der naive Kanzler Schuschnigg organisierte vereinbarungsgemäß seine Regierung um, indem er den österreichischen Nazis mehr Macht einräumte und den Leiter der österreichischen Nazi-Partei, Seyß-Inquart, zum Sicherheits- und Innenminister ernannte. Seyß-Inquart stattete sofort unserem Führer einen Besuch ab. So redselig die Presse auch sonst sein mag, wenn es sich um die Belange der Nazis handelt, so habe ich diesmal das dunkle Gefühl, daß sie nicht über die komplette Verhandlung informiert wurde. Wie dem auch immer sei – in Österreich kam es zu Unruhen, de-

nen der neue Sicherheitsminister so hilflos gegenüberstand, daß er sich am 11. März gezwungen sah, Hitler um deutsche Truppen zu bitten.
Zwei Tage später zogen die deutschen Truppen in Österreich ein. Zu der Machtergreifung der Nazis jubelte die dortige Bevölkerung: „Österreich ist frei!"
Die meisten Ämter und Behörden wurden bereits über Nacht von SA und SS besetzt und – Österreich tritt ein ins Reich!
Danach besuchte unser Führer seinen neuen Gau Österreich. Wiens Begeisterung kennt keine Grenzen als der verlorene Sohn siegreich heimkehrt. Wo immer er sich zeigt, umjubeln ihn die Menschen, und nachdem er sich in ganz Österreich hat feiern lassen, empfängt ihn eine geradezu hysterisch begeisterte Menschenmasse in Berlin.
Ich begreife langsam, daß Hitler ein Übermensch sein müßte, wenn er sich bei dieser Vergötterung nicht für einen Übermenschen hielte.

26. März 1938

Sjöderbloom nimmt einen verlängerten Osterurlaub. Heute fährt er nach Bühler Höhe und wird erst in fast einem Monat wieder zurück sein. Ist das nur Vorsicht oder –?

10. April 1938

Mein heutiger Geburtstag fiel auf diesen ereignisreichen Sonntag, an dem nicht nur in Österreich sondern gleichzeitig in Deutschland über „Großdeutschland" abgestimmt wird.

Im Gegensatz zu meinen sonstigen Geburtstagen schien irgend etwas Außergewöhnliches im Gange zu sein. Ich durfte das Eßzimmer nach dem Frühstück nicht verlassen, hörte Getuschel und fremde Schritte auf dem Korridor bis ich schließlich ins Musikzimmer geführt wurde, um meine Gaben zu bewundern.
Wie gebannt blieb ich in der Türe stehen. Auf kurzen unsicheren Beinchen mit zu großen Pfoten daran, kam mir ein kleiner schwarzer Wollknäuel entgegen. Siegrid stand mir strahlend in der anderen Ecke des Raumes gegenüber. – Ich nahm das winzige Hündchen auf. Das weiche Babyfell schmiegte sich an mein Gesicht während die kleine Zunge zärtlich meine Hand leckte. Wir waren hingerissen voneinander.
Ich blickte auf und sah in die freudigen erwartungsvollen Gesichter der Eltern.
„Vielen Dank!" murmelte ich, setzte vorsichtig das kleine Wollpaket auf den Teppich und umarmte Vater.
Seit Jahren wünschte ich mir einen Scotchterrier und stieß auf eisernen Widerstand. Jeden Morgen, wenn ich Vater ins Krankenhaus begleite, begegnen wir einem Herrn, der seine beiden Scotties ausführt. Wie oft hatte ich Vater auf sie aufmerksam gemacht und genau so oft hatte er mir voller Überzeugung erklärt, wie unbeschreiblich häßlich sie seien. So etwas wolle er nicht im Hause haben. Mit der Erfüllung dieses Wunsches drückte er mehr aus als er mir mit Worten sagen konnte.
Dieser Sonntag war ein so freudiger harmonischer Tag, daß ich einmal die ganze politische Misere vergaß – bis Vater spät in der Nacht das Radio anstellte, um den Bericht über den vollen Abstimmungserfolg zu hören. Millionen waren an den Wahlurnen und gaben den Nazis erneut Gelegenheit der Welt zu beweisen, wie völlig sie von der Bevölkerung unterstützt werden.

1. Mai 1938

In den letzten Tagen ist zu Hause eine wilde Aktivität ausgebrochen, denn am 27. April wurde eine Verfügung veröffentlicht, die eine Bestandsaufnahme des jüdischen Vermögens erfordert, bei der der nichtjüdische Ehepartner nicht ausgenommen ist. Es handelt sich um eine Aufstellung des Vermögens, ausgenommen aller nicht beweglicher Gegenstände und solcher, die ausschließlich zum persönlichen Gebrauch bestimmt sind, wie Hausrat und dergleichen, so weit es sich nicht um Luxusgegenstände handelt.
Vater nutzte seinen freien Mittwochnachmittag und traf seinen Stammtischfreund Rechtsanwalt Bergenhoff, der ihm riet in einer Schenkungsurkunde alle wertvollen Möbelstücke, Gemälde, Silber etc. seinen Kindern zu überschreiben. So machen wir in den letzten Tagen Inventur im Hause und Mutter zerrt an meinen Nerven mit ihren ewigen Skrupeln, ob keines von uns zu kurz käme oder sich benachteiligt fühle. Meine Einwände, daß es sich praktisch nur um eine Formsache handele, helfen nichts. Sie betrachtet diese Schenkungsurkunde anscheinend wie ein Testament und begreift einfach nicht, daß es sich lediglich um eine Überlistung der Nazis handelt.
Am Tage war ich im Labor beschäftigt, am Abend stellten wir die Liste für die Schenkungsurkunde zusammen und wenn ich schließlich – nach verschiedenen Spaziergängen mit meinem kleinen Brandy – in meinem Zimmer war, jagten die Gedanken durch meinen Kopf. Wozu wollen die Nazis eine jüdische Vermögensangabe machen? Nur um ihre Neugierde zu befriedigen? Sicher nicht! Irgend etwas Infernalisches hatten sie schon wieder ausgeheckt. Nach und nach würden wir es herausfinden – obwohl dazu in diesem Falle keine große Phantasie gehört – –

Ich war mit allen diesen quälenden Gedanken nicht in der besten Verfassung Sjöderbloom zu sehen. Wenn er mich jedoch bittet, zu ihm zu kommen, kann ich nie ablehnen. Die Stunden mit ihm sind ein Geschenk – das einzige Geschenk des Schicksals, das mir das Leben lebenswert erscheinen läßt – und ich weiß doch in der Tiefe meines Herzens, daß es nicht von Bestand sein kann.

Wir hatten einander seit seiner Rückkehr von Bühler Höhe noch nicht gesehen. Er war blaß und seine Hand fühlte sich zu warm an. Nach der Begrüßung sah ich mich in dem vertrauten Raum um, in dem nun eine kleine Couch steht.

„Wo ist Bonzo?"

„Tot", sagte er kurz.

„Signore!"

Er zuckte die Achseln und beschäftigte sich damit, den Wein in die Gläser zu füllen.

Wir unterhielten uns über die Annektion Österreichs, über den ersten Spatenstich Hitlers an der Autobahn Salzburg-Wien und über Konrad Henlein, den Leiter der sudetendeutschen Nazis in der Tschechoslowakei, der dort anfängt zu schüren und Neuwahlen verlangt.

Sjöderbloom lächelte mit gutmütigen Spott: „Seyß-Inquart – sei's Henlein..."

Ich nickte: „Die Tschechoslowakei ist das nächste Ziel. Hitler will via Henlein den kleinen Finger, um nachher die ganze Hand zu nehmen."

„Dieser Irrsinnige wird keine Ruhe geben", sagte er deprimiert, „bis er einen riesigen Krieg, einen zweiten Weltkrieg, entfesselt hat – –"

Er stand auf, ging unruhig im Zimmer auf und ab, unregelmäßig mit Anstrengung atmend, während seine Stirn feucht zu glänzen begann. Ich folgte ihm schweigend mit den Augen. Unsere Blicke trafen sich.

„Signorina", stieß er hervor, „darf ich den Kragen aufmachen?"
„Natürlich!"
Er riß die Krawatte herunter und öffnete den Kragen mit einem tiefen Atemzug, der einem Seufzer gleichkam. Dann setzte er sich auf die Couch. Die Angst stand in seinen Augen während sein Atem in unregelmäßigen Stößen ging.
„Warum legst du dich nicht hin?" fragte ich.
Er streckte sich auf der Couch aus: „Signorina – ich bin gezeichnet – –. Kann man das Zeichen auf meiner Stirn noch nicht sehen? Es muß doch schon ganz deutlich sichtbar sein?!"
Ich strich sein wirres graues Haar glatt: „Nein", sagte ich tröstlich, „nein, da ist kein Zeichen."
Erschöpft fiel er in einen kurzen unruhigen Schlaf.
Als er erwachte, blickten seine Augen mich klar an: „Signorina – wie atme ich im Schlaf? Ehrlich! Ganz ehrlich!"
Ich erwiderte seinen Blick: „Gut. Ganz gleichmäßig."
Seine Augen glitten prüfend über mein Gesicht: „Ist es schon so weit – –"
Es war Mitternacht als ich aufbrach. „Signore – soll ich noch bleiben?"
„Nein, nein. Ich fühle mich viel besser."
Könnte ich doch nur für einen Augenblick die Nazis und meine Abstammung vergessen – nichts könnte mich dazu bewegen, ihn allein zu lassen! – Ich kenne seine Bedenken. Für ihn spielt der Altersunterschied eine große Rolle, und daß er krank ist. Ich aber habe nicht den Mut, ihm seine Bedenken auszureden, denn die Belastung durch meine Person erscheint mir zu viel für ihn.
Während ich schlaflos in meinem Bett lag, dachte ich: Du glaubst, du bist gezeichnet – und ich glaube, ich bin verdammt. Jeder von uns ist allein in seiner grenzenlosen Verzweiflung...

Auf unserem gemeinsamen Weg zu BH treffen Vater und ich gelegentlich mit dem Röntgenologen des Krankenhauses zusammen.
An diesem strahlenden Morgen schien jener Doktor uns abgepaßt zu haben. Nach seiner Familie suchte er wohl die nächsten Opfer, denen er sein Herz ausschütten konnte über all die Enttäuschung, das Unrecht, das ihm widerfahren war.
Er ist ein altes Parteimitglied mit einer verhältnismäßig niedrigen Nummer. Die Partei hatte zwecks irgendeiner Eintragung oder Erneuerung seinen Parteiausweis verlangt.
„Und stellen Sie sich vor – stellen Sie sich vor –", der dicke bequeme Mann war ganz außer sich, „als ich ihn zurückbekam, war eine viel höhere Nummer drin! Denken Sie doch nur! Die haben irgend jemand anderem meine niedere Nummer gegeben! Das ist doch nicht recht?"
Vater, um dessen Mundwinkel es verräterisch zuckte, fragte teilnehmend und beruhigend: „Sind Sie denn sicher, daß da kein Irrtum vorliegt?"
„Nein! Nein! Ich habe gleich auf dem Parteibüro angerufen. Es ist kein Irrtum! Sie sagten etwas von einer Umorganisation. Ich finde das aber wirklich unrecht! Irgendein neuer Favourite hat jetzt meine alte Nummer."
„Das tut mir wirklich leid, Kollege – aber ich kann es mir trotzdem nicht vorstellen... Das käme ja fast einem Betrug gleich."
„Ja, nicht wahr?! Aber ich kann nichts dagegen tun. Wenn ich mich zu laut beschwere..." Er verstummte plötzlich.
Was, werter Herr Parteigenosse, geschieht dann? Haben Sie Angst? Kennen Sie die Methoden Ihrer Kame-

raden so gut, daß Sie lieber ein Unrecht erdulden – als Ihren Hals riskieren?
Vater war äußerst amüsiert, daß gerade wir es waren, diese Beschwerde zu hören. Ich teilte seine Schadenfreude wohl, doch gleichzeitig beschlich mich ein ausgesprochenes Unbehagen. Wenn schon die Pgs vor ihren eigenen Leuten Angst haben, was erwartet dann Untermenschen wie uns?

18. Mai 1938

Die IG-Farben wollte detaillierte Berichte über die Fortschritte von Vaters Arbeit haben ehe sie bereit ist, weiterhin ihre finanzielle Unterstützung zu geben. Seit etwa Ende März nun begann das Tauziehen zwischen Vater und Juretschenko. Letzterer hatte erst noch weitere Eintragungen zu machen, die erstaunlich langsam vonstatten gingen. Als nächstes mußte er irgendwelche kurzfristigen Reihenversuche durchführen. Er hatte eine Ausrede nach der anderen bis Vater schließlich die IG nicht mehr hinhalten konnte und gezwungen war, Juretschenko ein Ultimatum zu stellen: Entweder er legte seinen Teil der bisherigen Ergebnisse bis zum Monatsende vor oder Vater würde nicht mehr in der Lage sein, ihn weiterhin zu beschäftigen. Es kam schließlich zum Bruch und Juretschenko erschien nicht mehr.
Mutter war entsetzt: ,,Was wird denn nun aus ihm? Wenn du ihn nicht mehr bezahlst, wird er sicher hungern und seine Tuberkulose –“
Vater zuckte die Achseln: ,,Wahrscheinlich. Aber das ist nicht meine Sorge. Er hat seine Entscheidung selbst getroffen, und ich habe lange genug Geduld gehabt.“ Er schwieg und starrte düster vor sich hin. ,,Das bedeutet selbstverständlich auch das Ende meiner Arbeit – und meine Pensionierung.“

„Aber du hast doch schon solche Erfolge mit deinen Patienten!" widersprach Mutter.
„Ja, ja", sagte Vater etwas irritiert, „aber damit allein kann man die therapeutische Industrie nicht überzeugen. – – Wenn ich nur noch ein, zwei Jahre Zeit hätte..."

14. Juni 1938

Wahrscheinlich teilten Vater und ich die heimliche Hoffnung, daß Juretschenko unter dem Druck der Verhältnisse einlenken würde. Wir hörten jedoch nichts von ihm und arbeiten ohne Biochemiker weiter. Die Assistenten, angespornt durch die auffallende Besserung der Lungenkranken, helfen mit so gut sie können, während Vater zwischen Optimismus und Hoffnungslosigkeit schwankt.
Einen großen Auftrieb gab uns der Fall Alt. Herr Alt hatte im Weltkrieg einen Lungenschuß und als dessen Folge eine schwere Tuberkulose bekommen, die sporadisch immer wieder aktiv wird. Hoch fiebernd, mit einer großen Caverne in einer Lunge und Bazillen spukkend, war er bei Vater eingeliefert worden. Innerhalb von einer Woche schloß sich die Caverne, das Fieber fiel und die Bazillen verschwanden aus dem Sputum. Nun geht er im Schlafrock und Pantoffeln gemächlich auf dem Gang spazieren, strahlend über seine schnelle Genesung und erzählt jedem, der bereit ist ihn anzuhören: „Ja, ja – der Vater Schroeder! Das ist ein Arzt! Er hat den Onkel Franz wieder gesundgemacht."
Wir lieben diesen Onkel Franz, der so unaufdringlich und bescheiden ist und nur einmal beiläufig erwähnte, daß er zu den ganz alten Kämpfern gehört. Ich vergab ihm diese Sünde – unserem wandelnden Beweis, daß Vater mit seiner Forschung auf dem richtigen Wege ist. Onkel Franz aber hängt mit einer abgöttischen Verehrung an Vater.

18. Juli 1938

Sjöderbloom fühlt sich anscheinend besser und gibt sich unbeschwerter, doch ich habe meine nagenden Zweifel, und es erscheint mir wie eine Ironie des Schicksals, daß mein eigener Vater so vielen Fremden helfen kann – –
Er ist in einen langen Urlaub gefahren, aus dem er erst Anfang September zurückkehren wird, und ich komme mir etwas verloren vor.

6. August 1938

Heute Nachmittag war ich mit Brandy beim Tierarzt, und wir gingen zusammen durch die Stadt nach Hause. Selbstvergessen blickte ich in die teils vergnügten, teils besorgten Gesichter der Menschen, die mir entgegenkamen, die an diesem Samstagnachmittag zu den Cafèhäusern schlenderten, die Auslagen in den Schaufenstern betrachteten oder wie ich, allein mit ihren Gedanken beschäftigt waren. Was ging in diesen Einzelgängern vor? So wie mir kein Fremder ansah, daß ich eine Gefängnishaft hinter mir habe, so verrieten diese ernsten verschlossenen Gesichter keines ihrer vielleicht quälenden Geheimnisse.
Plötzlich schubste mich eine kleine Hundenase ins Bein. Ich sah hinunter in die großen braunen forschenden Augen und mußte lachen: „Hast du Angst, daß ich dein Guti vergesse?" Das Schwänzchen setzte sich in Bewegung. Wir betraten das nächste Schokoladengeschäft im Steinweg. Wieder auf der Straße öffnete ich die Tüte, worauf Brandy nur noch auf den Hinterbeinen neben mir ging.
Da sagte eine spöttische Stimme in meinem Rücken: „Seit ich die Menschen kenne – – –"

Ich wandte mich um: „– liebe ich die Hunde –"
Ich blickte in Pötzs amüsiertes Gesicht.
„Meine liebe junge Freundin!" sagte er mit Wärme.
Wir saßen einander in der Kakao-Stube an der Katherinenpforte gegenüber. Brandy machte sich unter meinem Stuhl unsichtbar.
Ich mußte Pötz kurz berichten, was ich zur Zeit tue.
Er nickte nachdenklich und fragte plötzlich: „Und Ihre Mutter? Hat sie Schwierigkeiten?"
„O nein", erwiderte ich, „ihr Leben geht genau so weiter wie in den letzten zehn oder zwanzig Jahren."
Er lehnte sich auf seinem Stuhl zurück. In der für ihn charakteristischen Haltung hatte er die Daumen in den Hosenträgern eingehängt und sah mich prüfend an: „In der Zeitung war zu lesen, daß die Judenfrage in Deutschland auf gesetzlichem Wege schrittweise aber zielbewußt ihrer Lösung entgegengeführt wird."
„Ich habe das auch gelesen", bestätigte ich. „Zur Zeit sind die jüdischen Ärzte dran, die aus allen Stellungen entfernt werden und außerdem ihre Approbation verlieren, die sie jedoch auf Widerruf zurückerhalten können – in welchem Falle sie außer ihrer Familie nur Juden behandeln dürfen."
Pötz senkte den Kopf, so daß die Spitze seines kurzen Bartes sein Hemd berührte. „Jüdische Ärzte, die an der Front waren, scheinen bevorzugt behandelt zu werden." Sein Blick traf mich voll: „Warum lächeln Sie so sonderbar?"
„Ich entsinne mich gerade der letzten Versammlung des Landesverbandes der Deutschen Presse an der ich teilnahm. Damals hieß es: ‚Den jüdischen Frontkämpfern wird kein Haar gekrümmt.' Vielleicht war das auch nur auf Widerruf?"
„Meine Liebe – Sie beginnen zynisch zu werden", be-

merkte Pötz, „– aber das ist wohl unter den obwaltenden Umständen ein sehr gesundes Ventil.“ Er ließ seine Hosenträger los, beugte sich vor und stützte die Hände auf den Tisch. Mich mit äußerstem Interesse betrachtend fragte er: „Ist Ihre Mutter Christin?“
„Ja.“
Er legte den Kopf etwas schräg zur rechten Seite: „Sie sind also christlich erzogen?“
Mein Mund verzog sich wohl zu einem Lächeln als ich bejahte.
„Aber Sie glauben nichts?“
„Nichts.“
Er nickte befriedigt und sah sinnend auf seine nicht sehr sauberen Fingernägel: „Und Ihr Vater?“ fragte er weiter.
„Mein Vater glaubt auch nichts; meine Mutter ist eine fanatische Christin und meine Schwester ist zum Katholizismus übergetreten und wird sicher eines Tages heiliggesprochen werden.“
„Katholisch?“ Er verstummte und nach einer Weile sagte er: „Eine gefährliche Rasse, diese Katholiken. – Ist Ihnen klar, wie zerstörerisch sie sind, sobald sie Macht haben? So, wie sie die ‚Alleinseligmachende Kirche‘ besitzen – keine andere Kirche kann selig machen, verstehen Sie? – so engstirnig und apodiktisch sind sie in der Überzeugung, daß nur sie recht haben. Erbarmungslos verfolgen sie in ihrer Unduldsamkeit ihre Gegner und diejenigen, die ihnen den Gehorsam verweigern. – – Ist Ihnen eigentlich bewußt, daß alle unsere führenden Nazis Katholiken sind? Ja? Sie wissen das?“
Er nickte nachdenklich: „Was wir heute erleben, meine Gute, ist eine Renaissance der Inquisition ... denn die Menschheit hat sich doch enorm weiterentwickelt – – sie ist zivilisierter und moderner. So haben wir auch moderne Mittel, um die Abtrünnigen oder Ungläubigen zu quälen – – was offensichtlich von höchster Stelle mit

Wohlgefallen aufgenommen wird. Denn den Herren, die einst die Inquisition durchführten, folgte kein göttliches Gericht; im Gegenteil – es ging ihnen exzellent."

„Und was", fragte ich, auf seinen Ton eingehend, „läßt Sie außer dem fehlenden göttlichen Gericht annehmen, daß diese Greuel das Wohlgefallen der höchsten Stelle finden?"

Ein fast diabolisches Lächeln erhellte sein Gesicht: „Irgendwo in der Bibel steht der unglaublich zynische Satz ‚Wen Gott lieb hat, züchtigt er'. Da der Papst offensichtlich nicht in die eigenartigen Liebesbeweise seines Chefs eingreifen will, schreitet er auch nicht aktiv gegen die Greuel der Nazis ein. Schließlich hat der Papst in Rom eine direkte Verbindung zu seinem Vorgesetzten da oben." Er deutete gegen die Decke. „Niemand kann genau den Wohnsitz des Chefs angeben oder hat ihn je gesehen. Aber das ist ja nicht so wichtig. Wichtig ist allein der Glaube! Verstehen Sie – Millionen Menschen werden gegängelt mit dem Glauben! Sie glauben an einen Gott, dessen Existenz niemand jemals beweisen konnte. Sie glauben an ein Leben im Himmel oder Paradies, das sie für alle Leiden in diesem Trauertal belohnen wird. Für dieses ‚Danach' sind sie bereit, auf viele Freuden zu verzichten – aus Angst, andernfalls in die Hölle zu kommen, an die eine höhere Kirchenmacht sie ebenfalls zu glauben lehrte und die ebenfalls geografisch bis heute nicht bestimmt werden konnte." Nach einer kurzen Pause sagte er: „Was die Dinge so kompliziert, ist, daß wir nicht wissen, wer eigentlich zur Zeit der Gott vom Dienst ist. Sie sehen mich etwas verblüfft an? Ja – ich meine es: Der Gott vom Dienst. Überlegen Sie doch nur, meine Liebe, wie viele Götter die Menschheit bereits über sich hat ergehen lassen müssen. Denken Sie nur an Isis, Osiris, Bal, Jehova, Wotan, Manitou – ganz abgesehen von den griechischen Göttern. Man könnte wahrscheinlich ein kleines Adreßbuch füllen, wenn man die Götter aller Völker in der uns bekannten Geschichte bis zur Neuzeit aufzählen wollte. Nun", er beugte sich über den Tisch, „verschiedene dieser Götter sind in den Ruhestand getreten und es bedurfte jedesmal einer ganzen Weile, bis die Menschheit begriff, daß der Gott zu dem sie so eifrig beteten, sich bereits mit völlig anderen Dingen beschäftigte; – wahrscheinlich spielte er mit seinen pensionierten Kollegen Karten. Daher frage ich: Wer ist eigentlich zur Zeit der Gott vom Dienst?" Er machte eine kurze Pause, um dann mit einer unnachahmlichen Ironie zu sagen: „Wer immer er ist – ich habe das Gefühl, er steht kurz vor seiner Pensionierung." Plötzlich sah er mich scharf an: „Habe ich etwa doch irgendwelche Überbleibsel Ihrer religiösen Erziehung verletzt?"

„Nein", schüttelte ich den Kopf, „sicher nicht! Ich hatte nur die Religion nie von dieser Seite betrachtet –"

Er nickte: „Merken Sie sich eines, meine Freundin – Götter und Tyrannen sind einander sehr verwandt. Beide jedoch haben nur eine begrenzte Lebensdauer – wobei der menschliche Tyrann die kürzere hat und seine Tyrannei, die an eine bestimmte Person gebunden ist, stirbt mit ihm. Und so, wie Sie heute kaum noch etwas über Bal oder Wotan wissen, werden die Menschen, die in etwa 30 Jahren geboren werden, kaum noch etwas über Hitler wissen. In 100 Jahren wird er nur noch ein Name sein unter vielen, die die Geschichtsbücher füllen." Er schwieg und plötzlich, wie ein nachträglicher Einfall dem er Worte verlieh, fügte er hinzu: „Hitler ist wie so viele nicht originelle Politiker, die sich für groß halten – –. Es gibt Leute, die Hitler mit Napoleon vergleichen. Schön – Napoleon wollte auch die Welt erobern und erlitt Schiffbruch; etwas, woran sich die Verfechter der Hitler-Napoleon-Theorie klammern. Jedoch – Napoleon hinterließ uns ein wertvolles Vermächtnis. Denn was wäre das europäische Recht ohne den Code Napoleon? Aber Hitler?" Pötz lächelte ironisch. „Hitler ist lediglich eine Eintagsfliege in der Geschichte. Was er hinterlassen wird, kann nur grenzenlose Zerstörung sein."

17. August 1938

Seit zehn Tagen bin ich wieder in meiner Wahlheimat Hinterstein. Aber diesmal bin ich nicht alleine. Brandy begleitete mich. Ich wünschte, er hätte mich von Frankfurt aus begleitet! Wohlmeinenden Ratschlägen folgend mietete ich mir einen Transportkorb und ließ ihn im Gepäckwagen mitfahren. Bis Kempten ging alles gut; ich verbrachte sogar zwischen Stuttgart und Kempten mehr Zeit im Gepäckwagen als in meinem Abteil. In Kempten mußten wir umsteigen und als ich in Sonthofen den Zug verließ, kam zwar mein Koffer aus dem Gepäckwagen – aber kein Brandy. Ich war völlig außer mir! Der nette Bahnhofsvorsteher tröstete mich jedoch: In 20 Minuten käme ein Güterzug; da wäre er sicher drin.

Etwas unruhig vertrat ich mir die Füße auf dem kleinen ländlichen Bahnsteig bis ich plötzlich das Gefühl hatte, beobachtet zu werden. Ich wandte mich um und blickte in das lachende Gesicht eines jungen SS-Mannes.

„Worauf warten Sie denn?", sprach er mich an.

„Auf meinen Hund."

Er versuchte mit Gewalt, mich in ein Gespräch zu ziehen. So wenig mir nach einer Unterhaltung mit einem SS-Mann zu Mute war, so konnte ich ihn doch nicht behandeln wie einen normalen fremden Mann, nämlich mich auf dem Absatz umdrehen und ihn stehen lassen. Denn – von einem SS-Mann angesprochen zu werden,

ist zweifellos eine Ehre, die zu mißachten nur durch die Gegnerschaft zur Bewegung erklärt werden kann.
Trotz meiner kurzen Antworten, die sich hart an der Grenze der Höflichkeit bewegten, lud er mich ein, ihn zu besuchen. In diesem Moment sah ich den Güterzug um eine Kurve kommen.
„Ich bin hier auf der Ordensburg", erklärte der SS-Mann. „Sie haben doch sicher davon gehört?"
„Natürlich!"
Der Zug puffte in die Station ein.
„Werden Sie mich besuchen kommen? Ich bin fast immer auf der Burg."
Aus einem Wagen wurde der Hundekorb gereicht.
„Brandy!", rief ich und ein hohes Weinen antwortete mir. Ich öffnete die Korbtür und hatte Brandy im Arm als ich dem SS-Mann von der Ordensburg strahlend versprach, ihn anzurufen bevor ich käme. Er nannte mir seinen Namen und Dienstrang, den ich schon wieder vergessen hatte, als Brandy und ich im Bus nach Hinterstein saßen. Mit jedem Kilometer mit dem wir uns von der Ordensburg entfernten, leuchtete der Himmel blauer. Doch ein Gefühl der Unsicherheit beschlich mich – hatten sich die Nazis mittlerweile auch in Hinterstein ausgebreitet?
Inzwischen haben wir uns im ‚Steinadler' häuslich niedergelassen und meine Ängste verflogen schnell. Fast jeden Morgen gehen wir auf eine Hochalm und abends sitzen wir mit meinen Hintersteiner Freunden zusammen: Heribert mit dem fein gemeißelten Gesicht, der den Verkehrsverein leitet, Philipp der Zimmermann, Adalbert, der den Städterinnen die Herzen bricht und sich mit der Geschmeidigkeit einer Wildkatze bewegt; der verhältnismäßig kleine, zarte Konrad, der Besitzer der Sägemühle, der nebenbei zum Vergnügen wunderhübsche Intarsienarbeiten macht und Arnulf mit den scheinbar verträumten braunen Augen, die einen dar-

über hinwegtäuschen mögen, daß ihnen nichts entgeht. Sie sind äußerlich alle so verschieden voneinander und doch sind sie miteinander so ähnlich. Das rauhe Leben in den Bergen hat sie geformt. Alle teilen sie diesen überwältigenden Sinn für Humor und alle haben sie die Gabe, mit völlig unbeweglichen, unleserlichen Gesichtern den größten Blödsinn der Fremden anzuhören. Und alle betrachten sie den Nationalsozialismus als ein Kuriosum. Sie sind zu frei und unabhängig, um den Zwang, die Angst und Lügen zu begreifen.
Ich kann einfach nicht beschreiben, was dieses kleine Bergdorf mit seiner überwältigenden Schönheit für mich bedeutet! In der klaren Luft auf einem dieser Bergriesen stehend, den schwarzen kleinen vierbeinigen Begleiter zur Seite, schauen wir über die Grenzen des Landes, und ich empfinde all das, was eine Machtgruppe dort unten in dem Dunst der Großstadt ausklügelt, so unwichtig, belanglos und kurzlebig. Von dieser Perspektive aus begreife ich auf einmal, daß den Einheimischen einfach jeder Sinn für eine Diktatur fehlt.
Für eine kurze Weile bin ich fast glücklich und habe ein Gefühl der Unbeschwertheit und Freiheit, das ich schon vergessen hatte.

2. September 1938

Meine Koffer sind bis auf die letzten Kleinigkeiten unter Brandys aufmerksamer Überwachung gepackt. Von meinen Freunden habe ich vorhin Abschied genommen und sitze nun am letzten Abend in meinem kleinen Zimmer und kämpfe gegen das heulende Elend. Jedesmal fällt mir der Abschied von Hinterstein schwerer. Ich würde gerne auf die Großstadt und all ihren Betrieb verzichten, wenn ich hierbleiben könnte. Bin ich in Frankfurt, so habe ich Heimweh nach Hinterstein – nie umgekehrt. Doch diesmal graut es mir vor der Rückkehr. Ich kann keine Erklärung dafür abgeben, aber ich habe einfach Angst; Angst vor etwas Unbestimmten, das auf mich zukommt und dem ich nicht entgehen kann.

11. September 1938

Meine Angst schien nicht ganz unberechtigt zu sein.
Vater geht mit düsterem Gesicht einher, und man kann ihm nur selten den Anflug eines Lächelns abringen. – Die IG hat ihre finanzielle Hilfe zurückgezogen. So mußte Vater eine seiner Laborantinnen entlassen, und wir sind uns wohl alle klar darüber, daß wir in den wenigen verbleibenden Monaten zu keinem Abschluß in der Forschung oder gar zu der Herstellung eines Medikamentes kommen, das von der IG auf den Markt gebracht werden kann.
Mutters Befürchtungen bezüglich Juretschenko erfüllten sich ebenfalls. Er fand keine andere Position und fing an zu hungern. Der harmlose Lungenspitzenkatarrh wuchs sich zu einer ausgedehnten Tuberkulose aus und Juretschenko wandte sich an einen überzeugten Nazi-Arzt, von dem er wußte, daß er auf Vater nicht gut zu sprechen ist. Zur Krönung von allem hat er mit Hilfe der Atteste und Unterstützung dieses Nazis gegen Vater eine Klage auf Schadensersatz wegen falscher Behandlung und Fehldiagnose angestrengt. Vaters Versicherung kämpft den Fall zwar für ihn durch, aber welche Enttäuschung und was für ein Nervenzerschleiß!
Den gestrigen Abend verbrachte ich mit Sjöderbloom. Er sieht viel besser aus und ist frischer und scheinbar voller Lebensmut und Vitalität. Sein neues Hundekind

begrüßte mich, eine junge Welsh-Terrierhündin, die aber nur kurz bei uns blieb. Ich spürte, daß Herr und Hund noch nicht aufeinander eingespielt sind.
Wir tauschten unsere Ferienerlebnisse miteinander aus und erörterten die neuesten politischen Vorgänge, nach denen es unausbleiblich erscheint, daß Hitler die sudetendeutschen Gebiete – genau wie Österreich – besetzen wird. Die Preisfrage ist nur, ob das genau so unblutig abgeht wie in Österreich oder ob der Rest der Tschechoslowakei und die angrenzenden Länder diesen Schritt mit Waffengewalt bekämpfen werden.
„Ist es nicht schrecklich", fragte ich, „daß man chronisch auf dem Pulverfaß sitzt und nicht weiß, ob in ein paar Wochen der nächste große Krieg ausbricht?"
„Es sollte jetzt sogar den Optimisten klar werden", meinte er, „daß Hitler sich für den Eroberer Europas hält. Auf jeden Fall will er die Grenzen Deutschlands wieder so herstellen, wie sie vor dem Weltkrieg waren. Der Zeitungshetze gegen die Tschechen und dem Mitleid mit den Sudetendeutschen liegt ein System zugrunde, das für Hitler bisher erfolgreich war..."
Sjöderbloom erhob sich plötzlich: „Signorina – ich habe das Alleinsein satt –. Ich will einen Menschen haben, der zu mir gehört – der bei mir ist..."
Ich sah ihn an während ich mein Herz im Halse schlagen fühlte: „Ja, Signore –?", sagte ich gepreßt.
„Verstehen Sie mich recht ... nicht ein Verhältnis – außerdem sind Sie dafür zu schade –"
Ich erhob mich ebenfalls: „Signore – – ehe Sie weitersprechen – Sie haben mir gesagt, daß Sie nicht auswandern können. Sie wissen über meine Abstammung und Vorstrafe Bescheid... Bitte erkundigen Sie sich, was für Konsequenzen das für Ihr Leben hat."

22. September 1938

Es ist alles vorüber –
Sjöderbloom, mit dem ich nach wie vor meine morgendlichen Telefongespräche führte bat mich, gestern Abend zu ihm zu kommen. Während sein Hundemädchen – wie alle jungen Hunde, die die Menschen noch für gut halten – mich begeistert begrüßte, fühlte ich, daß er etwas niedergeschlagen und unsicher war.
„Sie haben bereits eine Antwort?"
Er vermied meinen Blick.
„Ach!" sagte er, ergriff das Halsband des Hundes, das vor ihm auf dem Schreibtisch lag und schleuderte es nach dem Tier, das winselnd in eine Ecke flüchtete.
„So..." Ich nickte. „Es ist ablehnend –"
„Ja", erwiderte er tonlos, „– – ein Todesurteil."
Wir standen einander gegenüber. Ich schwieg, momentan bemüht, nicht meine Beherrschung zu verlieren. Ich hatte ja keine andere Antwort erwartet. Doch nun, da sie da war, gab es kein Ausweichen und keine Hoffnung mehr.
Nach einem tiefen Atemzug sagte ich: „Dann werden wir uns auch nicht wiedersehen."
„Sie wollen nicht mehr kommen, Signorina!?"
Ich schüttelte den Kopf.
„Überhaupt nicht mehr? Das soll das letzte Mal sein?"
Irgendwie hatte ich meinen Weg nach Hause gefunden und daß auf meiner Couch, das Gesicht in die Hände gestützt, die Augen bedeckt als die kleine beharrliche Hundenase meine Hände fortstieß. Brandy versuchte mich zu trösten und schließlich fielen meine Tränen in sein schwarzes Fell. Er schmiegte sich an mich, meine Hände und die Tränen von meinem Gesicht leckend... das einzige Lebewesen, das meinen Schmerz fühlte und keine Fragen stellte.

5. Oktober 1938

Während der letzten zwei Wochen nahm das sudetendeutsche Thema täglich einen größeren Raum in der Zeitung ein. Erst wollte Henlein, der Führer der Sudetendeutschen Partei ,,Heim ins Reich!“ Dann wurde mit weitläufigen Ausschmückungen die Verfolgung der Sudetendeutschen durch die Tschechen geschildert. Gegen Ende September verkündeten große Schlagzeilen: ,,Tschechischer Einfall in das Sudetenland“, ,,Prager Mobilmachung“, ,,Feuer auf Flüchtlinge“.
Die Welt hielt den Atem an. Ein Krieg stand unmittelbar bevor. Frankreich mobilisierte ebenfalls. Am 29. September fanden in ganz Deutschland Massenkundgebungen statt und am Samstag, den 1. Oktober, marschierten deutsche Truppen in die deutschen Gebiete der Tschechoslowakei ein. Hitler, unser Führer, Held und Befreier, wurde in Berlin von einer Menschenmasse, die völlig außer sich war, umjubelt.
Die Welt stieß einen Seufzer der Erleichterung aus! Es war nichts geschehen. Die Deutschen bereinigten anscheinend lediglich interne Angelegenheiten und Frankreich demobiliserte wieder.
,,Mein Gott!“ rief Etta beim heutigen Kammermusikabend aus, ,,sehen denn die Alliierten nicht was gespielt wird?“
,,Nun, nun“, begütigte Vater, ,,für sie besteht doch keine Gefahr.“
,,War nicht das Elsaß auch einmal deutsch?“ fragte ich harmlos.
,,Hitler wird sich doch nicht mit Frankreich einlassen!“ protestierte Dr. Stockhart.
,,Nein“, bestätigte ich, ,,er wird erst die ganze Tschechoslowakei einstecken.“
,,Aber Lili!“ rief Mutter aus, ,,du wirst doch nicht behaupten, daß Hitler Krieg will!?“

„Daß Hitler durch seine Erfolge etwas waghalsig wird, ist wohl nicht von der Hand zu weisen", sagte Steinbach einlenkend und mit einem liebenswürdigen Lächeln setzte er hinzu: „Wenn ich der Premier von Polen oder Frankreich wäre, würde ich mich jedenfalls vorbereiten."

Onkel Franz, unser Renomierpatient, ist inzwischen in einer Heilstätte im Schwarzwald gelandet und nach den Briefen zu schließen, die Vater von verschiedenen Patienten dort erhielt, scheint er seine Zeit damit zu verbringen, seinen Leidensgenossen Vaters Loblied zu singen. Sie wollen alle ins BH kommen, um von ihm behandelt zu werden.

Kurz nachdem wir aus dem Urlaub zurückkehrten, sandte Londons Reuter-Büro einen Vertreter, um Vater zu interviewen. Wir haben den Artikel zwar nicht gesehen, aber nun beginnen die Briefe aus England einzutreffen – voller Vertrauen und Hoffnung. Jeder dieser Briefe ist für Vater ein Stich ins Herz. Er kann diesen Menschen nicht mehr helfen, denn in zwei Monaten wird er das Krankenhaus verlassen müssen. Wie wir von einem zuverlässigen Kollegen Vaters erfuhren, hat de-Bary erklärt, daß Vater aus politischen Gründen für das Krankenhaus nicht mehr tragbar ist.

Unter dem Druck der Verhältnisse ist Vater mit einer Immobilienfirma in Verbindung getreten, die unser Haus verkaufen und uns helfen soll, eine Etagenwohnung zu finden.

12. November 1938

Durch die jüngsten Ereignisse wurde ich mit einem Ruck aus meiner Lethargie gerissen, in die ich durch den Abschied von Sjöderbloom verfallen war.

Am 8. November hatte ein junger polnischer Jude namens Grünspan in Paris auf den deutschen Legationsrat Ernst vom Rath fünf Schüsse abgegeben. Vom Rath lebt zwar noch, aber mit seinem Aufkommen ist kaum zu rechnen. Grünspan und seine Verwandten wurden in Paris verhaftet und die deutschen Zeitungen überschlugen sich vor Empörung.

Zwei Tage später, am Montagvormittag, als wir gerade damit beschäftigt waren, neue Ergebnisse zu notieren, kam ein aufgeregter junger Arzt ins Labor gestürzt: „Die Synagogen brennen! Die ganzen jüdischen Geschäfte werden kurz- und kleingeschlagen!"

Ich setzte mich hin, das Reagenzglas, das ich gerade in der Hand hatte, in einen Ständer stellend. „Was?" fragte ich. „Woher wissen Sie denn das?"

„Von Patienten, die aus der Stadt kamen. Sie erzählen, daß die SA und die Bevölkerung die Schaufenster der jüdischen Geschäfte eingeschlagen haben. Sie werfen alles auf die Straße – Wäsche, Geschirr, Schmuck – alles, was in den Geschäften ist. Was nicht zerbricht, wird zertrampelt –"

Im Verlaufe des Nachmittags sickerten dann Berichte von anderen Geschehnissen zu uns in den gläsernen Turm. Nicht nur Geschäfte waren zerstört worden, sondern die SA war in viele jüdische Privatwohnungen eingedrungen, um dort ihr Vernichtungswerk fortzusetzen, und während der Mittagszeit hatte man eine Unzahl jüdischer Geschäftsleute auf der Börse eingefangen, um sie gefesselt mit schimpflichen Plakaten durch die Schillerstraße und über die Zeil zu jagen.

Vater und ich gingen schweigend zusammen nach Hause in unser friedliches Villenviertel zum gedeckten Abendbrottisch, an dem Mutter kommentierte, daß es doch schrecklich sei, was da in der Stadt vor sich ging. Sie schien überhaupt nicht begriffen zu haben, daß wir einfach nur Glück hatten und offenbar zu den unbetroffenen Ausnahmen gehörten.

Plötzlich mußte ich an Spiers denken. Sie wohnen etwa drei Minuten entfernt von uns in einer großen, eleganten Etagenwohnung. Mit Robert Spier, einem Rechtsanwalt, hatte ich oft zusammen an der Haltestelle auf die Straßenbahn gewartet, und eines Tages waren wir ins Gespräch gekommen, woraus sich im laufe der Zeit eine nette Freundschaft entwickelte. Seine vergnügten braunen Augen schienen stets die Komik im Leben wahrzunehmen. Ich konnte mich nicht erinnern, diesen etwas rundlichen Mann mit den grauwerdenden Haaren je bedrückt gesehen zu haben. Er verwöhnt und vergöttert seine zierliche kleine Frau Lucille und die beiden hängen mit unbeschreiblicher Liebe aneinander. Daß ich gerade in diesem Moment so intensiv an die beiden denken mußte, beunruhigte mich, und ich beschloß, nach dem Abendessen zu ihnen zu gehen.
Ich stand vor Spiers Etagentür, hörte Getuschel und dann wurde die Tür vorsichtig einen Spalt geöffnet.
Lucille ergriff mich bei der Hand und zog mich in die Wohnung: „Lilichen! Wie gut von Ihnen, daß Sie kommen!"
Sie führte mich ins Wohnzimmer, in dessen Tür ihr Bruder stand. Ihre Schwägerin und einige Freunde saßen stumm und bedrückt zusammen.
Ich sah mich verständnislos um: „Was ist geschehen? Wo ist Rob?"
„Rob ist heute mit anderen Juden verhaftet und nach Buchenwald transportiert worden", antwortete Lucilles Bruder.
Ich blickte den Bruder mit dem jüdischen Namen an und sah auf Lucille, die wie stets makellos gekleidet war und deren schwarze Locken, säuberlich gedreht, ihr kleines Gesicht umrahmten. Wie haben sie es nur bewerkstelligt arisch zu sein, ging es mir durch den Kopf. Vielleicht war die Familie schon lange genug getauft?

Ich erinnerte mich unseres letzten Beisammenseins. Rob hatte im engsten Freundeskreis eine Jugendsünde gestanden, die in einer illegitimen Tochter resultierte. Die Mutter seines Kindes hatte später einen Arier geheiratet, der das Mädchen adoptierte. Rob war eigens nach Berlin gefahren, um seine Tochter bei einer großen Veranstaltung in der Uniform einer NS-Frauenführerin zu sehen.

Er lachte, daß ihm die Tränen aus den Augen fielen, als er sagte: „Ich überlegte was sie wohl sagen würde, wenn sie wüßte, daß sie einen jüdischen Vater hat, der zwischen den Zuschauern sitzt?"

Und nun war diese vergnügte Seele im KZ Buchenwald – –.

Wieder zu Hause hörte ich mit den Eltern noch die Spätnachrichten im Radio: Der Reichsführer der SS und Polizei verbietet Juden jegliches Waffentragen. Im Falle von Zuwiderhandlungen werden die Schuldigen ins KZ überführt, auf die Dauer von 20 Jahren in Schutzhaft genommen.

Ich schlief miserabel. Zuerst verfolgte mich das Schicksal Robert Spiers und dann fing ich an mir Gedanken zu machen, ob noch irgendeiner meiner Freunde oder Bekannten mit ihm war. Im Grunde war es ja gleichgültig, ob ich sie kannte oder nicht: Es waren alles Menschen, die litten und einem ungewissen Geschick entgegengingen.

Aus dem Halbschlaf fuhr ich auf: Von der Straße drang der mir nur zu vertraute Laut genagelter Schaftstiefel herauf. Lauschend, mit klopfendem Herzen, saß ich im Bett; aber die Schritte entfernten sich; sie hielten nicht vor unserer Haustür oder nebenan bei Fränkels.

Lange bevor die Eltern aufstanden, saß ich im Eßzimmer, die Morgenzeitung in der Hand.

Da war von einer „spontanen Volksempörung" die Rede, die sich in antijüdischen Gefühlen Luft machte.

Die Synagogen waren „mehr oder weniger" ausgebrannt. „Demonstranten drangen in jüdische Läden ein und zerstörten die Anlagen und Inneneinrichtungen."
Goebbels hatte eine Rede gehalten, in der er erklärte, daß er die verständliche Empörung des deutschen Volkes über diesen infamen Meuchelmord begriff, eine Empörung, die sich in umfangreichem Maße Luft gemacht hatte. Er erließ jedoch eine strenge Aufforderung, von allen weiteren Demonstrationen und Aktionen gegen das Judentum, gleichgültig welcher Art, sofort abzusehen. Ominös erklärte er: „Die endgültige Antwort auf das jüdische Attentat in Paris wird auf dem Wege der Gesetzgebung, beziehungsweise der Verordnung dem Judentum erteilt werden."
Ich legte die Zeitung auf den Tisch. Wie war das? dachte ich. „Spontante Volksempörung"? Die Volksseele kochte? Und sie kochte wie auf Kommando in allen deutschen Städten und machte sich überall in der gleichen Form Luft? – Das alles konnte nur dem teuflischen Gehirn von Goebbels entsprungen sein. Er hatte die „spontane Volksempörung" mit einer geradezu diabolischen Freude organisiert. – – Was hatte doch Sjöderbloom über Goebbels gesagt?
Signore... Es schmerzt, an ihn zu denken – – aber ich bin zur rechten Zeit aus seinem Leben gegangen.
Ich war so in meine Gedanken vertieft, daß ich nicht hörte wie die Tür geöffnet wurde.
„O Gott, Fräulein Lili! Haben Sie mich aber erschreckt!" rief Lenchen aus. „Was machen Sie denn schon so früh hier!"

16. November 1938

Am nächsten Abend ging ich zu Spiers und – Rob war

zu Hause; etwas blaß, mit geschorenem Kopf, das alte Lächeln seine Lippen umspielend, aber die Augen ernst. Mir liefen die Tränen über das Gesicht, als wir uns umarmten.

,,Ich kann es noch gar nicht glauben", jubelte Lucille, ,,daß er wieder hier ist."

,,Wieso wurdest du eigentlich so schnell entlassen, Rob?" fragte ich.

Er zuckte die Achseln: ,,Ich wurde plötzlich nach Hause kommandiert. Sie sagten, es war eine Verwechslung. Ich hätte gar nicht verhaftet werden sollen..."

Inzwischen ist der Legationsrat vom Rath seinen Verletzungen erlegen, und das Kesseltreiben gegen die Juden läuft auf vollen Touren. Ich will hier nur einige ,,Höhepunkte" zitieren:

Die Polizei teilt mit: ,,Auf Grund der Verordnung gegen den Waffenbesitz von Juden vom 11. November werden die Juden aufgefordert, sämtliche Schußwaffen und Munition sowie Hieb- und Stoßwaffen sofort auf ihrem zuständigen Polizeirevier abzuliefern."

Goebbels, als Präsident der Reichskulturkammer, hat mit sofortiger Wirkung Juden untersagt Theater, Konzerte, Vorträge, Filmtheater, öffentliche Ausstellungen, Tanzvorführungen etc. zu besuchen. ,,Übertretungen ziehen für den Veranstalter und besonders für die Juden schwere Strafen nach sich."

Am 13. hielt Goebbels eine große Rede für die Helfer des WHW. Wie Honig flossen die Worte aus seinem Munde und hüllten seine Zuhörer in einen Mantel süßer Selbstgefälligkeit. Er sagte, wie durch ihre Einmütigkeit und ihr Verständnis Hitlers Politik von ungeahntem Erfolg gekrönt war, ein großartiger Beweis des grenzenlosen Vertrauens des Volkes in den Führer. Dann aber sprach er von dem Mordanschlag, mit dem ein ,,gedungener Judenjunge" das deutsche Volk habe treffen wollen. Bei diesem zweiten Anschlag (er nahm Bezug auf die Ermordung des Nazis Gustloff vor einigen Jahren durch einen jungen Juden in der Schweiz) sei die Geduld des Volkes und der Regierung zu Ende gewesen. Dr. Goebbels zerriß das Lügengewebe, mit dem die jüdische Auslandspresse das Verbrechen zu bemänteln und beschönigen versucht.

(Wir können natürlich keine Auslandspresse lesen; trotzdem sickert das eine oder andere Gerücht durch die unergründlichen Kanäle zu uns, Kanäle, die überall dort aufspringen, wo man versucht die Neuigkeiten und die Wahrheit zu unterdrücken, um die Bevölkerung unwissend zu halten. Laut dieser Gerüchte war Grünspan bereits seit Jahren ein sogenannter Grenzfall, ein Mensch, der schon mehrere bizarre Abenteuer hinter sich hatte und vor diesem Anschlag auf vom Rath aus Frankreich ausgewiesen worden war, sich jedoch bei seinen Verwandten versteckt hielt. Mir ist es unverständlich, daß er nicht längst in einer Anstalt untergebracht war. Grundsätzlich könnte mich dieser Herschel Feibel Grünspan nicht im mindesten interessieren – wenn er nicht den Nazis die Waffe in die Hände gespielt hätte, mit der sie sich nun der deutschen Juden entledigen werden.)

Grünspan habe erklärt, so fuhr Goebbels fort, er habe das deutsche Volk treffen wollen. Das Volk aber hat durch seine Regierung die entsprechende Antwort erteilt. Die Regierung handele nur in Übereinstimmung mit dem Willen des Volkes. Die deutschen Juden verschuldeten den Mord. Es ginge ihnen nämlich viel zu gut. Aber damit ist jetzt Schluß! In Zukunft wird es keine jüdischen Geschäfte mehr geben; sie werden arisiert. Daher untersagt Goebbels eindringlich jegliche Angriffe auf jüdische Geschäfte, denn dabei würde es sich nun um ein Vergehen gegen deutsches Volksvermögen handeln. Er erklärte: „Die Judenfrage wird in

kürzester Frist einer des deutschen Volksempfindens befriedigenden Lösung zugeführt. Das Volk will es so, und wir vollstrecken nur seinen Willen."
Das Volk lauschte wie hypnotisiert und brüllte Beifall. „Das Volk" glaubte schließlich selbst, daß es all das wollte was Goebbels vorschlug, daß es wollte. Ist das nicht großartig, wie er weiß, was „das Volk" wünscht und jeden Wunsch erfüllt? – Wahrscheinlich rieb sich dieser kleine klumpfüßige Satan im Stillen die Hände: Er hatte dem Volk suggeriert, daß es die Zerstörung der Juden wünscht, und dieser Judenjunge Grünspan hatte ihm die wundervolle Möglichkeit gegeben, einige Millionen Menschen zu vernichten – ihre Existenz, ihre Familie ... vielleicht sogar ihr Leben.
Am Tage nach der Goebbelsrede kam eine „Verordnung zur Judenfrage" heraus. Danach werden die Juden nicht nur aus dem deutschen Wirtschaftsleben und dem Handwerk ausgestoßen, sondern sie müssen eine Sühne von einer Milliarde Mark aufbringen. Daß sie die am Reichskristalltag zerstörten Geschäfte auf eigene Kosten wieder instandsetzen müssen, ist nur eine Kleinigkeit am Rande.
Täglich hageln neue Verordnungen gegen die Juden vom Nazi-Olymp. Juden können keine Wertpapiere mehr verkaufen. Juden können nicht mehr deutsche Hochschulen besuchen, Vorlesungen hören etc. Es soll eine „reinliche Scheidung zwischen Deutschen und Juden" durchgeführt werden.
Auf einmal begriff ich warum es mir graute, Hinterstein zu verlassen. Was war ein Einzelschicksal, eine zerbrochene Liebe, im Vergleich zu dieser Katastrophe, die hier über Millionen von Menschen hereinbrach? Und ich begriff auch Krügers Warnung an mich und Rob.

28. November 1938

Heute früh erwachte ich durch das Geburtstagsständchen, das die Schwestern wie jedes Jahr Vater brachten. In dieser Zeit des Umsturze, in der alte Freundschaften abbrechen, in dem ein noch vor kurzem angesehener und geachteter Mensch plötzlich der letzte Abschaum ist, in dieser Zeit halten die Schwestern mit unverbrüchlicher Treue und Verehrung zu Vater.
Zum ersten Male wollte an diesem Geburtstag nicht die alte Fröhlichkeit aufkommen. Steinbachs waren zum Abendessen da und die beiden langen Schwestern Olbricht. Wir alle versuchten uns so zu benehmen als ob – – als ob sich nichts geändert hätte.
Ich sah den verlorenen Ausdruck in Vaters Augen: Sein letzter Geburtstag als Chefarzt vom BH; sein letzter Geburtstag in diesem Hause, das zu bauen er vor 25 Jahren begonnen hatte.
Jeden Mittag holt mich nun ein Agent der Immobilienfirma vom Krankenhaus ab, damit ich die angebotenen Wohnungen aussieben kann, bevor die Eltern sie ansehen. Es ist keine leichte Aufgabe. Die Wohnung muß nahe einer Haltestelle sein und nicht höher als der erste Stock. Der Hausbesitzer muß bereit sein, einen in seiner Wohnung praktizierenden Arzt aufzunehmen, der eine Jüdin zur Frau hat. Obwohl der Agent schon nach Lage und Zahl der Räume ausgewählt hat, schwirrt mir der Kopf von all den Wohnungen, die wir bereits gesehen haben. Es ist ein ziemliches Angebot auf dem Wohnungsmarkt durch all die Juden, die auswandern.

3. Dezember 1938

Ab 1. Oktober konnte sich jeder deutsche Staatsbürger eine Kennkarte beschaffen, ein allgemein gültiger polizeilicher Personenausweis mit Lichtbild und Fingerabdruck. Wie es bei der Bekanntmachung dieses Steckbriefes ausdrücklich in der Zeitung hieß, besteht grundsätzlich kein Zwang für die Beschaffung der Kennkarte. Einige Gruppen jedoch müssen sie haben. Von Juden jedenfalls wird der Besitz einer Kennkarte bis zum 31. Dezember verlangt.

Zwischenzeitlich wurde eine Verordnung erlassen, wonach alle Juden ihrem Vornamen einen jüdischen zufügen müssen. Diese Änderung ist allen Dienststellen, Standesämtern usw. mitzuteilen. Falls der jüdische Vorname im Geschäftsverkehr nicht geführt wird, erhält der Schuldige eine Gefängnisstrafe bis zu sechs Monaten.

Ich hatte sofort beschlossen, für mich keine Kennkarte zu beantragen. Je weniger Lichtbilder oder gar Fingerabdrücke von mir zirkulierten, um so besser. Wenn mein Reisepaß abläuft, kann mein Führerschein als Ausweis dienen. Mutter aber war gezwungen, eine Kennkarte zu beantragen, und es konnte schließlich nicht mehr länger herausgezögert werden. Ich will es mir ersparen, die endlosen Debatten und Szenen noch einmal zu durchleben, um sie hier festzuhalten. Mutter, die bisher mit einem bis zum gewissen Grade unbetroffenen Mitleid auf „diese armen Menschen“ herabgeblickt hatte, gehörte plötzlich zu ihnen. Ihre Kennkarte wird die Vornamen Lili Sara enthalten.

Zur Krönung von allem muß sie sich an der „Sühnezahlung“ beteiligen, deren erste Rate in zehn Tagen fällig ist. Statt einer Sühnezahlung in Bargeld kann eine Vermögensabgabe geleistet werden; das heißt bis zum 15. müssen alle Aktien, Wertpapiere etc. bei einer Devisenbank in Deposit gegeben werden, wovon dann die Abgabe bezahlt wird.

Da die Eltern nicht fähig waren, vernünftig zu wirtschaften und sich trotz Vaters großer Einnahmen chronisch in finanzieller Kalamität befanden, wandte sich Wolf während seines Deutschlandbesuches an einen entfernten Verwandten um Hilfe. Fritz Bender ist Jurist, Steuerfachmann und Wirtschaftsberater. In wenigen Monaten hatte er die Finanzen der Eltern geregelt und sie behielten – wahrscheinlich zum ersten Mal in ihrem Leben – einen Überschuß. Als nun Mutter vor zwei Jahren eine kleine Erbschaft machte, riet ich den Eltern: „Macht eine schöne Reise oder kauft euch eine komplette neue Gaderobe. Erfüllt euch irgendwelche besonderen Wünsche mit dem Geld, denn wir wissen nicht was kommt".

Jedoch Fritz Bender war anderer Ansicht. Abgesehen von je 300 Mark für Katherina und mich (wovon wir uns Schreibmaschinen kauften), veranlaßte er die Eltern, das Geld in Dresdner Bankaktien anzulegen. Ich kommentierte nur: „Es ist euer Geld..."

Nun gingen diese Dresdner Bankaktien in Depot, um die Judensühne zu finanzieren. Ich war außer mir und suchte heute Nachmittag Bender auf, der mich äußerst liebenswürdig begrüßte.

„Fritz", begann ich, „wie konntest du meine Eltern nur so beraten!"

„Ich konnte doch nicht voraussehen. – Komm', setz' dich erst einmal hin."

Er bot mir einen Stuhl ihm gegenüber am Schreibtisch an. Wie hypnotisiert starrte ich auf das Partei-Abzeichen an seinem Revers: „Du wußtest was du tatest, nicht?"

Er zuckte die Achseln und ein hämisches Grinsen glitt über sein Gesicht.

„Du Schwein!", sagte ich, erhob mich und verließ das Büro.

Auf der Straße blieb ich einen Moment stehen, um mit tiefen Zügen die frische Luft einzuatmen; dann schüttelte ich mich.

„So, Häschen“, sagte ich zu Brandy, meinem ständigen kleinen Schatten, „laß uns durch die Anlagen nach Hause gehen. Vielleicht klärt ein Spaziergang das benebelte Hirn.“

Brandy trottete gehorsam neben mir her und sah fast nachdenklich aus.

Es fiel mir schwer, das gerade Erlebte in das Bild, das ich von Fritz Bender hatte, einzufügen. Vor mehr als zehn Jahren sah ich ihn zum ersten Mal. Damals waren wir Gäste gemeinsamer Verwandten in Mainz. Die Mainzer betrachten ihr Haus als das Stammhaus der Familie Schroeder. Die Tradition pflegend sammeln sie nicht nur alle Familienbilder und Schätze der Vergangenheit, sondern jedes noch so entfernte Glied der Familie. Ich traf dort stets irgendwelche Cousins, Onkel oder Tanten, deren Namen ich nie zuvor gehört hatte. – In dieser warmen herzlichen Atmosphäre fiel es mir nicht schwer, den vergnügten Fritz Bender, von dem Tante Alice so viel hielt, als Cousin zu akzeptieren.

Tante Alice – –. Diese ausgesprochen schöne stolze Frau überschüttete mich, ihr Patenkind, mit Liebe und Geschenken, und ich war öfters übers Wochenende oder während kurzer Ferien ihr Gast. Da sie nur vier Söhne hat, betrachtete sie mich wohl als Tochterersatz. Ich liebte und vergötterte sie, bis – –. Ich liebte sie immer noch, und es war eigentlich nichts geschehen; nur war dieses warme Verhältnis im Laufe des Dritten Reiches merklich abgekühlt. Zu Weihnachten und Geburtstag erhielt ich zwar nach wie vor ein Geschenkpäckchen mit einigen lieben Zeilen, die ich stets pflichtbewußt beantwortete, aber ich wurde nicht mehr eingeladen. Die verwandtschaftlichen Beziehungen beschränkten sich auf einige seltene Telefongespräche zwischen ihr und Mutter – mit Grüßen an mich.

Onkel Richard, Vaters ältester Bruder, der jedes Jahr einige Monate in Mainz verbringt und anschließend zu

uns kommt, brachte des Rätsels Lösung: Onkel Rudolf ist in die Partei eingetreten.
,,Als Fabrikbesitzer und führendes Mitglied in der Industrie- und Handelskammer, konnte er sich dem nicht entziehen."
,,Natürlich nicht!"
Ein so deutscher Mann mit vier solch prachtvollen Söhnen und einem makellosen Stammbaum ... selbstverständlich mußte er der Partei beitreten.
Wir fragten nach den Söhnen, meinen Cousins.
,,Joseph ist in der Firma und Christian in der SS."
,,Ach –?"
,,Ja. Zuerst war er in München; bei der Gestapo. Er wollte aber nie über seine Arbeit sprechen. Er ist auch gar nicht mehr so vergnügt wie früher."
Wir hatten bereits zu Abend gegessen und saßen gemütlich in Vaters Zimmer.
,,Der Arme!" sagte ich, ohne eine Miene zu verziehen. ,,Was für schwere Eindrücke muß er als SS Mann bei der Gestapo gehabt haben? – Ist er nun nicht mehr in München?"
,,Nein, er ist jetzt in Berlin als Adjutant von Himmler."
Vater beugte sich in seinem Sessel vor: ,,Was!?"
Ich stand etwas plötzlich auf: ,,Und mit so einer Kreatur ist man auch noch verwandt!"
Als ich auf die Tür zuging, hörte ich wie Onkel Richard, bei dem der Kalk schon leicht raschelt, ganz verständnislos fragte: ,,Was hat sie denn nur?"
Meine Gedanken drehten sich im Kreise. Das vergnügte, unbeschwerte Zusammensein von uns jungen Menschen in Mainz ... Was wird nur aus uns allen, wenn die Nazis selbst die Familienbande zerstören können? Hat Pötz auch darin wieder recht? Wird Hitler nichts anderes als Zerstörung hinterlassen?
Erst jetzt wurde ich mir dieses grauen unfreundlichen

Dezembertages bewußt, dessen kalter Wind das Gesicht peitschte und einige kahle Äste von den Bäumen brach. Ein Schauer ergriff mich.
Ich würde den Eltern so schonend wie möglich beibringen, künftig besser auf die Dienste des Herrn Dr. Bender zu verzichten.

17. Dezember 1938

Vorhin war ich bei Spiers, die mir einen Zettel in den Briefkasten gesteckt hatten und um meinen Besuch baten.
,,Lucille und ich werden uns scheiden lassen."
Ich sah sie verständnislos an: ,,Was?"
,,Ja", sagte Rob, ,,wir finden, daß das die beste Lösung ist."
Ich schüttelte schweigend den Kopf.
,,Doch", sagte Lucille mutig, ,,wir haben uns alles genau überlegt."
,,Wenn wir geschieden sind", erklärte Rob, ,,kann Lucille als Arierin alles behalten. Sie kann die Möbel und Teppiche in Storage geben, bis ich wiederkomme, denn ich werde in wenigen Wochen Deutschland verlassen."
,,Um Himmels Willen – die Möbel!" Ich rang fast die Hände. ,,Um die Möbel zu behalten, wollt Ihr euch scheiden lassen!? Wißt ihr denn, was ihr tut?" Ich sah mich in dem Raum um. Die Möbel waren fraglos schön und wertvoll, aber trotzdem flehte ich: ,,Rob – vergiß die Möbel, Teppiche und Bilder – aber bleibt zusammen. Es gibt bestimmt Krieg. Dann bist du irgendwo im Ausland, und Lucille sitzt hier. Ihr seit voneinander abgeschnitten. Was helfen euch dann die Möbel?"
Aber sie hatten ihren Entschluß gefaßt, und ich konnte mir alle weiteren Argumente sparen. So fragte ich nur:

„Was kann ich noch für euch tun?"
Lucille würde in den nächsten Tagen zu ihrem Bruder ganz in unserer Nähe ziehen. Wäre ich bereit, den Postillon d'Amour zu spielen? Die Einzelheiten wurden vereinbart, und dann ging ich mit schwerem Herzen nach Hause, überzeugt, das Ende einer glücklichen Ehe zu erleben. Für ein paar Möbel, Teppiche und Bilder. Für Dinge – – –

1. Januar 1939

Die Kirchenglocken hatten 1939 eingeläutet. Wie jedes Jahr wurden in der Silvesternacht noch einmal die Kerzen an unserem Christbaum angezündet; die Eltern umarmten sich, und Mutter wünschte Gottes Segen für das neue Jahr auf Katherina und mich herab, den ich nach den Erfahrungen der jüngsten Vergangenheit schweigend mit gemischten Gefühlen entgegennahm. – Nach allgemeinen Zutrinken boten wir einander eine Gute Nacht.
Nun schlafen die Eltern. Katherina ist in die Kirche gegangen, um mit ihrem Gott Zwiesprache zu halten, und während Brandy in seinem Körbchen schnarcht, versuche ich, Bilanz zu machen. So sitze ich allein vor meinem Tagebuch, und meine kleine Schreibtischlampe ist das einzige Licht in dem sonst dunklen schweigenden Hause. Nur der Knall eines verspäteten Feuerwerkskörpers unterbricht gelegentlich die Stille der Nacht.
Ist diese grenzenlose Verlassenheit und Einsamkeit alles, was ich vom neuen Jahr erwarten kann? Ist es wirklich schon so weit, daß ich dankbar sein muß, noch meine „Freiheit" zu haben? Freiheit? Schön – wörtlich genommen bin ich nicht hinter Schloß und Riegel, aber wie sieht die Wirklichkeit aus? Alles, was ich erhoffte

und erträumte, zerbrach. Nun bin ich in einem Beruf, der mich zwar beschäftigt aber nicht ausfüllt, umgeben von einer Familie, die eine für mich fremde Sprache spricht, verbannt von dem Menschen, der mir nahe steht und ähnlich denkt und urteilt wie ich.
Inzwischen habe ich einen längeren Rundgang durch mein Zimmer gemacht, um einige Klarheit in meine Gedanken zu bringen. So vieles, was im letzten Jahr geschah, überfiel mich noch einmal mit erbarmungsloser Realität, und noch einmal begann ich, mit meinem Schicksal zu hadern. Doch dann erkannte ich die Sinnlosigkeit dem, was nicht mehr zu ändern ist, nachzutrauern; es ist nicht nur unfruchtbar, sondern ändert nichts an der Situation. Schließlich will ich ja nicht in den gleichen Fehler verfallen, den ich Mutter so zum Vorwurf mache. Mutter, die nie vergessen zu können scheint, aus welch illustrem Hause sie stammt und nicht willens ist zu akzeptieren, daß die Nazis das nicht kümmert, sondern daß sie sie zu der Klasse der Untermenschen rechnen, die auf der Frontseite der Kennkarte ein großes J haben und einen jüdischen Vornamen tragen. So protestiert sie unentwegt. Sie sieht nicht ein, daß sie das Schicksal mit einigen Millionen Leidensgenossen teilt, sondern betrachtet die Nürnberger Gesetze und alles, was mit ihnen zusammenhängt, als ein ganz persönliches Unrecht, das nur ihr widerfahren ist.
Und Vater? Er ist nach wie vor ein aufrechter Mann, der stolz darauf ist, Deutscher zu sein. Wenige Tage bevor die deutschen Truppen in Sudetendeutschland einmarschierten, und jeder den Ausbruch des Krieges erwartete, las er mir einen Teil eines Briefes, den er an Wolf schrieb, vor. Er gab seinen Zweifeln Ausdruck, daß im Falle eines Krieges kein Mensch sagen könne, was kommen würde. Er war bereit zu glauben, daß die deutschen Vorbereitungen so glänzend seien, wie die Regierung behauptet, meinte aber, daß trotzdem die Über-

macht auf der anderen Seite sei. Er fragte sich, ob die junge Armee das Gleiche leisten würde wie die alte, mit der er 1914 ausgezogen war, und die er als das beste Heer bezeichnete, das die Welt je gesehen hatte. Nach allen möglichen Spekulationen endete er: ,,Trotz allem: Deutschland bleibt Deutschland – –"
Ich erinnerte mich, wie er mich erwartungsvoll ansah, und ich nickte und schweigend auf den Teppich starrte.
Seine Augen leuchteten im Widerschein einer glorreichen Vergangenheit: ,,Du hast das Kaiserreich eben nicht mehr erlebt, mein Kind. Es war eine großartige Zeit!" Vater, der nie viel sprach, geschweige denn sich von Gefühlen hinreißen ließ, verstummte plötzlich, um mich nachdenklich anzublicken. ,,Du hast von alledem keine Vorstellung mehr –"
,,Nein", hatte ich erwidert, ,,ich erinnere mich nur der Konsequenzen dieses Kaiserreiches und eines verlorenen Krieges."
Vater wurde ägerlich: ,,Du begreifst nicht, was das Haus Hohenzollern für unser Vaterland bedeutete."
,,Nein, Vati", bestätigte ich. ,,Es tut mir ehrlich leid, aber ich begreife es nicht. Ich begreife nur, daß Hitler die logische Folge des letzten Krieges ist und nun wird er uns in den nächsten treiben – so wie auch er nur ein Getriebener ist."
,,Wie meinst du das?"
,,Die Schwerindustrie, respektive die Rüstungsindustrie, treibt ihn an, und er folgt willig in dem Glauben, ein großer Politiker und Feldherr zu sein."
Vater erhob sich verstimmt, um diese Unterhaltung zu beenden: ,,Glaubst du nicht, daß es dir etwas an historischen Kenntnissen mangelt?"
,,Das ist durchaus möglich", räumte ich ein und fügte etwas bitter hinzu ,,aber es fehlt mir nicht an der Er-

kenntnis, daß diese eben so deutsche wie nationale Politik mein ganzes Leben versaut."
Ich mußte in der Erinnerung den Kopf schütteln. Wie würde ich das nur alles überstehen? Mutters jüdische Kennkarte hatte nichts an der Denkungsweise der Familie geändert. Vater, Mutter und Katherina lebten nach wie vor – jeder für sich – in einer Illusion, ob das nun die Kirche, das Kaiserhaus oder das so hoch angesehene Elternhaus ist. Keiner von ihnen ist bereit, seine schöne Traumwelt zu verlassen, um der Wirklichkeit nüchtern ins Antlitz zu sehen. Ich aber komme mir im Kreise „meiner Lieben" wie ein Außenseiter vor. Trotz meiner Ungeduld mit ihnen, tun mir die Eltern leid, denn bis zum gewissen Grade muß ich eine Enttäuschung für sie sein, und ich kann sie nicht einmal davor beschützen, daß auch sie eines Tages der Realität nicht mehr entgehen können.

11. Januar 1939

Da ich Zahnweh hatte, ging ich zu Müllerchen. Auch die Zahnärzte haben am Mittwochnachmittag keine Sprechstunde, und ich vermute, daß er mich spät bestellte, um sich etwas mit mir unterhalten zu können.
Während er in dem Zahn bohrte, sagte er feststellend: „Ihr Vater ist nun also pensioniert."
Ich machte eine verneinende Handbewegung, und er unterbrach seine sadistische Tätigkeit: „Die Administration hat meinen Vater gebeten, noch drei Monate länger im Bürgerhospital zu bleiben. Entweder haben sie noch keinen Nachfolger, oder er ist noch nicht frei."
Müllerchen grunzte, und setzte den Bohrer wieder in Bewegung, während meine Gedanken noch mit dem

Krankenhaus beschäftigt waren. Das Versuchslabor ist geschlossen, die zweite Laborantin entlassen, und die Apparate und Geräte sind in unserem Keller untergebracht.

„Haben Sie eigentlich inzwischen eine Wohnung gefunden?" fragte er und setzte den Bohrer wieder ab.

„Nein", erwiderte ich. „Am Klettenbergplatz war genau das, was wir suchten; aber – als meine Eltern dem Hausherrn sagten, daß meine Mutter Jüdin ist, bedauerte er, uns als Mieter nicht nehmen zu wollen."

Müllerchen hatte mir den Rücken gekehrt und mischte die Füllung. „Unglaublich – ", brummte er. Nachdem er das Loch gefüllt hatte, schob er mir ein Wattepaket in die Backe und befahl: „Auflassen!" Dann zog er seinen Hocker näher und setzte sich neben den Behandlungsstuhl. „Wissen Sie", begann er nachdenklich, „mir ist nicht klar, wo das alles noch hinführen soll –. Ich meine – zugegeben – ach, Sie kennen mich ja lange genug um mich nicht mißzuverstehen – also zugegeben, da waren einige miserable Charakter unter den Juden, Betrüger und Halsabschneider – aber deshalb kann man doch nicht die ganze Judenschaft über einen Kamm scheren ... Was soll das zum Beispiel heißen, daß Mischlinge oder Arier, die mit Juden verheiratet sind, nicht dem NS-Reichskriegerbund angehören dürfen? Haben diese Männer denn nicht genau so an der Front gekämpft und im Dreck gelegen wie wir?" Er verstummte und starrte auf den spiegelnden Linoleumboden.

„Und was ist mit dieser Arisierung der gesamten Wirtschaft gemeint?" begann er wieder. „Das ist keine Enteignung sondern nur ein Veräußerungszwang?!" Er lachte hohl. „Ich kann mir schon vorstellen. Die Herren Volksgenossen werden die jüdischen Betriebe für'n Appel und 'nen Ei bekommen, und die Juden dürfen dankbar sein, wenn sie überhaupt etwas kriegen.

Neee –", er schüttelte unwillig den Kopf. „Und jetzt sind meine jüdischen Kollegen ausgeschaltet. Warum? Soll ich mich vielleicht darüber freuen? Nein danke! Ich habe so schon gerade genug zu tun. – Es ist ja alles so hirnverbrannt! Erst haben sie allen jüdischen Ärzten Berufsverbot erteilt, und dann haben sie festgestellt, daß sie nicht genug Ärzte haben. Da es sich nun plötzlich um einen Mangelberuf handelt, haben sie das Medizinstudium um fast zwei Jahre gekürzt. Einen feinen Ärztenachwuchs werden wir bekommen!"

Er erhob sich, nahm die Watte aus meinem Mund, wusch sich die Hände und steckte sich eine Zigarette an, worauf Brandy, der neben meinen Füßen auf dem Behandlungsstuhl gesessen hatte, auf den Boden sprang.

„Sie haben doch noch eine Zigarettenlänge Zeit?" fragte Müllerchen, und während er die Tür öffnete, fügte er hinzu: „Meine Frau möchte sicher Brandy sehen. – Ines", rief er.

Auf dem Korridor fand eine geräuschvolle Begrüßung statt.

Müllerchen setzte sich wieder auf den Hocker neben mich.

„Sagen Sie –" Er brach ab und sah wieder auf den Boden.

„Was, Doktor?"

„Ich weiß nicht, ob ich Sie das fragen kann –"

Ich lächelte. „Haben Sie nicht erst vor wenigen Minuten festgestellt, daß wir uns lange genug kennen? Was wollten Sie fragen?"

„Wie weit sind Sie betroffen? Ich meine – ich weiß, daß Sie nicht mehr in der Zeitung arbeiten können. Aber was können Sie noch tun? Was haben Sie für Pläne?"

„Was ich nicht kann ist zum Beispiel heiraten. Es gibt wohl keinen Beruf mehr, der nicht irgendeiner NS-Organisation angehört. Selbst die Künstler sind Mitglieder der Reichskulturkammer, Reichsschrifttumskammer, Reichstheaterkammer etc. Ich überlege gerade – ich könnte nicht einmal einen Straßenkehrer heiraten, denn selbst er ist als städtischer Angestellter NS-organisiert. Und beruflich? – Es gibt kaum noch einen Beruf, in dem ich arbeiten kann. Nachdem kürzlich einer der führenden Bonzen erklärt hat, daß Mischlinge nicht werden können: Beamte, Bauern, Ärzte, Rechtsanwälte, Lehrer, Apotheker und was sonst noch, habe ich praktisch keine Wahl und kann nur dankbar sein, daß mein Vater eine Sprechstundenhilfe braucht, von der er nicht einmal den Ariernachweis verlangt."

Müllerchen fragte etwas fassungslos: „Aber wie soll denn das weitergehen?"

„O – das ist nur eine Frage des Aushaltevermögens."

Er hob den Kopf: „Wie meinen Sie das?"

„Ich meine, daß Hitler einen Krieg führen und verlieren wird. Solange müssen Menschen wie ich aushalten und warten."

Er drückte nachdenklich die Zigarette in dem Aschenbecher aus, den er in der Hand hielt: „Einen Krieg? Glauben Sie wirklich – ?"

„Ja."

Er überlegte: „Ich habe bisher das Gefühl gehabt, daß er den Krieg vermeidet. Haben wir uns nicht schon einmal vor langer Zeit über die österreichische Frage unterhalten?"

Ich nickte: „Österreich ist ihm in den Schoß gefallen wie eine reife Frucht ja."

„Ich bezweifle, ob er andernfalls dafür einen Krieg angefangen hätte?"

„Nein, Doktor. Er inszenierte es unblutig, genau wie Sudetendeutschland und wie er es jetzt mit dem Memelland machen wird. Sie kennen ja die Parole: ‚Das Memelland soll wieder frei werden.' Das geht alles nach dem altbewährten Rezept. Die Deutschen wollen ‚Heim ins Reich'. Litauen will nicht nachgeben und diese Situation führt zu Unruhen. Ich kann Ihnen versprechen, daß die heutige Abstimmung zu einem vollen Wahlerfolg für Deutschland führt. Und dann werden die deutschen Truppen in Memelland einmarschieren, und unser Führer wird sich anschließend umjubeln lassen."

Müllerchen nickte. „Aber warum erwarten Sie dann einen Krieg?"

„Weil diese unblutigen Besetzungen nur der Anfang sind. Deutschland hat sich bis zu den Zähnen bewaffnet; irgendwo muß es doch dieses Rüstungsmaterial wieder loswerden. Wahrscheinlich ist Polen das nächste Ziel. Wenn Polen sich ebenfalls wie gelähmt schlucken läßt – dann fallen wir eben in Frankreich ein. Irgend jemand wird sich doch schließlich mal zur Wehr setzen."

Er sah mich eine ganze Weile überlegend an: „Nein", sagte er schließlich, „nein – Hitler war doch auch Frontsoldat. Er kennt doch das ganze Elend im Schützengraben –"

„Ja, lieber Doktor, er kennt es. Aber der Gefreite Hitler ist mittlerweile zum Staatsoberhaupt herangewachsen, und das verschiebt die Perspektive wesentlich ... Im nächsten Krieg wird er keinen Schützengraben mehr bewohnen, sondern in einem sauberen trockenen Büro auf einer Generalstabskarte Truppen hin- und herschieben. Wie gesagt – auf die Perspektive kommt es an –"

18. Januar 1939

Was immer es war, das Wolf in Amerika über die Reichskristallnacht gelesen hatte, mußte ihn erschreckt haben. Daß Katherina ihm obendrein einen anschei-

nend völlig hysterischen Brief schrieb, veranlaßte ihn jedenfalls, den Eltern alle erforderlichen Auswanderungspapiere und Bürgschaften zu senden.
Nach endlosen Debatten im Kreise der Familie wurde der Plan einer Auswanderung abgelehnt. Vater erklärte: „Hier habe ich meine Pension; dort würde ich nur meinem Jungen auf der Tasche liegen. Und so schlimm wird's schon nicht werden."
Letztes Wochenende wurde ich nun nach Basel geschickt, eigens um Wolf einen Brief zu schreiben. Außerdem nahm ich zwei Brillantbroschen von Mutter mit, die unsere Freunde für uns in Verwahrung nehmen sollten.
Einen ganzen Tag hockte ich in Basel im Zimmer und schrieb und versuchte Wolf zu erklären, daß wir in Sicherheit sind, und daß er sich keine Sorgen zu machen braucht – – –
Unsere Freunde waren völlig konsterniert, als ich sie wiederholt fragte, ob dieser Brief auch bestimmt nicht durch eine Zensur ginge? Als ich mich am Abend versicherte, ob ich es risikieren könnte, einen Freund in Strasbourg anzurufen, erklärten sie, daß ich ihn natürlich anrufen könne!
„Ich meine – ist da keine Gefahr, daß das Gespräch abgehört wird?"
„Abgehört?" Sie lachten und schüttelten die Köpfe: „Das ist ganz ausgeschlossen!"
Doch dann sahen sie mich etwas unsicher an. Wahrscheinlich vermuteten sie, daß ich an einer leichten Form von Verfolgungswahn leide, was mich veranlaßte, ihnen etwas ausführlicher über das Leben in einem totalitären Staat zu berichten. Ich versuchte, ihnen begreiflich zu machen, daß ich mit der Tatsache, einen jüdischen Freund im Ausland anzurufen, mich in eine ausgesprochene Gefahr begäbe. Ob ich sie ganz überzeugen konnte, bezweifle ich.

Ich lag im Bett, um die letzte Nacht in der Freiheit zu schlafen. Noch hallte in mir Walter Großes Stimme nach und versetzte mich zurück in eine Zeit, in der es noch Freude und Erwartung gab. Plötzlich überfiel mich die Erkenntnis, daß wir uns alle in Schatten verwandelt hatten.

Durch diese Menschen, die in der freien Schweiz leben, wurde mir zum erstenmal bewußt, wie sehr wir uns in Deutschland innerhalb der letzten sechs Jahre verändert hatten. Während der Schweizer Bürger bedenkenlos alles seinen Briefen anvertrauen kann und nicht einen Moment zweifelt, daß nur der, für den der Brief bestimmt ist, ihn liest, legen wir jedes Wort auf die Goldwaage, bevor wir es niederschreiben, denn wir erwarten einfach, daß unsere Post durch die Zensur geht. Während der Schweizer Bürger am Telefon ohne Skrupel sagt, was er will, drücken wir uns gewunden aus, bewußt, daß wahrscheinlich ein Unbefugter mithört, der ein unbedachtes Wort zum Anlaß für eine schreckliche Strafe nehmen kann.

In dieser Nacht kämpfte ich einen harten Kampf. Die Versuchung, in der Schweiz zu bleiben und wieder wie ein Mensch zu leben, war enorm. Ich zweifelte nicht, daß unsere Freunde mir behilflich sein würden. Was ließ ich denn in Deutschland zurück? Die Eltern? Ja – die Eltern, die so lebensfremd und naiv sind. Ich konnte sie nicht verlassen. Ich würde zurückkehren in das Zuchthaus, das Deutschland heißt ... Mit diesem Entschluß schlief ich ein.

1. Februar 1939

Robert Spier und ich saßen auf zwei umgelegten Schrankkoffern in seiner leeren Wohnung. Die Möbel, Teppiche, selbst die Vorhänge waren entfernt und un-

sere Stimmen hallten in den plötzlich kalten nüchternen Räumen.
Er hatte mir noch einen letzten Brief an Lucille anvertraut, den ich unter meine Bluse steckte.
„Heute abend fahre ich."
Mein Herz zog sich zusammen, als ich dachte, wie alleine er nun ist, und wie hart es ihn treffen müßte, auf diese Art seine Heimat und Ehe aufzugeben.
Das halb amüsierte, halb ironische Lächeln spielte um seine Lippen. Als habe er meine Gedanken gelesen, sagte er: „Lucille und ich haben uns in Hamburg noch einmal getroffen und zusammen im Hotel geschlafen."
Seine Augen blickten mich vergnügt an mit einem gewissen Triumpf: Er hatte noch ein letztes Mal die Gestapo überlistet.
Als ich am Abend mit Brandy einen Spaziergang machte, um Lucille Robs Brief zu bringen, überlegte ich, wie viele Abschiede ich wohl noch im Laufe der nächsten Zeit würde nehmen müssen. Es ist fast gespenstisch, wie alte Freundschaften abgebrochen und Ehen auseinandergerissen werden.

18. Februar 1939

Die Vormittage verbringe ich im BH, um Vaters Gutachten zu tippen, während ich am Nachmittag nun mehr Zeit habe, mit dem Agenten Wohnungen anzusehen, von denen mit steigender Auswanderung immer mehr angeboten werden.
Ich ertappe mich dabei, ein neues, mir bisher fremdes Gefühl zu entwickeln: Vorurteil. In einer Reihe von Wohnungen treffen wir noch die bisherigen jüdischen Mieter an, die ihre Haushalte auflösen und packen. Ich würde so gerne mit ihnen sprechen – aber der Agent ist stets neben mir. Er scheint zwar Juden gegenüber nicht

feindlich eingestellt zu sein und trägt kein Parteiabzeichen. Die Tatsache jedoch, daß er Arier ist, läßt nicht nur mein Mißtrauen nicht ruhen, sondern – bisher unbewußt – betrachte ich ihn als Feind. Diese Einstellung ist sicher verkehrt gemessen an der humanitären Erziehung, die ich zu Hause empfing – aber ich kann nichts gegen dieses Gefühl tun.

2. März 1939

Zweifelsohne fängt das Leben an, wieder interessanter zu werden – ob allerdings besser, möchte ich dahingestellt sein lassen.
Lenchen, der seit längerer Zeit ein junger Mann den Hof machte, erschien neulich abends etwas verlegen in meinem Zimmer: „Also Fräulein Lili – ich muß ja denn wohl heiraten –"
„Lenchen!" rief ich entgeistert aus.
„Ja", lachte sie, während ihr die Tränen in die Augen traten. „Ich hätte das nicht tun sollen."
Sie wird noch Mitte dieses Monats heiraten, und zwar hier in Frankfurt, um ihren Eltern, die in einem kleinen Dorf leben, die Schande zu ersparen; denn sie, die immer so gut und fromm war wurde stets allen Mädchen als Muster der Tugend vorgeführt ...
Ich jedoch betrachte diesen unerwarteten Ruf der Natur als sehr tragisch für uns. Daß diese treue Seele, die wir nun schon seit acht Jahren im Hause haben und wie ein Mitglied der Familie betrachten, uns gerade in dieser bösen Zeit verlassen muß, ist ein schwerer Schlag. – Wenn sie während des Essens serviert, brauchen wir nicht die Stimmen zu senken oder einen Satz abzubrechen. Unsere Korrespondenz können wir offen auf den Schreibtischen liegen lassen. Lenchen besitzt Diskretion und Herzenstakt; was sie von uns erfährt, ist sicher bei ihr. – Wen werden wir statt ihrer bekommen?

Gestern war der ,Tag der Deutschen Luftwaffe', an dem der staunenden Bevölkerung wieder ein Wunder vorgestellt wurde – der ,Aufklärungsflieger' oder besser gesagt, ein himmlischer Spion. Gleichzeitig mit dieser Neuigkeit erschien in der Zeitung ein Bericht über eine amerikanische Senatssitzung, in der der Vorschlag eingebracht wurde, der Verfassung einen Zusatz anzuhängen, wonach die Staaten ohne eine Abstimmung des Volkes in keinen Krieg eintreten können.

Obwohl viel über die internen amerikanischen Debatten berichtet wird, habe ich diese langen Artikel bisher nicht gelesen. Abgesehen davon, daß wir nie beurteilen können, ob das, was uns erzählt wird, wahr ist – warum sonst ist es uns unter Strafe verboten, Auslandssender zu hören? – erachte ich die amerikanische Haltung im Augenblick noch nicht für bedeutungsvoll für unsere Situation. Außerdem scheint es sich klar abzuzeichnen, daß die Amerikaner sich selbst nicht einigen können. Die eine Seite will absolut nichts mit irgendeiner Form einer kriegerischen Verwicklung zu tun haben, während sich die andere das dicke Geschäft nicht entgehen lassen kann. Ein Senator stellt nervös fest, daß die Unterstützung durch Flugzeuglieferungen an Frankreich und England die Neutralität gefährdet. Ein anderer aber erklärt: „Es wird in Europa keinen Krieg geben, es sei denn, daß die Vereinigten Staaten die definitive Neigung bekunden, den Krieg zu finanzieren."

Über diese Naivität muß ich lachen. Haben denn diese gescheiten Senatoren aus den bisherigen Vorgängen noch nicht erkannt, daß Hitler seinen Weg unbeirrt geht, ohne Amerikas Erlaubnis zu erfragen oder seine finanzielle Unterstützung zu erbitten?

Vater und ich gingen zusammen fort, um eine Wohnung anzusehen.
Wir standen vor dem niedrigen Eisenzaun eines kleinen Vorgartens in der Hansa-Allee.
„Das ist die Nummer", sagte ich.
Vater blickte das fünfstöckige Haus an.
Auf unser Schellen im Parterre öffnete ein Mann mit einem ausgemergelten Gesicht. Offenbar waren ihm die Haare geschoren worden, denn sie standen kerzengerade vor seinem Kopf, zu kurz, um irgendwie frisiert zu werden.
In der Wohnung waren fast in jedem Raum Kisten und Koffer. Vater, der meines Wissens bisher noch keinen Juden in dieser Situation getroffen hatte, war sichtlich betroffen. Mit einer Zartheit, die er sonst nur für seine ernstlich Kranken reservierte, bat er diesen Juden, uns die Wohnung zu zeigen.
Als wir eine Bemerkung machten, daß die Räume sehr dunkel seien, sagte der Mann: „Sie brauchen hier viel elektrisches Licht – ja."
So fingen wir langsam an, miteinander zu sprechen. Die toternsten hellen Augen sahen uns an, mit einem Ausdruck, als könnten sie nie mehr lachen oder Freude widerspiegeln.
Vater fragte: „Wohin wandern Sie aus?"
„Nach Brasilien."
Vater wollte wissen, ob den Juden irgendwelche Schwierigkeiten bei der Auswanderung in den Weg gelegt würden?
„Im Gegenteil", erwiderte der Mann. „Wenn wir nicht so zerschlagen waren, daß wir sichtbare Narben aufwiesen, wurden wir nur aus dem KZ entlassen, wenn wir unterschrieben, daß wir Deutschland verlassen würden."

Er begleitete uns zu der kleinen Gittertür.
„Haben Sie hungern müssen?" fragte Vater.
Der Jude zuckte die Achseln: „Das Essen war so, daß wir alle Durchfall bekamen. Dann mußten wir zum Appell antreten und stundenlang einen großen Kreis um den Hof laufen – bis wir zusammenbrachen. Keinem wurde erlaubt auszutreten. Und nachher hatten wir nicht einmal Toilettpapier."
Die großen traurigen hellen Augen sahen uns unbeweglich an.

17. März 1939

Vor einigen Tagen hat Lenchen geheiratet. Die ganze Familie war anwesend, einschließlich Etta und eine Freundin Katherinas, eine richtige Gräfin, die zu Besuch bei uns war und der ganzen sonst recht tränenreichen Affäre ein besonderes Spitzlicht aufsetzte.
Inzwischen hat die neue Perle, Hedwig, ihren Dienst angetreten.
Heute, kurz vor dem Abendessen, rief Siegrid an, um mich zu fragen, ob ich mit Brandy später zu ihr kommen wollte. Ich hatte das Gespräch auf dem Korridor abgenommen, und als ich abhängte, öffnete Vater die Türe zum Herrenzimmer: „Hast du etwas Zeit, Kleines?"
Er nahm die aufgeschlagene Zeitung von seinem Schreibtisch und deutete auf zwei Abschnitte: „Hast du das schon gelesen?"
Unter der Überschrift: „Der Führer in Prag eingetroffen" stand, daß der tschechoslowakische Staatspräsident Dr. Hacha und Außenminister Dr. Chvalkowsky auf deren Wunsch in Berlin von Hitler empfangen worden waren. Wie sie erklärten, bemühten sie sich um die Sicherung von Ruhe, Ordnung und Frieden in diesem

Teil Mitteleuropas. Hacha sagte, um diesem Ziel zu dienen und um eine endgültige Befriedung zu erreichen, habe er das Schicksal des tschechischen Volkes und Landes vertrauensvoll in die Hände des Führers des deutschen Reiches gelegt.
„Der Führer hat diese Erklärung angenommen und seinem Entschluß Ausdruck gegeben, daß er das tschechische Volk unter den Schutz des deutschen Reiches nehme und ihm eine seiner Eigenart gemäße autonome Entwicklung seines völkischen Lebens gewährleisten wird."
Hitler wies auf die tausendjährige Geschichte hin und sagte: „So habe ich mich entschlossen, mit dem heutigen Tage deutsche Truppen ..." Die deutschen Truppen sind in Böhmen und Mähren einmarschiert und das Ganze heißt nun „Protektorat".
Zur gleichen Zeit sandte der slowakische Ministerpräsident Tiso ein Telegramm an Hitler: „Im starken Vertrauen auf Sie, den Führer und Reichskanzler des Großdeutschen Reiches, unterstellt sich der slowakische Staat Ihrem Schutze.
Der slowakische Staat bittet Sie, diesen Schutz zu übernehmen."
Unser Führer antwortete: „Ich bestätige den Empfang Ihres gestrigen Telegrammes und übernehme hiermit den Schutz des slowakischen Staates."
Ich legte die Zeitung fort: „Phantastisch!"
Vater sah mich erwartungsvoll an: „Unglaublich, wie?"
„Wie diese Staatspräsidenten ihre Völker ausverkaufen", erwiderte ich. „Hier, Herr Hitler, habe ich noch eine Herde Schafe. Wollen Sie die bitte übernehmen?' Und Herr Hitler: ‚Ich habe Ihre Offerte erhalten und übernehme'." Ich sah an Vaters enttäuschtem Ausdruck, daß wir uns wieder einmal völlig mißverstanden hatten.

,,Siehst du denn nicht, was für ein großartiger Politiker der Mann ist?" fragte er ungläubig.
Ich zuckte die Achseln: ,,Entweder haben diese Herren Hacha und Tiso sich benommen wie der österreichische Seyß-Inquart, oder sie hatten solche Angst, daß sie gleich kapitulierten, bevor etwas passierte."
Als Vater schwieg, fuhr ich fort: ,,Die Zeitung ist doch seit Tagen voll mit diesen Greuelmärchen über die Überfälle auf die armen Deutschen in Brünn und Iglau; die üblichen Schießereien, Opfer und deutsche Empörung über derartige Terrorakte. Die Wiederholungen sind schon gerade stereotyp. Aber eines Tages wird auch Hitler seinen Mann finden."
Vater sah mich nachdenklich an, um dann mit einem fast entschuldigenden Lächeln zu sagen: ,,Es ist für mich so wunderbar, wenn man miterleben kann, wie Deutschland nach all der Schmach wieder groß und mächtig aufersteht ... Aber vielleicht hast du recht. Vielleicht geht er zu weit. Ich gebe zu, ich habe auch schon einige Male gefürchtet, daß Krieg ausbricht. Aber nun -- Deutschland wird doch immer mächtiger --"

29. März 1939

Nur kurz einige politische Fußnoten: Während die englischen und französischen Botschafter in Berlin gegen die Besetzung der Tschechei und Slovakei protestierten, schlug die litauische Regierung die Rückgabe des Memelgebietes an Deutschland vor. Da die Übergabe durch eine freie Vereinbarung erfolgt, ,,wird Deutschland die wirtschaftlichen Interessen Litauens im Memeler Hafen weitgehend berücksichtigen". – Werden sich die Litauer wundern! (Memelland wurde der Provinz Ostpreußen eingegliedert.)
Rumänien rief die Reserve auf. In Belgien tagt ein stän-

diger Mobilmachungsausschuß. Polen zeichnete eine Inlandsanleihe für Rüstungszwecke, und England will seine Territorial-Armee auf Kriegsstärke bringen. In Paris sind bereits längst Gasmasken an die Bevölkerung verteilt worden.
Gestern verabschiedeten sich Fränkels von uns. Sie hatten uns nach dem Abendessen zu einem Glas Wein hinübergebeten, um uns Lebewohl zu sagen. Gert hat bereits in Brasilien Fuß gefaßt und wartet dort auf sie.
Wie sonderbar das alles ist. Wir hatten zusammen gebaut und waren gleichzeitig eingezogen, um nun beide nach 25 Jahren aus rassisch-politischen Gründen unsere Häuser aufzugeben.

14. April 1939

Inzwischen bin ich schon wieder ein Jahr älter geworden. Ich habe längst aufgehört, mir zu überlegen, was mir das neue Lebensjahr wohl bringen wird. Nach sechs Jahren gibt man derartige sinnlose Spekulationen auf. Abgesehen davon, habe ich begriffen, daß ich dankbar sein kann, wenn es mir nicht schlechter geht als jetzt. Hoffnungen auf eine Zukunft kenne ich nicht mehr, wenngleich ich weiß, daß in weiter Ferne die Freiheit und ein neues Leben liegt ...
Der Mann, der sich für unser Haus interessierte, hat eingeschlagen. Nächste Woche wird der Vertrag gemacht. Und Wunder über Wunder: Wir haben eine Wohnung gefunden. Die Lage ist zwar nicht ganz das, was wir uns erträumten, aber man kann ja schließlich nicht alles haben. Die Räume sind groß, hell und in gutem Zustand. Da der Hausbesitzer Schweizer ist, wurde an Mutters Abstammung kein Anstoß genommen. Im ersten Stock praktiziert bereits ein Dentist, wodurch gegen Vaters Praxis auch keine Einwendungen erhoben

wurden. Wir können allerdings nicht vor Ende Mai einziehen.
Politisch scheinen meine finstersten Erwartungen zuzutreffen. Heute war die erste Notiz in der Zeitung: „Deutschfeindliche Ausschreitungen an der Grenze zwischen Polen und Danzig." Nach bisher bewährtem Muster werden sich diese „Ausschreitungen" häufen und in wenigen Monaten wird Hitler Danzig besetzen und mit Polen in einen kriegsähnlichen Zustand treten.

22. April 1939

Es ist nicht so einfach mit dem Kaufvertrag des Hauses, wie ich es mir vorgestellt hatte. Da wir einen Erbpachtvertrag haben, der Grund und Boden der Stadt gehört und der Vertrag noch 35 Jahre läuft, mußte erst wegen der Ablösung mit der Stadt Frankfurt verhandelt werden, die auch den Kaufpreis festsetzen wird. Aber der Preis ist ja ganz gleichgültig. Da die Eltern in Gütergemeinschaft leben, geht alles Geld, das die Stadt nicht bekommt, sowieso für die Judensühne auf ein Sperrkonto. – Was für ein Hohn!
Inzwischen hat unser geschätzter Führer seinen fünfzigsten Geburtstag gefeiert. Kaisers Geburtstag kann nicht großartiger gewesen sein. Der 20. April wurde zum nationalen Feiertag erklärt. Ganz Deutschland war beflaggt; im Protektorat fand eine Truppenparade statt, und aus aller Herren Länder strömten die Gäste herbei. Die NSDAP gab ihrem Führer als Geburtstagsgeschenk eine Sammlung von 50 Briefen Friederichs des Großen, die sie aus irgendeinem Museum gestohlen haben. – Die Zeitungen berichten, daß das Ausland tief beeindruckt war über diese Geburtstagsfeier.

7. Mai 1939

Siegrid rief gestern an: ,,Lebst du eigentlich noch?"
,,Halb."
,,Wieso?" fragte sie, ,,ist etwas besonderes geschehen?"
,,Siegrid", erwiderte ich, ,,bist du schon einmal aus einem großen Haus ausgezogen, in dem du mit deiner Familie 25 Jahre gelebt hast, und daß außer den Zimmern einen riesigen Speicher und einen noch größeren Keller hat?"
,,O Gott – !"
,,Ja."
,,Kannst du nicht morgen nachmittag zu einer Tasse Kaffee zu mir kommen, und dich von diesen Strapazen ausruhen?"
Sie hatte den Kaffeetisch mit Liebe gedeckt und eine große Schale mit Schlagsahne in die Mitte gestellt.
Als sie mir die Schale reichte, sagte sie: ,,Hier, nimm's nochmal wahr."
,,Wieso?"
,,Vom 15. Mai bis 14. September ist die Herstellung von Sahne, Kaffeesahne, Schlagsahne – ach, einfach alle Art von Sahne untersagt."
,,Unser Führer braucht halt Butter für die Soldaten."
,,Wie stellst du dir vor, daß es ausgeht?" fragte sie.
,,Aus ganz egoistischen Gründen glaube und hoffe ich, daß die polnische Presse, die von der F.Z. zitiert wurde, recht hat. Sie wies auf das Verlangen Deutschlands hin, Danzig zu besitzen. Die Polen meinten, daß es sich in den nächsten zwei Monaten zeigen werde, ob Deutschland sich besinne, oder ob es ein Gewitter entfesseln wolle, das zur völligen Vernichtung Deutschlands als Großmacht führen werde."
Siegrid legte mir ein neues Stück Kuchen auf den Teller:

„Darf ich dir noch etwas Schlagsahne geben, bevor das Gewitter ausbricht?"
Ich mußte lachen.
„Weißt du", sagte sie, „ich hoffe ja das gleiche. Aber, wenn man so sieht wie erfolgreich dieser Hitler ist ... Manchmal bin ich ganz deprimiert."
Sie beugte sich nieder, um den Hunden auch einen Lekkerbissen zu reichen. Halb unter dem Tisch erklärte sie: „Ich wollte dir übrigens sagen, wenn du mir irgend etwas zum Aufbewahren geben willst – Schmuck oder so – –" Sie erschien mit hochrotem Kopf wieder an der Oberfläche, ohne den Satz zu beenden.
„Vielen Dank, mein Liebes. Bis jetzt sind wir ja noch nicht betroffen. Die Abgabe von Schmuck, Juwelen und Edelmetallen wird nur von Volljuden verlangt. Die Mischehen sind noch ausgenommen."
Siegrid sah mich etwas entgeistert an, als ich plötzlich anfing zu lachen. „Entschuldige –. Mir fiel gerade ein, daß die Juden den Zahnersatz behalten dürfen, soweit er in persönlichem Gebrauch ist. Weißt du, Siegi – es gibt Situationen im Leben, in denen du die Wahl hast, zu lachen oder zu heulen. Ich habe mich fürs Lachen entschieden, nach dem Motto: Humor ist, wenn man trotzdem lacht..."
Wir packen, sortieren aus, rufen Organisationen an, die Sachen abholen sollen, lassen „Mutters Arme" kommen, um auszusuchen und sind übermüdet und irritiert. Der neue Hausbesitzer fängt an, zu drängen, weil er mit dem Umbau beginnen will, und unsere Wohnung ist noch nicht beziehbar, da die Handwerker dort arbeiten. In dem ganzen Wirrwarr untersucht Vater nach wie vor ambulant Reichsversicherungspatienten und macht Hausbesuche. Gelegentlich gehen wir zu Steffan in die Stiftstraße, um die Geräte und Glassachen zu kaufen, die wir für unser kleines Labor brauchen werden.
Nach einem solchen Gang trennten Vater und ich uns

heute. Ich schlenderte zur Hauptwache, dankbar, keine Kisten oder Listen sehen zu müssen. Etwas unschlüssig blieb ich am Roßmarkt stehen, beugte mich hinab und fragte: „Wohin wollen wir denn gehen, Brandy?"
Doch er wedelte nur mit dem Schwanz. Mein Blick fiel auf die andere Seite der Straße. Genau gegenüber von uns am Randstein standen Pötz und Elsa. Sie betrachteten uns amüsiert, fast so wie vor Jahren im Saalbau.
„Ich wußte, daß ich Sie heute sehen würde", sagte Pötz statt einer Begrüßung, und nach ein paar Minuten saßen wir wieder einander in der Kakaostube gegenüber.
Während Elsa ihre ganze Aufmerksamkeit Brandy schenkte, betrachtete Pötz prüfend mein Gesicht: „Sie sehen müde aus. Arbeiten Sie so viel?"
Ich erzählte ihm, daß wir mitten im Umzug sind, da wir unser Haus verkauft haben und in eine Etagenwohnung ziehen.
„Hatten Ihre Eltern Schwierigkeiten mit dem Verkauf?"
„Im Gegenteil", erwiderte ich ironisch, „sie machten ein ganz hervorragendes Geschäft. Sie müssen nicht nur den Umzug aus eigener Tasche bezahlen, sondern noch tausend Mark drauflegen."
Elsa wandte mir ihre vor Staunen aufgerissenen großen Kinderaugen zu: „Was?"
„Wollen Sie uns dieses Zauberkunststück erklären?" fragte Pötz.
„Da ist nicht viel zu erklären. Vergessen Sie nicht, daß meine Mutter nun den Vornamen Sara führt. Das Finanzamt Außenstelle hat daher im ‚Staatsinteresse' den Einheitswert über 60 000 Mark zu niedrig angesetzt. Dafür hat mein Vater seit 25 Jahren Erbpachtsteuer, Hauszinssteuer, Hypothekenzinsen und den Unterhalt des Grundstückes bezahlt – –"
Pötz hatte sich wieder in seinen Stuhl zurückgelehnt. Die Daumen unter den Hosenträgern verankert, sah er

mich halb mitleidig, halb mokiert an: ,,Ich bedaure den finanziellen Verlust, den Ihre Eltern erlitten haben, meine Liebe – aber in einer Zeit wie dieser würde ich an derartige Dinge keinen zweiten Gedanken verschwenden. Wenn ich Sie recht verstehe, zahlen Ihre Eltern doch von nun ab wesentlich weniger an Miete als das Haus kostete? – Ja? Also. Und Ihr Vater hat eine Pension? – Dann wird dieser Verlust die Familie kaum an den Bettelstab bringen. So wie die Dinge sich entwikkeln, werden Ihre Eltern einmal dankbar sein, das Haus nicht mehr zu besitzen. Denn was heute den Volljuden passiert, wird im Verlaufe des Krieges den Mischehen geschehen. Sie sehen mich ungläubig an? – Wir sind uns doch darüber einig, daß Hitler in Kürze Krieg führen wird, wie? – Schön. Dieser Krieg, meine Verehrteste, wird sehr anders über die Bühne gehen als der vorige. Und dann werden wir nicht genug Wohnungen haben. Was glauben Sie, wie Ihren Eltern zu Mute wäre, wenn sie plötzlich das ganze Haus mit fremden Menschen zu teilen hätten, mit denen sie nichts weiter gemein haben als eine verkehrte Abstammung und Angst? Wie? – Sie wollen mir wieder einmal nicht glauben, aber der alte Pötz weiß, wovon er spricht."
Als er einen Moment schwieg, warf Elsa mit einer fast ehrfurchtsvollen Bewunderung ein: ,,Wirklich, es ist staunenswert, wie er die Dinge immer voraussagt –"
Pötz, als habe er Elsas Bemerkung nicht gehört, fuhr unbeirrt fort: ,,Wir alle werden Angst haben, wenn die Bomber kommen, ja – aber die Menschen mit jüdischem Blut werden nicht nur den anonymen Feind, der Bomben abwirft, sondern obendrein eine wohlbekannte Gestapo fürchten."
,,Wie lange wird es noch dauern?" fragte ich etwas atemlos.
,,Bis der Krieg ausbricht? Wenn die meisten Kriege ausbrechen: nachdem die Ernte eingebracht ist. Auch

andere Anzeichen sprechen dafür, daß es bald sein wird."
Meinen fragenden Blick beantwortend, erklärte er: „Vor ein paar Tagen, als Goebbels den Ehrenbürgerbrief der Stadt Köln erhielt, sah er sich wieder veranlaßt, eine Rede zu halten, die fürs Ausland bestimmt war. Für den Augenblick scheinen die Forderungen auf die Kolonien zurückgestellt worden zu sein, aber Danzig wird nach wie vor gefordert. Goebbels sprach die wundervollen Worte aus, daß der Führer ein ‚Friedensfreund' ist. ‚Er will wirklich den Frieden.' Regierungshäupter, die so leichtfertig ihre Friedensliebe beteuern, sind immer mit äußerstem Mißtrauen zu betrachten. Sie sprechen vom Frieden und denken nur an den Krieg."
Er stutzte und sah mich scharf an: „Das ist eigentlich kein Thema, um einen solchen Ausdruck auf Ihr Gesicht zu zaubern." Ein halb verständnisvolles, halb spöttisches Lächeln glitt über sein Antlitz: „O – das hat Ihnen vor mir schon einmal jemand gesagt? – Das muß ein kluger Mann gewesen sein." Wieder ernst werdend fuhr er fort: „Goebbels begründet seine Forderungen damit, daß Deutschland bei der Verteilung der Welt zu kurzgekommen sei."
„Wieso? Wenn dem so ist, warum animieren dann die Nazis die Bevölkerung zu einer derartigen Steigerung der Kinderproduktion?"
„Warum? Weil sie erstens Kanonenfutter brauchen und zweitens – wir haben uns darüber schon einmal unterhalten – sind die führenden Männer Katholiken." Er blickte mich mit einem triumphierenden Lächeln an.
„Was gibt eigentlich den katholischen Pfaffen die Berechtigung, sich in die Ehen ihrer Gläubigen einzumischen?" fragte ich.
„Sie haben sich schon selbst die Antwort gegeben. Sie

sagten ‚Gläubige'. Das ist das Geheimnis. Solange die Menschen willig sind, dem zu glauben und daher zu gehorchen, was ihnen ein inkompetenter Priester erzählt, solange kann sich besagter Priester das Recht nehmen, Eheleuten vorzuschreiben, was sie im Bett tun dürfen und was nicht. Alle Macht, meine Gute, ist auf der grenzenlosen Dummheit der Massen aufgebaut.
Der Politiker verspricht den Wählern das Paradies auf Erden. Die Dummen fallen auf diese Beteuerungen herein und wählen ihn. Die Versprechen werden zwar nie gehalten, aber im Falle Hitler werden die Gläubigen nach einer Weile feststellen, daß er ihnen nicht nur nicht das Paradies bereitet, das er ihnen versprochen hat, sondern sie in die Hölle jagt. Die sogenannten Kirchenfürsten versprechen das Paradies wenigstens erst nach dem Leben.
Dieser Überzeugungsfähigkeit, die Dummen zu beeinflussen, liegt der Gehorsam der Gläubigen zugrunde, die in der Ehe das tun oder unterlassen, was ihnen ein Priester diktiert, ein Priester, der nie verheiratet war und daher gar nicht wissen kann, wovon er spricht, ein Priester, der mit seinem festen Einkommen keine Vorstellung davon haben kann, welche Sorgen ein Familienvater hat. – Ich halte es weniger für die Frage, wo die Priester die Berechtigung hernehmen als vielmehr den traurigen Mut." Er lehnte sich über den Tisch, kniff die Augen zu Schlitzen zusammen und während ein süffisantes Lächeln sein Gesicht verzog, sagte er: „Das leuchtendste Beispiel ist dieser Obereunuche in Rom. Er hat alles zu Gebote, was er wünscht, lebt in unvorstellbarem Luxus, ist jenseits des Alters, in dem ihn die Fleischeslust noch befallen kann, und dann spricht er von Armut, Enthaltsamkeit und Demut, die er von gesunden Menschen aus Fleisch und Blut fordert." Pötz neigte den Kopf etwas zur rechten Schulter und sah mich fragend an.

„Sie haben recht", sagte ich, „– – – Menschen aus Fleisch und Blut, aber leider ohne Gehirn."

11. Juni 1939

Ich sitze in meinem neuen Zimmer am altvertrauten Schreibtisch und habe den ersten Tag hinter mir, an dem ich richtig zu Besinnung komme.
Der Umzug war absolut chaotisch! Der neue Hausbesitzer begann bereits einen Tag, bevor wir auszogen, im Dachgeschoß Wände einzureißen und die Staubwolken schwebten durch das Treppenhaus und legten sich auf alle Möbel. Die Bautätigkeit wurde fortgesetzt, als die Möbelträger kamen, die mit Katherinas Klavier in der Ecke des oberen Treppenhauses steckenblieben. Als das Instrument schließlich nach endlosen Manipulationen ein Stockwerk tiefer stand, spielte in all dem Mörtelstaub und Hämmern einer der Packer einen Wiener Walzer, der das seelische Gleichgewicht aller Beteiligten wieder herstellte.
Am späten Nachmittag waren endlich die Möbel und Kisten verfrachtet, aber kein Gedanke daran, sie am selben Tage noch auszuladen. – Die Eltern übernachteten in einer Pension, Katherina bei Steinbachs, Brandy und ich bei Siegrid. Am nächsten Morgen fanden wir uns dann in der neuen leeren Wohnung ein, in der wir uns die Beine vertraten, bis endlich der Möbelwagen erschien.
Langsam finden wir alles wieder, was in die verkehrten Kisten geraten war und der Haushalt kehrt in die alte Routine zurück. – Ich habe ein hübsches Zimmer mit einem kleinen Balkon davor. Nach der Ruhe unseres Villenviertels und dem Blick über den Park, muß ich mich erst an den Radau gewöhnen, den ich in diesem nach der Straße gelegenen Parterrezimmer aus erster

Hand empfange und daran, daß mein Blick gegen die Mauern der gegenüberliegenden vierstöckigen Häuser prallt.

An unseren drei neuen Telefonen kann man die Wählerscheibe drehen, auch wenn der Hörer aufliegt. Also ist bei ihnen allen eine Abhörvorrichtung eingebaut. –

Die Wohnung ist groß und geräumig, und wir konnten sogar Bodo unterbringen. Bodo – habe ich ihn je erwähnt? Er trat so unauffällig und bedeutungslos in unser Leben, daß ich wohl nicht erwartete, ihm je eine Zeile zu widmen. – Als die IG-Farben sich in der Nachbarschaft händeringend nach Zimmern für ihre zukünftigen Auslandsvertreter umsah, gab Mutter schließlich nach. So zog Bodo vor über einem Jahr im Gästezimmer ein. Er ist ein netter junger Mann, etwas jünger als ich, mit tadellosen Umgangsformen, der nach kurzer Zeit mehr als Sohn im Hause betrachtet wurde denn als Mieter. Als wir den Umzug planten, bettelte er wie ein kleiner Junge: „Liebe Eltern Schroeder – nehmen Sie mich doch bitte mit. Am 1. September gehe ich in die Türkei. Muß ich für diese paar Monate noch zu fremden Leuten ziehen?“ Selbst Vater war gerührt, und wir nahmen ihn mit.

9. Juli 1939

Dr. Bernd, der zufällig vorbeikam als unsere Möbel ausgeladen wurden, rief an, um zu fragen, ob wir völlig eingerichtet seien, und er mich besuchen dürfe. Gestern abend war er hier. Er arbeitet nun nicht mehr im Rundfunk, sondern für die Industrie. Er ist tief besorgt über die politische Situation, innenpolitisch und außenpolitisch.

Wir sprachen über die sich häufenden „Zwischenfälle“ an der polnischen Grenze, die angeblichen Verfolgungen der Deutschen in Polen, und ich sagte: „Daß Hitler in Kürze einen Krieg entfesseln wird, ist wohl allen denkenden Menschen langsam klar. Die Preisfrage, um die so viel gestritten wird, ist nur, ob die Amerikaner sich an diesem Abenteuer beteiligen werden. Manchen glauben, daß zuviel amerikanisches Kapital in Deutschland investiert ist, das die Amerikaner nicht verlieren wollen. Andere denken, daß ein Krieg die amerikanische Wirtschaft sanieren könnte. Was ist Ihre Ansicht?"

„Ich glaube, daß Amerika in den Krieg ein eintreten wird – allerdings nicht sofort. Amerika kommt erst dann, wenn es des Sieges sicher ist. Schließlich befinden sich die Vereinigten Staaten in einer bösen Wirtschaftskrise. Präsident Roosevelt erklärte vor einigen Monaten, daß er das untätige Kapital mit untätigen Menschen zusammenbringen will. Wo, Fräulein Schroeder, kann man das besser tun als im Krieg?"

Ich nickte: „Ja – schon. – Aber was ist mit dem hier investierten Kapital?"

Bernd fuhr mit der Hand durch die Luft, als wolle er eine unwichtige Kleinigkeit fortschieben: „Wir wissen natürlich nicht wieviel amerikanisches Kapital nach Deutschland geflossen ist, mit der Ausnahme des bekannten Antisemiten Ford, der die Hermann-Göring-Werke bei Wien zum großen Teil finanzierte. Aber ich bitte Sie – das sind doch alles nur kleine Fische im Vergleich zu dem enormen Geschäft eines Krieges! – Fräulein Schroeder – die Zeiten, in denen die Tapferkeit des einzelnen heldischen Mannes zählte, sind vorbei. Im modernen Krieg handelt es sich nur noch um Materialschlachten. Wenn die Vereinigten Staaten einsteigen – und sie werden einsteigen –, so bedeutet das ein kolossales Rüstungsgeschäft. Überlegen Sie doch nur, was es heißt, eine Ware herzustellen, die, kaum daß sie produziert ist, schon wieder zerstört wird und sofort nachge-

liefert werden muß. Das einzige echte perpetuum mobile der Wirtschaft: Jeder Schuß Munition der verfeuert wird, ist unwiederbringlich fort, jede Bombe, jedes Flugzeug. Krieg, Fräulein Schroeder, ist das beste Geschäft, das sich eine Industrie wünschen kann. Und wenn Mr. Ford bei den Hermann-Göring-Werken wirklich Geld verlieren sollte – machen Sie sich keine Sorgen um ihn. Er wird es im Kriege durch Lastwagen und Autos doppelt und dreifach wieder hereinholen!"
„Glauben Sie, daß Deutschland unter diesen Umständen überhaupt eine Chance hat?"
„Nein, nicht die geringste", erwiderte er mit Überzeugung. „Sie brauchen sich nur einmal hinzusetzen und auszurechnen was Deutschland unter den günstigsten Bedingungen produzieren kann, und was die anderen Länder mit der Unterstützung Amerikas produzieren können. Nur ein Wahnsinniger wie Hitler kann sich auf ein solches Unternehmen einlassen. Außerdem würden im Kriegsfall so und so viele Länder die notwendigen Rohstofflieferungen einstellen. Wie gesagt – es ist ein einfaches Rechenexempel."
„Aber", fragte ich, „wissen denn das Hitler und seine Ratgeber nicht auch?"
Bernd zuckte die Achseln. „Hitler ist wohl überzeugt von seinem guten Stern oder seinen übermenschlichen Fähigkeiten. Ob noch jemand den Mut hat, ihm zu widersprechen, ist eine andere Frage. Er soll solch unvorstellbare Wutanfälle bekommen, wenn jemand anderer Ansicht ist als er."
Während ich Bernds Glas auffüllte, beobachtete ich, wie er einen Seitenblick auf meine Bücherregale warf.
„Sie können sich die Bücher ruhig genau ansehen, wenn es Sie interessiert", meinte ich.
Er stand auf und betrachtete die Titel, um nach einer Weile zu bemerken „Sie haben eine ganz beachtliche Sammlung über Napoleon zusammengetragen."

,,Eine faszinierende Persönlichkeit! – Dabei fällt mir ein: Was halten Sie eigentlich von der Maginot-Linie?"

,,Genau so viel wie vom Westwall", erwiderte Bernd, ,,nicht viel. Jedoch, zwischen den beiden ist – meiner Ansicht nach – ein bedeutender Unterschied. Der Westwall ist ein psychologischer Wall, der gleichzeitig ein Arbeitsbeschaffungsprojekt ist. Wie dieser österreichische Schmierenkomödiant bei Beendigung seiner Westwallinspektionsreise feststellte: ,Soldatten und Arrbeiter der Westfront! Die Besichtigung des Westwalles hat mich von seiner Unbezwingbarkeit überzeugt.' Wahrscheinlich versprechen sich die führenden Nazis und Generäle strategisch überhaupt nichts von diesem Westwall. Moderne Waffen und Flugzeuge können solche kleinen Hindernisse leicht überwinden. Das Volk aber hat das Gefühl, gegen feindliche Angriffe gesichert zu sein, und dem Ausland gegenüber ist dieser Wall eine wunderbare Geste, die nur unterstreicht, daß wir ja gar keine aggressiven Absichten haben." Ein Napoleonbuch gedankenverloren in der Hand behaltend, setzte er sich wieder in den Sessel mir gegenüber. ,,Die Maginot-Linie jedoch", fuhr er fort, ,,ist leider etwas anderes. Die Franzosen scheinen wirklich daran zu glauben. Ach – wissen Sie, die Geschichte ist sicherlich nicht frei von Ironie... Diese riesigen Reparationszahlungen, die Frankreich von Deutschland forderte und die ein maßgebender Faktor waren, Hitler an die Macht zu bringen, diese Reparationszahlungen wurden zum größten Teil zum Bau dieser Maginot-Linie verwandt.

Wie Sie wissen, halte ich nicht viel vom Militär, und ich fürchte, die Maginot-Linie gibt mir wieder recht. Irgendwelche französischen Generäle, die im letzten Krieg siegreich waren, wollen den nächsten nach dem Schema der alten Erfolge führen. An dieser Stagnation

des Denkens sind schon andere Feldherrn gescheitert."
Als er schweigend vor sich hinstarrte, fragte ich: ,,Sie sind also überzeugt, daß Hitler auch Frankreich wieder angreifen wird?"
,,Ja", erwiderte Bernd, ,,er wird den nächsten Weltkrieg entfesseln und ... Oh mein Gott!" Er griff sich an die Stirne: ,,Die Franzosen überlegen sich, wie sie die Maginot-Linie verschönern können. Sie wollen eine Rosenzucht dort anlegen! Rosen – !"
,,Na, ja – dann haben sie wenigstens etwas, womit sie ihre Kriegsgräber schmücken können."

22. August 1939

In zwei Tagen fahre ich in Urlaub. So ging ich heute nachmittag in den Keller, um meine Koffer zu holen. Im Gang lehnte eine dicke Eisentüre gegen die Wand. Der Hausverwalter grüßte aus einem Raum, in dem er zwei Arbeiter beaufsichtigte, die mit Balken die dortige Decke abstützten. Mein erstauntes Gesicht sehend, erklärte er: ,,Wir richten den Luftschutzkeller ein."
Am Abend kam Dr. Bernd, der mich anscheinend neu entdeckt hat und den weder meine Abstammung noch meine Vorstrafe abschreckt, denn er hat mich schon zweimal ausgeführt. – Heute wollte er sich nur kurz verabschieden, da auch er Frankfurt verläßt.
Um in mein Zimmer zu gelangen, muß man durch die große Wohndiele gehen, in der wir unsere Mahlzeiten einnehmen und in der die Eltern abends sich mit einem Buch, einer Flasche Wein und Vaters Patiencekarten aufhalten.
Dr. Bernd, der noch von der Rundfunkzeit her einen heiligen Respekt vor Vater hat, wollte rasch mit einer kurzen Verbeugung entfliehen.

Vater aber sagte freundlich: „Guten Abend, Herr Doktor. Wollen Sie sich nicht einen Moment zu uns setzen?"
Der arme Kerl konnte schlecht ablehnen, sondern folgte höflich der Aufforderung.
Ohne Umschweife fragte Vater: „Wie beurteilen Sie die Lage?"
„Ich sehe sehr schwarz", antwortete Bernd vorsichtig.
Vater nickte schweigend. Dann meinte er nachdenklich: „Ein Krieg scheint wohl unvermeidlich?"
„Als Wirtschaftler und Historiker betrachte ich diese systematischen Vorbereitungen mit größtem Unbehagen."
„Ja, ja", bestätigte Vater. „Die Fettkarten erinnerten mich auch sehr an den letzten Krieg. Nun haben wir das Verbot der Sahneherstellung, Ölfrüchtegewinnung, Erhöhung des Anbaues von Raps, die Kaffeeknappheit und was sonst noch alles an Lebensmitteleinschränkungen befohlen wurde. – Natürlich weiß man nicht, wie weit das nur Klugheit ist, um nicht unvorbereitet überrascht zu werden."
Bernd hatte einen etwas zweifelnden Ausdruck: „Was aber halten Sie von der vormilitärischen Erziehung der HJ in Zusammenarbeit mit der Wehrmacht mit Gelände- und Schießübungen und dergleichen? Ich meine, wenn schon die kleinen Jungen soldatisch ausgebildet werden, scheinen sich die Nazis wohl auf einen längeren Krieg vorzubereiten. Mit genau so gemischten Gefühlen betrachte ich die SA-Wehrmannschaften mit ihren militärischen Übungen als künftige Führer in der Luftwaffen."
Plötzlich gewann Vaters nationaler Optimismus wieder die Oberhand: „Ich weiß nicht – vielleicht sind sie auch nur übervorsichtig. Nach allem was man so hört und sieht, haben wir doch ein ganz hervorragendes Heer,

abgesehen von Görings Luftwaffe. Auch habe ich das Gefühl, daß die andern mit ihrem Rüstungsprogramm etwas spät begonnen haben. – Es steht also zu hoffen, daß wir im Ernstfall siegen ... Verstehen Sie mich nicht falsch Herr Doktor! – Auch ich möchte aus nur zu verständlichen Gründen die Nazis wieder loswerden. Aber ich bin und bleibe doch in erster Linie Deutscher. Ein zweiter verlorener Krieg – nein – – nach diesem Wiederaufbau – – es wäre einfach unerträglich!"

Bernd und ich saßen uns in meinem Zimmer gegenüber.

„Voilà", sagte ich.

Er schüttelte den Kopf und sah mich fassungslos an: „Sagen Sie – wie halten Sie das aus?"

„Schlecht. Aber er ist mein Vater, und er hat mir – direkt – nie etwas Böses angetan."

Als Bernd widersprechen wollte, hob ich abwehrend die Hand: „Ich weiß, ich weiß Doktor –. Ich sagte bewußt ‚direkt'. Ich bin mir völlig klar darüber, daß ich meinem Vater und seiner Generation dieses Leben, das ich heute führen muß, verdanke. Ich habe mir oft den Kopf darüber zerbrochen, ob man jemand einen Vorwurf machen darf für etwas, was ihm die Natur versagt hat. Sie machen einem Farbenblinden auch nicht zum Vorwurf, daß er rot und grün nicht unterscheiden kann. Vielleicht bedauern Sie ihn sogar, wenn er durch dieses Handicap die Walderdbeeren nicht findet. Bin ich berechtigt, meinem Vater vorzuwerfen, daß er denkt, wie er denkt? Er ist trotz seiner hohen Intelligenz einfach nicht in ihm, von Deutschland abzusehen und von höherer Warte aus das Leben zu beurteilen. Die Natur ließ ganz offenbar ein bestimmtes Organ in ihm verkümmern."

„Fräulein Schroeder – ich bewundere Ihre Einstellung. Aber sagen Sie mir – – haben Sie für Hitler die gleiche Entschuldigung?"

„Nein, Herr Doktor. Und ich finde, zwischen Menschen wie meinem Vater – und von seiner Art leben wohl in jedem Land Millionen – und Hitler ist ein himmelweiter Unterschied. Mein Vater war als Arzt im Krieg an der Front. Ob er fähig gewesen wäre, auf ein anderes Lebewesen zu schießen, nur weil es einer anderen Nation angehört, das wage ich zu bezweifeln. Hitler aber ist ein Mörder und rottet erbarmungslos alles aus, was aus irgendwelchen Gründen nicht in seine Pläne paßt – selbst, wenn es sich dabei um einen alten bewährten Freund handelt. – Um es auf einen kurzen Nenner zu bringen: wenn Sie meinem Vater politisch widersprechen, können Sie in einen Streit geraten; möglich, daß er so verärgert ist, daß er Sie nicht mehr als Gast im Hause sehen will. Diese Haltung mag Sie kränken, ist aber nicht lebensgefährlich. Wenn Sie gegen Hitlers System opponieren … ich glaube wohl sagen zu können, daß das lebensgefährlich ist, oder – ?"
Bernd erhob sich, legte die Hände auf den Rücken und starrte geistesabwesend auf eine Radierung Dürers, die über dem einen Bücherregal hängt. Dann wandte er sich mir zu und fragte ungläubig: „Wollen Sie mir sagen, daß Ihr Vater unfähig wäre, auf einen Einzelnen zu schießen, aber das Töten von Hunderttausenden gutheißt?"
„Ja, Herr Doktor, das will ich sagen. Das Individuum, das ihm gegenübersteht, ist ein Mensch. Die Hunderttausende aber sind eine anonyme Masse, die unter einem Sammelbegriff laufen und ‚die Franzosen' oder ‚die Russen' genannt werden. Das, mein Freund, veranlaßte mich, von einem verkümmerten Organ zu sprechen."
Bernd ließ sich in den Sessel fallen. Halb lachend sagte er: „Ich gebe mich geschlagen. Irgend etwas in Ihrer Argumentation ist verkehrt. Ich weiß nur nicht was … Ich muß es mir noch überlegen, und wir werden uns später wieder einmal darüber unterhalten."

30. August 1939

Das Rauschen der vielen kleinen Wasserfälle, die von den Bergen ins Tal stürzen, begleitet von der unregelmäßigen Melodie der Kuhglocken, singen mich nachts in den Schlaf, und ich strecke mich wohlig im Bett aus, so entspannt und glücklich wie ich eben nur in Hinterstein sein kann.
In Stuttgart hatte ich meine Fahrt unterbrochen, um am Montag mit einem frühen Zug weiterzufahren, damit ich am Nachmittag in Hinterstein eintreffen konnte.
Zu jener frühen Stunde war ich der erste Gast im Frühstückszimmer des Hotels. Nachdem der Kellner mir Kaffee und Brötchen serviert hatte, verschwand er, um wenige Minuten später mit einer Zeitung in der Hand ganz aufgeregt an meinen Tisch zu treten: „Haben Sie die Morgenzeitung schon gesehen?"
„Nein."
„Ich weiß gar nicht, was ich davon halten soll! Sehen Sie nur – hier – "
Ich las: ‚Deutsch-Russische Wirtschaftsvereinbarungen.'
„Nachdem wie unsere Regierung die Russen beschimpft hat – wie können sie denn jetzt auf einmal ein Abkommen mit ihnen treffen? Sich mit ihnen zusammensetzen, als ob sie Freunde wären? Ich verstehe das nicht!" – Der Mann war völlig außer Fassung. Er wiederholte mehrere Male kopfschüttelnd die Überschrift und fragte dann ganz verzweifelt: „Was denken Sie denn darüber?"
„Ich denke, daß Hitler Rußland überfallen wird, wie er alle Länder überfallen hat, mit denen er irgendwelche Abkommen oder Verträge machte."
Der ältliche Kellner starrte mich mit aufgerissenen Augen an: „Rußland überfallen!? Wir können doch nicht Rußland angreifen – !"

„Nein; eigentlich können wir nicht – aber wir werden." Damit sah ich auf meine Armbanduhr und bat um die Rechnung.
Hinterstein – dachte ich – dort kann Hitler und seine Politik mir gestohlen bleiben! Meine Hintersteiner Berge kann auch Hitler nicht bewegen –
Bis zum gewissen Grade irrte ich mich. Zwar konnte Hitler die Berge nicht bewegen, aber seine mörderische Politik warf ihre Todesschatten sogar auf dieses friedliche Fleckchen Erde.
Während Brandy und ich im Zug unserem Paradies entgegenrollten, erschienen die ersten Zeitungen, die der Bevölkerung mitteilten, daß „durch Verordnung vom heutigen Tage im Interesse der wirtschaftlichen und damit auch der politischen Freiheit des Reiches eine Reihe lebenswichtiger Verbrauchsgüter bezugscheinpflichtig sind."
Auf Bezugsscheine gibt es nun Fleisch, Milch, Öle oder Fette, Zucker, Marmelade, Graupen, Gries etc., Seife, Seifenpulver, Hausbrandkohle, Spinnstoffwaren und Oberbekleidung. „Obwohl auf den Bezugsscheinen, die vorsorglich vor längerer Zeit bereit gehalten wurden", auch Abschnitte für Brot, Kartoffeln, Roggen- und Weizenmehl vorgesehen sind, werden diese Lebensmittel noch frei verkauft.
Am nächsten Tag wurde die Rheingrenze zwischen Frankreich und Deutschland geschlossen, nachdem der letzte Zug über die Kehlbrücke die Grenze passierte. Zwei Tage später wurde auch der Flugverkehr zwischen den beiden Ländern eingestellt. In Polen wurden verschiedene Ortschaften von der Zivilbevölkerung geräumt und dann erschienen polnische Panzer bei Danzig. – In Paris wird nun teilweise verdunkelt und die Bevölkerung aufgefordert, in die Provinz zu gehen, solange noch Züge erhältlich sind. Die Kunstschätze aus dem Louvre und der Nationalbibliothek wurden ver-

packt und in die Gewölbe der Bank von Frankreich gebracht, ebenso wie wertvolle Kirchenfenster und dergleichen. – Englische Städte werden evakuiert. Deutsche Schiffe laufen keine englischen Häfen mehr an, und die englischen laufen nicht mehr aus. Gestrandete Amerikaner warten verzweifelt auf skandinavische Dampfer, die sie nach Hause bringen sollen. Holland mobilisiert.
Ich saß im Gastzimmer und las die Zeitungen, denn zu aller übrigen Misere ist das Wetter schlecht. Die Berge verstecken ihre Gesichter hinter dicken Wolkenfetzen, und Brandy und ich können unsere Wanderungen nicht machen.
Ganz Europa hallt wider von Kriegsgeschrei und Waffenklirren, und das deutsche Militär feiert die vor 25 Jahren begonnene Schlacht bei Tannenberg, wie sie seit Wochen die 25. Wiederkehr des Kriegsausbruches feiern. Statt einen Welttrauertag auszurufen für all die Millionen, die in Europa sinnlos gemordet worden waren, rasseln die Deutschen – wie einst Wilhelm – mit dem Säbel, halten sich für enorm heldisch und männlich und können es gar nicht abwarten, eine neue Generation zu schlachten.

2. September 1939

Arnulf, Adalbert und ich hatten gestern abend im Café von Ehr einige Runden Tischtennis gespielt. Keiner von uns war jedoch richtig bei der Sache, und wir gingen in den ‚Steinadler', um noch etwas zu trinken.
Unseren Gedanken nachhängend schwiegen wir, bis Brandy sich aufrichtete und seine Vorderpfoten auf die Bank legte.
Ich machte eine einladene Bewegung: „Komm, Häschen."

Er sprang auf die Bank und drängte sich dicht an mich.
„Ich fürchte", sagte ich, „wir werden nicht auf die Berge steigen, sondern wieder unsere Koffer pakken."
„Es wird schon nicht so schlimm werden", meinte Adalbert und zeigte seine ebenmäßigen weißen Zähne.
„In Polen ist bereits Gesamtmobilmachung", warnte ich.
Adalbert stand auf und streckte sich: „Ich geh' nach Haus'."
Arnulf, der noch blieb, sagte: „Ich versteh' schon wie Ihnen zu Mute ist. Die letzten zwei Sommer dachten wir auch, daß der Krieg jeden Moment ausbrechen würde, und dann ist nichts passiert."
Ich nickte: „Ja – aber diesmal?"
Wir schwiegen wieder, bis ich fragte: „Was wird mit Ihnen geschehen, Arnulf?"
„Mit mir? Mich werden's so schnell nicht holen. – Wissen's was? Ich komm morgen zu Ihnen zum Frühstück, und dann werden wir weitersehen."
Wir vereinbarten die Zeit und nahmen Abschied – zum letzten Mal. Denn als ich heute morgen zum Frühstück kam, war Arnulf noch nicht am Tisch. Nach einer Weile fragte ich nach ihm.
„Arnulf? – O, der ist heute morgen um fünf Uhr mit den andern aus den Betten geholt werden."
Mit den wenigen Nachsaisongästen, die in Hinterstein sind, saß ich vor dem Radio. Es wurde behauptet, daß zum ersten Male polnische Truppen auf reichsdeutsches Gebiet geschossen hätten, und seit heute nachmittag schießen die Deutschen zurück.
Die britische Regierung hatte sich noch vor wenigen Tagen bereit erklärt, als Vermittler zwischen Polen und Deutschland aufzutreten. Die Deutschen behaupten

nun, daß sie zwei Tage lang vergeblich auf einen polnischen Unterhändler gewartet hätten, und der polnische Staat die vorgeschlagene friedliche Lösung ablehnte. So erklärte Hitler: „Um diesem wahnwitzigen Treiben ein Ende zu bereiten, bleibt mir kein anderes Mittel, als von jetzt an Gewalt gegen Gewalt zu setzen."

Ich stand am Fenster meines Zimmers im ‚Steinadler' und blickte hinaus in den klaren Nachthimmel, an dem die Sterne so viel heller leuchten als unten in der Stadt. Liebkosend glitten meine Augen ein letztes Mal über die schwarzen Silhouetten der schweigenden Berge.

„Gewalt gegen Gewalt!" sagte ich kopfschüttelnd und schloß das Fenster gegen die kalte Alpenluft.

Mein Blick fiel auf den aus der Zeitung ausgeschnittenen Brief, den der französische Ministerpräsident Daladier vor wenigen Tagen an Hitler geschrieben hatte, mit einer letzten Bitte um eine friedliche Einigung mit Polen.

Daladier deutete an, daß Frankreich Verpflichtungen anderen Mächten gegenüber hat, wie zum Beispiel Polen und endete: „Wenn das französische und das deutsche Blut von neuem fließen wird wie vor 25 Jahren in einem noch längeren und mörderischen Krieg, dann wird jedes der beiden Völker kämpfen im Vertrauen auf seinen eigenen Sieg. Siegen wird am sichersten die Zerstörung und die Barbarei."

III.

# KRIEG

5. September 1939

Ich bin wieder in Frankfurt nach einer Heimfahrt, die einem bösen Traum gleichkommt.
Der kleine Sonthofener Bahnhof wimmelte von Menschen, die von den umgebenden Urlaubsorten kamen, zu denen es plötzlich keine Verbindung mehr gab. Irgendwie wurden wir alle in den Zug gestopft mit knapp genug Platz zum Stehen. In Kempten mußten wir umsteigen. Das Bahnhofspersonal wurde von Hunderten von Reisenden umdrängt, die wissen wollten, wo und wie sie ihre Anschlüsse nach ihren Bestimmungsorten bekämen. Viel konnten wir nicht erfahren; es gab keine gültigen Fahrpläne mehr. Ein Zug nach Stuttgart wurde jedoch erwartet.
Ich setzte mich auf einen meiner Koffer, dankbar, daß Brandy auf Wort gehorchte und kein zusätzliches Problem bedeutete. Wir schauten in die allgemeine Verwirrung. Die Menschen waren zum Teil erregt, zum Teil niedergeschlagen und schweigsam. Kleine Kinder schrien, nervösen Müttern riß die Geduld, Gepäck wurde gesucht, ein Hund, die Nase am Boden, schnupperte nach seiner abhandengekommenen Familie. Ein endloser Strom von Reisenden bewegte sich mit allen möglichen Behältern zu einem Wasserhahn, während verschiedene Leute auf dem Boden hockten, um in ihren Koffern nach Windeln und anderen Notwendigkeiten zu wühlen. – Endlich wurde der Zug nach Stuttgart angekündigt, und die Masse stürmte zum Perron.
Brandy und ich standen mit den Koffern eingepfercht auf einer Plattform des Zuges. Ich bemühte mich, seine Pfötchen so gut es ging zu beschützen; aber in einer Kurve entrang sich ihm doch ein Klagelaut. Die Leute um uns versuchten, hinunterzusehen und eine junge Frau rief aus: „Da ist ja ein kleiner Hund!“ Trotz aller Enge drängten sie sich noch dichter zusammen, um ihm

etwas Raum zu geben; wie sie überhaupt – je länger wir alle zusammengezwängt waren – freundlicher und hilfsbereiter wurden. Eine Art Galgenhumor griff um sich und Lachen und Kinderweinen vermischten sich. Was mich wunderte, war, daß ich keinerlei politische Äußerungen hörte. Die Menschen schienen sich in einem Schock zu befinden und waren noch nicht in der Lage, über den Krieg zu sprechen.
Nach mehreren Stunden, als wir wieder einmal in einen Bahnhof rollten, rief es von draußen: „Buchlohe – alles aussteigen!"
Erregte Stimmen erklangen. Eine energische Männerstimme übertönte sie: „Nein! Der Zug geht nicht weiter!"
Nach einem ersten Aufatmen, daß man sich wenigstens einmal strecken konnte, brach erneut allgemeine Verwirrung aus. Die Szenen von Kempten wiederholten sich, nur hatten viele Leute inzwischen an Spannkraft eingebüßt, und die Kinder wurden müde und quängelig. – Nun sahen wir auch die ersten Truppentransporte, denen vor allen anderen Zügen die Vorfahrt eingeräumt wurde. Und schließlich kam ein Zug nach Stuttgart, wo wir wieder aussteigen mußten.
Im Stuttgarter Bahnhof herrschte ein einfach unvorstellbarer Betrieb. Soldaten, Offizieren, gestrandete Urlaubsreisende – mir wurde fast schwindelig vom Hinsehen – bis ich auf einer Bank, auf der Zeitungen lagen, Platz fand. Ich gab Brandy einen Hundekuchen und besorgte ihm etwas Wasser, um mir dann die alten Zeitungen anzusehen. Aus ihnen entnahm ich, daß auf Befehl des Führers und Obersten Befehlshabers die Wehrmacht den aktiven Schutz des Reiches übernommen hatte.
Deutsche Truppen waren an allen deutsch-polnischen Grenzen zum Gegenangriff angetreten. Geschwader der Luftwaffe starteten zum Niederkämpfen militäri-

scher Ziele in Polen. Die Kriegsmarine war zum Schutz der Ostsee ausgelaufen, der Gdingener Kriegshafen wurde von der Luftwaffe bombardiert. –
Mehr gelangweilt als enthusiastisch blätterte ich weiter, bis gefangengenommen wurde von den begeisternden erhebenden Tagesbefehlen an die Wehrmacht.
General von Brauchitsch rief: „Soldaten! Die Stunde der Bewährung ist gekommen“ — — — „Wir glauben an den Führer!“
Großadmiral Raeder sagte: „Eingedenk unserer ruhmreichen Tradition werden wir den Kampf führen in unerschütterlichem Vertrauen auf unseren Führer und im festen Glauben an die Größe unseres Volkes und Reiches!“
Als letzter wurde Feldmarschall Göring zitiert: „Soldaten der Luftwaffe!“ – – – „An Eurer Spitze unser geliebter Führer, hinter Euch die ganze im Nationalsozialismus geeinte deutsche Nation.“ –
Spät in der Nacht kamen Brandy und ich in dem total verdunkelten Frankfurt an. – Als ich die Türe zu unserer Wohnung aufschloß, hörte ich fast gleichzeitig die Schlafzimmertüre der Eltern sich öffnen. Mutter fiel mir gerührt um den Hals, und im nächsten Moment erschien Vater in seinem Kamelhaarschlafrock: „Wie gut mein Kleines, daß du zurück bist.“

10. September 1939

Dr. Bernd saß mir in meinem Zimmer gegenüber, voller Bewunderung, daß ich nicht nur Brandy, sondern auch mein Gepäck mitgebracht hatte. Er mußte seine Koffer zurücklassen, dankbar, wenigstens für seine Person einen Platz gefunden zu haben.
„Irgendwie habe ich den Anschluß verpaßt, Herr Doktor. Können Sie mir sagen, was genau es war, das den Krieg ausgelöst hat?“

Etwas ironisch antwortete er: ,,Eine Variation des Reichstagsbrandes. Angeblich sind Polen in den Gleiwitzer Sender eingedrungen, und das löste die Katastrophe aus. Es wird allerdings gemunkelt, daß es als Polen verkleidete KZ-Häftlinge und SA-Leute waren – –"

,,Es ist wohl ziemlich gleichgültig, was als Ursache genannt wird", überlegte ich laut. ,,Hitler konnte es doch kaum noch abwarten, seine Fähigkeiten als großer Feldherr unter Beweis zu stellen. Mich erinnerte jedenfalls der Ausbruch des Krieges irgendwie an die spontan kochende Volksseele der Reichskristallnacht."

,,Nicht wahr?" rief Bernd aus. ,,Ich wurde auch daran erinnert, besonders als die Lebensmittelkarten bereits vier Tage vor dem Überfall auf den Gleiwitzer Sender ausgegeben wurden."

Ich nickte: ,,Und dann haben sie noch damit geprahlt, wie sie sich vorbereitet hatten. Im Grunde sind die Nazis ja dumm."

,,Auch der klügste Verbrecher begeht irgendwann einen Fehler, über den er stolpert, Fräulein Schroeder."

Ich hob mein Glas: ,,Trinken wir auf die Fehler der Verbrecher!"

Er stieß mit mir an; der Klang unserer Gläser erstickte, als wir sie an die Lippen führten, und die gelöste Stimmung verflog ebenfalls.

,,Wissen Sie, Dr. Bernd, für mich haben diese Wiederholungen oder Paralellen zwischen Wilhelm und Hitler etwas gespenstisches. Im ersten Weltkrieg war die Parole ,Viel Feind, viel Ehr'. Und jetzt? Ich meine, als England das Ultimatum stellte, die in Polen eingedrungenen deutschen Truppen zu den Ausgangsstellungen zurückzuziehen oder sich mit England im Kriegszustand zu betrachten, akzeptierte Hitler den Kriegszustand."

„Hitler ist ein Irrsinniger – womit ich nicht sagen will, daß ich den Kaiser für normal hielt. Meines Erachtens betrachtet Hitler die Engländer nicht so sehr als Feinde als vielmehr Verführte. Er erklärte doch auf das Ultimatum, daß der jüdisch-demokratische Weltfeind es fertiggebracht hätte, das englische Volk in den Kriegszustand gegen Deutschland zu hetzen. Inzwischen hat Ägypten die Beziehungen mit Deutschland abgebrochen, und Kanada droht mit einer Kriegserklärung. Frankreich – durch sein Bündnis mit Polen – ist automatisch in diesen Krieg verwickelt."

„Hatte Deutschland", fragte ich, „im ersten Weltkrieg im Anfang nicht auch überwältigende Erfolge?"

„Ja", bestätigte Bernd, „im Beginn unbedingt. Aber dann hat es den Krieg verloren. Lassen Sie sich daher durch diese Anfangserfolge in Polen nicht täuschen. Zweifelsohne haben die anderen geschlafen und sich in Sicherheit gewiegt. Aber ich rechne mit einem langen Krieg. Die Maschinerie von Deutschlands Gegnern wird langsam anlaufen, aber wenn sie auf vollen Touren ist, unschlagbar sein. Sicher ist die deutsche Luftwaffe zur Zeit überlegen. Aber wie lange? Ich glaube, ich sagte Ihnen schon einmal, daß es sich hier um ein ganz simples Rechenexempel handelt."

Als ich nachdenklich und schweigend rauchte, fragte er: „Haben Sie Bedenken?"

Ich zuckte die Achseln: „Irgendwie weiß ich, daß Hitler verlieren wird, aber es ist entnervend, nur von deutschen Siegen zu hören, von der Räumung Ostoberschlesiens durch die Polen, von unvorstellbaren Zahlen von Gefangenen gegen offenbar sehr geringe Verluste auf der deutschen Seite."

„Fräulein Schroeder! Wenn das wirklich nur ein ebenso ungefährlicher wie siegreicher Feldzug wäre, wie die Nazis uns glauben machen wollen, warum dann das strikte Verbot für die ‚Volksgenossen', ausländische

Sender zu hören? Die Nazis behaupten, daß die Auslandsender versuchen, mit ihren Lügen das Volk seelisch zu beeinflussen und zu zermürben. Bei all diesen Siegen ist das doch unmöglich! Warum werden wir aber unter Strafe gestellt, wenn wir sie doch hören? Irgend etwas kann da nicht so rosig sein."
„Ja", sagte ich mit einem leichten Aufatmen, „ja – Sie haben recht; eine Regierung, die nichts zu verbergen hat, braucht ihren Staatsbürgern nicht zu verbieten, ausländische Stimmen zu hören."

20. September 1939

Krieg – Krieg – Krieg! Man hört, sieht und liest nichts anderes mehr. Alles, was wir erleben, hat in der einen oder anderen Hinsicht Bezug auf Krieg.
Die so großzügig freigegebenen Lebensmittel, die nur vorsorglich auf die Karten gedruckt worden waren, fallen nach und nach alle unter die Bewirtschaftung. Benzin gibt es nur auf Tankausweis. Den Tankausweis hinwiederum gibt es nur, wenn man berechtigt ist, ein Auto zu fahren. Von allen unbenutzten Wagen ist die Bereifung beschlagnahmt worden.
Wenn man nach Dunkelwerden ausgeht, glaubt man, sich in einer Geisterstadt zu befinden. Die Häuser umrahmen schwarz und wie ausgestorben die dunklen leeren Straßen. Da bereits einige französische und britische Flugzeuge über deutschem Gebiet abgeschossen wurden, sieht die Bevölkerung die Notwendigkeit der Verdunkelung ein, und die Blockwarte wachen mit Argusaugen, damit ihre Bezirke keine Veranlassung zu Beschwerden geben.
Vater, der ursprünglich mit einer kleinen gemütlichen Privatpraxis rechnete, hat alle Hände voll zu tun. Abgesehen von seinen anhänglichen langjährigen Patienten,

die sich nach wie vor von ihm betreuen lassen, fühlt er die Ausschaltung der jüdischen Kollegen, und nun sind viele der arischen Ärzte zum Militär eingezogen worden. Da Vater beschäftigt ist, habe auch ich nicht viel freie Zeit und begrüßte es mit Freude, als die Eltern beschlossen, das letzte Wochenende in Niedernhausen zu verbringen, um fern von allen Telefonen und Hausbesuchen kurz auszuruhen. Dr. Strüder kümmerte sich so lange um Vaters Patienten.

Samstag lud mich Etta zum Nachmittagskaffee ein. Ihre beiden Söhne tragen nun auch des Führers Rock, und sie ist völlig außer sich vor Angst.

Meine tröstenden Worte fielen auf taube Ohren.

„Ich weiß doch, was gespielt wird! Wir stehen am Beginn eines zweiten Weltkrieges. – Halte mich nicht für egoistisch, Lili. Ich weiß, alle Mütter, die ihre Söhne an die Front ziehen lassen müssen, machen sich Sorgen. Aber meine beiden ... Seit sie geboren sind, habe ich diese Angst um sie. Ich weiß einfach –" sie brach in Tränen aus.

Langsam brachte ich sie von diesem Thema ab, und wir sprachen über weniger verfängliche Dinge wie die Arbeit ihres Mannes, der jetzt die Leitung des in ein Reservelazarett umgewandelten BH hat.

Etta trat an den großen antiken Schrank, um einen Cognac herauszunehmen. Während sie nach der Flasche suchte, fragte sie: „Hast du übrigens gehört, daß Sjöderbloom wieder heiratet?"

Mein Herz setzte einen Schlag aus.

„Sie sollen ihre Hochzeitsreise nach Davos machen", fuhr Etta fort, „wo sie mehrere Monate bleiben werden."

Brandy und ich gingen wie zwei Schatten durch die dunklen Straßen nach Hause, und ich dachte mit dankbarer Erleichterung an die leere Wohnung, in der mich weder forschende Blicke noch Fragen erwarteten.

1. Oktober 1939

Heute mittag kam Dr. Strüder und bat Vater, seine Praxis zu übernehmen, da er als Landarzt in den dunkelsten Teil Ostpreußens dienstverpflichtet worden ist. Es war den Nazis natürlich nicht entgangen, daß er wieder auf die Füße kam. Ein jüdischer Arzt, der auswanderte, hatte ihm seine Praxis übergeben, wohl in dem Gefühl, daß seine jüdische Patienten bei diesem politisch verfolgten Arzt in guten Händen sein würden. Dr. Strüder überließ uns mit der Praxis auch seinen Wagen, den er in Ostpreußen in einer jeweils sumpfigen oder vereisten Landpraxis nicht brauchen kann. – Er suchte mit Vater noch einige Patienten auf, bevor er morgen seine Strafversetzung antritt, denn etwas anderes ist es ja nicht.

Vater war durch Strüders Besuch und die Eindrücke in verschiedenen jüdischen Häusern etwas verwirrt, denn zwei Seelen wohnen – ach – in seiner Brust.

Ich unterhielt mich vorhin mit Dr. Bernd darüber, der mich heute abend wieder besuchte.

„Ja, sieht denn Ihr Vater immer noch nicht was gespielt wird?" fragte Bernd fast ungläubig.

Nach erklärenden Worten suchend erwiderte ich: „Wissen Sie – irgendwie ist es für ihn immer noch Deutschland, Deutschland über alles – Deutschland, das höchste Idol. Ich kann es nicht begreifen oder ausdrücken, da ich meine nationalen Gefühle schon lange über Bord geworfen habe. – Irgendwie ist er so stolz auf die deutschen Siege. Es wurmt ihn nur, daß in den Zeitungen Vergleiche angestellt werden zwischen der Armee des Weltkrieges und der heutigen; daß die alte Armee eineinhalb Jahre brauchte, um das zu erreichen, was Hitlers Soldaten in wenigen Wochen schafften. Er erklärte etwas verärgert, daß die Deutschen damals einer ausgezeichnet ausgebildeten und ausgerüsteten russischen Armee gegenüberstanden, im Gegensatz zu der heute kleinen, anscheinend schlecht organisierten polnischen. Er kann sich über diese Dinge wirklich ereifern ..."

Als ich schwieg, sagte Bernd: „Das ist die eine Seele. Sie sprachen von zweien. Was ist mit der anderen?"

„Die andere Seele in ihm empört sich, daß ein Kollege, den er respektiert, ein Mann, den er persönlich schätzt, in die Verbannung geschickt wird. Er ist fassungslos über das, was er heute bei seinen neuen jüdischen Patienten erfuhr: daß die Gestapo in einer überraschenden Aktion ihnen vor etwa einer Woche alle Rundfunkapparate abnahm, um sie an anderer Stelle zum Nutzen des deutschen Volkes zweckdienlicher verwenden zu können! – Und da setzt der Kampf zwischen den zwei Seelen in meines Vaters Brust ein. Er findet die Siege großartig. Er ist begeistert, daß Deutschland wieder eine Großmacht ist. Auf der anderen Seite ist er empört und gekränkt über die Art, wie man mit den politischen Gegnern verfährt. Er hat die Juden nie geliebt, aber was heute geschieht, weist er weit von sich. Leider übersieht er geflissentlich, daß jeder militärische Sieg Hitlers Position festigt."

Bernd rauchte nachdenklich, um nach einer Weile zu fragen: „Und was sagt Ihr Vater zu der Lebensmittelknappheit?"

„Lieber Doktor – das ist keine Knappheit", erwiderte ich ironisch, „der Mißbrauch wird nur gebremst. Das findet er sehr vernünftig und fügt sich diesen Maßnahmen gerne im Interesse des Ganzen."

Bernd sah mich an und nickte langsam: „Haben Sie einmal das Rechenexempel erwähnt?"

„Nein, Doktor. Ich vermeide alle Polemik. Wie die Dinge sich entwickeln, wird der Brotkorb bereits langsam aber sicher höher gehängt. Eines Tages werden auch meine Eltern das feststellen."

Dr. Bernd griff in seine Brusttasche und entnahm ihr einen kleinen Zeitungsausschnitt, den er vor mich auf den Tisch legte. Es war eine schwarzumränderte Todesanzeige, die in der unteren Mitte ein eisernes Kreuz zeigte.
Bernd sah meinen fragenden Blick: „Nein – es ist niemand, den ich kannte. Es war nur die erste Anzeige, die ich fand. Sie erschien am 23. September, und ich finde sie so bezeichnend."
Ich las: „Für Führer und Vaterland ließ am 8. September in Polen sein junges Leben unser geliebter, einziger, hoffnungsvoller Sohn und Bruder – –"
Ich reichte ihm das Stückchen Papier zurück: „Phantastisch – für Führer und Vaterland – – Für den Kaiser – – Sagen Sie Doktor, wann wachen diese Schwachköpfe denn nur auf? Er-ließ-sein-Leben-für-den-Führer– –?"
„Ja – für diesen österreichischen Schmierenkomödianten! Es werden noch hunderttausende hoffnungsvolle und weniger hoffnungsvolle Männer ihr Leben auf dem Altar des Vaterlandes opfern, bis einige Leute anfangen zu denken."

11. Oktober 1939

Es ist doch gut, daß ich den Führerschein machte, denn seit wir Dr. Strüders Praxis und Auto übernommen haben, bin ich unter anderem nun auch Vaters Chauffeur geworden.
Langsam entwickelt sich eine Routine. Um neun Uhr erscheint der erste Reichsversicherungspatient, dessen Vorgeschichte ich aufnehme, wodurch Vater einige Minuten länger am Frühstückstisch bleiben kann. Nach der Untersuchung machen wir Hausbesuche. Am Nachmittag – mit Ausnahme von Mittwoch und Samstag – ist Sprechstunde und falls erforderlich, fahre ich

Vater danach noch zu einem Hausbesuch. Die Sprechstunde wächst und die Anrufe mit der Bitte um Besuche mehren sich.
Brandy entpuppte sich als begeisterter Autofahrer. So begleitet er uns täglich und leistet mir im Wagen Gesellschaft, so lange Vater in den Häusern ist.
Heute kamen wir spät zum Mittagessen, und ich entschuldigte mich, um Brandy zu füttern. Ich brachte seinen Napf in mein Zimmer, wobei ich die Türe zur Diele offenließ, in der die Eltern bereits bei Tisch saßen.
Mutters Frage klang zu mir: „Was habt ihr denn heute erlebt?"
Ich verstand Vaters Antwort nicht, bis ich den Namen Sjöderbloom hörte und die Ohren spitzte.
„Wie schrecklich!" sagte Mutter gedämpft, aber deutlich. „Wie lange waren sie denn verheiratet?"
„Genau acht Tage", erwiderte Vater. „Es war eine ganz ordinäre Grippe. Sie soll eine kerngesunde Frau gewesen sein."
„Der arme Mann! – –"
Das Gespräch verstummte, als ich auf die Diele kam. Ich stocherte in meinem Essen herum, hatte jedoch Mühe, ein paar Bissen über den Kloß in meinem Hals zu bringen.
Vom Tisch aufstehend fragte ich Vater: „Brauchst du mich noch?"
„Nein, du kannst den Wagen in die Garage bringen."
Bevor ich das Haus verließ, rief ich Pötz an, der mich in der Kakao-Stube erwarten wollte.
Pötz saß bereits an dem Tisch, den wir meistens innehaben, ein Buch vor sich, aus dem eine zusammengefaltete Zeitung heraussteckte.
Ein vergnügtes Lächeln erschien auf seinem Gesicht, als ich das Lokal betrat. Er erhob sich und begrüßte mich zeremoniell: „Und was", fragte er interessiert, „ver-

schafft mir die unverhoffte Freude, daß Sie sich wirklich einmal aufrafften, von meiner Telefonnummer Gebrauch zu machen?"

„Mein ganz egoistischer Wunsch, mich mit einem intelligenten Menschen zu unterhalten und auf andere Gedanken zu kommen."

Er sah mich aufmerksam an: „Ist es so schlimm?"

Ich nickte schweigend, bemüht die Tränen zurückzuhalten.

„Was immer es ist, meine liebe junge Freundin, man kann alles überkommen, so lange man sich nicht selbst bedauert – denn Selbstmitleid entkräftet. Sie sind zu mutig und stark, um sich unterkriegen zu lassen. Sie wissen doch, daß es Ihr Schicksal ist, stets die Bürde der andern auf Ihren Schultern zu tragen, oder –?" Er sah mich mit einem ermutigenden, fast gütigen Lächeln an. „Sie wissen auch, daß Sie es meistern werden, denn Ihre Schultern sind jung und kräftig."

Um diese äußerst persönlichen Worte zu beenden, schlug er das Buch auf, entnahm ihm die Zeitung und faltete sie auseinander: „Vor drei Tagen ist im Berliner Dom ein Dankgottesdienst zum siegreichen Abschluß des Polenfeldzuges und zum Gedenken an die Gefallenen abgehalten worden. Im Berliner Dom –", er zog die Mundwinkel hinunter. „Ist es nicht erhebend, daß wir nichts ohne Gott tun können? Erst bitten wir ihn, die Waffen zu segnen, mit denen wir das Leben, das er gab, vernichten und dann bitten wir ihn, sich der Seelen der ermordeten Mörder anzunehmen."

Die Augen zusammengekniffen fuhr er mit dem Zeigefinger eine Spalte entlang, bis der Finger an einer Zeile verharrte: „Sie wissen doch, daß die deutschen Verluste sehr gering waren, nicht? Sehen Sie – es waren nur 10 572 Gefallene und 3409 Vermißte. Das sind also rund 14 000 Menschen. Können Sie sich 14 000 Menschen auf einmal zusammen vorstellen? Und alle tot?

Innerhalb eines Monats getötet – und wir haben keine Ahnung, wie viele Polen ermordet worden sind … Ist das nicht ein enormer Fortschritt der Zivilisation? – Geben Sie sich jedoch keiner Täuschung hin, meine Verehrteste – das war nur der Beginn des größten Schlachtfestes der westlichen Zivilisation. Das Volk der Dichter und Denker wird eine Weile begeistert Görings Ruf gehorchen: ‚Führer befiehl, wir folgen!' Und des Volkes Führer wird bei jeder passenden Gelegenheit die Hilfe seines Herrgotts anrufen …" Er lachte lautlos. „‚Ein Gott der Eisen wachsen ließ, der wollte keine Knechte.' Ich habe den Verdacht, daß dieser Gott ein Deutscher ist. Denn es scheint doch ganz in Ordnung zu sein, daß die Tschechen, Polen und möglichst Franzosen und Engländer Knechte sind. Nur die Deutschen sind das auserwählte Herrenvolk. Fürwahr ein sonderbarer Gott –. Ein Gott, der Menschen erschafft, um sie bestialisch vernichten zu lassen oder zu verstümmeln wie diese über 30 000 Deutschen, die in Polen verwundet wurden… Kein Künstler, der ein Werk geschaffen hat, wird ein Messer nehmen und die bemalte Leinwand zerstören, oder einen Hammer, mit dem er seine vollendete Skulptur zerschlägt, nur Gott –"

Er schwieg kopfschüttelnd, und ich ergänzte: „Nur Gott in seiner unerforschlichen Weisheit …"

Pötz warf mir einen prüfenden Blick zu: „Ein perverses Phantasiegebilde dieser christliche Gott."

„Ja", sagte ich, „aber an irgend etwas scheinen die Menschen glauben zu müssen. Wenn es nicht dieses Phantasiegebilde ist, dann ist es zum Beispiel Hitler. Ich weiß nicht, was schlimmer ist."

Pötz beugte sich vor: „Ja – die meisten Menschen brauchen ein Idol, an das sie glauben können, weil sie zu schwach sind, alleine zu stehen. – Im Namen Gottes wurden Millionen Menschen getötet. Im Namen Hitlers beginnt das größte Töten gerade. Die katholische

Kirche fühlte sich berechtigt, im Namen Gottes Todesurteile zu vollstrecken – das deutsche Volk im Namen Hitlers. Und der Fanatismus der Gläubigen ist der gleiche, bis – –. Bis, meine Liebe, Hitler, der Übermensch, wie Ikarus aus der Höhe stürzt und sich als ganz fehlbarer Mensch entpuppt. Der Haß der Enttäuschten wird fürchterlich werden, und keiner seiner Gläubigen wird mehr zugeben wollen, daß er ihm folgte."
Pötz lehnte sich zurück; den Kopf erhoben sah er mich aus halb geschlossenen Augen an und ergänzte mit überlegener Ironie: „Ich glaube, Gott ist doch besser daran. Niemand hat ihn je gesehen, ihn, der da über den Wolken lebt. Folglich kann er auch nie zu Fall kommen."

27. Oktober 1939

Während der Sprechstunde sitze ich in meiner Laborekke, die auf dem Gang des rückwärtigen Teiles der Wohnung eingerichtet ist. Ein tiefer Wandschrank war entfernt worden, ein Tisch, Regale und ein Becken eingebaut. Hinter mir an der Wand ist das Haupttelefon und links eine Tür, halb aus Glas, die zu einem kleinen Foyer mit der Eingangstüre führt. Die Diele liegt auf der anderen Seite dieses Foyers und wird als Wartezimmer benutzt.
Auf das Schellen öffnend stand ich Dr. Bernd und Seckl gegenüber. Ich hatte Seckl, der sich einst meiner so hilfreich im Rundfunk angenommen hatte, ewig nicht mehr gesehen und machte wohl ein sehr erstauntes Gesicht über diesen unerwarteten Besuch.
Bernd erklärte: „Wir wollten nur einmal kurz Guten Tag sagen."
Wir standen auf dem Gang in meiner Laborecke.
„Was macht der Rundfunk?" fragte ich Seckl.

„Ich bin nicht mehr dort.“ Mit einem sonderbaren Lächeln fügte er hinzu: „Ich bin ’rausgeschmissen worden.“
„Was? Machen Sie keine Witze!“
„Doch wirklich“, erwiderte er und nach einem fast unmerklichem Zögern: „Ich bin Jude.“
Ich starrte ihn sprachlos an und blickte dann zu Bernd.
„Es ist wahr“, nickte dieser.
„Wie schrecklich, Herr Seckl! Das habe ich nicht geahnt. Ich wußte nur, daß Sie katholisch sind. – Waren Sie nicht Offizier?“
„Ja. Wahrscheinlich konnte ich deshalb länger im Funk bleiben als die anderen Juden.“

22. November 1939

Als Vater und ich heute von unseren Besuchen nach Hause kamen, fand ich eine Nachricht vor. Direktor Hensel, mein einstmaliger Gefängnisdirektor, hatte angerufen und hinterlassen, daß er ab drei Uhr für eine Weile im Café Laumer sein würde. Falls ich es einrichten könnte, möchte ich doch bitte kommen.
Es war Mittwoch, ich hatte Zeit und sah dem Wiedersehen mit einiger Vorfreude entgegen. Durch Strüders hatte ich erfahren, daß Hensel eingezogen und in Polen verwundet worden war. Nun würde ich von einem intelligenten Gegner dieses Systems einen zuverlässigen Bericht bekommen.
Als ich das Café betrat, blickte Hensel vom Tisch auf. Sie erhebend begrüßte er mich mit einem etwas müden Lächeln. Er war blaß und seine feldgraue verkrumpelte schmutzige Uniform schien zu weit zu sein. Wie er mir erzählte, war er auf der Durchreise nach Hamburg auf einem kurzen Verwundetenurlaub.

Der Kontakt, den wir einst hatten, schien abgerissen. Das vergnügte ansteckende Lachen war verschwunden, um einem fast schwermütigem Ernst Platz zu machen.
Während ich seine Fragen bezüglich meiner Arbeit beantwortete, fühlte ich wiederholt seinen prüfenden Blick auf mir, den ich nicht deuten konnte. Ich sah ihn fragend an; statt einer Antwort lächelte er unsicher.
„Hat die Haft Ihre Einstellung geändert?"
„Sicher nicht! Politisch war diese Zeit lehrreich und überzeugend. – Nur scheint meine Niere das kalte Gefängnis etwas übelgenommen zu haben."
„Sind Sie in Behandlung?" erkundigte er sich fast erschreckt.
„Ja, bei meinem Vater."
Er schüttelte besorgt den Kopf.
Etwas ironisch meinte ich, daß es für mich wohl nicht der geeignete Zeitpunkt sei, Regreßansprüche an den Staat zu stellen.
Darauf schwieg er.
Nun wurde ich unsicher. An meiner politischen Haltung hatte sich nichts geändert; hatte sich in Hensel eine Wandlung vollzogen? Ich verwarf diesen Gedanken und fragte statt dessen: „Was halten Sie von Hitlers Überfall auf Polen? Ist es nicht wahnsinnig, einen zweiten Weltkrieg zu entfesseln?"
Leise erwiderte er: „Wissen Sie – wenn es sich darum handelt, Frau und Kinder zu verteidigen – – dann sieht man die Dinge doch etwas anders ..."
Irgendwie hatte ich nicht den Mut, mich mit ihm in eine Polemik einzulassen. Ich konnte das Gefühl nicht abschütteln, daß ich ihn nie wiedersehen, und daß er wußte, daß er aus diesem Krieg nicht zurückkehren würde.
Wenige Minuten später verabschiedeten wir uns voneinander. Etwas lahm wünschte ich ihm Glück, und er

ließ in einem höflichen Lächeln seine weißen Zähne aufblitzen, ohne daß der Ausdruck seiner Augen sich veränderte.
Dr. Bernd, mit dem ich fast jeden Abend verbringe, fragte nach wenigen Minuten: „Was beschäftigt Sie? Ich habe das Gefühl, daß Sie nur halb hier sind."
Ich erzählte ihm von meinem Treffen mit Hensel und endete: „Wir hätten uns nie wiedersehen sollen. Wir waren derart enttäuscht voneinander."
„Sie behaupten, daß er ein Gegner der Nazis war."
„Ja. – Und nun fange ich an mir Vorwürfe zu machen, daß ich kein tröstliches Wort für ihn fand."
Bernd sah mich nachdenklich an: „Glauben Sie nicht, daß die Zeiten vorbei sind, in denen man Konzessionen machen kann?"
„Eben; weil ich das glaube, war ich nicht willens, aus Höflichkeit zu lügen. Außerdem – ich war zutiefst betroffen. Verstehen Sie – ich betrachte Hensel als Symbol. Wenn er so leicht umfallen konnte, wie sieht es dann mit den anderen Gegner des Dritten Reiches aus?"
Wir rauchten schweigend. Auf einmal meinte Bernd: „Ist es nicht grauenhaft, was dieser Kerl aus den Menschen macht? Wenn Hensel sich selbst belügt, um eine Motivierung zu finden, an der Front zu kämpfen, verliert er seine Freunde und vielleicht sein Leben. Wenn er sich weigert, gefährdet er seine Familie, seine Existenz und wiederum sein Leben. Wie viele mögen diesen Konflikt durchkämpfen?"

3. Dezember 1939

Bodo mußte wegen des Krieges aus der Türkei zurückkehren. Er stattete uns einen kurzen Besuch ab, bevor er nach Berlin übersiedelte und bat die Eltern, einen Kollegen von ihm aufzunehmen, einen IG-Vertreter aus Südamerika, der auf seinem Europaurlaub vom Krieg überrascht worden war. Nach einer endlosen Debatte willigten die Eltern schließlich ein, da Bodo versicherte, es sei nur für kurze Zeit.

Gunter Siegurd Kunz ist das absolute Gegenteil von Bodo. Bodo hat schwarzes krauses Haar, große dunkle Augen und ist lebhaft, voller Humor und Temperament. Kunz hat rötlichblondes glattes, ordentlich gescheiteltes Haar und blaue Augen. Er ist ein wohltemperierter kühler Norddeutscher, der nach Altenglisch-Lavendel riecht. Zur Zeit arbeitet er im IG-Hochhaus und wartet, ob er wieder nach Südamerika reisen kann oder Soldat wird.

Gelegentlich trinkt er mit den Eltern ein Glas Wein. Sehr höflich – für meine Begriffe unvorstellbar langweilig – berichtet er über die „Deutsche Kolonie" in Südamerika und den ganzen Gesellschaftsklatsch: wer wen heiratet, was sie für eine geborene war, und wer sich warum scheiden ließ. Wenn während dieser atemberaubenden Unterhaltungen Dr. Bernd erscheint, um mit mir durch die Diele in mein Zimmer zu gehen, schickt Kunz ihm einen geringschätzigen Blick nach, und ich sehe es bereits hinter Mutters Stirne arbeiten.

13. Dezember 1939

Es ist nicht nur das Wetter, das nicht zu Spaziergängen einlädt, sondern es gibt noch andere Gründe, die mir einen Gang in die Stadt verleiden. So bevorzuge ich es, meinen freien Nachmittag zu Hause zu verbringen.

Die frühe Dämmerung legte ihre Schatten bereits in den Raum. Wir hatten noch kein Licht eingeschaltet und Bernd, der mit dem Rücken gegen die Balkontüre saß,

erschien wie eine massive schwarze Figur, deren Gesicht sich als etwas hellerer Farbfleck ohne irgendwelche erkennbaren Züge unterscheiden ließ.
Seine angenehme Stimme fragte: „Aber es muß doch einen ganz bestimmten Grund haben, daß Sie so ungern in die Stadt gehen?"
Ich schwieg und dachte, daß nun wahrscheinlich seine linke Augenbraue etwas amüsiert nach oben gezogen war.
Der große Schatten lachte leise: „Man war so gewohnt, Sie durch die Straßen eilen zu sehen – in einem solchen Tempo, daß ich immer besorgt war, Sie könnten einmal stürzen."
„Sie haben recht", erwiderte ich, „ich habe jetzt etwas gegen die Stadt. Wissen Sie – jedesmal, wenn die Deutschen irgendeinen Sieg errungen haben –"
Als ich abbrach, sagte er verständnisvoll: „Dann wird musiziert."
„Das ist es!" rief ich aus. „Ich bin von Hause aus keine Liszt-Verehrerin – aber das! Schon auf der Schillerstraße hört man die Siegesfanfaren. Um die Hauptwache herum ... Steinweg, Biebergasse – überall blöken die Lautsprecher diese Melodie. Es macht mich einfach krank!"
Das Streichholz, mit dem Bernd sich eine Zigarette anzündete, beleuchtete momentan sein Gesicht, das ein verhaltenes Lachen widerspiegelte. Während ich die kleine Schreibtischlampe anmachte, sagte er: „Es gibt die verschiedensten Auslegungen für Liszts ‚La Prelude'. Eine davon ist, daß diese Siegesfanfaren den Sieg über Napoleon verkündeten. Ich möchte fast annehmen, daß es ein Spaßvogel war, der aus der riesigen Musikliteratur ausgerechnet dieses Thema wählte." Nach einer Kunstpause fügte er hinzu: „Unter diesem Aspekt mag Ihnen jenes Motiv etwas erträglicher erscheinen."

Bernd überredete mich schließlich, am gestrigen Samstagnachmittag mit ihm in die Stadt zu gehen, um einige Weihnachtseinkäufe zu machen.
Unwillkürlich mußte ich lachen: ,,Unser Führer hat uns doch wirklich großzügig bedacht mit seiner Weihnachtszuteilung: Ein paar Damenstrümpfe, eine Krawatte, ein viertel Pfund Butter extra und statt der Weihnachtsgans ein viertel Pfund Fleisch –"
In der ,Frankfurter Bücherstube' suchte ich für meinen früheren Musiklehrer ein kleines Musiklexikon aus.
Nachdem ich meine Wahl getroffen zu haben glaubte, sagte Bernd: ,,Nicht so eilig, Fräulein Schroeder. Darf ich einmal sehen?"
Ich reichte ihm das Lexikon.
Er suchte im Index, schlug dann die entsprechende Seite auf: ,,Hier." Er deutete auf Mendelssohn und las laut: ,, ,Eine dekadente jüdische Treibhausblüte –'. Danach muß man sehen, wenn man heute derartige Bücher kauft."

26. Dezember 1939

Weihnachten habe ich lebend überstanden. Es hat mir wenigstens eine schwere Wolldecke eingebracht, die man wie einen Rock um die Taille knöpfen kann. Mutter, die sich gesundheitlich um mich sorgt, weil ich stundenlang im kalten Auto sitze, hatte sie als alte Kundin für Geld und gute Worte ohne Bezugsschein bekommen.
Gestern nachmittag war Siegrid bei mir, um meine neuen Schallplatten zu hören. Sie war in der Haustüre mit einem Ehepaar und deren Tochter zusammengetroffen und wollte wissen, ob wir diese Leute kennen.

,,Das waren wahrscheinlich Schindlers, die über uns wohnen", antwortete ich. ,,Wir kennen nicht nur sie, sondern auch alle anderen Mieter."

,,Du tust, als ob das eine Strafe sei", meinte Siegrid.

,,Das ist Geschmackssache. Weißt du – ich fand das in Berlin so wundervoll, daß sich dort niemand für den anderen interessierte und hatte die Hoffnung, daß wir es hier genau so halten könnten. Zu viel Tuchfühlung mit der Nachbarschaft führt meistens zu Klatsch und Reibereien. – Durch den Luftschutz haben wir uns nun doch alle kennengelernt."

,,Sind die Hausbewohner erträglich?"

,,Zum Teil sind sie die Quelle reinster Freude, wie zum Beispiel Schindlers. Er ist taubstumm, sie ist Jüdin. Da er nicht hören kann, was sie alles von sich gibt, kann er sie auch nicht korrigieren." Ich fing an zu lachen. ,,Wir haben sie die ‚Ebinent' getauft, da sie mit Vorliebe völlig verballhornte Fremdwörter benutzt. Sie haben diese ‚ebinent' tüchtige Hilfe im ‚Labbo'. Herr Schindler ist Dentist. Nun macht sie sich Sorgen, weil er zum Judentum übergetreten ist – als ‚Equimament' wie sie sagt, weil er taubstumm ist, und sie ihn geheiratet hat. Und kürzlich warnte sie mich und sagte: ‚Also Fräulein Lili, also tun Sie ja nichts, was Ihnen Ovationen bereiten könnte'."

Nachdem wir uns ausgelacht hatten, fuhr ich fort: ,,In der Etage darüber wohnen die Colliers. Er ist irgend etwas bei der IG. Jedenfalls scheint er oft ins Ausland zu reisen. Sie aber singt. Mutter ist ganz begeistert von ihr; sie backen Kuchen für einander und sind ein Herz und eine Seele. – Der eine ihrer beiden Söhne ist bereits eingezogen."

,,Ist da nicht noch ein Stockwerk darüber?"

,,Ja. Die eine Hälfte sind Mansarden fürs Personal, die andere ist als Wohnung ausgebaut. Da wohnen die Rodenhauers, eine Witwe, die eine Kürschnerei betreibt, mit ihrer Tochter. Die Mama ist eine biedere kleinbürgerliche Geschäftsfrau, das Töchterchen ein Luder."

„Eine interessante Sammlung", stellte Siegrid fest. „Wie ist die Tochter von Schindlers?"

„Ein nettes Ding. Sie bereitet ihre Auswanderung vor. Es ist ja alles so idiotisch! Rassenmäßig ist sie Halbjüdin. Da sie jüdisch erzogen ist, gilt sie jedoch als Volljüdin."

1. Januar 1940

Wir hatten die übliche Neujahrsfeier im Kreise der Lieben. Mit Ausnahme von Katherina schien aber keiner so recht mit den Gedanken bei den alten Gesellschaftsspielen zu sein.

Mutter drückte plötzlich Vaters Hand. Als er sie erstaunt ansah, erklärte sie: „Ich bin so dankbar, daß ich dich hier habe! Ich mußte gerade an den letzten Krieg denken, als ich mit den Kindern alleine war. Ach – und die arme Etta!"

Diese Bemerkung schien das Stichwort zu sein, durch das sich die Unterhaltung dem Krieg zuwandte. Ich hörte nur mit halbem Ohre hin. Langsam kannte ich alle Fürs und Widers der deutschen Kriegsführung, die glorreichen Erfolge eines Deutschlands, das wie ein Phönix aus der Asche stieg und zum Großdeutschland geworden war.

Plötzlich fragte Katherina: „Du bist so schweigsam, Löwe. Was denkst du denn?"

Ich sah sie überlegend an. Verbarg sich hinter ihrer Frage und ihrem liebevollen Ausdruck die Vorfreude auf einen Streit?

Als mich nun auch die Eltern anblickten, zuckte ich die

Achseln. „Ich dachte an meine jüdischen Freunde, die ins Ausland geflohen sind und überlegte, wo sie wohl das neue Jahr beginnen, und wie es ihnen geht, und ich dachte an unsere jüdischen Patienten, die nur ihre Kinder fortschicken konnten und hier wahrscheinlich nicht mehr hinauskommen. Und ich dachte an die Nazi-Parole ‚Deutschland erwache!' – Meine Güte – gibt das 'mal ein Erwachen!"

„Wie meinst du das?" fragte Vater erstaunt. „Du willst doch nicht behaupten, daß Deutschland noch einmal geschlagen werden kann?"

„Doch Vati, das behaupte ich."

„Und wie kommst du zu dieser Ansicht?"

„Ich habe von zwei Männern, die ich für informiert und intelligent halte, die Erklärung bekommen, daß der moderne Krieg nichts mehr mit Tapferkeit zu tun hat, sondern daß es sich lediglich um Materialschlachten handelt. Da Hitler bereits die Gartenzäune eingesammelt hat, um sie zu verschrotten, scheinen wir ja mit ‚Material' nicht allzureich gesegnet zu sein. Ich greife das nur als kleines Beispiel heraus. – Und was ist mit der Ernährung? Ich weiß – das Militär ist zur Zeit hervorragend verpflegt. Aber wie lange kann Hitler das in diesem Stil aufrechterhalten, und wie lange reicht es für die Bevölkerung?"

„Du siehst einmal wieder zu schwarz", erwiderte Vater überzeugt. „Durch all die eroberten Länder bekommen wir ja nicht nur zusätzliche Arbeitskräfte für die Landwirtschaft, sondern auch zusätzliche landwirtschaftliche Gebiete."

„Warum können wir dann weder Obst- noch Gemüsekonserven kaufen? Ich weiß, es hieß, daß die haltbar gemachten ‚Gartenbauerzeugnisse' für die gemüseärmere Jahreszeit vorrätig sein sollen. Auch Schuhe gibt es nur noch auf Bezugscheine da – gleich den Textilien – der Wehrmachtsbedarf dem Zivilbedarf vorangehen

muß ... Das alles klingt nicht gerade nach Überfluß."
„Aber Kind – es dauert noch eine Weile bis sich das mit den eroberten Gebieten eingespielt hat."
Als ich schwieg, sagte Katherina freundlich: „Der Löwe scheint anderer Meinung zu sein."
„Ja", bestätigte ich. „Die besetzten Gebiete haben nicht nur Arbeitskräfte und landwirtschaftliche Produkte für uns."
„Sondern?" fragte Vater etwas ironisch.
„Sie haben", antwortete ich, „eine Bevölkerung, die die Deutschen aus tiefster Seele haßt und die sogenannten ‚Heckenschützen' oder Frankireurs oder Guerillas oder wie immer man sie nennt, stellt. Da die Nazis klar ausgesprochen haben, daß sie nun den Krieg mit England beginnen wollen und der mit Frankreich schon halbwegs im Gange ist, wird die Front kolossal auseinandergezogen. Die Bevölkerung in den besetzten Gebieten, die uns die Sonderzuteilungen in der Ernährung ermöglicht, muß nicht nur hungern, sondern wird als Untermenschen behandelt. Das Militär ist daher gezwungen, diese Menschen auf lange Sicht unter Druck zu halten."
„Ich kann mir einfach nicht vorstellen, daß Hitler auch noch mit England kämpfen will", warf Mutter ein.
„Doch er will", entgegnete ich. „Goebbels sagte in seiner Weihnachtsansprache, daß Deutschland heute den ‚Totalen Krieg' führt. Er sagte fernerhin: ‚Es geht in diesem Krieg um unsere nackte Existenz!" Ich lachte: „Ich fürchte mehr nackt als Existenz ..."
„Ach, ihr Lieben", sagte Mutter, „laßt uns in dieser Nacht den Krieg vergessen."
Gemeinsam mit Vater zündete sie noch einmal die Kerzen des Christbaumes an.
Ich sah auf dieses Symbol der christlichen Liebe, das bereits bedenklich seine Nadeln fallen ließ, so wie vor

meinen Augen das Christentum sich aufzulösen schien – kleine Partikelchen, eines nach dem anderen verlierend, bis zum Schluß nur noch ein nacktes Gerippe übrigblieb, das man wie den kahlen Christbaum, auf den Schutthaufen werfen würde, um – wie Pötz sagte – einen anderen Gott in seinen wohlverdienten Ruhestand zu schicken.
In meine nicht sehr freundlichen Gedanken klangen zwölf hohe zarte Töne von Vaters Taschenuhr. Er stand vor dem Christbaum, auf das Zifferblatt seiner goldenen Uhr blickend, die er in der offenen Hand hielt, um dann ernst mit dem Versuch eines Lächelns „Prosit Neujahr" zu sagen. Von draußen drang der Klang der Kirchenglocken zu uns herein. Feuerwerk ist wegen des Krieges verboten.

6. Januar 1940

Direkt nach Neujahr mußte Hedwig gehen. Sie übersiedelte ins Städtische Krankenhaus, in der ledige Mütter mit leichter Hausarbeit, Geschirrspülen und dergleichen ihren dortigen Aufenthalt bis zur Entbindung abarbeiten.
Hedwig wurde sozusagen ein Opfer unseres Umzuges. Ob es der Elektriker war, der Schlosser oder der Schreiner, die alle in ihrem Mansardenzimmer etwas zu tun hatten, wissen wir nicht. Mutter behielt sie so lange es ging im Hause, leitete die erforderlichen Schritte für ihre Unterbringung ein und bemühte sich um das Seelenheil dieser völlig verstörten werdenden Mutter. – Da Hedwig nach der Geburt ihres Kindes nicht wieder zu uns zurückkehren will, sah Mutter sich nach einer anderen Haushilfe um.
Gestern erschien nun die neueste Perle, eine rundliche adrette Person Ende der Dreißig. Statt daß Mutter ihr

gleich bei der Verhandlung über Lohn, Freizeit etc. sagte, daß sie Jüdin ist, hob sie sich diese Eröffnung für heute Nachmittag auf, nachdem die Frau sich bereits häuslich niedergelassen hatte und damit beschäftigt war, das Abendessen vorzubereiten.
Der Erfolg dieses Geständnisses war prompt: Die Angestellte wurde bleich vor Entsetzen, raste wie von Furien gejagt zu ihrer Mansarde, um ihre Sachen wieder einzupacken und ein lauter Knall der Etagentüre verkündete ihren Abgang.

17. Januar 1940

Ich vergaß zu erwähnen, daß Onkel Franz, unser Renommierpatient, aus dem Schwarzwald zurückkam. Irgendwann im Oktober während der Sprechstunde, stand er plötzlich vor mir.
„Onkel Franz!" rief ich aus.
„Tante Lili!"
Gleichzeitig streckten wir beide Hände aus und sein rundes, gebräuntes, gutmütiges Gesicht strahlte mich an. – Nun kommt er regelmäßig, und ich frage mich, wie er es aufnimmt, im Wartezimmer von so vielen jüdischen Patienten umgeben zu sein. Er tut, als ob es ihn nicht störe und ist stets gleichbleibend vergnügt und freundlich.

28. Februar 1940

Pötz rief vorgestern an, um zu fragen, ob ich denn überhaupt nicht mehr in die Stadt käme?
„Mittwochnachmittag habe ich ‚Ausgang', antwortete ich.
So trafen wir uns heute wie üblich in der Kakao-Stube.

Sein mir nun schon vertrauter, aufmerksam beobachtender Blick ruhte auf meinem Gesicht. Nur verweilte er diesmal so lange, daß ich schließlich die Augenbrauen hochzog und fragte: „Was ist?"
Er lächelte freundlich: „Es ist interessant, die Formung eines Menschen zu verfolgen. Als ich Sie zuerst sah, waren Sie noch ein halbes Kind mit runden Wangen und verträumten Augen. Die runden Wangen sind verschwunden, die Lippen sind um eine Nuance schmaler geworden und die Augen ... sie können noch träumen, aber sie können auch sehr realistisch in die Welt blikken." Er nickte zufrieden: „Es ist gut, wenn man in der Lage ist, die Dinge klar zu sehen und trotzdem nicht die Gabe verliert, gelegentlich zu träumen ..."
Ich wurde etwas verlegen, denn in seinen letzten Worten klang eine gewisse Verlorenheit.
Im nächsten Moment setzte er sich kerzengerade auf und das überlegene süffisanfte Lächeln erschien auf seinem Antlitz: „Herr Hitler wird sich bemühen, uns die letzten Träume auszutreiben. – Haben Sie übrigens seine Rede gehört?"
„Nein, das überlasse ich meiner Mutter."
„Wie? Ihre Mutter hört sich das an?"
„Ja. Sie erwartet jedes Mal, daß er etwas Neues erzählt."
Er schüttelte ungläubig den Kopf: „Ihre Mutter – eine Jüdin – ?"
„Herr Pötz, meine Mutter ist Christin und Deutsche und ihr Deutschtum kann ihr, wie sie sagt, niemand nehmen."
„Hmhm." Seinen Kopf zurücklegend, so daß der kleine Spitzbart fast waagerecht stand, lehnte er sich gegen den Rücken des Stuhles. Aus halb geschlossenen Augen auf mich herabsehend, sagte er ironisch: „Als Christin muß sie ja bei der Führerrede auf ihre Kosten gekommen sein." Dann griff er in seine Rocktasche und

entnahm ihr ein zusammengefaltetes Stück Zeitungspapier. „Ich höre mir Hitler auch nicht an, aber ich überfliege was er gesagt hat in der Zeitung. – Diese Rede am Montag zur Feier der Parteigründung ist interessant und ausgesprochen aufschlußreich. Irgendwie hat Hitler Angst und ringt mit seinem Herrgott. So, wie er das deutsche Volk in seinen Bann geschlagen hat, so versucht er, seinen Herrgott zu beeinflussen und die Vorsehung zu beschwören. Hier – " er deutete auf einige unterstrichene Zeilen und las: „‚Im übrigen glaube ich eines: Es gibt einen Herrgott!' Nach dieser Feststellung gibt er die Erklärung ab, daß wir Deutschen uns schlecht benommen haben, doch, wie er behauptet – ‚Dann begann der Wiederaufstieg unseres Volkes in unermeßlicher Arbeit. Und in dieser ganzen Zeit hat die Vorsehung unsere Arbeit wieder gesegnet. Je tapferer wir waren, umsomehr kam auch der Segen der Vorsehung.'" Er warf mir einen diabolischen Blick zu: „Nun kommt die Angst und die Beschwörung: ‚Die Vorsehung hat bisher diesen Kampf gesegnet.' ‚Kann sie das getan haben, würde sie das getan haben, wenn es ihre Absicht wäre, nun plötzlich diesen Kampf zu unseren Ungunsten ausgehen zu lasen?' ‚Es kann nicht anders sein: Wir müssen siegen, und wir werden daher auch siegen!'" Er hob den Kopf und sah mich triumphierend an: „Wie klingt das aus dem Munde eines Mannes, der vor einigen Monaten bei Ausbruch des Krieges sagte: ‚Ein Wort habe ich nie kennengelernt, es heißt Kapitulation. Und ich möchte daher jetzt der ganzen Umwelt gleich versichern: Ein November 18 wird sich niemals in der deutschen Geschichte wiederholen!' Damals hat er weder von der Vorsehung gesprochen, noch die Hilfe seines Herrgottes angerufen."
Vorsichtig faltete Pötz die Hitlerrede zusammen und ließ sie wieder in seiner Rocktasche verschwinden, um sich dann zu mir zu beugen, die Hände auf dem Tisch,

die Fingerspitzen gegeneinander gedrückt: „Merken Sie sich eines für Ihr zukünftiges Leben, meine Liebe: Seien Sie mißtrauisch den Menschen gegenüber, die ihren Herrgott dauernd im Munde führen. Je frommer sich jemand gibt, desto größer ist die Wahrscheinlichkeit, daß er eine große Portion Schlechtigkeit zu verbergen hat." Er blickte vor sich auf den Tisch: „Über unsere regierenden Häupter haben wir uns ja bereits hinreichend unterhalten, nicht? Sehen Sie sich aber auch ein bißchen in der Welt um; – denken Sie an die gottesfürchtigen Irländer, die zur besonderen Freude der Nazis in England Bomben hochgehen lassen ... Aus purer christlicher Nächstenliebe wollen sie einigen Engländern ins Jenseits verhelfen –"
Ich mußte lachen und Pötz sah mich amüsiert an, um dann zu fragen: „Wann, möchte ich wissen, begannen Sie Zweifel zu bekommen an dem Christentum, das Ihre Mutter sich doch sicherlich bemühte, Ihnen einzuimpfen?"
„Als ich etwa dreizehn Jahre alt war und anfing, mich zu weigern, vor dem Einschlafen mein schweigendes ‚Vater unser' zu sagen. Doch beschlich mich gelegentlich etwas wie Furcht."
„Was für eine Furcht?"
„Ob da nicht vielleicht doch dieser Herr mit dem langen Bart über den Wolken wacht und mich für meinen Ungehorsam bestrafen würde."
Pötz nickte, während seine Daumen wieder Halt unter den Hosenträgern fanden. „Wenn dann etwas in Ihrem Leben sehr unprogrammgemäß verlief – sagen wir, wie Ihre Verurteilung oder Ihr Berufsverbot – kehrte dann je eine Unsicherheit zurück?" Seine Augen waren weit geöffnet, als er mich forschend ansah.
„Nein", schüttelte ich bestimmt den Kopf. „Was mir widerfuhr, ist ja absolut nichts außergewöhnliches. Tausende erleben in der einen oder anderen Variation

das Gleiche. Viele von ihnen sind sicher gute Christen, was für ihren Gott keinerlei Unterschied macht. Sie haben wenigstens den Trost, daß Gott sich mit ihnen beschäftigt, denn er legt ihnen diese Prüfung auf."
Während Pötz mich befriedigt ansah, fragte ich: „Was wird aber aus Hitler, wenn sein Herrgott nicht mitspielt?"
„Fragen Sie lieber was aus uns wird. Ich glaube mich nicht zu täuschen, wenn ich Ihnen die Versicherung gebe, daß Hitlers Herrgott nicht mitspielen wird, und daß die Vorsehung die Schrecken der Apokalypse für uns auf Lager hat. Über kurz oder lang wird sich Amerika aktiv an diesem Krieg beteiligen, Amerika, das ein schier unerschöpfliches Arsenal aus dem Boden stampfen und damit das sinkende Schiff seiner Wirtschaft wieder flottmachen wird." Seine linke Hand fuhr in seinen grauen Schopf, in dem sie einen Moment verharrte, als er die Augen zusammenkniff: „Und Rußland ... Die Russen wissen genau was Hitler vorhat. Unter den obwaltenden Umständen müssen sie ihn in Sicherheit wiegen, um sich ungestört auf ihre Verteidigung vorbereiten zu können. Denn wenn Hitlers Herrgott ihm etwas länger beisteht, wird das alte Selbstvertrauen nicht nur zurückkehren, sondern der Cäsarenwahn noch größer werden. Hitler hat sich noch nicht völlig entschieden, wem er nacheifern soll – Friedrich dem Großen oder Napoleon. Falls es Napoleon sein sollte ... mag Rußland seine Todesfalle werden."

31. März 1940

Am heutigen Sonntagnachmittag hatten wir ausnahmsweise einmal alle zusammen Tee.
Mutter verschwand einen Augenblick, um sehr stolz mit einem Kuchen zurückzukehren: „Was sagt ihr dazu?"

„Großartig!“ meinte Vater.
„Kuchen!?“ rief Katherina enthusiastisch aus.
„Ist dir etwas?“ fragte mich Mutter, weil ich schwieg.
„Nein, nein“, ich versuchte ein anscheinend etwas schiefes Lächeln.
„Aber Kind“, beharrte Mutter, „irgendetwas stimmt doch nicht.“
„Schön“, antwortete ich, „vieles stimmt nicht. – Habt ihr je darüber nachgedacht was es für ein Irrsinn ist, daß wir es als etwas Besonderes erachten zum Beispiel für diesen Sonntag ein Stück Kuchen zu ergaunern? Es ist genug auf der Welt, um jeden zu füttern. Aber nein! Wir müssen einigen Narren Opfer bringen.“
Sie sahen mich alle drei völlig konsterniert an.
Vater faßte sich als erster: „Wir haben doch Krieg.“
„Eben“, sagte ich, „das ist genau was ich meine. Ich erinnere mich wie mir jemand zu Ende des vorigen Krieges eine in Staniolpapier verpackte Schokolade schenkte, und ich wußte nicht einmal was das ist; so, wie ich normales Brot, Milch ohne einen blauen Wasserrand, Butter, Eier und dergleichen nicht kannte. Ich höre nur immer von Opfern. Der Eintopfsonntag, so lange er den Erwerbslosen half, mag er eine ganz gute Sache gewesen sein. Nun haben wir keine Erwerbslosen mehr, und der Eintopfsonntag wurde in den Opfersonntag verwandelt. Für wen? Für was?“
„Aber es ist doch für unser Volk“, meinte Mutter erstaunt.
„Erstens ist es nicht unser Volk, denn glücklicherweise erkennen sie weder dich noch mich als Volksgenossen an, und zweitens ist es sicher nicht für's Volk.“
„Sondern für wen sonst?“ fragte Vater sichtlich irritiert.
„Für ein paar machthungrige, ehrgeizige Männer, für

einen Kaiser, Präsidenten, Kanzler oder wie immer sich das Oberhaupt des Staates nennt, eine handvoll Generäle und einige Industriemagnaten."
Vater, der deutlich um seine Beherrschung kämpfte, fragte: „Glaubst du nicht, daß du die Dinge etwas sehr vereinfachst?"
Ich schüttelte den Kopf: „Was, Vati, hat denn das Volk jeweils von diesen Kriegen gehabt außer Krüppel, vaterlose Kinder, Witwen und Schulden?"
Die Türglocke schellte. Da unsere derzeitige Perle Ausgang hatte, öffnete ich. Dr. Bernd stand vor mir.
„Sie kommen mir gerade recht! Ich brauche Hilfe." Ihn auf die Diele führend sagte ich: „Ich hoffe, hier einen Verbündeten zu bringen."
Alle lachten, was die Situation etwas entspannte.
„Wozu brauchen Sie einen Verbündeten?" fragte Bernd.
Ich berichtete kurz worum der Streit ging und wir sahen ihn gespannt an.
Ohne zu zögern, den Blick auf Vater gerichtet, erklärte er: „Ich fürchte, ich muß die Partei Ihrer Tochter ergreifen."
„Wieso, Herr Doktor?" meinte Vater zugänglich. „Was haben Sie als Historiker zu sagen?"
Bernd überlegte einen Moment, während er uns alle aufmerksam ansah. Dann wandte er sich an Vater: „Dürfte ich Sie zuerst fragen wieviel Uhr es ist?"
Vater zog bereitwillig seine schwere goldene Taschenuhr hervor.
„Gehörte zu dieser schönen Uhr nicht einmal eine goldene Kette?" wollte Bernd wissen, mit dem ich mich über besagte Uhrkette vor längerer Zeit unterhalten hatte.
Vater erwiderte: „Ja – sie wurde ein Opfer des Krieges."
Bernd nickte: „‚Gold gab ich für Eisen', nicht wahr?

Das ist es unter anderem, was Ihre Tochter ausdrücken wollte. Sie, Herr Dr. Schroeder, als normaler Bürger, durften das Eisen behalten, während Ihr Kaiser mit Ihrem Gold über die Grenze floh. Da sich die Geschichte bekanntlich wiederholt, beginnen wir nun, durch eine ähnliche Periode zu gehen. Herr Göring hat doch vor zwei Wochen das Volk zu einer freiwilligen Metallspende aufgerufen als Geburtstagsgeschenk für den Führer, als Dank, wie er sagte, für alles, was er für Volk und Reich gegeben hat. Für jede Spende bekommt man wieder eine Urkunde. Das klingt alles so vertraut."

Während Vater noch nach einer Antwort suchte, warf ich ein: „Wie es heute hieß, ist diese Metallsammlung ein Opfer des deutschen Volkes für das Durchhalten in dem ihm aufgezwungenen Lebenskampf. Schon wieder ein Opfer. Und wer hat dem Volk diesen sogenannten ‚Lebenskampf' aufgezwungen, wenn nicht Hitler und die Rüstungsindustrie?"

Vater reagierte nicht auf meine Worte, sondern wandte sich direkt Bernd zu: „Unser Lebensraum war aber doch zweifellos zu eng. Da wir die Kolonien nicht zurückbekommen konnten, mußten wir wenigstens die alten deutschen Gebiete im europäischen Raum wiedergewinnen."

Bernd zuckte die Achseln: „Ich kann da nicht mit Ihnen übereinstimmen. Schließlich hatte Deutschland den Krieg verloren. Daß die Reparationsforderungen unrealistisch waren, will ich ohne weiteres einräumen. Im übrigen mußte sich Deutschland eben nach seiner Decke strecken. Meiner Ansicht nach haben die Tschechen, Polen und Litauer den gleichen Anspruch auf Lebensraum wie die Deutschen. Im Ende aber – um auf den Ausgangspunkt Ihrer Polemik zurückzukommen – ist es wohl so wie Ihre Tochter sagte, daß die Bevölkerung es ist, die jeweils die Bürde zu tragen hat. Den dikken Parteibonzen, die sich die Wohnungen mit wertvollen Teppichen, Gemälden und Möbeln aus jüdischem Besitz vollgestopft haben, denen mangelt es sicher an nichts in Bezug auf Kaffee, Butter, Sahne und all den Lebensmitteln, die für uns etwas knapp geworden sind."

Als Bernd und ich später in meinem Zimmer allein waren, sagte er: „Wissen Sie – Ihr Vater ist für mich ein Phänomen. Ich habe so lange nicht mehr mit Leuten seiner Denkungsart zu tun gehabt. Ehrlich gestanden – ich hatte schon vergessen, daß es so etwas noch gibt!"

„Das gibt es noch! Das, Doktor, ist typisch für weite Kreise des gehobenen Mittelstandes."

Ich schwieg und sah vor mich hin, bis Bernd fragte: „Was für ein Gedanke verfolgt Sie denn?"

Unwillkürlich fuhr ich mir mit der Hand über die Stirne: „Ich überlegte gerade – – ob mein Vater, wenn er nicht mit einer Jüdin verheiratet wäre, und wenn er nicht eine politisch vorbestrafte Tochter hätte – " Ich konnte den Satz nicht aussprechen.

Bernd aber beendete ihn: „Ob er nicht in die Partei eingetreten wäre? Wahrscheinlich.

Fräulein Schroeder, für jeden Menschen – Mann oder Frau – der ein absolut nationales Empfinden hat, für den das Wort Vaterland einen ganz besonderen persönlichen erhebenden Begriff verkörpert, für den ist ein Hitler oder Mussolini oder wie immer ihr Volksheld heißt, die Personifikation eines nationalen Traumes. Daß dieser Traum mit Morden und Blutvergießen verbunden ist, wird als notwendiges Übel mit in Kauf genommen; denn der Zweck heiligt die Mittel und kein Opfer ist zu groß – besonders wenn andere es bringen."

10. April 1940

Was für ein Geburtstagsgeschenk! Deutsche Truppen sind in Dänemark und Norwegen gelandet und einmarschiert als „bewaffneter Schutz".

14. April 1940

Die Zeitung bringt: „Zum Schutz der Neutralität Dänemarks gegen feindliche Landungsversuche wurden in Nordjütland die wichtigsten Küstenpunkte besetzt und gesichert. Ferner wurden an mehreren Stellungen schwere Artillerie in Stellung gebracht."

5. Mai 1940

Irgendwie ist es fast zur Regel geworden, daß wenn Bernd zu mir kommt, wir zuerst kurz mit den Eltern zusammensitzen und die neuesten, politischen Ereignisse besprechen.
Die Kämpfe zwischen Deutschen und Engländern bei Narvic und Drontheim hatten sich gehäuft. Alle vier norwegischen Bahnstrecken nach Schweden waren in deutsche Hände gefallen und alle englischen Landeversuche in Norwegen wurden abgewiesen. Vor drei Tagen kapitulierten die norwegischen Truppen.
Trotz all dieser Siege begann Vater, Bedenken zu bekommen. „Es geht alles zu gut und zu leicht", sagte er zu Bernd. „Wir haben das im ersten Weltkrieg auch erlebt."
Bernd nickte: „Es tut mir leid, es aussprechen zu müssen – aber Hitlers Siege machen mich langsam krank. Auf der anderen Seite überlege ich mir, daß es ja auf die Dauer so nicht weitergehen kann. Wie will er diese rie-

sige Front halten? Es ist doch nur eine Frage der Zeit bis Frankreich aktiv wird. Rein zahlenmäßig liegt das Übergewicht an Menschenmassen auf der sogenannten feindlichen Seite."

„Das stimmt schon. Aber die anderen hatten sich eben nicht vorbereitet. Die Überlegenheit der deutschen Luftwaffe scheint überwältigend, und England ist offenbar nicht mehr die einzige große Seemacht."

„Was ist", fragte ich, „wenn die deutschen Reserven an Flugzeugen und Kreuzern erschöpft sind? Ich meine, auf lange Sicht werden sich doch wohl Materialverluste bemerkbar machen. Die anderen werden von Amerika beliefert werden. Aber Deutschland?"

10. Mai 1940

Die Ereignisse überstürzten sich. Gestern hat die deutsche Regierung an die belgische und niederländische ein Memorandum geschickt. Es ist klar, daß Belgien und Holland nicht neutral sind, denn sie unterstützen England und Frankreich und haben ihre Befestigungen nur an der deutschen Grenze ausgebaut. Daher werden deutsche Truppen einmarschieren.

Heute meldete das Führerhauptquartier, daß wegen der bevorstehenden feindlichen Kriegsausweitung auf belgischem und holländischem Gebiet und der damit verbundenen Bedrohung des Ruhrgebietes, das deutsche Westheer im Morgengrauen zum Angriff über die Westgrenze in breitester Front angetreten ist. Die Luftwaffe hat mit Unterstützung des Heeres im Erdkampf feindliche Flugplätze mit Erfolg angegriffen. Zahlreiche deutsche Einheiten landeten auf belgischen und holländischen Flugplätzen. Holland hat den Krieg erklärt, und da die belgische Regierung angeblich französische und englische Truppen ins Land gerufen hat,

griffen die Deutschen militärische Ziele in Frankreich, Belgien und Holland an und zerstörten sie.
Während ich diese Tatsache hier einschreibe, hören die Eltern sich im Nebenzimmer eine Hitlerrede an: „Soldaten der Westfront! Die Stunde des entscheidenden Kampfes für die Zukunft der deutschen Nation ist gekommen."
Ich sprang auf und klopfte gegen die Verbindungstüre: „Könnt Ihr den Kerl nicht etwas leiser stellen?"
„Der heute beginnende Kampf", erklang es von nebenan, „entscheidet das Schicksal der deutschen Nation für die nächsten 1000 Jahre."
Ich ergriff die Hundeleine: „Komm, Brandylein. Wir gehen spazieren."
Als wir zurückkamen fragte ich die Eltern: „Irgendetwas Besonderes?"
„Sie haben Luxemburg besetzt."

18. Mai 1940

Am 15. ist Katherina nach München übersiedelt. Sie hatte ihre Stelle hier verloren und konnte keine andere finden, hofft aber, in München bessere Aussichten zu haben. – Wenige Tage bevor sie fuhr, rief sie mich abends in ihr Zimmer. Sie wollte, wie sie erklärte, noch einmal mit mir alleine sein, wobei ich mich ausgesprochen ungemütlich fühlte.
Nach einigen höflichen Fragen bezüglich meiner derzeitigen Tätigkeit meinte sie, daß ich mich keinesfalls in der Presse hätte halten können und nun beruflich eigentlich besser daran sei als sie.
Während ich sie aufmerksam betrachtete überlegte ich, ob sie auf diese Weise ihr Gewissen erleichtern wollte.
„Du meinst", fragte ich, „daß das Sondergerichtsurteil bei dem Berufsverbot keine Rolle spielte?"

Sie zögerte und wich einer direkten Antwort aus: „Du bist doch jetzt zufrieden?“

„Zufrieden?“ echote ich. „Ich bin einfach begeistert, in einem Beruf arbeiten zu können, den ich mir unter normalen Umständen nie gewählt hätte und glücklich, wegen der zusätzlichen Belastung einer politischen Vorstrafe den Mann verloren zu haben, den ich liebte.“

Sie sah mich entgeistert an: „Wegen des Urteils?“

„Ja – . Und nun weiß ich nicht einmal, wie ich es erfahren werde, wenn er gestorben ist ... “

„Wenn er – ? Wieso?“

Ich biß mir auf die Lippen und verließ ihr Zimmer.

Einen Tag nach Katherinas Abreise ging ich mit Vater zur Apotheke, vor der wir mit einem seiner Kollegen zusammentrafen.

Nach der Begrüßung und einigen Bemerkungen über den Krieg, fragte der andere: „Haben Sie schon von Sjöderbloom gehört?“

„Nein“, erwiderte Vater, „was ist denn?“

„Er soll auf einer Reise im Flugzeug einen Blutsturz gehabt haben und ist gestorben!“

„Nein!“ sagte Vater betroffen. „Wann war denn das?“

„Vor zwei Tagen.“

Nun sitze ich alleine in meinem Zimmer. Zum ersten Mal in meinem Leben begreife ich, daß Menschen mit dem Kopf gegen eine Wand rennen. – All die sinnlosen Fragen, die mich foltern mit dem Refrain „Zu spät ... “

5. Juni 1940

Das Frankfurter Nachtleben bekommt langsam seine eigene Note. Nachdem wir bereits einige feindliche

Überflüge hinter uns haben, bei denen allerdings keine Bomben fielen, man jedoch vor dem Flakbeschuß mit den vielen Metallsplittern in Deckung ging, kamen erneut verschärfte Anweisungen für Verdunkelung und Alarm. Seit dem Überfall auf Holland und Belgien wurden sogar Nachtwachen aufgestellt.
Um in den völlig verdunkelten Straßen Zusammenstöße zu vermeiden, tragen die Leute auf ihren Kleidern und Jacken Leuchtplaketten. Treppenstufen und Hauseingänge sind mit Leuchtfarben abgestrichen. In den Kellern wurden Durchbrüche zu Nachbarhäusern und Notausgänge gebaut und die Kellerfenster gesichert. Über den nächtlichen Himmel gleiten – lautlos, wie gespenstische Geisterfinger – die Scheinwerfer der Abwehr.
Gestern nun fielen in Frankfurt wirklich die ersten Bomben, und es gab die ersten Toten.
Als Bernd heute Abend kam, überfiel Mutter ihn mit den Worten: „Sagen Sie, lieber Doktor – ist es denn nicht schrecklich?! Gleich mit den ersten Bomben Tote!"
Er zuckte die Achseln: „C'est la guerre, gnädige Frau. Ich fürchte, Herr Meier hat etwas mehr versprochen, als er halten kann."
„Herr Meier?" fragte Vater.
Ohne den Versuch zu machen, seine Schadenfreude zu verbergen, erwiderte Bernd: „Göring hat doch einmal erklärt, er wolle Meier heißen, wenn auch nur ein feindliches Flugzeug über Deutschland erscheinen sollte."
Wir schwiegen und unser aller Gedanken drehten sich wohl um die letzten Ereignisse. – Deutsche Truppen waren in Den Haag und Amsterdam. Die Kapitulation der holländischen Armee war unterzeichnet. Bei Sedan war ein Durchbruch erfolgt und die Maas in breiter Front überschritten worden. Während die belgische

Regierung nach Ostende floh, marschierten die Deutschen in Brüssel ein. Zehn Tage später kapitulierten die Belgier bedingungslos. Eupen und Malmedy kehrten „Heim ins Reich".

„Die deutschen Erfolge sind einfach beispiellos", stellte Vater mit einer Mischung von Bedenken und Bewunderung fest.

„Unser Führer denkt das auch", bestätigte ich. „Er ist jedenfalls so begeistert über die bisherigen Siege, daß befohlen wurde, acht Tage lang zu flaggen und drei Tage lang die Glocken zu läuten. Dann wird weitergekämpft!"

26. Juni 1940

Bernd kam heute, an meinem freien Nachmittag, schon frühzeitig. Er war zutiefst deprimiert, denn nicht nur war Strasbourg in deutscher Hand und Paris gefallen, sondern gestern war – nach dem totalen militärischen Zusammenbruch der französischen Front zwischen dem Ärmelkanal und der Maginot-Linie – der Waffenstillstand mit Frankreich erklärt worden. Hitler erließ daraufhin einen Aufruf:

‚Deutsches Volk!

Deine Soldaten haben in knapp sechs Wochen nach einem heldenmütigen Kampf den Krieg im Westen gegen einen tapferen Gegner beendet.

Ihre Taten werden in die Geschichte eingehen als der glorreichste Sieg aller Zeiten. In Demut danken wir dem Herrgott für seinen Segen.

Ich befehle die Beflaggung des Reiches für zehn, das Läuten der Glocken für acht Tage.‘

„Was immer dieser Hitler anfängt, ist von Erfolg gekrönt!" stellte Bernd verzweifelt fest.

„Aber, lieber Freund!" rief ich aus. „Sie waren es, der

mir vor längerer Zeit erklärte, daß die Maginot-Linie nichts wert ist. Sie hatten Recht. Warum sind Sie nun deprimiert über etwas, was Sie von vorneherein wußten? – Jemand, der die Franzosen so gut kennt wie Sie, muß auch wissen, wie sie hassen können. Alle diese unterworfenen Länder müssen die Deutschen mit Haß verfolgen. Wie lange glauben Sie, daß Hitler sie alle in Schach halten kann? Davon abgesehen, hat er ja nun erklärt, daß der Krieg gegen England weitergeht."
„Den wird er auch noch gewinnen!"
„Nein, den wird er nicht gewinnen. Dafür werden schon die Amerikaner sorgen."
Er saß mir gegenüber, den Kopf in die Hand gestützt, wie im Schmerz zusammengekauert.
„Herr Dr. Franz Bernd!"
Er raffte sich etwas auf und schaute mich an.
„Ich will Ihnen etwas sagen: Diese Siege machen mir gewiß auch keinen Spaß; aber ich weiß, daß Deutschland den Krieg verlieren wird."
„Sie wissen das? Woher?"
„Ich weiß es einfach", bestand ich. „Wenn ich diese Überzeugung nicht hätte ... Dr. Bernd – was glauben Sie, kann ein Mensch in meiner Situation erwarten, wenn Hitler siegen würde? Wenn ich nicht von seinem Untergang überzeugt wäre, hätte ich längst kapituliert."
„Kapituliert? Wie meinen Sie das?"
„Schluß gemacht. – Glauben Sie ernstlich, daß ich warten würde, bis die Nazis mich umbringen?"
Eine kleine Hoffnung schimmerte in seinen Augen: „Sie sind so fest davon überzeugt?"
„Ja, absolut. Im übrigen scheint durch die Luftangriffe mehr zu geschehen, als wir wissen. Haben Sie nicht gehört, daß bei Fliegerschäden Vorschüsse bis zu 3000 Mark ausgezahlt werden – vorausgesetzt, daß die Sachen zu beschaffen sind? – Wenn schon derartige Ver-

ordnungen erlassen werden, muß doch allerhand passieren."
Etwas getröstet stand er auf und ging ein paar Schritte durch das Zimmer.
„Kommen Sie", sagte ich, „wir machen einen kleinen Spaziergang mit Brandy."

21. Juli 1940

Man gewöhnt sich anscheinend sogar an den Krieg. Pünktlich jede Nacht um zwölf Uhr dreißig ertönen die Sirenen, und wir gehen in den Keller. Brandy ist stets der erste. Längst bevor die Sirenen aufheulen, hebt er lauschend den Kopf und geht zur Türe. Es ist nicht etwa, daß er Angst hat – sondern im Luftschutzkeller gibt es Zwieback.
Wir hatten einige Bomben, ein total zerstörtes Haus mit sieben Toten und einen leichten Vorgeschmack der Dinge, die da kommen werden. Trotzdem sind die Kinos und Gaststätten gut besucht, denn es ist mehr Geld da, als Dinge zum Kaufen, und wenn auch die Lebensmittel rationiert sind, leiden wir doch noch keinen direkten Hunger, denn nach jedem Land, das besetzt wird, gibt es wieder Sonderzuteilungen.
Gunter Siegurd Kunz ist ausgezogen und zu seinem Vater nach Hamburg gereist. Wie wir im Laufe der Zeit erfuhren, sind seine Eltern geschieden. Sein Vater lebt in Hamburg, während seine Mutter in Bonn mit einem namhaften Physiker verheiratet ist, der als Jude seinen Lehrstuhl an der Universität verlor. Kunz spricht mit großer Achtung von diesem jüdischen Stiefvater; trotzdem – . Ich kann ein ausgesprochenes Mißtrauen ihm gegenüber nicht abschütteln und verlasse mich auf meinen Instinkt. Dabei hat er sich – mit Mutters Assistenz – wirklich um mich bemüht.

Mit Kunz aus dem Wege, habe ich mir sein Zimmer, in dem fließend Wasser ist, als Dunkelkammer eingerichtet. Bernd half mir, aus einer alten Kamera einen Vergrößerungsapparat zu bauen, und ich verbringe viele Abende damit, Fotos von Hinterstein zu vergrößern, denn ich vermeide, zu viel Zeit zum Denken zu haben...

11. August 1940

Die Freude an meiner Dunkelkammer war von kurzer Dauer. Gleich bei einem der ersten schweren Angriffe auf Bremen wurde Onkel Fritz total ausgebombt. Haus und Möbel sind dahin, und er kam mit Tante Lotte zu uns, bis ihnen irgendwo eine Bleibe zugewiesen wird. Wo hätten sie auch hingehen sollen? Onkel Fritz mit seiner J-Kennkarte kann nicht wie andere Fliegergeschädigte in einem anderen Haus in Bremen Unterkunft finden oder gar in ein Hotel ziehen. Der logische Zufluchtsort war unser Haus und seine Lieblingsschwester.

Es war eine tränenreiche Wiedervereinigung, denn Onkel Fritz ist wie Mutter, hauptsächlich aus Gefühl zusammengesetzt. Tante Lotte, eine intelligente, nüchterne kleine Person, hängt mit unglaublicher Liebe an ihm. Sein Gefühlsüberschwang scheint sie zu erwärmen, während ihre Kühle ihn etwas auf dem Boden der Wirklichkeit hält.

31. August 1940

Pötz und Elsa saßen mir in der Kakao-Stube gegenüber.

Elsa fragte: „Wo ist denn Ihr Hund?“

„Brandy ist krank", antwortete ich.
Pötz zog die Augenbrauen hoch: „So krank, daß er Sie nicht begleiten kann?"
Ich erklärte ihnen, daß Brandy an einer Hautkrankheit leidet, die einen unerträglichen Juckreiz verursacht. Er hatte sich bereits mehrfach den Rücken blutig gescheuert und nachdem alle anderen Behandlungen versagten, veranlaßte mich der Tierarzt, Brandy einem Tierpflegerehepaar anzuvertrauen, da ich die erforderliche Schmierkur unmöglich zu Hause durchführen konnte. So mußten wir uns für drei Wochen trennen.
„Fehlt er Ihnen sehr?" fragte Elsa.
Mit leichter Selbstironie lächelte ich: „Als sei's ein Stück von mir – – "
Pötz kräuselte die Lippen: „Das Lied vom guten Kameraden scheint nun langsam die ständige Begleitmusik Deutschlands zu werden ... Mehr als 27 000 – "
Ich sah ihn fragend an, worauf er sagte: „Mehr als 27 000 Deutsche sind in Frankreich gefallen – ohne alle die, die uns verschwiegen wurden. Plus 14 000 in Polen. Das sind bereits über 40 000 Tote. Die Verluste an Polen, Franzosen, Holländern, Belgiern und so weiter sind nicht bekanntgegeben worden." Er wiegte schweigend den Kopf hin und her. Dann kniff er die Augen zusammen und sah mich aus kleinen Schlitzen an: „Besinnen Sie sich noch auf den Massenmörder Hamann? Ja? – Ganz Deutschland und ein großer Teil des Auslandes war von Grauen erfaßt, weil besagter Herr Hamann einige Hundert Menschen umgebracht hatte. Man übergab ihn der Gerechtigkeit, und er wurde hingerichtet. Was aber geschieht mit den Massenmördern, die an der Spitze einer Regierung stehen?" Er lachte lautlos und ironisch: „Man feiert sie, meine Verehrteste, man bewundert und umjubelt sie. Wir aber sind die hilflosen Zeugen des Aufstieges eines der größten Massenmörder

unserer Zeit." Er setzte sich so steif auf, daß er zu wachsen schien, wobei er sich an seinen etwas schäbig werdenden Hosenträgern festhielt. Er zog die Mundwinkel hinab: „Leider habe ich das grauenhafte Gefühl, daß Hitler der erste ist in einer Reihe überragender Massenmörder, die dieses Jahrhundert zu einem blutigen Ende bringen werden. Jeder neue Krieg wird erbarmungsloser als der vorangegangene; etwas, was übrigens Spengler bereits in den achtziger Jahren voraussagte.

Es ist erst etwas über zwanzig Jahre her, daß Soldaten sich bekämpften, die einander sahen, die sich als sogenannte Feinde gegenüberstanden. Nun aber sitzt der Feind in einem metallenen Gehäuse, in dem er über die Grenzen fliegt, um den Tod über alte Männer, Frauen und Kinder auszusäen. Die Angreifer und die Angegriffenen sind anonym; keiner sieht den anderen je von Angesicht zu Angesicht. Der Angreifer, der wohl davor zurückschrecken würde, ein kleines wehrloses Kind zu verkrüppeln oder gar zu töten, trifft nur noch steinerne Ziele. Das Opfer kann seinen Haß nicht gegen einen persönlichen Feind richten, weil es ihn nicht kennt." Sein Kopf sank hinab, so daß die Spitze des kleines Bartes auf dem Hemd ruhte. Unter den Augenbrauen richtete sich sein Blick auf mich: „Eine teuflische Methode, ganze Völker einander hassen und zerfleischen zu lassen."

Er schwieg wieder und sagte dann nach einer Weile, als sei es das Ende einer langen Gedankenkette: „ – der totale Krieg! – Selbst junge Mädchen, die noch kaum in der Lage sind, sich ein eigenes Urteil zu bilden, werden zur Beihilfe zum Mord angestiftet. Die Reichsreferentin des BDM feuerte diese halben Kinder an mit der Erklärung, daß der deutsche Mann zur Waffe greife, während das deutsche Mädchen in der Munitionsfabrik arbeitet, um ihrem Kameraden die Waffen zu reichen." Er runzelte nachdenklich die Stirne: „‚Im Kriege', sagte sie, ‚adelt den Mann das Schwert; dein Adel, deutsches Mädchen, ist die Arbeit'."

Wir schwiegen bis ich fragte: „Der Krieg ist doch bisher sehr erfolgreich verlaufen, nicht?"

„Ja", bestätigte Pötz, „zu erfolgreich, um auf die Dauer zum Sieg zu führen. Aber worauf wollen Sie hinaus?"

„Ich begreife nicht, wozu es unter diesen Umständen notwendig ist, so viele Erklärungen abzugeben. Ich denke zum Beispiel an die Dokumente zur Vorgeschichte des Krieges, die vor einigen Monaten entdeckt wurden. Dann erbeutete man angeblich Geheimakten des französischen Generalstabes, die nun in Form eines ‚Weißbuches' veröffentlicht wurden. Mir erscheinen diese wahrscheinlich gefälschten Dokumente wie eine Rechtfertigung des Krieges. Weshalb?"

Pötz ließ die Hosenträger los, beugte sich vor und stützte die Hände auf den Tisch: „Weshalb? Aber meine Gute – der kluge Mann baut vor. Trotz Hitlers Bündnis mit der Vorsehung, scheint er doch gelegentlich Zweifel an seinem guten Stern zu haben und muß jetzt, so lange das Glück ihm hold ist beweisen, daß dieser Krieg ihm von den anderen aufgezwungen wurde und damit das Volk dahin beeinflussen, diesen Kampf als berechtigt zu betrachten, um auch bei Fehlschlägen zu Opfern bereit zu sein. Das Ganze ist eine rein psychologische Vorbereitung."

Ich nickte.

Pötzs Gesicht verwandelte sich plötzlich in eine diabolisch grinsende Maske: „Da wir gerade von Psychologie sprechen – . Ob bewußt oder unbewußt, Hitler wiederholte das Orakel von Delphi." Während er sein Portemonnaie hervorholte, dem er ein klein zusammengefaltetes Stück bedruckten Papieres entnahm, sprach er weiter: „In seiner letzten Reichstagsrede machte Hitler

den feindlichen kriegerischen Staatsoberhäuptern Vorwürfe und beteuerte, daß es nicht seine Absicht war, Krieg zu führen, sondern einen neuen Sozialstaat von höchster Kultur aufzubauen. Er beklagte sich, daß jedes Jahr des Krieges ihn dieser Arbeit beraube. Er – als Sieger – bot England nochmals den Frieden an und prophezeite Churchill: ‚Es wird dadurch ein großes Weltreich zerstört werden. Ein Weltreich, das zu vernichten oder nur zu schädigen, niemals meine Absicht war.'"
Er steckte das Stückchen Papier liebevoll in sein Portemonnaie zurück, das er in seiner Hosentasche verschwinden ließ. „Ob sich Hitler darüber im Klaren ist, daß er von dem Untergang seines eigenen Reiches spricht?"

22. September 1940

Churchill hatte ein klares NEIN gesagt.
Nun führt Deutschland einen erbitterten Luftkrieg gegen England, dessen Flugzeuge uns ebenfalls ihre nächtlichen Besuche abstatten. Wir, die Betroffenen, die den Segen von oben bekommen, wissen nicht, wie es in den anderen Städten aussieht, denn die stereotypen Berichte in der Tageszeitung lauten in etwa: ‚Einzelne feindliche Flugzeuge überflogen Nordfrankreich, Belgien, Holland und Westdeutschland. Es wurden keine militärischen Ziele getroffen, aber mehrere Zivilpersonen verletzt und Gebäude beschädigt.'
Wenn es sich gelegentlich um schwere Angriffe auf Berlin, Hamburg oder Bremen handelt, und die Gefahr besteht, daß weite Kreise der Bevölkerung durch Reisende davon Kenntnis erhalten, wird voller Empörung über die gemeinen „Überfälle" der Engländer berichtet, die ihre Angriffe stets auf Wohnviertel richten und niemals militärische Ziele treffen. Dann wird wohl einmal ein-

geräumt: ‚Eine Anzahl Zivilpersonen wurde getötet oder verletzt', wobei man die Zahl der Toten niemals erfährt. Unser Führer aber schäumt vor Wut und droht: „Wir werden ihre Städte ausradieren!"

„Was mir unklar ist", sagte ich zu Bernd, der in meinem Zimmer saß, „ist, wie die Engländer überhaupt noch Krieg führen können. Einmal sind 15 000 Flugzeuge abgeschossen, dann sind es wieder 500 in einer Woche allein; das nächste Mal sind es 133 und gleichzeitig werden innerhalb dreier Tage hunderttausende Bruttoregistertonnen versenkt. Obendrein werden täglich diese enorm erfolgreichen ‚Vergeltungsangriffe' geflogen, und den Deutschen scheint nichts zu passieren."

„Jaaa", sagte Bernd, „ist es nicht erstaunlich? Wenn wir Buch geführt hätten, müßten wir wohl zu dem Schluß kommen, daß England kein Schiff oder Flugzeug mehr besitzen kann, in London kein Stein mehr auf dem andern steht, und die Bevölkerung ausgerottet ist. Aber abgesehen davon, daß die Engländer ein sehr zähes Volk sind, wurde ja Roosevelts Kriegsbudget bewilligt. Ich vermute, daß er bereits Flugzeuge liefert."

„Sagen Sie", fragte ich, „warum regen sich die Deutschen eigentlich so schrecklich über diese ‚feigen Nachtflüge' der Briten auf? Fliegen sie denn ihre Angriffe nicht auch nachts?"

Bernd fing an zu lachen: „Ja, nachdem sie sich's am Tage nicht mehr leisten können." Unbewußt senkte er die Stimme: „Ein Bekannter von mir hat den Baseler Sender gehört. Danach haben die Deutschen am 15. in einem erbitterten Luftkampf über London bei Tage schwere Verluste erlitten. Seitdem fliegen sie nur noch Nachtangriffe. Zu ihrer Wut kommen die Engländer ebenfalls nachts, da sie wohl schon vor den Deutschen erkannt haben, daß das weniger gefährlich ist. Der Schweizer Sender hat obendrein behauptet, daß die deutsche Flak schlecht ist."

Onkel Fritz und Tante Lotte packen, denn sie werden uns morgen verlassen, um in den Bayrischen Wald zu übersiedeln.
Gestern abend hatte ich ein kurzes Zwiegespräch mit Onkel Fritz, während Tante Lotte noch einige Hemden und Blusen bügelte.
,,Wenigstens", sagte ich, ,,werdet Ihr dort von Fliegerangriffen verschont und landschaftlich soll es sehr schön sein."
Onkel Fritz nickte, während er bedächtig an seiner Zigarre zog. ,,Ich war noch nie dort. Es muß sehr abgelegen und einsam sein", meinte er etwas wehleidig.
,,Du hast doch deine Frau bei dir", versuchte ich ihn aufzumuntern. ,,Wer weiß, Onkel Fritz – vielleicht bist du unter den obwaltenden Umständen im Bayrischen Wald in jeder Beziehung besser aufgehoben als in Bremen."
Ein Seufzer entrang sich ihm. ,,Diese Hunde! ... "
Wir starrten beide ins Leere, bis er auf einmal erklärte: ,,Was sie auch behaupten – sie können mich doch nicht zum Juden machen. Weißt du, wenn ich ganz deprimiert bin, dann schaue ich auf diesen Ring." Er klopfte mit dem rechten Zeigefinger auf den Ring an seiner linken Hand. Ich blickte angestrengt auf das in den dunklen Stein eingravierte Wappen, das ich nicht erkennen konnte. Mit erstickter Stimme fuhr er fort: ,,Meines Großvaters Ring. Der gibt mir stets mein Selbstbewußtsein zurück. Denn das können sie mir nicht nehmen, daß ich ein Enkel des Generals von Kusserow bin!"
Hinter seinen dicken Gläsern schimmerten feucht seine braunen Augen, die so sehr den Bildern seines jüdischen Großvaters gleichen.

23. November 1940

Bis vor kurzem war der Krieg mehr oder weniger etwas, worüber man in der Zeitung las. Aber nun fängt er an, rauhe Wirklichkeit zu werden. Fast jede Nacht ertönen die Sirenen zur festgesetzten Stunde. Tritt einmal eine Verspätung ein, so fragt die Bevölkerung voller Galgenhumor: „Es wird ihnen doch nichts passiert sein?“ Da die gestörte Nachtruhe nicht durch entsprechende Ernährung ausgeglichen werden kann – Butter und Fleischwaren sind bereits auf ein Minimum dessen zurückgeschnitten, was man normalerweise aß – verlieren viele Menschen an Gewicht und werden blaß und nervös.

Öfter und öfter tauchen Namen von Bekannten und Freunden auf, deren Söhne, Männer oder Brüder an der Front sind. Ettas beide Söhne mußten in Frankreich kämpfen, und der ältere wurde verwundet. – Waldemar Hensel ist in Frankreich gefallen und Arnulf Tannheimer, mein Hintersteiner Freund, schreibt Feldpostbriefe, deren Beantwortung mir etwas Kopfzerbrechen bereiten, da ich nicht einen Moment vergesse, daß wahrscheinlich meine gesamte Post durch die Zensur geht.

Täglich erscheinen dicke Schlagzeilen auf der ersten Seite der Zeitung, die verkünden, daß die Deutschen stundenlang Bomben auf London warfen. Im Gegensatz zu den Engländern, die angeblich immer nur Wohnviertel treffen – worüber weiter hinten in der Zeitung berichtet wird – bomben die Deutschen stets kriegswichtige Ziele. Täglich vernichten sie eine Unzahl britische Flugzeuge, versenken tausende von BRT und englische U-Boote, und unser Führer gibt in Massen Ritterkreuze zur Belohnung an seine tapferen Kämpfer und Kriegsverdienstkreuze an die tüchtigen Arbeiter in der Heimat aus, ganz abgesehen von den Beförderun-

gen. Göring, der bereits Feldmarschall war, wurde zum Reichsmarschall des Großdeutschen Reiches ernannt.
Was man uns nicht erzählt ist, daß die Engländer nicht nur mit Brandblättchen die Ernte zerstören, sondern Metallfolien abwerfen, die die Funktion der Funkgeräte schädigen, wodurch die sowieso nicht gute Flak noch mehr außer Gefecht gesetzt wird.
„Nicht genug", sagt Siegrid, die schräg gegenüber der Adlerflychtschule wohnt, auf deren Dach eine Flakstellung errichtet worden war. „Sobald man nur das entfernteste Brummen eines Flugzeuges hört, fangen sie an zu schießen. Bis jetzt haben sie zwar noch nie einen Bomber getroffen, aber ich muß jedesmal alle Fensterscheiben in unserem Hause zusammenkehren."
Unser Führer jedoch versicherte uns am Vorabend des 9. Novembers im Löwenbräukeller in München, daß er aus der Vergangenheit eine Lehre gezogen und beherzigt habe: „Ich habe mich bemüht, das deutsche Volk nicht mehr einem ähnlichen Gefahrenzustand entgegengehen zu lassen als damals."

14. Dezember 1940

Vor wenigen Minuten verließ mich Bernd. Obwohl wir beide Nachteulen sind, wagt man wegen der Fliegeralarme nicht mehr zu spät unterwegs zu sein. Bisher ist zwar in der Innenstadt noch nicht viel passiert, sondern die Bomben fielen an der Peripherie. Diese Gefahr beunruhigt uns auch nicht, sondern die Bestimmung, daß man bei Alarm die Straße zu verlassen und den nächsten Luftschutzkeller aufzusuchen hat. Der Gedanke, vielleicht einige Stunden mit Nazis im Keller zu sitzen und sich völkische Reden anzuhören, hat für Bernd und mich etwas Beängstigendes.

„Und die Nazis sind so absolut vom Siege überzeugt", sagte er. „Wenn man liest, was sie alles für Pläne nach dem Krieg haben! Zum Beispiel der neue Wohnungsbau, für den bereits die Pläne vorbereitet werden –"

Er hielt inne, als ich anfing zu lachen und fragte: „Warum finden Sie das komisch?"

„Wenn der Krieg so weitergeht", erwiderte ich, „und meiner Ansicht nach ist das erst der Anfang – dann brauchen wir dringend ein Wohnungsprogramm." Ich hielt meinen Impuls zurück, Bernd an den Schultern zu fassen und zu schütteln. „Doktor, ich habe nicht mehr viel Zeit zum Zeitunglesen; wenn ich aber mal hineinschaue, ist es immer das Gleiche. Der Wehrmachtsbericht lautet, daß deutsche Flugzeuge London, Liverpool, Manchester und gelegentlich Malta stundenlang mit Bomben belegt haben. Zum Schluß heißt es dann: ‚Keinerlei feindliche Tätigkeit' oder ‚keine feindlichen Einflüge'."

„Ja eben", nickte er deprimiert.

„Wenn das alles wahr wäre", fuhr ich fort, „wozu prahlten dann die Nazis mit ihrer Kinderlandverschikkung aus Hamburg und Berlin in diese sogenannten ‚Erholungsgaue'? Bis Ende Oktober hatten sie schon fast 300 000 Kinder verschickt, wobei die ‚volksdeutschen' Mütter und Kinder aus den neuen Ostgebieten und Elsaß-Lothringen nicht erfaßt waren, da sie zu Verwandten fuhren. Wie viele mögen es jetzt sein, und wie lange glauben Sie, daß diese Kinderlandverschikkung freiwillig ist? Schließlich", endete ich ironisch, „handelt es sich doch bei diesen Kindern um das kostbarste Gut Deutschlands."

Er lächelte etwas verlegen: „Sie haben schon recht – nur ..."

„Was nur?" fragte ich geduldig. „Die Erfolge deprimieren Sie?"

„Ja", sagte er, „sie deprimieren mich gräßlich. Diese Brutalität, der man als Einzelner so völlig hilflos gegenübersteht – "
„Wie war das doch mit dem Rechenexempel? Hält das nun nicht mehr stand?"
„Ja – doch. Nur – es dauert so lange."
„Wem, mein Freund, erzählen Sie das? Schließlich sind Sie ein Deutscher erster Klasse, während ich zu der Kategorie der Untermenschen gehöre. Wenn Sie also nicht in der verkehrten Gesellschaft etwas Falsches sagen, oder wenn Sie Ihr Radio nicht zu laut stellen beim Abhören eines Auslandsenders, kann Ihnen kaum etwas passieren. Ich hingegen – praktisch meine ganze Familie – befinde mich doch in einer wirklich prekären Situation."
Er sah mich erschreckt an: „Ist irgendetwas passiert?"
„Nein", beruhigte ich ihn. „Ich beherzige nur was mir Herr Pötz vor längerer Zeit einmal prophezeit hat. Daß mit den steigenden Schwierigkeiten, die dieser Krieg verursacht, wir Mischlinge und Mischehen eines Tages mehr oder weniger unter die gleichen Gesetze und Verfügungen fallen werden, unter denen die Volljuden heute stehen. – Das Warten fällt mir daher wahrscheinlich etwas schwerer als Ihnen." Als er mich schweigend ansah, fragte ich: „Es ist Ihnen doch klar, daß Seckl nicht mit uns hier sitzen könnte, denn es ist kurz nach neun. Die Juden aber haben um 8 Uhr zu Hause zu sein."
„Was!?" rief Bernd aus und schlug sich vor die Stirne. „Was sagen Sie? – Ich wußte nie warum Seckl Ausflüchte gebrauchte, wenn ich ihn aufforderte, abends zu mir zu kommen."
„Sie wußten das nicht? Ich glaube es war im Mai, daß die Gestapo diese Verfügung erließ. Vom 1. April bis 30. September haben Juden zwischen 21 Uhr und 5 Uhr

Ausgehverbot und vom 1. Oktober bis 31. März zwischen 20 und 6 Uhr."
Bernd starrte vor sich hin und murmelte konsterniert: ,,Darum sah er immer so nervös auf die Uhr, wenn es dämmerig wurde – – Aber warum hat er mir das nicht gesagt?"
,,Warum?" Ich mußte den Kopf schütteln. ,,Können Sie sich nicht vorstellen, was es für einen stolzen Menschen wie Seckl bedeutet, die Demütigungen hinzunehmen, die die Juden ertragen müssen? Über die Einzelheiten zu sprechen, ist wohl zu viel verlangt."
Nach einer Weile meinte er fassungslos: ,,Ich habe aber gar nichts über diese Sperrstunden gelesen – . Woher wissen Sie denn davon?"
,,Von unseren jüdischen Patienten. In den Zeitungen werden Sie schwerlich etwas darüber finden."
,,Mein Gott", flüsterte er, ,,das ist noch viel schlimmer, als ich dachte."
,,Ich", erklärte ich, ,,bin ja verglichen mit diesen Unglücklichen, mit denen ich durch die Praxis täglich Umgang habe, ein freier Mensch. Wenn Sie nachher fortgehen, kann ich Sie noch zur nächsten Straßenecke begleiten, um Brandy zu seiner Laterne zu führen. Ich darf noch Auto fahren und in arischen Lebensmittelgeschäften kaufen. Wenn unsere Patienten sich jedoch mit manchen Anliegen an mich wenden, Dinge, die sie meinem Vater nicht direkt sagen möchten, dann überlege ich oft, wie lange ich noch ihr Sprachrohr sein kann. Vielleicht bin ich in wenigen Monaten in ihrer Situation."

12. Januar 1941

Weihnachten und Neujahr gingen wie üblich vorüber. Die Gabentische werden kleiner, die Stollen sind vom

Küchenzettel gestrichen zusammen mit der Weihnachtsgans und dem Truthahn. Das Königsberger Marzipan ist eine ferne Erinnerung und das bißchen Weihnachtsgebäck leidet an Fettarmut und ist hart. Trotzdem kann ich mich nicht beschweren. Mutter hatte mir von Frau Rodenbauer aus einem alten ostpreußischen Lammfell-Fußsack zwei Stulpenstiefel machen lassen, und ich bin außerdem die Besitzerin pelzgefütterter, lederner Fausthandschuhe. So besteige ich nun das Auto wie für eine Nordpolexpedition bekleidet. Je mehr unsere jüdischen Patienten zusammenrücken müssen, um so seltener kann ich während Vaters Hausbesuchen mit hineingehen, um mich etwas aufzuwärmen.

Vater, der anfängt abzumagern und immer ernster wird, saß heute nachmittag auf der Diele, die Sonntagsausgabe der F.Z. vor sich auf dem Tisch ausgebreitet. Ich war in meinem Zimmer, als ich ihn plötzlich laut auflachen hörte, ein fast vergessener Klang. Ich trat zu ihm.

Es dauerte eine Weile bis er sich fassen konnte. „Sie haben eine Frauenmilchsammelstelle eingerichtet!"

„Sie haben eine was – ?"

Er fing wieder an zu lachen: „Eine Frauenmilchsammelstelle. Da die Milch rar ist und die Muttermilch so nahrhaft, werden Frauen, die einen Überschuß haben, veranlaßt, ihn an diese Sammelstelle zu verkaufen, um den jungen Müttern auszuhelfen, die nicht nähren können. Es wird Zweimarkfünfzig für den Liter bezahlt."

Sein Körper wurde erneut erschüttert: „Nun haben wir nicht nur das Mutterkreuz für Zuchtstuten, sondern auch noch Milchkühe!"

5. Februar 1941

Einer unserer arischen Patienten, ein Geschäftsmann, erzählte Vater über einen befreundeten Kaufmann, der die Todsünde begangen hatte, einem Kriegsgefangenen auf der Straße einige Zigaretten zu geben, worauf er verhaftet wurde wegen verbotenen Verkehrs mit Kriegsgefangenen. Das Ergebnis war sieben Tage Haft und 70,– Mark Geldstrafe.
Irgendein Kontakt mit Kriegsgefangenen grenzt an Hochverrat. Ein etwas naiver Mann, der die Kriegsgefangenen in seinem Betrieb Auslandsender hören ließ, wurde zu 6 Jahren Zuchthaus verurteilt.
Mutter konnte sich über diese und ähnliche Geschichten nicht beruhigen. – Wie es der Zufall wollte, traf sie gestern am Foyer mit Onkel Franz zusammen.
Ich war im Sprechzimmer beschäftigt und erlebte den Anfang der Unterhaltung nicht, sondern kam gerade als Mutter ausrief: „Sagen Sie doch nur lieber Onkel Franz, das ist doch furchtbar! Diese Kriegsgefangenen sind doch auch Menschen!"
Onkel Franzes freundliches Gesicht wurde ernst und über den guten braunen Augen erschienen drei Querfalten auf der Stirne. Er nickte gewichtig und wackelte schulmeisterlich mit dem rechten Zeigefinger: „Sie haben Recht, Frau Schröder. Unser Führer weiß das nicht, und unser Führer will das nicht."
Wie oft hatten wir in den letzten Monaten von Onkel Franz diese Rechtfertigung gehört, so daß sein Ausspruch bei uns langsam zum geflügelten Wort wurde.

8. März 1941

An verschiedenen Stellen in der Stadt ist eine emsige Bautätigkeit ausgebrochen. In Sachsenhausen, Bockenheim, am Hauptbahnhof, in der Glauburgstraße und an mehreren anderen Plätzen werden dicke Betonbunker errichtet, die angeblich gegen Luftangriffe sicherer sind, als die Luftschutzkeller in den Häusern. Rettungsstellen und Verbandsplätze werden in Schulen und anderen öffentlichen Gebäuden eingerichtet. Sand für Löschzwecke wurde auf allen freien Plätzen abgeladen und die Bevölkerung aufgefordert, die entsprechenden Behälter in den Häusern stets damit gefüllt bereitzuhalten. Die für die Feuerwehr bestimmten Wasserhydranten sind dick in Stroh verpackt und mit Holz verschalt, um sie vorm Einfrieren zu schützen, Vorsichtsmaßnahmen, die im Frieden nie ergriffen wurden.

Pötz und ich unterhielten uns über diese kleinen Begleiterscheinungen des Krieges.

„Und", sagte Pötz spöttisch, „um die Worte unseres geschätzten Führers zu zitieren: ‚Mit fanatischer Zuversicht sehe ich nun in die Zukunft'. Es ist zwar nicht ganz klar, wo er die Zuversicht hernimmt – an seinem Fanatismus wird schon lange nicht mehr gezweifelt – aber dazu muß man wahrscheinlich den engen Kontakt mit der Vorsehung haben, die stets den Kampf des deutschen Volkes segnet", er lehnte sich etwas über den Tisch und sagte mit einem zu liebenswürdigen Lächeln: „ – bis sie aufhört, ihn zu segnen."

Ich schwieg und wartete ab, ob nicht aus dem Munde dieses klugen Mannes vielleicht ein Wort der Zuversicht kommen würde, um meinen sinkenden Mut etwas aufzurichten.

Er setzte sich wieder gerade auf: „Es gibt, meine Verehrteste, in der Natur bestimmte Gesetze, die auch ein Herr Hitler nicht durchbrechen kann. Es gibt zum Beispiel keinen ewigen Regen. Jeder Regen endet einmal, und die Sonne scheint wieder. Es gibt keine Diktatur, die nicht einmal zu einem Ende kommt, genau wie der Konservativismus. Wenn wir die Zeit konservieren könnten – ah! – wir alle wären noch heute Sklaven des römischen Empiriums ... Und es hat bis jetzt noch keinen Mann gegeben, der einen so großen Teil der Welt beherrschen konnte, wie es Herrn Hitler vorschwebt. Sobald der Führer eines Volkes – sei er nun ein Kaiser, ein General oder eine Kombination von beidem – sich in einen Viel-Fronten-Krieg einläßt, hat er bereits verloren. – Sie sehen mich äußerst skeptisch an, meine junge Freundin? – Warum? – Können Sie mir aus der Geschichte gegenteilige Beweise erbringen? – Nein? – Was denn verursacht Ihren Skeptizismus?"

„Ich denke", erwiderte ich, „an die ‚Achse des Herzens', dieses Bündnis zwischen Deutschland, Italien und Japan, dem nun auch noch Rumänien beigetreten ist, was eine weitere Unterstützung für Hitler bedeutet."

Pötzs Hand machte eine wegwerfende Bewegung durch die Luft: „Vergessen Sie Japan, meine Gute; es zählt überhaupt nicht, denn es ist seit Jahren in seinen Krieg mit China verwickelt. Da Japan und Deutschland einander nicht trauen, haben sie sich nur vorsichtshalber versichert, daß jeder in seinem Erdteil ungestört wüten kann, ohne daß vom andern Kontinent eine Einmischung erfolgt. Daß die Italiener und Rumänen mit Deutschland gehen, ist theoretisch beunruhigend, praktisch aber handelt es sich doch nur um große Worte der Staatsoberhäupter. Wie lange erwarten Sie, daß die italienische und rumänische Bevölkerung für die Deutschen die Kastanien aus dem Feuer holt? Wie lange glauben Sie? – Ich will es Ihnen sagen: So lange wie die Opfer nicht zu groß sind. Wenn die Bedrängnis gewisse Grenzen überschreitet, dann wird der kleine Soldat eines Tages sein bißchen Verstand zurückgewinnen. Er wird sich fragen, warum er sich für die Deutschen schlachten lassen und seine Familie zu Hause hungern soll. Das, meine Liebe, ist das Ende des großen Bündnisses, von dem sich die Deutschen so viel versprechen, und auf das sie so hohe Hoffnung setzen. Wenngleich dieser Krieg nun schon eineinhalb Jahre dauert, so hat er doch noch gar nicht richtig begonnen. Hitler ist überall auf verhältnismäßig geringen Widerstand gestoßen." Pötzs linke Hand verließ für einen Moment den Hosenträger, um sich über die Stirne zu fahren. Mit zusammengekniffenen Augen sprach er weiter: „Wenn wir uns einmal kurz bemühen, unsere humanistische Denkungsweise und die Einzelschicksale zu vergessen, um mit unmenschlicher Sachlichkeit Zahlen zu jonglieren, so müssen wir zugeben, daß die Verluste auf der deutschen Seite gering waren im Verhältnis zu all den Ländern, die erobert oder kampflos besetzt wurden. Das aber wird sich ändern. Als neuer Faktor fällt ins Gewicht, daß die Zivilbevölkerung dieses Mal den Krieg unmittelbar zu spüren bekommt. Was vor einem Monat in Düsseldorf geschah, als trotz des Abwehrsperrgürtels um das Industriebiet die englischen Bomber die Innenstadt treffen und 35 Tote buchen konnten, illustriert was ich meine." Er ließ den Kopf sinken, als trauere er der sinnlosen Zerstörung dieser 35 Menschenleben nach.

Als er mich wieder anblickte, stand auf seinem Gesicht eine Mischung von Kummer und verzweifeltem Hohn. „Herr Hitler", begann er wieder, „der zu Anfang des Polenfeldzuges versicherte, daß er keine Frauen und Kinder, sondern nur militärische Ziele angreifen wolle, hat dem deutschen Volk seit Beginn des Krieges mit England täglich erzählt, daß er auf der anderen Seite des Kanals nur militärische Ziele getroffen hat. Plötzlich aber ließ er die Maske fallen. Nun prahlt die Regierung damit, daß vom September 40 bis einschließlich Januar 41 über 23 000 englische Zivilpersonen Opfer deutscher Luftangriffe wurden. Selbst wenn diese Zahl übertrieben ist, selbst dann sind die Verluste erheblich." Er stützte den Ellenbogen auf den Tisch, die Stirne in seine Hand gelegt, murmelte er wie zu sich selbst: „Wir haben es mit einem Wahnsinnigen zu tun – – " Und nach einer Weile: „Einer unserer höchsten Angestellten, den wir mit unseren Steuergeldern bezahlen, ist irrsinnig geworden. Er läuft Amok und tötet alles, was in seinem Wege steht – selbst wenn es das Leben der eigenen Leute kostet."

Wir schwiegen eine Weile, bis ich fragte: „Wird Amerika den Engländern helfen?"

„Sicher", erwiderte Pötz, „es wird sich und den Engländern helfen." Er fing plötzlich in seiner lautlosen Art an zu lachen: „Wenn es nicht absolut tragisch wäre, wäre es nur zu komisch zu beobachten, wie die smarten Amerikaner auch in dieser Krise nicht aus ihrer Haut können. Für sie ist alles business. Ökonomisch steht ihnen das Wasser zwar bis zum Halse, aber sie wissen, daß England um seine nackte Existenz kämpft, und aus dieser Tatsache, läßt sich mit etwas Verzögerungstaktik ein Geschäft machen. Zur Zeit verhandeln sie, ob sie den Briten nicht vielleicht 75 veraltete Zerstörer und zehn leichte Kreuzer anbieten können, als Tausch gegen moderne englische Schlachtschiffe wie zum Beispiel ‚King George V'. Wie immer diese Verhandlungen ausgehen, es ist für Amerika wirtschaftlich eine Lebensnotwendigkeit, sich aktiv an diesem Krieg zu beteiligen. Dieses scheinbare Zaudern nun ist nichts weiter als Spiegelfechterei. Wahrscheinlich rechnen Herr Roosevelt und seine Freunde bereits aus, wieviel für sie drin ist."

14. Mai 1941

Vor zwei Tagen mußten die Nazis es gestehen: Rudolf Heß, der Stellvertreter des Führers, war heimlich mit einer Maschine aufgestiegen und nach England geflogen, um durch persönliche Verhandlungen mit alten Bekannten eine Verständigung zu erreichen. Die Nazis behaupten, daß der Krieg mit England weitergeführt wird, ,,bis die britischen Machthaber gestürzt oder friedensbereit sind".

11. Juni 1941

Wir haben Katherinas Zimmer vermietet. Um allen Eventualitäten vorzubeugen, besetzten wir diesen Raum nach eigenem Geschmack. – Frl. Wurm ist eine junge Geigerin, etwa in meinem Alter. Das ,,Würmchen" – wie Mutter sie nennt – ist nett, unauffällig und paßt sich reibungslos in die Hausgemeinschaft ein, sei es in der Küche oder im Luftschutzkeller.
Ein anderer Mensch, der beginnt in meinem Leben eine sonderbare Rolle zu spielen, ist ,,der kleine Levie". Der kleine Levie reicht mir knapp über die Schulter und ist ein bescheidener, stiller, ernster Mann, der trotz seiner mehr als sechzig Jahre noch sein dunkles Haar hat und daher wesentlich jünger aussieht, als er ist. Ich weiß heute nicht mehr, was eigentlich der Grund war, daß er einmal bei mir in der Laborecke war, und ich ihm einen Stuhl holte. Als er das nächste Mal zur Sprechstunde kam, fragte er schüchtern, ob er nachher wieder zu mir kommen könnte? Seitdem erscheint er täglich und sitzt eine Weile bei mir, um mit mir die neuesten politischen Ereignisse zu besprechen oder gelegentlich etwas von sich zu erzählen.

24. Juni 1941

Die Zeitung auf dem Frühstückstisch begrüßte uns mit einer dicken Schlagzeile: ,,Kampffront gegen den Bolschewismus". Etwas kleiner darunter war zu lesen: „Sicherung Europas vor sowjetrussischer Bedrohung. – Der deutsch-russische Pakt durch Moskau gebrochen – Deutscher Gegenaufmarsch vom Eismeer bis zum Schwarzen Meer, gemeinsam mit Finnland und Rumänien."

Vater schlug mit der Faust auf den Tisch: „Ist denn der Kerl wahnsinnig geworden!?"

Ich schwieg und erinnerte mich plötzlich des Kellners im Stuttgarter Hotel, der voller Entsetzen fragte: „Aber wir können doch nicht Rußland angreifen?"

Unser Führer hielt wieder einmal eine endlose Rede, bei der er diesmal sogar bis auf 1914 zurückgriff. Der Arme war froh, daß er endlich offen sprechen konnte, nachdem er monatelang zum Schweigen verurteilt war, und er bat den Herrgott, uns allen in diesem Kampf zu helfen.

Am Abend kam Dr. Bernd. Er war aufgeregt und gleichzeitig deprimiert: „Dieser Hitler hat doch überall Erfolg!"

Ich nickte schweigend, um ihn in seiner nun folgenden Litanei nicht zu unterbrechen.

„Jugoslawien und Griechenland hat er besetzt, aus Kreta hat er die Briten verjagt, einen deutsch-türkischen Freundschaftspakt geschlossen, und Italien unterstützt ihn ebenfalls überall und ist nun auch mit Rußland im Kriegszustand!"

Ich wartete, ob er noch mehr aufzählen würde. Dann fragte ich: „Ist das alles?"

Er starrte mich entgeistert an.

„Lieber Doktor – Sie waren es, der ursprünglich von dem Rechenexempel sprach. Sie haben mir nun alle negativen Sachen aufgezählt. Darf ich die Gegenrechnung aufmachen, die Sie offensichtlich übersehen haben? – Roosevelt wurden nochmals zehn Milliarden Dollar für die Aufrüstung bewilligt, und der Acht-Stundentag in der amerikanischen Rüstungsindustrie ist aufgehoben. Die Nazis machen sich bereits lustig über Roosevelts Vorsorge und darüber, daß er eine Gefahr für sein Land erblickt in der Kontrolle oder Besetzung irgendwelcher Inseln im Atlantik. Fernerhin hat die amerikanische Regierung den deutschen Geschäftsträger aufgefordert, deutsche Konsulatsbeamte etc. zu veranlassen, abzureisen. Die Deutschen und Italiener haben die amerikanischen Konsulate in ihren Ländern schließen lassen. So viel ich weiß, sind derartige Schritte meistens die letzte Handlung vor einer Kriegserklärung. Wenn Hitler mit Rußland und Amerika Krieg führt, dann braucht er wirklich alle Hilfe, die ihm sein Herrgott geben kann!"

Bernd sah mich etwas skeptisch an: „Aber bis jetzt sind doch die Erfolge da – "

„Was wissen wir denn? Gemäß den Wehrmachtsberichten müßte England bereits völlig zerstört und hilflos sein. Trotzdem ist bekanntlich das deutsche Schlachtschiff ‚Bismarck' vor einem Monat der englischen Übermacht im atlantischen Ozean erlegen. Wie ist so etwas möglich? – Ich will es Ihnen sagen, Doktor: Weil wir unvollstellbar angelogen werden. Wenn dem nicht so wäre, könnten wir ja ruhig ausländische Sender hören. Immer wieder erscheint in der Zeitung ein großer Kasten, in dem all die schweren Zuchthausstrafen für die ‚Rundfunkverbrecher' aufgezählt werden. Diese Moritaten sollen wohl der Abschreckung dienen."

28. Juli 1941

Seit einer Woche bin ich in Gaschurn im Montafon, in dem bereits Großvater und zahllose Mitglieder der Familie Schröder ihre Sommerurlaube verbrachten. Traditionsgemäß nahm ich mein Zimmer im ‚Rößle'. Das Zimmer neben meinem ist von Bernd bewohnt.

Vor einigen Wochen, bei einem nächtlichen Spaziergang mit ihm und Brandy durch den Holzhausenpark, kam ein sehr persönliches Gespräch auf, bei dem sich herausstellte, daß wir beide bemüht sind, jemanden zu vergessen. Wir konnten uns dabei Gesellschaft leisten und beschlossen, zusammen in Urlaub zu fahren. – Nun wünsche ich, ich hätte mich nie auf dieses Unternehmen eingelassen. Kaum waren wir in Gaschurn angekommen, wurde es kalt und unfreundlich, und der Schnee stieg von den Bergen herab und kam ins Tal.

Hitlers ständige und bisher unbestrittenen Erfolge in Rußland wurden täglich – meistens während des Mittagessens – mit Liszts Siegesfanfaren angekündigt, die laut durch das hölzerne Treppenhaus schallen, was Bernd zu geradezu hysterischen Ausbrüchen Veranlassung gibt. Nachdem ich das einige Male mitgemacht hatte, schlug ich ihm vor, später zum Speisesaal zu gehen, um mit den Nachzüglern zu essen. So vermeiden wir die Siegesfanfaren im Fortissimo, können aber nicht verhindern, daß sie gedämpft durchs ganze Haus schweben.

Ich war nicht nach Gaschurn gefahren, um einem Menschen am Rande der Verzweiflung Trost zuzusprechen, dessen ich selbst bedurfte. So war ich drauf und dran, meine Koffer zu packen und wieder abzureisen.

Bernd hatte seinen Mittagsschlaf gehalten und kam auf mein „Herein" in mein Zimmer. Er sah mich, die ich vor meinem offenen Koffer stand, etwas erstaunt an: „Suchst du etwas?"

„Nein. Ich kann mich nur nicht entscheiden, ob ich alles auspacken oder wieder einpacken soll."

„Warum?"

„Um ehrlich zu sein – ich kam her, um mich zu erholen und neue Kräfte zu sammeln, die ich wahrscheinlich dringend brauchen werde."

Er blickte etwas betroffen vor sich auf den Boden, um dann zum Angriff überzugehen: „Ich begreife nicht, wie du all diese deutschen Siege so gelassen hinnehmen kannst!“

„Ich will sie weder gelassen noch sonstwie hinnehmen. Sie interessieren mich nicht. Ich will mich nicht entkräften lassen mit diesen wilden Anfangssiegen. – Ich sehe mir täglich die sich mehrenden Todesanzeigen mit dem kleinen Eisernen Kreuzen in der Zeitung an, Todesanzeigen die erzählen, daß der geliebte Mann, Bruder oder Sohn im Osten den Heldentod gestorben ist oder gelegentlich die lakonische Mitteilung enthalten, daß ein Neunzehn- oder Zwanzigjähriger im Osten gefallen ist mit dem Vermerk: ‚Er war unser einziges Kind‘. Ich lese über den planmäßigen Fortgang der Operationen im Osten, und daß die Kartoffelknappheit nicht durch den Krieg, sondern das Wetter bedingt ist. Ich lese, daß große Entscheidungen im Osten errungen worden sind, und daß von heute ab bis zum 23. August eine Reichsspinnstoffsammlung stattfindet – ein Gemeinschaftsopfer, bei dem jeder Beitrag der Kriegsführung und dem siegreichen Ende des Krieges dient. Und es fällt mir auf, daß keinerlei Erwähnungen feindlicher Einflüge ins Reich zu finden sind, aber auch nicht der übliche Vermerk, daß weder bei Tag noch bei Nacht feindliche Flugzeuge aktiv waren über Deutschland, daß jedoch das Programm der Kinderlandverschickung erweitert wird.“

Bernd schwieg, trat zum Fenster und sah in die nun wieder sonnige Landschaft. Er drehte sich plötzlich um und sagte: „Und du glaubst wirklich – – ?“

„Nein, mein Freund, ich glaube nicht, sondern ich weiß. Und dieses Wissen gibt mir die Kraft, von einem Tag zum nächsten zu leben. Wie die Dinge liegen, kann ich es mir nicht leisten, mir diesen hart erkämpften Gleichmut zerstören zu lassen.“

Er nickte, kam mit ausgestreckter Hand auf mich zu und sagte: „Verzeih – ich habe mich vielleicht gehenlassen. Hab noch ein bißchen Geduld mit mir."
Ich schlug ein und schloß den Koffer.

10. August 1941

Bernd und ich hatten einen längeren Spaziergang gemacht und saßen nun auf einer Bank, von der man den Blick über das ganze Tal hat, das, wie Hinterstein, von den Bergen eingeschlossen ist.
Ich hatte gerade eine nicht sehr freundliche Bemerkung über Gott gemacht, auf dessen Hilfe Hitler sich so sehr verläßt, ein Gott, der nichts weiter ist als eine Krükke.
Der Katholik in Bernd erwachte. „Glaubst du denn überhaupt nicht an Gott oder Christus?" Er sah mich etwas erschreckt an, als ich schweigend verneinend den Kopf schüttelte.
Er erhob sich; die Hände auf den Rücken legend ging er in tiefes Nachdenken versunken auf dem kleinen Weg vor der Bank auf und ab. Plötzlich blieb er vor mir stehen: „Du liebst doch Bachs Matthäuspassion?"
„Ja."
„Du kannst aber dieses Werk, bei dem Musik und Text Hand in Hand gehen nicht lieben und auf der anderen Seite jede Religion weit von dir weisen. Das ist doch einfach unlogisch."
„Ist es das wirklich, mon Chéri? – Wollen wir einmal ganz von den geschichtlichen Fragen absehen, ob dieser Herr Jesus von Nazareth überhaupt gelebt hat und wenn ja, was bei der Niederschrift der Geschichte seines Lebens 500 Jahre nach seinem Tode Dichtung oder Wahrheit ist. Die Matthäuspassion erzählt mit unbeschreiblich schöner Musik von einer uralten menschli-

chen Tragödie, die wir heute täglich von neuem erleben."
Bernd sah mich völlig konsterniert an: ,,Das verstehe ich nicht."
,,Dann vergiß einmal", erklärte ich, ,,daß die Kirche behauptet, Jesus sei der Sohn Gottes. Ohne diesen Sohn Gottes, hast du die Geschichte eines Mannes, der das althergebrachte System bekämpfte und ändern wollte – was ihm den Haß und die Verfolgung der rechtschaffenen Bürger eintrug und den Verrat zweier seiner engsten Freunde. Sein Freund Judas verkaufte ihn für dreißig Silberlinge und Petrus, als man ihn fragte, leugnete mehrmals diesen Menschen zu kennen. – Wie oft wiederholen sich heute im Dritten Reich die gleichen Tragödien? Ob das der arische Ehepartner ist, der sich scheiden läßt, weil er oder sie plötzlich erkannt hat, was der jüdische Partner für ein Übel ist; oder ob es mein Freund Reiß ist, der mich ins Gefängnis bringt. Wie viele rein arische Judasse laufen heute in Deutschland herum, die für Geld oder aus Wichtigtuerei jemanden ins KZ oder – wenn du willst – ans Kreuz liefern?
Für mich ist die Matthäuspassion die Darstellung unserer Zeit mit all ihren menschlichen Variationen, einschließlich des etwas hilflosen Richters, der zwar seine Hände von dem Blut dieses Gerechten wäscht, offenbar aber nicht die Macht hat, den sogenannten Verräter zu befreien.
Die Nazis, die sich von der Matthäuspassion anscheinend auch angesprochen fühlen und – entschuldige – als Katholiken etwas abergläubisch sind, haben bei den jetzigen Aufführungen den Satz gestrichen ‚Denn wer das Schwert nimmt, der soll durchs Schwert umkommen'. Was allerdings nichts an der Tatsache ändern wird – ."
,,So – " sagte er. ,,So siehst du das – – "
,,So sehe ich das. – Eine der erschütterndsten Stellen für

mich ist, wie Petrus anfängt zu fluchen und sagt: ‚Ich kenne den Menschen nicht‘ und alsbald krähte der Hahn, und da dachte Petrus an die Worte Jesu, da er zu ihm sagte: <Ehe der Hahn krähen wird, wirst du mich dreimal verleugnen> und ging heraus und weinte bitterlich.‘
Bis das deutsche Volk beginnt bitterlich zu weinen, wird es noch eine Weile dauern, und leider werden die Tränen die Unschuldigen nicht zum Leben erwecken. Denn die Wirklichkeit ist kein Märchen, in dem die Toten wiederauferstehen.“

24. August 1941

Das Erste, was uns bei unserer Rückkehr aus dem Urlaub begrüßte, war ein Schreiben des Leiters der Ärztekammer Hessen-Nassau:
„Betreff: Zuteilung von Lebensmittel für überlastete Ärzte.
Wir teilen Ihnen mit, daß die von Ihnen beantragte Lebensmittelzulage für überlastete Ärzte nicht gewährt werden kann, da Sie nicht so überlastet scheinen, was daraus ersichtlich ist, daß Sie noch Zeit finden jüdische Patienten zu behandeln.
Heil Hitler!“
Vaters einziger Kommentar war: „Schweine!“
Die beruflichen Anforderungen sind enorm, und nachts versammeln wir uns mit den anderen Hausbewohnern im Luftschutzkeller, sind übermüdet, hungrig und niedergeschlagen.

Am 19. September ist eine Polizeiverordnung in Kraft getreten, wonach alle Juden mit Vollendung des 16. Lebensjahres einen handtellergroßen, sechszackigen gelben Stern tragen müssen, auf dem schwarz JUDE aufgedruckt ist. Der Stern muß sichtbar und festgenäht auf der linken Brustseite in der Öffentlichkeit, einschließlich Luftschutzkeller, getragen werden. Bei Nichtbefolgung werden Strafen von 150,– Mark oder sechs Wochen Gefängnis verhängt. Verstöße durch Jugendliche werden an den Erziehungsberechtigten geahndet. Fernerhin ist es Juden untersagt, Orden- und Ehren- oder sonstige Abzeichen zu tragen.
Vater kam gestern einen Moment auf den Korridor, als der kleine Levie bei mir war. Fast liebevoll begrüßte Vater ihn; doch sein Gesicht verfinsterte sich als sein Blick auf Levies Judenstern fiel, und er schüttelte mißbilligend den Kopf.
Der kleine Levie aber streckte sich und stand kerzengerade vor uns. Seine Augen wurden hart als er sagte: „Gestern hat mich ein Gestapomann auf der Straße angehalten. ‚Wo tragen Sie denn Ihren Stern!?' hat er gebrüllt. ‚Genau da wo ich mein EK I getragen habe', habe ich geantwortet." Mit einer Mischung von Würde und Verachtung ergänzte er: „Da hat er mich in Ruhe gelassen."
Für uns bedeutet dieser Stern eine zusätzliche Belastung, denn nun müssen wir getrennte Sprechstunden halten; vormittags für unsere Sterne, nachmittags für die Arier und dazwischen werden die Hausbesuche gemacht. Dabei wird das Essen knapper und die Nächte kürzer.

5. Oktober 1941

Dr. Strüder ist wieder zu Hause, und wir sehen uns gelegentlich. Leider hat seine Rückkehr jedoch keine Erleichterung für uns gebracht, denn die Arbeitslast für die immer weniger werdenden Ärzte in der Heimat wird täglich größer.
Wir hatten uns bereits letzten Sommer einen gebrauchten DKW gekauft. Ohne Wagen wären wir verloren.

12. Oktober 1941

Anfang Oktober hat unser Führer im Berliner Sportpalast wieder einmal eine Rede gehalten. Er sprach über die friedlichen Absichten Deutschlands, den Kriegswillen Großbritanniens, den Verrat Moskaus und den größten Kampf der Weltgeschichte, Herr Göbbels unterbreitete anschließend Pläne über die neuerliche Erweiterung der Kinderlandverschickung.
Gestern nun verkündete die Schlagzeile über dem Leitartikel der F.Z.: „Die Entscheidung ist gefallen", und das Oberkommando der Wehrmacht teilte mit: „Der Durchbruch in der Frontmitte nach Osten vertieft". Obwohl die Presse bereits vom Endsieg spricht, erlaube ich mir, heftige Bedenken zu haben. Natürlich liegt der Gedanke nahe, daß bei mir der Wunsch der Vater des Gedankens ist. Außerdem muß ich zugeben, daß die deutschen Erfolge überragend sind. Oder? Wenn immer von harten Käpfen im Osten berichtet wird, nimmt die Zahl der Todesanzeigen mit dem kleinen Eisernen Kreuz enorm zu. Die Bevölkerung, in der sich leichte Zweifel zu regen beginnen, wagt nicht den Mund aufzumachen, denn je prekärer die Lage wird, umso unduldsamer werden die Nazis. Die ersten Todesurteile für „Rundfunkverbrecher" sind kürzlich vollstreckt

worden. Warum? Und weshalb bringt die F.Z. Auszüge eines Artikels aus dem ‚Völkischen Beobachter', den ein Oberst Scherff geschrieben hat? Dieser Oberst schreibt über den russischen Winter und bringt Vergleiche mit Napoleon und dem Krieg 1914/18. Aber heute, versichert der Herr Oberst seine Leser, heute ist es viel besser als damals. Und außerdem, beruhigt er, haben wir ja auch keinen Zwei-Fronten-Krieg. Ich mußte lachen, als ich mich vergeblich bemühte, alle Fronten zu zählen. – Möglich, daß der Leitartikel die Wahrheit verkündete, wenn er behauptete, daß die Entscheidung gefallen ist.

22. Oktober 1941

Am Sonntagmorgen rief Bernd ganz aufgeregt an: „Die Gestapo sammelt hier im Westend die Juden ein zum Abtransport. Ich war gerade bei Seckls. Risa hat Schreikrämpfe." (Risa ist Seckls Schwester.) Er bat mich, mich zur Verfügung zu halten.

Am frühen Nachmittag rief er wieder an, um mir zu sagen, daß er mich an der Hauptwache erwartete.

So weit er ermitteln konnte, durften die Juden etwas Gepäck mitnehmen, vor allem Decken und feste Schuhe. Sie wurden beim Packen von SA-Männern überwacht und – nachdem die Wohnung versiegelt worden war – mußten sie unter Aufsicht der SA zu Fuß zur Großmarkthalle gehen.

Wir nahmen die nächste Straßenbahn zur Großmarkthalle.

In Gruppen aufgeteilt standen die Juden mit ihrem spärlichen Gepäck auf dem kalten Betonboden in der zugigen Markthalle. Während wir unter den mehr als tausend Menschen Seckls suchten, streckten sich mir Hände entgegen; andere riefen erschreckt aus: „Fräulein Schröder! Gehen Sie fort von hier!"

Ich sah den alten Herrn Neuhaus, von dem Vater vermutet, daß er an Leukämie leidet. Da kauerten die taubstummen Schwestern Jacob, von denen die eine – ebenfalls mit einem Taubstummen verheiratet – im letzten Stadium des Unterleibskrebses ist. Da stand Frau Bing, die mit jedem Atemzug Sprühregen von Tuberkelbazillen ausstreut. – Schließlich fanden wir Seckls. Risa hatte sich gefangen und sah unbeteiligt in die dichtgedrängte Menschenmasse, während Seckls uns mit seinen alten müden Augen anblickte, ein verquältes, fast entschuldigendes Lächeln auf den Lippen.
„Franz", flüsterte ich Bernd zu, „komm. Vielleicht kann mein Vater wenigstens einige von ihnen retten."
Wir fuhren nach Hause. Vater war völlig außer sich, als ich ihm die Namen einiger Patienten nannte, die wir in der Großmarkthalle gesehen hatten. Er setzte sich sofort an seinen Schreibtisch, um Atteste zu schreiben, mit denen wir zur Großmarkthalle zurückkehrten.
Mittlerweile war es Abend geworden. Noch immer standen die Menschen zusammengepfercht wie das Vieh. Aber Tiere werden besser behandelt. Diese armen Menschen, bei denen die SA morgens um sieben Uhr eingedrungen war, hatten nicht einmal etwas zu essen oder zu trinken. Sie standen so dicht gedrängt in ihren durch dicke Seile abgetrennten Gevierten, daß immer nur einige von ihnen auf den Koffern sitzen konnten.
Bernd und ich fragten uns nach dem Leiter dieses Transportes durch, bis wir endlich vor einem großen, unverkennbar deutsch aussehenden SS-Mann standen. Er beugte sich höflich von seinem erhöhten Stand zu uns nieder.
Ich erinnere mich nicht mehr des Wortlautes der Unterhaltung die folgte. Ich sagte ihm jedenfalls, daß er einige Schwerkranke hier habe und reichte ihm die Atteste.

Mit großem Interesse erkundigte er sich nach den Beziehungen zwischen mir und den Juden, Bernd und den Juden, Bernd und mir. Nachdem wir ihm geantwortet hatten, stieg er hinab, und neben uns stehend fragte er Bernd und mich nach unseren Namen und Adressen, die er aufschrieb, um diese Angelegenheit weiter zu verfolgen. Mir waren die Konsequenzen dieser Fragen und versteckten Drohungen zwar völlig klar, aber meine Angst und Sorge um unsere Freunde und Patienten überschattete bei weitem jede persönliche Furcht.

Noch einmal standen wir mit Seckls zusammen, um Abschied zu nehmen. Seckls Augen folgten meinem Blick, der wiederholt zu dem markanten Kopf eines alten Juden abirrte. Aus dem scharf geschnittenen Gesicht, umrahmt von weißen Haaren und einem weißen Bart, brannten ein Paar dunkle Augen.

„Das ist Medizinalrat Dr. Ascher", sagte Seckl halblaut.

Einem Impuls folgend trat ich zu dem Geviert, in dem dieser bekannte Stadtarzt mit der ruhigen Würde eines Patriarchen stand.

„Herr Medizinalrat Ascher?" fragte ich schüchtern.

Die dunklen Augen richteten sich auf mich.

„Ich bin die Tochter von Dr. Schröder", stellte ich mich vor. „Kann ich irgendetwas für Sie tun?"

Er schüttelte ernst den Kopf: „Nein", sagte er, „da ist wohl nichts mehr zu tun."

„Herr Doktor – haben Sie Medikamente und Spritzen?"

Er nickte.

„Und Morphium?"

„Ja", erwiderte er, „etwas Morphium – nicht viel."

„Es sind Patienten meines Vaters hier ..."

Die dunklen Augen wurden weich: „Ich will helfen, so weit ich kann."

Wir reichten einander schweigend die Hände.
Ich kehrte zu Seckls zurück. Da standen wir nun, Risa und Fritz Seckl hinter dem Seil, Bernd und ich davor. Dieses lächerliche Stückchen Hanf das uns trennte, erschien mir wie die Trennungslinie zwischen Leben und Tod. – So viele Worte blieben unausgesprochen. Es war wie der Abschied auf dem Bahnhof, bevor der Zug abfährt; wo man in den letzten Minuten verzweifelt überlegt, was man noch sagen wollte. Und wir konnten nicht einmal eine glückliche Reise wünschen.
„Unsere Gedanken sind mit Euch –" war alles, was wir sagen konnten, bevor wir uns losrissen.
Auf dem Wege hinaus glitt mein Blick noch einmal über dieses Meer von Gesichtern, um ein letztes Mal dem einen oder anderen ein Abschiedswort zuzurufen.
Vor der Markthalle blieb ich einen Moment wie betäubt stehen.
Bernds Hand glitt leicht stützend unter meinen Ellenbogen: „Ich bringe Dich nach Hause."
„Ach Franz – wir gehen ‚nach Hause', wir können uns frei bewegen. Wir konnten an ihnen vorbeigehen – hinaus ... es gibt mir ein unbeschreibliches Schuldgefühl – "
„Der Tag war lang. Du bist übermüdet. Morgen wirst du wissen, warum du fortgingst. Es sind noch so viele da, die deiner Hilfe bedürfen."
Am nächsten Tag, nach der Stern-Sprechstunde, fuhren wir zu den Häusern der Patienten, für die Vater Atteste geschrieben hatte. Die Wohnungstüren waren versiegelt. Unsere letzte Hoffnung, sie vielleicht im Jüdischen Krankenhaus in der Gagernstraße zu finden, wurde ebenfalls zunichte.
Heute kam Onkel Franz. Er war bereits eine Weile in Vaters Zimmer, als Vater mich zu sich rief.
Als ich das Sprechzimmer betrat, sagte Vater gerade: „Es waren alles verzweifelte Fälle. Krebs im letzten

Stadium mit Darmverschluß, Schwindsucht, schwere Lähmungen – "
Onkel Franz schüttelte besorgt den Kopf: „Herr Doktor – seien Sie überzeugt: unser Führer weiß das nicht; unser Führer will das nicht."
„Eben", sagte Vater ohne eine Miene zu verziehen, „das dachte ich auch. Deshalb habe ich meine Tochter mit ihrem Freund mit den Attesten in die Markthalle geschickt."
Onkel Franz wandte sich mir zu: „Wissen Sie den Namen?"
„Nein."
„Wie sah er denn aus?"
„Groß, schlank, in die Dreißig, SS-Uniform, blond, blauäugig. Ein ausgesprochen schöner Mensch – ohne einen Funken Gefühl."
„Die Beschreibung paßt auf Obersturmbannführer Meurer", meinte Onkel Franz. „Ja – ja – . Sie hören wieder von mir, Herr Doktor", verabschiedete er sich von Vater und ging mit mir zum Foyer. Mich mit seinen guten Augen ansehend, sagte er mit einem tröstlichen Lächeln: „Machen Sie sich mal keine Sorgen. Der Onkel Franz will sehen, was er tun kann."
In all meiner tränenlosen Verzweiflung über diesen Transport erscheint immer wieder dieses freundliche gute Gesicht von Onkel Franz. Voller Neid denke ich, wie glücklich ich wäre, wenn ich noch einmal so kindlich vertrauend an jemanden oder etwas glauben könnte, wie er an den Massenmörder Hitler.

27. Oktober 1941

Onkel Franz erschien mit der Freudenbotschaft, daß die Sache beigelegt sei; wir brauchen uns keine Sorgen mehr zu machen. Er habe mit Obersturmbannführer Meurer gesprochen. Es sei alles in Ordnung.

Vater fielen mehrere Steine vom Herzen, Mutter war überglücklich, und ich bedankte mich und versuchte, Erleichterung zu heucheln. Durch die vorangegangenen Ereignisse noch leicht betäubt, empfand ich weder Furcht noch Freude. – Onkel Franz strahlte, daß er auch einmal etwas für seinen vergötterten Doktor hatte tun können.
An der Türe aber sah er mich ernst an: „Seien Sie in Zukunft vorsichtiger, Tante Lili –"
Als ich mit einem auf meinem Gesicht gefrorenen Lächeln zu Boden blickte, sagte er: „Ich verstehe Sie schon. Aber glauben Sie mir – unser Führer weiß das nicht; unser Führer will das nicht! Aber die unteren Organe, die kleinen Hitlers ... "

16. November 1941

Anfang der Woche ist wieder ein Transport abgegangen. Nur diesmal sind die Opfer drei Tage vorher schriftlich verständigt worden. Da die Juden, seit sie den Stern tragen müssen, ohne schriftliche Erlaubnis der Ortspolizeistelle die Wohngemeinde nicht mehr verlassen dürfen, können sie ihrem Schicksal nicht entgehen.
Diejenigen von Vaters Patienten, die die Mitteilung erhalten hatten, kamen und baten um Hilfe. Den ernstlich Kranken stellte er Atteste aus, in denen er genau begründete, warum sie nicht transportfähig seien. In ganz vereinzelten Fällen wurden die Kranken wirklich zurückgestellt. Anderen diese Hilfe zu verweigern, kostete Vater einen schweren inneren Kampf: „Wenn ich Atteste ausstelle, die ich nicht verantworten kann", erklärte er mit einem verquälten Ausdruck, „dann entwerte ich auch die, die begründet sind."
Am Tage nach dem Abtransport kam der kleine Levie.

Das Ehepaar Hoffman, von dem er ein Zimmer gemietet hatte, war abtransportiert worden, die Wohnung versiegelt mit all seiner Wäsche und seinem Eigentum darin. Bis sich eine Lösung fand, mußten wir ihn mit Socken, Kragen und Unterwäsche versorgen, was nicht ganz einfach war, da Vaters Hemden und Kragen für ihn zu groß sind. Aber wir brachten schließlich die erforderlichen Garnituren zusammen. – Nun ist Levie irgendwo bei anderen Juden einquartiert und verbringt mehr und mehr Zeit in meiner Laborecke.

Da saß er in sich zusammengesunken. „Ich hatte einen Onkel – " Er verstummte.

Ich blickte vom Mikroskop auf: „Ich höre zu, Herr Levie."

„Dieser Onkel – – . Er war ein Geldverleiher. Und er konnte nie genug Geld bekommen. Ich weiß, daß er böse Sachen gemacht hat und manche ehrlichen Menschen um alles brachte ... Vielleicht war ich noch zu jung und dumm, um ihm richtig ins Gewissen reden zu können. Wenn ich etwas sagte, lachte er mich nur aus. Es war seine Art, den Gojim zurückzuzahlen was sie den Juden antaten, wie er sich ausdrückte. – Manchmal frage ich mich jetzt, ob wir diese Untaten nun auch wieder zurückgezahlt bekommen? – Ob wir büßen müssen für das, was diese Onkel Schmuhls an Unheil angerichtet haben?"

Zwischen den Labortesten, Telefonanrufen und Schellen hatten wir eine lange Unterhaltung und er verließ mit dem letzten Patienten das Haus. Etwas aufrechter, ein Lächeln auf den Lippen, drehte er sich noch einmal nach mir um, die ich mit den Augen der kleinen Gestalt folgte, die die wenigen Treppenstufen hinunterhinkte.

Es war Mittwoch, den 19., daß Levie vormittags kam. Sein Ausdruck war unverändert, aber er war weiß wie ein Geist.
„Herr Levie", fragte ich erschreckt, „was ist geschehen?"
„Ich bin auf der Liste, am 22. geht der Transport."
Ich nahm ihn in die Laborecke und telefonierte in Vaters Zimmer: „Herr Levie ist auf der Transportliste für diesen Samstag."
Im nächsten Moment stand Vater neben uns. Natürlich würde er Levie ein Attest geben.
„Wenn ich doch nur an meine Sachen könnte!" jammerte der kleine Levie. „Die Wohnung ist immer noch versiegelt."
Auf Umwegen durch unsere jüdischen Beziehungen wurde an den Gestapokerl, der als Verbindungsmann in der jüdischen Wohlfahrt sitzt, appelliert, und Levie konnte schließlich in sein Zimmer gehen.
Er brachte zwei Koffer zu uns mit der Bitte, sie für ihn aufzuheben – falls er zurückkäme. Und er brachte mir als persönliches Geschenk ein silbernes Likörservice und andere Kleinigkeiten, die so offensichtlich mit Liebe ausgesucht waren.
Dann erschien Frau Bamberger und fragte, ob ich ihr kurz etwas helfen könnte. Ich versprach am Abend nach der Sprechstunde, in ihre nahegelegene Wohnung zu kommen. – Wie sich herausstellte, wollte Frau Bamberger gar keine Hilfe, sondern sie deutete auf die zahllosen Kisten mit auserlesenstem Prozellan, die in einem Zimmer standen.
„Nehmen Sie sich was Ihnen gefällt, Schröderchen! Nehmen Sie sich's. Und die Teppiche."
Ich lehnte dankend ab. Es war mir einfach unmöglich angesichts dessen, was diesen Menschen bevorstand,

wie die anderen Aasgeier über ihre Besitztümer herzufallen. Ich wollte nichts; ich hatte was ich brauchte – ich wollte nur diese Menschen hierbehalten!
Frau Bamberger, auch in dieser Situation elegant und voller Vitalität, lief auf dem gepflegten Parkettboden hin und her. Sie schlug die Hände zusammen, als ich nicht die leisesten Anstalten machte, mich zu bedienen.
„Suchen Sie sich doch nur aus was Sie wollen! Was Sie nicht nehmen, kriegt ja doch nur die Gestapo."
Als ich mich immer noch nicht rührte, griff sie wahllos in die Kisten und gab mir einige handbemalte Rosenthal-Mokkatäßchen, einige Teller, eine kristallene Bonbonniere: „Hier", sie stopfte ein Kissen in meine Arme, „legen Sie das dazwischen."
Am Nachmittag vor dem Abtransport kam der Levie noch einmal. Er war zum ‚Ordner' ernannt worden. („Bedenke doch nur", grollte Vater später, „zum ‚Ordner'! Der kleine Levie mit seinem Hüftleiden – . Welch ein Hohn!")
Unser Abschied war herzbrechend ...
In unserem Keller häufen sich die Koffer unserer Patienten, die sie uns zur Aufbewahrung geben, bis – –
Unser Abendessen an diesem Tage und das Frühstück am nächsten Morgen verliefen in völligem Schweigen.
Später, als wir zur Praxis fuhren, sagte Vater plötzlich voller Hochachtung: „Was diese Menschen für eine Haltung haben – . Kein Wort der Klage, keine Tränen. Stell' dir einmal vor, wenn so etwas den Ariern passierte – was das für ein Ach- und Wehgeschrei gäbe!"
Einige Tage später kam eine mir unbekannte Frau während der Sprechstunde, um mir Grüße von Frau Bamberger zu bestellen. Sie lieferte ein kleines schweinsledernes Köfferchen für mich ab, in dem Briefpapier war,

eine kleine Meißner Porzellanente und eine angebrochene Parfümflasche.
„Frau Bamberger läßt Ihnen sagen, daß sie ein weinrotes Seidenkleid bei ihrer Schneiderin in der Krögerstr. 5 in Arbeit hat. Es ist schon bezahlt, und Sie sollen es für sich fertigmachen lassen."
Die Adresse wiederholend dankte ich der fremden Frau, die mir ein unbestimmtes Gefühl des Mißtrauens einflößte.
Mutter, der ich das Köfferchen zeigte und von dem Kleid erzählte, fragte erstaunt: „Warum hat Frau Bamberger dir das nicht selbst gesagt?"
„Darüber wundere ich mich auch. Ganz davon abgesehen, daß ich das Kleid nie anziehen könnte – – Es kommt mir vor, als ob ich in eine Falle gelockt werden sollte."
Nach einigem Überlegen meinte Mutter: „Daß du das Kleid nicht tragen würdest, verstehe ich." Die Tränen traten ihr in die Augen. „Bist du aber nicht ein bißchen zu mißtrauisch?"
Ich zuckte die Achseln: „Mag sein – "
Einige Briefe kamen von Lodz, oder Litzmannstadt wie es jetzt heißt, wohin der erste Transport ging. Auch Bernd empfing einen Gruß von Seckl. So wußten wir wenigstens, daß unsere Freunde dort leben. Es war vor geraumer Zeit über dieses riesige Ghetto berichtet worden, in dem die Juden von Ariern abgesondert, mit eigener Verwaltung leben und arbeiten – unter deutscher Polizeiaufsicht.
Langsam aber sickert ein Gerücht durch, das unsere Herzen erstarren läßt. Die beiden letzten Transport sollen angeblich in einem Tunnel bei Minsk vergast worden sein.
Ich sah ins Mikroskop und versuchte mir vorzustellen, daß der kleine Levie hier neben mir säße. Ich blickte auf. Der Platz neben mir, an dem ich immer den Stuhl für

ihn stehen hatte, war leer. „Karl Levie", flüsterte ich vor mich hin. „Nein – sie können das nicht getan haben – "
Das Telefon läutete. Ich nahm den Hörer ab: „Hier bei Dr. Schröder."
„Guten Tag, meine junge Freundin", erklang Pötzs Stimme.
„Oh – guten Tag."
„Ist alles in Ordnung?" fragte er weiter.
„Ja", erwiderte ich. „Es geht uns ausgezeichnet", und meine Stimme brach.
Auf der anderen Seite blieb es einen Augenblick still. Dann fragte er: „Falls Sie heute Ihren freien Nachmittag haben – ?"
„Ja, ich bin frei."
„Schön", bestimmte er, „dann gegen drei Uhr wie üblich."
Pötzs Blick war auf die Türe fixiert, als ich die Kakao-Stube betrat. Er erhob sich und kam mir einen Schritt entgegen.
Seine Augen waren weit geöffnet, als er mich besorgt anblickte: „Sie haben eine schlimme Zeit hinter sich?"
Ich nickte schweigend.
„Ich habe", fuhr er fort, „erst gestern von diesem Abtransport erfahren!"
„Von einem?"
„Waren es denn mehr?" fragte er ungläubig.
„Ja – drei." Langsam begann ich zu erzählen.
Er lauschte schweigend bis zum Ende. Nach einer Weile meinte er: „Ist es Ihnen klar, daß das nicht nur die Taten von Irrsinnigen sind, sondern gleichzeitig der Verzweiflungsakt der Geschlagenen? Sie wissen doch, daß zum Beispiel die Ratte nur dann zum Angriff übergeht, wenn sie in die Enge getrieben wird? – Abgesehen von dem Beginn des Krieges, bei dem Hitler der Angreifer und

Sieger war, hat sich nun das Blatt gewendet. Er ist in die Enge getrieben und in bösartiger Verzweiflung schlägt er um sich, um in erster Linie die Wehrlosen zu vernichten. – Mit Rußland hat der große Totentanz begonnen."

„Herr Pötz", ich sprach gedämpft, weil nicht unweit von uns andere Gäste saßen, „ich muß gestehen, daß mich der Grund für diese Vernichtungsaktion nicht interessiert. Ich weiß nur, daß Menschen, die uns innerhalb der letzten zwei Jahre ans Herz gewachsen sind, ermordet wurden oder – so weit noch am Leben – wahrscheinlich unter den unwürdigsten Bedingungen vegetieren."

Pötz starrte vor sich auf den Tisch, um mich im nächsten Moment scharf anzusehen: „Sie haben aber für all die jungen Menschen, die jetzt in Rußland ihr Leben lassen müssen, nicht das gleiche Mitgefühl?"

„Nein." Unwillkürlich entrang sich mir ein Lachen. „Schließlich gehören diese jungen Menschen der Herrenrasse an, und sie können sich mit der Waffe in der Hand verteidigen. Wenn die Russen etwas schneller sind, ist das halt Pech. Den Juden hat man nicht einmal die Chance gegeben, sich zu verteidigen."

Er kniff die Lippen und Augen zusammen, um dann zu sagen: „Ich verstehe. Wenn Sie die Möglichkeit hätten, Ihre jüdischen Freunde zu rächen – Sie würden es tun?"

Ich nickte.

„Auge um Auge, Zahn um Zahn?" fragte er weiter.

„Ja!" sagte ich mit Überzeugung.

Er blickte mich ehrlich betrübt an: „Wissen Sie was Haß ist? Haß ist ein geistiges Ghetto und bekanntlich ist ein Ghetto ein kleines, scharf abgegrenztes Gebiet, dessen Einwohner fast vergessen haben, daß es noch eine andere Welt außerhalb gibt. Wenn Sie sich dieser Gesellschaft der Hasser anschließen, dann unterscheiden Sie sich grundsätzlich nicht mehr wesentlich von den Nazis, die in ihrem blinden Haß alle Menschlichkeit verloren haben.“ Er kräuselte die Lippen und sah mich herausfordernd an. ,,Das möchten Sie nicht hören, wie? – Meine Liebe, ein Mensch wie Sie, die Sie in vielen Fragen verstehend und großzügig sein können und über jede Art der Orthodoxie spotten, Sie sollten sich darüber klar sein, daß Haß und Orthodoxie die gleichen Eltern haben: Unduldsamkeit und Engstirnigkeit. Ob es sich um orthodoxe Katholiken, orthodoxe Juden oder orthodoxe Nazis handelt – keiner von ihnen hat vom Baume der Erkenntnis gegessen, und keiner von ihnen ist willens, die Scheuklappen abzunehmen, um die Sicht zu erweitern.

Und noch etwas Anderes, was Sie bedenken sollten: Wenn Haß und Orthodoxie nicht als Werkzeuge der Macht gebraucht werden, dann sind sie nichts weiter als eine Krücke – genau wie die Religion. Nehmen Sie den von Hitler so oft zitierten ‚Habenichtsen‘ den Haß weg, der sie zu Mitgliedern der Herrenrasse erhebt, dann sinken sie wieder in den Rang der Mittelmäßigen hinab. Nehmen Sie einer alten Betschwester die Gesetze der Orthodoxie, die sie hoch über dem Niveau der fehlbaren Sünder stehen läßt, und es bleibt ein Mensch übrig, der zu spät erkennt, daß er aus mißverstandener Rechtschaffenheit einem Leben auswich, das er nicht mehr nachholen kann. Sie aber meine junge Freundin, brauchen keine derartige Krücke. Ich glaube vielmehr, daß Sie Ihren berechtigten Schmerz mit Haß verwechseln. Haß, Orthodoxie und Religion ist unproduktiv und nicht wert, seine Zeit damit zu verschwenden.“

Der prüfende Blick mit dem er mich ansah, wich einem verstehenden Lächeln. ,,Die alten Juden waren nicht alle rachsüchtig, sondern hatten einige weise Lehrer. Im Talmud steht geschrieben: ‚Sei stets mit den Verfolgten,

nie mit den Verfolgern.' – Es wäre gut, wenn die Juden diesen Satz in Stein gemeißelt vor den Toren Palästinas aufstellten, denn wenn sie ihn je vergessen, werden sie untergehen.
Haß, meine Liebe, hat noch nie etwas aufgebaut, sondern nur zerstört."

1. Januar 1942

Ende November fingen die Russen endlich an, bei Rostow und im Donezbecken zurückzuschlagen. Seit diesem Zeitpunkt liest man im Wehrmachtsbericht wiederholt von harten Kämpfen, bei denen der Feind stets schwere Verluste erlitt. Wie es auf der deutschen Seite aussieht, wird taktvoll verschwiegen. Nun aber füllen sich langsam die Zeitungen mit den Todesanzeigen, die das Eiserne Kreuz in der linken oberen Ecke tragen.
Obwohl ich den Deutschen alles Schlechte wünsche, bin ich doch gelegentlich erschüttert, wenn ich die Namen von Söhnen oder Enkeln unserer Patienten lese oder solche, die mir von gemeinsamen Spielen aus meiner Kindheit vertraut sind und Namen der Brüder meiner Schulkameradinnen – all diese jungen Menschen, die von ihren Eltern verurteilt wurden, ihr Leben zu geben.
Am 20. Dezember fühlte sich Goebbels veranlaßt, erneut ans deutsche Volk zu appelieren. Die Reichsspinnstoffsammlung war zwar ein enormer Erfolg gewesen aber – sie brauchen noch mehr. Der Winter, rechtfertigte Herr Goebbels sein Ansuchen, sei dieses Jahr ungewöhnlich früh und mit ungewöhnlicher Härte eingefallen. Die zuständigen Stellen der Wehrmacht hätten wohl alles getan, was möglich war, um die Truppen auszurüsten, und hätten die letzten Transportmöglich-

keiten eingesetzt, um alles an die vordere Front zu bringen.
Goebbels Rede artete in eine richtige Bettelei aus, denn er bat, über die letzte Spinnstoffsammlung hinaus Sachen herzugeben, die schlecht entbehrt werden könnten. Mit der Bemerkung, daß wir in der Heimat ja immer wieder die Möglichkeit hätten, uns aufzuwärmen, während die Soldaten im Osten schutzlos dem eisigen Winter ausgesetzt seien, entschlüpfte Herrn Goebbels ein Eingeständnis, das er bei nüchterner Überlegung in dieser Weise wohl kaum ausgesprochen hätte.
Diese neueste Sammlung lief unter dem Motto, daß es ein „Weihnachtsgeschenk des deutschen Volkes an die Ostfront" sei. Nicht genug damit wurde wenige Tage später gebeten Ski, Skistiefel und Trainingsanzüge abzuliefern. Für die Skistiefel konnte notfalls ein Bezugsschein für Straßenschuhe ausgegeben werden. Vier Tage später erfolgte ein erneuter Appell an die Skiläufer. Gleichzeitig erließ die Reichsfrauenführerin einen Aufruf zur Wollsammlung. Auch um Pelze und ungegerbte Kaninchenfelle wurde gebeten. In den Nähstuben der Reichsfrauenschaft wird Tag und Nacht gearbeitet.
„Mein Gott!" sagte Mutter nach einer ausgedehnten Zeitungslektüre, „diese armen Menschen!" Sie wandte sich mir zu: „Findest du das denn nicht fürchterlich?!"
Ich zuckte die Achseln, und da ich befürchten mußte, daß auch Mutter von einer wilden Opferfreudigkeit befallen werden könnte, sagte ich etwas warnend: „Vergiß bitte nicht, daß Leute wie wir keine Bezugsscheine bekommen, und es wahrscheinlich Jahre dauern wird, bis wir uns wieder etwas kaufen können."
Wir glitten in ein neues Kriegsjahr. In dieser Sylvesternacht läuteten keine Glocken, und es gab auch keinen Punsch. Während Mutter tränenden Auges feststellte, daß Ettas ältester Sohn nun auch in Rußland sei, ver-

folgten mich die Erinnerungen aus jüngster Vergangenheit. Sobald ich mich mit Anstand empfehlen konnte, zog ich mich in mein Zimmer zurück.
Im Gegensatz zu früheren Neujahrsnächten herrscht eine völlig lautlose Stille auf der Straße. Ich bin umgeben von den Geistern all derer, die mir nahestanden ... aber meine Gedanken finden kein Echo – denn die Toten schweigen. Nur das tiefe gleichmäßige Atmen meines schlafenden kleinen Hundes gibt mir die Versicherung, daß außer mir noch ein lebendes Geschöpf auf dieser Welt ist, die mir zu dieser Stunde unwirklich und gespenstisch erscheint.

11. Januar 1942

Vor einigen Tagen bekam ich einen Brief von Gunter Siegurd Kunz mit einer Feldpostnummer.
Mutter, die den Brief gesehen hatte, kam nach einer Weile unter einem fadenscheinigen Vorwand in mein Zimmer. Während sie mit mir sprach, schweifte ihr Blick immer wieder zu meinem Schreibtisch, auf den ich die beschriebenen Blätter geworfen hatte. Sie konnte sich nicht länger beherrschen: „Was schreibt denn Siegurd Kunz?"
„Er schreibt, daß sich seine Mutter von ihrem jüdischen Mann habe scheiden lassen."
„Nein wirklich?" rief Mutter verblüfft aus.
„Ja", sagte ich. „Dieser Mann wurde von ihnen so lange geschätzt, wie er Professor an der Bonner Universität war, ein geachtetes Mitglied der Gesellschaft. Nun jedoch hat sich herausgestellt, daß er nur ein Jude ist, der zudem noch den Stern tragen muß. – Gunther Sigurd empfindet diese Scheidung als die beste Lösung für alle Beteiligten."
Sie starrte mich sprachlos an und nach längerem

Schweigen fragte sie: „Was wirst du ihm denn antworten?"
„Antworten? Wenn ich ihm schreibe, was ich von ihm und seiner Mutter halte, und der Brief geht durch die Zensur – " Ich zerriß den Brief und warf die Fetzen in den Papierkorb: „Ich wünsche ihm, daß er in Rußland verheizt wird!"

28. Januar 1942

„Die zweite Wollsammlung", erklärte Bernd, „und die Beschlagnahme aller Ski, auch die in den Herbergen und Bergunterkünften, hat mich stutzig gemacht. Es war mir nicht klar, daß Hitler sich offenbar überhaupt nicht auf einen Stellungskrieg im russischen Winter vorbereitet hatte. Die Armee scheint gar nicht ausgerüstet zu sein."
„Nach dem, was wir von Patienten gehört haben", sagte ich, „sind zum Teil Soldaten in ihren Sommeruniformen aus Frankreich herausgezogen und nach Rußland transportiert worden. Daher die Jagd nach Wolldecken zur Herstellung von Unterziehmänteln."
Auf Bernds Gesicht spiegelte sich offene Schadenfreude, als er feststellte: „Seit Generalfeldmarschall von Brauchitschs Herzleiden sich plötzlich so verschlimmerte, daß er sich von seiner Truppe verabschieden mußte, und der Gefreite Hitler persönlich die Führung des Heeres übernommen hat, seit dieser Zeit klingen die Wehrmachtsberichte gar nicht mehr so optimistisch. Nun gewinnen die Deutschen ‚trotz heftiger Gegenwehr' ein winziges Stückchen russischer Erde, oder es kam ‚bei strengem Frost zu erbitterten Abwehrkämpfen'. An der Donezfront konnten feindliche Kräfte am Oberlauf des Flusses in die deutsche Linie einbrechen. Natürlich werden sie in erbitterten Kämpfen wieder zu-

rückgeworfen, aber – irgendwo las ich, daß sie bei 38° Kälte kämpfen. Mit der Ausrüstung!"
,,Was erwartest du?" meinte ich. ,,Willst du vielleicht jedem Soldat, der in Rußland kämpft, einen Pelzmantel geben? – Die Deutschen haben nun praktisch Europa besetzt, kämpfen – natürlich äußerst erfolgreich! – in Nordafrika, in Rußland, bomben England, und es wird nicht mehr lange dauern bis die Amerikaner sich an diesem Unternehmen tatkräftig beteiligen." Ich fing an zu lachen: ,,Wenn du aber eine Zigarettenpackung kaufst, sollst du die alte zurückgeben, um sie der Rohstoffsammlung zuzuführen und für den ganzen Monat Februar bekommt jeder zwei Eier! Wie lange glaubst du denn, daß man unter diesen Umständen gegen die ganze Welt Krieg führen kann!?"

18. Februar 1942

Gestern, an meinem freien Nachmittag, war ich mit Brandy in die Stadt gegangen. Je näher wir dem Eschersheimer Turm kamen, um so mehr Soldaten sahen wir. Sie bewegten sich mit Hilfe von Krücken auf einem Bein vorwärts, sie hatten eingeschiente Arme – falls sie beide hatten – oder hinkten, in Verbände gewikkelt, um das Volksbildungsheim, das inzwischen zum Teillazarett geworden ist, genau so wie die Elisabethen Schule.
Ein kurzes Stück vor mir ging eine rundliche Bürgersfrau, die plötzlich ihre Schritte verlangsamte, sich halb umdrehte, um sich dann an mich zu wenden: ,,Ist denn das nicht eine Schande?!" meinte sie ganz empört. ,,All diese jungen Männer so verkrüppelt –. Wo soll das nur noch hinführen?" Mein Stillschweigen als Zustimmung auslegend fuhr sie fort: ,,Hunger hat man auch dauernd. Was glauben Sie, was ich für eine Zeit habe, meine

halbwüchsigen Buben satt zu kriegen! Die schießen hoch wie die Bohnenstangen, aber es ist nix an ihnen." Sie verstummte plötzlich und warf mir einen mißtrauischen Blick zu.
Ich lächelte sie freundlich an: „Ich verstehe schon wie Ihnen als Mutter zumute ist. Aber der Krieg wird ja auch einmal zu Ende gehen."
Der heutige Morgen begann damit, daß Vater mir einige Atteste für jüdische Patienten diktierte, die diese zur jüdischen Gemeinde bringen, um dort eine ärztliche Bescheinigung zu erhalten, die ihnen erlaubt, die Straßenbahn zu benutzen. Denn seit dem 31. Januar ist die Benutzung der Straßenbahn den nicht berufstätigen Juden untersagt. Diejenigen – einschließlich Kriegsbeschädigte aus dem vorigen Weltkrieg – die eine schriftliche, polizeiliche Erlaubnis erhalten, müssen dem Schaffner einen amtlichen Lichtbildausweis vorzeigen und dürfen nur zusteigen, wenn die Bahn nicht durch Arier überfüllt ist.

18. März 1942

Es gibt praktisch nicht viel Neues zu berichten. Oder ist es neu, daß fast täglich „schwere Kämpfe an der Donez-Front" gemeldet werden, „harte Kämpfe auf der Krim", „erbitterte Kämpfe im Osten"? Eine endlose Wiederholung mit kleinen Abweichungen, bei denen stets von den enormen russischen Verlusten die Rede ist. So widme ich mich nun häufig der aufschlußreichen Lektüre der Todesanzeigen. Da sind gemäß den Mitteilungen der Verwandten junge Männer mit Begeisterung in den Krieg gezogen, um für Führer und Vaterland den Heldentod zu sterben. Andere hingegen fielen nur in Erfüllung ihrer Pflicht für Volk und Vaterland. Von einem aber hieß es, daß er im Alter von 20 Jahren im Osten sein Leben lassen mußte.

,,Diese armen Menschen", bemerkte ich zu Bernd. ,,Ihre Anzeige sagt alles. Er fiel weder für Führer, Volk noch Vaterland. Er war in die Uniform gezwungen worden und mußte sein Leben lassen – für nichts."

,,Und für was sind die 600 Menschen bei dem englischen Bombenangriff auf Paris umgekommen? Sie haben nicht einmal gekämpft. Mein Gott!" Er schlug sich vor die Stirne: ,,Das schöne Paris! Diese Barbaren!"

,,C'est la guerre,mon cher ami – . Sagtest du das nicht meiner Mutter als die ersten Bomben hier fielen. Und wie glaubst du, daß London aussieht? Ich war zwar nie dort, aber ich hörte, daß es eine sehr schöne Stadt ist – oder war."

Er nickte: ,,Hitler kann diesen Krieg sicher nicht mehr gewinnen, aber diese gräßlichen Zerstörungen bis er ihn verliert ..."

,,Warum", fragte ich, ,,bist du nun auf einmal wieder überzeugt, daß er ihn verliert?"

,,Das Rechenexempel!" erwiderte er triumphierend. ,,Es gehen ihm doch alle Rohstoffe aus. Er kann nicht einmal mehr Couverts für die Feldpostbriefe produzieren, sondern es gibt jetzt diese besonders gefalteten Briefbogen, die man ohne Umschlag schicken kann. Bei Kleidereinkäufen soll man Koffer mitbringen, um das Verpackungsmaterial zu sparen. Und sieh dir nur die Hausfrauen an , wenn sie in die Lebensmittelgeschäfte gehen! Man könnte glauben, sie seien auf dem Wege zu einem Picknick: Körbchen, Gläser, Flaschen und alle möglichen Behälter tragen sie mit sich. – Jetzt werden auch noch die Kupferpfennige eingezogen."

,,Die Lebensmittelrationen werden auch immer kleiner", meinte ich.

,,Für mich entbehrt das nicht einer gewissen Ironie. Hitler nahm es doch einmal Brüning und Papen so übel, daß sie von den Deutschen verlangten, den Gürtel enger

zu schnallen. Er versprach seinen Volksgenossen Arbeit und Brot, eine Parole, die er von den Sozialisten gestohlen hat."
„Und?" fragte ich. „Hat er sein Wort nicht gehalten? Arbeit haben sie bis zur Erschöpfung. Brot gibt es auch; es sind zwar nur vier Pfund in der Woche aus total ausgemahlenem Roggen und Weizen und weniger als ein halbes Pfund Fett... aber schließlich hatte er ja keinen Aufstrich mit dem Brot versprochen."

28. März 1942

Eine freudige Erregung herrschte plötzlich unter der Frankfurter Judenschaft. Nach einem Gerücht wurde ihnen noch einmal eine Möglichkeit geboten, Deutschland zu verlassen. Zum festgesetzten Zeitpunkt fuhr eine größere Anzahl mit ihrem Gepäck nach Hamburg, von wo aus sie mit dem Schiff nach Amerika reisen sollten.
Unter diesen wenigen Auserlesenen befand sich auch Dr. Goldschmidt, der frühere Wirtschaftsredakteur der F.Z., der mit zwei Nichten in unserer Nähe wohnte und dessen ärztliche Betreuung Vater übernommen hatte. Wir freuten uns für den alten Herrn, der nun bald mit seiner Tochter Lotte in Amerika vereint sein würde.
Wenige Tage nach seiner Abreise rief seine eine Nichte an und bat um Vaters baldigen Besuch, da Dr. Goldschmidt Herzbeschwerden habe.
„Wie? War er denn nicht in Hamburg?"
„Nein, es hatte sich alles zerschlagen. Keiner konnte Deutschland verlassen, und er mußte wieder nach Frankfurt zurückkehren."
Die Enttäuschung war fast zu viel für das alte Herz; doch Dr. Goldschmidt schien sich wieder zu erholen.

Wir hatten unseren täglichen Hausbesuch bei Goldschmidts gemacht und standen bereits in der Türe, als eine der beiden Nichten uns zurückrief: „Ich habe das vergessen", sagte sie und reichte Vater zwei Pfund Butter.
Vater sah sprachlos auf die Butter: „Nein, nein, vielen Dank! Behalten Sie das mal schön für sich."
„Wir brauchen es nicht, ganz bestimmt, Herr Doktor! Wir brauchen es wirklich nicht!"
Auf der Straße meinte Vater kopfschüttelnd, daß Goldschmidts doch noch gute Beziehungen zum Schwarzen Markt haben müßten.
Als wir am nächsten Tag wiederkamen, fingen uns andere Hausbewohner auf der Treppe ab: „Sind Sie Dr. Schroeder?"
Als Vater bejahte, sagte eine Frau: „Sie brauchen gar nicht hinaufzugehen. Goldschmidts haben sich letzte Nacht das Leben genommen."

31. März 1942

Am 28. stand im Wehrmachtsbericht zu lesen, daß britische Bomber einige Orte im norddeutschen Küstengebiet angegriffen hatten, vor allem Lübeck. Die Bevölkerung hatte „einige Verluste".
Am 29. berichteten die Zeitungen, daß in Lübeck in erster Linie Wohnviertel gebombt worden waren, und daß die Zivilbevölkerung „stärkere Verluste" erlitten hatte.
Am 30. wurde Lübeck endlich ein ganzer Artikel gewidmet, der voller Empörung über diese sinnlose Zerstörung berichtete.
Nun fangen die Volksgenossen langsam an, sich zu wundern, warum ihnen diese Schreckensnachricht in solch homöopathischen Dosen verabreicht werden,

und was ihnen wohl sonst noch alles vorenthalten wird. Wie eine gefährliche schleichende Krankheit frißt sich bei vielen eine an Mißtrauen grenzende Unsicherheit ein. Hatte nicht Göring versprochen, daß kein feindliches Flugzeug die Grenze passieren würde? Und was half die große Sicherheit des Westwalls gegen Rußland? Wozu mußten ihre Männer und Söhne überhaupt in dem unbarmherzig kalten Rußland kämpfen und frieren?

Wenn wir zur Praxis fahren, halten wir gelegentlich bei unserer Metzgerin, deren Mann auch im Osten ist. Sie packt uns immer etwas mehr ein, als uns auf die Marken zusteht.

Nun sah sie uns ganz erschreckt an: „Man kann ja gar nichts mehr glauben! Ich weiß ja nur wie es mit der Ernährung aussieht. Aber was ist in Rußland los? Mein Mann kann mir doch nicht die Wahrheit schreiben. Ich kann Ihnen sagen! Diese dauernde Angst! Wenn man da liest von diesen Häuser- und Nahkämpfen in der Nähe von Charkow, und ich weiß nicht mal, wo er ist. Ich hab' ja nur 'ne Feldpostnummer – . Sie sollten hier manchmal die Leute hören... Was mir die Kunden so alles erzählen – – . Dafür haben sie diesen Hitler sicher nicht gewählt, daß er uns alle in einen Krieg und so ein Elend hetzt!" – Voller Wut packte sie noch ein Stück Wurst zu unserer mageren Ration: „Es tut mir leid, daß ich Ihnen nicht mehr geben kann. Arbeiten muß man wie ein Pferd, und dann gibt's nicht mal genug zu essen! Es ist eine Schande!"

12. April 1942

Hier in Frankfurt findet zur Zeit eine Umsiedlungsaktion statt. Die Juden werden aus ihren Wohnungen im Westend entfernt und im Ostend angesiedelt, wo sie in einer Art Ghetto leben. Ehepaare haben ein Zimmer und die Bewohner einer Etage müssen sich Küche und Bad teilen. Diejenigen, die noch in unserer Nähe wohnen wissen nicht, ob auch sie umgesiedelt werden, oder ob plötzlich wieder ein Transport gehen wird, bei dem sie dabei sind.

Vor wenigen Tagen, außerhalb der Sprechstunde, kam Vater Siegel zu mir. Zwischen Siegels und uns besteht ein sehr herzliches Verhältnis, und ich habe manchmal das Gefühl, daß Siegel etwas von seiner väterlichen Liebe auf mich überträgt, denn seine eigenen Kinder leben bereits seit Jahren im Ausland.

„Fräulein Lili", sagte Vater Siegel, „ich hätte eine große Bitte an Sie." Er griff in die Manteltasche und entnahm ihr ein kleines Etui. Es öffnend erklärte er:„Würden Sie diese Meerschaumpfeife bitte für mich aufheben und nach dem Krieg meinem Sohn Willi geben? Als Erinnerung. Er hat sie mich oft rauchen sehen –"

Ich versprach es und versprach, sie stets in meinem Luftschutzgepäck mit mir zu tragen.

Nachdem er gegangen war, starrte ich auf den Platz, auf dem er vor mir gestanden hatte. Was hatte Vater doch über die Haltung dieser Menschen gesagt? Der alternde Herr Siegel hatte kein Wort der Klage geäußert. Nüchtern sah er den Dingen entgegen, denen er mit seiner fast gänzlich gelähmten Frau nicht entgehen konnte und bereitete sich auf den endgültigen Abschied vor. Der Ordnung halber bat er mich auch, meine Schreibmaschine wieder abzuholen, die ich seiner Frau geliehen hatte, damit sie mühsam mit einem Finger Briefe an ihre Kinder tippen konnte. –

Aber es gibt ja nicht mehr viel zu schreiben. Seit Deutschland Amerika den Krieg erklärt hat, wird die Verbindung mit amerikanischen Verwandten nur noch durchs Rote Kreuz aufrecht erhalten, und diese Rot-

Kreuz-Briefe dürfen nicht mehr als 25 Worte enthalten. Doch selbst wenn wir 100 Worte schreiben dürften – was können wir schon schreiben, was die Zensur durchlassen würde? Von der ständigen Bedrängnis, in der wir leben? Von den endlos gestörten Nächten, in denen wir erst unser Luftschutzgepäck in den Keller bringen und dann rennen, um das zu retten, was beruflich wichtig ist? Vaters Mikroskop, Frau Rodenhauers Pelznähmaschine und dergleichen? Und können wir berichten über die erschütternden Einzelschicksale?

Es war an einem Samstagnachmittag als die Türschelle läutete. Vor mir stand ein blasses, verhärmtes mageres junges Mädchen, das Wolken von Aceton ausatmete. „Sie kennen mich doch", sagte sie, „ich bin Lotte Lyon."

Ich versuchte, in diesem Gespenst eine Ähnlichkeit zu finden mit jenem vor Leben sprühenden jungen Menschenkind mit rosigen Wangen und blitzenden Augen, das ich vor etwa einem Jahr bei Rodenhauers getroffen hatte.

Wir saßen mit den Eltern im Wohnzimmer, und Lotte erzählte, wie sie mit ihrer Mutter im Zug nach Aachen fuhr, von wo aus sie über die Grenze fliehen wollten. Ein Jude, dem sie Perserteppiche, Silber und Geld gegeben hatten, besorgte ihnen die erforderlichen Papiere und Fahrscheine und verriet sie gleichzeitig bei der Gestapo. Sie wurden im Zug verhaftet und ins Gefängnis gebracht, aus dem sie schließlich entlassen wurden, als Lotte systematisch alle Essensaufnahme verweigerte.

10. Mai 1942

Vorgestern ging wieder ein jüdischer Transport ab. Inzwischen haben wir erfahren, wie diese Transporte zusammengestellt werden. – Die Verwaltung der Israelischen Gemeinde mußte im Frühjahr 1941 für die Gestapo eine Kartothek in dreifacher Ausfertigung von allen Gemeindeangehörigen und ihren Familienmitgliedern ausstellen. Nach Beendigung dieser Arbeit wurde von der Gestapo eine Liste mit 1000 Namen zurückgereicht, die den ersten Transport stellten. Von da ab mußte die Gemeinde 1200 Namen bereithalten, die drei Tage vor ihrem Abtransport eine schriftliche Mitteilung bekamen.

Am Montagabend erhielten wir die ersten Anrufe von angeblich Kranken, die um Hausbesuche baten. In Wirklichkeit handelte es sich um völlig gesunde Leute, die aber auf Grund irgendwelcher Beziehungen vor der offiziellen Mitteilung davon Kenntnis erhalten hatten, daß ihr Name auf der Transportliste stand. Wer jedoch, bevor die Post zugestellt wurde, im Krankenhaus lag, konnte einen Aufschub gewinnen. – Zu allem Unglück war auch noch der Chefarzt der Inneren Abteilung des Gagernkrankenhauses ernstlich erkrankt, und Vater übernahm stillschweigend die ganze Abteilung.

Während er von Bett zu Bett ging und seine Anordnungen traf, stahl ich mich in den Souterrain, in dem Wolfs Freund und früherer Schulkamerad Dr. Ernst Stamm die Hals-, Nasen- und Ohrenabteilung hat. Er wohnt auch im Krankenhaus.

Nach kurzem Kriegsrat kamen wir zu folgendem Ergebnis: Ich konnte ihn zu jeder Tages- und Nachtzeit anrufen. Wenn ich sagte:,,Ernst, kann ich Sie sehen?" und er antwortete ,,Ja", so bedeutete das, daß er ein Bett frei hatte, und wen immer wir brachten, an der Pforte in Empfang nehmen und alles tun würde, um einen Gesunden krank zu machen, wobei er von Fieberspritzen sprach.

Was kann ich noch darüber berichten, außer daß die Quelle meiner Tränen ausgetrocknet zu sein scheint? Es waren derart herzbrechende Situationen, in denen Patienten uns mit einem hilflosen Ausdruck die Karten zureichten, die ihnen mitteilten, daß sie am 8. Mai die Reise in den Tod anzutreten hatten, und wir Abschied nahmen. Einige gingen mit einer sinnlosen kleinen Hoffnung, daß sie es vielleicht überleben könnten, andere in dem Bewußtsein, daß es das Ende bedeutete; eine ganz kleine Anzahl entschloß sich, ihrem Leben lieber selbst ein Ende zu bereiten, statt es den Nazis zu überlassen.

„Und da sprechen die Menschen vom lieben Gott", sagte Vater.

Am 24. Mai ging der zweite Transport dieses Jahres. Die Anrufe häuften sich. Wir waren unterwegs vom Einbruch der Dunkelheit bis kurz vor Morgengrauen, kletterten Treppen auf und ab, suchten in der Dunkelheit in uns fremden Gegenden nach Telefonzellen, um von dort aus Dr. Stamm anzurufen, uns in schwarze Schatten versteckend, wenn eine Gestalt auftauchte, da wir in jedem Mann, der zu dieser Stunde in dieser Nachbarschaft unterwegs war, einen Gestapoagenten vermuteten.

Und jedesmal wenn wir am Gagernkrankenhaus ankamen, empfing uns der vor Müdigkeit erloschene Ernst Stamm, der uns wortlos den jeweiligen Patienten abnahm, um ihn krank zu machen, auf daß er noch eine Woche, vielleicht einen Monat des Lebens geschenkt bekam wie das kleine Frl. Goldblatt, ein biegsames, schlankes, junges Mädchen, dessen kleines Gesicht nur aus zwei riesigen dunklen Augen zu bestehen schien. Sie war nicht krank, und sie wollte nicht sterben, bevor sie nur eben begonnen hatte zu leben.

Einmal saß ich mit Ernst in seinem Behandlungszimmer. „Warum sind Sie nicht schon lange fortgegangen?" fragte ich ihn.

„Ich war ja bereits auf dem Wege", erwiderte er. In Paris war er erkrankt. Seine Freunde fanden ihn bewußtlos

auf, und eine Stirnhöhlenoperation rettete ihm das Leben. Inzwischen waren seine Ausreisepapiere verfallen, sein Geld ausgegangen und er kehrte zurück in die Hölle. ,,Ein paar Stunden in der Kälte", sagte er und machte eine ergebene Bewegung mit den Schultern, ,,und es ist aus. Ich bin mir darüber völlig klar – ".
Und da sind die Patienten, die zu Freunden wurden wie die Mays. Willy May mit dem Verwundetenabzeichen, dem Frontkämpferehrenkreuz und einer ganzen Niere voller Steine, der schlank und aufrecht steht, ein ironisches Lächeln in den grauen Augen, ein ermutigendes Wort für seine verzweifelte Frau, deren verhärmte Züge ihren Liebreiz nicht verdecken können. Ihren Sohn Rolf haben sie rechtzeitig ins Ausland geschickt, aber Günther, der noch nicht 16 ist, lebt mit ihnen, ein lang aufgeschossener dünner Junge mit erstaunten Kinderaugen. Vater besucht sie gelegentlich abends, um mit ihnen Skat zu spielen.
Plötzlich kam dann die gefürchtete Karte, daß Günther sich bereithalten sollte für den Transport am 11. Juni.
,,Nein!" protestierte Frau May, die abgezehrten Hände gegen die dunklen Haare gepreßt. ,,Nein! Ich weiß ja, daß wir alle wegkommen. Aber ich will, daß wir wenigstens zusammenbleiben."
Wir vereinbarten, daß Günther krank sei; wahrscheinlich hatte er Typhus. Es wurde eine Fieberkurve angelegt und über sein Bett gehängt. Vater würde um Mitternacht vor dem gefürchteten Datum bei ihnen sein und dem Jungen eine Spritze geben.
Wir machten unsere üblichen Tag- und Nachtrunden vor dem Transport und unsere regulären Hausbesuche am 11. Vater wurde unruhig. Er veranlaßte mich, zu Mays Wohnung zu fahren, die ich mit ihm betrat.
Frau May fuhr auf ihn los, völlig außer sich: ,,Er hat kein Fieber bekommen! Wir haben nur behauptet, daß

er krank ist und erwarten jeden Moment den Gestapoarzt."
Vater gab Günther eine zweite Spritze, und wir fuhren wieder ab.
Günther hatte schweren Schüttelfrost als der Gestapoarzt kam und wurde vorläufig von der Liste gestrichen wie sein Vater uns strahlend berichtete.

18. Juli 1942

Es muß vor einer Ewigkeit geschehen sein. In der Hölle verliert man den Zeitbegriff. – Es war kurz nach dem letzten Transport, daß die Gestapo anrief, und Vater sehr höflich bat, zu einer Besprechung zu kommen. Von Dr. Strüder erfuhren wir, daß er eine halbe Stunde vor Vater dort zu sein hatte.
Ich fuhr Vater in die Lindenstraße und betrat mit ihm das Gebäude der Gestapo, eine riesige Villa in einer eleganten Nachbarschaft. Mich mit Vater unterhaltend versuchte ich, ihn von dem Klicken des Schlosses der Eingangstüre abzulenken. Der Pförtner darf diese Türe nur nach Anweisung von oben durch den Druck auf einen Knopf wieder öffnen.
Eine Weile auf dem Gang wartend sprachen wir leise miteinander als Dr. Strüder mit zwei Gestapobeamten aus einem der anliegenden Räume kam. Sein Gesicht war blaß und versteinert als er halblaut durch die Zähne sagte: „Ich bin verhaftet."
Im nächsten Moment rief der gefürchtete Gestapobeamte Baab Vater zu sich, erlaubte mir jedoch nicht, ihn zu begleiten.
Wenige Minuten nur hatte ich alleine auf dem Gang gestanden, als sich die Türe eines anderen Büros öffnete.
„Fräulein Schroeder?"
Ich blickte auf.

„Kommen Sie doch mal 'rein."
Und damit begann ein nicht endenwollendes Verhör. Ich saß am Kopf eines langen Tisches, an dem rechts und links je ein Gestapobeamter placiert war.
„Sagen Sie mal Fräulein Schroeder, was ist eigentlich Ihre Tätigkeit?"
„Ich bin meines Vater Sprechstundenhilfe, Sekretärin, Laborantin und Chauffeur."
„So so. – Was machen Sie denn mit diesen Juden?"
„Sie behandeln", erwiderte ich eisig.
„Und was bekommen Sie dafür?"
„Sie bezahlen ihre Rechnungen wie alle anderen Patienten."
„Ehem. – Gehen Sie auch zu ihnen in die Wohnungen?"
„Meistens geht mein Vater alleine, und ich warte im Wagen."
„In welchen Fällen gehen Sie denn mit ins Haus?"
„Wenn es sehr kalt ist, und wenn es sich um Patienten handelt, bei denen ich in einem anderen Raum warten kann."
„Und darüber hinaus? – Verkehren Sie auch persönlich, freundschaftlich mit diesen ‚jüdischen Patienten'?"
„Wie bitte?" fragte ich ungläubig.
Es war ein warmer Frühlingstag. Die Sonne schien in das große offene Fenster, dem gegenüber ich im hellen Licht saß. Ich aber fror. Meine zitternden Hände hatte ich unter dem Tisch zwischen die Knie geklemmt, um jedes Zeichen der Angst und des Schreckens zu kaschieren.
Der zweite Beamte, der bisher nur Notizen gemacht zu haben schien, half seinem Kollegen aus: „Geht Ihr Vater zum Beispiel mal gelegentlich abends zu einem der jüdischen Patienten Karten spielen?"
War das nur eine Fangfrage, oder wußte die Gestapo von Vaters abendlichen Besuchen bei Mays?

„Mein Vater", erwiderte ich bestimmt, „bevorzugt es, nach einem anstrengenden Tag abends zu Hause zu bleiben."
„Haben Ihnen die Juden, die abtransportiert wurden, irgendwelche Dinge in Aufbewahrung gegeben?" fragte Nr. 1.
„Nein."
Was würde aus Mutter werden, ging es mir durch den Kopf, wenn wir beide verhaftet würden?
„Aber Geschenke haben sie Ihnen gemacht, nicht?" half Nr. 2 aus.
Ich schwieg.
„Nein? Auch nicht?"
„Fräulein Schroeder", drängte Nr. 1, „denken Sie mal genau nach."
Die Angst preßte mein Herz zusammen. Was ging im übernächsten Zimmer vor? Was wurde Vater gefragt? Würde er meine Warnung befolgen? Das Letzte, was ich ihm auf dem Gang zuflüsterte, war: „Lüge! Du mußt alles ableugnen!"
Fast liebevoll fuhr Nr. 1 fort: „Sie wissen wohl, daß Ihr Vater verhaftet ist?"
„Nein", erwiderte ich unbeweglich.
„So? dann habe ich es Ihnen jetzt gesagt. – Sie wollen doch aber sicher nach Hause zurückgehen – oder?"
Ich nickte.
„Also", fragte Nr. 2, „was für Geschenke haben Sie bekommen?"
„Ich habe keine Geschenke bekommen."
Ich geriet in ein Kreuzfeuer.
„Nein?"
Hämisch: „War die Ledertasche zum Beispiel kein Geschenk?"
„Ledertasche?" wiederholte ich ehrlich erstaunt.
„Ja. Oder war es ein Koffer?"
„Ach", sagte ich, „richtig. Den hatte ich vergessen."

„So so – den hatten Sie vergessen?"
„Ja", bestätigte ich. „Das war so ein ganz altmodischer kleiner Handkoffer mit einem Bügel in der Mitte – etwas, was man heute gar nicht mehr benutzt. Ich habe ihn in den Keller getan und vergessen."
In meiner Erinnerung erschien diese große unsympathische, fremde Frau, die mir im Auftrag und mit Abschiedsgrüßen von Frau Bamberger dieses Köfferchen brachte. Ich hatte mich also nicht in ihr getäuscht.
„Und was haben Sie noch bekommen?"
Ich wußte genau was in dem schweinsledernen Köfferchen gewesen war, tat aber, als ob ich angestrengt überlegte.
„Was noch?" drängte der eine.
„Briefpapier!" rief ich fast erleichtert aus.
„Was für Briefpapier?"
„Eine angebrochene Packung Leinenpapier mit Umschlägen."
„Haben Sie die auch in den Keller getan?"
„Nein; die habe ich verschrieben."
„Fällt Ihnen sonst noch was ein? Vielleicht etwas Parfum?"
„Richtig! Parfum – "
„Haben Sie das noch?"
„Nein, das habe ich längst verbraucht."
Während der letzten Frage hatte sich die Türe geöffnet und ein Mann in Hemdsärmeln, schwarzer Hose und glänzenden, schwarzen Schaftstiefeln war eingetreten. Er sprach leise zu dem einen der mich vernehmenden Beamten, während Nr. 2 fortfuhr: „Sie wollten uns doch noch etwas sagen, Fräulein Schroeder."
Als mein Name fiel, glitt wie zufällig der Blick dieses dritten Gestapomannes über mein Gesicht. Irgendwo hatte ich diesen Mann schon gesehen.
„Wie sind Sie übrigens hierher gekommen?" beharrte Nr. 2.

„Mit dem Auto."
„Sollen wir das mal untersuchen?"
Es gelang mir wohl nicht völlig, ein spöttisches Lächeln zu unterdrücken, als ich die Autoschlüssel auf den Tisch warf: „Es ist nur mein Hund im Wagen" – und er wird dich beißen, dachte ich.
Ohne aufzuschauen fühlte ich den Blick von Nr. 3 auf mir; dann sah ich aus den Augenwinkeln, wie er etwas auf einen Zettel kritzelte und Nr. 1 zuschob, bevor er das Zimmer verließ.
„Ist Ihnen noch etwas eingefallen?" fragte Nr. 1 während er den Zettel zerdrückte.
„Ja", antwortete ich, „Ich habe eine kleine Meißener Porzellanente geschenkt bekommen."
„So? – Sehen Sie mal zu Hause nach, ob Sie noch etwas finden. Den Koffer und die Ente werden Sie morgen hier abliefern." Nach einem Moment des Nachdenkens meinte er:„Vielleicht werden wir besser selbst nachsehen, was noch da ist... Sie können jetzt gehen. – Heil Hitler!"
Während ich mit weichen Knien die Treppe hinunterging und die Straße zum Wagen überquerte, dachte ich an die häufigen Warnungen, die wir alle – ich, Bernd, Etta – Vater gegeben hatten und seine fast empörte Zurückweisung: „Ich, der Oberstabarzt aus dem Weltkrieg, der frühere Chefarzt des BH – sie werden es nicht wagen, mich anzutasten!" – Sie hatten es gewagt.
Brandy, der wohl die Gefahr, in der ich mich befunden, gefühlt hatte, begrüßte mich stürmisch. Ich preßte ihn an mich: „Häschen – sie haben es gewagt... Sie haben einen guten deutschen nationalen Mann, einen Wegebereiter des Nationalsozialismus verhaftet."
Ich fuhr die zwei Blocks zu Bernds Wohnung. Seine Mutter öffnete die Türe und führte mich in sein Zimmer. Das Lächeln der Begrüßung erstarrte auf seinem Gesicht, als er mich ansah.

„Vater ist verhaftet", sagte ich. Dann brach ich schluchzend zusammen.

Zu Hause angekommen ging ich als erstes in den Keller, um die Koffer zu inspizieren, die uns unsere jüdischen Patienten in Aufbewahrung gegeben hatten, und die Bernd und ich am Abend aus dem Hause schaffen wollten. Die Koffer enthielten mehr Pelzmäntel, Anzüge, Bettwäsche etc. als wir persönlich besitzen konnten. Falls die Gestapo wirklich eine Hausdurchsuchung machen sollte... Ich konnte es kaum abwarten, bis es dunkel wurde, um mich dieser belastenden Koffer zu entledigen.

„Ich habe mir das überlegt", sagte Bernd. „Wir schaffen die Sachen heute nacht zu Reinhardt. Dort wird niemand suchen. Einen Teil kann er zu seinem Wochenendhaus in Kahl bringen. Den anderen Teil nehme ich mit nach Bayern, wenn ich wieder fahre."

Wir schleppten die vier Koffer um die Ecke, wo wir sie in der Dunkelheit absetzten, und ich ging in die Telefonzelle, um ein Taxi zu bestellen. Ich gab einen falschen Namen an und die Hausnummer vor der ich stand.

„'nen Augenblick", sagte der Mann in der Zentrale. Ich hängte ab.

„Ich traue dem nicht", erklärte ich Bernd. „Warum einen Augenblick? Muß er erst eine Liste einsehen oder bei der Gestapo rückfragen?"

Wir gingen los, die Leerbachstraße hinunter, überquerten den Opernplatz, schleppten uns über die Taunusanlage zur Taunusstraße. – Immer öfter mußten wir die schweren Koffer absetzen. Unsere Finger konnten kaum noch die Griffe umklammern, und wir hatten das Gefühl, als ob unsere Arme aus den Schultergelenken sprängen. So bald wir jemanden kommen sahen, versuchten wir forsch weiterzugehen, waren wir doch auf dem Wege zum Bahnhof.

Es war nach Mitternacht als wir – trotz der kühlen Nacht – in Schweiß gebadet bei Reinhardt eintrafen.
Reinhardt, der reine Arier, der alte Sozialist, der erbitterte Gegner der Nazis, hatte bereits geschlafen. Ehrlich erstaunt empfing er uns. Wir erklärten ihm kurz, was geschehen war und trugen ihm unser Anliegen vor. Natürlich würde er die Sachen für uns unterbringen. Er war fassungslos über Vaters Verhaftung.
Uns in die Küche führend, damit wir uns einen Moment ausruhen könnten, fragte er mich:,,Haben Sie auch sonst nichts mehr zu Hause?Wenn die Gestapo wirklich kommt und etwas bei Ihnen findet..."
,,Einen ganzen Koffer voll Fotos und Briefe von einem Patienten, ja – aber den konnten wir nicht mehr tragen. Außerdem stellen diese Dinge ja keinen Wert dar."
,,Wert oder keinen Wert – Fräulein Schroeder, bitte verbrennen Sie die Sachen. Oder ist der Patient noch hier?"
,,Nein", erwiderte ich. ,,Sie haben den kleinen Levie im Tunnel bei Minsk vergast."
Er starrte mich kopfschüttelnd an, um sich dann zu erheben. Er entnahm dem Küchenschrank drei Gläser: ,,Ich glaube, wir können alle einen Schluck vertragen."
Mit der Hand durch sein vom Schlaf zerzaustes Haar fahrend, blickte er uns grüblerisch an: ,,Wo soll das noch hinführen? Fast jeden Tag höre ich, daß ein Freund oder Bekannter verhaftet worden ist. Es werden ja nicht nur die Juden vernichtet. Es sind die Kommunisten, die Sozialisten, die Bibelforscher, die Zeugen Jehovas und jeder, der den Mund auftut , um die Nazis zu kritisieren. Machen wir uns doch nichts vor – – . Ich weiß nicht, was schrecklicher ist: schnell umgebracht zu werden oder eines langsamen Todes im Zuchthaus oder KZ zu sterben. Wir haben schon nicht mehr genug zu

fressen; da werden diese politischen Sträflinge noch weniger bekommen."
„Diese Untermenschen zählen ja nicht", meinte Bernd. „Für den Diebstahl von Kleiderkarten gibt es die Todesstrafe. Für den Diebstahl von Wollsachen bei der Reichsspinnstoffsammlung: Todesstrafe. Schwarzschlachten: Todesstrafe. Ganz abgesehen von all den Strafgefangenen, die ‚wegen Widerstandes' oder ‚auf der Flucht' von der SS erschossen werden."
„Wie, meine Freunde", sagte Reinhardt, „glauben Sie, werden es die Nazis einmal bedauern, daß sie alle diese ‚Staatsfeinde' umgebracht haben – wenn sie nicht mehr genug Menschenmaterial finden, das sie auf all ihren Schlachtfeldern verheizen können!"
In der letzten Schwärze vor dem Morgengrauen kam ich erschöpft nach Hause. Ich schloß die Türe auf und da, auf der Bank in dem kleinen Foyer, saßen Mutter und Fräulein Wurm in ihren Schlafröcken zusammengekauert.
Mutter sah aus wie ein Geist. Aus tiefen Höhlen blickten ihre verängstigten Augen in dem totenblassen Antlitz: „Lilichen! Ach Lilichen! – Ich dachte schon, sie hätten Euch auch noch verhaftet –. Ach Kind... "
Ich hielt meine zitternde kleine Mutter, die mir gerade zum Kinn reicht, in meinen Armen und staunte erneut, wie sie sich im Ernstfall beherrschen konnte.
Plötzlich sagte sie: „Ich weiß gar nicht, was ich ohne das gute Würmchen gemacht hätte – ."
Das „gute Würmchen" streckte sich und strahlte mich erleichtert an: „Wir hatten wirklich schreckliche Angst um Sie!"
Am nächsten Tag lieferte ich Frau Bambergers Köfferchen und Porzellanente auf der Gestapo ab und begab mich mit dem Mut der Verzweiflung in Baabs Büro, um zu fragen, was man Vater zur Last legte.
Hinter seinem Schreibtisch saß diese Kreatur Baab mit

seinem blassen, etwas aufgedunsenem Gesicht. In seinen ausdruckslosen Zügen vermeinte ich eine leichte Genugtuung zu entdecken. War es denn nicht wundervoll für diesen Herrn Niemand, plötzlich Macht zu haben, und die „feinen Leute" um Gnade winseln zu sehen?

Baab erklärte mir, daß Vaters Atteste keine Geltung hätten, da es sich um Gefälligkeitsatteste handelte, die nur geschrieben worden seien, um die Arbeit der Gestapo zu sabotieren.

„Und wenn ich Ihnen beweise, daß die Atteste berechtigt waren?"

Die gefühllosen Fischaugen in dem bleichen Gesicht sahen mich gleichgültig an: „Das kann helfen."

Dann erhielt ich die Erlaubnis, Vater ein Kopfkissen, eine Decke und etwas Wäsche ins Gefängnis zu bringen. Ich packte ihm meine Autodecke ein, in der Hoffnung, er würde sie als Zeichen erkennen, daß ich noch frei war. Freunde verhandelten mit dem Labormeister eines berühmten Fotografen, der mit seiner Leica kam und stundenlang aus Vaters Büchern die Krankengeschichten der Patienten reproduzierte, für die Vater Atteste geschrieben hatte.

Völlig erschöpft ging ich zu Frau Rodenhauer im dritten Stock, die mir durch ihre Tochter hatte sagen lassen, daß sie mich sprechen wolle. – Die sonst kühle Frau umarmte mich mit feuchten Augen und fragte mich über das Verhör.

„Besinnen Sie sich", erkundigte sie sich, „daß während Ihrer Vernehmung ein Mann herein kam?"

„Ja."

Sie lachte: „Das war unser Freund Hildebrandt. Er hat Sie einmal hier auf der Treppe gesehen und sagte mir, er wollte nicht, daß jemand aus unserem Haus verhaftet wird. Sie haben es nur ihm zu verdanken, daß Sie freikamen."

Etwa drei Tage nach Vaters Verhaftung wurde ich ans Telefon gerufen. Amtsgerichtsrat Schmidt wollte mich sprechen.
Nach der Begrüßung fragte er: „Sagen Sie – ist das wahr, was ich über Ihren Vater gehört habe?“
„Ja.“
„Und da rufen Sie mich nicht an?“
Ich schwieg.
„Wann kann ich Sie sehen?“ drängte er.
Ich hatte Waldemar Schmidt kennengelernt, als ich Journalistin war. Er ist Witwer und hat zwei Töchter, die nur etwas jünger sind als ich. – Wir verstanden uns gut, und es machte mir Spaß, mich mit diesem äußerst intelligenten Mann zu unterhalten, der obendrein einen überwältigenden Sinn für Humor besitzt. So hatten wir uns verschiedentlich am Nachmittag in irgendeinem Weinlokal getroffen und einige vergnügte Stunden miteinander verbracht. – Wie so viele Beziehungen hatte ich auch diese nach meiner Verurteilung durch das Sondergericht abgebrochen.
Nun saß ich ihm in seinem Büro im Amtsgericht gegenüber und mußte ihm erzählen, wie Vater verhaftet wurde.
Seine lebhaften dunklen Augen in dem scharfgeschnittenen Gesicht sahen mich forschend an: „Was ist es nun genau, was man Ihrem Vater vorwirft?“
„Ich weiß es nicht. Zuerst waren es Gefälligkeitsatteste, mit denen er die Arbeit der Gestapo sabotieren wollte. Als ich das mit Fotoreproduktionen widerlegen wollte, interessierte das den Gestapobeamten Baab überhaupt nicht. Er behauptete, daß Vater gar keine jüdischen Patienten behandeln durfte. Auf meine Entgegnung, daß Vater sich ausdrücklich bei der Ärztekammer erkundigt und die Versicherung erhalten habe, daß diese Verfügung lediglich auf Pgs zuträfe, sprach Baab wieder von Sabotage. – Um es auf einen kurzen Nenner zu bringen

– man will den Juden einfach die letzten guten Ärzte entziehen, und die Ärzte dafür bestrafen, daß sie am Eid des Hippokrates festhalten.“
Schmidt nickte grüblerisch: „Lassen Sie mir etwas Zeit. Es muß einen Weg geben, Ihren Vater aus dem Gefängnis zu holen.“
Einmal durfte ich Vater kurz besuchen, um mir von ihm Anweisungen für seine arischen Patienten einzuholen. Irgendwie hatte ich das Gefühl, daß er seine Haft nicht richtig ernst nahm und jeden Moment seine Entlassung erwartete.
Aber die Zeit verging, und er blieb im Gefängnis.
Die jüdischen Patienten schienen wie vom Erdboden verschwunden zu sein und den arischen erzählten wir, daß Vater krank sei. Diejenigen, die erfahren hatten, daß er im Gefängnis war, erschienen von Zeit zu Zeit, um zu fragen, ob wir etwas gehört hätten, brachten Blumen, Wein, Tee und andere Dinge, die wir für seine Rückkehr bereithalten sollten. – Sie hatten alle von derartigen Verhaftungen gehört, ja, aber ihr Doktor – – ? Man traute sich ja kaum, noch etwas zu sagen.
Endlich rief Waldemar Schmidt wieder an und wünschte, mich zu sprechen.
„Ihr Vater wird in wenigen Tagen entlassen werden“, erklärte er als Begrüßung.
Schmidt hatte in seiner Eigenschaft als Richter seit einiger Zeit mit einem hohen Nazi wegen einer Grundstücksstreitigkeit zu verhandeln. Als nun der Nazi kürzlich zu ihm kam, sagte Schmidt: „Es ist Ihnen ja bekannt, daß ich als Folge einer Gasvergiftung im letzten Krieg an Asthma leide? Vorige Woche wollte ich meinen Arzt sehen und erfahre, daß er im Gefängnis sitzt.“ Er bedauerte, daß sich die Grundstücksangelegenheit unnötig verzögern könnte, denn er fühle sich gar nicht wohl, sei aber nicht bereit, einen anderen Arzt aufzusuchen.

Der Nazi machte sich Notizen und kam nach einigen Tagen zurück, um Schmidt mitzuteilen, daß eigentlich geplant war, Vater und Dr. Strüder zur Erziehung in ein Lager nach Polen zu schicken.

Am Nachmittag ging ich mit frischer Wäsche für Vater ins Gefängnis. Der Wachtmeister an der Pforte, ein älterer Mann, wußte über Vater Bescheid und war ehrlich entrüstet. „Aber", sagte er vertraulich, „ich habe etwas gehört, daß er und der andere Doktor bald entlassen werden sollen."

Ich nickte stumm, um dann zu fragen: „Ob er es auch weiß?"

„Sicher nicht", erwiderte der Wachtmeister und nach kurzem Nachdenken: „Wissen Sie was? Bleiben Sie mal ein bißchen hier. In ungefähr einer Viertelstunde muß er 'runterkommen. Wenn Sie dann hier an der Türe stehen, kann er Sie sehen, und Sie können ihm ein Zeichen geben."

Die nächsten 15 bis 20 Minuten saß ich mit dem Wachtmeister zusammen, der kopfschüttelnd sagte: „Ne wissen Sie – das hätte ich mir auch mal nicht träumen lassen, was wir hier für Gefangene im Untersuchungsgefängnis haben. Früher – na ja – Sie wissen schon was ich meine – da hatten wir wirklich Verbrecher hier oder Männer, die eines Verbrechens verdächtigt waren. Aber jetzt? Wenn ich sprechen dürfte, Fräulein Schoeder... Ihr Vater und der andere Doktor sind nicht die einzigen Herren hier!"

Plötzlich sagte er: „Schnell – stellen Sie sich da vorne hin. Jetzt muß er gleich kommen!"

Ich sah auf alle die Füße, die die Betonstufen herabstiegen. Und dann kam Vater. Ich kannte die Schuhe, die Farbe der Hosenbeine, die Hände, die die Hose festhielten. Man hatte den Gefangenen Gürtel und Hosenträger abgenommen, damit sie sich nicht aufhängen konnten.

Vater starrte finster vor sich hin, bis eine Bewegung von mir seine Aufmerksamkeit auf mich lenkte. Mit einem triumphierenden lachenden Ausdruck sah ich ihn an und glaubte, etwas wie Hoffnung in seine fragenden Augen zurückkehren zu sehen.

Nun ist er wieder zu Hause.

Nach drei Wochen Einzelhaft und Hunger mußte er einen Revers unterschreiben, daß er Juden keine Atteste mehr ausstellen würde.

Ich hatte ihn vom Gefängnis abgeholt, und diese Heimfahrt in der Straßenbahn wird mich wohl bis zum Ende meines Lebens verfolgen. Mein gepflegter sauberer Vater, der mit einem fast wilden Ausdruck neben mir in der Straßenbahn vor sich hinsah, in einem verkrumpelten, verfleckten Anzug, das eingefallene Gesicht mit dicken weißen Bartstoppeln bedeckt, während die Lippen lautlos Worte formten.

Wie die Nachricht sich so schnell verbreitete, wissen wir nicht. Die Patienten kamen, Blumen und kleine Briefchen mit Willkommensgrüßen, Kuchen, Brot, Obst, sogar einige Kaffeebohnen.

Langsam verliert Vater den gehetzten Ausdruck und fängt sogar gelegentlich an, über seine Haft zu sprechen. „Im Anfang rezitierte ich Homer, die Odysse und dergleichen, dann kamen Schiller und Goethe an die Reihe. Nach einer Weile fing ich an, Geschichten zu erfinden – aber sie endeten alle in riesigen Gelagen. Je größer der Hunger wurde, um so größer wurden die Tafeln, auf denen alles zum Essen aufgestellt war, was man sich nur vorstellen kann. Ich konnte schließlich nichts mehr anderes denken als Essen.“ Er verstummte in der Erinnerung. „– Gerade als ich so weit war, alle Hoffnung aufzugeben, stand Lili unten an der Treppe im Gefängnis. Da wußte ich, daß ich freikommen würde.“

19. August 1942

Ich habe Urlaub, den ich mit Brandy in Murnau verbringe, während die Eltern bei ihren alten Freunden auf dem Gut in Kärnten sind. Obwohl es mich mit allen Fasern meines Herzens nach Hinterstein zog, suchte ich mir Murnau aus, einen Ort, in dem mich niemand kennt, und mietete mich in einem Privathaus ein, das Sommerfrischler aufnimmt und verköstigt.

Meine Flucht in die Einsamkeit hat vielerlei Gründe. Ich will mich nicht nur erholen und einmal von Sirenen ungestört schlafen können, sondern etwas Abstand gewinnen von den Menschen, die mir näher stehen. Ich will ihnen die Wahl lassen, nach meiner Rückkehr wieder mit mir in Verbindung zu treten oder schweigend und unauffällig aus meinem Leben zu verschwinden.

Ein unbeantworteter Brief Arnulfs liegt vor mir, ein Feldpostbrief, den ich wenige Tage vor Vaters Verhaftung erhielt. Mit einer gewissen Wehmut sehe ich Arnulfs schmales Gesicht mit den dunklen Augen vor mir. Ich würde ihm nie schreiben können, wie sehr mich seine Briefe erfreuten, ihm nie erklären können, daß der Umgang mit mir gefährlich ist, daß ich mir vorkomme, als sei ich mit einer totbringenden Krankheit verseucht, die auch andere, die mit mir zu tun haben, vergiftet. – Es fällt mir schwer, mir diesen Sohn der Berge in den Niederungen eines fremden Landes vorzustellen. – Meine Gedanken sind mit ihm, und ich wünsche so sehr, daß er an Leib und Seele gesund in unsere Berge zurückkehrt.

Meine Gedanken gehen zurück zu den Transporten, zu unseren Freunden und Patienten. Plötzlich begreife ich, daß es ja praktisch keinen Unterschied macht, ob man jüdisch oder arisch ist, sondern nur, ob man ein höherer Parteigenosse ist oder nicht. Die Juden wissen wohin die Reise geht und können sich ausrechnen, wie viele Tage sie noch leben werden. Die Zivilbevölkerung in den Städten wird langsam von ähnlichen Gefühlen befallen, wenn die Sirenen ertönen. Rostock wurde verschiedentlich mit Bomben eingedeckt und scheint auszusehen wie Lübeck. Öfter und öfter werden Städte mit Namen genannt, woraus wir schließen, daß es unter der Bevölkerung beachtliche Verluste gegeben haben muß. Augsburg, Hamburg, Kiel und Köln werden erwähnt und gleichzeitig wird nun seit Wochen über die schweren Kämpfe im Osten bei Charkow berichtet. Schließlich wird nur noch über „den Kessel bei Charkow" geschrieben. Dabei denke ich an die vielen Soldaten, die widerwillig kämpfen. Kriegsdienstverweigerer gibt es nicht. Wer irgendwelche Skrupel hat, sei es aus religiösen oder humanitären Gründen, muß seine Entscheidung für sich alleine treffen: entweder trägt er des Führers Rock, oder er wird an die Wand gestellt und erschossen. Wenn er nach Rußland geschickt wird, sind die Chancen des Überlebens anscheinend auch nicht sehr groß. – Ich erinnere mich der nächtlichen Unterhaltung mit Reinhardt. Genau besehen bleiben außer den in Gnade stehenden Parteibonzen keine Deutschen verschont, egal welcher Rasse oder Religion sie angehören.

Leider gibt es mir nicht einmal eine Genugtuung, daß der Mann, der dem deutschen Volk Arbeit und Brot versprach und die Unterstützung der überwältigenden Mehrheit erhielt, den Deutschen immer weniger Brot gibt, dafür aber großzügig den Tod und das Elend verteilt. Welche Ironie!

31. August 1942

Die Ferien sind zu Ende. Morgen werde ich mich mit den Eltern in München treffen, wo wir einen Tag mit Katherina zusammensein werden, bevor wir nach Hause fahren.

Vater schrieb mir, daß bei dem schweren Fliegerangriff auf Mainz am 12. August Onkel Rudolfs Fabrik und das mit Tradition gefüllte Stammhaus der Familie bis auf die Grundmauern niedergebrannt ist. Die erste Bombe war in die neu installierte Regenanlage gefallen.

Im ersten Moment überfiel mich beim Lesen dieser Nachricht ein etwas sentimentales Gefühl. Noch einmal sah ich die großen gepflegten Räume vor mir mit den Familienbildern, den alten Möbeln und meinen schönen, vergnügten Cousins. Doch dann erinnerte ich mich der neuesten Kinderspiele, die Onkel Rudolf auf den Markt gebracht hatte, wie zum Beispiel „Wenn wir fahren gegen England".

Ich mußte plötzlich lachen: Da zerfiel die ganze Tradition zu Asche! Unsere Vorfahren auf der arischen Seite waren freie, aufrechte Menschen gewesen, die jeden Zwang verpönten, Männer, die in der Paulskirche ihre Ideen verfochten hatten, und die bestimmt gegen die Unterdrückung der Nazis opponiert hätten. – Tradition drückt sich jedoch nicht nur in der Erhaltung vererbter materieller Dinge aus. Wer weiß, mein lieber Onkel Rudolf – vielleicht hat einer unserer gemeinsamen Vorfahren vom Grabe aus das Streichholz an die sinnigen Spiele gehalten, mit denen du die Kinder zu vergiften versuchtest? Du wolltest doch mit diesen Spielen schon in den Herzen der unschuldigen Kinder den Grundstein des Hasses legen, damit die Erwachsenen später bedenkenlos zur Waffe greifen, um zu morden. Und nun sind die Engländer gegen dich gefahren – –

4. September 1942

Wir hatten uns während der letzten Urlaubswoche die Post nicht nachsenden lassen, und Vater saß nun an seinem Schreibtisch und sah durch, was sich inzwischen aufgehäuft hatte.
Plötzlich kam er in mein Zimmer, einen Brief in der Hand: „Die Reichsversicherungsanstalt für Angestellte hat mich als Obergutachter abgesetzt..." Er reichte mir den Brief.
Der Leiter der R.f.A. in Berlin schrieb ihm, daß die Landesstelle Hessen-Nassau der Kassenärztlichen Vereinigung ihm mitgeteilt habe, daß Vater wegen politischer Entgleisungen in Haft genommen werden mußte. Er sei mit einer Jüdin verheiratet, und seine Familie habe in den letzten Jahren schon des öfteren zu Anstoß Anlaß gegeben. „Ich bitte Sie", fuhr die Nazi-Vereinigung fort, „Dr. B.Schroeder von der Liste der Vertrauensärzte der R.f.A. ab 1. September 1942 zu streichen." Die Berliner Hauptstelle sieht sich hiernach nicht in der Lage, Vater ab 1. September weiterhin als Vertrauensarzt in Anspruch zu nehmen. – Sie beehrten ihn nicht einmal mit einem „Heil Hitler!"
Wir saßen zu dritt in meinem Zimmer, um diesen neuen Schlag in allen Variationen zu besprechen. Vater war immer noch nicht willens, sich in sein Schicksal zu fügen und einzusehen, daß er sich nicht mehr als ein vollwertiges Mitglied des deutschen Volkes betrachten konnte, sondern ein Geächteter war. Mutters Ausrufe der Empörung machten es auch nicht leichter.
Vater grübelte, um einen Ausweg zu finden. „Politische Entgleisung!" grollte er. „Man müßte einmal mit diesem Herrn sprechen. Ich selbst kann das natürlich nicht tun."
Schweigen.
„Könnte Lili denn nicht nach Berlin fahren?" rief Mut-

ter nach einer Weile enthusiastisch aus.
Vater sah mich fragend an.
Ich meinte: „Wenn ihr euch wirklich etwas davon versprecht –?"
„Aber man muß es doch versuchen!" bestand Mutter.
Enttäuschung schwang in seiner Stimme. „Selbstverständlich bin ich bereit", erwiderte ich. „Ich möchte nur nicht, daß ihr eure Erwartungen zu hoch schraubt und dann enttäuscht seid, wenn es ein Fehlschlag ist."
„Sicher nicht", sagte Vater.
„Dieser Direktor muß doch zugänglich sein, wenn er die Wahrheit erfährt", versuchte Mutter, mich zu begeistern.
Ich begriff, daß die Eltern – wenn überhaupt – nur aus Erfahrung lernen konnten. Mit Worten waren sie nicht zu überzeugen. Ich würde also nächste Woche nach Berlin fahren, obwohl ich wußte, daß dieses Unternehmen ein sinnloser Verschleiß an Zeit und Energie sein würde.

9. September 1942

Ich hatte Rodenhauers und Schindlers aufgesucht, um mich wieder zurückzumelden. Frau Rodenhauer meinte vergnügt, daß wir zur rechten Zeit abgefahren seien, denn bei dem Fliegerangriff Ende August hätte bei uns alles gewackelt. Ich tröstete sie mit der Versicherung, daß wir bestimmt noch Gelegenheit hätten, diesbezügliche Erfahrungen zu sammeln. Sie lachte etwas zu laut und erklärte forsch: „Ich kann darauf verzichten – aber es war nicht so schlimm." Ich hatte das Gefühl, daß sie sich selbst Mut zusprach.
Bei Schindlers wurden alle möglichen Näschereien vor

mir aufgestellt, denn sie haben immer noch genug Beziehungen, um keinerlei Mangel zu leiden. Nachdem die Ebinent mich nach Urlaub, Wetter und Eltern gefragt hatte, sagte sie: „Ich muß es ihnen doch sagen, Fräulein Schroeder – –. Kurz nachdem Sie abgereist waren, kam Herr Siegel. Wahrscheinlich hat er geschellt und dann entdeckt, daß sie fort waren. Von da ab ist er täglich gekommen und stundenlag vor dem Haus auf- und abgegangen, stundenlang – und dabei hat er immer wieder auf die heruntergelassenen Fensterläden gesehen. Er tat mir ja so leid. Von Schwester Ruth habe ich gehört, daß er am 18. August mit seiner Frau nach Theresienstadt abtransportiert worden ist."

23. September 1942

Inzwischen war ich in Berlin. – Die einst für ihre Pünktlichkeit und Sauberkeit so berühmte Deutsche Reichsbahn machte ihrem Renommee keine Ehre mehr. Erwartungsgemäß war der Zug überfüllt. Viele Soldaten mit Gepäck waren unterwegs und Zivilpersonen, die zu Beerdigungen fuhren oder eine ausgebombte Heimstätte verließen, um im nächsten Ort auf die Bomben zu warten.
Nach einer Weile hatte ich mich an die müden hungrigen Gesichter gewöhnt. Stieg jemand an einer Station aus, so löste ihn ein anderes müdes hungriges Gesicht ab. Wenn überhaupt ein kurzes Gespräch zwischen den Reisenden aufkam, so wurde das Thema, das allen am Herzen lag, vermieden.
Wir standen in einem Bahnhof, und meine Gedanken fingen an zu wandern. Der ältere Herr in dem grauen Gabardinmantel, der einsam auf dem Bahnsteig stand, erinnerte mich an Vater Siegel, der mir wie ein Gespenst in meine Träume folgt. Was hatte er mir noch sagen

wollen? Was führte ihn täglich zu unserem Haus? – Der Zug ruckte zögernd wieder an, und mein Blick fiel auf das blasse dünne Gesicht eines blutjungen Soldaten. Er sah aus, als ob er auf Verwundeten-Urlaub sei. Ich erinnerte mich der Wehrmachtsberichte, in denen nun öfter zu lesen ist, daß „der Angriff nach wechselhaften Kämpfen abgewiesen", ein „Gegenstoß abgewehrt" oder „zum Stehen gebracht" wurde. Was hatten die desillusionierten alten Augen dieses Jungen in Uniform gesehen? Wußte er, der die Schrecken des Krieges erlebt hatte, wie wir hier in der Heimat angelogen wurden?

Die letzte Unterhaltung mit Bernd fiel mir ein. Er sprach von den Zweifeln der kleinen Leute. Gesprächsfetzen, die er an der Strassenbahnhaltestelle hörte oder beim Schlange stehen, um einen Hering oder etwas Siebkäse auf die Sonderzuteilung zu bekommen, aufgefangen hatte. „Die kleinen Leute werden unsicher", sagte er. „Daß ihr Führer, der immer so gerne lange Reden hielt, schriftlich zum WHW 42/43 aufgerufen hat, beunruhigt sie. Sie fragen: ‚Warum spricht er jetzt nicht zu uns, da wir ein ermutigendes Wort brauchen?' ‚Warum zeigt er sich nicht? Hat er Angst nachdem ich meinen Sohn, Vater oder Verlobten verloren habe? Nachdem unser Haus ein Trümmerhaufen war?' Die einfachen Leute, die oft ein sehr feines Ohr haben, fühlen einen Ton von machtloser Wut in diesem Aufruf, in dem Hitler von dem Sieg der deutschen Einigkeit über die ‚internationalen Goldhyänen' und ‚bolschewistischen Bestien' schreibt. Diese Worte enthalten keinen Trost, sondern klingen etwas hohl."

Ich sah mich noch einmal unter den Elendsgestalten um, die mit mir reisten und überlegte, ob die Menschen wohl je lernen würden, den Politikern zu mißtrauen? Mit ganz vereinzelten Ausnahmen versprechen sie doch alle dem Volk das Blaue vom Himmel – bis sie an der

Macht sind. Dann sind die Versprechungen vergessen und nur noch die Macht zählt, die sie rücksichtslos mißbrauchen. Und dafür werden sie auch noch von uns bezahlt...

Vom Direktor der R. f. A. wurde ich äußert reserviert empfangen. Ich log, daß ich hier bei Verwandten zu Besuch sei und die Gelegenheit ergreifen wollte, um ein Mißverständnis bezüglich meines Vaters aufzuklären.

Direktor von Gimborn, ein großer, schlanker älterer Herr, zog die Augenbrauen hoch.

„In ihrem Schreiben", begann ich, „war von ‚politischen Entgleisungen' die Rede. Die Sünde, die mein Vater beging war, dem Eid des Hippokrates treu zu bleiben, nämlich allen Kranken ohne Unterschied seine ärztliche Hilfe angedeihen zu lassen."

„Er hat also Juden behandelt?" fragte die unpersönliche Stimme kühl.

„Ja, nachdem er sich bei der Ärztekammer erkundigt hatte, und die Auskunft erhielt, daß er das als Nicht-Pg dürfe."

„Besteht diese Erlaubnis noch?"

„Nein", erwiderte ich. „Acht Tage nachdem mein Vater und einer seiner Kollegen aus der Haft entlassen worden waren, sah sich die Ärztekammer veranlaßt, durch Rundschreiben mitzuteilen, daß arischen Ärzten die Behandlung von Juden untersagt ist."

Dir. von Gimborn sah mich nachdenklich an, um sich dann zu räuspern.

Als er weiterhin schwieg, endete ich: „Leider kann ich es nicht als politische Entgleisung betrachten, wenn ein Arzt an seinem höchsten beruflichen Gelübde festhält."

„Man muß doch aber einen Unterschied machen", erklärte von Gimborn plötzlich lebhaft. „Als ich im Ersten Weltkrieg an der Front war, habe ich natürlich auch

die französischen Verwundeten behandelt. Aber ihnen gegenüber tat ich eben nur meine Pflicht, das, was ich als Arzt zu tun hatte, während ich mich um unsere deutschen Soldaten ganz anders und persönlich kümmerte. Man muß da in der Behandlung einen Unterschied machen!"
,,Selbstverständlich", stimmte ich ihm bei. ,,Wir haben die Juden auch ganz anders behandelt als die Arier." Ich dachte an die Patienten, die keine Transportmöglichkeit hatten, und die wir mit unserem Auto ins Gagern-Krankenhaus fuhren, an die Medikamente, die wir in der Apotheke für sie besorgt hatten, um sie ihnen in die Wohnung zu bringen, Dinge, die wir für die Arier bisher nicht getan hatten.
Dr. v. Gimborn schlug das rechte über das linke Bein, räusperte sich, um sich dann gerade aufzusetzen: ,,Es tut mir leid, Fräulein Schroeder. Wir haben die Arbeit ihres Vaters sehr geschätzt, aber wie die Dinge liegen, kann und will ich den Beschluß nicht rückgängig machen."
Wir erhoben uns gleichzeitig. Während ich mich beim Eintritt in sein Büro zum Deutschen Gruß überwunden hatte, um nur nichts zu verderben, antwortete ich nun auf sein ,,Heil Hitler!" mit einem ,,Auf Wiedersehen, Herr Doktor."
Mit dem nächsten Zug fuhr ich zurück. Es machte mich nicht stolz, daß meine Befürchtungen sich bewahrheitet hatten.Ich war deprimiert und grübelte darüber nach, wie ich den Eltern diesen Fehlschlag beibringen würde. Vielleicht wäre es das Beste, ihnen schonungslos die Wahrheit zu sagen in der Hoffnung, daß langsam wenigstens etwas Realität einsinkt.
Trotz meiner Vorwarnung waren die Eltern furchtbar enttäuscht. Sie hatte in ihrem unzerstörbaren Optimismus das Unmögliche erwartet.

3. Oktober 1942

Vor zwei Tagen hat unser Führer im Berliner Sportpalast gesprochen und legte Rechenschaft über „die Taten“ ab.
Ich überflog die Rede in der Zeitung und stolperte über einen Passus in dem Hitler von den Heldentaten in der Heimat sprach, von einer einzigen verschworenen Gemeinschaft, „die weiß, daß wir entweder alle diesen Krieg siegreich überstehen oder gemeinsam zur Ausrottung bestimmt sind!“
Zur Ausrottung bestimmt? Wir? Das waren neue Worte aus des Führers Munde! Ventilierte er ein Entweder /Oder? Hatte er nicht bisher behauptet, daß Deutschland die stärkste Nation der Welt ist, siegreich und unschlagbar? – Und wie war das mit der Ausrottung? Hatte Spengler nicht bereits vor über 40 Jahren behauptet, daß mit fortschreitender Technisierung die Kriege immer brutaler werden würden und zur völligen Vernichtung gegnerischer Völker führen, nicht nur der Truppen, sondern aller feindlich gesinnten Menschen? Hatte Hitler diesen Ausrottungsprozeß begonnen, der von irgendwelchen Nachfolgern anderer Nationen würdig und erfolgreich weitergeführt werden würde? – Die Türken waren mit den Armeniern kaum schlimmer verfahren als Hitler mit den Juden. Aber Hitler begnügt sich nicht mit einer kleinen Gruppe. Jetzt wird schon in einem Atemzug von Juden, Polen und Zigeunern gesprochen. England wird unbarmherzig gebombt und Rußland – ah! – wenn er die Macht, die technischen Mittel hätte, die „Bolschewisten“ zu vernichten!
Er hatte sich verrechnet und geglaubt, wenn er in Rußland einmarschierte, würde die Bevölkerung ihn als Befreier umjubeln. Er hatte nicht begriffen, daß die Bolschewisten die Bevölkerung von der Unterdrückung des Zaren befreit hatte, daß es dem russischen Volk

noch nie so gut gegangen war wie jetzt. Und da sie Hitler nicht jubelnd empfingen, mußten sie eben auch ausgerottet werden. Oder? Hatte er sich übernommen? Er hatte triumphierend auf seinen Sieg über General Winter 41/42 hingewiesen. In wenigen Wochen jedoch würde er dem zweiten General Winter gegenüberstehen. Würde er ihn ebenfalls besiegen?
Ich dachte an Vaters langjährigen Patienten Herrn Schneider, der jetzt unser Nachbar ist, denn nun wohnen wir ihm gegenüber. Ich kannte das Ehepaar Schneider seit Jahren, diese beiden eleganten Menschen, die immer makellos gekleidet waren. Herr Schneider wurde als Reserveoffizier eingezogen, und wir erfuhren von seiner Frau, daß er im Osten war. Vor wenigen Tagen stand er plötzlich in der Sprechstunde vor mir.
Der Militärmantel schlotterte um die abgemagerte Gestalt. Dieser gepflegte Mann versuchte ein Lächeln, dessen Zahnlosigkeit die vorgehaltene Hand verbergen sollte. Im Kessel von Charkow hatten sie alle Skorbut, denn es war nicht entsprechend vorgesorgt, und sie mußten zum Teil schrecklich hungern. Das Entsetzen all der Dinge, die er gesehen hatte, stand noch in seinen Augen. Er ist nicht auf Urlaub zu Hause, nein, er ist nicht mehr fronteinsatzfähig.
Nachher hatte er eine lange Unterhaltung mit Vater, dem er Einzelheiten aus der Hölle erzählte und keinen Zweifel darüber ließ, daß dieser Krieg verloren ist.

31. Oktober 1942

„Wie konnte es geschehen, meine Verehrteste, daß sie für eine so lange Zeit wie vom Erdboden verschwunden zu sein schienen?“ fragte Pötz.
„Ich war vier Wochen in Urlaub und davor – – – mein

Vater war von der Gestapo verhaftet worden, und ich wußte nicht, ob wir ihn je wiedersehen würden."
Zum ersten Mal seit ich Pötz kannte, verlor er für einen Moment etwas von seiner überlegenen Haltung. Er stützte die Hände auf den Tisch, beugte sich zu mir vor und fragte gespannt: „Ihr Vater verhaftet?"
„Weil er dem Eid des Hippokrates treu blieb..."
„Ooh –", er nickte nachdenklich. Dann faltete er seine Hände über dem inzwischen kleiner gewordenen Bauch. Nach einer ganzen Weile des Schweigens fragte er: „Was für eine Wirkung hatte die Haft auf ihn?"
„Seine Haare sind völlig weiß geworden. Der wilde Ausdruck in seinen Augen, den er aus dem Gefängnis mitbrachte, hat dem einer gewissen Unsicherheit Platz gemacht." Ich mußte unwillkürlich lächeln: „Als guter Deutscher hielt er sich irgendwie für unverwundbar. Es war nicht in seinem Konzept, daß die Nazis es wagen würden, ihn anzurühren – – "
„Und der Siegfried-Nimbus brach zusammen?" ergänzte Pötz fragend.
„Ja, das ist es", bestätigte ich erleichtert.
Seine Daumen suchten unter den Hosenträgern halt, während er in einer Mischung von neugierigem Interesse und liebevoller Nachsicht fragte: „Sie lieben ihren Vater, diesen guten, nationalen deutschen Mann, dem Sie einen großen Teil Ihrer heutigen Misere verdanken, wie?"
„Ja", erwiderte ich spontan.
Pötz zog die Augenbrauen hoch und lächelte mich spöttisch an: „Warum, meine Liebe, haben Sie für diesen Mann – abgesehen davon, daß er Ihr Vater ist – Verständnis? Ich kenne Sie nun gut genug, um zu wissen, daß Sie alle die Ideale, Ideen und Gedanken, die Ihrem Vater heilig sind, mit Ihrer ganzen jugendlichen Energie bekämpfen. Wieso sind Sie plötzlich so tolerant? Nur weil eine Laune des Schicksals diesen Mann zu Ihrem

biologischen Erzeuger machte?" Er neigte den Kopf etwas zur rechten Schulter und blickte mich mit zusammengekniffenen Augen herausfordernd an. „Nun?"

„Herr Pötz –", ich nahm einen tiefen Atemzug: „– das Schicksal hat ihm in meiner Person sicherlich ein Kukkuksei ins Nest gelegt. Wir – Sie und ich – kennen keine nationalen Gefühle; wir ersterben nicht in Ehrfurcht vor einem Kaiser, Präsidenten oder Führer, es sei denn, daß hinter dem Titel eine Persönlichkeit steht, die uns Achtung abzwingt. Mit dieser Unabhängigkeit des Denkens ist es kein Problem über Figuren und Gefühle zu lachen, die andere auf ein Piedestal gestellt haben, mit Fahnen schmücken und verehren. Für einen Mann wie mein Vater, der in diesem Jahre 70 wird, der einen großen Teil seines Lebens den vaterländischen Gefühlen weihte, für einen solchen Mann, eine Wendung von 180 Grad zu machen und bewußt den Geboten seiner Regierung zuwiderzuhandeln, dazu bedarf es persönlichen Mutes. Er riskierte seine Freiheit, beinahe sein Leben, für seine neu gewonnene Überzeugung. Er, der im Grunde seines Herzens Antisemit ist, riskierte seinen Hals für einen kleinen Judenjungen, dem er eine Fieberspritze gab, obwohl er wußte, daß die Gestapo jeden Augenblick ins Haus kommen würde. – Ja, Herr Pötz, ich liebe und verehre ihn, der möglicherweise die besten Qualitäten der Deutschen verkörpert."

Pötz sah schweigend vor sich auf den Tisch. Dann nickte er: „So hat er sich geändert unter dem Einfluß der Nazis? – Dazu gehört persönlicher Mut – ja. Wie viele Volksgenossen sind wohl inzwischen etwas unsanft erwacht, haben aber nicht die Courage, sich ihrer Überzeugung entsprechend zu verhalten. Schließlich ist auf die Charakterlosigkeit oder – Angst der Erfolg der Diktatur aufgebaut. – Ist Ihnen denn nicht klar, meine Liebe, daß alle Macht auf Furcht basiert ist? – Gleich den Komplementärfarben, gibt es Komplementärgefühle. Wie Rot und Grün, ergänzen sich Macht und Furcht. Und es komplementieren sich die Reichen und die Habenichte. Geld ist das Opium der Reichen, Macht über Untergebene das Opium der Habenichtse. Wenngleich sie einander verachten, unterstützen sie sich gegenseitig. Um zu behalten, was sie nicht immer mit den feinsten Mitteln erwarben, sind der Reichen Gehirne gefüllt mit utopistischen Ideen über Staat, Gesetz und Ordnung, und sie bedienen sich eines Machtlüsternen wie Hitler, um ihre Ziele zu erreichen. Millionen Menschenleben werden geopfert, um des einen Machthunger zu stillen, des anderen Tasche zu füllen. So wie die Kirche die Reichen und die Mächtigen mißbraucht, brauchen sie die Kirche, die für die Armen betet und die Reichen segnet." Er lehnte sich zurück, die Mundwinkel ironisch heruntergezogen. Plötzlich lachte er lautlos: „Was für eine Seifenblase würde platzen, wenn die Menschen ihre Furcht verlören!"

14. November 1942

„Ist dir bei der Ankündigung der neuen Kleiderkarten nichts aufgefallen?" fragte Bernd.
„Die Sachen, die wir brauchen, bekommen wir doch nicht", erwiderte ich.
„Die Punkte sind weniger interessant", erklärte er, „als die Tatsache, daß die Kleiderkarte bis zum 30. Juni 44 Gültigkeit hat. Darf ich dich darauf aufmerksam machen, daß wir noch im Jahre des Heils 1942 leben?"
Als ich schwieg fuhr er fort: „Hitler scheint also wirklich wahrzumachen, was er in seiner Rede am Vorabend zum 9. November androhte."
„Nämlich was?"

„Er sprach von einer Angewohnheit, die er schon als Knabe hatte, die damals vielleicht eine Unart war, aber die er nun als Tugend erachtet, nämlich daß er immer das letzte Wort behielt. Er sagte wörtlich: ‚Alle unsere Gegner können überzeugt sein: Das Deutschland von einst hat um $^{3}/_{4}$ 12 die Waffen niedergelegt – ich höre grundsätzlich immer 5 Minuten nach 12 auf!'"
„Und wer" fragte ich, „stellt die Uhr und bestimmt wenn es 12 Uhr ist?"
„Unser Führer", antwortete Bernd ironisch, „denn wie er sagte: ‚Das Schicksal oder die Vorsehung werden denen den Sieg geben, die ihn am meisten verdienten.'"
„Hmhm", nickte ich. „So weit ich informiert bin, wird dauernd über die ungünstigen Wetterverhältnisse in Rußland gesprochen, von harten Kämpfen im Kaukasus und bei Stalingrad, während gleichzeitig über einen starken britischen Ansturm in Ägypten berichtet wird. – Glaubt am Ende das Schicksal oder die Vorsehung, daß die bösen Feinde den Sieg verdienen?"

9. Dezember 1942

Wir hatten – wie so oft – im Luftschutzkeller gesessen. Öfter und öfter dreht sich nun die Unterhaltung ums Essen. Wie man was aus dem wenigen machen kann, das uns zugeteilt wird. Wie man noch etwas strecken kann. Niemand von uns würde von der Sonderzuteilung für Weihnachten Gebäck oder Kuchen backen. Das bißchen Mehl und Zucker würden wir für noch schlechtere Zeiten aufheben, genau so wie die paar Kaffeebohnen, für die wir vielleicht einmal nach einer schlimmen Nacht dankbar sein würden.
„Auch den Fingerhut Schnaps sollten wir aufsparen", meinte Frau Rodenhauer.

„Trinkbranntwein", verbesserte ihre Tochter.
Alle lachten ironisch und machten Witze über diese winzigen Portionen, mit denen die Bevölkerung beglückt wurde – bis die Sirenen die Entwarnung verkündeten und jeder erschöpft mit knurrendem Magen und frierend ins Bett fiel. Um Kohlen zu sparen wird die Heizung bereits um zehn Uhr abgestellt.

1. Januar 1943

Gestern morgen rief eine Tochter von Amtsgerichtsrat Schmidt an. Ihr Vater habe Lungenentzündung und müsse ins Krankenhaus; sie seien aber außerstande, in irgendeinem Krankenhaus Aufnahme zu finden. Ob wir helfen könnten? – Vater setzte sofort alle Hebel in Bewegung für den Mann, der ihm praktisch das Leben gerettet hatte und sicherte ihm ein Bett im Heilig-Geist-Hospital.
Es war elf Uhr abends, als Waldemar Schmidt vom Krankenhaus aus anrief und um meinen Besuch bat.
„Jetzt?" fragte ich ungläubig.
„Ja bitte."
„Aber schauen Sie – bis ich bei Ihnen bin, ist es doch Mitternacht."
Er lachte: „Das macht doch nichts."
Ich zögerte etwas, denn es fiel mir in diesem Fall schwer, abzulehnen. Andererseits hatte ich Bedenken, in der Silvesternacht alleine durch die Stadt zu laufen, mußte befürchten von einem Alarm überrascht zu werden und wußte nicht, wie ich den Besuch zu solch ungewöhnlicher Stunde den Schwestern gegenüber motivieren sollte.
Waldemar Schmidt bettelte: „Bitte, kommen Sie doch."
„Ich verspreche, daß ich Sie morgen besuche."

„Nein“, beharrte er, „nicht morgen, bitte kommen Sie. Bitte!“

Doch ich blieb fest, versprach am nächsten Vormittag zu kommen und wünschte ihm eine gute Nacht.

Heute früh um acht weckte Mutter mich mit der Nachricht, daß jemand vom Hospital angerufen habe mit der traurigen Mitteilung, daß Waldemar Schmidt gestorben sei.

So beginne ich das neue Jahr mit endlosen Vorwürfen, Trauer im Herzen und einer unbestimmten Angst als sei diese Hiobsbotschaft eine Vorwarnung für andere Schrecken.

27. Januar 1943

Ungläubiges Entsetzen erfaßte die Bevölkerung, besonders diejenigen, die einen Mann oder Sohn in Rußland haben. Sie wissen nicht, ob er noch lebt und wenn, ob er durch Erfrierungen verkrüppelt, halb verhungert, verwundet oder krank ist. Die Menschen verfolgen die Wehrmachtsberichte, lauschen den Nachrichten am Radio und dürsten nach einem Wort, das ihnen Gewißheit geben soll.

Natürlich wünsche ich, daß die Deutschen so geschlagen werden wie einst Napoleons Armee. Doch dann denke ich an die anderen, die keine Nazis sind und sinnlos auf diesem Felde der Unehre geschlachtet werden wie mein Cousin Joseph, Onkel Rudolfs Ältester, der nichts mit den Nazis zu tun haben wollte und bereits im August im Osten fiel. Ich sehe die um Jahre gealterte verzweifelte Etta, deren Jüngster in Frankreich vermißt ist, und deren Ältester in Rußland kämpft, falls er noch lebt. Sogar ihr Mann wurde auf einen Truppenverbandsplatz nach Rußland geschickt.

Natürlich wird dieser Krieg verloren – was uns das Leben retten wird. Und trotzdem kann ich mich nicht darüber freuen ...

20. Februar 1943

Pötz hatte angerufen und festgestellt, das es wohl an der Zeit sei, sich einmal wieder ausführlicher zu unterhalten.
Wir hatten uns, wie seit Jahren, in der Kakao-Stube getroffen, deren Name allein einem nun wie ein Hohn erscheint. Das undefinierbare Getränk, das in den Tassen dampfte, wurde von uns nicht angerührt.
„Mit dem letzten Neujahrstag", sagte Pötz sarkastisch, „sind wir in das so absolut erfolgreiche vierte Kriegsjahr hinübergeglitten. Als besonderes, etwas verspätetes Neujahrsgeschenk wurde das deutsche Volk mit dem Falle Stalingrads beglückt, in dem – dem Wunsche unseres Führers entsprechend – bis fünf Minuten nach zwölf gekämpft wurde." Er richtete sich steil auf, den Rücken gegen die Stuhllehne gestemmt: „Haben Sie, meine Liebe, diese historische Schlacht verfolgt? – Nein? Das ist eine schwere Unterlassungssünde, denn dort wurde die entscheidende Schlacht dieses Krieges gefochten. Was einst für Napoleon der Brand Moskaus war, ist für Hitler Stalingrad. Im Zentrum dieser fernen Ruinenstadt sollte man eine Gedenktafel errichten mit der Inschrift: ‚Hier wurde Deutschlands Hoffnung auf den glorreichen Endsieg begraben.' – Verstehen Sie mich recht – der Krieg ist noch längst nicht beendet, wenngleich er bereits verloren ist."
Er kramte in seinen Rock-, Hosen- und Brusttaschen herum, bis er ein zusammengefaltetes Schreibmaschinenpapier hervorbrachte, auf das er schmale Zeitungsausschnitte geklebt hatte.
„Hier", sagte er und deutete auf den Kopf des Blattes:

„12. Januar: In Nordkaukasien, bei Stalingrad und im Don-Gebiet wurden fortgesetzte Angriffe zahlenmäßig überlegener Infanterie- und Panzerkräfte der Sowjets in schweren Kämpfen blutig abgewiesen.' Für wen blutig?" Sein Finger glitt weiter. „20. Januar: ,Standhafte Verteidigung im Raum von Stalingrad. Schwere Sowjetangriffe an allen Fronten.' Am 24. spricht der Wehrmachtsbericht nur noch von der deutschen Verteidigung Stalingrads. ,In Afrika setzen sich die Truppen planmäßig vom Feinde ab.' 25. Januar: ,Unverminderte Heftigkeit der Winterschlacht. Der heldenhafte Kampf der deutschen Soldaten in Stalingrad.' „26. Januar: ,In Stalingrad heftet die 6. Armee in heldenhaftem und aufopferndem Kampf gegen erdrückende Übermacht unsterbliche Ehre an ihre Fahnen.'" Er bedeckte die Ausschnitte mit seiner flachen Hand: „Welche Fahnen, meine Verehrteste, wie? – Sie sehen mich erstaunt an, als ob es für Deutschland nur eine Fahne gäbe? Aber nein! Nehmen sie einen Mann wie General Paulus, der sich so tapfer in Stalingrad wehrte, so daß er noch im letzten Moment zum Generalfeldmarschall befördert wurde. Er, wie so viele andere deutsche Volksgenossen, schwor unter Kaiser Wilhelm, die schwarz-weiß-rote Fahne mit der Waffe in der Hand zu verteidigen. Nachdem unsere kaiserliche Hoheit mit dem Volksvermögen in ein gesünderes Klima übersiedelte, kam eine neue Regierung mit einer neuen Fahne. Diese neue Regierung vereidigte ihre Wehrmacht, die schwarz-rot-goldene Fahne mit der Waffe in der Hand zu verteidigen. Nachdem die schwarz-rot-goldene Regierung gestürzt war, wurde von Herrn Hitler die Hakenkreuzfahne zum Symbol des Vaterlandes erhoben. Er vereidigte seine Volksgenossen, diese Hakenkreuzfahne mit der Waffe in der Hand zu verteidigen. Wie viele Meineide wurden doch für ein Stückchen Stoff geschworen!"

Wir lasen weiter:

27. Januar: ‚Heldenhafter Kampf in den Ruinen von Stalingrad.‘
28. Januar: ‚Die noch kampffähigen Teile der 6. Armee verkrallten sich in die Trümmer der Stadt Stalingrad.‘
29. Januar: ‚An den Brennpunkten der Abwehrschlacht im Osten halten unsere Armeen unter schwerstem Kampf- und Wetterbedingungen dem Druck des Feindes unerschütterlich stand.‘
30. Januar: ‚In Stalingrad sind wütende feindliche Angriffe gegen die Südfront im Gange, denen die Verteidiger trotz härtester Entbehrungen und vielfacher Überlegenheit des Feindes weiterhin trotzen.‘
31. Januar: ‚In Stalingrad ist die Lage unverändert. Der Mut der Verteidiger ist ungebrochen.‘
1. Februar: ‚Heldenmütige Verteidigung in Stalingrad.‘ Die Deutschen werden von den Russen konzentrisch angegriffen und ‚leisten den letzten Widerstand im GPU-Gebäude.‘
2. Februar: ‚In Stalingrad ist die Südgruppe der 6. Armee unter Führung des General Paulus nach mehr als zwei Monaten heldenhafter Verteidigung von der Übermacht des Feindes im Kampf überwältigt worden.‘ Im Norden behauptet sich noch immer eine Gruppe, von der es am nächsten Tag heißt, daß der Feind an mehreren Stellen eingebrochen war, nachdem unsere heldenhaft kämpfenden Truppen ihre Munition nahezu verschossen hatten‘ – – –
Pötz griff mit den Fingerspitzen nach seiner Stirne: „‚Die Munition nahezu verschossen‘ – das sagt alles! Sie bekamen keinen Nachschub mehr – keine Munition, keine Verpflegung, keine Medikamente – aber sie opferten ihr Leben dem Größenwahnsinn eines geistesgestörten Gefreiten.“
Er steckte das beklebte Blatt wieder ein und verankerte die Daumen unter den Hosenträgern: „Inzwischen ha-

ben wir von Herrn Göring gehört, daß jeder das Letzte geben muß, eine Inkarnation des härtesten Willens und einen unzerstörbaren Glauben an den Sieg, während Herr Goebbels vor zwei Tagen das deutsche Volk fragte: ‚Wollt ihr den totalen Krieg? Wollt ihr ihn totaler und radikaler als wir ihn uns heute vorstellen können?' Und seine Anhänger, die zum Sportpalast geströmt waren – ein normaler Mensch hört ihn sich doch nicht an – seine Anhänger brüllten hysterisch: ‚Ja!', ‚Heil!' Worauf Herr Goebbels sich veranlaßt sah, die Anwesenden im Sportpalast als Ausschnitt des ganzen Volkes an der Front und in der Heimat zu betrachten. Denn so, meine Liebe, macht man Politik: Man sieht das, was man zu sehen wünscht, auch wenn es sich dabei nur um eine Minderheit handelt. Diese Minderheit aber benutzt man, wenn man an der Macht ist, um die Mehrheit zu unterdrücken. Wenn die Minderheit die Schießeisen hält, die rein physische Macht, dann verstummt die Opposition, auch wenn sie zahlenmäßig bei weitem überlegen ist. Dieses Schweigen betrachten die Machthaber dann als Einverständnis. – Eine uralte politische Taschenspielerei, die stets von neuem wirkt, denn sie wird jeweils mit einer anderen Generation oder in einem anderen Lande erprobt. Man treibt Schindluder mit der schweigenden Mehrheit." Er lachte lautlos. „Es fragt sich nur, wie lange diese Mehrheit schweigt. Als Herr Goebbels erklärte, daß der Führer den Krieg richtig charakterisierte, als er sagte, daß aus ihm nicht Sieger und Besiegte hervorgehen würden, sondern nur Überlebende und Vernichtete, da klang das nach reiner Rhetorik. Inzwischen ist jedoch dem erstaunten Volk mitgeteilt worden, daß 47 000 Verwundete und Kranke aus Stalingrad geborgen wurden, – nicht ganz ein Sechstel der 6. Armee. Was geschah mit den übrigen fünf Sechstel? Sie sind vernichtet, ausgelöscht – für ein groteskes Perpetuum mobile."

Als ich ihn fragend ansah, erklärte er: „Die jeweiligen Machthaber erzählen ihren uniformierten Sklaven – nachdem die Sklaverei offiziell abgeschafft worden war, wurde sie durch staatseigene Sklaven in Uniform ersetzt –; diesen wird also jeweils erzählt, daß sie durch diesen Krieg eine bessere Zukunft für ihre Kinder schaffen. Denn für die Zukunft wird stets die Gegenwart in Trümmer gelegt. Am Ende solcher Kriege muß alles Zerstörte wiederaufgebaut werden, um den nächsten beginnen zu können mit den nunmehr erwachsenen Kindern in Uniform, für die die bessere Zukunft geschaffen wurde, damit sie für ihre Kinder – – wie gesagt: Ein Perpetuum mobile." Er blickte mich mit einer Art melancholischen Triumphes an.

16. März 1943

Vor einigen Tagen wurden die jüdischen Partner aus den Mischehen zur sogenannten Jüdischen Gemeinde vorgeladen, in der sie dem dort seit Jahren eingenisteten Gestapobeamten ihre Kennkarten vorzulegen hatten und irgendwelche Fragen beantworten mußten.

Am Vorabend fragte ich Mutter: „Hast du deine Kennkarte?"

„Ja – –" Ihre Antwort kam eine Nuance zu langsam.

Ich sah sie scharf an: „Hast du sie?"

„Ja ja."

Am nächsten Morgen begleitete Vater – wie alle anderen arischen Eheleute – Mutter zur Jüdischen Gemeinde. Als sie zurückkamen, empfing ich meine schweigenden, etwas verstörten Eltern an der Türe.

„Ist etwas geschehen?" fragte ich schließlich.

„Mutter hat eine furchtbare Eselei begangen", erwiderte Vater. „Sie hat etwas auf ihre Kennkarte geschrieben."

Sie hatte neben das dicke J, das unter dem Wort ‚Kennkarte' gedruckt ist „einer Christin" geschrieben und auf der nächsten Seite unter ‚Bemerkungen:' „Mein Großvater war der rein arische Generalleutnant von Kusserow."

Der Gestapobeamte Holland hatte sie angebrüllt, völlig fassungslos über diese Unverschämtheit, und hatte die Gestapo in der Lindenstraße angerufen.

Da saß nun diese winzige Person, in sich zusammengesunken, auf dem riesigen blauen Sofa: „O Gott, was habe ich getan! Nun habe ich euch alle ins Unglück gestürzt!"

Eine unbeschreibliche Wut überkam mich, etwas gedämpft nur durch ein unbestimmtes Mitleid. Sie hatte in ihrem Starrsinn darauf bestehen müssen, daß sie im Recht war, sie, die Christin, die Deutsche mit diesem verdammten General als Großvater. Nun hatte sie es den Nazis einmal bewiesen... Wie meistens in ihrem Leben hatte sie erst gehandelt und nachher gedacht.

„Es wäre klüger gewesen", sagte ich beherrscht, „wenn du mir das gestern gesagt hättest. Wir hätten die Kennkarte vernichtet, und sie wäre eben verloren gewesen. Aber es ist müßig, sich jetzt darüber zu unterhalten. Wir sollten uns lieber überlegen, was wir nun tun können."

Vater und ich zerbrachen uns die Köpfe. Was in Mutters Gehirn vor sich ging, weiß ich nicht. Wahrscheinlich tat sie Buße und sprach lautlos mit ihrem Herrgott.

Am nächsten Morgen rief ich das Büro des Rechtsanwalt Eißner an, dessen Name mir verschiedentlich von Leuten in unserer Situation mit großer Anerkennung genannt worden war. – Herr Eißner war für einige Tage außerhalb. Wir könnten aber mit seinem Vertreter, Assessor Brandt, sprechen. Ich zögerte; die Sekretärin jedoch, die ja nicht wissen konnte, worum es sich handelte, redete mir gut zu.

Wenige Stunden später saßen Vater und ich diesem jungen Mann gegenüber.
„Ich bin mit einer Jüdin verheiratet", begann Vater.
„Aaah!" unterbrach der Kerl strahlend: „Und sie wollen sich scheiden lassen!"
Vater sah ihn völlig konsterniert an, während ich anfing zu lachen. Vater versuchte, die Situation zu erklären, stieß aber auf ungläubiges Unverständnis.
Ich erhob mich schließlich: „Komm Vati – ich glaube, wir sind hier am verkehrten Platz."
„Was nun?" fragte Vater, als wir wieder auf der Straße standen.
„Wir müssen mit Rechtsanwalt Eißner selbst sprechen."
Es ist sinnlos niederzuschreiben, mit wem wir in Verbindung traten, und was wir uns alles überlegten. Selbst Onkel Franz kann diesmal nicht helfen; als er die Tatsachen erfuhr, verschwand zum erstenmal das Lächeln von seinem Gesicht.
Mir kommt es vor, als ob sich unsere Gedanken um nichts anderes mehr drehen. Es ist, als säßen wir da mit eingezogenem Kopf, um auf den Schlag zu warten, der auf uns herabprasseln muß.

23. März 1943

Die Vorladung zur Gestapo kam und nun verloren die Eltern die Nerven. Sie sprachen von Selbstmord und wollten mich zurücklassen. Ich ging mit Vater zur Apotheke, in der er etwa 80 Tabletten Barbitursäure besorgte.
Ich flehte die Eltern an: „Ihr könnt doch nicht erwarten, daß ich ruhig in meinem Zimmer sitze und weiß, daß ihr euch umbringt. Ihr könnt mir derartige Pläne nicht unterbreiten und mich zurücklassen!"

„Wir wollen es noch eine Nacht beschlafen", erklärte Vater schließlich.
Das war am Samstag, an dem Bernd abends zu mir kam und mein heulendes Elend bewunderte. Ich konnte nichts dagegen tun – die Tränen strömten ununterbrochen über mein Gesicht. Bernd, der wußte, daß Mutter am Montag vorgeladen war, leistete mir schweigend Gesellschaft, und wir hörten uns Schallplatten an.
Ich konnte mich nicht dazu überwinden, ihm zu sagen, was mich bedrückte, und meine Gedanken rasten unausgesprochen durch meinen Kopf. Ich befand mich in einer ausweglosen Situation. Solange noch der Funke einer Hoffnung bestand, sollten wir nicht Selbstmord begehen. Im Hinblick auf das, was Mutter erwartete, konnte ich die Eltern jedoch nicht mit Überzeugung überreden, abzuwarten.
Am Sonntagmorgen kamen sie zum Frühstück als ob nie eine Krise gewesen wäre, als ob sie nie eine Entscheidung über Tod oder Leben getroffen hätten.
Gestern nun ging ich mit den Eltern zur Gestapo. Vater wartete auf der Straße, während ich mit Mutter das Gebäude betrat.
Es war wiederum der Gestapobeamte Baab, der sie in sein Büro rief und mir wiederum verbot, mit einzutreten. Nach einiger Zeit – vielleicht waren es nur Minuten, die mir wie Stunden erschienen – öffnete Baab die Türe: „Sie können jetzt reinkommen. Nehmen sie Abschied. Ihre Mutter bleibt hier."
Sie saß kreideweiß in ihrem schwarzen Mantel und schwarzem Hut auf dem ordinären harten Bürostuhl. Nur ihre Augen schienen zu leben; der übrige Ausdruck ihres Gesichtes war unbeweglich.
Ich strich mit meiner Rechten liebevoll über Mutters Wange: „Sei stark!" und während ich mich zu einem Abschiedskuß zu ihr beugte, flüsterte ich fast unhörbar: „Wir werden dich nicht verlassen!"

Baabs tote hellbraune Augen in dem schwammigen Gesicht blickten etwas enttäuscht, als ich mich umdrehte und trockenen Auges mit einer angedeuteten Neigung des Kopfes sein Büro verließ.

Vater, der offensichtlich auf- und abgegangen war, kam zu einem abrupten Halt und starrte mich entgeistert an. Er konnte es einfach nicht glauben, daß Mutter verhaftet war. – Während wir schweigend nach Hause gingen, dachte ich, daß Vaters Haltung nur wieder bewies, daß er die Situation immer noch nicht in ihrem ganzen Umfang begriff. Er hatte wirklich geglaubt, daß es mit einer Vernehmung erledigt sei.

Am Abend ging ich zu Nachbarn gegenüber. Fischers sind nette hilfsbereite Leute, die mich gelegentlich zu sich rufen, um mit ihnen den Auslandsender zu hören. Von ihnen aus rief ich Onkel Rudolf in Mainz an. Ich wußte, daß er in tiefer Trauer ist, denn zwei Tage vor Mutters Verhaftung hatten wir in der Zeitung gelesen, daß Joachim am 6. Februar im Osten gefallen war. Joachim, der mir näher stand als die meisten meiner zahllosen Cousins und Cousinen, der die Nazis aus vollstem Herzen ablehnte, hatte sein Leben sinnlos opfern müssen. Mein Schmerz über seinen Verlust wurde nur durch die Sorge um Mutter in den Schatten gestellt.

Onkel Rudolf meldete sich.

Ich sagte: „Wir wollten dich um deine Hilfe bitten. Vielleicht kannst du deinen Einfluß geltend machen. – Mutter ist verhaftet und wir haben Angst um sie."

Nach einer kurzen Pause erwiderte er bedächtig und schonend: „Das tut mir sehr leid – aber ich kann da nichts tun. Wie du wohl weißt, habe ich gerade meinen zweiten Sohn verloren, und da muß ich besonders vorsichtig sein."

Nun machte ich eine Pause, denn seine Logik verblüffte mich. Resigniert sagte ich dann: „Ich verstehe –" und hängte ab.

Frau Fischer legte den Arm um meine Schulter: „Seien Sie nicht zu deprimiert... Wenn ich irgendetwas für Sie tun kann, kommen Sie nur rüber."

Vaters Gesicht war mir voller Spannung zugewandt, als ich sein Zimmer betrat. Ich gab ihm wörtlich die Antwort, die ich von Onkel Rudolf erhalten hatte.

Er starrte auf seinen breiten, schweren goldenen Ehering, den er gedankenverloren um seinen Ringfinger drehte: „Wie heißt es doch? Blut ist stärker als Himbeersaft –" Er lachte trocken auf.

3. April 1943

Ich hatte schließlich Rechtsanwalt Eißner persönlich erreicht. Wir hatten sofort Kontakt. Er ist intelligent, warmherzig und hat Humor. Ich erfuhr von ihm, daß er sich bewußt einen SS-Mann mit guten Beziehungen zur Gestapo als Partner für seine Praxis ausgesucht hatte. Dieser besorgte ihm auch den Nazi-Assessor als Urlaubsvertretung.

„Wir wollen uns nichts vormachen, Fräulein Schroeder", sagte er ebenso höflich wie bestimmt. „Die Situation sieht nicht sehr schön aus, und Sie wissen natürlich, daß ich offiziell als Anwalt absolut nichts tun kann. Ich werde jedoch meinen Associer veranlassen, die Akten in der Gestapo einzusehen. Seien Sie versichert, daß ich alles tun werde, was in meiner Macht steht."

Am Montag, den 29., rief er an: „Setzen Sie sich auf den nächsten Zug nach Berlin. Die Akten gehen zur letzten Entscheidung nach dort. Seien Sie vor den Akten da. Sehen Sie, was Sie tun können und rufen Sie mich an, wenn Sie zurück sind."

Nachdem ich den Bahnhof angerufen hatte, erklärte ich Vater, daß ich in zwei Stunden nach Berlin führe. Er solle Katherina veranlassen, von München zu kommen,

um den derzeit mädchenlosen Haushalt zu übernehmen. In der Sprechstunde könnte mich vielleicht Schwester Ruth vertreten.
Ein paar Sachen in den Koffer werfend, raste ich zum Bahnhof und hatte das Glück, einen Sitzplatz zu finden.
Der Zug wurde mit jeder Station voller. Die Leute saßen in den Gängen auf ihren Koffern, nickten erschöpft ein, bis an der nächsten Station hinzukommende Reisende versuchten, sich durch Gepäck und Menschen zum nächsten Wagen durchzuquetschen, der genau so voll war.
Übermüdet und deprimiert kam ich in Berlin an, gab meinen Koffer in die Gepäckaufbewahrung und ging sofort zur Gestapo in der Prinz-Albrechtstraße. Zwei außerordentlich höfliche SS-Leute, denen ich mein Anliegen vortrug, informierten mich, daß ich zum Lützow-Platz gehen müßte.
Nachdem ich die ganze Nacht im Zug gesessen hatte, waren meine Füße und Beine angeschwollen, und die sonst bequemen Schuhe wurden zu eng. Jeder Schritt war eine Qual.
Schließlich stand ich vor einem enormen Gebäude – einem Palais. Über breite Marmortreppen mit elegantem schmiedeeisernen Geländer wurde ich zum nächsten Stockwerk dirigiert. Dann stand ich dem Mächtigen gegenüber. Der riesige Raum war mit kostbaren Teppichen ausgelegt und hinter einem großen, geschnitzten Schreibtisch saß ein stiernackiger Bonze in brauner Uniform.
Mein Herz setzte einen Schlag aus. Zwei Welten prallten aufeinander. All der Prunk, mit dem er sich umgab, konnte nicht über die Tatsache seiner Primitivität hinwegtäuschen.
Bescheiden erklärte ich, warum ich ihn aufsuchte.
„Und sie hat das auf die Kennkarte geschrieben?"

„Ja", antwortete ich, „das war sicher ein Fehler."
„Einer Christin?" fragte er.
„Ja. Ihre Eltern waren bereits getauft, und sie ist auch rassisch keine hundertprozentige Jüdin."
„Und das mit dem General? Wie konnte sie es wagen!?"
Es war nicht nur die Empörung über Mutters Unverschämtheit, unerlaubt etwas auf einen offiziellen Ausweis zu schreiben, sondern seine Wut brach durch, daß diese dreckige Jüdin behauptete, ihr Großvater sei ein General gewesen. Er, dieser brutale, heruntergekommene Landsknecht, konnte das nicht dulden.
Ich wußte, ich hatte verloren und erklärte mutig: „Es ist ja schließlich die Wahrheit."
Er lief rot an, sprang auf und brüllte: „Die Wahrheit! Die Wahrheit! – Machen Sie, daß Sie rauskommen! Die Wahrheit –!"
Ich ging langsam die mit Läufern ausgelegten Marmorstufen hinunter.
Die Wahrheit, dachte ich; das ist das Letzte, was diese Schweine ertragen können.
Am nächsten Morgen war ich wieder zu Hause.
Katherina war inzwischen eingetroffen und setzte den Haushalt knarrend und langsam in Gang. Wir wechseln uns ab, frische Wäsche ins Gefängnis zu bringen und schmutzige abzuholen. – Von allen Seiten werden uns Adressen einflußreicher berliner Persönlichkeiten zugeschoben.
Eine Freundin Katherinas kennt den Chef des Frankfurter SD, und ich begab mich zu dieser Dienststelle. Ungläubig blickte ich in das Gesicht dieses kultivierten, gebildeten Mannes. Was hatte er beim SD verloren?
Etwas hilflos erklärte er mir, daß er nicht in die Belange der Gestapo eingreifen könne; er wolle mich jedoch mit einem seiner Sachbearbeiter zusammenbringen, der

vielleicht einen Ausweg fände. Damit erhob er sich und führte mich in einen anderen Raum, in dem mehrere Schreibtische standen.

Vor einem sympatischen jungen Menschen blieb er stehen: „Herr Lamm, würden Sie bitte sehen, wie Sie Fräulein Schroeder helfen können?" Sich mit einem bekümmerten Ausdruck zu mir wendend, sagte er: „Sie können volles Vertrauen zu Herrn Lamm haben."

Ich war verwirrt. Da befand ich mich in der Dienststelle einer der Spitzenorganisationen der Nazis, besetzt mit gebildeten, anscheinend warmherzigen Menschen. Mein altes Mißtrauen verließ mich dennoch nicht, und ich gab lediglich einen kurzen sachlichen Bericht über die Tatsachen.

Herr Lamm hörte aufmerksam zu, sagte, daß er sich die Angelegenheit durch den Kopf gehen lassen würde, machte einige Vorschläge und bat mich, am Montag mit bestimmten Unterlagen zurückzukehren.

Ich brachte die gewünschten Papiere, und Herr Lamm versprach, alles zu tun, was in seiner Macht stand.

Er blickte mich offen an und lachte fatalistisch: „Was glauben Sie, Fräulein Schroeder, wenn das mal andersrum geht – dann hängen Leute wie ich alle da draußen an den Laternenpfählen."

Ich stand wieder auf der Straße in der strahlenden Frühlingssonne. Auf den nächsten Laternenpfahl starrend versuchte ich vergeblich, mir vorzustellen, daß Herr Lamm daran hing. Kopfschüttelnd ging ich weiter.

10. April 1943

Rechtsanwalt Eißner hatte mir auf die Seele gebunden, keinen Weg zu scheuen, mich von keinem Fehlschlag entmutigen zu lassen: „Fräulein Schroeder – ich will nicht behaupten, daß das Leben Ihrer Mutter in Ihrer

Hand liegt, aber so weit ich nun Ihren Vater und Ihre Schwester kenne, sind Sie es, die die Bürde tragen."
Er hatte Vater veranlaßt, sich an seinen alten Freund und Kollegen, den berühmten Internisten Prof. von Bergmann zu wenden, den ich mit einem Schreiben aufsuchen sollte.
So saß ich wieder im Nachtzug nach Berlin. Meine Gedanken irrten hin und her zwischen Frankfurt und Berlin. Wie ging es Mutter? Mußte sie schrecklich hungern? Wußte sie, was sie erwartete, und hatte sie Angst? Ich mußte an etwas anderes denken, sonst würde ich verrückt. Meine Gedanken eilten dem Zug voraus. Karl –. Würde ich Karl wiedersehen? Würde ich ihn finden? Würde er mich empfangen? Alles, was ich über ihn erfahren konnte, war, daß er in einer Nachrichtenagentur arbeitete. Karl – – ich würde ihn sehen... Mit dieser Hoffnung im Herzen verfiel ich in einen unruhigen Schlaf.
Meine Cousine Ruth empfing mich morgens um acht am Bahnhof. Von der nächsten Telefonzelle rief ich die Nachrichtenagentur an, unklar, ob es die richtige ist. Doch die Auskunft lautete, daß Herr X um neun Uhr erwartet würde.
Nachdem ich während eines kurzen Frühstücks Ruth das Wichtigste erzählt hatte, fuhr sie mit meinem Koffer nach Hause, während ich zu Karls Büro ging.
Als ich durch die Tür trat, saß er hinter seinem Schreibtisch und telefonierte – ein kleiner strategischer Schachzug, um Zeit zu gewinnen. Er neigte grüßend den Kopf und wies auf einen Stuhl.
Wir blickten einander an und der alte Zauber hielt uns gefangen. Die Jahre der Trennung waren vergessen. Liebkosend streichelten mich seine Augen, und Lasten fielen von meinen Schultern. Ich hatte das Gefühl, nach einer endlosen Irrfahrt wieder heimgekommen zu sein.

Das Telefongespräch war beendet. Wir gingen aufeinander zu und hielten uns umschlungen.
Ich erzählte ihm, warum ich in Berlin war. Doch Karl mußte zum Staatsbegräbnis des Reichssportführers von Tschammer und Osten, und wir verabredeten uns für den späten Nachmittag in der Stadt. In der Zwischenzeit fuhr ich zu Tante Luise, bei der ich vorübergehend wohne und machte einige Anrufe.
Mit Karl traf ich mich in einer Weinstube, in der er als guter Stammgast nicht nur Wein, sondern auch etwas zu essen bestellen konnte.
Wie vor Jahren in meinem Fall, mußte ich ihm alle Details erzählen, und was wir bisher unternommen hatten. Während er durch seine vielen Beziehungen Erkundigungen einziehen würde, sollte ich die Leute auf meiner Liste aufsuchen. Im übrigen hielt er es für angezeigt, daß ich mir eine andere Unterkunft suchte, in der ich kommen und gehen könnte, wie es die Situation erfordert, und die zentraler lag.
Wir brachen auf und standen gerade am Eingang zur U-Bahn am Potsdamer Platz, als die Sirenen aufheulten.
„Nun kannst du nicht fort", erklärte Karl befriedigt. Er ergriff mich bei der Hand und zog mich über den Platz zum Columbia-Haus, in dem sein Büro ist.
Zuerst saßen wir in dem ausgestorbenen dunklen Raum, in dem Karl die schwarzen Jalousien hochgezogen hatte, damit wir sehen konnten, was vorging. Wir hörten die Flugzeuge und dann in der Ferne das Einschlagen der ersten Bomben.
Karl, der unruhig in dem öden Raum auf- und abgegangen war, fragte: „Willst du nach oben kommen? Da können wir es besser sehen."
Wir stiegen zum obersten Stockwerk, um den, zum Teil überdacht, ein enger Balkon läuft.
Genau in unserem Blickfeld, auf der anderen Seite der

Stadt, sahen wir die Brände, hörten die Bomben fallen, die nach einem kurzen Funkenregen neue Brände auslösten. Die vielen weißen Geisterfinger der Flak wurden immer weniger, bis sie ganz verschwanden.
Karl, der meine Schulter umfaßt hielt, sagte triumphierend: „Daran hatte Herr Göring anscheinend nicht gedacht, als er so stolz mit seiner Abwehr prahlte – daß seine Scheinwerfer wundervolle Zielscheiben sind." Er fing an zu lachen: „Die kleinen Buben, die nun als Flakhelfer herhalten müssen, tun das einzig Vernünftige, was man in so einer Situation tun kann: Sie verlassen die Stellungen und gehen in Deckung."
„Habt ihr in Berlin viele Angriffe?" fragte ich.
„Ja", erwiderte er, „und jede Nacht Alarm."
Wir starrten fasziniert in das tödliche Feuerwerk. Eine besonders schwere Bombe mußte gefallen sein; wir sahen bereits die enorme Explosion, als wir plötzlich die Druckwelle fühlten, die mit dem Schall zu uns getragen wurde.
„Hier", sagte Karl, „bekommst du den Unterschied zwischen Orient und Okzident in der Praxis vorgeführt. Die Chinesen, die als erste das Schießpulver erfanden, benutzten es zur Freude. Sie machten harmloses Feuerwerk damit. Der westliche Mensch aber mißbraucht es zum Töten, wie er überhaupt immer nur schrecklichere Mittel der Zerstörung ersinnt. – Was wir dort drüben sehen – wie viel Tod und Vernichtung bringt es. – Wenn es nur die Nazis ausrotten würde... Meistens jedoch trifft es die Unschuldigen."
Am nächsten Tag konnte ich niemanden sprechen. So ging ich von Hotel zu Hotel zwischen Potsdamer und Anhalter Bahnhof, auf der Suche nach einem Zimmer. In einem kleineren Hotel endlich sagte der junge Portier, daß er vielleicht in einigen Stunden etwas freihätte. Er sagte das etwas zögernd und blickte mich prüfend an, während ich mich wunderte, was ein junger, offenbar

gut erzogener Mensch als Hotelportier tut. – Ich mußte noch einige Male zurückfragen, bis ich endlich mein Zimmer bekam.

Prof. von Bergmann war ehrlich erschüttert über Mutters Inhaftierung. Natürlich hatte er Vaters Forschungsergebnisse verfolgt, hielt sie für vielversprechend und konnte das mit gutem Gewissen bestätigen. Ich sollte am Montag wiederkommen. Er würde mir dann das Schreiben geben, und vielleicht noch andere Hilfe mobilisieren.

Samstag und Sonntag ist niemand erreichbar. So ging ich heute, an meinem Geburtstag, zum Postamt, wohin ich mir postlagernd meine Briefe schicken lasse. Nicht einmal ein Gruß von Vater wartete auf mich.

Karl kam am Nachmittag für eine Weile, und wir besprachen unsere Strategie und tasteten uns zögernd in unserem persönlichen Leben vor. Daß wir zusammengehörten, wußten wir. Aber was war in den sieben Jahren geschehen, daß wir einander nicht mehr gesehen hatten?

Karl ist noch immer nicht geschieden. Obwohl seine Frau ihn nicht nach Berlin begleitete, ist sie nicht bereit, ihn freizugeben.

„Warum ist die Scheidung so wichtig, Karl?"

Er wurde verlegen.

„So – du hast eine andere Frau. Wie heißt sie?"

„Diana."

„Und du lebst mit ihr?" fragte ich weiter.

„Mein Liebstes – ich konnte doch nicht wissen ..."

„Nein", lachte ich etwas, „– ich auch nicht."

Er zog die Augenbrauen hoch und blickte mich fragend an.

„Franz Bernd", erklärte ich, „ist nicht was du als die große Liebe meines Lebens bezeichnen würdest, sondern eher eine Angewohnheit, eine Bequemlichkeit."

„Er liebt dich?"
„Er will mich heiraten."
Karl stand auf und ging eine Weile im Zimmer auf und ab. Plötzlich blieb er vor mir stehen: „Weißt du, mein Liebes – das wäre gar nicht so schlecht in dieser Situation. Ein arischer Ehemann wäre unter den obwaltenden Umständen ein großer Schutz für dich..."
Nun sitze ich alleine in dem fremden Hotelzimmer. Mein Tagebuch ist der einzige vertraute Gegenstand – ein schweigender Kamerad, der nur zuhört, aber nie antwortet.
Wie lange ist es her, daß ich meinen Geburtstag in solcher Einsamkeit verbrachte? Selbst im Gefängnis hatte ich noch von den Eltern einen Brief erhalten. Nun ist Mutter hinter Schloß und Riegel. Hier zu sitzen um zu warten, bis es Montag wird, ohne etwas tun zu können, ist absolut entnervend. Mir ist klar, daß meine Haft ein Erholungsaufenthalt war, verglichen mit dem, was Mutter nun aushalten muß. Außerdem wußte ich, wie lange ich äußerstenfalls eingesperrt sein würde. Aber Mutter? – Ich will gar nicht an die Gerüchte denken, die kursieren, laut denen auf „kaltem Wege die Mischehen liquidiert" werden.
Aus den Stummeln der gerauchten Zigaretten drehte ich mir eine in dem Maschinchen, das Bernd mir geschenkt hatte. Das Zeug stinkt, aber es raucht. Karls schlanke Finger hatten alle Stummel geöffnet und in das Maschinchen geworfen, nachdem er den feuchten Tabak verteilte.
Was für ein Geburtstag! Den Mann, den ich liebe, soll ich mit einer fremden Frau teilen und einen anderen heiraten? Würde das Mutters Leben retten? Nein – aber es könnte Bernd, bei dem etwas weiter zurück ein jüdischer Vorfahre war, gefährden. Und nun, da ich Karl wiedergefunden habe, wäre diese Ehe völlig untragbar.

Unter dem Vorwand, nach einer Zeitung zu fragen, war ich durch die ausgestorbene Hotelhalle zu dem jungen Portier gegangen, denn ich hielt es in dem schweigenden Hotelzimmer nicht mehr aus.
Er reichte mir ein Blatt: „Es ist nicht das Neueste", erklärte er halb entschuldigend.
Ich wandte mich gerade zum Gehen, als er sagte: „Fräulein Schroeder –"
„Ja?"
Er sah mich aufmerksam an: „Kann ich irgendetwas für Sie tun?"
„Wieso?" fragte ich verblüfft.
„Ich habe das Gefühl, daß Sie Sorgen haben. Entschuldigen Sie – sind Sie Jüdin?"
„Nur halb."
Er kam hinter seiner Portierloge hervor: „Wolfgang Borger", sagte er mit einer Verbeugung. „Ich bin auch Halbjude."
Sein jüdischer Vater ist ebenfalls im Gefängnis. Wir saßen bis Mitternacht zusammen, tauschten Erfahrungen aus und erwogen Möglichkeiten, unsere Eltern zu befreien.

20. April 1943

Prof. von Bergmann gab mir ein ausgezeichnetes Schreiben, in dem er über Vaters bahnbrechende Forschungsarbeit schrieb und der Überzeugung Ausdruck verlieh, daß alles getan werden müsse, um die bisherigen Resultate weiterzuverfolgen.
„Und nun", sagte er, „gehen Sie zur Universitätsklinik. Prof. Sauerbruch hat ebenfalls ein Schreiben für Ihren Vater."
Ich mußte einige Minuten warten, denn Prof. Sauerbruch wollte mir seine Beurkundung persönlich überreichen.

Schließlich stand der weltberühmte Chirurg vor mir: ,,Hier, mein liebes Fräulein Schroeder.“ Er gab mir ein Couvert in die Hand. ,,Ich bin zwar zur Zeit nicht im besten Ansehen – eher ein schwarzes Schaf. Vielleicht hilft es aber doch. – Ich wünsche Ihnen Erfolg!“ Ein fester Händedruck und er verschwand hinter einer Türe, die sich lautlos schloß.

Am Abend kam Karl, um auf Grund der nun vorliegenden Dokumente einen Schriftsatz zur Vorlage bei der Reichsärztekammer zu diktieren. Diesen Schriftsatz sollte ich Rechtsanwalt Eißner zur Korrektur vorlegen, abtippen und wieder nach Berlin bringen, um ihn persönlich an der zuständigen Stelle zu übergeben.

Als ich von Eißners Büro zurückkam, packte Katherina auf dem Küchentisch eine Tüte mit Wäsche aus, die sie aus dem Gefängnis geholt hatte. Ich blickte in die leere Tüte, in deren Boden ich einen weißen Streifen sah, an dem ich zog. Es war ein kleiner Zettel.

Wir starrten auf Mutters Handschrift: ,,Schickt mir doch bitte mit der Wäsche belegte Brote. Wir hungern! In Liebe Mutter.“

Katherinas Gesicht verfärbte sich: ,,O Gott, wie schrecklich! Sie hungert!“

Ich sah sie schweigend an und schluckte eine Bemerkung hinunter.

Bis nach Mitternacht saß ich an der Schreibmaschine, fuhr am nächsten Morgen mit Vater zu unserer Metzgerin, um ihr etwas Wurst für Mutter abzubetteln, half Katherina Brote zu machen, die zwischen die Wäsche gepackt wurde, nahm Abschied von Brandy und verabredete mit Bernd, daß er mich zum Berliner Nachtzug bringen würde.

Am nächsten Morgen in Berlin ging ich zur Reichsärztekammer, in der ich meine Geschichte mehrmals erzählen mußte, bis ich schließlich bei einem höheren Tier landete, der noch zwei andere Herren zu der Besprechung zuzog, die anscheinend besonders für die Betreuung Tuberkulöser zuständig sind. Offensichtlich von den Sonderdrucken und dem Schriftsatz beeindruckt, begriffen sogar diese Nazis, daß ein Wissenschaftler durch die Sorge um seinen Lebenskameraden unfähig ist, sich zu konzentrieren. Sie sicherten Abhilfe zu.

Ich mußte Karl, der mich ungeduldig in seinem Büro erwartete, berichten: „Die Aufnahme war gut und die Leute sichtlich beeindruckt – nicht zuletzt durch die Schreiben von Bergmann und Sauerbruch. – Sie versprachen, alles zu tun, damit Vater seine Forschung weiterbetreibt.“ Ich stieß einen Seufzer der Erleichterung aus.

Karl lächelte mir verständnisvoll zu, doch dann wurde er ernst: „Auf diese Zusage allein kannst du nicht alle Hoffnungen setzen. Es klingt gut – falls sich die Leute aber in Frankfurt erkundigen – und ich fürchte, daß sie das tun – könnte ihr Eifer etwas gedämpft werden. Wenn du noch nicht alle die Namen aufgesucht hast, die dir gegeben worden sind, solltest du auch die anderen Wege noch verfolgen.“

Zum Abendessen trafen wir uns wieder in der Weinstube. Karl erkundigte sich nach meiner Ernährung in dieser fremden Stadt.

Ich konnte ihn beruhigen: „Abgesehen davon, daß Bernd mir einige Reisemarken mitgab, bekomme ich mein Frühstück ohne Marken.“

„Von deinem Portier?“

„Ja. Er fungiert auch als Frühstückskellner und erzählte mir von der Organisation, die sie hier aufgebaut haben.“

„Was für eine Organisation?“ interessierte sich Karl.

„Da ist“, erwiderte ich, „eine ganze Gruppe gleichgesinnter Leute, die in Hotels, Lebensmittelgeschäften, zum Teil sogar in Karten-Verteilungsstellen arbeiten. Sie stehlen Lebensmittelkarten, mit denen sie jüdische oder politisch verfolgte Freunde, die untergrund gegangen sind, versorgen. Borger meinte, ich qualifizierte wenigstens fürs Frühstück."

„Wo leben diese Menschen?"

„Sie wechseln von Freund zu Freund. Sie geben sich aus als Bruder, Cousin, Nichte, Neffe – je nach Alter und Geschlecht. Sie suchen Zuflucht in öffentlichen Luftschutzkellern, Kirchen, Lagerhäusern und was es in Berlin alles an Möglichkeiten gibt. Nach dem, was mir Borger erzählte, machen das einige schon seit Jahren, und bisher ist noch keiner entdeckt worden."

26. April 1943

Morgen werde ich wieder nach Hause fahren. Meine Hauptbeschäftigung hier bestand aus Warten. Warten, bis ich jemanden telefonisch erreichte; warten, bis die Zeit der Verabredung kam; warten, bis jemand mit einer Nachricht zurückrief. Ich verbrachte Stunden des Wartens in meinem Hotelzimmer. Ich kenne jedes Blütenblatt der Blümchen auf meiner Tapete, jeden kleinen Riß in der Decke und jeden Kratzer auf dem schwarzen Telefon, daß mich ohne Erbarmen schweigend anstarrte. Ich dachte an Mutter, die hungert und zermarterte mein Hirn, was ich noch unternehmen könnte. Wie auf einer Schallplatte wiederholte und wiederholte ich ihre Geschichte und alle Verabredungen, die ich traf, alle Gänge die ich machte, waren vergebens. Der eine oder andere schickte mich wohl zu einer neuen Adresse, die sich wiederum als Sackgasse erwies, worauf ich mich umwandte, um einen anderen Weg einzuschlagen. Ich stieß auf Mitgefühl, Teilnahme und – Hilflosigkeit.

Wenn endlich der Tag vorüber war, und Karl noch spät

arbeiten mußte, saß ich wieder in meinem Hotelzimmer und wartete, wartete, bis er endlich kam, damit ich ihm meine Fehlschläge berichten konnte, wir neue Pläne ersonnen, und ich für kurze Zeit Trost und Vergessen in seinen Armen fand.
Schließlich hatte ich alle mir aufgegebenen Adressen aufgesucht, und wir beschlossen, daß ich nach Frankfurt zurückfahren würde, um dort zu warten. Vielleicht würde die Reichsärztekammer doch etwas tun?
Karl meinte nachdenklich: „Ich habe noch ein Eisen im Feuer – aber davon will ich erst Gebrauch machen, wenn alle anderen Bemühungen versagt haben. Es wäre der letzte Ausweg..." Nach einer längeren Pause sagte er: „Du mußt deiner Mutter eine Nachricht zukommen lassen. Ich habe erfahren, daß die Gestapo den Häftlingen ein Formular zur Unterschrift vorlegt, wonach der Häftling bereit ist, sich freiwillig in ein Umschulungslager transportieren zu lassen. Was für ein Lager das ist, brauche ich dir wohl nicht zu erklären. Deine Mutter darf auf keinen Fall unterschreiben, hörst du: Auf keinen Fall! Hat sie einmal unterzeichnet, können wir uns alle weiteren Anstrengungen sparen."

8. Mai 1943

Ich bin wieder in meinem Hotel ‚Westend', allerdings in einem anderen Zimmer.
Da ich zu Hause nicht dazu kam, in mein Tagebuch zu schreiben, will ich es jetzt nachholen, selbst auf die Gefahr hin, daß alles etwas durcheinander geht – genau so wie mein Leben, das mir vorkommt wie eine endlose Reise; hin und her – Frankfurt – Berlin; Berlin – Frankfurt; Hoffnung – Verzweiflung; neuer Lebensmut – tiefste Niedergeschlagenheit. Besprechungen, Verabredungen, neue Gesichter, Schriftsätze, Sprechstunden,

in denen die zurückgebliebenen arischen Ehepartner die gefürchteten Postkarten mit der Todesnachricht bringen. Vaters verbissene Hilflosigkeit, Katherinas tränenreiche Gefühlsausbrüche. In dem ganzen Wirbel stehe ich, äußerlich so unbewegt, daß Katherina mich einmal hysterisch anschrie: „Hast du denn überhaupt kein Gefühl? Mir zerreißt es das Herz und du –?"
„Ich was?" fragte ich mit eisiger Ironie. „Dir zerreißt es das Herz? Und was tust du sonst? Du schreist herum und benimmst dich hysterisch."
Sie entschuldigte sich mit einem erneuten Tränenausbruch.
Da waren die Nächte, in denen irgendwo in der Stadt Bomben fielen, und wir nach der Entwarnung wie von Furien gehetzt zum Gefängnis jagten, um mit einer Erleichterung, die unsere Knie nachgeben ließ, auf diesen unversehrten Bau des Schreckens zu blicken.
Ich lebe in einem nicht enden wollenden Alptraum. Aus den bisher vorliegenden Daten konnte ich feststellen, daß die Häftlinge genau drei Monate nach ihrem Arrest abtransportiert werden. Für Mutter wäre das Datum der 22. Juni. – Am 22. Juni soll meine Mutter in einen Eisenbahnwagon verladen werden, um innerhalb der nächsten Wochen zu sterben. Zwischen dem 22. Juni und 14. Juli soll meine Mutter ermordet werden. Sie hatte in einem ihrer Tütenbriefe mitgeteilt, daß sie aus ihrer Zelle gerufen worden war, um das Formular zu unterschreiben. Sie ist anscheinend die einzige, die sich zur völligen Konsternierung Baabs weigerte. Wie lange aber kann sie sich weigern, ohne daß Gewalt angewandt wird?
Ich lernte, im Stehen zu schlafen, den Rücken gegen eine Wand im Zug gelehnt. Erwachend hörte ich das rhythmische Rattern der Räder auf den Schienen mir zurufen: „Mutter wird ermordet – Mutter wird ermordet – –"

Ich blickte mich verwirrt nach einem Fluchtweg um und sah auf die Jammergestalten, die gleich mir auf dem Gang im Stehen schliefen oder auf ihren Koffern zusammengekauert waren. In dem fahlen blauen Licht der kleinen Birnchen, die den verdunkelten Zug spärlich erleuchteten, sahen sie alle schon wie Tote aus. Erschöpft, übermüdet, hungrig und verzweifelt formten wir schweigend eine Gemeinschaft des Elends.
Doch zurück zu den letzten Ereignissen in Frankfurt.
Nach meiner Rückkehr war eine meiner ersten Fragen an Katherina: „Wann geht das nächste Wäschepaket ins Gefängnis?"
„Am Dienstag. Warum?"
„Ich muß Mutter etwas mitteilen."
„Ach Löwe –", Katherina fing an zu weinen. „Mutter beschwerte sich auf ihrem letzten Zettel, daß wir ihr keinen Belag auf die Brote tun – –"
„Was?!" Ich sah sie fassungslos an. „So ein miserables Pack! Da bestiehlt das Gefängnispersonal diese Hilflosen noch –"
Da wir mehr als knapp sind mit Tüten und Verpakkungsmaterial, konnte es kaum auffallen, daß die Seiten der Tüte mit Klebestreifen zusammengehalten waren. Ich hatte aber die Tüte aufgeschnitten und die untere Hälfte der Innenseite beschrieben, etwas, was man nicht entdecken würde, wenn von oben hineingesehen wurde. Ich schrieb, daß ich in Berlin war, daß K.X. hilft, und daß sie nicht den Mut verlieren solle. „Was immer geschieht", betonte ich, „gib auf k e i n e n Fall deine Unterschrift!" – In den Boden der Tüte steckte ich einen Bleistiftstummel und frische Klebestreifen. Dann packten wir, und ich fuhr zum Gefängnis.
Mutters erster offizieller Brief war während meiner Abwesenheit eingetroffen. Was konnte sie schon unter diesen Umständen schreiben, in dem Bewußtsein, daß

jedes Wort von der Gestapo gelesen wurde? Abgesehen von den Lügen über ihr Wohlergehen äußerte sie einen Wäschewunsch und bat um ihre Bibel.

„Um ihr die Bibel ins Gefängnis zu schicken, bedürfen wir der Genehmigung der Gestapo –“, sagte Vater, wobei er das Ende des Satzes in der Luft hängen ließ.

„Gut“, erwiderte ich, „ich gehe.“

Der Gedanke, dem Gestapobeamten Baab wieder gegenüberstehen zu müssen, löste Magenkrämpfe in mir aus.

Am nächsten Morgen betrat ich das Büro dieses verhaßten Subjektes, wurde jedoch rechts durch eine Tür in einen zweiten Raum gewiesen.

Ich traute meinen Augen nicht: „Herr Gabbusch!“

„Heil Hitler!“ sagte er.

„Herr Gabbusch –!“

„Na nu’, setzen Sie sich mal erst nenenenene.“

Meine Reaktion rührte ihn, und er benahm sich wie ein Mensch. Einen Seitenblick auf die offene Türe werfend, protestierte er nicht, als ich mich vorsichtig erhob und lautlos die Türe schloß.

„Fräulein Schroeder“, meinte er dann, „was machen Sie nur immer für Sachen?“

Mein Versuch, Mutters Fall zu besprechen, stieß auf Schweigen.

„Warum sind Sie heute gekommen?“ wollte er wissen.

„Meine Mutter bat um ihre Bibel, wozu wir Ihre Erlaubnis haben müssen.“

„Bibel?“ fragte er ungläubig. „Na – wenn sie das glücklich macht –. Kann sie haben.“

„Herr Gabbusch –“ Ich blickte in sein cyanotisches Gesicht, auf seine zitternden Hände, die typischen Anzeichen des Alkoholikers. „ – was fehlt Ihnen?“ Mit aller Wärme, die ich aufbringen konnte, fuhr ich besorgt fort: „Geht es Ihnen nicht gut? Sie sind so nervös.“

„Ach", sagte er ärgerlich, „ich war die ganze Zeit in Polen. Furchtbar – furchtbar – das macht einen nervös nenenene? – Aber hier wird's schon wieder besser werden. – Wissen Sie was? Vielleicht könnte ich Ihrem Vater eine Besuchererlaubnis für zwei Personen geben, eh?"
Mit dieser beglückenden Nachricht und dem entsprechenden Schein ging ich nach Hause, wo sich eine Debatte darüber entspann, wer von uns beiden Vater begleiten würde, Katherina oder ich. Ich sah die Tränen in Katherinas Augen aufwellen und befürchtete einen hysterischen Ausbruch.
„Du gehst", erklärte ich bestimmt. „Das nächste Mal bin ich dann an der Reihe."
Gerührt akzeptierte sie, während ich mich fragte, ob es ein „nächstes Mal" geben würde?
Nach dem Besuch saß ich in Katherinas Zimmer: „Wie geht es ihr?"
„Sie hat abgenommen und ihre Haare werden ganz grau; wie gepudert sehen sie aus. Und sie hat diese blasse Gefängnisfarbe – o Gott! – es ist – –"
„Nun sieh mal hier", unterbrach ich, „ich habe dir den Vortritt gelassen und erwarte einen vernünftigen Bericht. Wie ist ihre Stimmung? Glaubst du, daß euer Besuch ihr seelisch auf die Beine geholfen hat?"
„Oh ja!" rief Katharina aus. Ihre Augen waren verklärt zur Zimmerdecke gerichtet, während sie mit Pathos sagte: „Sie war – sie war wie ein Ertrinkender, dem man ein Glas Wasser reicht!"
Ich verließ fluchtartig das Zimmer.
Nachmittags machte ich wieder Sprechstundendienst. Einer der Patienten, dem ich öffnete, war Herr Bartel, dessen jüdische Frau mehrere Wochen vor Mutter verhaftet und inzwischen nach Birkenau transportiert worden war. Wie wir inzwischen erfahren hatten, ist Birkenau der Name des Bahnhofs zum KZ Auschwitz.

Statt der Begrüßung zog Herr Bartel eine Postkarte aus der Brusttasche: „Da“, sagte er, „das habe ich heute bekommen.“
Die vorgedruckte Postkarte teilte ihm mit, daß seine Frau Sara an dem und dem Tag an Angina gestorben sei. Er solle mitteilen, ob er die Urne mit der Asche wollte.
„Wie furchtbar, Herr Bartel!“ Ich war ehrlich entsetzt. Die Worte des Beileids blieben mir in der Kehle stecken. Doch als Herr Bartel eine Bewegung zum Wartezimmer machte, flehte ich ihn an: „Bitte, Herr Bartel, zeigen Sie das nicht meinem Vater! Ich bitte Sie!“
Die Tränen traten in seine Augen und liefen unter der Brille über seine ausgemergelten Wangen. Wortlos drehte er sich um und ging.
Unser Wagen fing an zu bocken; er wollte nicht mehr anspringen und machte alle möglichen Schwierigkeiten. Ich fuhr zu unserem Autoschlosser.
Herr Landmann, ein bedächtiger Handwerker vom alten Schlag, dessen jüdische Frau mit Mutter im Gefängnis sitzt, arbeitete erfolglos an der Maschine herum. Er stand über die offene Motorhaube gebeugt. Die Brille war etwas auf der Nase heruntergerutscht und die tottraurigen Augen des ältlichen Mannes blickten mich über die Gläser an: „So –. Nun ist die Frau Doktor mit meiner Frau zusammen im Gefängnis. Das sind Zustände! Also ich sage Ihnen, Fräulein Schroeder – man kann ja seinem eigenen Hintern nicht mehr trau'n; der rutscht einem davon.“
Nach eingehender Prüfung unseres DKW gab er mir die Adresse einer Werkstatt in der Großen Friedberger Landstraße, die auf Lichtmaschinen spezialisiert ist.
Ich fuhr durch den Torbogen des hohen Vorderhauses in den Hof der Werkstatt, die von kleinen Hinterhäusern umrahmt ist.

Als ich wartend auf dem Hof stand, kam eine Frau durch den Torbogen und ging auf eines der Hinterhäuser zu. Ich erkannte diese Frau, die mir durch ihr sicheres Auftreten und sympathisches Gesicht im Gefängnis aufgefallen war.
Mich an den einen Mechaniker wendend, fragte ich: „Wohnen denn hier Leute privat?"
„Ja sicher", antwortete er.
„Wirklich?" und ganz erstaunt forschte ich weiter: „Was sind das für Leute – wie zum Beispiel diese Frau, die gerade durchging?"
„Das ist Frau Martens. Sie ist Oberaufseherin im Untersuchungsgefängnis."
Bevor ich abfuhr, hatte ich Katherina zu jenem Hinterhof dirigiert, nachdem ich ihr eine genaue Beschreibung der Frau Marten gegeben hatte.
„Warum gehst denn du nicht?" hatte Katherina aufbegehrt.
„Weil sie mich wiedererkennen würde. Wir haben einander im Gefängnis genau betrachtet. Im Hof hat sie mich jedoch nicht gesehen und dich kennt sie anscheinend noch nicht."
Nach Katherinas Schilderung war sie plötzlich aus dem Nachmittagsschatten des Torbogens neben der heimkehrenden Frau aufgetaucht.
„Frau Marten?"
Diese wandte sich Katherina zu.
„Frau Marten, wir wollten Sie um Ihre Hilfe bitten. Meine Mutter, Frau Schroeder, ist in Ihrem Gefängnis."
Die Aufseherin wurde weiß. „Woher wissen Sie, wo ich wohne?"
„Ich weiß es eben", erwiderte Katherina. „Bitte, lassen Sie meine Mutter nicht verhungern! Der Belag auf den Broten –"
„Ich habe Sie nie gesehen", stieß die Gefängnisaufsehe-

rin voller Entsetzen hervor, „und ich habe nie mit Ihnen gesprochen! Verstehen Sie?“ Während der letzten Worte hatte sie mit zitternden Fingern ihre Haustür aufgeschlossen.
„Ja, ich verstehe“, erwiderte Katherina. „Aber bitte helfen Sie uns!“
Dann stand sie vor der verschlossenen Türe.
Als ich Bernd später von diesem Treffen erzählte, war er fassungslos: „Um Gottes willen!“ rief er aus. „Seid ihr denn alle wahnsinnig? Kennst du denn die Bestimmungen nicht?“
„Was für Bestimmungen?“
„Schon in normalen Zeiten“, klärte er mich auf, „durften Verwandte von Häftlingen unter keinen Umständen mit dem Gefängnispersonal in Verbindung treten und die Adressen wurden geheimgehalten. Diese Verordnungen sind im Dritten Reich natürlich verschärft worden. Die Aufseherin ist praktisch verpflichtet, zu ihrem Vorgesetzten zu gehen und den Vorfall zu melden, was für sie wie für euch die übelsten Konsequenzen nach sich ziehen kann.“
„Wieso?“
„Wieso? Mein Gott, bist du naiv! Man wird sie endlosen Verhören aussetzen um herauszufinden, wieso ihr ihre Adresse wußtet. Ihr werdet in Schwierigkeiten geraten und deine Mutter –“
„Meine Mutter wird entweder verhungern oder ermordet werden. Außerdem wird diese Aufseherin nicht zu ihren Vorgesetzten gehen.“
„Warum bist du davon so überzeugt?“ wollte Bernd wissen.
„Weil sie selbst Schwierigkeiten und vielleicht eine ruinierte Laufbahn haben würde. Sie wird wahrscheinlich einige Tage abwarten, um zu sehen, ob noch mehr Familienangehörige anderer Häftlinge kommen oder ob nur wir wissen, wo sie wohnt. Diese Frau, die bisher le-

diglich mit Kriminellen zu tun hatte, ist sich völlig darüber klar, daß das einzige Verbrechen, das ihre Häftlinge begingen, ist, Jude zu sein."
Er schüttelte den Kopf: „Trotzdem –"
„Ich weiß", erwiderte ich. „Du steckst nicht in meiner Haut. Deine Mutter ist zu Hause und bekommt wenigstens die ihr zustehenden Rationen zu essen. Was soll ich denn machen? In einer solchen verzweifelten Situation muß man auch etwas riskieren."
Auf meiner letzten Fahrt nach Berlin nahm ich einen Morgenzug, der in Frankfurt noch nicht voll war. Ich fand einen Sitzplatz in einem Abteil, in dem ein biederes Ehepaar mit vier Kindern saß, das jüngste noch fast ein Baby. Ich betrachtete die Familie mit äußerstem Mißtrauen und lehnte mich in meinen Platz zurück. Leute, die in dieser Zeit so viele Kinder produzieren, konnten nur Nazis sein.
Das Ehepaar, das wohl meine ablehnende Haltung fühlte, versuchte die Kindern daran zu hindern, zwischen Gangtüre und Fenster hin- und herzulaufen und gegen mich zu streifen, bis ich bei einem Ruck das eine gerade noch vorm Fallen bewahrte. Zögernd und mit äußerster Vorsicht machten die Eltern die eine oder andere Bemerkung, die ich einsilbig beantwortete, während ich sie mir genauer ansah. Der sommersprossige rothaarige Mann mit dem runden kurzgeschorenen Kopf, einfach mit einer Wolljacke bekleidet, konnte ein Handwerker sein. Seine etwas verarbeitete Frau, die ein simples Kleid trug, vervollständigte das Bild der kleinbürgerlichen Familie.
Er mußte beobachtet haben, wie meine Augen nach dem Revers seiner Jacke blickten, die hinter ihm an der Wand hing. Ein verständnisvolles Grinsen überzog sein Gesicht: „Wir gehören nicht dazu", meinte er beruhigend. Damit lösten sich die Zungen.
Sie sind Kommunisten und besitzen eine Gaststätte in einer Berliner Arbeitergegend.

„Es ist nicht so einfach", erklärte der Mann, „aber wenn man nicht auffällt, kann man schon durchkommen. Meine Gäste sind fast alles Kommunisten oder Sozialisten und die Nazis, die sich zu uns verlaufen, kennen wir. Die können uns also nicht reinlegen." Er schwieg eine Weile, um sich dann mit der Hand auf den Schenkel zu schlagen: „Ja – jetzt sitzen die Herren Sozialdemokraten mit uns zusammen und betrachten uns als Leidgenossen. Nur damals, wie's drauf ankam, 1933, da wollten sie nichts mit uns zu tun haben. Statt sich mit uns zu verbünden, damit Hitler nicht hochkommen konnte, mußten sie sich ihre Selbständigkeit bewahren. Und so wie sie 1914 mit dem Kaiser für den Krieg stimmten, so stimmten sie 33 mit Hitler fürs Ermächtigungsgesetz. Sie rieben sich die Hände und warteten auf die Belohnung." Er fing an zu lachen. „Die Belohnung war, daß sie prompt aus allen ihren schönen Posten flogen und es keine Sozialdemokraten mehr gab; – aus, fertig, ausgelöscht. Ist ja weiter kein Verlust für die Bevölkerung. Nach dem Krieg 14/18 gab's Hunger und Arbeitslosigkeit. Und was wird's nach diesem geben? Und wo werden dann die führenden Herrn Sozialdemokraten sein? Ich will's Ihnen sagen: Sie werden alles der jeweiligen Regierung zu Gefallen tun, um nur ja ihre schön bezahlten Pöstchen zu behalten – diese Schrebergartenkapitalisten. Zur Hölle mit der Bevölkerung! Schließlich ist doch jeder Bonze sich selbst der Nächste, nich?"

Nach einer Weile fragte ich: „Wie ist die Stimmung in Ihrem Viertel?"

„Ausgezeichnet!" lachte er. „Wir wissen, daß der Krieg verloren ist. Es kommt noch eine böse Zeit bis es aus ist, sicher, und jeder hofft natürlich, daß er seine Wohnung behält, aber –. Wissen Sie, Fräulein, wir warten auf die Russen."

„Auf die Russen?" Ich sah ihn erstaunt an.

Er nickte: „Zu uns kommen die Russen. Vielleicht bin ich dann nicht mehr der Besitzer meiner Gaststätte, sondern nur ein angestellter Gastwirt – aber was bin ich denn jetzt? Und was sind wir alle? Sklaven von einem Haufen Irrsinniger, die nichts anderes im Kopf haben, als andere Völker auszurotten oder auszunutzen."
„Keiner von den großen Nazis", warf seine Frau ein, „hat einen Sohn an der vordersten Front. Entweder haben sie überhaupt keine Kinder oder sie sind noch zu jung."
„Richtig", sagte der Mann. „Aber wir können die Opfer bringen. Natürlich gab es in unserer Nachbarschaft auch überzeugte Nazis – wissen Sie die, die nach Jahren des Hungerns plötzlich wieder einen Arbeitsplatz fanden – aber inzwischen ist die Begeisterung verpufft. Die Wohnungen werden von den Bomben in Klumpen geschlagen, der Mann oder Sohn an der Front zum Krüppel geschossen und mit dem Geld, was sie für all ihre Arbeit kriegen, können sie sich nicht mal was richtiges zum Fressen kaufen. Am Ende sind sie jetzt noch schlechter dran, als vor Hitler. Damals konnten sie noch hoffen, aber jetzt –?"
Sie packten etwas zu essen aus und boten mir ein gepökeltes Rippchen an: „Nehmen Sie nur, Fräulein. Uns geht nichts ab. Für uns bleibt immer genug übrig, was sogar die Nazis nicht kontrollieren können." Wir aßen schweigend.
Ich blickte mit anderen Augen in das Leben dieser einfachen Menschen, ein Leben, in dem man dem Schrekkensregime auswich und einander half, in dem man jede neue Verordnung mit Hohn und Spott aufnahm und es als Pflicht betrachtete, zu sabotieren, so gut man konnte, denn jeder kleine Fehlschlag beschleunigte das Ende.

Es war nach Mitternacht, und ich teilte während des Fliegeralarms die Hotelhalle mit den anderen Gästen, die, wie ich, den Koffer griffbereit neben dem Stuhl, warteten auf ein Signal: ob wir wieder zu Bett gehen konnten oder mit unserem Gepäck zum Bahnhofsbunker rennen mußten.

„Die Festung Europas hat kein Dach", hatte der schwedische Journalist gesagt, wie mir jetzt wieder einfiel. – In dem Scheigen der übermüdeten Hotelgäste konnte ich ungestört meinen Gedanken nachhängen.

Karl, den ich eine ganze Woche für mich alleine hatte – Diana mußte einen Kindertransport nach Schlesien bringen – führte mich als Gast im Internationalen Presseklub ein. Ich betrat eine Welt, deren Existenz ich längst vergessen hatte. Unterhaltung und Gelächter klang in den großen, hell erleuchteten Räumen. Wir saßen an elegant gedeckten Tischen mit weißen Tischtüchern und gestärkten Stoffservietten. Die Speisekarte enthielt Gerichte, die der normale deutsche Staatsbürger nur noch dem Namen nach kennt. Nach dem Essen, zu dem Wein serviert wurde, gab es Kaffee und Likör oder Cognac.

Liebenswürdig lächelnd und angeregt unterhielt ich mich mit all den Leuten, mit denen wir nach dem Essen zusammensaßen, als hätte ich keine Sorge in der Welt, ich, die ich zu meinem Vergnügen nach Berlin gereist war, um Verwandte zu besuchen. In Wirklichkeit aber spitzte ich die Ohren, um Gesprächsfetzen aufzufangen, die um mich schwirrten.

Ich vernahm nicht nur den Anklang an die verschiedensten deutschen Dialekte, sondern die Akzente der Schweden, Schweizer, Italiener, Japaner und der anderen Vertreter der wenigen Länder mit denen Deutschland nicht Krieg führt.

Plötzlich kam ich mir unter all diesen Menschen fremd und verloren vor, ausgeschlossen aus einem Leben, in dem es einigen Auserwählten erlaubt ist zu wissen, was auf der Welt vor sich geht. Auf einmal fühlte ich die eiserne Klammer, die die Nazis um unsere Gehirne gelegt hatten und die unser Denkvermögen lähmt. Ich erfuhr jedoch, daß nicht nur das deutsche Volk verdummt und belogen wird, sondern nach Ansicht einiger Auslandskorrespondenten geht es dem amerikanischen Bürger nicht viel besser. Immer wieder wurde Pearl Harbour erwähnt, in dessen Zusammenhang ich die Namen Hearst, Pulitzer und Mexico vernahm. Das amerikanische Volk glaubt, genau wie das deutsche, den Lügen seiner Regierung und wird in die entsprechend empörte Stimmung getrieben.
Dieser Abend öffnete mir die Augen, denn ich begann zu begreifen, was Politik wirklich ist. Es gibt keine deutsche, französische, amerikanische oder irgendeine andere nationale Politik. Es gibt lediglich eine bestimmte Kategorie von Männern, die sich das Vertrauen der Massen erschleichen, um damit die Macht zu erlangen, mit der sie ihre ganz eigennützigen Ziele verfolgen. Die Ziele mögen verschieden sein – der eine träumt davon, daß sein Name in die Geschichte eingeht, der andere will sich nur die Taschen füllen – aber was immer sie sind, sie werden auf Kosten der Völker erreicht, ziehen doch die Massen der Völker die Illusion der Wahrheit vor. In diesem Selbstbetrug ist das Geschäft der Politiker verankert.
Diese Korrespondenten hier sind es, die hinter die Kulissen sehen können, denn mit den deutschen Kollegen, denen sie trauen, tauschen die Ausländer kameradschaftlich ihr Wissen aus gegen Geheimnisse aus dem Propagandaministerium. Sie erfahren voneinander, was die Regierung sich so bemüht zu unterdrücken.
Als ich mit Karl zum Hotel zurückkehrte, fragte er:

„Du bist so schweigsam. Hat dir der Abend keinen Spaß gemacht?"
„Doch, Karl. Mir wurde nur plötzlich klar, wie völlig isoliert wir in der Provinz sind. Mir ist, als käme ich von einem fernen Stern."
„Das teilst du mit fast allen anderen Genossen dieses edlen Volkes. Der Unterschied ist nur, daß es den andern nicht bewußt ist, während du die Möglichkeit hattest, durch einen Spalt im Vorhang zu blicken. Doch kann es nicht mehr zu lange dauern, bis der Vorhang aufgezogen wird. Dann können alle hinsehen – falls sie es wollen."
„Warum sollten sie nicht wollen?" meinte ich erstaunt.
„Weil sich ihnen kein sehr schönes Bild bieten wird."
Die Sirenen heulten die Entwarnung und brachten mich aus meinen Erinnerungen in die Gegenwart zurück. Erleichtert ergriff jeder sein Gepäck, um in sein Zimmer zurückzukehren.

18. Mai 1943

Wenn nichts Außergewöhnliches geschieht, werde ich morgen Abend wieder nach Hause fahren, zurück in ein geordnetes bürgerliches Leben – so weit der Krieg nicht störend dazwischenkommt.
Alles was ich tue erscheint mir so unwirklich, als sei es ein Traum. Die einzigen Realitäten sind meine unbeschreibliche Angst um Mutter und die Liebe, die Karl und mich verbindet. Am Tage verfolge ich noch immer jede kleinste Spur, die zu irgendeinem Erfolg führen könnte.
Auf einem meiner Gänge traf ich Christian, Onkel Rudolfs SS-Sohn. Es war auf der Prinz-Albrechtstraße ne-

ben der Gestapo. Er kam mir auf dem breiten leeren Trottoir entgegen: „Hallo Lilichen!“ begrüßte er mich erfreut, „was machst denn du hier?“
„Ich bin wegen Mutter hier –.“ Ich brach ab.
Er sah mich erstaunt an.
„Sie ist im Gefängnis“, erklärte ich.
Eine Maske fiel über sein Gesicht: „Das geschieht ihr recht! Sie wird's schon verdient haben.“
Ich starrte ihn sprachlos an, dann wandte ich mich um und ging. – Mein eigener Cousin...
Ich fahre mit den Bussen, der Stadtbahn, Untergrund und Straßenbahn zu den entlegensten Plätzen, um mit hohen Geistlichen, pensionierten Ministerialräten, Rundfunkleuten und wem noch alles zu sprechen. Ich sitze in den Verkehrsmitteln zusammen mit den Berlinern, die immer dünner, übernächtigter und blutärmer aussehen und höre ihre beißenden Bemerkungen. Muß ich an einer Haltestelle warten, so dauert es nicht lange, bis ich ein Gespräch auffange oder wildfremde Menschen mich ansprechen und mir ihre Sorgen erzählen.
Die Elektrizität ist beschnitten, und die gekürzten Fleischrationen sollen durch zusätzliches miserables Brot ersetzt werden.
Als die neue Kürzung der Hausbrandkohle bekanntgegeben wurde, wonach nur noch 75% der vorjährigen Menge ausgegeben wird, hörte ich zwei Männer hinter mir in der S-Bahn diskutieren: „War es nicht schon letzten Winter verdammt kalt?“
„Ihnen fehlt die richtige Einstellung“, erwiderte sein Begleiter. „Denken Sie nur an die Begradigung der Front und wie wir uns erfolgreich vom Feinde abgesetzt haben. Dann wird es Ihnen ganz warm.“
Die beiden Männerstimmen lachten.
Die Amerikaner, die gelegentlich im Wehrmachtsbericht erwähnt werden, laden nun ihre „Minenbomben“

über Deutschland ab und die Bevölkerung wird aufgefordert, die Luftschutzkeller von außen mit Sandsäcken zu schützen. Die Berliner aber machen ihre bitteren Witze über die zerbombten Stadtteile: „ ‚Gebt mit vier Jahre Zeit und Ihr werdet Eure Städte nicht wiedererkennen‘ hat unser Führer erklärt.“ Sie räumen die Trümmer fort und bemühen sich, die Straßen für den Verkehr offen zu halten.

Abends sitze ich mit Karl im Internationalen Presseclub. Gepflegt, gut angezogen mit lackierten Fingernägeln rauche ich die mir angebotenen Zigaretten, gehe amüsiert auf die nichtssagenden Komplimente ein und bin politisch zwar interessiert aber unbetroffen.

„Nur einen konnten wir über deine Abstammung nicht täuschen“, erzählte mir Karl. Stadler, ein deutscher Journalist, der mit einer Engländerin verheiratet ist, hatte zu Karl gesagt: „– eine charmante Frau, Herr X –. Trotzdem bewundere ich Ihren Mut.“

Gelegentlich treffe ich mich mittags mit Karl in der Badischen Weinstube, in der sein Stammtisch tagt. Im Hinterzimmer trifft sich diese bunt zusammengewürfelte Gesellschaft, die nichts weiter zusammenhält als ihr gemeinsamer Haß gegen die Unterdrückung der Nazis.

Da ist der Presse-Fotograf Donner, der Kaufmann Schimmel, der Arzt Dr. Markgraf, der dicke Hauptmann Göller, dessen Bauch die Knöpfe seiner Uniform aus dem Stoff zu sprengen scheint und seine bildhübsche junge Frau, die Schriftstellerin und eine Reihe anderer Herren, die sporadisch erscheinen.

Der Kaufmann Schimmel fragte: „Sagen Sie mal, X – ich hatte gestern den Besuch eines Geschäftsfreundes, der jetzt in Polen einen Betrieb hat –“

„Feine Freunde haben Sie!“ lachte jemand.

„Spaß beiseite“, fuhr Herr Schimmel fort. „Der Mann hat mir da etwas über die Bordelle für die Offiziere in

Polen erzählt, was ich nicht glauben wollte. Wissen Sie etwas darüber?"

„Ja", sagte Karl, „denn als ich in Warschau war, um mich über die Betreuung der Truppe zu informieren, bat ich die zuständigen Herren, einmal einen Puff aufsuchen zu dürfen, der eigentlich für Zivilpersonen nicht zugänglich ist. Der Zutritt wurde mir genehmigt. Meine Wahl fiel auf eine intelligent und kultiviert aussehende Polin. Als wir in dem eleganten kleinen Zimmer mit dem großen Bett alleine gelassen wurden, erzählte sie mir, daß sie Ärztin ist und daß die Nazis für ihre Offiziersbordelle vorzüglich polnische Akademikerinnen und Aristokratinnen eingefangen haben. – Beantwortet das Ihre Frage?"

„Ich hatte es nicht glauben wollen", erwiderte Schimmel entgeistert.

„Warum nicht?" erklang von der Türe die ironische Stimme des früheren Anwaltes Enten, den ich von Frankfurt kannte und der nun ebenfalls in Berlin untergeschlüpft war. „Für die deutsche Herrenrasse ist das Beste gerade gut genug."

26. Mai 1943

Zu Hause angekommen, befiel mich ein Gefühl der Fremdheit. Es fehlte jede Wärme. Vater und Katherina, die einander nie sehr nahe gewesen waren, schienen ihre getrennten Leben zu führen, einzeln versunken in ihrer Sorge um Mutter, unfähig, miteinander zu sprechen.

Der Haushalt befand sich in einem ziemlichen Durcheinander. Vater und Katherina hatten beschlossen, sich unter den obwaltenden Umständen nicht nach einer neuen Haushilfe umzusehen. Katherina, die mit der Führung eines Haushaltes nicht vertraut ist, versuchte ihr Bestes, mit den unzureichenden Putzmitteln die Wohnung sauber zu halten und trotz der knappen und teilweise fragwürdigen Lebensmittel, etwas Eßbares auf den Tisch zu bringen. Alles, was die beiden sich vom Munde absparen oder erbetteln, wird in Mutters Wäschepakete getan, die hochbeglückt auf einem Zettel mitteilte, daß der Belag nun auf den Broten bleibt...

Etta kommt gelegentlich, um zu helfen. Schwester Ruth, die meine Sprechstunde übernommen hat, greift zu, so weit es ihre Zeit erlaubt.

Abends hat Katherina häufig einige ihrer frommen Freundinnen zu Besuch, die Vater als „alte Unterröcke" bezeichnet, während er zu Schindlers hinaufgeht, mit denen er Skat spielt und die sich seiner rührend annehmen.

28. Mai 1943

Karl rief an. Er wird morgen für einige Tage zu einer Konferenz nach Frankfurt kommen!

1. Juni 1943

Nun bin ich wieder alleine, denn ich habe Karl vor einer Stunde zum Berliner Nachtzug begleitet, nachdem wir jede freie Minute zusammen verbrachten.

Er war so unbeschreiblich glücklich, wieder in seinem geliebten Frankfurt zu sein. „Ich muß mir alles genau ansehen, so lange es noch steht", erklärte er mit einem deprimierten Lächeln.

Am ersten Abend saßen wir im Schwarzen Stern, in dem es markenfreien Muschelsalat gab.

Eine gedämpfte Traurigkeit, eine unbestimmte Abschiedsstimmung lag über Karls Freude.

,,Was bedrückt dich?" fragte ich.
Er stieß einen tiefen Seufzer aus: ,,Alles –. Die ganze Situation ist so hoffnungslos. Natürlich wird Deutschland den Krieg verlieren. Aber bis es so weit ist... Die Zerstörung, der Hunger, das Morden – und wie lange kann ich dem Militär noch ausweichen?"
,,Dem Militär?"
,,Ja, mein Kind. Ich bin noch in dem Alter, in dem ich mit Stolz des Führers Rock tragen sollte, und leider bin ich beruflich nicht u. k. (unabkömmlich) gestellt."
,,Wie hast du denn bisher vermieden, eingezogen zu werden?"
,,Durch Umziehen. Ich bin von Berlin nach Breslau gezogen. Bis die Papiere vom Wehrkreiskommando Berlin nach Breslau geschickt wurden, verging eine Weile. Bevor sie mich erreichten, bin ich wieder nach Berlin gezogen, dann von Berlin Ost nach West. Ich konnte mich offiziell nirgends lange aufhalten."
Er wandte den Kopf zum Fenster. Sein Blick schweifte über Justitia, die mit der Waage in der Hand in ihrem Brunnen stand, über die dunkle Silhouette des Römers. Die Unterlippe vorschiebend, überlegte er einen Moment, um dann ironisch festzustellen: ,,Nun sitzen wir gegenüber diesem historischen Gebäude, in dem einst Kaiser gekrönt wurden, die nicht alle schlecht waren; einige waren sogar ganz überragende Persönlichkeiten. Aber dieser Gefreite hat alles übernommen, um uns zu zerstören."
,,Wie viele Kriege werden wir – ich meine dich und mich – noch über uns ergehen lassen müssen?"
,,Ich fürchte", meinte Karl nachdenklich, ,,daß dieser nicht unser letzter ist. Mit der immer steigenden Technisierung werden die Kriege einander in stets kürzeren Abständen folgen. Die Rüstungsindustrie kann nicht riskieren, daß ihre gerade modernsten Mordinstrumente von neueren überflügelt werden, bevor sie be-

nutzt wurden. Die Herren Generäle sind nur zu bereit, der Industrie eine hilfreiche Hand zu reichen." Er stieß ein kurzes schmerzliches Lachen aus. „Später lesen dann neue Generationen über die Begeisterung und den Patriotismus, mit dem in den von oben gesteuerten Kriegen heroisch Opfer gebracht wurden. Genau besehen ist das Märchen von den heroischen Opfern nichts weiter als eine geschichtliche Kadaververwertung, von Schullehrern produziert."

Meine Finger gingen in dem kleinen Urwald spazieren, den die Haare auf Karls Brust bilden, bis er die Hand einfing und jede Fingerspitze küßte.

Wir lagen auf dem Bett meines Zimmers im Frankfurter Hof.

„Manchmal", sagte ich nachdenklich, „komme ich mir absolut pervers vor."

„Pervers?" Er richtete sich halb auf, um sich – auf den Ellenbogen gestützt – mir zuzuwenden. Kopfschüttelnd zog er meinenKopf an seine Schulter: „Was ist es?"

„Ich bin so unbeschreiblich glücklich mit dir –. Dann wieder denke ich an meine Mutter im Gefängnis –"

Seine Hand strich unbeholfen über mein Gesicht: „Zu lieben, mein Herz, richtig zu lieben, ist niemals pervers, unter was immer für Umständen es geschehen mag. Wenn wir wegen all der Grausamkeiten, die auf dieser Erde verübt werden, nicht mehr wagen dürften zu lieben – was für ein trostloser Platz wäre diese Welt dann erst!"

Meine Lippen gegen seinen Körper fühlten den starken regelmäßigen Schlag seines Herzens. Ich murmelte: „Aber du verstehst, was ich meine?"

„Ja, ich verstehe, mein Liebstes. Du fühlst dich verpflichtet, ein schlechtes Gewissen zu haben, weil du glücklich bist. Würde es irgendetwas an der Situation deiner Mutter ändern, wenn du unglücklich wärest? –

Nein. Aber vielleicht gibt dir unsere Liebe etwas mehr Kraft?"
„Ja", erwiderte ich, „so lange wir zusammen sind."
Er lehnte sich über mich: „Diesmal bleiben wir zusammen", erklärte er bestimmt. „Noch einmal lasse ich dich nicht fort."
„Und Diana?"
Ein etwas verquälter Ausdruck glitt über sein Gesicht: „Diana –. Ich weiß, ich muß es nun zu einem Ende bringen. Sie fühlt schon längst, daß etwas nicht stimmt, und ich muß es ihr sagen. Ich kann dich einfach nicht wieder verlieren."
Vor dem Abschied vereinbarten wir, daß ich noch einmal zu Gabbusch gehen würde. Falls ich keine klare ermutigende Auskunft erhielte, sollte ich Ende dieser Woche wieder nach Berlin kommen, wo Karl die letzte Karte ausspielen würde.

8. Juni 1943

Am Freitagabend kam ich in Berlin an. Karl wartete bereits auf dem Bahnhof.
„Aus deinem Anruf entnahm ich", sagte er, „daß Gabbusch nicht sehr hilfreich war."
Ich sank erschöpft auf das Sofa meines Hotelzimmers: „Karl – es war eine Katastrophe, die mein Vater verursachte.
Gabbusch, der irgendwie eine alte Anhänglichkeit an uns Presseleute hat, empfing mich verhältnismäßig höflich, aber äußerst reserviert. Er wartete ab, was ich wollte. Ich fragte ihn, ob er mir irgendeinen Wink geben würde, wie wir die Entlassung Mutters erreichen könnten? Statt einer Antwort wandte er den Kopf in Richtung Fenster und trommelte mit den Fingern auf

sein Kinn. Dann holte er sozusagen Luft, öffnete eine Schreibtischschublade, wobei er fragte: ‚Sagen Sie mal, Fräulein Schroeder, was ist eigentlich mit Ihrem Vater los?‘ Er legte einen Brief Vaters auf den Schreibtisch: ‚Ist er denn verrückt geworden? Hier schreibt er Ihrer Mutter, daß er hofft, sie wieder besuchen zu können, <Lilichen wird das auf Grund ihrer Beziehungen schon erreichen>‘. Er fing an zu brüllen: ‚Dieses Rindvieh nenenene! Was denkt er sich denn?‘ “ Ich zuckte die Achseln.

Karl ging im Zimmer auf und ab: „Es ist wirklich nicht zu glauben!“

„Karl“, ich war den Tränen nahe, „daß dieser Dreckskerl meinen Vater ein Rindvieh nannte, empfand ich momentan wie einen Schlag ins Gesicht. Niemand hat bisher gewagt, so über meinen Vater zu sprechen. Aber im Grunde meines Herzens mußte ich ihm rechtgeben. Ich muß gestehen – ich bin am Ende meiner Kräfte und meiner Weisheit.“

„Habt Ihr irgendwelche Freunde weit vom Schuß?“

„Ja, in Kärnten.“

„Dann schick deinen Vater nach Kärnten. Je weiter fort er ist, um so besser für deine Mutter.“ Er schüttelte den Kopf: „Unglaublich – es ist nicht zum Fassen – –“

Er beendete einen Rundgang durchs Zimmer, um dann vor mir stehenzubleiben. Mein Gesicht in beide Hände nehmend, sah er mich aufmerksam an: „Du siehst nicht gut aus, mein Kleines. Ist es nur die Aufregung oder fühlst du dich nicht wohl?“

Mein Blick verließ seine Augen und irrte zum Boden.

„Sieh mich an. Was ist?“

„Ich“, stammelte ich, „wir – wir werden ein Kind haben –“

Einen Moment strahlte er auf, um dann halblaut zu sagen: „Ausgerechnet jetzt – –“

Sein Gesicht drückte die ganze Skala der Gefühle aus, die ihm durch Kopf und Herz gingen – Freude, Hoffnung, Sorge, Glück. „Ich war vor ein paar Tagen beim Reichsverband der Deutschen Presse bei einem der Oberbonzen, der mir wohl will", erklärte er. „Ich erkundigte mich für einen Kollegen, wie ich sagte, der ein jüdisch versipptes Mädchen liebt. Keine Aussicht für eine Heiratsgenehmigung, erfuhr ich, es sei denn, daß besagter Kollege seine Mitgliedschaft verliert. Dann sah der Mann mich scharf an: ‚Ich warne Sie, Herr X.' " Er ging wieder im Zimmer auf und ab: „Was soll nur aus uns werden?" Er blieb vor mir stehen: „Hast du etwas zu rauchen?"

Ich kramte einige schlechte Zigaretten aus meiner Handtasche, deren Geruch mir eine leichte Übelkeit verursachte.

Er setzte sich auf einen der Stühle: „Als erstes müssen wir deine Mutter aus dem Gefängnis bekommen und dann werden wir unsere persönlichen Angelegenheiten in Ordnung bringen, ja?"

Nun sitze ich wieder in meinem Hotelzimmer und warte – warte – warte. Von Zeit zu Zeit ruft Karl an: „Ich habe ihn noch nicht erreicht. Hab Geduld! Ich werde ihn schon kriegen."

Ich weiß nicht, wer es ist, den Karl zu erreichen versucht und ob derjenige bereit ist, das für uns zu tun, was Karl von ihm erhofft. Ich soll mich bereithalten für den Fall, daß jener Unbekannte mich sehen will. – Nur zum Mittagessen verlasse ich kurz das Hotel. Sonst sitze ich gefangen in diesem Zimmer, das ich langsam zu hassen anfange, denn es wird zum Symbol meiner Verzweiflung und Hilflosigkeit.

Warten – warten. Voller Entsetzen sehe ich auf den Kalender. Es sind nur noch zwölf Tage, bis die drei Monate von Mutters Haft abgelaufen sind. Alle Häftlinge, die vor ihr verhaftet worden waren, wurden auf den Tag nach drei Monaten abtransportiert. Sie muß das inzwischen auch beobachtet haben. Glaubt sie immer noch an die Rettung, die ich ihr halbwegs versprach?
Meine Nerven sind zum Zerreißen angespannt. Wie einst in meiner Gefängniszelle laufe ich durch dieses Zimmer, bis endlich das Telefon läutet, dessen Hörer ich mit fliegenden Händen aufnehme, um Karls deprimierte Stimme zu hören: „Noch nichts. Ich habe ihn noch nicht erreicht."
Ich blättere durch den Wust von Zeitungen, den Karl mir zum Zeitvertreib zurückgelassen hat.
Das einzige, was mich interessiert, sind die Reden, die Speer und Goebbels vor drei Tagen im Berliner Sportpalast hielten. Sie prahlten mit allem, was wir haben: Die Waffenproduktion, Verbesserungen der Waffen, dem deutschen Erfindergeist mit neuen Waffen. Öfter und öfter wird von der Vergeltung gesprochen und in der Bevölkerung kursieren Gerüchte über eine neue Waffe, Gerüchte, die durch derartige Reden frische Nahrung finden.
Als ich am Abend mit Karl zusammen war, fragte ich ihn: „Ist da wirklich eine neue Waffe?"
„Es wird behauptet. So weit wir erfahren konnten, wird in Penemünde fieberhaft an irgendetwas mit Raketenantrieb gearbeitet. Bei unserem Rohstoffmangel und Zeitdruck habe ich jedoch Bedenken, daß sie es noch schaffen. – Wie kommst du überhaupt darauf?"
„Katherina schickte mich zu einem Nazi, der vielleicht etwas für Mutter tun könnte."
„Was für ein Nazi?"

„Ein Standartenführer oder irgend so etwas. Er hat einen höheren Rang in der SA.“
„Was hat denn deine Schwester mit solchen Leuten zu tun?“
„Er ist ein herzensguter, gläubiger, praktizierender Katholik, der mit seiner alten Mutter lebt, für die er so rührend sorgt, und ist daher absolut zuverlässig.“
Karl nickte und fragte: „Doppelrolle?“
„Nein; überzeugt und dumm.“
„Du warst bei ihm?“
„Ja. Er konnte natürlich nichts für Mutter tun, aber er ließ sich bei mir über den Krieg, den bösen Feind und die Vergeltung aus. Er sprach von der neuen Wunderwaffe und sagte wörtlich: ‚Wenn erst in New York die Wolkenkratzer wackeln und den Amerikanern die Gehirne aus den Köpfen spritzen –‘ “
Karl fing an zu lachen: „Was hast du denn dazu gesagt?“
Ich machte bewundernde erstaunte Augen: „ ‚Fantastisch!‘ meinte ich atemlos, ‚Wirklich?‘ ‚Ja‘ erwiderte er, ‚das werden wir erleben.‘ “
„An irgendetwas arbeiten sie“, wiederholte Karl, „doch dürfte kaum jeder SA-Häuptling darüber informiert sein. Diese schönen Träume halten jedoch die Moral des kleinen Nazi hoch, der bereit ist, noch mehr Opfer auf sich zu nehmen, wenn er die Versicherung hat, daß die Stunde der Vergeltung kommen wird.“
„Hmhm“, machte ich, „und wer ein wahrer gläubiger Christ ist, der ergötzt sich an der Idee, daß anderen Leuten die Gehirne aus den Köpfen spitzen!“
Karl nickte nachdenklich: „Ich weiß nicht, warum die Christen im Allgemeinen und die Katholiken im Besonderen immer behaupten, die Hölle sei irgendwo unter der Erde –. Sie haben sie doch hier geschaffen, hier auf dieser Welt, mit ihrem Geist und ihren Gebeten.“

Ironisch fügte er hinzu: ,,Bei den Fliegerangriffen fehlt nicht einmal das Fegefeuer."

19. Juni 1943

Am Dienstag, genau eine Woche vor Mutters Abtransport, erreichte Karl schließlich den großen Unbekannten.
Er rief mich nicht an, sondern stürmte in mein Hotelzimmer: ,,Endlich habe ich ihn gesprochen."
,,Und?"
,,Er versprach, sein Möglichstes zu tun."
Ich hing an Karls Hals, lachend und schluchzend, völlig außer mir.
,,Mein Liebstes", sagte er nur immer wieder, ,,mein Liebstes."
Schließlich wischte ich mir die Tränen vom Gesicht, um mit noch erstickter Stimme zu fragen: ,,Wer war es denn und wie hast du es bewerkstelligt?"
,,Er ist der Bruder von Heydrich – du weißt doch, der gefürchtete Chef des SD, General der Polizei usw., Reinhard Heydrich, der in Prag ermordet wurde. Unsere Agentur war die erste, die damals diese Neuigkeit erfuhr, und ich rief seine Schwägerin an, um ihr zartfühlend, zutiefst betroffen, diese tragische Nachricht schonend zu übermitteln. Seitdem ist Willie Heydrich mir irgendwie etwas verpflichtet. Gelegentlich haben wir uns beruflich getroffen – er arbeitet für die Berliner Illustrierte – aber ich habe ihn nie um eine Gefälligkeit gebeten.
Als ich ihn nun anging und etwas von jüdisch sagte, wehrte er sofort ab; damit wollte er gar nichts zu tun haben. Ich erklärte ihm jedoch, daß es sich nicht um irgendwelche hergelaufenen Juden handelt, sondern daß dein Großvater Rittmeister war und die Tochter eines

arischen Generals geheiratet hatte." Karl fing an zu lachen: ,,Du hast gar keine Ahnung, aus was für einer Familie deine Mutter stammt! – Jedenfalls konnte ich ihn überzeugen, daß es sich hier um einen außergewöhnlichen Fall handelt und er versprach, zu intervenieren. Wenngleich er kein großes Kirchenlicht ist, so führt er doch den Namen Heydrich, der ihm noch immer alle Türen öffnet."

Nach der unbeschreiblichen Spannung war ich plötzlich völlig erschöpft. Etwas kleinlaut fragte ich: ,,Was nun?"

,,Nun ziehst du dich um. Dann gehen wir zum Presseclub, in dem dich eine Überraschung erwartet, haben ein festliches Essen und morgen fährst du nach Hause, verschickst deinen Vater, damit er nicht noch im letzten Moment der Eingabe einer wilden Idee folgt, und wartest auf deine Mutter."

Wir betraten den Internationalen Presseclub. Karl führte mich vorbei an dem Platz, den wir meistens innehatten, in einen anderen Raum zu einem großen runden Tisch, der in einer Ecke stand. Während wir die Karte studierten, sah ich etwas Massives in Grau sich uns nähern. Eine bekannte Stimme sagte: ,,Guten Abend, die Herrschaften."

Ich blickte auf und sah in Gerhard Straubes Gesicht. Unser Dicker vom General-Anzeiger in Hauptmannsuniform stand vor uns, frisch aus Dänemark auf Urlaub. Ein bekanntes Gesicht nach dem andern erschien, alte Kollegen, zum Teil auf Urlaub in Uniform, zum Teil hier in der Verbannung. Zum ersten Mal seit Monaten konnte ich wieder ehrlich vergnügt sein und genoß diesen Abend im Kreise der Freunde mit vollen Zügen.

Karl brachte mich zum Zug. Er will im Juli wieder nach Frankfurt kommen. – Inzwischen können wir nur hoffen, daß Heydrich sein Versprechen hält.

„Enten wird vom 19. bis 22. in Frankfurt sein", sagte Karl. „Was du mir bezüglich deiner Mutter mitteilen willst, sage ihm. Er ist zuverlässiger als die Post und ich habe ihn bereits beauftragt, mit dir in Verbindung zu treten."

Schweren Herzens trennten wir uns.

Zu Hause angekommen, machte ich Katherina zu meiner Verbündeten. Mit vereinten Kräften, viel Überredungskunst und einem Telefongespräch mit unseren Freunden in Kärnten hatten wir schließlich Vater überzeugt, daß er besser Frankfurt verließe.

Katherina und ich winkten dem abfahrenden Zuge nach. Sie wandte sich mir zu: „Nun sage mir endlich, warum du Vater absolut loswerden wolltest?"

„Käthe", erwiderte ich, „wenn es klappt, kommt Mutter nächste Woche heim. Ich wollte nicht riskieren, daß Vater, der bis heute noch nicht begriffen hat, was gespielt wird, mit einer neuen ungeheuerlichen Eselei alles zerstört. Falls –" Ich schwieg.

Katherinas Augen wandten sich mir zu und ihre Stimme wurde schrill: „Falls –? Sprich es nur aus!"

„Falls sie nicht wiederkommt? Was dann? Dann ist er bei seinen Freunden am besten aufgehoben. Ich weiß wirklich nicht, was er hier tun würde —"

22. Juni 1943

Enten rief täglich an, um stets meine stereotype Antwort zu erhalten: „Wir wissen noch nichts." – Schließlich vereinbarten wir, daß ich ihn heute am Zug treffen würde, bevor er nach Berlin zurückführe.

Es war am frühen Nachmittag, mehrere Stunden vor meinem Rendezvous mit Enten, als ich, um eine Besorgung zu machen, die Leerbachstraße hinunterging.

Ein Geist kam auf mich zu! Fassungslos lief ich auf Mut-

ter zu, die sich mühsam, totenblaß, in ihrem schwarzen Wollkleid mir entgegenschleppte.
„Mutti!" rief ich aus, „O Mutti!"
Sie starrte mich mit großen erloschenen Augen völlig ausdruckslos an. Auf ihrem Gesicht spiegelte sich keine Freude, keine Erleichterung – nichts.
Ich nahm ihr das kleine Köfferchen ab, stützte sie unter dem Arm und führte sie langsam nach Hause.
„Wir wußten ja nicht, daß du heute entlassen würdest", sagte ich entschuldigend. „Bist du den ganzen Weg vom Gefängnis hierher gegangen?"
„Nein", erwiderte sie, „ich komme von der Gestapo. – Er wollte mich umbringen, dieser Hund!" Sie wurde immer blasser und erregter, während ihre Augen sich verdunkelten. „Umbringen wollte er mich!"
„Baab?"
„Ja! Dieser Unmensch – dieser Mörder!"
„Mein Armes", sagte ich beschwichtigend, „was hast du durchgemacht! Aber nun bist du ja wieder bei uns."
Wir standen vor dem Haus. Ich drückte mehrmals auf die Schelle, während ich die Türe zum Treppenhaus aufschob. Wir kamen gerade auf der letzten Stufe an, als Katherina die Etagentüre öffnete.
„Mutterchen! – Mein geliebtes Mutterchen!" Die Tränen strömten ihr übers Gesicht.
Mutters Blick irrte suchend über das Foyer in den offenen Gang. „Vater ist in Kärnten", erklärten wir. „Wir werden ihn anrufen."
Wir führten Mutter ins Musikzimmer. Sie setzte sich auf einen Stuhl, die schmutzigen Hände im Schoß gefaltet. Ihre Strümpfe hingen schief, in Ringe gerutscht, um ihre dünnen Beine. Der Rock ihres eleganten, nun völlig verfleckten Kleides war direkt oberhalb der Knie durchgescheuert. Die maskenhafte Starre verblieb auf ihrem Antlitz, während sie blicklos vor sich hinbrütete,

irgendwelche überstandenen Schrecken wieder und wieder durchlebend.

Während Katherina in die Küche eilte, um Tee und Brote zu bereiten, fiel kein Wort zwischen uns. Als Katherina den Tee vor Mutter stellte, verließ ich das Zimmer und ging zum Telefon, um Enten anzurufen.

Im Musikzimmer fand ich das gleiche Bild vor, das ich verlassen hatte.

Wir überredeten Mutter schließlich, etwas Tee zu trinken.

„Du warst bei Baab auf der Gestapo?"

Die stumpfen Augen wandten sich mir zu.

„Was wollte er von Dir?" forschte ich unbarmherzig weiter.

„Meine Unterschrift", kam es haßerfüllt zurück. „Er wollte mich zwingen zu unterschreiben, daß ich freiwillig ins KZ gehe."

„Und du hast dich geweigert?"

Das bißchen Farbe, das der Tee in ihre Wangen gebracht hatte, verschwand wieder. „ ‚Nein, ich unterschreibe das nicht', sagte ich bestimmt. Da fing er an, mich zu beschimpfen. Aber ich weigerte mich trotzdem. Als er mich schlagen wollte, rannte ich aus seinem Büro, die Treppe hinunter, die Gabbusch gerade heraufkam. ‚Herr Gabbusch!' rief ich aus, ‚Herr Gabbusch, dieser Mensch will mich umbringen! Helfen Sie mir!' " Sie schwieg, während die Todesangst auf ihrem Gesicht verharrte.

„Was tat Gabbusch?" fragte ich.

„Er sagte: ‚Aber Frau Schroeder, nun beruhigen Sie sich doch mal erst. Er wird Ihnen nichts tun', und dann brachte er mich zu Baab zurück. Aber er blieb bei mir."

„Und Baab wagte nicht, in Gegenwart seines Vorgesetzten Gabbusch, noch irgendetwas zu versuchen?" drängte ich.

Sie nickte.
„Baab mußte dich entlassen?“
Sie holte zu einem tiefen Seufzer aus. „Er sollte mich wohl entlassen, aber – wenn ich unterschrieben hätte – –“
Plötzlich öffneten sich die Schleusen; die Tränenflut brach hervor, und die unnatürliche Starre löste sich.

7. Juli 1943

Langsam normalisiert sich unser Haushalt. Ein überglücklicher, erleichterter Vater eilte zurück und Katherina fuhr wieder nach München.
Jeder neue Tag, der zwischen Mutters Haftentlassung und dem Heute liegt, läßt die Schrecken mehr und mehr verbleichen und Mutter wird wieder ihr altes Selbst. Voller Rührung erzählt sie von ihren Leidensgenossinnen, von denen viele inzwischen ermordet worden sind. Sie berichtet über die kleinen Eisenkäfige, in denen sie gefangen waren und wegen der Überfüllung zu zweit auf einer Matratze schlafen mußten; über den Hunger, die Angst, über die ganz jungen Mädchen – noch halbe Kinder – die mit ihnen in der Haft waren. Mutters Stärke war ihre Bibel und ihr Glaube. Sie betete mit den anderen Frauen und sprach ihnen Trost und Mut zu.
Kopfschüttelnd zog ich mich in mein Zimmer zurück. Hatte nicht Jesus zu einem kranken Mädchen gesagt: „Stehe auf meine Tochter. Dein Glaube hat dir geholfen?“ Das war es, woran Mutter festhielt, ohne zu begreifen, daß ohne Karls und Heydrichs Hilfe ihr Glaube ihr sicher nicht geholfen hätte. Unser gütiger Vater im Himmel, der huldvoll lächelnd zuschaut, wie ein Jude nach dem anderen bestialisch ins Jenseits befördert wird, hätte auch nicht auf die Gebete der Frau Lili Sara

Schroeder gehört.
Meine Gedanken schweiften zu der jungen Frau Germann, geborene Geier, der Mutter ebenfalls das Beten beigebracht hatte. Kurz nach Mutters Entlassung begegnete ich dem arischen Herrn Germann einmal auf der Straße und er fragte, wie wir Mutter gerettet hätten? Ich erklärte ihm, daß ich mehr Zeit in Berlin als in Frankfurt verbrachte und alle Hebel in Bewegung gesetzt hatte.
„Ja ja“, seufzte Herr Germann, „vielleicht sollte ich auch etwas unternehmen.“
Seine Frau hatte zwar von Mutter das Beten gelernt, wurde aber inzwischen trotzdem in Auschwitz vergast.

7. September, 1943

Während seines Besuches im Juli hier, beschlossen Karl und ich, daß wenn es keine andere Möglichkeit gäbe, ich zu ihm ziehen würde, wenn mein Zustand nicht mehr länger verheimlicht werden könnte. Irgendwie würden wir gemeinsam das tausendjährige Reich überstehen. Im übrigen – wenn wir auch nicht zusammen waren – hielten wir brieflich und telefonisch unsere Verbindung aufrecht.
Auch im späten August rief er an. Statt einer Begrüßung jedoch stieß er fast tonlos hervor: „Ich habe den Gestellungsbefehl erhalten.“
Nach einem Moment betäubten Schweigens sagte ich: „Ich komme.“
Wie so oft in früheren Monaten warf ich einige Sachen in den Koffer, um mit dem Nachtzug nach Berlin zu fahren.
Borger, der nach wie vor als Portier im Hotel Westend arbeitet und über Mutters Entlassung informiert war, zog die Augenbrauen hoch: „Was ist jetzt passiert?“

„X hat den Gestellungsbefehl bekommen."
„Das hat ja noch gefehlt!" rief er aus.
„Was ist mit Ihrem Vater?" fragte ich.
„Immer noch im Gefängnis", war die lakonische Antwort.
Karl kam, so niedergeschlagen wie ich ihn noch nie gesehen hatte. Wir blickten uns hilflos an: Was nun? Alleine konnte ich nicht in Berlin bleiben; aber in einer Stadt wie Frankfurt – ich hätte sofort die Gestapo auf den Fersen. Gab ich den Vater des Kindes an, so würden sie Karl und mir wegen Rassenschande einen Prozeß machen. Verschwieg ich den Namen, würden sie auf jeden Fall mutmaßen, daß es sich um einen Juden handelte und ich würde ins Kz kommen.
„Die letzte Entscheidung muß ich dir überlassen", sagte Karl deprimiert und blickte in eine Ecke des Zimmers. „Vielleicht fällt Ella etwas ein«, fügte er etwas hoffnungsvoll hinzu.
Ella, Karls Stiefmutter, würde am nächsten Tag kommen. Ella ist eine nette, warmherzige Frau und wir verstanden uns ausgezeichnet. Ihre völlige Ablehnung Dianas erleichterte meine Situation.
„Ist Karl sich denn wirklich schlüssig?" fragte ich sie noch immer unsicher.
„Er erklärte mir, daß für ihn kein Zweifel mehr besteht, daß es nur Lili sein kann." Sie lächelte mir ermutigend zu: „Es wird schon gut werden, Lilikind."
Es waren hektische Tage, in denen wir endlose Besprechungen mit Ella führten und in denen Karl und ich Stunden verbrachten, in denen Verzweiflung und Seligkeit sich die Waage hielten.
Nach einem Abschiedsessen im Adlon kehrte Ella nach Hause zurück und der Abend kam, an dem Karl und ich die letzten Stunden vor dem endgültigen Abschied zusammen waren. Ich blieb alleine zurück in der Einsamkeit der Nacht mit der Last der Entscheidung.

Ich lag im Bett, hellwach in endlosen marternden Überlegungen. Ich wußte, das Karls Herz daran hing, dieses Kind zu haben. Ich dachte noch einmal zurück an jenen Frühsommertag im Juni. Mutter war wieder zu Haus und ich ging zum Postamt, vorbei am Holzhausenpark und den vielfarbigen Gärten. Die Sonne strahlte von einem makellos klaren Himmel, und alles grünte und blühte überschwänglich, denn die Natur wußte nichts vom Krieg. Für eine kurze Zeitspanne vergaß auch ich den Krieg, die Nazis und die Verfolgung. Ich hätte singen und jubeln können, denn ich trug das Kind des Mannes, den ich so über alles liebte. Ich war glücklich und – töricht.

Die Gedanken jagten durch meinen Kopf. – Wir würden dieses Kind liebend gerne haben... Plötzlich sah ich Pötz vor mir. Ich sah sein ironisches Gesicht als er mir erklärte, daß Eltern Egoisten sind, die sich einen Wunsch erfüllen ohne zu überlegen, ob das Kind denn in diese Welt kommen wollte. – Was könnten wir unserem Kind bieten? Karl ist noch nicht einmal geschieden. In das Büro seines Berliner Anwaltes war ein Volltreffer gegangen, der den Anwalt erschlug und alle Akten im Feuer verzehrte und die Asche unter einem Berg von Trümmern begrub. Ich würde meinem Kind nicht einmal die notwendigste Ernährung geben können. Wir wären auf der Flucht vor den Nazis und den Bomben, während Karl irgendwo im Osten kämpfte.

In dieser Nacht faßte ich meinen Entschluß, um schließlich erschöpft einzuschlafen.

Am nächsten Vormittag suchte ich Dr. Markgraf auf, jenen Arzt von Karls Stammtisch. – Nein, erklärte er, er könnte mir nicht helfen. Abgesehen davon, daß er Internist sei, würde er so etwas nicht tun. Nein, es tat ihm leid, er könne mir auch keinen anderen Kollegen nennen.

Nun lief ich für mich selbst im Kreis. Direkt und indi-

rekt wandte ich mich an die Leute, die ich kannte, um überall auf ein bedauerndes Achselzucken zu stoßen. Entweder kannten sie niemanden oder der Arzt, der helfen würde, war an der Front.
In meiner letzten Verzweiflung wandte ich mich an Borger: „Herr Borger – ich brauche einen Arzt. Wissen Sie jemanden?"
Als Antwort pfiff er durch die Zähne. Dann schüttelte er den Kopf: „Nein, ich kenne keinen, aber ich will meine Schwester fragen. Morgen sage ich Ihnen Bescheid."
Am nächsten Tag teilte er mir mit, daß der Arzt, der seiner Schwester geholfen hatte, an der Front ist. „Aber", erklärte er, „heute ist mein freier Abend. Wenn es Ihnen recht ist, gehen wir zu einem Freund von mir."
Wir betraten die große elegante Wohnung mit den vielen Büchern. Borger stellte mir seinen Freund Wolfgang Harich vor, ein Name, der mir vertraut war, denn sein Vater hatte im Hause meiner Großeltern in Königsberg verkehrt. – Harichs Vater war vor vielen Jahren gestorben, und seine Mutter im Augenblick verreist.
Die jungen Männer kochten ein Risotto, und nach dieser Zeremonie setzten wir uns zu Tisch, wobei mein Problem mit allen politischen Aspekten erörtert wurde.
Wolfgang Harich sagte plötzlich: „Einen Arzt weiß ich auch nicht, aber ich möchte Ihnen einen anderen Vorschlag machen. Wir können eine Scheinehe eingehen. Ich heirate Sie und erkenne das Kind als meines an."
Auf meinen ungläubigen Ausdruck erklärte er: „Es wäre doch nur zum Schein. Nach dem Krieg könnten wir uns dann sofort wieder scheiden lassen."
Ich blickte in das eifrige Gesicht dieses jungen Menschen, der so gerne bereit war, ein Opfer zu bringen um zu helfen. Sie stürmten beide auf mich ein, das Angebot anzunehmen.

Ich überlegte. Natürlich wäre das die Lösung. Ich würde es ausnutzen, daß dieser unerfahrene Junge, der gut sechs Jahre jünger ist als ich, mir helfend seine Hand bot. Ich würde ihn mit seinem blütenreinem Stammbaum durch meine Abstammung belasten. Er würde Schwierigkeiten bekommen, von deren Ausmaß er gar keine Ahnung hatte.
Nach einem endlosen Schweigen sprach ich es endlich aus: „Danke", sagte ich gerührt. „Sie wissen gar nicht was mir Ihr Angebot bedeutet, aber ich kann es nicht annehmen."
„Warum? Es ist ernst gemeint, und wir können uns doch nach dem Krieg sofort wieder scheiden lassen!"
Ich wehrte ab, was die beiden Freunde nicht begreifen konnten, denn, wie sie sagten, es handelte sich doch nur um eine Scheinehe.
Heute nachmittag, als ich etwas ratlos in meinem Hotelzimmer saß, rief Mutter an: „Wann kommst du denn zurück?"
„Ich weiß es noch nicht."
„Ist X denn nicht schon längst fort?"
„Ja."
„Warum kommst du denn nicht nach Hause?"
„Ich kann nicht."
„Lilichen! Bist Du –?"
„Ja."
„Um Gottes Willen, Kind! Komm sofort."
Morgen früh werde ich fahren.

10. September 1943

Meine Rückkehr nach Frankfurt trat ich mit gemischten Gefühlen an. Ich war froh, wieder nach Hause zu den Eltern und meiner Arbeit zurückkehren zu können – und mir graute vor dem Wiedersehen mit Vater.

Mutter empfing mich tränenreich. Sie trug diesen bestimmten Ausdruck, der mir auf die Nerven geht; eine Mischung von Indignation und Heldenhaftigkeit; ein versteckter Vorwurf für meine Missetaten, gepaart mit dem Versprechen, für ihr Kind einzustehen und zu kämpfen wie eine Löwin für ihr Junges.
Sie öffnete die Türe zur Diele und mir bot sich das vertraute Bild. Der große runde Tisch war nach dem Essen abgeräumt; Vater saß davor und legte seine Patiencen. Nur die Weinflasche und die Gläser fehlten. Die Lampe, die genau über der Mitte des Tisches hing, reflektierte ihr warmes Licht nicht nur über die Politur des Holzes, sondern auch über Vaters Glatze.
Vater sah auf, und sein Blick umfing mich. Mir wurde plötzlich bewußt, daß mein Rock vorne bereits etwas kurz war, bis zu den Knien reichend, während er im Rücken noch die halbe Wade bedeckte.
Statt einer Begrüßung hörte ich die vorwurfsvollen Worte: „Das ist ja ein sehr trauriges Wiedersehen, meine Tochter."
„Ja – das finde ich auch!" Meine Antwort, die wohl mehr nach einer Kampfansage klang, überhörte er.
Er warf mir vor, wie haltlos ich war und daß ein „anständiges Mädchen" sich einfach nicht mit einem Mann „einläßt". Er war ehrlich entrüstet und bitter enttäuscht. Was er vergaß, war, daß er nicht mehr sein kleines Töchterchen vor sich hatte, sondern eine erwachsene Frau.
Ich konnte nicht mehr vor ihm stehenbleiben, konnte mich aber auch nicht ruhig hinsetzen, sondern ging im Zimmer auf und ab.
Als er geendet hatte, brach es aus mir hervor: „Hast du dir schon einmal überlegt, daß deine Frau in meinem Alter bereits zwei schulpflichtige Kinder hatte? Hast du je darüber nachgedacht, was ich für ein Leben führen muß? Unter normalen Umständen wäre ich wahr-

scheinlich längst verheiratet. Ist es meine Schuld, daß ich Halbjüdin bin und daß die Nazis an der Macht sind? Ich bin eben leider nicht zur Nonne geboren wie meine Schwester, deren Leben dir auch nicht zusagt. Ich bin eine ganz normale Frau, die diesen Mann liebt und er mich. Unter den obwaltenden Umständen können wir jedoch nicht heiraten. – Willst du mir deshalb Vorwürfe machen, und sollte ich zurückkommen, um mir das anzuhören?"

Wenn ich jetzt auf diese Szene zurückblicke, tut mir Vater ehrlich leid. Ich war in jenem Augenblick viel zu verzweifelt, um darüber nachzudenken, was diese Situation für ihn bedeutete. Er hielt so unerschütterlich an seinen alten Moralgrundsätzen fest, und plötzlich waren wir beide – jeder von seiner Seite – an einer Grenze angekommen. Zweifelsohne hatte er sich in der Zeit, die ich brauchte, um von Berlin nach Hause zu fahren, alles genau überlegt und sich eine Rede zurechtgelegt, die er, wie er glaubte, seiner väterlichen Autorität schuldig war. Meinen Ausbruch hatte er nicht erwartet. Er verwirrte ihn, und zum ersten Mal war er mir gegenüber hilflos und wußte nicht, wie er sich verhalten sollte. – Am Ende schien er bereit zu sein, mir hilfreich beizustehen.

18. September 1943

Es ist alles vorüber, und eine unbeschreibliche Traurigkeit und Leere hält mich in ihrem Bann. Ich lache und unterhalte mich, als sei alles wie es immer war, und dabei kann ich doch nicht die Erinnerung an meinen kleinen Sohn fortwischen. Er war so vollkommen – ein fertiges winziges Menschlein. Er kannte das Leben nicht und war in seiner Unwissenheit noch glücklich, und ich konnte ihn nur für die kurze Weile lieben, während der

er in mir wuchs. Ich denke an alle die Opfer, die mit Schmerzen und Leid auf dem Altar des Vaterlandes gebracht werden von ausgewachsenen Menschen, die auch nicht bestimmten können, wann ihre Stunde schlägt.
Zum Trost rief ich mir Pötzs Worte zurück: „Es ist besser, daß das Ungeborene ungeboren bleibt." Worte der Vernunft, die den Schmerz des Verlustes nicht lindern...

26. September 1943

Heute ist Karls Geburtstag, den wir einst glaubten, zusammen feiern zu können. Noch ist er in der Nähe Berlins in einer Kaserne zur Ausbildung. Wir sprachen zweimal telefonisch miteinander. Wo er nun ist in diesem Augenblick, weiß ich nicht.
So schließe ich mich dem riesigen Heer der einsamen Frauen an, die mit Angst im Herzen auf ein Lebenszeichen warten. Bisher empfand ich Mitleid mit ihnen und bewunderte ihre Stärke in diesem persönlichen Nervenkrieg. Aber welch ein Unterschied, ob man versucht, sich in anderer Sorgen hineinzudenken oder sie selbst fühlt.

30. September 1943

Dieses Jahr scheint für mich das Jahr des großen Abschiednehmens zu sein.
Mein kleiner schwarzer Kamerad hat mich für immer verlassen.
Seine Hautkrankheit wurde ständig schlimmer, und selbst sein Aufenthalt in der Gießener Veterinärs-Universität brachte nur eine ganz vorübergehende Besse-

rung. Sein Rücken war eine große Wunde, und er litt. Der Tierarzt versuchte mich davon zu überzeugen, daß ich diesem Elend ein Ende bereiten müsse. Ich zögerte bis mir klar wurde, daß mein Herauszögern egoistisch und grausam war.
Dr. Dietz untersuchte Brandy noch einmal sorgfältig, um betrübt den Kopf zu schütteln: „Es hat keinen Sinn noch länger zu warten. Es wird nur schlimmer."
Während er die Spritze aus seiner Ledertasche nahm, fragte er: „Sind Sie sicher, daß Sie dabei sein wollen?"
„Ich kann ihn doch jetzt nicht alleine lassen!"
Dr. Dietz hatte die Spritze gefüllt, während ich Brandy auf dem Arm hielt.
„So – nun setzen Sie ihn auf den Boden", hatte er gesagt und die Blausäure injiziert.
Brandy richtete sich noch einmal auf den Hinterläufen auf, als wolle er von mir auf den Arm genommen werden, um dann leblos zusammenzubrechen.
Fassungslos starrte ich auf meinen toten kleinen Kameraden, als der für seine Grobheit bekannte Tierarzt meinen Kopf an seine Schulter zog: „Weinen Sie nur mein Kind –. Ich weiß, wie Ihnen zumute ist."

3. Oktober 1943

Gestern traf ich mich nach einem langen Intervall wieder einmal mit Pötz.
Er begrüßte mich mit aufgerissenen Augen: „Meine liebe junge Freundin – Was ist geschehen? Sie sehen aus als seien Sie durchs Fegefeuer gegangen."
„Ich bin durch mein ganz persönliches Fegefeuer gegangen", erwiderte ich, „und habe es nun in allen Variationen kennengelernt. Und wissen Sie, was ich entdeckt habe? – Es gibt eine Hölle. Ich weiß nicht einmal

genau, ob ich sie schon wieder ganz verlassen habe."
Er nickte abwartend, um dann zu erzählen, daß er während des Sommers einmal angerufen habe. Eine fremde Stimme habe ihm geantwortet, und erst nachdem er versicherte, ein persönlicher Freund zu sein, wurde ihm mitgeteilt, daß ich in Berlin sei.
Ich berichtete über Mutters Haft, meine Reisen und die Rettung in letzter Minute.
„Die anderen Häftlinge", fragte er, „was geschieht mit den anderen Häftlingen?"
„Die arischen Ehepartner erhalten nach wenigen Wochen auf einer offenen Postkarte die Mitteilung, daß der jüdische Mann oder die jüdische Frau an Angina, Blinddarmentzündung, Grippe oder sonst etwas gestorben ist. Der Überlebende soll mitteilen, ob er die Urne mit der Asche will."
Pötz sah mich müde an. Auch an ihm schienen die von Fliegeralarmen gestörten Nächte, der Hunger und die Anspannung der Nerven nicht spurlos vorüberzugehen. Sein Gesicht hatte eine ungesunde graue Farbe, und er hatte abgenommen.
„Kein Tier quält jemals ein anderes seiner eigenen Art mit der Grausamkeit, die der Mensch für Menschen ersinnt", stellte er bitter fest. „Die Nazis verdienen allerdings eine besondere Auszeichnung –" Seine Rechte fuhr durch seinen grauen Schopf, um sich dann wieder am Hosenträger festzuhalten. „Nicht genug damit, daß sie die Jugend opfern und die Männer in den besten Jahren, daß sie sich bemühen, ganze Völker auszurotten, nein – sie müssen auch noch im eigenen Lande alles vernichten, was nicht ihren rassischen oder politischen Grundsätzen entspricht. Nur die edle deutsche Herrenrasse darf überleben." Er reckte sich auf und saß wieder ganz gerade: „Das, meine Liebe, was wir jetzt erleben, ist der Beginn des Unterganges des Abendlandes, der im

großen Stil bereits 1914 begann. Die Unverträglichkeit der Christen, der Kampf um die Hegemonie der weißen Rasse untereinander, muß zum Untergang des Westens führen, während die östliche, gelbe, nicht christliche Welt sich weiterentwickelt."
Er machte eine kleine Pause, während der Schatten eines ironischen Lächelns über sein Gesicht huschte: ,,Ist es nicht ein interessantes Phänomen, daß stets die christliche Welt, die ihrer Lehre entsprechend nicht töten soll, von einem Krieg in den andern eilt, um zu töten, töten, töten. Bisher war es ja eine ausschließlich männliche Tugend, sich gegenseitig umzubringen. Nun aber werden Frauen und Kinder in das christliche Schlachtfest mit einbezogen. – Um aber auf unser ursprüngliches Thema zurückzukommen – ich bin der Überzeugung, daß es ein oder zwei Generationen nach dieser so zivilisierten westlichen Katastrophe noch eine schreckliche Auseinandersetzung zwischen Ost und West geben wird. Danach werden die Weißen – oder was von ihren übrigbleibt – nicht mehr die Herrenrasse sein, sondern die Diener derer, die sie so lange knebelten."
,,Da ist doch aber noch Amerika mit seinem riesigen Reservoir an Menschen", warf ich ein.
Er lächelte mich mitleidig an: ,,Amerika, meine Gute, ist lediglich ein geografischer Begriff, denn die Amerikaner sind keine Nation. Sie bezeichnen sich zwar als ‚Meltingpot', als Schmelztiegel. In Wirklichkeit aber ist dort gar nichts ineinander verschmolzen. Diese sogenannte Nation zerfällt in zahllose ethnische Gruppen, in der die eine auf die andere hinabblickt." Er lachte plötzlich lautlos: ,,Die Briten blickten auf die Iren hinab, die Iren auf die Italiener, die Italiener auf die Polen und die Weißen auf die Farbigen. Unglückseligerweise ist ein riesiger Prozentsatz Deutscher nach diesem geografischen Platz auf der anderen Seite des Ozeans ausgewandert und dieses deutsche Blut wird Amerika das

Erbe der Kriegsführung vermachen. Wenn Europa sich ausgeblutet hat und erschöpft darniederliegt, wird Amerika den Schlachtruf aufnehmen. Wenn in Europa nichts mehr zu bekämpfen sein wird, wird Amerika sein Interesse dem Osten zuwenden.“ Er legte den Kopf etwas auf die linke Schulter, mich halb amüsiert, halb skeptisch anblickend: „Sie sind nicht einverstanden und haben Einwendungen zu machen?“

„Ich kann nicht ganz mit Ihnen übereinstimmen“, bestätigte ich. „Es sind doch nicht nur Deutsche dort, Halbdeutsche und Vierteldeutsche, sondern Millionen ganz anderer Nationalitäten, die nicht so kriegerisch veranlagt sind. Da die Vereinigten Staaten eine demokratische Staatsform haben, müßten doch die friedlichen Elemente das Übergewicht behalten.“

Pötz verzog den Mund: „Meine liebe, junge Freundin – Sie sind zwar durchs Fegefeuer gejagt worden, aber Sie sind trotzdem noch immer bereit, an Märchen zu glauben. Sie sagen, Amerika hat eine demokratische Staatsform? Wissen Sie denn, was Demokratie wirklich ist? Demokratie ist nicht Volksherrschaft, sondern die Kunst, das Volk zu beherrschen. – Genau besehen war das schon bei den alten Griechen so, und es wird auch in dem Land, in dem Milch und Honig fließt, nicht anders sein.“

Wir schwiegen beide. Nach eine Weile fragte ich etwas zweifelnd: „Warum sollte aber Amerika mit den Völkern des Ostens Krieg beginnen?“

„Weil niemand aus seiner Haut kann“, entgegnete er. „Vergessen Sie nicht, daß das Fundament des amerikanischen Staates auf der Ausrottung der Indianer beruht. Ein Staat, der seine Existenz so brutal, rücksichtslos und unmenschlich gründete, wird nicht plötzlich seinen Charakter ändern. – Mißverstehen Sie mich nicht, meine Liebe, was ich Ihnen nun sage, ist meine ganz persönliche Spekulation, die natürlich falsch sein kann.

Doch meiner Ansicht nach ist der nächste logische Kriegsschauplatz für Amerika der Osten mit seinen reichen Bodenschätzen, einem Boden, der all die Kostbarkeiten enthält, die Amerika nicht besitzt. Dieser Krieg dürfte jedoch die Herrschaft der Weißen besiegeln."

Ich sah grübelnd auf die Tischplatte, während meine Finger unbewußt Kreise über den glatten Marmor zogen. „Ist denn Amerika durch seine Technik und seine ungeheure Macht nicht den östlichen Völkern überlegen?"

Pötz sah mich fast herausfordernd an: „Sie haben das richtige Wort benutzt, ‚Macht'. Was half Rom all seine Macht im Kampf gegen die christliche Idee? Was half dem Britischen Imperium all seine Macht im Kampf gegen Gandhi? – Mit Waffen lassen sich keine Ideen ausrotten. Ideen sind stets stärker als Kanonen."

10. Oktober 1943

Nun hat Frankfurt endlich auch seinen „Terrorangriff" gehabt, wie die Regierung das nun bezeichnet. Ich fing bereits an mir Sorgen zu machen, daß sie uns vergessen hätten. Letzten Montag kamen sie jedoch, unsere Befreier, nicht einmal, sondern dreimal.

Was für eine groteske Situation! Man hört die Flugzeuge des „Feindes" anfliegen, dieses ganz bestimmte Brummen in der Luft, das so anders klingt als das der eigenen. Man stößt einen Seufzer der Erleichterung aus, daß die Zeit des langen Wartens endlich vorüber ist. Dann hört man den Einschlag der Bomben, diesmal so nahe wie nie zuvor – und plötzlich löst sich etwas Staub im Luftschutzkeller und man hat das Gefühl, daß das große schwere Haus eine leicht schaukelnde Bewegung macht.

Frau Rodenhausers großem Busen entrang sich ein Seufzer der Angst, und sie klammerte sich an ihre zu klein geratene Tochter Ingrid: „Ooohhh“, stöhnte sie.
„Hier“, sagte Ingrid und reicht der Frau Mama einen Trunk mit Hoffmannstropfen, die in früheren Zeiten Frauen vor einer Ohnmacht bewahrt haben sollen.
Nach kurzer Zeit roch der ganze Keller nach Baldrian, und ich sagte zu Vater: „Die Bar ist eröffnet.“
Mutter hatte für derartige Scherze kein Verständnis. Ihre gefalteten Hände waren so ineinander verkrampft, daß die Knöchel weiß vorstanden. Nach jedem heftigem Einschlag bewegten sich lautlos ihre Lippen.
Mein Blick ging abschätzend über die ganze hier versammelte Hausgemeinschaft. Frau Collier war etwas blasser als üblich und die rechte Augenbraue in ihrem unsymmetrischen Gesicht schob sich noch ein wenig höher als üblich. Ihr etwas feister Mann, der mich zuweilen an einen Buddha erinnert, saß mit völlig undurchdringlicher Miene neben ihr.
Der taubstumme Herr Schindler, der nur die Erschütterungen des Hauses und den Luftdruck fühlte, stieß seine unartikulierten Laute aus, als er seine Frau fragte: „Was? Was passiert?“, und sie erklärte ihm gestikulierend, daß nahebei eine Bombe eingeschlagen war.
Vorübergehend flackerte das Licht, und ich fing Vaters triumphierendes Lächeln auf.
„Ooohhh“, kam es klagend aus Frau Rodenhauers Ecke.
Es wurde ein neuer Baldrian-Cocktail gemischt, und während das Licht langsam wieder seine alte Intensität zurückgewann, grübelte ich über Vaters Ausdruck nach. Hofft auch mein patriotischer Vater, daß der Feind uns befreien wird? Wünscht dieser überzeugte deutsche Mann, daß sein Vaterland wieder auf der Seite der Verlierer ist?

Es war gerade eine Pause im Bombardement eingetreten und ich verließ den Luftschutzkeller, um auf dem Gang eine aus Stummeln von Stummeln gedrehte stinkende Zigarette zu rauchen, während ich meinen Gedanken nachhing. Ist es möglich, wunderte ich mich, daß der richtige Verführer einer Nation es erreicht, daß seine überzeugtesten Patrioten auf den Sieg des Feindes hoffen? Ich dachte zurück an die Zeit nach dem ersten Weltkrieg, in der Vater fast zusammenbrach unter dem Bewußtsein, daß sein Vaterland, sein Deutschland, den Krieg verloren hatte. Er litt, als ob der von ihm geliebteste Mensch sich in unsagbaren Qualen wandt. Und nun? Wir hörten die Bomben fallen, hörten den Mörtel im Gebälk rieseln, fühlten das Haus sich leicht bewegen – und er strahlte mich fast erlöst an.
Ich erinnerte mich der einen Nacht, als mehrere Geschwader kanadischer oder amerikanischer Flugzeuge nach einem Angriff auf Schweinfurt über Frankfurt nach Hause flogen. Die Entwarnungssirenen hatten bereits geheult, und ich zog in meinem Zimmer den Rolladen hoch. Fräulein Wurm stand hinter mir, und wir starrten in den Himmel, den heimkehrenden Flugzeugen nach. Eines aber hinkte hinter den andern her, knatternd und puffend. „Lieber Himmel!“ rief ich aus, „er wird es doch hoffentlich schaffen!“ Das Würmchen sah mich ganz entgeistert an: „Mein Gott, Fräulein Schroeder – Sie sind ja ganz blaß! Ich hab' immer gedacht, Sie machten einen Witz, wenn Sie so etwas sagten –. Aber Sie meinten es wirklich – –“
Die kleine Rodenhauer stand plötzlich neben mir. Laut gähnend erklärte sie: „Verdammt, bin ich müde!“ Mit gekrauster Nase zog sie meinen Rauch ein. „Zeit, daß die Amis kommen. Dann rauchen wir nur noch Lucki Strike.“
Nach einer Weile steckte Herr Collier seinen Kopf aus der Türe des Luftschutzkellers. Ingrid Rodenhauer

lockte den Rest von ihm auf den Gang, um ihn die neuesten Medizinerwitze zu erzählen, die sie im ersten Semester ihres Medizinstudiums gehört hatte.
Dann saß ich wieder im Luftschutzkellers, in dessen äußerster Ecke sich Ferdinand Collier verkrochen hatte, der für wenige Tage auf Urlaub bei den Eltern war. Dieses Kind in Uniform bemühte sich vergebens, männlich zu erscheinen. Heute morgen, gegen elf Uhr, nach dem ersten Alarm, als wir gerade mit Frau Rodenhauers Pelznähmaschine auf der Treppe waren, fielen irgendwo auf unsere Stadt die Bomben. Ferdinand, den Stahlhelm auf dem Kopf, hatte fast die Maschine fallen lassen und war ganz unheldisch in den Luftschutzkeller gerannt. – War es nur der Schrecken des Kindes oder die Vorahnung des Gezeichneten?
Nach der Entwarnung lief ich als erstes zum Telefon. Es funktionierte noch. „Siegfried!“ rief ich, „ist alles in Ordnung?“
„Die Fensterscheiben sind mal wieder alle drin; aber das Haus steht noch.“
Am nächsten Nachmittag kam Schwester Ruth: „Was ich anhabe“, sagte sie, „ist alles, was ich besitze.“
Das Haus in der Nähe des Zoos, in dem sie mit ihrem jüdischen Mann lebte, war mit einigen Nachbarhäusern völlig zerstört worden. Die Hausbewohner krochen durch mehrere Kellerdurchbrüche, unfähig irgendwelches Gepäck mitzunehmen. Sie hatten nur ihr Leben gerettet, und das war im Dritten Reich nicht viel wert.
Wir suchten einige Bekleidungsstücke und Kochtöpfe zusammen, während Schwester Ruth zu Schindlers ging, um die ‚Ebinent‘ um Hilfe zu bitten. Nach einer Weile kam sie mit einer großen Tüte und einem sonderbaren Lächeln zurück.
„Nun?“ fragte Mutter, gespannt auf die Tüte sehend, „Sie haben etwas bekommen?“

Schwester Ruth fing an zu lachen, während ihre Augen feucht schimmerten: „Sie hat aus einer Kommodenschublade ein Dutzend Seidenstrümpfe für mich zusammengesucht, die so zerfetzt sind, daß ich sie nicht mehr stopfen kann. Und zwei verflickte kaputte Blusen."

„Mein liebes Ruthchen!" brach Mutter aus und umarmte diese geschlagene stolze Frau, die tapfer versuchte, die Bitterkeit hinunterzuschlucken.

Nachher hatte ich einige Schwierigkeiten, mich auf das Zählen der roten und weißen Blutkörperchen zu konzentrieren, weil ich dauernd an die zerfetzten Strümpfe denken mußte, die die ‚Ebinent' so großzügig hergegeben hatte. Wie war es möglich, in einer Zeit wie dieser, in der diese Jüdin im Kreuzfeuer steht zwischen den Bomben und der Gestapo, daß sie sich nicht von Dingen trennen kann? Ist es nur menschlich oder jüdisch, sich derart an materielle Sachen zu klammern? Ich kann es nicht verstehen.

14. November 1943

Wir haben die Wohnung teilweise umgeräumt, denn wir bekamen neue Hausbewohner – um nicht zu sagen Einquartierung. Ich zog in das kleinere Zimmer gegenüber dem Labor, das einst Gunther Siegurd Kunz und Onkel Fritz aufgenommen hatte und in dem vorübergehend ein junges holländisches Ehepaar schlief. Er war bei der Post dienstverpflichtet, und sie arbeitete in unserem Haushalt. Das Arbeitsamt mußte sie jedoch in einen rein arischen Haushalt verpflanzen, da Mutters Einfluß wohl verderblich sein könnte. – Da hause ich nun. Es ist ein bißchen eng, aber ich habe es mir so gemütlich wie möglich gemacht.

Das Würmchen mußte ausziehen, denn in ihrem und

meinem Zimmer wurde das Ehepaar Seligmann mit Tochter einquartiert. Seligmanns sind ganz kleine Leute. Frau Seligmann ist arisch, und er hat eine gewisse Ähnlichkeit mit einem verunglückten Gartenzwerg. Sein Kopf mit dem vorgeschobenen Unterkiefer ruht auf einer mit Leder gefütterten Metallstellage und er liebt es, auf Pantoffeln, in eine graue Wolljacke gekleidet, während der Sprechstunde durch die Diele zu schlappen, um zum Häuschen am anderen Ende der Wohnung zu gehen. Oftmals gibt er in der Türe seiner Frau mit seiner hellen näselnden Stimme noch eine Anweisung, um bestimmt die Aufmerksamkeit der wartenden Patienten auf sich zu lenken.

Mutter ist ebenso ärgerlich wie peinlich berührt: „Wenn der Kerl doch wenigstens anständig angezogen wäre! Haben denn diese Leute überhaupt kein Gefühl für so etwas?"

„Nein, Mutti", erwiderte ich, und dann fing ich an zu lachen, denn ich sah den kleinen Herrn Seligmann in seiner Wolljoppe, den Kopf mit den krausen grauen Haaren, nur durch das schwere Gestell davor bewahrt, zwischen den Schultern zu verschwinden, gewichtig an den arischen Patienten vorbeischlappen. „Die Sprechstunde", erklärte ich, „ist der Höhepunkt seines Tages. Da kann er kontrollieren, wie viele Patienten kommen und was für Leute das sind. Wahrscheinlich gäbe er etwas darum, sich mit ihnen unterhalten zu können!"

Mutter sah mich steinern an: „Ich finde das absolut nicht komisch – – – Ich werde einmal mit Frau Seligmann sprechen."

„Wie?" fragte ich, „Und ihr sagen, daß ihr Mann während der Sprechstunde nicht auf den Lokus gehen kann?"

„Wie drückst du dich denn aus?" sagte Mutter irritiert. „Ich will ihr nur sagen, daß er sich wenigstens Schuhe anzieht."

„Ich würde das besser nicht tun", meinte ich.
Mutter sprach mit Frau Seligmann und stieß auf gekränkte Verständnislosigkeit. „Wir wohnen nämlich hier, Frau Doktor", hatte die Frau erklärt. „Hier sind wir jetzt zu Hause und ich kann von meinem Mann nicht verlangen, daß er sich's daheim nicht einmal bequem machen kann, nur weil Ihnen das nicht paßt."
Mutter ging mit hochrotem Kopf und roten Flecken am Hals aus dieser Unterhaltung hervor. „Warum konnten wir denn nicht Leute wie Stäubchens bekommen?"
„Weil", antwortete ich, „die Gestapo in ihrer unergründlichen Weisheit für jeden genau den verkehrten Partner erwählt hat."
Stäubchens waren bei Schindlers eingezogen und leben genau über mir. Er ist Journalist und Schriftsteller, seine Frau ist Jüdin und sie besitzen eine Dackelhündin Sabine, die bei jeder Mahlzeit schreit wie ein hoher Sopran, wenn ihr nicht ihr erwählter Bissen gereicht wird.
Diese gemischte Gesellschaft trifft sich nun fast nächtlich, um gemeinsam Stunden im Luftschutzkeller zu verbringen.

1. Dezember 1943

Ende November hatten wir einen Tagesangriff, in dem kreuz und quer über der Stadt die Bomben abgeworfen wurden. Die Opfer dieser Fliegerangriffe werden nun als „Gefallene" bezeichnet. Wir wissen nie wieviele Menschen umkommen, aber die Zahl muß erheblich sein, und offenbar wird mit noch viel höheren Verlusten in der Zukunft gerechnet.
Ein Angestellter des Städtischen Bauamtes, der in der Sprechstunde war, erzählte Vater, daß neue Anweisun-

gen vorliegen, wonach nicht mehr als 1000 Tote in geschlossenen Särgen zum Friedhof gebracht werden sollen. „Um die Fahrzeuge besser auszunutzen", berichtete uns Vater, „sollen bei mehr als 1000 Leichen nur die Unterteile der Särge transportiert und die Deckel auf dem Friedhof aufgesetzt werden. Handelt es sich aber um mehr als 2000, so bekommt jeder Tote nur noch einen halben Sarg."

„Und wenn es 3000 sind", fragte ich, „kriegt dann jeder noch einen Viertel Sarg?"

„Nein", entgegnete Vater, „wenn es mehr als 6000 ‚Gefallene' sind, werden sie in Papierhüllen verpackt. Das Papier und geeignete Stricke sind bereitgestellt."

„Wie entsetzlich!" rief Mutter aus.

Ich aber staunte: „Ich wußte gar nicht, daß wir noch so viel Papier und Kordel haben. – Das sind ja nette Aussichten!"

„Wußtet ihr eigentlich", fuhr Vater fort, „daß das sogenannte Geschwätz über die Vergeltung und neue Waffen bestraft wird?"

„Wieso? Goebbels hatte doch bereits im Juni nach den katastrophalen Angriffen auf das Ruhrgebiet von der Stunde der Vergeltung gesprochen."

„Das", meinte Vater, „war Herr Dr. Goebbels. Der normale Volksgenosse, der das alles aushalten muß, hat's Maul zu halten."

Am Abend ging ich kurz zu Rodenhauers, bei denen ich gelegentlich interessante Neuigkeiten erfahre, wenn nicht gerade ein Gestapomann bei ihnen zu Besuch ist, dessen Gegenwart ihren Mund versiegelt. Ich bin mir nicht ganz klar darüber, was ich von diesen Leuten halten soll. Ich habe das Gefühl, daß sie gegen die Nazis sind, womit jedoch die Tatsache nicht übereinstimmt, daß bei ihnen so viele Gestapoleute ein- und ausgehen. Frau Rodenhauer behauptet, daß sie diese Beziehungen unterhält, um beizeiten über alle weiteren Judentransporte informiert zu sein, die es ihr ermöglichen, ihre jüdischen Freunde zu warnen. Vielleicht sagt sie die Wahrheit, vielleicht spielt sie ein Doppelspiel. Ich tue jedenfalls, als ob ich ihr glaube und bemühe mich, völlig unbefangen zu erscheinen.

Heute fragte mich Frau Rodenhauer nun: „Hat Frau Collier Sie auch zu einem Kurs für Erste Hilfe befohlen?"

„Sie versuchte es", sagte ich.

„Und?" drängte sie, „machen Sie mit?"

Ich schüttelte den Kopf: „Nein – bestimmt nicht!"

„Das ist doch Zwang", rief Tochter Ingrid aus. „Wie haben Sie denn das gemacht?"

„Sehr einfach", antwortete ich. „Meine Mutter war bereits bei Frau Collier, als ich kam, und ich fragte, ob meine Mutter nicht auch an dem Kurs teilnehmen könnte, was Frau Collier äußerst peinlich war. Sie wandte sich wie ein Aal und mußte schließlich zugeben, daß meine Mutter nicht teilnehmen dürfte. Mit etwas zunehmender Lautstärke fragte ich: ‚Und da wagen Sie es, mich zu solch einem Kurs zwingen zu wollen? Wenn meine Mutter nicht daran teilnehmen darf, bedaure ich, ablehnen zu müssen.' ‚Aber es ist doch eine Anordnung!' schrie Frau Collier. ‚Ich pfeife Ihnen auf Ihre Anordnungen. Ich will Ihnen etwas sagen, Frau Collier, wenn hier in diesem Haus wirklich etwas passieren sollte, wollen wir mal sehen wer einen klaren Kopf behält und weiß, was zu tun ist!' und damit nahm ich meine Mutter an der Hand und verließ mit ihr die Wohnung."

24. Dezember 1943

„Stille Nacht – Heilige Nacht –"
Still ist es und lausig kalt. Die Heizung wurde schon vor einigen Stunden abgestellt. Ich sitze vor meinem Schreibtisch, auf dem eine Karbidlampe brennt, das Geschenk eines Patienten, der Vater mit zwei solchen Kostbarkeiten beglückte. Ich habe meine Pelzstifel an, den Wintermantel und eine Decke über Schultern und Rücken; mein Magen knurrt.

Vor vier Tagen, am 20., hatten wir am späten Nachmittag einen massiven Angriff, der bis in den Abend anhielt. Unter anderem verbrannte unsere unersetzbare Bettwäsche in der Wäscherei. Das Gas ist aus, denn in der Leerbachstraße gähnt uns ein großes Loch an, in dem die zerstörte Hauptgasleitung für die ganze Nachbarschaft liegt. Aber es gab ja ohnehin so gut wie nichts zu kochen.

Der Christbaum ist eine Zwergausgabe dessen, was einst der Stolz der Eltern war; es hängen auch keine roten Äpfel daran wie in früheren Zeiten und es brannten nur einige Kerzenstümpfchen, die noch vom letzten Jahr übriggeblieben waren.

Katherina konnte zu Weihnachten nicht kommen. So verbrachten wir einen kurzen, unfeierlichen Weihnachtsabend, an dem sich die Eltern frühzeitig, übermüdet, frierend und hungrig zu Bett begaben.

Irgendetwas von der Sentimentalität dieses Abends, den man gewöhnlich im Kreise seiner Nächsten verbringt, hat auf mich abgefärbt, und meine Gedanken suchen Karl. Mein Herz ruft nach ihm, aber es ist, als ersticke dieser Ruf in einem Nebel, der den Laut nicht weiterträgt und auch keine Antwort zurückbringt. Wir schrieben einander; Briefe der Liebe und Zuversicht, Briefe, in denen zwischen den Zeilen Traurigkeit und Verzweiflung schwang, eine Verzweiflung, wie sie

wohl nur ein Mann empfinden kann, der gegen ein Meer der Trostlosigkeit ankämpft und dem es nicht erlaubt ist, Tränen in den Augen zu haben.
Vergeblich versuche ich mir vorzustellen, daß Karl irgendwo in Rußland Weihnachten feiert. Ich kann ihn in keinem russischen Bauernhaus finden, in keiner Baracke mit anderen Soldaten. Die Angst hält mein Herz in ihrer schwarzen Hand. Ich weiß, daß ihm physisch nichts geschehen ist, denn ich zweifle nicht daran, daß wir beide aus diesem Inferno lebend hervorgehen werden. Trotz aller Zusicherungen und Versprechen, die ich nie von ihm forderte, kann ich die beängstigende Unsicherheit um ihn nie völlig abschütteln. Vielleicht habe ich in diesem Leben, in dem nichts mehr sicher ist, nur die Fähigkeit verloren, an eine Zukunft zu glauben, in der es für mich äußerlich und innerlich Frieden gibt.
Frieden – –
Ich ertappe mich dabei, dieses Wort laut auszusprechen, dieses Wort, das so viel Glück in sich einschließt und das die Menschen nie zu schätzen wissen, so lange sie es haben. Meine ersten Kindheitserinnerungen sind Krieg und er scheint mich durch mein ganzes Leben zu begleiten. Krieg und Tod. Tod, den einige wahnsinnige Staatsoberhäupter ihren Untertanen als Geschenk darreichen, geschmückt mit Orden und Ehrenbändern, verbrämt mit Heldengesängen und Opfermut und Vaterlandsbegeisterung. Vor mir gleitet der Reigen meiner toten Cousins und Freunde vorbei. Joseph und Joachim, Ettas Söhne Karl und Paul, die in Rußland und Frankreich vermißt sind und doch nie wiederkommen werden. Waldemar Hensel und der kleine Ferdinand Collier, dessen Todesnachricht letzte Woche eintraf. Und mein sanfter zärtlicher Kollege Jo Dirks, dessen Name an gleichen Tage mit Joachims mit dem kleinen Eisernen Kreuz in der Zeitung gedruckt war. Erich Kohlhöfer, den man als „Untermensch" in ein soge-

nantes Himmelfahrtskommando gesteckt hatte. Sie alle waren zu widerwilligen Helden gemacht worden, zur Glorie eines irrsinnigen Massenmörders.
Ich werde die Patrioten nie begreifen. Väter, die durch das Gemetzel des ersten Weltkrieges gingen, erzogen ihre Söhne zu einer Wiederholung dieser Greuel. Frauen, deren Männer im letzten Weltkrieg auf „dem Felde der Ehre" blieben, spornten ihre Söhne an, dem Beispiel des Vaters zu folgen und Selbstmord zu begehen. Sind sie alle geistesgestört oder ist mit den wenigen die opponieren, etwas nicht in Ordnung? – Ich erinnere mich auf einmal, daß Wolf uns bei seinem Besuch von den Lemmingen erzählte, einer Mäuseart, die plötzlich aus unerfindlichen Gründen zum Meer wandert, um sich zu ertränken. Ganze Herden eilen zum Wasser, um sich zu ersäufen. Die weisen Menschen berichten kopfschüttelnd über dieses Phänomen, um sich und andere ihrer Art auf viel unbegreiflichere Weise auszurotten. An der Spitze dieser menschlichen Herden aber steht ein Leithammel, der sie mit der Miene eines stolzen und mitfühlenden Vaters in den Tod hetzt, während er beschützt von einem sicheren Posten aus, neue Mordanschläge mit seinen Henkersgesellen, die militärische Titel tragen, ausklügelt.

13. Februar 1944

Nun sind auch wir zu Frontkämpfern geworden. Am Sonntag, dem 29. Januar, begann es mit dem ersten wirklich schweren Angriff in unserer Gegend, der große Teile der Stadt zerstörte. Das Haus neben uns hat nun kein Dach mehr, sondern ist mit einer Plane zugedeckt. Auch schräg gegenüber, wo unter anderem Major Schneider wohnte, steht nur noch ein Gerippe, dessen leere, verkohlte Fensteröffnungen auf uns starren.

In jener Nacht hörten wir zum ersten Male die Flugzeuge direkt über uns brummen, fühlten die Einschläge der Bomben in der Nachbarschaft, deren Explosionen unser Haus zu heben schienen, um es unsanft wieder an seinen Platz zurückzusetzen. Der Luftschutzraum füllte sich mit Mörtelstaub, der alle husten ließ.
Rodenhauers, die nun meistens beim Ertönen der Vorwarnung ihre Stahlrösser besteigen, um zum Gestapo-Bunker in der Lindenstraße zu radeln, waren auch diesmal nicht bei uns. Es gab also keinen Baldrian. Während die meisten Hausbewohner sich ruhig und schweigend verhielten, kniete Mutter auf dem Kellerboden und betete wie eine Schallplatte, auf der eine Rille gebrochen ist „Vater unser, der du bist im Himmel – Vater unser, der du bist im Himmel –". Nur Gerold Stäubchen leistete ihr Gesellschaft. Den Dackel Sabine unter seinem Bauch gepreßt, kauerte er halb kniend, halb liegend auf dem Boden.
Nach der Entwarnung schleppten wir Wasser, um das Nachbarhaus zu löschen und unser Dach zu schützen. Danach wurden in stündlichem Schichtwechsel nebenan Brandwachen auf dem nassen zerstörten Dachboden aufgestellt. Die kleine Rodenhauer und ich hatten morgens von fünf bis sechs Uhr Dienst. Kurz vor unserer Ablösung sahen wir gegenüber bei Schneiders erneut Flammen hochschießen. Das Haus, in dem nur noch die zwei unteren Stockwerke standen, war verlassen, denn die Nachbarn waren nach dem Löschen fortgegangen, um bei Freunden über Nacht Unterkunft zu finden.
Im Handumdrehen fand sich Hilfe ein. An Löschen war allerdings nicht mehr zu denken. So räumten wir Schneiders Wohnung aus. Schränke, Stühle, Wäsche, gefüllte Einmachgläser, was immer wir tragen konnten, schleppten wir aus dem brennenden Haus und stellten es auf die Straße.

Der Morgen dämmerte. Eine verschlafene Sonne bemühte sich, ihre Strahlen durch einen Vorhang von Rauch und Staub auszusenden. Wir hatten alles getan, was in unserer Macht war und standen erschöpft zwischen Schneiders letzter Habe. Die plötzliche Untätigkeit ließ uns auf einmal die Kälte fühlen. Wir fröstelten, waren übermüdet, hungrig und unvorstellbar schmutzig. Wir sahen einander mit von Rauch geröteten Augen an, als wir den Gleichschritt der Nagelschuhe hörten.

Drei Amtswalter – oder wie sie im Volksmund heißen ‚Goldfasanen' – tauchten aus dem Dunst auf. Sie blickten nicht rechts und nicht links, sondern marschierten in der Mitte der Fahrbahn, die Augen geradeaus, in ihren makellos sauberen, gebügelten Uniformen, die Goldkordeln in der Bewegung blitzend von den Schultern schaukelnd. Momentan starrten wir sie sprachlos an wie Erscheinungen aus einer anderen Welt.

Dann rief jemand aus unserer Gruppe ein haßerfülltes scharfes: „Heil Hitler!"

„Diese Schweine!" ereiferte sich eine andere Stimme.

„Anpacken sollten diese Kerle hier und sich die Hände schmutzig machen", sagte ein Nachbar neben mir wütend.

Rrrapp – rrrapp – rrrapp marschierten die genagelten glänzenden Schaftstiefel weiter, als seien ihre Träger taub.

Irgendwann, nachdem ich den Eltern geholfen hatte, unsere Fensterscheiben zusammenzukehren, hatte ich versucht, mich mit dem kleinen Stückchen braunem Lehm, das uns als Seife zugeteilt wird, zu waschen und hatte mich halb angezogen aufs Bett gelegt.

Ich mußte in einen totenähnlichen Schlaf versunken sein, denn Fäuste hämmerten unbarmherzig gegen meine Türe.

„Was ist?" rief ich schlaftrunken.
„Unser Dach hat Feuer gefangen! Bitte kommen Sie!"
Die kleine Rodenhauer stand vor mir.
Nun haben wir einen verkohlten Balken im Dachstuhl, aber sonst steht noch alles. Auf diesem Balken aber saß ich mit einem Gestapomann und wir löschten zusammen.
Er war gekommen, um Rodenhauers zu besuchen. Alle Türen offen findend, war er den Stimmen gefolgt, um sich schließlich in Hemdsärmeln mit der schwarzen Hose und den Schaftstiefeln seiner SS-Uniform mir gegenüber auf den brennenden Balken zu schwingen. – Wer hätte je gedacht, daß ich einmal mit einem Gestapomann auf einem Dachbalken sitzen würde?
Fünf Tage später kamen die Todesengel wieder angeflogen. Dieses Mal brachten sie etwas Neues mit – Kettenbomben; das sind vier Bomben aneinandergekettet – wobei kaum noch ein Stein auf dem andern bleibt, wenn sie fallen. Am nächsten Vormittag legten sie Bombenteppiche über die Peripherie der Stadt, um noch einmal wenige Tage später zurückzukehren. Da sie eine besondere Vorliebe für die Heddernheimer Kupferwerke zu haben scheinen, in deren Luftlinie wir liegen, verbringen wir meistens recht lebhafte Stunden in unserem Keller.
Die großartige Abwehrorganisation der Nazis scheint jedoch ins Wanken zu geraten. Das Löschen funktioniert nicht mehr, da die Löschzüge viele Straßen wegen der Trümmerhaufen oder riesigen Bombentrichter nicht passieren können. Die so bedachtsam angelegten Löschwasserbecken sind häufig leer, durch Bombentreffer beschädigt und ausgelaufen. Die Schläuche und Pumpen – alles Kriegsmaterial – sind unzureichend und von minderer Qualität. Die Löschzüge zu den dringendst benötigten Brandstellen zu dirigieren ist ebenfalls unmöglich, wenn die Telefonleitungen zerstört

sind, was in den betroffenen Gebieten stets passiert. Nach einigen Stadtteilen wurden Hilfszüge mit Verpflegung von außerhalb geschickt. Aber das sind nur kleine Gesten, ein kurzfristiges Stopfen der hungrigen Mäuler. Damit werden weder die zerbombten Häuser wieder aufgerichtet oder die Toten zum Leben erweckt, die zum Teil noch unter den Trümmern begraben sind.

Die Bevölkerung wird aufsässig. Die Begeisterung und der Fanatismus weichen, um Depression und Zweifeln Platz zu machen. Die Nachrichten, die von den verschiedenen Fronten eintreffen, sind niederschmetternd. Langsam dämmert es sogar den bisher Vernagelten, daß da wahrscheinlich gar keine Stunde der Vergeltung kommen, keine neue Wunderwaffe sich realisieren lassen wird.

Vater, den ich nach wie vor zu seinen Patienten fahre – wir bekommen jetzt nur noch 35 Liter Benzin im Monat – veranlaßte mich gelegentlich, langsam zu fahren, damit wir das veränderte Stadtbild in Ruhe betrachten konnten. An vielen Straßenkreuzungen sind nun Zeichen angebracht, auf denen „Fluchtweg" zu lesen ist. Sie weisen in Richtung von Parks und freien Plätzen, zu denen man bei Großbränden fliehen soll. Vor riesigen Schutthaufen, die einst stolze Häuser waren, sind Täfelchen und Zettel an Holzstöckchen befestigt. Wir stiegen verschiedentlich aus, um stets die gleichen Mitteilungen zu lesen: „Wir leben noch! Sind zu Meiers gezogen. Familie XYZ." „Sind alle gerettet worden. Wohnen bei Müllers –" und es folgt der Name eines Dorfes im Taunus, Odenwald oder Spessart.

Heimgekehrt stellte Mutter eine dampfende Wasserbrühe vor uns auf den Tisch. Am Boden der Terrine schwamm irgendetwas. Dazu gab es für jeden zwei Scheiben Brot, in das nun Futterrüben gemischt werden und wahrscheinlich – wie einige bösartige Spötter ver-

muten – etwas Sägemehl. Innerhalb von 24 Stunden schimmelt es von innen heraus, dicke weiß-grünliche Fäden ziehend. Ein winziger Kleks Margarine vervollständigt das Menü.
Verstohlen beobachtete ich, wie sich Vaters Kieferknochen bewegten, über die dünn die Haut gespannt ist. Sein Kragen muß mindestens zwei, wenn nicht drei Nummern zu weit geworden sein und seine Augen erschienen riesig unter der gewölbten Stirn mit den eingesunkenen Schläfen. – Sein Anblick zog mein Herz zusammen.

26. Februar 1944

Es war später Abend. Ich saß an meinem Schreibtisch, die Stirn in die Hände gestützt. Karls letzter Brief lag vor mir, geschrieben, bevor das große Bombardement auf Frankfurt eingesetzt hatte.
Behutsam klopfte es an meine Türe. Auf meine Aufforderung kam Vater herein.
Langsam trat er näher und seine Hand ruhte flüchtig auf meiner Schulter. „Ich habe gesehen, daß du heute diesen Brief bekommen hast. Seitdem machst du einen so deprimierten Eindruck.“ Er zögerte. „Ich will nicht in dich dringen, Liebes. Wenn du sprechen willst – betrachte mich als deinen besten Freund.“
Ich war zutiefst bewegt. Noch nie in meinem ganzen Leben hatte mein äußerst scheuer zurückhaltender Vater so zu mir gesprochen.
„Karl hat mir einen Abschiedsbrief geschrieben“, sagte ich.
Vater sah mich ungläubig an.
„Er schrieb“, fuhr ich fort, „daß er Weihnachten in Berlin mit der Frau verbrachte, mit der er meinetwegen gebrochen hatte. – Die Verhältnisse in Berlin müssen

noch schlimmer sein als hier und die Arme ist so hilflos. Er kann sie jetzt einfach nicht im Stich lassen."
Für einen Mann wie Vater, der über vierzig Jahre ein und derselben Frau die Treue hielt, war Karls Vorgehen einfach unfaßlich. „Unglaublich –", sagte er kopfschüttelnd.
Ich brütete vor mich hin. Nach einer Weile sagte ich: „Weißt du – Karl ist kein starker Mann... Wenn er helfen kann, wenn jemand in Not ist, dann wird er stark, dann wächst er. Er sprang zu, als meine ersten Schwierigkeiten mit dem Reichsverband der Deutschen Presse begannen, als dein Assistenzarzt dich denunzierte, als ich vors Sondergericht kam und als er meine Verzweiflung über Mutters Haft erlebte. Aber nun weiß er, daß ich im Schoße der Familie verhältnismäßig sicher bin. Ich habe nicht einmal ein hilfloses Baby, das seines Schutzes bedarf und er glaubt wohl, daß ich ohne ihn genausogut existieren kann. Diana aber – Diana hat er praktisch aus der Gosse gezogen und sie zu einer Journalistin gemacht. Sie ist sein Geschöpf –. Pygmalion. – Das ist die Macht, die sie über ihn hat. Ich jedoch habe im Laufe der Jahre verlernt, Jammerbriefe zu schreiben und um Hilfe zu schreien."
Vater blickte nachdenklich ins Leere. „Er ist also ein Schwächling", stellte er bitter fest.
Ich zuckte die Achseln: „Das ist vielleicht etwas zu hart ausgedrückt. Was immer er ist –" Ich brach ab.
Und Vater fragte: „Du liebst ihn immer noch?"
„Ich liebe ihn immer noch..."
Nach einer Weile fragte er zögernd: „Bist du überzeugt, daß er nicht zu dir zurückkommt?"
„Ich weiß es nicht, Vati. Wir haben schon mehrmals abgebrochen. Aber dieses Mal –? Sie ist in ihrer Schwäche wohl stärker als ich."

Pötz hatte angerufen: „Nun sind schon über zwei Wochen keine Bomben mehr gefallen. Würden Sie unter diesen Umständen riskieren, auszugehen?"
Ich bejahte bereitwillig.
„Wo können wir hingehen?" fragte er etwas ratlos. „Die Kakao-Stube ist nicht mehr."
Ich schlug ihm vor, mich am Opernplatz zu treffen.
„Wir gehen nun zu einer kleinen Gaststube. Ihr Besitzer hatte einst ein großes Lokal in der Nähe der F. Z., in dem sich viele sozialistische Redakteure trafen und politisierten. Erst wurden diese Redakteure mit Nazis ausgetauscht, dann starb die F. Z. ‚Im Zuge kriegswirtschaftlicher Maßnahmen' und danach erhielt der ‚Deutsche Bund' einen Volltreffer."
„Hmmm", machte Pötz und zog die Lippen spitz zusammen. „Der Wirt?"
„Er ist nach wie vor ein überzeugter Sozialdemokrat und Nazihasser."
Wir stiegen die vier Steinstufen hoch, überquerten das kleine betonierte Viereck, dessen Straßenseite von dikken runden Metallstangen umgeben ist und betraten die dämmerige Gaststube.
Pötz sah sich interessiert um, blickte in das erstaunte Gesicht der immer noch dicken Anni, die hinter der Theke stand und mich erfreut begrüßte und suchte sich in der hintersten Ecke des Lokales einen Tisch aus.
Wir tauschten einige Erlebnisse über die Bombennächte aus.
„Noch, meine Liebe", sagte Pötz, „sind wir davongekommen. Ich glaube aber nicht, daß diese Fliegerangriffe die letzten hier waren. Was Herr Hitler den Engländern versprach, daß er ihre Städte ausradieren wird, führen ihm die Briten nun in seinem eigenen Lande vor. Es ist nur ein kleiner Unterschied in diesem edlen Wett-

streit.“ Er lächelte mich freundlich, fast triumphierend an: „Jedes deutsche Flugzeug, das in den Kanal fällt, über England oder Rußland abgeschossen wird, stellt einen unersetzlichen Verlust dar. Für jedes verlorene deutsche Flugzeug wachsen jenseits des Ozeans drei oder fünf neue nach. Während die Gegenseite vom Endsieg überzeugt sein dürfte, sinkt der Glaube der deutschen Bevölkerung täglich tiefer. Das Vertrauen ist erschüttert. Wie viele Menschen aber gibt es, die wirklich eine Überzeugung haben, unbeschadet materieller Vorteile oder Nachteile? Ist es nicht sehr leicht, für ein System zu kämpfen, das einen mit irdischen Gütern segnet? Die deutsche Monarchie war eine wundervolle Staatsform, so lange genug Hofschranzen sich wichtigmachen und gut leben konnten, so lange ein Bürgertum satt und zufrieden war. Als der Monarch aber mit dem Volksvermögen verschwand, als die Hofschranzen Prügel statt Gänseleber bezogen, als das Bürgertum unzufrieden und hungrig wurde, da entdeckten die Deutschen plötzlich, daß eine Monarchie von Übel ist und wandten sich dem Sozialismus zu. In Amerika ist es der Kapitalismus, der erhalten werden muß. Die Reichen in Amerika, die nur durch ihren Geldbeutel denken, halten den kapitalistischen Staat für das einzig richtige System. Die Armen dort, die elender sind als alles, was wir uns an Armut vorstellen können, vegetieren in den Slums und zählen nicht. Eines Tages aber werden sie aufwachen und den reichen Schmarotzern ihre Vermögen abnehmen, jenen, die sich an diesem Blutvergießen noch mehr bereichern, denn sie produzieren Kriegsmaterial und für sie kann der Krieg gar nicht lange genug dauern. Wenn diese amerikanischen Millionäre eines Tages stürzen oder hängen – und kein System währet ewig – dann wird das amerikanische Volk plötzlich entdecken, daß ein kapitalistischer Staat gar keine so gute Einrichtung ist.“

„Mit den Nazis ist es nicht anders." Während er sich gemütlich in seinen Stuhl zurücklehnte, überzog ein Ausdruck des Vergnügens sein Gesicht. „Ich kenne seit Jahren einen Ortsgruppenleiter, einen ganz überzeugten Nazi, der in unserer Nachbarschaft ein kleines Haus besaß. In der Nacht nach einem der letzten Angriffe wanderte ich mit Elsa noch etwas durch die Straßen in unserer Gegend, um zu sehen, was geschehen war. Da stand dieser Ortsgruppenleiter vor den Trümmern seines Hauses. Er war so versunken in seinen Schmerz, daß er nichts beobachtete von dem, was um ihn vor sich ging. Ich tippte ihn von hinten leicht an und sagte: ‚Dafür haben Sie 14 Jahre gekämpft!' Bevor er sich umdrehte, waren wir in Dunkelheit und Rauch verschwunden." Pötz lachte lautlos.

„Und Sie glauben", fragte ich, „daß dieses Mannes Überzeugung einen schweren Stoß erlitten hat?"

„Überzeugung und Glaube, meine Liebe, sind Geschwister. Er war überzeugt, daß alles, was sein Führer tut, richtig ist. Wie konnte aber sein Führer zulassen, daß die feindlichen Flugzeuge so weit ins Land vordringen konnten, um sein hart erarbeitetes Häuschen dem Erdboden gleichzumachen? So wird der Glaube gegen Zweifel ausgetauscht und die Überzeugung bricht zusammen – wie bei Millionen anderer gutgläubiger Volksgenossen. Glaube – Glaube, meine junge Freundin, ist kein Ersatz für Verstand."

Ich nickte, blickte auf und sah in das Gesicht des Wirtes, Hubert Stumpf. Auf mein Lächeln drehte Pötz sich um und Stumpf kam auf unseren Tisch zu.

„Schroederchen", begrüßte er mich, „wie gut, Sie wieder einmal zu sehen!"

Pötz musterte diesen untersetzten Oberhessen mit dem etwas mongolischen Gesicht und machte eine einladende Bewegung. Stumpf setzte sich zu uns.

„Fräulein Schroeder", begann Pötz geschickt, „hat mir

schon von Ihrem früheren Lokal erzählt. Kommen Ihre alten Freunde nun hierher?"
Stumpf machte eine unbeholfene Bewegung und erwiderte in seiner langsamen bedächtigen Art: „Es ist ja kaum noch jemand hier. Sie sind fast alle eingezogen oder irgendwohin versetzt – wenn sie nicht im Zuchthaus oder KZ sind."
„Aber Sie haben wenigstens wieder ein Lokal", stellte Pötz tröstend fest.
„Ach", sagte Stumpf, „das ist ja nichts mehr, verglichen zu dem alten Platz –"
„Ohne die F. Z., Hubert", bemerkte ich, „war es drüben auch nicht mehr wie früher."
„Nein – sicher nicht", und er verlor sich in Erinnerungen. „Und jetzt?" fragte er. Sich an Pötz wendend: „Was halten Sie denn von der ganzen Situation?"
„Das Gleiche, was ich vom ersten Tage davon hielt: aussichtslos", erwiderte Pötz. „Lesen Sie nur aufmerksam die Wehrmachtsberichte, Herr Stumpf, und sprechen Sie mit Ihren Gästen, die Verwandte in anderen Städten haben. So wie hier schon alles auseinanderbricht, so sieht es in ganz Deutschland aus."
Stumpf nickte nachdenklich, um dann zögernd zu fragen: „Sie glauben also auch nicht an die Wunderwaffe?"
Pötz lachte sein lautloses Lachen: „Die Wunderwaffe wurde vor allem geschaffen, um den Optimismus und Glauben der Dummen am Leben zu erhalten. Bis jetzt hat das auch gewirkt. Nun stürzen jedoch die Häuser hier ein und begraben die Volksgenossen unter sich, und die Wunderwaffe wird immer noch nicht eingesetzt. – Was ist denn eine Wunderwaffe, Herr Stumpf?"
Pötz hatte seine Daumen wieder unter den Hosenträgern verankert und beugte sich zu Stumpf vor, der ihn mit leicht geöffneten Lippen gespannt ansah.

„Die Wunderwaffe von heute", erklärte Pötz, „ist die Waffe von morgen. Als die erste Kanone ihre erste Kugel abschoß, war sie eine Wunderwaffe. Als die erste Granate in der feindlichen Linie explodierte, war sie eine Wunderwaffe. Die Granate ist zwar heute ein ganz gangbares Mordinstrument, aber sie ist im Laufe der Kriege... verfeinert worden; noch tödlicher, als sie zu Beginn war. Das erste Giftgas, das zur Vernichtung des Feindes angewandt wurde, war eine Wunderwaffe. Ist es nicht großartig, daß heute noch ein ganzer Landstrich bei Verdun mit dem Giftgas des letzten Weltkrieges verseucht ist, ein Stück Erde, das noch niemand bepflanzen kann und das Tausende von Toten – Freund und Feind – unter seiner Oberfläche verborgen hält! Ist das nicht ein Wunder? Nun haben wir dieses Land wieder besetzt und überlegen uns, ob wir nicht noch spitzfindigere Waffen produzieren können." Er hielt inne. Drei steil aufsteigende Falten erschienen auf seiner Stirn über den zusammengekniffenen Augen. „Es ist interessant, die Entwicklung der Kriege oder – besser gesagt – der Massenmorde zu verfolgen. Noch im siebziger Krieg kämpfte Mann gegen Mann. 1914–18 hatten wir die Mordmethoden schon etwas mehr verfeinert; da kämpfte bereits Waffe gegen Waffe. In diesem Krieg haben wir nicht nur neben den nun alten einstigen Wunderwaffen Flammenwerfer und Flugzeuge, die Bomben abwerfen, die offenbar erhebliche Mengen von Menschen vernichten. Ein anonymer Feind vernichtet eine anonyme Masse und beschränkt sich nicht mehr auf kampffähige Männer, sondern tötet Frauen, Kinder und Greise. Und nun träumen alle von einer neuen Wunderwaffe." Pötz hob den Kopf und blickte aus halb geschlossenen Augen auf Stumpf: „Abgesehen davon, daß ich nicht glaube, daß Deutschland noch rechtzeitig mit diesem neuesten Mordinstrument fertig werden wird, so zweifle ich andererseits nicht daran, daß es entwickelt wird. Es wird lediglich noch mehr Menschen auf einmal umbringen, als die Bomben nun. Und eines Tages wird die neueste Wunderwaffe geschaffen werden, die ganze Völker mit dem Druck auf einen Knopf ausrottet." Er setzte sich wieder gerade auf und sah Stumpf und mich prüfend an. „Sie glauben mir das nicht? Aber es ist doch die logische Entwicklung, falls man", er lächelte ironisch, „aus der Geschichte etwas lernen kann und an Entwicklung glaubt."

„Wenn man bedenkt, daß für diese Greuel praktisch nur eine Hand voll Männer verantwortlich ist", sagte ich, „Männer, die vom Machthunger oder Cäsarenwahn besessen sind und von dem Ehrgeiz, als Sieger im Buche der Geschichte geführt zu werden und Männer, die an der unersättlichen Gier leiden, mehr und immer mehr Geld aus dem Elend anderer zu machen – denn diese beiden Faktoren sind es doch wohl letztlich, die zu allen diesen Kriegen führen?"

„Grob ausgedrückt – ja", erwiderte Pötz.

Stumpf lehnte sich über den Tisch, eine derbe verarbeitete Hand auf Pötz richtend: „Das ist keine Lösung!" erklärte er aufgebracht und langsam. „Die Massen müssen irgendwie zu ihrem Recht kommen."

„Diese Idee ist sehr schön", bestätigte Pötz, um dessen Mundwinkel es spöttisch zuckte. „Um darüber zu wachen, daß die Massen zu ihrem Recht kommen, benötigen Sie wiederum eine Aufsichtsbehörde, eine Regierung. Auch der Sozialismus, Herr Stumpf, ist nur ein System, genau wie der Kommunismus. Alle Systeme werden früher oder später von Korruption durchsetzt oder von Machthungrigen mißbraucht; denn der Mann, der einmal am Becher der Macht genippt hat, ohne davon berauscht zu werden, ist sehr rar. Selbst wenn Sie alle bestehenden Systeme aller Nationen stürzen, so wird sich wahrscheinlich in kürzester Zeit ein neues Machtgefüge entwickeln, das kaum besser sein wird als

das alte. Schließlich ist auch Ihr System, der Sozialismus, abhängig von einer Doktrin. Mißbraucht aber werden stets die Massen, die Doktrinen unterworfen werden sollen."
Hubert Stumpf schüttelte energisch den Kopf: „Nein", sagte er, „nein, das kann nicht sein – nicht nach diesem höllischen Krieg. Nein – dieser Krieg wird die Menschen zum Denken zwingen... sie werden genug haben."
„Dieser Krieg", fragte Pötz, „ist also der Krieg, der alle Kriege endet? Herr Stumpf", sagte er fast mitleidig, „wie oft haben wir das schon gehört, um einen nächsten noch bestialischeren Krieg zu erleben? Und die Menschheit wird auch dieses Mal gar nichts daraus lernen.
Einmal brauchten christliche Heere 30 Jahre, um Europa in Schutt und Asche zu legen. Heute geht es schneller, kostet dafür aber auch mehr Geld. Und diese Erkenntnis ist bereits die Wurzel zum nächsten Krieg. Die Aktien des Todes oder der Zerstörung bringen immer die höchsten Dividenden. Und die westliche Welt ist besessen von der Sucht, Helden und Kriegsgewinnler zu schaffen." Er schwieg, um mich auf einmal zu fragen: „Sie haben Zweifel?"
„Kein Zweifel an der Vergangenheit, aber ich bin überzeugt, daß es in der Zukunft keinen derartigen Heldenkult mehr geben wird. Nach dieser Erfahrung werden auch die Frauen ihre Stimmen hörbar machen, um diesen Wahnsinn zu enden!"
„Die Frauen?" Pötz zog die Augenbrauen hoch, um mit unnachahmlicher Ironie festzustellen: „Ihr Frauen habt nicht einmal das Stimmrecht verdient. Ihr Frauen seid doch die einzigste Nachschuborganisation, die das Rohmaterial Mensch liefert, mit dem die Generäle die Heldenfriedhöfe füllen. Nein, meine Gute, so lange Frauen bereit sind, bedenkenlos Kanonenfutter zu pro-

duzieren, so lange erwarte ich von ihrer Seite keine Änderung am Ablauf der Geschichte in der westlichen Welt."

„Und trotzdem", erklärte Stumpf grüblerisch, „und trotzdem – nach diesem Krieg, wenn die Nazis verloren haben — wenn wir Sozialisten wieder etwas zu sagen haben..."

„Was dann, Herr Stumpf?" Pötz legte beide Hände flach auf den Tisch und beugte sich vor: „Ich will es Ihnen sagen, was dann ist, denn Sie können die Geschichte praktisch in einen einzigen Satz zusammenfassen: Die Unterdrückten von heute werden die Unterdrücker von morgen sein."

31. März 1944

Frankfurt ist nicht mehr. Unsere schöne Altstadt wurde in ein feuriges Massengrab verwandelt, in dem gelegentlich auf einer kleinen Säule eine einsame Madonna steht, die mit süßem Lächeln, unbetroffen von Gestank, Dreck und Asche, auf ihre gefalteten Hände blickt. Im Brunnen auf dem Römerberg steht nach wie vor mit verbundenen Augen Justitia, ihre Waage erhoben gegen eine Kulisse von Ruinen. Die Innenstadt ist ein Trümmerhaufen und auch in den Außenbezirken ist nicht eine Straße, in der nicht mindestens ein Haus zerstört wurde.

Ich will versuchen – so gut ich kann – die Erlebnisse der letzten zwei Wochen festzuhalten, so vielseitig und verwirrend sie auch waren.

Am Samstag, den 18. März, gegen neun Uhr, rief ich Siegrid an, um ihr zu sagen, daß ich noch etwas zu ihr käme. Während ich am Telefon war, ertönten die Sirenen zur Vorwarnung, praktisch eine abendliche Routine.

Mutter erschien auf dem Vorplatz, völlig außer sich: ,,Du kannst auf keinen Fall jetzt gehen!" Sie hatte eine große Emaillekanne in der Hand, die sie mit Wasser füllen wollte.

Ich sagte zu Siegrid: ,,Nach der Entwarnung komme ich."

Inzwischen füllte Mutter die Badewanne mit Wasser. ,,Bring unser Luftschutzgepäck schon in den Keller!" rief sie mir zu.

Fast gleichzeitig mit dem erneuten Aufheulen der Sirenen fielen die ersten Bomben und dann brach alle Hölle los. Über zwei Stunden verbrachten wir im Keller, hörten die Bomben um uns fallen, fühlten die schweren Stöße in unserem Haus, wußten nicht, ob unser Dach, unsere Wohnungen getroffen waren, denn es war völlig unmöglich, während dieses Bombenregens den schützenden Keller zu verlassen. Rodenhauers waren nicht mehr rechtzeitig aus dem Haus gekommen und saßen mit uns zusammen.

In den Baldriangeruch mischte sich der Mörtelstaub, den die Bomben aus allen Fugen des Kellers schüttelten. Übertönte nicht der Lärm der Explosionen jeden anderen Laut, so erklang eine Symphonie von Seufzern, in das sich eine beruhigende Mädchenstimme mischte, geflüsterte Wortfetzen und das Leitmotiv, das flehend, demütig und bittend von dem kalten Betonboden hochschwebte: ,,Vater unser, der du bist im Himmel –" Das Licht, das einige Male geflackert hatte, ging schließlich ganz aus.

Als wir endlich in der Ferne eine einsame Sirene hörten, stürzten wir aus dem Luftschutzraum. Unser Treppenhaus brannte lichterloh. Ein Phosphorkanister, der das Dach und zwei Stockwerke durchschlagen hatte, war auf dem Treppenabsatz zwischen Schindlers und uns steckengeblieben. Während ein Teil der Hausbewohner über die steinerne Hintertreppe durch Schindlers Wohnung kam, um den Kanister und die brennenden Bretter zu entfernen, reichten die andern von unten Sand und Wasser. Nach einer Weile verließen wir das kohlende Loch, um zu entdecken, daß Colliers Küche brannte. Colliers waren verreist. Ein Phosphorkanister war in den Besenschrank gefallen. Die Möbel brannten, aber die mit Platten getäfelte Küche und der Steinboden hatten dem Feuer widerstanden, doch die hölzerne Türschwelle leuchtete grün in der Dunkelheit. – Das Löschen wurde durch die kümmerliche Kerzenbeleuchtung erschwert, deren Flammen im Winde flackerten, der ungestört durch die leeren Fensterrahmen blies. Auf Glasscherben tretend suchten wir nach Schippen und Sandeimern, während Vater mit einer Schüssel voll Lauge unterwegs war, um Phosphorverbrennungen auf ein Minimum zu beschränken.

Vor Rodenhauers Fenster war ein Benzinkanister auf dem Dach explodiert, doch ihre Kakteen hatten die feurigen Trümmer aufgefangen.

Nachdem die Brandherde unter Kontrolle waren und wir die Stabbrandbomben entfernt hatten, die auf verschiedenen Balkonen und Fenstersimsen lagen, versuchte ich Siegrid anzurufen. Doch das Telefon war stumm. Ich verabschiedete mich kurz von den Eltern, um nach ihr zu sehen.

Bevor ich das Haus verließ, tauchte ich das Tuch noch einmal in die Badewanne, das Tuch, das jeder von uns sich als Schutz vor Mund und Nase bindet, nachdem sich die Volksgasmasken als völlig unbrauchbar erwiesen hatten.

In der breiten Wolfsgangstraße hatte ich keine Schwierigkeiten, die brennenden Häuser zu passieren. Als ich jedoch den kürzeren Weg durch die enge Sömmeringstraße nehmen wollte, erstarrte ich. Ein schmaler Pfad in der Mitte der Straße führte durch zwei Feuerwände. Die lederne Autokappe straff über die Haare schnallend, band ich mir das feuchte Tuch über Mund und Nase, setzte die Autobrille auf und jagte durch den Sturm, den das Feuer bildete, nur von der Hoffnung beseelt, daß nicht ein brennender Balken auf mich stürzte. Der Funkenregen, der von allen Seiten um mich wirbelte, konnte meine Vermummung nicht durchdringen. Am Ende der Straße angekommen, sah ich nichts als Feuer – Feuer. Die ganze Stadt schien zu brennen.

Endlich war ich vor Siegrids Haus angekommen, aus dessen Dach und oberstem Stockwerk die Flammen züngelten. Die Hausbewohner packten, was sie retten konnten, in einen kleinen Lieferwagen, der auf der Straße stand.

Siegrid hatte einen großen Waschkorb in ihr Zimmer gestellt, den sie benutzte, um Sachen fortzuschaffen. Wir öffneten Schränke und Schubladen und füllten den Korb, schleppten ihn zum Auto und rannten wieder in die Wohnung zurück, umgeben von Rauch und irgendwelchen feurigen Brocken, die an uns vorbeisausten, stets mit einem Blick nach oben, um abzuschätzen, wie lange die einzige hölzerne Treppe und das Dach noch hielten. Bei einem Nachbarn in der Seitenstraße, dessen Haus nicht getroffen war, wurde alles abgestellt und das Auto kehrte zurück, um frisch aufzuladen. Es kam jedoch der Moment, in dem wir die Wohnung nicht mehr betreten konnten. Wir standen auf der Straße, umgeben von Koffern, Hausrat, die Arme voller Sachen, als das Dach mit riesigem Getöse einstürzte, eine Feuergarbe in den Himmel sendend. In diesem Augenblick gab Siegrid mir einen Schubs und wies auf eine ältere Frau, die den obersten Stock innegehabt hatte. Diese reichte gerade das Einzige, was sie in völliger Kopflosigkeit rettete, in den Wagen: drei Regenschirme und einen Nachttopf.

Einmal tauchten aus Rauch und Nebel die Eltern auf, voller Sorge, weil ich so lange ausblieb. Als sie uns am

Leben fanden, kämpften sie ihren Weg wieder zurück, zwei gebeugte Gestalten, die wie Gespenster im Feuerschein verschwanden.
Auf einem unserer zahllosen Wege zwischen Siegrids Haus und dem des Nachbarn in der Seitenstraße, ging Siegrid plötzlich verloren. Wir hatten uns abgelöst und abwechselnd zurückgebliebene Koffer fortgetragen oder bewacht und sie war von einem dieser Gänge nicht zurückgekehrt. Ich lief hin und her, suchte die Straßen im Feuerschein ab, rief ihren Namen – aber sie schien wie vom Erdboden verschwunden.
Im Morgengrauen kam ich nach Hause, um alle Hausbewohner im Luftschutzkeller vorzufinden, dem einzigen Platz, an dem es nicht zog.
„Lilichen!" rief Mutter erleichtert aus und umarmte mich. „Wo ist Siegrid?"
„Ich weiß es nicht."
„Wie?" fragte Vater, „ihr wart doch zusammen."
Für einen Moment wurde ich schwach. Die Tränen liefen über mein schmutziges Gesicht und ich schluchzte: „Ich konnte sie nicht mehr finden..."
Siegrid war mit einer Rauchvergiftung ohnmächtig auf der Straße zusammengebrochen. Ein Fremder hatte sie aufgehoben und in ein Haus getragen. – Wenige Stunden später stand sie plötzlich in unserer Kellertüre. Wir boten ihr Obdach an, aber am Abend war ihr und ihrem Vater bereits eine vorläufige Unterkunft zugewiesen worden.
Gegen Mittag veranlaßte mich Vater, ihn ins „Ghetto" zu fahren, das nun hinter dem Zoo liegt. Zum Teil waren die Häuser ausgebrannt, zum Teil fehlte nur das Dach. Umgekommen war niemand, aber unsere jüdischen Freunde sahen erbarmungswürdig aus. Das bißchen Wasser, das gerettet war, wurde zum Trinken aufgehoben. Sie waren schmutzig, mit dick verquollenen entzündeten Augen, zum Teil völlig heiser und hustend

von all dem Rauch und Staub. Einige hatten leichte Verbrennungen oder andere Verletzungen. Vater versprach, ihnen Medikamente zu bringen und wir fuhren wieder ab, um festzustellen, daß nicht eine Apotheke arbeitete. So war ich nach einer Weile mit einer Hand voller Rezepte unterwegs nach der Nachbarstadt Hanau.

Je weiter ich mich von Frankfurt entfernte, um so normaler sah alles aus, bis ich schließlich in Hanau ankam und das Gefühl hatte, auf einem anderen Planeten gelandet zu sein. Ich fuhr durch diese völlig unversehrte makellose kleine Stadt, in der jedes Haus alle Fensterscheiben hatte und saubere Menschen in ihrem Sonntagsstaat auf den Straßen spazierengingen. Ich hatte vergessen, daß es Sonntag war.

Anhaltend fragte ich einige Leute nach der Apotheke. Sie starrten mich ungläubig an, um mir dann zögernd zu antworten. Als ich vor der Apotheke ausstieg, drehten sich die Fußgänger auf der Straße nach mir um. Mein dunkelblauer Wintermantel war voller Aschenstaub und Stearinflecken, die von einer Kerze getropft waren. Die Hosenbeine, die unter dem Mantel hervorsahen, waren nicht nur schmutzig, sondern angesägt und mein Gesicht unter der Lederkappe war wahrscheinlich verrußt. Niemand stellte irgendwelche Fragen. Auch der Apotheker reichte mir schweigend die Augentropfen, Hustenmedizin, Salben, Verbandstoffe und empfing mit unbeweglicher Miene das Geld aus meiner schmutzigen Hand.

Langsam fuhr ich aus Hanau hinaus, der Landstraße entgegen, bewußt die gut gekleideten, sorglosen Spaziergänger betrachtend. Ich war fassungslos. Diese Leute hier lebten nur einige Kilometer von uns entfernt und benahmen sich, als ob ihnen nie etwas derartiges passieren könnte.

Konnten die meisten Menschen wirklich erst dann mitempfinden, wenn sie selbst betroffen waren? Mußte erst eine Bombe das eigene Haus zerstört haben, um die Vorstellungskraft zu erwecken? Mußte erst ein naher Verwandter an der Front sein, um denen zu Hause ins Bewußtsein rufen, daß Krieg ist? Mußte man einen Kommunisten oder Juden in der Familie haben, um von Konzentrationslagern zu wissen? Ist die Masse in allen Völkern so stumpf oder ist dieser völlige Mangel an Mitgefühl das Vorrecht der Privilegierten, der Rechtschaffenden, die nicht betroffen sind?

Meine nicht sehr freundlichen Gedanken wurden durch eine Gestalt auf der Landstraße abgelenkt, die mir zuwinkte. Ich stoppte und nahm die einfache Fünfzigerin mit, die mit Tüten und Beuteln beladen war und ihre Tochter an der Peripherie Frankfurts besuchen wollte, da sie keine Verbindung mit ihr bekommen konnte, aber etwas über einen Angriff auf die Stadt gehört hatte.

„Sind denn alle Telefone zerstört?" fragte sie.

„Und Licht und Wasser und Gas und Straßenbahn", antwortete ich.

„Das ist ja schrecklich!" meinte sie.

Als ich sie an ihrem Bestimmungsort absetzte, kramte sie ein Bauernbrot aus einem ihrer Beutel: „Hier", sagte sie, „vielleicht hilft es ein bißchen. Ich hab' noch genug für meine Tochter."

Am nächsten Morgen – Montag – liefen die ersten Lastzüge von Gießen, Bad Vilbel und wo sonst noch ein, mit großen Behältern voller Nudelsuppe, die sogar Fleischstückchen enthielt, belegten Broten mit Butter und Wurst, die an strategischen Punkten ausgegeben wurden. Unsere Verteilungsstelle ist das IG-Hochhaus.

Mittlerweile hatte ich mich auf die Suche nach Wasser begeben und entdeckte einen kleinen tropfenden Hydranten an einer Außenwand des Diakonissenkrankenhauses, gerade einen Block oberhalb unserer zerstörten Hauptleitung. Wir entfernten alles, was nicht fest war, aus dem Wagen, füllten ihn mit Eimern, Kannen, Töpfen und ich fuhr los, um mit einem ziemlich nassen Auto zurückzukommen. Bei meiner zweiten Rundfahrt begrüßten mich die Hausbewohner mit Putzlumpen und Schrubbern, denn obwohl ich wie auf Eiern fahre, schwappt doch immer eine Menge über. Meistens mache ich drei Fahrten hintereinander, um den Tagesbedarf zu decken und die Organisation hat sich gut eingespielt.

Dann entfaltete sich ein neues Drama. Laut einer gerade erlassenen Verfügung durften Besitzer zugelassener Wagen Ausgebombte in die Vororte oder zu den nächsten funktionierenden Bahnhöfen fahren und plötzlich war unser kleines Auto umringt von Menschen, die baten, aus Frankfurt hinausgefahren zu werden. Wo die Leute das Benzin herhatten, war mir ein Rätsel. Sie brachten es in alten rostigen Kanistern und Marmeladeeimern und ich stellte keine Fragen, sondern füllte den Tank und fuhr sie in den Taunus, nach Offenbach, Wiesbaden – wo immer sie hinwollten. Fünfköpfige Familien wurden in unseren kleinen Viersitzer gequetscht, auf jeden Schoß ein Berg von Sachen geladen, mit Riemen und Kordeln Koffer und Bettzeug auf die Kotflügel gebunden. Auf dem Rückweg sammelte ich die einsamen Wanderer auf, die der zerstörten Stadt zustrebten, voller Sorge um ihre Nächsten.

Wenn ich schließlich nach Einbruch der Dunkelheit müde heimkehrte und an die Türe klopfte, eilten die Eltern mit einer Petroleumlampe herbei, voller Spannung, was ich erlebt hatte. Und stets konnte ich ihnen etwas mitbringen, denn meine dankbaren Fahrgäste drückten mir zum Abschied meistens eine Kleinigkeit in die Hand: ein Stückchen Butter, ein Brot, eine Kerze, zwei Äpfel, ein Ei – irgendetwas, was uns wieder half. Mein

Kopf schwirrte von all den Familiengeschichten von Menschen, die ich nie zuvor gesehen hatte und wahrscheinlich nie wieder treffen würde.

In der Innenstadt fingen die unverwüstlichen Volksgenossen mittlerweile an, sich aus dem Schutt herauszuarbeiten. In den Häusern, die noch standen, nagelten die Geschäftsleute Bretter anstelle der Schaufenster und bemühten sich, die Betriebe wieder in Gang zu bringen. Die Freude war jedoch nur von sehr kurzer Dauer.

Am Mittwoch den 22. abends gegen zehn ertönte die Vorwarnung – und das war das letzte Mal bis heute, daß wir eine Sirene hörten. Wir erfuhren später, daß die deutsche Abwehr durch einen Scheinangriff auf Kassel irregeführt wurde.

Der Angriff war kurz – nicht ganz eine Stunde – aber unglaublich heftig und zerstörte so ziemlich alles, was bisher noch unversehrt war. Wie durch ein Wunder passierte bei uns nichts. Das Haus nebenan, dessen Dach im Januar abgebrannt war, wurde ein Stück weiter abgetragen. Das Parterre steht zwar noch, aber aus den oberen Stockwerken schleppten die Bewohner Möbel und Bettzeug auf die Straße.

Auf der anderen Seite von uns brannte ebenfalls ein Haus. Gespenstisch warfen die Flammen ihre Schatten und ihr rotes Licht über die Straße und in dem Geprassel sah man schwarze Gestalten scheinbar lautlos hin- und herhuschen, Gegenstände auf die Straße tragen, die dann vielfach vom Funkenregen entzündet – oder von nur zu hilfreichen Volksgenossen gestohlen wurden.

Verwirrung, Elend, Zerstörung und Angst wuchsen. Wir konnten keine Sprechstunden halten ohne Wasser und Licht. Die Apotheken waren geschlossen und die Telefonleitungen zerstört. Sich in der fensterlosen kalten Wohnung aufzuhalten, um mit seinem knurrenden Magen Zwiesprache zu halten, war deprimierend. So

fuhr ich weiterhin die Nachbarn aus Frankfurt fort, die mir das erforderliche Benzin brachten.
Es war bereits später Nachmittag, als ich die Rückfahrt vom Hanauer Bahnhof antrat. In Fechenheim hielt mich eine Militärstreife an, wobei mir nicht wohler wurde.
„Wohin fahren Sie?"
„Frankfurt."
Er winkte einer mir unsichtbaren Person zu. Sich mir wieder zuwendend erklärte er halb befehlend: „Sie müssen einen Offizier mitnehmen."
Mit fielen einige Steine vom Herzen.
Der Offizier machte eine Verbeugung und legte ein Köfferchen auf den Rücksitz. Er trug eine dunkelblaue Uniform mit Goldstreifen um den Ärmel und eine dunkelblaue Kappe mit einem Anker über dem Schirm. Er war jung und so weit ich flüchtig feststellen konnte, sah er nett aus. Jedoch – er schien Berufssoldat zu sein, was mich veranlaßte, eisig schweigend vor mich auf die Straße zu starren.
Nach eine Weile fragte er vorsichtig: „Waren die Angriffe sehr schlimm?"
„Das kann man wohl sagen."
Schweigen.
Nach einer längeren Pause: „Sie fahren einen Arztwagen?"
(Wir haben einen Äskulapstab mit dem Wort ‚Arzt' auf der Windschutzscheibe kleben). „Es ist meines Vaters Wagen."
„Wieso sind Sie dann – entschuldigen Sie meine Neugier – aber wie kamen Sie in diese Gegend?" forschte er weiter.
„Ich habe ausgebombte Nachbarn nach Hanau gebracht."
„Der Frankfurter Bahnhof ist arg zerstört?"
„Völlig."

Schweigen.
Nach einer Weile sagte er: „Ich bin in Frankreich stationiert und erhielt ein Telegramm von meinen Eltern, daß sie ausgebombt sind. In solchen Fällen bekommt man einen kurzen Bombenurlaub."
Wir näherten uns Frankfurt. Die Dämmerung sank und vermischte sich mit dem Rauch, der noch immer aus der Stadt hochstieg. Jenseits des Mainufers erschien schattenhaft das verstümmelte Profil der Altstadt, das einst so charakteristisch gewesen war mit seinem Dom und den anderen Turmspitzen und Giebeln.
„Ist das Frankfurt?" fragte er fassungslos.
„Nein. Das war Frankfurt."
Der beißende Rauch wehte in den Wagen und brachte mit sich den Gestank verbrannten Holzes, versengter Stoffe und verkohlter Körper. Ich hörte meinen Begleiter einmal schaudernd die Luft tief einziehen. Von Zeit zu Zeit explodierte mit einem dumpfen Knall ein Zeitzünder.
„Wo wohnen Ihre Eltern?" fragte ich.
„Auf dem Sachsenhäuser Berg."
„Ich werde Sie hinfahren."
Er wies mir den Weg, bis wir vor dem Trümmerhaufen standen, der einst sein Elternhaus war, das offenbar eine Luftmine zerstört hatte, denn ich konnte keine verkohlten Balken entdecken.
„O mein Gott!" stöhnte er. Er wandte sich ab, legte seine Hände auf meine rechte Schulter und vergrub sein Gesicht darin.
Plötzlich erschien er mir ganz menschlich und ich vergaß die Uniform. Mit meiner linken Hand über seine zerzausten Haare streichend sagte ich beruhigend: „Die Eltern leben ja noch, sonst hätten sie nicht telegrafiert."
Er richtete sich auf, während sich ihm ein letzter Seufzer entrang. Dann stieg er aus dem Wagen und ging auf den

Trümmerhaufen zu. An dem Rest des Pfostens, der einst einen Teil des Eingangs bildete, war ein Zettel angebracht, der mitteilte, daß die Eltern in Oberursel seien.

„So?" fragte ich, „Was nun?"

„Ich muß nach Oberursel."

„Tut mir leid", sagte ich, „aber es ist zu spät, um jetzt nach Oberursel zu fahren."

„Das hatte ich auch nicht erwartet." Er stand unschlüssig vor dem offenen Wagenschlag. „Was mache ich aber?"

„Steigen Sie ein", sagte ich und ließ den Motor anspringen.

Es war mittlerweile völlig dunkel geworden. Wir befanden uns in einer mir unbekannten Gegend und der Wagen kroch langsam weiter. Ich hielt angestrengt Ausschau nach Bombentrichtern, die in dem spärlichen Licht, das durch die Schlitze der verklebten Scheinwerfer fiel, schwer zu sehen waren.

„Schön", erklärte ich am Ende meiner Überlegungen, „– Sie können über Nacht bei uns Unterkunft finden. Es ist zwar weder elegant noch luxuriös, aber – wir haben wenigstens noch ein Dach über dem Kopf."

Die Eltern hatten den Marineleutnant Hans Helm freundlich aufgenommen und wir hatten unser kärgliches Mahl mit ihm geteilt. Nachdem sie sich zurückgezogen hatten, saßen Helm und ich in unsere Mäntel gehüllt in meinem Zimmer und unterhielten uns.

Es war ein unwirklicher Abend. Das flackernde Licht, das von dem Kerzenstummel kam, ließ hie und da einen goldenen Knopf oder Streifen an seiner Uniform aufleuchten. Mit Ausnahme der in der Ferne gelegentlich noch hochgehenden Bomben umgab uns tödliche Stille. Mir gegenüber saß dieser fremde junge Offizier, mit dem ich durch bizarre Umstände zusammengeworfen worden war und erzählte mir von seiner Verlobten, der

Tochter seines Oberstabsarztes, von seinem Minensuchboot, seiner Mannschaft. Voller Staunen vernahm ich, daß da jemand mit Stolz seine Uniform trug und offenbar außer dem Leben in seinem Hafen und auf dem Schiff nichts kannte.

In dem kleinen, stillen, fast dunklen Raum von der Außenwelt isoliert, hatten wir nach einer Weile beide das Gefühl, die einzigen Menschen auf der Welt zu sein. Unsere halblaute Unterhaltung wurde persönlicher, die Scheu der Fremdheit fiel in der intimen Atmosphäre von uns ab. Nachdem ich anfänglich seinen Fragen nach unserem Leben ausgewichen war, klärte ich ihn schließlich über unsere Situation auf. Bisher hatte ich nie glauben wollen, daß es in Deutschland wirklich noch Menschen gibt, die nichts wissen über Vernichtungslager, über das, was die Nazis an Juden, Polen und Zigeunern für Verbrechen verüben. An der ungläubigen Reaktion Helms erkannte ich jedoch, daß sie wirklich existieren. Er konnte kaum glauben, was er von mir hörte und seine Fragen wollten nicht enden. Daß wir alle, meine Eltern und ich, im Gefängnis waren, überschritt seine Vorstellungskraft. Warum hatte man uns verhaftet? Was hatten wir getan? Wir waren doch keine Verbrecher!

Unruhig ging er im Zimmer auf und ab. Das letzte Licht des Kerzenstummels warf seinen flackernden Schatten gegen die Wand. Als er sich wieder in den Sessel setzte, fiel der Docht der Kerze um und ertrank im Wachs.

Aus der völligen Dunkelheit fragte seine Stimme: „Wie ist sonst die Stimmung hier?"

„Schlecht", erwiderte ich. Ich berichtete über den steigenden Haß der Bevölkerung gegen die uniformierten Nazis, die vollgefressen herumkommandieren und sich bemühen, die hungrige, übernächtigte, überarbeitete Bevölkerung in Schach zu halten. „Unser Führer hat versprochen, daß er kämpfen will bis fünf Minuten nach zwölf. Den Menschen hier ist längst klar, daß der Krieg bereits verloren ist, aber sie müssen sich weiter abquälen, weil die Nazis die Knute über ihnen schwingen."

„Sie glauben auch, daß der Krieg verloren ist?" fragte er unsicher.

„Das wurde wohl in Stalingrad entschieden. Herr Helm – schauen Sie einmal etwas über Brest hinaus und dann fragen Sie sich, wofür Sie Ihr Leben aufs Spiel setzen. Für wen oder was führt ihr denn eigentlich Krieg? Ist irgendjemand in Deutschland eingefallen? Nein? Denken Sie doch einmal nach: Weil ein Geisteskranker behauptet, das Vaterland sei gefährdet, greift ihr zu den Waffen, zwingt andere Völker, die gar nicht kämpfen wollen, sich zu verteidigen und setzt die ganze Welt in Brand."

Am nächsten Morgen standen Vater und ich auf der Diele und sahen Helm zu, der auf der Leiter sich bemühte, unsere Fenster etwas besser abzudichten. Wir warteten, denn einige Hausbewohner, darunter auch Frau Stäubchen, waren zum IG-Hochhaus gegangen, um das Frühstück zu holen.

Fünf Flakschüsse ertönten, das Signal für Alarm seit die Sirenen gestorben sind. Es war erst neun Uhr morgens und wir nahmen die Warnung nicht so tragisch. Trotzdem ergriffen wir unser Luftschutzgepäck und ich veranlaßte Helm, Mantel und Köfferchen mitzunehmen.

Fast zwei Stunden saßen wir im Keller und die Bomben fielen rings um uns und erschütterten das Haus. Nach einem besonders schweren Einschlag in unserer unmittelbaren Nähe erhob Stäubchen den Kopf, den er auf dem Boden kniend in seine Hände vergraben hatte: „Meine Frau!" stieß er jammernd in den höchsten Tönen hervor, „sie weiß doch, wie ich mich aufrege!" Die Dackelhündin Sabine leckte ihm tröstend die Hände.

Die Baldrianbar lief auf Hochtouren, Mutter betete laut und ich hatte das Gefühl, daß die ganze übrige Hausgemeinschaft sich in einem Zustand der Auflösung befand. Wir waren alle übermüdet, hungrig und kalt und hatten es satt, unser Leben teils im Luftschutzkeller, teils in einer halb zerstörten, verdreckten Wohnung zu verbringen. Alles, was man unternahm, erschien so aussichtslos. Die Kartons, die Helm gerade an den Fenstern befestigt hatte, waren sicher längst schon wieder durch den Luftdruck der Bomben fortgeblasen worden.

Später dachte ich darüber nach, wie sonderbar es war, daß mir nicht ein einziges Mal der Gedanke kam, daß unsere Lebenslichter ebenfalls ausgeblasen werden könnten. Ich sah lediglich eine endlose Kette von Tagen, die sich zu Wochen und Monaten aneinanderreihten, vor mir, in denen wir Sachen aßen, die nur vorübergehend den Magen füllten und einen ewigen Kampf führten mit Zerstörung und Schmutz. Ich war zu müde, um darüber nachzudenken, was passieren würde, wenn keine Bomben fielen, wenn die Gestapo ungestört wüten könnte.

Flüchtig überlegte ich, ob ich wohl je wieder sauber sein und ein hübsches Kleid tragen würde, ein richtiges Kleid mit einem Rock und leichten eleganten Schuhen? Ich sah auf meine zerschundenen Hände mit den schwarzen Rändern unter den abgebrochenen Fingernägeln und die durch Frostbeulen aufgeschwollenen blau-roten Finger. Nein – ich konnte es mir nicht vorstellen, je wieder sauber und gepflegt zu sein.

Der Bombenhagel verebbte und nach einer Weile hörten wir die Flakschüsse die Entwarnung verkünden.

Unser Haus war nicht getroffen. Von den Kartons hingen lediglich einige Fetzen an den Fensterrahmen. Der Rest lag auf dem Boden der Diele.

Helm fragte Vater, ob ich ihn kurz fortfahren dürfe? Wir wären bald wieder zurück.
Wir traten auf die Straße und blickten in die neuerliche Verwüstung. Ein Teil der geretteten Möbel, die noch nicht abgeholt worden waren, hatten Feuer gefangen. Die Federn eines geplatzten Kissens wirbelten durch die Luft und niemand hatte Wasser zum Löschen. Wir gingen die paar Schritte zu unserer Garage.
Der obere Teil des großen fünfstöckigen Hauses, in dessen Souterrain unser Wagen stand, war nicht mehr. Die Garagentüre hing auf der gegenüberliegenden Straßenseite in einem Baum. Das Haus war mit zwei anderen von hinten von einer Luftmine getroffen worden. Erhalten war lediglich die Garage und ein Zimmer über ihr.
Wir wollten gerade zu unserem Auto gehen als ein Amtswalter angerannt kam, um uns mit einer Schimpfkaskade zu empfangen. Er war der Besitzer des Restes der Wohnung und behauptete nun, daß unser Wagen explodieren könnte und sein letztes Zimmer zerstören würde. Er verbat uns, den Wagen weiterhin in die Garage zu stellen.
„Sind Sie der Hausbesitzer?" fragte Helm.
„Nein, aber das hat damit gar nichts zu tun. Ich verbiete Ihnen..."
„Mann", sagte der Marineleutnant in seiner Uniform, „gehen Sie fort und lassen Sie uns in Ruhe!"
„Ich verbitte mir das!" schrie der ebenfalls uniformierte Goldfasan. „Was glauben Sie denn..."
„Halten Sie's Maul!" brüllte Helm, „Sie jämmerliche Figur! Sie wissen, daß Sie einem Offizier nichts zu sagen haben."
Trotzdem ging der Goldfasan in Kampfstellung und Helm griff unter seinen Mantel nach der Waffe. Ich faßte nach seinem Ärmel: „Bitte!" sagte ich, „der Kerl ist doch halb irre –"

Helms Arme sanken herab als er sich totenblaß mir zuwandte. Sich noch einmal zu dem Amtswalter drehend, sagte er bestimmt: „Der Wagen bleibt in dieser Garage, verstehen Sie? Und falls ich die geringsten Beschwerden höre – Sie würden es bereuen!"
Das Auto hatte nicht einen Kratzer und der Motor sprang sofort an. Helm aber war völlig aus dem Gleichgewicht. Er konnte sich über den Vorfall mit dem Nazi nicht beruhigen.
„Was eben geschehen ist, illustriert nur, was ich Ihnen letzte Nacht sagte, Hans. Wenn sich ein Nazi schon einem Marineoffizier gegenüber so benimmt – was glauben Sie, wie er erst mit der Zivilbevölkerung verfährt? – Übrigens, wo wollen Sie eigentlich hin?"
„Zum Opernplatz. – Letzte Nacht", meinte er nachdenklich, „dachte ich, daß Sie übertreiben – was von Ihrem Standpunkt aus verständlich wäre. Aber das jetzt – nein! Ich habe ja keine Ahnung davon gehabt – –. Wir bei der Marine sitzen in unseren Häfen und wissen nicht, was sich in der Heimat abspielt. – Da ist ja alles, wofür ich stehe, eine Lüge. Wenn das wirklich so ist... dann müßte ich eigentlich die Uniform ausziehen – –"
Ich dachte, was immer für eine Uniform es ist – die meisten Uniformen werden getragen, um nach außen hin eine Macht zu dokumentieren, die unterdrückt. Krankenschwestern und Forstbeamte kann man ausnehmen – aber alle anderen –?
Wir waren am Opernplatz angekommen. Das Opernhaus war ausgebrannt, das Kulissenhaus zusammengestürzt und einige Bäume sahen aus als erhöben sie ihre angebrannten und verstümmelten Äste wie anklagende Arme gegen den Himmel.
„Wohin nun?"
„Zum Kettenhofweg", antwortete er, „falls das Haus noch steht."

Die kleine versteckte Wirtschaft im Knie des Kettenhofweges war völlig unversehrt.
Wir stiegen aus und Helm nahm einen Schlüsselbund aus der Tasche, schloß erst das Gitter, dann die Türe auf. In mein erstauntes Gesicht erklärte er: „Das gehört meinen Eltern – und mir."
Wir tasteten uns durch das dunkle Haus zu einer großen Küche, in die vom Hinterhof etwas Tageslicht fiel.
„Wir müssen doch etwas zu essen haben", sagte er, während er Speiseschränke und Regale öffnete. Da standen Gläser voll eingemachtem Fleisch, Fleischsuppen und ausgelassenes Fett. Er gab mir mehrere Gläser und lud so viel in seine Arme wie er tragen konnte.
Wieder zu Hause angekommen, überreichte er Mutter seine Schätze, um dann zu helfen Fenster und Türen auszubessern und sauber zu machen. Auf meine Frage, wann er denn zu seinen Eltern fahren wolle, erwiderte er: „Morgen."
Am Abend saßen wir wieder in meinem Zimmer. Seit Monaten war ich zum ersten Male satt. Eine große Kerze, die Helm ebenfalls aus der elterlichen Küche mitgebracht hatte, brannte auf dem Tisch.
„Ich habe Sie heute morgen im Luftschutzkeller beobachtet", sagte er, „und bewundere Ihren Mut. Sie scheinen überhaupt keine Furcht zu kennen, wie?"
Ich schüttelte den Kopf: „Sie irren sich, Hans. Abgesehen davon, daß ein Mangel an Furcht kein Zeichen von Mut ist – ich habe zu viele andere Ängste durchlebt, um die Bomben zu fürchten. Wenn das nicht wäre – vielleicht stürbe ich ebenfalls bei jedem Fliegerangriff vor Todesangst..."
„Das begreife ich nicht."
„Das können Sie auch nicht begreifen, denn wir leben in zwei verschiedenen Welten. – Ich will Ihnen etwas verraten: wenn ich einen Brief von der Gestapo aus dem Briefkasten ziehe – der nur eine Vorladung sein kann –

dann werde ich weich in den Knien und habe eine ganz schreckliche primitive zitternde Angst."
Am nächsten Morgen fuhr ich ihn nach Oberursel und lieferte ihn bei seinen Eltern ab, einfachen, versorgten Menschen, denen er längst entwachsen ist und mit denen er nicht viel mehr gemein hat, als den Namen und eine kleine Gastwirtschaft.
Seine Abwesenheit benutzte ich, um meine Laborecke zu reinigen, denn über allem lag eine dicke Schicht von Mörtelstaub. Mutter war in der Küche beschäftigt und unterhielt sich durch die offene Türe mit mir. Ich wollte gerade zu meinem Zimmer gehen und hatte den Rücken der Küche zugewandt, als ich den Aufschlag und das Splittern eines Gegenstandes auf dem steinernen Küchenboden hörte.
„Scheiße!" rief Mutter aus.
Ich blieb wie angewurzelt stehen. „Mutti!?"
„Ach – es ist doch wahr –", sagte sie halb lachend, halb weinend.
Der Nervenkrieg war doch größer als die gute Erziehung und Mutters Barriere, stets damenhaft zu sein, war endlich niedergebrochen.
Am Abend war Helm bereits wieder zurück und teilte die wenigen verbleibenden Tage seines Urlaubs zwischen seinen Eltern und uns, bis er schließlich endgültig Abschied nahm, mit dem Versprechen, zu schreiben und der Hoffnung auf ein Wiedersehen.

5. April 1944

Für ein paar Stunden hatte ich mich am Sonntagmorgen fortgestohlen, um meine Vergangenheit zu suchen.
Die Straßen waren ausgestorben; kein Mensch begegnete mir. Ich passierte den riesigen Krater auf der Eschersheimerlandstraße am Grüneburgweg, der schon

so oft zugeschüttet worden war und einem nach jedem Fliegerangriff erneut mit seinem zahnlosen offenen Maul anstarrt. Der Eschersheimer Turm erschien höher durch die flache Verwüstung, die ihn umgab. Ich stieg über all den Schutt und die großen Steine in der Eschenheimer Gasse, um einen letzten Blick auf die Trümmer der F. Z. zu werfen. Einen Moment verweilte ich, um mir die geschwungene Treppe in Erinnerung zu rufen, die Karl und ich so oft gemeinsam hinabgestiegen waren. – Dann sah ich mich um. Schräg gegenüber, wo einst das Völkermuseum war, stand nur noch der Torbogen, vor dem zwei große Sandsteinköpfe lagen, von ihren Leibern abgerissen. Trümmerhaufen – wohin das Auge reichte.
Ein Teil des Turmes der Katharinenkirche schwankte noch neben dem zerschlagenen Dach, und ich suchte den altvertrauten Weg zur Reformierten Kirche, in der Schrader mir so oft auf der Orgel vorgespielt hatte – aber ich fand mich nicht mehr zurecht. Da waren keine Straßen mehr. Alle Gebäude waren eingestürzt. Verkohlte Birken ragten in den Himmel.
Ich starrte in diese komplette Verwüstung, in der der Wind den Staub aufwirbelte und ging vorsichtig über einen kleinen Trampelpfad, den während der Woche wohl andere vor mir getreten hatten.
Plötzlich sah ich eine gebeugte Gestalt durch diesen Nebel von Mörtelstaub und Asche mir entgegenkommen.
„Herr Pötz –!"
„Oh – meine junge Freundin", sagte er mit dem Anflug eines Lächelns.
Der Wind spielte in seinen grauen Haaren, die er ihm über die Stirne blies und wieder in die Höhe zauste. Seine Wangen waren eingefallen und der kleine Bauch verschwunden. Nur die Hosenträger hielten die viel zu weite Hose fest.

Er sah mich aus erloschenen Augen an: „Haben Sie es gefunden?"
„Was?" fragte ich.
„Was Sie suchten?"
„Nein", erwiderte ich, „alles, was mit guten Erinnerungen verbunden war, scheint in den Trümmern untergegangen zu sein –"
„Ja, meine Gute – hatte ich Ihnen nicht einmal versprochen, daß Hitlers Vermächtnis nur Zerstörung sein würde?"
Ich nickte.
Wir setzten uns auf einen riesigen Stein, der einstmals in der Wand der Reformierten Kirche war und nun, von der Sonne etwas angewärmt, aus dem Schutt hervorragte.
„Steht Ihre Wohnung noch?"
„Ja", entgegnete ich, „etwas ramponiert, aber sie steht noch." Mein Blick fiel auf seine Schuhe, deren Oberleder gebrochen war. „Und Ihre?" fragte ich.
„Oh – ich bin in einem Haus untergebracht."
„Ausgebombt?"
„Ja."
Mein Blick verfing sich in seinem ausgefransten Hemdkragen: „Und Elsa?"
Sein Gesicht verzog sich zu einer Grimasse und er schüttelte den Kopf.
Ich griff in meine Hosentasche und holte eine miserable, zerdrückte Zigarette hervor, die ich anzündete. Pötz, der nie geraucht hatte, blickte heißhungrig nach meiner Hand, die die Zigarette zum Mund führte. Fast verlegen reichte ich sie ihm, und er sog gierig den Rauch ein.
„Ich war nur kurz fort, um etwas Brot in der Suppenküche zu holen. Es war an dem Morgen, an dem sie noch einmal zurückkamen. – Als ich nach Hause ging –" Er verstummte. – „– Das Haus war nicht mehr da. – Dann haben wir gegraben, gegraben – einen gan-

zen Tag... Ihr Fuß war da, ihr Fuß, mit dem schwarz und goldenen Pantöffelchen – aber er war schon ganz steif... Da bin ich fortgegangen –"
Ich strich ihm tröstend über die Hand und dieses kleine Zeichen menschlichen Mitgefühls schien den alten Pötz wieder zu erwecken.
Mit seiner alten Stimme, voller Energie und Überlegenheit, sagte er: „Wissen Sie, meine Verehrteste, die Amerikaner, respektive Mr. Roosevelt, sollten Hitler ein Denkmal setzen. Hitler hat sie aus ihrer wirtschaftlichen Krise befreit und die Arbeitslosigkeit beseitigt. Ein Krieg ist immer die Rettung einer sinkenden Ökonomie. Hitler hat Mr. Roosevelt gerettet." Ein ironisches Lächeln spielte um seine Lippen. „Sie sollten das Denkmal neben die Liberty setzen. Wissen Sie, diese Dame –" er sprang auf. Da stand dieser kleine, abgemagerte, abgerissene Faun zwischen all dem Dreck und den Trümmern in der Position der Liberty, die Hand, in die die Fackel gehört, erhoben. „Diese Dame", wiederholte er, „die die Fremden so großartig empfängt – – bis sie das Land betreten haben, in dem die Straßen mit Gold gepflastert sind. Dann dreht sie ihnen nämlich den Rücken." Er brach in ein meckerndes Gelächter aus: „Wenn Sie in Amerika sind, meine Liebe, dann dreht Ihnen die Liberty den Rücken. Neben ihr können die Amerikaner Hitler ein Denkmal setzen." Seine Stimme wurde leise und die erhobene Hand sank herab. „Ein Denkmal", kicherte er, „ein Denkmal für Hitler in Amerika!"

26. April 1944

Wir – und ich meine mit dem „wir" alle Einwohner Frankfurts – bemühen uns, unserem täglichen Leben nachzugehen und ihm den Anschein von Normalität zu verleihen. Keller, Schulen, Bunker wurden mit Luft-

schutzbetten ausgestattet, um Tausenden von Obdachlosen Sammelunterkünfte zu bieten. Vor den öffentlichen Bunkern sitzen alte Männer, zahllose Frauen, alleine oder mit Kleinkindern, um bei der ersten Warnung den Bunker aufzusuchen. Sie lassen die Haushalte verkommen und leben nur noch für die Fliegeralarme.
Schon nach den ersten Angriffen im letzten Herbst verließ ein Teil der Zivilbevölkerung die Stadt, um in Vororten, zum Teil sogar im Freien zu schlafen. Sie wurden als würdelose Feiglinge bezeichnet, denn, wie ein Oberreichsleiter damals sagte: „Wir alle haben den Platz auf dem wir stehen, wo wir arbeiten, und wo wir wohnen, zu verteidigen – bis zum letzten." Diesmal wurde einer derartigen Flucht vorgebeugt. Der Kreisleiter erließ folgenden Aufruf: „Wer die Stadt im Stiche läßt, ohne bombengeschädigt zu sein, dessen Laden wird einem Bombengeschädigten zur Verfügung gestellt."
Nun aber sind neben den Adressen, die zum Teil auf die Steine der Ruinen gemalt sind, auch andere Dinge zu lesen. „Rotfront lebt" ist an vielen Mauerresten mit dikken roten Druckbuchstaben aufgeschmiert. „Hitler ist ein Verbrecher" und ähnliche Schlagworte springen einem immer öfter ins Auge. Selbst die Todesstrafe für derart staatsfeindliche Äußerungen scheint deren Verfasser nicht mehr zu schrecken.
Unser Telefon funktioniert wieder – Ärzte werden bevorzugt bedient – und das Licht in unserem Viertel ebenfalls. So halten wir wieder Sprechstunde.
Außerdem bin ich in mein altes Zimmer zurückgezogen. Die Behörden – die sogenannte Jüdische Gemeinde – verfügte, daß Frl. Seligmann den einen Raum mit ihren Eltern zu teilen habe, um für ein weiteres Mischehepaar in unserer Wohnung Platz zu machen. Da in dem Zimmer, in dem ich bisher hauste, fließend Wasser ist, gaben wir dieses dem Ehepaar Reuter. Frau Reuter ist Jüdin.

Ich mußte zurückdenken an den Marineleutnant Helm, der nicht begreifen konnte, daß ich mich nicht vor den Bomben fürchte. Mein letztes Erlebnis hätte ich gerne gegen einige schwere Fliegerangriffe eingetauscht – aber leider kann man's sich nicht aussuchen.
Vater hatte seit vielen Jahren die ärztliche Betreuung der Familie Schüßler, die zwar große Nazis sind, aber sehr an Vater hängen. Vor über einem Jahr mußte sich Herr Schüßler einer schweren Operation unterziehen und starb auf dem Operationstisch. Vater war es, der Frau Schüßler diese tragische Tatsache schonend beibrachte und der sie und ihre Tochter auch danach in persönlichen Fragen beriet. Nachdem Schüßlers im Herbst ausgebombt waren, hatten sie Frankfurt verlassen.
Jeden Monat schickte ich die Rechnung für die letzte Konsultation im September. Statt eines Schecks erhielten wir nun plötzlich einen Brief, in dem Frau Schüßler Vater mitteilte, daß sie mit ihrem aus dem Osten auf Urlaub gekommenen Sohn gesprochen und ihm über ihre letzte Unterhaltung mit Vater berichtet habe. Sie habe sich lange überlegt, was sie eigentlich tun solle. Ihr Sohn habe sie nun dahingehend beraten, Vater wegen defätistischer Äußerungen anzuzeigen und das müsse sie nun tun, denn Vater sei ein Defätist und vertrete eine Einstellung, die dem zuwiderlaufe, wofür ihr Sohn kämpfe.
„Was hast du ihr denn gesagt?!" fragte ich Vater erschreckt.
Er machte ein etwas betretenes Gesicht als er gestand, Frau Schüßler abgeraten zu haben, ihre Tochter in ein Schulungslager für BDM-Führerinnen zu schicken, da er in diesem Beruf nach einem verlorenen Krieg keine Zukunft sähe.
Ich saß in meinem Zimmer, völlig niedergeschlagen.

Würde Vater denn nie lernen, seine Ansicht für sich zu behalten? Was für eine gloriose Idee, einer überzeugten fanatischen Nazisse zu erklären, daß der Krieg verloren sei! Eine Anzeige wegen Defätismus würde unser Schicksal endgültig besiegeln. Ich mußte versuchen diese Person davon abzubringen, an die Gestapo zu schreiben.

So benutzte ich meinen freien Nachmittag dazu, um mit dem Zug nach Schlüchtern zu fahren, um Frau Schüßler einen Besuch abzustatten.

Was immer ich an Sünden begangen hatte, in diesem Zug, der unvorstellbar langsam über die Strecke kroch und an jedem kleinsten Ort endlos hielt, auf dieser Fahrt büßte ich sie ab. Ich versuchte, mir die Begrüßung in allen Variationen vorzustellen und jede Wendung des Gespräches. Ich verwarf einen Plan, um einen neuen zu ersinnen. Ich sah nichts von der Frühlingslandschaft, die an dem Fenster des Abteils vorbeiglitt, nichts von meinen Mitreisenden, sondern zermarterte mir das Hirn, wie ich diese gefährliche Frau davon abbringen könnte, unser Todesurteil auszusprechen.

Schließlich stand ich auf dem Bahnhof Schlüchtern. ‚Tief atmen', sagte ich zu mir, ‚tief atmen – keine Angst zeigen, keine Angst, keine Angst – –'

Ich klopfte an die Türe des schmucken kleinen Hauses in der stillen sauberen Straße. Frau Schüßler öffnete mir, groß, blaß mit ihren grau-blonden Haaren und den hellen Augen; das Bild der deutschen Frau. Ich glaubte, flüchtig den Anflug von Überraschung auf ihrem Gesicht zu entdecken, als ich plötzlich vor ihr stand. Sie führte mich in ein bescheiden eingerichtetes Wohnzimmer, durch dessen Fenster das Sonnenlicht flutete.

Während mir das Herz im Halse schlug, sah ich mich unbefangen um und bemerkte: „Wie hübsch haben Sie es hier, Frau Schüßler! Hell und freundlich – was für ein Kontrast gegen Frankfurt."

Sie saß mir mit unbeweglich ernstem Gesicht gegenüber; nur ihre sich faltenden und entfaltenden Hände verrieten ihre Nervosität.
„Frau Schüßler", begann ich, „Sie können sich wohl denken, daß ich wegen Ihres Briefes gekommen bin."
„Es ist mir noch immer unverständlich, wie Ihr Vater mir gegenüber derart defätistische Äußerungen machen konnte! Ich habe die ganze Zeit überlegt, ob es nicht meine Pflicht ist, ihn zu melden. Mein Sohn war ebenfalls ganz empört und bestärkte mich. Er sagte auch, daß ich ihn anzeigen müßte."
Ich schüttelte verständnislos den Kopf: „Ehrlich gestanden – das ganze ist für mich unbegreiflich. Mein Vater ist ein so durch und durch nationaler Mann, dem das Schicksal Deutschlands derart am Herzen liegt –. Es muß sich hier um ein schauderhaftes Mißverständnis handeln."
„Nein", erklärte sie bestimmt. „Er ließ sich so klar über den verlorenen Krieg aus, daß es gar nicht mißzuverstehen war!"
„Sie wissen, Frau Schüßler, wie sehr mein Vater an Ihrem und Ihrer Tochter Leben Anteil nimmt – weit über das Interesse des Arztes hinaus –"
„Das ist es ja. Ich habe das immer geschätzt, aber diese defätistische Äußerung – –"
„Mein Vater ist auch nur ein Mensch, der gelegentlich Stimmungen unterliegt und letztes Jahr persönlich große Sorgen hatte. Er war deprimiert und sah alles schwarz; das spiegelte sich wider in dem, was er Ihnen sagte."
Sie sah mich prüfend an: „Glauben Sie? Aber er konnte doch so etwas –"
„Das entspricht gar nicht seiner Überzeugung", unterbrach ich sie. „Überlegen Sie doch nur – ein Mann, der aus dem vorigen Weltkrieg mit dem EK I und II und an-

deren Auszeichnungen zurückkehrte, soll sich so geändert haben? Niemals!"

„Aber wenn er das auch zu anderen gesagt hat?"

„Das hat er sicher nicht, denn mit seinen anderen Patienten hat er kaum derart persönliche Unterhaltungen geführt."

Frau Schüßlers Ausdruck hellte sich auf, und mir fiel ein ganzer Steinbruch vom Herzen. Wie durch ein Wunder schien sie weder von Vaters noch von Mutters Inhaftierung gehört zu haben.

Wir schieden schließlich als Freunde mit ihrer Zusicherung, daß sie „noch einmal davon absehen wollte" Vater anzuzeigen.

6. Juni 1944

Vater hatte für uns alle eine Urlaubseinladung von Herrn Bub erhalten, der einen kleinen Hof in Dietershahn in der Rhön besitzt. Bub war im letzten Weltkrieg Vaters Bursche gewesen und sie hatten durch alle die Jahre eine lose Verbindung aufrechterhalten.

Die Einladung war sehr verführerisch. Wir hatten nicht weit zu reisen, wären fern der nächtlichen Störungen durch Fliegeralarme und würden für kurze Zeit einmal satt werden. Das einzige Hindernis war, daß Mutter als Jüdin die Stadtgrenze nicht verlassen durfte.

Vater schickte mich zu Dr. Stauffer, der seines Alters wegen nicht mehr zum Militärdienst gerufen worden war und mit dem Vater auf freundschaftlichem Fuße steht. Dr. Stauffer begriff sofort worum es sich handelte und schrieb ein Attest, wonach Vater sich gesundheitlich in schlechtem Zustand befand, und dringend in Erholung fahren mußte, wobei er der Pflege seiner Frau bedurfte. Mit diesem Attest ging ich zur Gestapo.

Weder Baab noch Gabbusch empfingen mich, sondern

ein junger blonder Mensch mit ordinärem Ausdruck und heller Stimme. Er grinste mich unentwegt fast vertraulich an und erfüllte nur zu bereitwillig unseren Wunsch, Mutter eine Reiseerlaubnis auszustellen.
Als die Unterredung beendet war und ich sein Büro verließ, folgte er mir auf den Gang, wobei ich wahrnahm, daß er eine schwarze SS-Hose und glänzende Schaftstiefel trug.
Mit gespreizten Beinen vor mir stehend, wiegte er sich in den Hüften, während seine etwas schräg geschnittenen Augen mich von den Fußspitzen bis zum Kopf abschätzend musterten, das herausfordernde Grinsen über sein Gesicht gebreitet. „Und wenn Sie sonst mal 'ne Bescheinigung brauchen", erklärte er im vulgärsten Frankfurter Dialekt, „dann wenden Sie sich an mich. Ich bin jetzt hier zuständig. Mein Name ist Schmitt – Heini Schmitt.
Übrigens – wann werden Sie wieder zurücksein? Sie gehen doch sicher mit Ihren Eltern?"
„Ich weiß es nicht genau", wich ich aus, „wahrscheinlich Ende Juni."
„So, so – Ende Juni. Ich werde Sie anrufen und dann gehen wir mal aus."
Die Erinnerung an die Unterhaltung mit diesem widerlichen Subjekt vergällt mir fast den Urlaub, der an und für sich erholsam und friedvoll ist. Ich habe das Gefühl, ein Insekt zu sein, das hilflos in einem Spinnennetz zappelt. Irgendwann wird die Spinne schon erscheinen und sich meiner annehmen...

21. Juni 1944

Übermorgen müssen wir wieder heimkehren. Die Ruhe und das Essen hier hat uns gut getan. Die Eltern haben beide wieder gesündere Farben und Vater hat ein biß-

chen zugenommen, wenngleich noch Pfunde fehlen bis er wieder in seine Kragen zurückgewachsen ist.
Während dieser Wochen waren wir umgeben von Menschen, die sich bemühten uns zu verwöhnen, umgeben von blauem Himmel, grünen Tälern und Hügeln. Gelegentlich machten wir gemeinsame Spaziergänge oder ich saß alleine am Rande eines Feldes und ließ meine Gedanken mit den weißen Sommerwölkchen ziehen.
Ich dachte zurück an das zerstörte Frankfurt, das hier so weit fort zu sein schien, daß es fast unwirklich wurde. Aber all die Toten, die noch unter den Ruinen liegen, sind sehr wirklich. Mir fiel die kleine Rodenhauer ein, die auf der Suche nach einer in der Altstadt lebenden Angestellten ihrer Mutter war. Mehrere Tage ging diese kleine Person auf den Friedhof, um die gräßlich verstümmelten, verkohlten Leichen anzusehen. „Wissen Sie“, hatte sie mir erzählt, „die sind zum Teil ganz klein zusammengeschrumpft, so –“ sie hatte mit den Händen die Größe eines kleinen Kindes angedeutet.
Die Behörden sprechen von den „Gefallenen“ wenn sie sie Bombenopfer erwähnen. Gefallen? Verkohlt, verschmort, erschlagen sind sie und es ist gar nichts heldisches dabei. Die kleinen Kinder, die mit ihren Eltern nicht mehr aus den Kellern entfliehen konnten und langsam erstickten, falls sie nicht vom Phosphor verbrannt wurden, sie wollten sich bestimmt noch nicht heldenhaft opfern, sondern leben.
Mütter aller Länder, vereinigt Euch und beschützt den Embryo; versündigt Euch nicht gegen das werdende Leben, denn was könnt Ihr sonst Euren Kaisern, Königen, Kanzlern oder Präsidenten später bieten?

25. Juni 1944

Letzte Nacht habe ich meine Feuerprobe bestanden, aus der ich nicht geläutert, sondern grauenhaft beschmutzt hervorging.

Als wir vorgestern, Freitag nachmittag, nach Hause zurückkehrten, richtete mir unsere Hausangestellte aus, daß ein Herr schon einige Male angerufen habe, um sich zu erkundigen, wann wir zurückkämen. Seinen Namen hätte er nicht genannt.

Wir saßen gerade beim Abendessen als das Telefon läutete. Ich wurde gerufen. Die schmutzige, alte Fettel, die wir nun im Haushalt haben, blinzelte mich an: ,,Das ist er wieder."

Ich meldete mich.

,,Guten Abend, Fräulein Schroeder. Haben Sie 'nen schönen Urlaub gehabt?" Er lachte. ,,Hier ist Heini Schmitt."

Mein Herz sank, als er mir vorschlag, am nächsten Abend mit ihm auszugehen.

Wie vereinbart traf ich mich mit Schmitt am Opernplatz, gegenüber dem Esplanade. In bester Laune erklärte er mir, daß wir zum Schumann-Theater gingen, in dem wir uns mit einem anderen Paar treffen würden. Durch diese Eröffnung etwas erleichtert, bemühte ich mich fröhlich und unbeschwert zu erscheinen.

Das Lokal im oberen Stockwerk des Theaters war schlecht besucht, und wir fanden einen Tisch auf dem Balkon, von dem aus man den zerstörten Bahnhofsplatz übersehen kann.

Nach wenigen Minuten erschien in der Balkontüre ein SS-Mann mit einem blonden jungen Mädchen. Schmitt stand auf und winkte dem Paar zu.

Mit einem auf meinem Gesicht erstarrten Lächeln blickte ich Schmitt bewundernd an. Sein sorgfältig gescheiteltes dunkelblondes Haar hatte er anscheinend

mit Wasser gekämmt, damit es glatt und ordentlich anliegt. Sein Profil mit der leicht gebogenen Nase, den scharf geschnittenen Lippen und dem harten Kinn erinnerte mich an die Werbeplakate der Waffen-SS, auf denen über einem martialischen Profil ein Stahlhelm thront. Die Stirne ist ein wenig zu kurz geraten und die blauen Augen sind etwas schräg geschnitten. – Meine Gedanken wanderten hinunter zum Bahnhofsplatz und ich wünschte, dort unten zwischen den geschäftig hin- und herlaufenden Menschen verschwinden zu können, statt mit einem Gestapo- und einem SS-Mann am Tisch sitzen zu müssen.
Als es dämmrig wurde, kam ein ältlicher Kellner, um uns hereinzubitten, denn sie müßten nun Luft machen und wegen der Verdunklung die Balkontüren schließen.
„Wie lange haben Sie denn noch auf?" fragte Schmitt in seinem fürchterlichen Frankfurter Dialekt mit der etwas zu hellen Stimme.
„In einer halben Stunde schließen wir."
Schmitt beriet sich mit seinem Freund und sie beschlossen, daß wir in Schmitts Wohnung geben würden, wobei ich erfuhr, daß er verheiratet ist und zwei Kinder hat. Die Familie ist im Taunus evakuiert.
Kurz darauf saßen wir in Schmitts geräumigen Wohnzimmer, tranken Wein und führten eine nichtssagende Unterhaltung.
Unauffällig ließ ich meine Augen durch den großen, kümmerlich eingerichteten Raum schweifen. Wahrscheinlich hatte ihm die Gestapo diese frühere jüdische Wohnung zugewiesen und Schmitt hatte außer Frau und Kindern auch die Möbel aus der bombengefährdeten Stadt gebracht. Übriggeblieben war eine Couch, ein etwas schäbiger Sessel, zwei Korbstühle vom Balkon, ein Tisch und eine wackelige Stehlampe. Das Zimmer wirkte kalt und leer.

Es war nach Mitternacht als der SS-Mann sich mit seinem Mädchen verabschiedete. Auch ich erhob mich.

„Nein", befahl Schmitt, „Sie bleiben noch!"

Kaum hatte das Paar die Wohnung verlassen, als er auch schon auf der Armlehne meines Sessels saß und den linken Arm um meine Schultern legte. „Sie gefallen mir wirklich –"

Ich rührte mich nicht.

Als seine Rechte in meinen Ausschnitt schlüpfte und nach meiner Brust faßte, machte ich eine abwehrende Bewegung.

„Ganz wie Sie wollen", sagte er mit dem Anflug eines Lachens, während eine metallische Schärfe in seine Stimme kroch. „Ich meine – Sie wissen ja in welcher Situation Ihre Mutter ist und ich bin es, der die Transportlisten zusammenstellt. Verstehen Sie – ICH –". Damit erhob er sich von der Sessellehne.

Einen Moment blieb ich wie versteinert sitzen. Dann stand ich schweigend auf. Ohne ihn anzusehen, zog ich mich aus und ließ Kleid und Wäsche auf den Boden fallen. Ich rührte mich nicht.

„Na also –." Ein leichtes Lachen des Triumphes schwang in seiner Stimme und mir ging es momentan durch den Kopf, wieviele Frauen er wohl schon durch Drohungen gefügig gemacht hatte.

Nun starrte er wortlos auf mich. Seine Augen wanderten langsam und abschätzend über meinen Körper. Mit seinem hämischen Grinsen ging er um mich herum und schwieg – schwieg – schwieg beharrlich.

Ich hörte, wie er sich in meinem Rücken eine Zigarette anzündete, und da war auch das Geräusch eines Weinglases, das auf den Tisch zurückgestellt wurde.

Dann stand er wieder vor mir, die Zigarette zwischen den Lippen und starrte herausfordernd auf meine Schenkel. Mir wurde klar, daß er mein Schweigen brechen wollte, aber ich stand unbeweglich mit zusammengepreßten Lippen, obwohl die lastende Stille an meinen Nerven zerrte.

Plötzlich warf er die halbgerauchte Zigarette in den Aschenbecher, ohne sie auszudrücken und deutete befehlend auf die Couch.

Als ich mich niedergelegt hatte, kommandierte er: „Stell' die Knie auf und nimm die Beine auseinander."

Ohne einen Blick von mir zu wenden, knöpfte er langsam sein Hemd und seine Hose auf, seine Sachen auf den einen Korbstuhl legend.

Als ich mein Kleid anziehen wollte, sagte er: „Einen Moment. – Ich bekam heute Eure Akte in die Hände. Ich muß sagen – –! Jeder andere Deutsche mit einem solchen Rekord wäre schon längst gehängt worden.

Dein Vater hat ein Aktenstück für sich allein. Zur Krönung fälschte er Gutachten, die ihn ins Gefängnis brachten.

Deine Mutter fälschte Urkunden. Jedermann weiß, daß er kein amtliches Dokument verändern darf. Daß sie wieder auf freiem Fuß ist, ist mir ein Rätsel. – Und du bist vorbestraft als Staatsfeindin.

Ich werde eine Auge auf euch haben und was ich sehen will, wird von dir abhängen.

So – nun kannst du dich fertig anziehen." Und während er zum Tisch zu seiner Flasche Wein zurückging, sagte er beiläufig: „Was hat denn gestern der englische Sender erzählt?"

Ich schloß den letzten Haken meines Kleides und antwortete ohne Hast: „Wir haben seit Jahren kein Radio mehr."

Mit dem Weinglas in der Hand drehte er sich mir zu: „Ich habe nicht behauptet, daß du ein Radio hast; nur, daß du den englischen Sender hörst."

Mit der Taschenlampe leuchtete er mir die Treppe hinab. Als ich mich im Ausgang an ihm vorbeizwängte, sagte er kurz: „Morgen um dieselbe Zeit."
Das erste Dämmern des neuen Tages erschien ferne am Horizont als ich mich nach Hause schleppte. Schlafen – dachte ich – nur schlafen und nichts mehr denken. Eine Mischung von Scham, Rache, Demütigung und Haß, Haß – Haß kochte in mir. – Morgen würde sich das wiederholen – und übermorgen und überübermorgen...
So leise wie möglich schloß ich die Wohnungstür auf.
Im gleichen Moment stürzte Mutter auf mich zu: „Lilichen! O Gott Kind! Wo warst du denn nur so lange? Wir haben ja solche Angst um dich gehabt!"
Sie zog mich durch die offene Tür ins Schlafzimmer der Eltern, in dem Vater völlig angekleidet mit einem Buch in der Hand auf der Kante seines Bettes saß. Er sah mich geistesabwesend an, mit seinen Gedanken noch bei seiner Lektüre.
„Was ist denn hier los?" fragte ich irritiert.
„Wir haben uns solche Sorgen um dich gemacht", sagte Mutter noch halb irre vor Angst. „Ich muß gestehen – ich bin nach Mitternacht zu Rodenhauers gegangen, um zu fragen, ob sie ihn kennen. Sie wußten nichts über ihn, aber Frau Rodenhauer meinte, ich sollte besser nicht die Polizei anrufen."
Ich starrte sie fassungslos an: „Die Polizei –? Und du hast Rodenhauers erzählt, mit wem ich aus war?! Bist du denn völlig wahnsinnig geworden? Du –"
Ich drehte mich auf dem Absatz um und ging ohne ein weiteres Wort in mein Zimmer.

9. Juli 1944

Auf der Straße trifft man keine lachenden Gesichter mehr. Die Menschen sehen elend und erschöpft aus und schleichen in ihren abgetragenen, geflickten Kleidern wie Gespenster durch die zerstörte Stadt. Vater steht deprimiert und hilflos den meisten Patienten gegenüber, die die Sprechstunde aufsuchen. Mit wenigen Ausnahmen weisen sie lediglich die Folgen jahrelanger Unterernährung auf.
Gestern abend, als ich von einem meiner Besuche bei Schmitt nach Hause kam, öffnete Vater mir die Türe. Während sein Blick mich liebevoll umfaßte, starrte er plötzlich entsetzt auf meine dick geschwollenen Beine, deren Knöchel verschwunden waren. Automatisch griff er nach meinem Puls, der regelmäßig schlug, um dann nach einem Bein zu fassen. Zwei tiefe Eindrücke blieben zurück wo seine Finger zugedrückt hatten. „Ach – Hungerödem", sagte er erleichtert. – Warum sollte ich kein Hungerödem haben? Durch die mangelhafte Ernährung sind die meisten Frauen dick aufgeschwemmt, während die Männer wie wandelnde Skelette in ihren viel zu weiten Anzügen hängen.
Die Witze werden immer bösartiger, die Stimmung immer verzweifelter. Proportional wächst die Angst vor der Knute, die die Nazis über dem Volk schwingt. Je hoffnungsloser die Situation aussieht, desto härter werden die sogenannten „Miesmacher und Meckerer" bestraft. Da an der Front schon so viele Soldaten fallen und Tausende von Zivilisten in der Heimat von Bomben erschlagen werden, ist man nicht mehr kleinlich in bezug auf Menschenleben und die Todesstrafe wird großzügig verteilt für Defätisten und solche, die Auslandssender hören.
Wann – o wann ist es fünf Minuten nach 12?

2. August, 1944

Mindestens viermal in der Woche ziehe ich mir abends ein Sommerkleid an und verlasse das Haus. Auf Mutters ängstliche Fragen, wo ich denn notfalls zu erreichen sei, hatte ich ihr einmal geantwortet: „Nirgends."

„Aber wenn es einen Angriff geben sollte?"

„Dann werde ich wieder zu Hause sein."

„Du kannst mir doch sagen, wo du hingehst", beharrte sie.

„Ich habe mein Lehrgeld bezahlt und wäre dir dankbar, wenn wir unerfreuliche Debatten vermeiden könnten."

Seit Wochen nun muß ich abends den kurzen Weg zu Schmitts Wohnung zurücklegen, und jedes Mal zögere ich mit den letzten Schritten, die mich zu seiner Haustüre führen. Wie oft schon schwor ich, nicht mehr zu ihm zu gehen, mich auf irgendeine Weise aus dieser Affäre zu befreien. Unzählige Male war ich nicht in seine Straße eingebogen, sondern weitergegangen um einen Block herum, um schließlich doch nachzugeben. Mutters Leben oder Tod hing davon ab, daß Schmitt mit mir zufrieden war, daß er in Abwesenheit seiner Frau einen billigen Ersatz zur Verfügung hatte und daß er sich sonnen konnte in seiner eigenen Macht. Er, Heini Schmitt, der Sohn eines untersten Postbeamten, er war so mächtig, daß er sich die Tochter eines bekannten Chefarztes als Mätresse halten konnte – und was immer er von ihr verlangte, tat sie.

Er spielt den unwiderstehlichen Liebhaber, dessen Reiz jede Frau erliegt – bis er auf den leisesten Widerstand stößt. Dann besinnt er sich sofort auf seine Macht und versäumt nie, im geeigneten Moment durch eine höhnische Frage nach dem Befinden meiner Mutter mich gefügig zu machen. Ich habe inzwischen das Glitzern in seinen Augen kennengelernt und den metallischen

Klang, der in seine Stimme kriecht, die Warnungssignale, vor denen ich mich fürchte.
Ich ging noch einmal um den Block und überlegte, ob eine Frau wohl ungestraft Liebe heucheln kann, Liebe für ein Subjekt, das sie so grenzenlos verabscheut –? Aber wozu sollte ich mir den Kopf zerbrechen? Wenn ich nicht wollte, daß Mutter ermordet würde, mußte ich den Kaufpreis zahlen, und der Kaufpreis war ich.
Etwas atemlos stand ich vor Schmitts Türe: „Verzeih' meine Verspätung. Ich mußte meinen Vater noch zu einem Patienten fahren."
Heini Schmitt nahm diesen schon oft gebrauchten Vorwand mit stummen Nicken auf. Er fragte mich nicht wie üblich, wo der Patient wohnte und was ihm fehlte, sondern machte einen zerstreuten, zerfahrenen Eindruck.
Schließlich fragte ich: „Was ist los mit dir, Heini? Ist etwas nicht in Ordnung?"
„Ich weiß nicht –. Der eine Jud ist heute nicht gekommen. Ausgerechnet der, mit dem wir immer unseren Spaß gehabt haben."
Ich fühlte wie ich innerlich versteifte. Mit größter Überwindung lächelte ich und fragte: „Was für einen Spaß?"
„Ach – wir haben ihn Gedichte aufsagen lassen."
„Gedichte?"
„Ja. Er war früher mal Schauspieler, bevor er das Kino hatte, und er konnte so nett aufsagen."
Kino? ging es mir durch den Kopf. Vor mir sah ich den feinen schlanken, alten Herrn, der mich stets mit einer fast altmodischen Höflichkeit im Salburg-Lichtspieltheater begrüßt hatte. Makellos gekleidet mit grauen Gamaschen über den schwarzen Schuhen hatte er im Foyer seines kleinen Reiches gestanden und seine Gäste überblickt, während seine arische Frau im Büro saß und gelegentlich vom Schreibtisch aus durch die offene Tür sah.

„Wie oft hast du ihn kommen lassen?"
„Ich weiß nicht; fünf- oder sechsmal."
„Warum?"
„Ach – wir haben die ganzen Judde für 'ne Weile kommen lassen."
Wir hatten davon gehört. Eine Reihe älterer jüdischer Herren wurde gezwungen, jeden Vormittag auf die Gestapo zu kommen. Meistens ließ man sie mehrere Stunden auf dem Gang stehen, um sie für den nächsten Tag erneut zu bestellen.
Heini Schmitt war es offensichtlich unbehaglich. So weit so ein Verbrecher überhaupt ein Gewissen hat, verursachte es ihm heute Mißbehagen.
Ich nickte: „Du sprichst von Herrn Landes, nicht?"
Daß ich den Namen aussprach, versetzte ihm einen Schock.
„Und heute ist er nicht mehr gekommen?" drängte ich.
„Nein. Er ist auch nicht nach Hause zurückgekehrt. Wir haben bei seiner Frau rückgefragt und die hat gesagt, daß er wie immer pünktlich fortgegangen ist." Nach einem Moment grinste er etwas verlegen: „Er wird schon wiederkommen."
„Nein", sagte ich etwas schärfer als beabsichtigt.
Er sah mich erstaunt an: „Warum nicht?"
„Weil ihr ihn so gequält habt."
„Aber wir haben doch nur ein bißchen Spaß gehabt –"
Wie die Katze mit der Maus, dachte ich.
„Heini – wie ich Herrn Landes kenne, kommt er nicht wieder. In seiner stillen Art ist er von zu Hause fortgegangen – immer weiter – direkt in den Main."
„Glaubst du wirklich?! Ach du bist ja verrückt! – Nein, das hat er nicht getan! – Es wär' ja heute das letzte Mal gewesen. Nur noch das eine Mal. Dann hätte er nicht mehr kommen müssen."

„Das wußtest du, aber nicht er. – Es war gerade das eine Mal zuviel“, stellte ich kühl fest.
„Glaubst du wirklich, daß er –?“ In den kalten blauen Augen erschien etwas wie Angst: „Aber es ist nicht meine Schuld!“
„Doch, Heini, es ist deine Schuld. Du hast ihn auf dem Gewissen.“
Er rutschte ungemütlich in seinem Korbsessel hin und her. „Wir haben es doch gar nicht so gemeint. – Besonders das eine Gedicht hat er immer so nett aufgesagt.“ In der Erinnerung lächelte er kopfschüttelnd. „– es hat uns so gut gefallen – –“
Wir schwiegen.
„Glaubst du wirklich – –?“ begann er plötzlich wieder.
„Wie kommst du überhaupt auf die Idee, daß er in den Main gegangen ist?“
„Das kann ich dir nicht sagen; ich weiß es – weil ich ihn kannte.“
„Ach nein –“ Er versuchte, sich selbst zu beruhigen. „Wir haben ihm doch gar nichts getan.“
Ich sah ihn an, diesen jungen Kerl, der über Tod und Leben von Hunderten zu entscheiden hatte. Ich betrachtete dieses dumme, primitive Ohrfeigengesicht. Nein – er uns seine Kumpanen in der Gestapo würden nie begreifen, welcher Demütigung sie diesen Mann ausgesetzt hatten. Durch was für eine Hölle war Landes gejagt worden, bis er sich entschloß, statt zur Gestapo lieber in den Main zu gehen? – Nun hat er ausgelitten. Welche Ironie, daß gerade ein solch zarter, stiller Jude einem Gestapomann Gewissensbisse verursacht.
Am nächsten Abend war eine meiner ersten Fragen: „Hast du etwas über Herrn Landes erfahren?“
„Nee. Und im übrigen ist mir das auch scheißegal. Verstehst du mich? Scheißegal!“
Seine Stimme klang nur noch nach Metall und seine zusammengekniffenen Augen glitzerten böse. Er vergab

weder sich noch mir, daß ich ihn in einem Augenblick einer an Menschlichkeit grenzenden Schwäche gesehen hatte. Das mußte ich büßen.
„Ich an deiner Stelle, würde mich nicht so viel um diese Drecksjudde sorgen –. Ich hab' mir heute mal eure Akten angesehen. 'ne feine Familie – du und deine Eltern! An deiner Stelle würde ich da nicht so große Bogen spucken! Oder glaubst du, du bist nun sicher? Glaubst du das?" schrie er. „Antworte!"
„Nein, Heini", flüsterte ich demütig.
„Dann zieh dich aus!" befahl er und mißbrauchte mich brutal.
Heute in der Sprechstunde erfuhren wir, daß die Leiche von Herrn Landes heute früh aus dem Main geborgen wurde.

26. August 1944

Zuerst wollte ich es nicht wahrhaben, weil es so unvorstellbar grauenhaft ist. Aber es besteht kein Zweifel mehr – ich bin schwanger. Ich kann keinen klaren Gedanken mehr fassen und bin dem Wahnsinn nahe...

16. September 1944

Letzten Dienstag hatten wir wieder einen üblen Fliegerangriff. In der Nacht zuvor war Darmstadt schwer bombardiert worden, und Frankfurt hatte viele Hilfskräfte dorthin geschickt, die uns nun fehlten.
Kurz nach der Entwarnund drang das Gerücht zu uns, daß das Westend und Bockenheim schwer getroffen seien.
Wir standen in Vaters Zimmer, durch dessen zerbrochene Fenster der kühle Herbstwind den vertrauten

Brandgeruch trug. Vater rieb seine kalten Hände. Seine Augen erschienen riesig in dem schwachen Licht der Petroleumlampe, deren Glaszylinder zerbrochen war. „Wir sollten doch einmal nach Etta sehen", meinte er nachdenklich.
Wir machten uns auf den Weg, gingen vorbei an den alten Bombentrichtern, umgingen die Schutthaufen, die die zusammengestürzten Häuser bildeten, die zum Teil die halbe Fahrbahn bedeckten, entgegen dem vom Westen leuchtenden Feuerschein. Im Vorbeigehen sah ich, daß Bernds Haus noch stand – und die Gestapo unversehrt war.
Aus den oberen Stockwerken des Hauses, in dem Steinbachs den ersten Stock bewohnten, schlugen die Flammen. Wir liefen zu Etta und begannen, alle beweglichen Gegenstände über die steinerne Hintertreppe in den Keller zu tragen. Mit Überlegung suchte ich mir die schwersten Sachen aus, die ich nur mit äußerster Anstrengung schleppen konnte, bis Mutter plötzlich ausrief: „Lilichen! Sei doch vorsichtig Kind und heb' dir nicht noch einen Bruch!"
Ein hysterisches Gelächter kitzelte mich im Hals. – Einen Bruch! dachte ich und sah mich nach etwas anderem schwerem um. Meine ganzen Anstrengungen trugen mir jedoch nur Schmerzen in den Armmuskeln ein.
Später nahmen wir Etta mit in unsere Wohnung. In Mäntel gehüllt saßen wir im Musikzimmer. Keine Träne, kein Wort der Klage kam von den Lippen dieser bewunderungswürdigen Frau, deren beide Söhne vermißt sind, die nicht wußte, ob ihr Mann in Rußland in diesem Augenblick noch lebte und die nun schließlich auch noch ihre Wohnung verloren hatte.
Am nächsten Tag meldete sie ihren Totalschaden an und bekam eine Baracke – Behelfsheim heißt das – in Miltenberg am Main zugewiesen. Ich fuhr sie mit einigen Koffern zum Hanauer Bahnhof.

Abgesehen von den üblichen Zerstörungen, einschließlich Bahnhöfe und Züge, wurde diesmal ein Bunker getroffen. So weit ich erinnere, war der Bunker Mühlgasse in Bockenheim der erste, der hier gebaut wurde. Damals fehlten noch einige Erfahrungen bezüglich des Betons und der Ausweichmöglichkeiten im Fundament, und er konnte einer 36 Zentner Luftmine nicht standhalten. Dieser Volltreffer kostete 172 Menschenleben. Neunzig Schwerverletzte wurden geborgen. – Was unsere beflügelten Todesengel darüber hinaus erreichten, war eine spontane Explosion der Stimmung. Die Volksseele kochte – doch diesmal ohne Goebbels oder anderer Drahtzieher Hilfe. Daß einer der für so absolut sicher gehaltenen Bunker zu einem Massengrab wurde, entfesselte eine unbeschreibliche Wut und Empörung. Die Angst, daß vielleicht die anderen Bunker ebenfalls den Bomben nachgeben könnten, löste eine leichte Hysterie aus, die die Menschen vergessen ließ, auf ihre Worte zu achten. Der durch Monate aufgestaute Haß machte sich mit einem Male Luft und das Erstaunliche war, daß weder Polizei noch Partei einschritt. Haben auch sie Angst oder läßt man ein Ventil offen? Man kann ja schließlich nicht die ganze Bevölkerung einsperren. Sehr rosig scheint es auch bei der Truppe nicht mehr auszusehen, denn Himmler verkündete vor wenigen Tagen, daß künftig sämtliche Angehörige von Überläufern erschossen werden. Wenn bereits zu derartigen Maßnahmen gegriffen werden muß, ist anzunehmen, daß die Zahl der Überläufer beachtlich ist.

1. Oktober 1944

Schmitts Hand steckte in meinem Ausschnitt, als die Sirenen ertönten, und er wollte mich um keinen Preis in den Luftschutzkeller mitnehmen. Ich aber wollte lieber auf der Straße umkommen, statt an der Seite dieses Gestaposchweines im Keller.

Ich rannte nach Hause. Vereinzelte Scheinwerfer suchten den Himmel ab. Ich hörte bereits das Brummen der Flugzeuge, sah die Leuchtraketen fallen, als ich atemlos unser Haus erreichte. Ich schloß gerade die Etagentüre auf, als die ersten Bomben fielen. Der nächste Einschlag war so heftig, daß ich mich flach auf den Korridor warf, um danach in den Keller zu rasen, in dem ich mit Erleichterung empfangen wurde. Ohne Unterbrechung wüteten die Explosionen um uns. Wir hörten es über uns in unserer Wohnung rumpeln. In dem ganzen Höllenspektakel vernahmen wir plötzlich das schrille, pausenlose Läuten unseres Telefons.

Als wir nach dreieinhalb Stunden endlich den schützenden Keller verließen, stellten wir dankbar aufatmend fest, daß unser Haus noch stand. Die Fenster, die für die Arztpraxis genehmigt und eingesetzt worden waren, lagen wieder in tausend Scherben in der Wohnung. Der Telefonhörer war von der Gabel geblasen worden; als wir ihn zurücklegten, verstummte das Läuten. Unsere große schwere Standuhr war in die Mitte des Foyers gerückt worden, in einem Winkel von 45 Grad zu ihrer ursprünglichen Position. Der Rolladen in meinem Zimmer hing schief und halb im Raum, denn ich hatte nicht mehr die Zeit gehabt, ihn hochzuziehen.

Wir mußten bis zum nächsten Morgen warten mit dem Zusammenkehren der Fenster, dem Nageln, Verbarrikadieren, Saubermachen, denn wir hatten wieder kein Licht. Wir waren umgeben von einem Feuermeer. Sogar die alten Ruinen waren zum Teil erneut getroffen worden und nun restlos zusammengestürzt.

Es war knapp achtundvierzig Stunden nach diesem schweren Angriff, als ich im Herrenzimmer stand, meine Arme auf der hohen Rückenlehne des Gobelinsessels verschränkt, mich mit Vater unterhaltend, der vor seinem Schreibtisch saß, als plötzlich ein unheimliches Brausen über uns ertönte. Vater zog unwillkürlich den Kopf ein, während ich langsam in die Knie ging. Das grollende, böse Sausen wurde ferner und ich tauchte wieder hinter dem Sessel auf. Wir sahen einander verblüfft an und sagten gleichzeitig: „Was war denn das?“ Ein wuchtiger Einschlag ertönte in der Ferne.

Es war eine „Fluggleitbombe“, eine neue Waffe der Briten. Sie war in Bornheim gelandet, hatte acht Häuser dem Erdboden gleichgemacht, zehn schwer beschädigt, fünfzehn mittelschwer und fünfzig leicht.

„Wo bleibt die Vergeltung?“ schreien die empörten Volksgenossen nun. „Warum tut der Führer nichts?“ Sie begreifen es jetzt, die armen Tölpel, daß sie von Anfang an belogen worden sind, aber nun gezwungen werden bis zum Endsieg auszuhalten. Wieder und wieder sammelt das Volk die bittere Erfahrung, von einem Politiker mit fantastischen Versprechungen dazu verlockt zu werden, ihn zu wählen. Stets lauschen sie bereitwillig diesen Sirenentönen, die eine bessere Zukunft zusichern. Wenn sie endlich die große Lüge begriffen haben, ist es zu spät. Halb im Morast versunken glauben sie dem nächsten Gaukler, daß er sie herausziehen wird. Diese Dummheit und Leichtgläubigkeit des Volkes ist es, aus der die Politiker ihr Kapital schlagen, Generation nach Generation –.

Zu all dem Elend, das durch die Bomben verursacht wird, gestaltet sich die Ernährungslage immer prekärer. Statt Fett erhalten wir mageres Schweinefleisch, wobei ich vermute, daß die Schweine an Unterernährung gestorben sind, denn ihr Futter fressen wir ja nun. Das Mehl, das uns laut Karten zusteht, ist einfach nicht vorhanden. Die Bauern weigern sich, Kartoffeln in die Stadt zu fahren, weil sie angeblich Angst um ihre Pferde haben. In Wirklichkeit aber wären sie ja töricht, ihre

Produkte für schlechtes Geld abzuliefern, wenn sie für etwas Eßbares alles bekommen können, was sie verlangen. Böse Menschen behaupten, daß sie sogar die Kuhställe mit echten Perserteppichen auslegen. Eine Ahnung habe auch ich, denn ein Stück nach dem anderen aus meiner Aussteuer landet bei Frau Fischer, deren Haus gegenüber zum Glück noch steht. Sie hat irgendwelche bäuerlichen Beziehungen und tauscht meine Bett- und Tischwäsche gegen Wurst und Speck ein. Mutter, die von meinen Transaktionen keine Ahnung hat, ist stets fassungslos, wenn in der schlimmsten Not plötzlich wieder etwas auf dem Tisch erscheint. Da sogar sie im Augenblick die Hoffnung auf meine baldige Verheiratung aufgegeben hat, zeigte sie mir schon seit geraumer Zeit nicht mehr die Schätze, die sie für mein künftiges Eheglück aufgehäuft hatte, sonst hätte sie wohl festgestellt, daß nicht mehr viel da ist.
Und in diesem aus den Fugen gegangenem Leben, in dem ständigen Kampf zwischen Dreck und Hunger, Arbeit und tödlicher Erschöpfung, bemühe ich mich, normal zu erscheinen, obwohl ich mich mitunter frage, wozu ich vor den Bomben in Deckung gehen soll. Würden sie mich doch erschlagen und mich erlösen – –

11. November 1944

Wenn ich heute zurückblicke, auf die Monate von dem Zeitpunkt an, als für mich kein Zweifel mehr über die Tatsache meiner Schwangerschaft blieb, so erscheinen sie mir wie ein endloser Alptraum, aus dem ich nicht aufwachen zu können schien. Wie in einer Trance ging ich automatisch meiner altgewohnten Arbeit nach, ohne auch nur eine Sekunde vergessen zu können, was in mir vor sich ging. Mein letzter Gedanke vor dem Einschlafen, mein erster beim Erwachen galt diesem Ungeheuer, das in mir wuchs, gezeugt von einem verabscheuungswürdigen Rohling, einem kaltblütigen Mörder. Das Märchen von der mütterlichen Liebe, die sich auf jeden Fall mit der Schwangerschaft einstellt, ist eine Lüge wie so viele Märchen. Ich haßte das neue Leben, das gegen meinen Willen in mir gedieh, und der Ekel vor mir selbst schüttelte mich. Ich war besessen von der Idee, es mir aus dem Leibe zu reißen – aber die straff über dem schwellenden Bauch gespannte Haut schien mich zu verhöhnen.

Ich schwankte zwischen hoffnungsvollem Optimismus und einer Depression, in der Selbstmord als einzige Lösung erschien.

Heimlich injizierte ich mir hohe Dosen eines Hormonpräparates, das bei vielen Frauen wirkte – aber nicht bei mir. Quinin hatte ich geschluckt bis mir schwindelig wurde; das war der einzige Erfolg, den diese Tabletten bewirkten.

Erschöpft, übermüdet, hungrig, ertappte ich mich immer öfter dabei, über dem Mikroskop einzunicken. Wenn meine Stirne gegen das kalte Metall schlug, fuhr ich auf, von neuem dieses verhaßte Ding in mir verfluchend.

Schließlich faßte ich mir ein Herz und wandte mich vertrauensvoll an Dr. Fonrobert, bei dem ich wegen einer ernährungsbedingten Hautirritation in Behandlung bin. Dr. Fonrobert ist ein unpolitischer Mann und ich wußte, daß ich bei ihm vor einer Anzeige sicher war. Auf die Unterhaltung die folgte, war ich allerdings nicht gefaßt. Obwohl ich ihm klarzumachen versuchte, daß mich ein Gestapomann in dieses Verhältnis gezwungen hatte, wollte er mir einfach nicht glauben. Er war nicht davon abzubringen, daß ich diesen Mann lieben müsse, denn „sonst tut eine Frau so etwas nicht.“ Ich sollte mein Kind mal schön auf die Welt bringen.

Meine Gedanken rasten durch mein Hirn, um eine Lösung zu finden. Alle die Ärzte, die wir besser kannten, waren an der Front und Vater durfte unter keinen Umständen etwas über meinen Zustand erfahren. Wenn ich in diesem Zusammenhang an Vater dachte, fiel mir jedes Mal der große Revolver ein, den er in seiner Nachttischschublade aufbewahrt.

In all diesen Überlegungen hinein sagte Mutter plötzlich: „Weißt du, du siehst gar nicht mehr gut aus in Hosen. Du bist zu schwer geworden."

Da faßte ich meinen letzten verzweifelten Entschluß. Alles auf eine Karte setzend ging ich zu Dr. Stauffer. Die gütigen Augen des alten Arztes mit dem dichten weißen Schopf über der schönen Stirne blickten mich fragend an.

„Erinnern Sie sich, daß ich im Sommer wegen des Attestes für meinen Vater bei Ihnen war, Herr Doktor?" begann ich.

Er nickte: „Es hat doch seinen Zweck erfüllt?"

„Meine Mutter durfte mit meinem Vater verreisen, ja." Ich zögerte und nahm einen Anlauf. „Der Gestapomann, der den Erlaubnisschein ausstellte, hat mich zu einem Verhältnis gezwungen. – Ich bin schwanger."

„Dieses Schwein!" brauste er auf, „dieses Schwein! – Hoffentlich ist der Kerl nicht auch noch krank und hat dich infiziert –"

Während er mich untersuchte meinte er etwas vorwurfsvoll:

„Warum bist du nicht schon längst zu mir gekommen?"

„Ich wußte doch nicht –"

„Wir können auf keinen Fall länger warten," sagte er resigniert. „Am Mittwoch habe ich keine Sprechstunde. Sei um zwei Uhr hier."

Ich erwachte davon, daß ich aufgehoben wurde. Vorsichtig legte Dr. Stauffer mich auf ein Sofa in seinem Behandlungszimmer. Leise sprach er auf mich ein: „Ich muß einen Hausbesuch machen und danach fahre ich

dich nach Hause." Eindringlich fügte er hinzu: „Du bleibst so lange hier liegen und bitte – verlasse auf keinen Fall das Zimmer!"
Ich döste vor mich hin bis er zurückkam.
„Wie fühlst du dich?"
„Gut," sagte ich noch immer leicht benommen, schwang die Beine über das Sofa und setzte mich auf. Plötzlich wurde mir klar, was geschehen war. Mit einem tiefen Seufzer stieß ich hervor: „Lieber Doktor, Sie wissen gar nicht wie dankbar ich Ihnen bin!"
Er saß vor seinem Schreibtisch. Das Dämmerlicht des regnerischen Nachmittags fiel durch ein erhaltenes Fenster, das Profil seines gemeißelten Hauptes zeichnend.
„Was –" fragte ich, „was bin ich Ihnen schuldig, Herr Doktor?"
Sein Kopf wandte sich mir zu, so daß nur noch die Umrisse seiner weißen Haare sichtbar waren. „Mein liebes Kind – das war so schrecklich, daß ich nie wieder etwas davon hören möchte."

23. November 1944

Ich komme mir vor, als sei ich aus dem Hades zu den Lebenden zurückgekehrt, womit auch mein Interesse an der Umwelt wiedererwacht ist.
Das Heine-Zitat, das ich in einem anderen, unbeschwerten Leben von Karls Lippen gehört hatte, damals, vor 999 Jahren, als das Tausendjährige Reich gerade begann, kommt mir immer öfter in den Sinn:
„Doch schon beim nächsten Morgenlicht,
Mein lieber Freund, du stehst betroffen.
Das Volk, wie katzenjämmerlich,
Das gestern noch so schön besoffen."
Fürwahr – das Volk ist katzenjämmerlich. Die meisten erinnern sich wohl kaum noch der Zeiten des Rausches,

wie sie von Stolz geschwellt die Entstehung des Großdeutschen Reiches miterlebten; wie sie unter der Leitung ihres Führers ein Land nach dem anderen eroberten; wie sie als stolze Herrenrasse ein Volk nach dem anderen unterwarfen; wie sie zusammengedrängt auf den Straßen standen, um erst den Worten ihres Führers zu lauschen und später den Wehrmachtsberichten, von Liszts Siegesfanfaren angekündigt, die aus den Lautsprechern dröhnten und eigentlich den Untergang des großen Feldherrn Napoleon herausjubelten.

Nun ist das nächste Morgenlicht angebrochen. Das Großdeutsche Reich wird kleiner und kleiner, aber niemand sieht auf der Karte nach dem, was einmal kurz und großartig erobert und wieder verloren wurde. Den Führer, den einst so verständnisvollen Vater seines Volkes, der gedankenlos das Blut seiner Kinder vergoß, diesen Führer hört man kaum noch sprechen.

Die stolze Herrenrasse sieht aus wie ein Haufen verkommener Vagabunden, abgerissen und hohlwangig.

Die Siegesfanfaren sind verstummt, denn es gibt keine Siege mehr, die sie verkünden könnten. Die hohen Häuser, aus denen sie ertönten, stehen nicht mehr. Sie sind in Schutt und Asche zusammengestürzt, in ihren zerstörten Kellern die Gebeine derer verbergend, die von den Bomben erschlagen wurden.

Das Volk interessiert sich nicht mehr für das, was an der Front geschieht; es ist befallen von einer tödlichen Apathie, geboren aus Erschöpfung und der Länge des Krieges. Mit dem Beginn des Sechsten Kriegsjahres, vor zwei Monaten, ist man es müde, über die aufopfernden Kämpfe zu hören, die doch stets nur zu Niederlagen führen. Man will lediglich wissen ob der Mann, Sohn oder Bruder an der Front lebt und noch alle Glieder hat. Die Wehrmachtsberichte selbst sind völlig belanglos.

Jeder ist derart in seinen persönlichen Sorgen befangen, daß er sich um das Schicksal Deutschlands nicht mehr

kümmert. Es ist viel wichtiger, daß man etwas zu essen auf den Tisch bekommt, ob die Schuhe noch etwas länger halten und vor allem ob es einen Angriff gibt. Wird man am nächsten Tag noch ein Dach über dem Kopf haben oder – gar noch leben?
Nur eine kleine Gruppe von Fanatikern spricht nach wie vor vom Endsieg. Während das Volk achselzuckend und lethargisch die Tatsache hinnimmt, daß die Alliierten bereits in der Normandie gelandet sind, daß die Ostgebiete verloren sind, daß nicht ein Platz auf der Landkarte den Deutschen verblieb, um den sie unter der erbarmungslosen Sonne Afrikas so bitter gefochten hatten, nehmen die Gläubigen an, daß unser Führer die Alliierten nur hereingelockt hat. Ein genialer Schachzug – denn er wird sie alle ins Meer treiben! Im letzten Moment, wenn der Feind sich in Sicherheit wiegt, dann wird Hitler zu einem mächtigen Schlag ausholen und uns dem Endsieg zuführen. Auch an die Wunderwaffe glauben sie noch, diese Unentwegten, die Wunderwaffe, die bis nach Amerika schießen und die Wolkenkratzer zerstören wird.
Ihre Augen leuchten; sie können den Gedanken an eine Niederlage nicht zugeben oder ertragen und reden mit einer autosugestiven Begeisterung von all den großen Dingen, die noch geschehen werden vor dem Endsieg. Sie kommen mir vor wie der Mann, der laut pfeifend durch den nächtlichen dunklen Wald geht, um die eigene Angst zu übertönen.

1. Dezember 1944

Nun geht es mit Riesenschritten dem Ende entgegen. Im Oktober bereits wurde der „deutsche Volkssturm" aufgerufen, Männer, deren Alter nach oben keine Grenze gesetzt zu sein scheint; Männer mit körperlichen Gebrechen, die zum Fronteinsatz nicht mehr tauglich waren, aber notfalls noch ein Gewehr tragen und bedienen können. Gleichzeitig wurden die Jahrgänge 1928/29 auf ihre Tauglichkeit untersucht. Diese kleinen fünfzehn- und sechszehnjährigen Jammergestalten sollen erst eine vier-, dann sechswöchige Ausbildung in Wehrertüchtigungslagern durchmachen. – Will Hitler wirklich noch diese Kinder als Kanonenfutter mißbrauchen?

Mitte November ist nun der Volkssturm vereidigt worden. Hitler ruft zum letzten Aufgebot für den Endsieg! Kinder und Greise werden geopfert, denn er versprach zu kämpfen bis fünf Minuten nach zwölf.

Wüßte ich doch nur wieviel Uhr es nun ist, den es gibt verschiedene Gründe, die mich verzweifelt auf den Endsieg der Alliierten warten lassen.

Da ist vor allem meine Sorge um die Eltern.

In einer der letzten Nächte durchdrang ein ungewohntes Geräusch meinen Schlaf. Ich fuhr hoch in dem Glauben, geträumt zu haben. Doch dann wurde mir klar, daß die Türschelle läutete. Ich warf mir einen Mantel über und lief aus dem Zimmer, um gerade noch die runde Gestalt Dr. Dorfmanns im Elternschlafzimmer verschwinden zu sehen. Dr. Dorfmann war Chefarzt der Chirurgie und hatte 27 Jahre lang gleichzeitig mit Vater im BH gearbeitet.

Fröstelnd und voller Angst saß ich auf der Bank im Foyer bis Dr. Dorfmann endlich wieder erschien.

Die guten Augen in dem kleinen Gesicht, das in Fettmassen gebettet ist, sahen mich sorgenvoll an: „Der Bruch Ihres Vaters hatte sich wieder eingeklemmt. Ich habe ihn mit Müh' und Not zurückbringen können, aber noch einmal darf das nicht passieren. Sie müssen Ihren Einfluß auf ihn geltend machen. Er kann die Operation nicht länger hinauszögern."

Vaters Leistenbruch gehört zu den Erscheinungen, die heute so üblich sind wie Hungerödeme. Durch die enorme Abmagerung verlieren die Bauchwände ihr normales Fettpolster; die Muskeln, besonders bei älteren Menschen, schließen nicht mehr dicht zusammen und eine Darmschlinge zwängt sich in die entstandene Lücke.

Natürlich sprach ich mit Vater, der sich über seine Situation völlig klar ist. Aber – „an eine Operation ist gar nicht zu denken. Falls mir etwas passiert – was wird dann aus Mutter? Als ihr arischer Ehemann bin ich doch ihr einziger Schutz."

Und ich habe wieder ein Verfahren bei der Gestapo. Es begann mit einer Vorladung, der ich vorige Woche Folge leistete.

Zwei mir fremde Beamte saßen sich vor den gegeneinandergerückten Schreibtischen gegenüber. Der mich vernehmende schrieb zuerst meine Personalien nieder, um mich dann nach Wolf auszufragen. Erstaunt erkläre ich ihm, daß ich über meinen Bruder nicht mehr wisse, als wir durch die Rot-Kreuz-Briefe erführen, die wir etwa zweimal im Jahre erhielten.

„Sie wissen aber, daß er im Weißen Haus arbeitet?"

„Im Weißen Haus?" wiederholte ich und mußte fast lachen. „Ich glaube kaum, daß sie dort Emigranten beschäftigen. So viel mir bekannt ist, arbeitet er in der Fürsorge."

„Aha – Fürsorge – . Sie haben keine hohe Meinung von unserem Geld, was?"

„Wie bitte?"

„Sie – "

Jemand steckte den Kopf durch die Türe und rief meinen Plagegeist heraus.

Kaum hatte er den Raum verlassen als der andere, ein älterer, stiller Mann – ohne Uniform – aufsah. Während der bisherigen Vernehmung hatte er auf ein Aktenstück

gestarrt, ohne auch nur ein Blatt umzuwenden. „Sind Sie die Tochter von Dr. Bernhard Schroeder?"
Ich nickte.
Ein fast verklärter Ausdruck überzog sein Gesicht: „Ich habe einmal bei ihm auf der Station gelegen –"
Sein Blick ruhte wieder auf dem Aktenstück, als sein Kollege zurückkehrte.
„Wo waren wir doch? Ach ja – wie ist das? Was denken Sie von unserem Geld? Sie denken doch, daß es nichts mehr wert ist, oder –"
„Ich verstehe nicht was Sie meinen," entgegnete ich konsterniert. „Ich weiß nur, daß man immer noch Geld braucht, um Essen zu kaufen und Miete zu zahlen."
„Fräulein Schroeder, Sie brauchen keine derart schnippigen Antworten zu geben. Oder glauben Sie, weil Sie sich einbilden, hier besondere Beziehungen zu haben, Sie könnten sich das herausnehmen?"
Ich schwieg in völliger Verwirrung. Irgendjemand hatte mich denunziert. Aber wer? Und womit?
„Was haben Sie dazu zu sagen?"
„Ich weiß wirklich nicht, worauf Sie anspielen," antwortete ich etwas ratlos.
„Dann gehen Sie jetzt nach Hause und überlegen Sie sichs. Sie werden wieder von uns hören."
Am Samstagnachmittag kam Erwin Süß, ein alter Bekannter, dessen jüdischer Vater und arische Mutter im Gettoviertel wohnen. Süß ist dienstverpflichtet und arbeitet während der Woche außerhalb in einer Maschinenfabrik. Da die Gestapo mit Vorliebe sonntags in aller Frühe im Getto erscheint, um die männlichen Mischlinge zum Kohlenausladen, Schneeschippen und dergleichen zu holen, schläft Süß seit einigen Wochen in der Nacht zum Sonntag bei uns, um am späten Vormittag seine Eltern zu besuchen.
Er hörte sich meine Geschichte an, um mich dann systematisch ins Verhör zu nehmen. Mit wem hatte ich

mich in den letzten Wochen unterhalten? Was hatte ich gesagt? Wer wußte, daß ich einen Bruder in Amerika habe? Immer wieder begann er: ,,Überlege genau, mit wem du gesprochen hast. Wer kennt dich näher?"
Wer – wann – was. Mir schwirrte der Kopf.
,,Ich weiß, wer es war," erklärte er nach geraumer Zeit. ,,Euer Nachbar Buchholz."
,,Ausgeschlossen!" wies ich den Verdacht zurück. Buchholz, dessen Familie mit seiner Fotoausrüstung im Spessart evakuiert ist, hatte mich gefragt, ob er meine Geräte benutzen dürfte, um einige Vergrößerungen zu machen. Er war einige Male zu mir gekommen und wir hatten gemeinsam kopiert.
,,Nichts ist ausgeschlossen," sagte Süß bestimmt.
,,Warum sollte er mich denunzieren? Was hat er davon?"
,,Das werden wir später herauskriegen. Wenn er es nicht war, wer sonst?"
Süß zog den Kreis enger und enger um Buchholz. Buchholz weiß, daß ich einen Bruder in Washington habe. Er hatte einen Blick auf eine Postkarte von Heini Schmitt in SS-Uniform geworfen, als er eines Abends unerwartet bei mir erschien. Und ich hatte ihn, der Ingenieur ist, um seinen Rat gefragt, bezüglich des Kaufes eines Radioapparates, den ich vielleicht bekommen könnte und der für mich einen stabileren Wert darstellte als Geld.
Erwin Süß meinte zufrieden: ,,Nun wissen wir also wer es ist. Geh' zu deinem Anwalt. Er kann dir vielleicht weiterhelfen."
Am nächsten Nachmittag sah ich Buchholz auf der Straße und winkte ihn zu mir herein.
Er erkundigte sich wie es mir gehe?
,,Ausgezeichnet – soweit man das behaupten kann, wenn man mit der Gestapo zu tun hat."
Er sah mich mit großen Augen ohne Erstaunen oder Schrecken an.

„Jemand hat mich denunziert."
„Denunziert?" Kein Muskel bewegte sich in seinem Gesicht, als er fragte: „Wer wird denn so etwas tun?"
„Das habe ich mich auch gefragt, Herr Heinz Buchholz. Es muß ein ganz niederträchtiger Charakter sein."

3. Januar 1945

Gerade stelle ich mit etwas Erstaunen fest, daß über ein Monat vergangen ist, seit ich das letzte Mal einschrieb. Die Erschöpfung ist so groß und das bißchen Lebenswillen aufrechtzuerhalten, erfordert eine derartige Energie, daß einem das Zeitgefühl völlig abhanden kommt. Ein Fliegeralarm folgt dem andern, das Essen wird immer knapper, und man taumelt schlafwandlerisch durch die Routine der Tage, legt sich halb angezogen ins Bett in dem Bewußtsein, daß die Nachtruhe ja doch bald unterbrochen wird durch Sirenen oder Bomben, denn sogar diese Reihenfolge ist aus dem Gleichgewicht geraten. Mitunter fallen die Bomben erst und dann warnen die Sirenen.
Selbst Weihnachten und Neujahr gingen sang- und klanglos vorüber. Wir haben nicht nur nichts womit wir feiern könnten, sondern es gibt auch keinen Grund zum Feiern.
In den letzten Tagen des alten Jahres hatten wir um die Mittagszeit noch einen heftigen Angriff. Am Hauptgüterbahnhof flog ein Munitionszug in die Luft, neben dem ein Lazarettzug mit Schwerst- und Schwerbeschädigten stand. Betäubt vom eigenen Elend zuckt man gefühllos die Achseln und wendet sich wieder seinen Aufräumungsarbeiten zu.
Den Höhepunkt unseres Lebens dürfte wohl Hitlers Rede gebildet haben. Unser Führer, der so unsichtbar und schweigsam geworden war, daß bereits die wilde-

sten Gerüchte über sein Ableben kursierten, hatte sich unter dem Druck der Verhältnisse zu einer Neujahrsansprache aufgerafft. Er erklärte, „daß mein Glaube an die Zukunft unseres Volkes unerschütterlich ist. Wem die Vorsehung so schwere Prüfungen auferlegt, den hat sie zu Höchstem berufen." Für das Volk, das nur mehr vegetiert, klangen diese Worte hohl. Heimlich, in einem Winkel ihres Herzens, hatten die Menschen auf ein tröstliches, positives Wort gewartet. Jedoch keine Wunderwaffe wurde erwähnt, sondern die Rede klang lahm. Daß unser Führer in dieser auswegslosen Situation dem Herrgott für alle Hilfe dankte, machte die Sache auch nicht besser. Ich vermute, daß es sich mittlerweile herumgesprochen hat, daß der Herr da oben mit den Alliierten kämpft, denn er ist doch stets auf der Seite derer, die das bessere und größere Waffenarsenal ihr eigen nennen.

20. Januar 1945

Inzwischen bin ich wegen meiner Denunziation bei Rechtsanwalt Eißner gewesen, in seiner Privatwohnung; denn an der Stelle, an der sein Büro war, ist ein riesiger Trichter.
Eißner hörte aufmerksam zu. „Sie haben nicht viel, womit Sie sich verteidigen können," meinte er, „denn hier steht einfach Aussage gegen Aussage. Selbst wenn der Mann kein Pg ist, wird er wahrscheinlich politisch unbescholten sein." Er überlegte: „Es gibt nur eine Möglichkeit. Wir müssen versuchen, ihn unglaubwürdig erscheinen zu lassen. Ich habe einen Detektiv an der Hand, mit dem ich schon öfter zusammengearbeitet habe. Ihn werde ich sofort auf die Fährte Buchholz setzen.'
Der Detektiv brachte erstaunliche Resultate. In der

Firma, in der Buchholz arbeitet, war einer Angestellten ein Brillantring gestohlen worden, der schließlich in Buchholz' Schreibtischschublade entdeckt wurde. Direkt konnte man ihm nichts nachweisen, doch steht er unter schwerem Verdacht.

Eißner war in gehobener Stimmung. Er strahlte mich an: „Nun haben Sie einen Trumpf in der Hand, den Sie im geeigneten Augenblick mit Erfolg ausspielen können." Er verstummte plötzlich, um nach einer Weile zu fragen: „Sollte es vielleicht Ihre fotografische Ausrüstung sein, die er will?"

Am nächsten Tag mußte ich auf der Gestapo antreten, war aber vor der Zeit dort, um vor der Vernehmung Gabbusch aufsuchen zu können.

Er empfing mich mit völlig ausdruckslosem Gesicht.

Ich ging direkt auf mein Ziel los: „Herr Gabbusch, ich brauche Ihre Hilfe. Ich bin denunziert worden –," weiter kam ich nicht.

Gabbuschs cyanotisches Gesicht lief bläulich an: „Und Sie haben es für richtig gehalten, mit meiner Bekanntschaft zu prahlen, nenenene!"

Ich war momentan so verblüfft, daß ich ihn mit offenem Mund anstarrte, um dann gegen einen Lachanfall anzukämpfen. Derart in die Affäre Schmitt verwickelt, war Gabbusch mir überhaupt nicht in den Sinn gekommen.

Dieser redete sich immer mehr in Rage: „Sie haben mit Ihren guten Beziehungen bei der Gestapo renommiert, nenenene, und da kann es sich doch nur um mich handeln!"

Überreizt und in Hochspannung, saß mir das Lachen wieder in der Kehle über diese groteske Situation. Ich riß mich jedoch zusammen: „Herr Gabbusch – halten Sie mich denn für derart idiotisch? Nun hören Sie mir bitte einen Augenblick zu –"

„Mich auch noch in diese ganze Sache reinzuziehen!"

Mir wurde auf einmal klar, daß sich hinter seiner scheinbaren Wut eine zitternde Angst verbarg.
,,Herr Gabbusch, ich versichere Ihnen, daß diese ganze Anzeige auf purer Fantasie beruht."
Er sah mich zum ersten Mal direkt an.
,,So wenig wie mein Bruder im Weißen Haus angestellt ist, so wenig habe ich auf der Gestapo irgendwelche Beziehungen. Das ist alles reine Erfindung und hat mit Ihnen überhaupt nichts zu tun."
,,Ich meine," begann er erneut, ,,ich verbitte mir energisch, meinen Namen da, nenenene –"
,,Ist Ihr Name gefallen? – Nein? Das dürfte auch kaum möglich sein. Bitte glauben Sie mir, diese ganze Denunziation beruht auf einer einzigen Lüge."
,,Warum sind Sie dann nochmal zu mir gekommen?" zeterte er.
,,Weil ich Sie bitten wollte, dafür zu sorgen, daß ich heute nicht hierbehalten werde."
,,Damit Sie nachher wieder mit Ihren Beziehungen renommieren können?" Er geriet erneut in Wut und da riß mir die Geduld.
Das Gerücht, daß die Grenzgebiete im Osten bereits geräumt werden, gab mir ein Gefühl der Überlegenheit und Ruhe. ,,Herr Gabbusch," sagte ich schneidend, ,,Sie sind sich doch wohl darüber klar, daß dieser Krieg restlos verloren ist, oder?"
Eine tödliche Furcht sprang ihm aus den Augen.
,,Helfen Sie mir jetzt," sagte ich bestimmt, ,,und ich werde später auch an Sie denken, wenn Sie Hilfe brauchen."
Der ganze Mann zitterte als er, auf seinen Schreibtisch starrend, schweigend nickte.
‚Doch schon beim nächsten Morgenlicht,' dachte ich, als ich an die Türe des Büros klopfte, zu dem ich bestellt worden war.
Die folgende Vernehmung war praktisch eine Wieder-

holung der letzten. Besonders wurde mir vorgeworfen, daß ich mir ein sehr teures Rundfunkgerät anschaffen wollte mit der Begründung, daß das Geld doch nichts mehr wert sei und man nichts dafür kaufen könnte. Ich wies auf die offensichtliche Unlogik dieser Beschuldigung hin und wagte einige Zweifel an der Glaubwürdigkeit des Denunzianten zu äußern, dessen Name mir schließlich genannt wurde. Ich schlug vor, sich doch nach dem Charakter dieses Herrn in seiner Firma zu erkundigen.

Während der Vernehmung kamen Beamte in das Büro, liefen wieder hinaus, legten Zettel vor den Vernehmenden, bis ich schließlich mit der Erklärung, daß sie Buchholz auf Grund meiner Aussagen noch einmal vernehmen müßten, entlassen wurde.

Erleichtert atmete ich die Luft der Freiheit ein. Langsam durch den kalten Wintertag nach Hause schlendernd, überlegte ich, daß es sich für mich nun um ein Wettrennen mit dem Tode handelt. Verzweifelt, wie die Lage für die Nazis ist, versuchen sie noch so vieler ihrer Feinde habhaft zu werden wie möglich, um sie zu vernichten. Die alte Legende vom Dolchstoß feiert in etwas gewandelter Form ihre Auferstehung. Die berechtigte Angst der Gestapo ist gepaart mit ohnmächtiger Wut und Rachegefühlen.

Ich dachte an den kleinen Browning, den Vater mir letzten Sommer gegeben und mit dessen Handhabung er mich vertraut gemacht hatte und an das Cyankali, mit dem er sich selbst, Mutter und mich versorgte. Er wollte vermeiden, daß wir, wie manche andere in unserer Situation, hilflos der Willkür der Gestapo oder SS ausgesetzt wären. Ich wußte, daß der Krieg nicht mehr Jahre dauern würde, sondern nur noch Monate, vielleicht nur Wochen. Wäre es nicht eine Ironie wenn ich jetzt, so kurz vor dem Schluß, noch Cyankali nehmen müßte?

8. Februar 1945

Ob Heini Schmitt etwas über mein Verfahren weiß oder nicht, konnte ich nicht herausbekommen. Weder er noch ich erwähnten es je. Außerdem sehe ich ihn nicht mehr so häufig, denn er hat entdeckt, daß es noch mehr Mischlinge gibt, deren ‚Liebe' er gegen das Leben des jüdischen Elternteils einhandeln kann. Wahrscheinlich beschlichen sogar ihn langsam Zweifel über den siegreichen Ausgang des Krieges und er nimmt sich, was immer er kriegen kann, das Leben genießend, entsprechend seinem primitiven Geschmack.
Schwester Ruth, die im Getto lebt und ziemlich gut im Bilde ist über das, was dort vor sich geht, erzählte mir vor einer Weile, daß ihr drei junge Halbjüdinnen dort bekannt sind, die Schmitt regelmäßig besuchen und in seiner Wohnung ‚Orgien' feiern.
Ich bin dankbar, daß ich unter dem neuen Arrangement nur noch einmal, gelegentlich zweimal in der Woche zu ihm gehen muß. An diesen Abenden bemühe ich mich, ihn durch nichts zu verärgern, bin ergeben und gehorsam, um nicht im letzten Augenblick zu zerstören, was ich mit monatelangen Demütigungen und bitteren Opfern aufgebaut habe. Je näher wir zum Ende kommen, um so größer wird meine Angst um Mutter.

11. Februar 1945

Heute haben sie wieder zwei Menschen mit dem Beil hingerichtet. Die beiden Sünder hatten das Verbrechen begangen, einen Auslandsender zu hören und waren denunziert worden. „Zwei Vaterlandsverräter weniger", stellte die Zeitung befriedigt in ihrer lakonischen Überschrift fest.
Angst, Entsetzen und Unterdrückung nehmen von Tag

zu Tag gespenstigere Formen an. Der Schatten der Gewalt breitet sich wie eine Decke über uns, unter der wir zu ersticken vermeinen.

Die letzten Monate des tausendjährigen Reiches werden die entsetzlichsten sein. Noch einmal muß der Machtrausch ausgekostet, noch einmal eine sinnlose Orgie der Gewalt gefeiert werden, der letzte satanische Triumph derer, die dem Untergang geweiht sind und es wissen.

Noch ein letztes Mal können sie sich ungehemmt austoben mit allen Grausamkeiten, die nur der Mensch erdenken kann. Uns aber bleibt nichts als das Grauen.

Ich hatte vergessen, daß Vater, über den Tisch gebeugt, unbeweglich auf den Artikel starrte: „Mit dem Beil hingerichtet.“ – –

Aber war es nicht immer so? Wie viele Menschen hatte seine Majestät in den letzten Wochen 1918 zum Tode verurteilt, als der Boden unter seinen Füßen bereits schwankte? Mit eiserner Disziplin beherrschte er „sein Volk“, um noch ein paar Wochen länger dem Gottesgnadentum frönen zu können.

„Was sagst du da?“

Ich mußte laut gedacht haben und wußte nicht, ob Vater meine Worte verstanden hatte. Er starrte unbeweglich auf das Zeitungsblatt, die Hand auf den Artikel gestützt, als wolle er die Worte festhalten. Aber es war zu spät. Sie lebten nicht mehr, sie waren mit dem Beil hingerichtet. Denn die Orgie der Schrecken hat begonnen – Hitlers letzter Einsatz in diesem verlorenen Spiel.

Langsam löste sich Vaters Hand von der Zeitung und als er das Zimmer verließ, sagte er mit müder Stimme: „Du kannst den Kaiser nicht mit Hitler vergleichen. Der Kaiser wollte Deutschland retten; Hitler wird es vernichten.“

Aber seine Worte klangen nicht mehr überzeugt und wurden gesprochen mit der Stimme des Geschlagenen,

dessen Kaiserträume in dem selben Schutt versanken, in dem das Dritte Reich enden wird.
Hitlers Barbarei war bisher hinter Zuchthausmauern und Stacheldrähten der Konzentrationslager verborgen geblieben; nun aber überfällt sie das weite Land.
Die Pgs, halb braune Spießer, halb Bestien, wollen ihre Ohnmacht gegen das ausweglose Ende mit dem Rausch ihrer noch vorhandenen Allmacht betäuben. Ihre einstmals großen Ziele liegen in den Trümmern der Städte begraben. Der Theaterdonner der Herrenrasse ist verklungen, ihre Spieler sind abgeschminkt, eine Bande jämmerlicher bürgerlicher Lakaien, die sich zu ihrem letzten großen Auftritt versammeln und sich überbieten in Gemeinheit und Brutalität. Die entfesselten niedrigsten Instinkte beherrschen den Tag, den Tag, der der letzte aller Tage dieses Schreckensregimes sein kann.
Aber auch ihnen sitzt die Angst in der Kehle, und sie wollen nicht abtreten. Da Menschenleben nichts mehr wert sind, morden sie jeden Verdächtigen, erschlagen kleine Buben wegen Feigheit, hängen Soldaten als Fahnenflüchtige an Bäumen auf – um damit vielleicht noch einen Tag zu gewinnen. Ein Tag Leben für sie – ein Tag Hölle für uns.

20. Februar 1945

Angst – Angst – Angst – wird sie mich je verlassen?
Hartnäckig kursiert ein Gerücht, das nicht zum Schweigen kommen will: daß die letzten Juden abtransportiert werden sollen, jetzt noch, fünf Minuten vor zwölf.
Schmitt hatte mich nicht angerufen, und obwohl ich wußte, daß er meistens übers Wochenende in sein „Ausweichbüro“ in Kronberg verschwand, faßte ich

mir ein Herz, ging am Samstagvormittag zu seiner Wohnung und drückte schüchtern auf den Schellenknopf an seiner Etagentüre. Im nächsten Moment stand er vor mir.

„Nanu," sagte er nicht zu freundlich, „was machst denn du hier?"

„Ich hatte nichts mehr von dir gehört und war gerade in der Gegend."

Ich folgte ihm in die Küche.

Ein offener Koffer, bis zum Rande gefüllt mit Akten, lag auf dem Boden. Die auf dem Küchentisch ausgebreiteten Gegenstände packte er in eine große Aktentasche, die auf einem Küchenstuhl stand, die Klappe gegen die Stuhllehne gestützt. Es schien mir, als seien diese Vorbereitungen für mehr als ein Wochenende geplant.

Schmitt griff nach dem dicken Lederetui, das seinen Revolver umschließt und wog es in der Hand, wobei er nachdenklich an seiner Unterlippe kaute. Plötzlich fixierte er mich: „Besinnst du dich auf den alten Landes, den Schauspieler, der in den Main gegangen ist?"

Die Hand mit dem schweren Lederetui bewegte sich noch immer auf und ab und ich hatte das Gefühl, zu erstarren.

„Dem Landes werden jetzt noch viele folgen." Er lachte. „Wie die Ratten werden sie im Main ersaufen –" Der Revolver verschwand in der Aktentasche mit anderen Gegenständen, die er zerstreut hineinwarf. Dann wandte er sich ab und trat ans Küchenfenster, das auf die hintere Wand des Nachbarhauses blickt.

Ich wagte nicht, mich zu rühren. Die Stille war unheimlich und bedrückend; sie lähmte meine Muskeln und meine Gedanken. Ich wartete – wartete auf etwas Unfaßbares, Unwirkliches.

Plötzlich drehte er sich um, ein diabolisches Grinsen auf seinem dummen Gesicht. Das grausame Glitzern kehrte in seine Augen zurück, als er mich abschätzend ansah:

„Dreh' dich um." Seine Worte kamen langsam und ohne Betonung.
Ich stand mit dem Rücken zu ihm, hörte, wie er hin und herging, Gegenstände bewegte und die Sekunden schlichen wie Stunden. Auf einmal fiel etwas vom Tisch und rollte an meinen Füßen vorbei.
„Aufheben!" befahl er.
Ich bückte mich.
Mit einer unheimlich ruhigen, eiskalten Stimme bemerkte er: „Bück' dich richtig. Beine auseinander, Oberkörper vorgebeugt."
Ich streckte gerade meine Hand nach der Filmrolle aus, als er meinen Rock hochhob und mir mit der Kante seiner flachen Hand einen Schlag zwischen die Beine versetzte, der mich das Gleichgewicht verlieren ließ. Mein Gesicht schlug gegen den Gasherd.
„Volltreffer!" gröhlte er.
Einen Moment wurde mir schwarz vor den Augen. Dann hob ich die Rolle auf und legte sie ohne ein Wort auf den Tisch.
Ein selbstgefälliges Grinsen überzog sein Gesicht. Er deutete auf den Koffer am Boden: „Das sind die Transportlisten. – Ich habe deine Mutter von allen Listen gestrichen. Die anderen haben heute ihre Karten schon."
Dabei stieß er mit dem Fuß den Kofferdeckel zu.
Ich verließ die Wohnung, stolperte die Treppenstufen hinunter und lief um die Ecke, weg von dem Haus. Zitternd lehnte ich gegen eine Ruinenwand bis ich mich beruhigt hatte. Dann schlich ich auf weichen Knien nach Hause.
Mutter öffnete bevor ich die Türe aufschließen konnte: „Lilichen!" überfiel sie mich, „Frau Stäubchen, die Ebinent und Frau Reuter haben die Postkarte für den Abtransport bekommen."
Ich lehnte mich an die Türe.

„Ich habe sie doch immer gewarnt," ereiferte sich Mutter, „nichts zu unterschreiben!"
„Wer sagt denn, daß sie was unterschrieben haben?" fragte ich.
„Sie müssen es doch – " sie unterbrach sich: „Wie siehst du denn aus?!"
„Ich bin gestolpert und gegen eine Ruinenmauer gefallen."
„Wie ist denn das nur passiert?"
Ich ging in mein Zimmer und legte mich auf die Kautsch. Sie lief hinter mir her: „Ist dir nicht gut?"
„Doch, ich fühle mich sauwohl und bin froh, daß du nichts unterschrieben hast," antwortete ich gereizt. „Und nun laß mich mal ein paar Minuten alleine."
Sie verließ gekränkt das Zimmer.

26. Februar 1945

Alles befindet sich in völliger Auflösung. Die Flüchtlinge strömen aus Ostpreußen und Schlesien tiefer ins Land, um dort von amerikanischen und britischen Bomben begrüßt zu werden. Ich habe keine Vorstellung davon, wo diese elenden Menschen untergebracht und wie sie versorgt werden. Flüchtig tauchte die Gestalt von Onkel Franz vor meinem inneren Auge auf, Onkel Franz, der schon längst mit seiner Frau Frankfurt entflohen ist. Was wird er nun sagen? Daß unser Führer das nicht wollte und nicht wußte? Unser Führer, der seinem Volk den Himmel versprochen hatte und die Hölle bescherte.
Die Gesichter der Menschen nehmen einen stumpfen, fast animalischen Ausdruck an. Sie können nicht einmal mehr die primitivsten Notwendigkeiten der Existenz befriedigen und leben lediglich dem Augenblick, der keinen Raum hat für irgendeine Hoffnung oder Zu-

kunft. Von all den Träumen – und wenn sie noch so bescheiden waren – ist nichts übriggeblieben. Sie leben in Bunkern oder wie Ratten in verrußten, verdreckten Kellerlöchern unter einer Ruine.
Der Luftraum über Deutschland gehört nun den Alliierten, die ungestört mit ihren Bombern ihre Ziele aussuchen können. Auf dem Land werden die Bauern von Tieffliegern verfolgt, die mit Bordwaffen auf einzelne, auf den Feldern arbeitende Personen schießen.
Alte Männer laufen in Zivilanzügen mit einer Armbinde herum, die sie als Mitglieder des Volkssturmes ausweisen, und Kinder werden in der Kunst des Kämpfens und Mordens ausgebildet.
Ich bin zu schwach und müde, um weiterzuschreiben –

20. März 1945

Wir sind im Taunus. Einige ungestörte Nächte und etwas Ruhe haben Wunder gewirkt.
Eine wilde Zeit liegt hinter uns und ich will versuchen, sie chronologisch aufzuzeichnen, denn zu Hause war mir nicht mehr nach Tagebuchführen zu Mute.
In den letzten Wochen hatten wir Tag und Nacht Fliegerangriffe und verbrachten den größten Teil unseres Lebens im kalten Keller. Wenn nicht gerade Bomben fielen, lief ich im Schutze der Dunkelheit jede Nacht über die Straße, um mit Fischers den Englandsender zu hören, dessen Nachrichten mit den vier dumpfen Paukenschlägen aus Beethovens Fünfter eingeleitet wurden. Wir waren zu zerschlagen um noch zu jubeln, emfanden aber eine unsagbare Erleichterung über das schnelle Vordringen der Alliierten.
In der Nacht zum 16. März rief General Eisenhower über den englischen Rundfunk die Bevölkerung auf, Frankfurt zu verlassen, da mit schwerem Artilleriebe-

schuß zu rechnen sei und er weiteres Blutvergießen unter der Zivilbevölkerung vermeiden wollte. Jeder kleinste Vorort an der Peripherie Frankfurts wurde namentlich aufgeführt, um die Begrenzung der Gefahrenzone bekanntzugeben.

Fischers sagten spontan: „Wir gehen! – Was machen Sie?"

„Das hängt von der Verfassung meiner Eltern ab –"

In den Luftschutzkeller zurückgekehrt überlegte ich, was wir tun sollten. Heimlich beobachtete ich die Eltern, um zu dem Schluß zu kommen, daß sie beide nicht in der Lage waren, weitere ein bis zwei Wochen dieses Kellerdaseins auszuhalten, ohne schweren Schaden zu nehmen.

Nach der Entwarnung informierte ich sie über Eisenhowers Aufruf und erklärte kategorisch, daß wir Frankfurt verlassen würden.

Sie waren einverstanden, fragten aber: „Wohin gehen wir?"

„Ihr packt Euer Zeug zusammen, und ich fahre zu Dr. Dorfmann. Danach sehen wir weiter."

Ich schwang mich auf das Herrenrennrad, das Rodenhauers mir gegeben hatten.

Dorfmanns, die stets bis in die frühen Morgenstunden zusammensitzen, waren nicht einmal erstaunt, als ich nach Mitternacht bei ihnen erschien. Sie hatten die Sendung nicht gehört und beschlossen, sofort zu packen und mit ihren Töchtern Frankfurt zu verlassen. Ich fragte Dr. Dorfmann, der zur Zeit die chirurgische Abteilung im Krankenhaus Bad Homburg leitet, ob er Vater aufnehmen könne, der sich in dem kalten Keller einen üblen Kartarrh zugezogen hatte.

„Selbstverständlich", war die Antwort.

Vater schien über diese Nachricht erleichtert, doch dann sorgte er sich: „Wo wollt Ihr denn unterkommen?"

„Bei Mama," (Karls Stiefmutter), sagte ich bestimmt.
Gegen Morgengrauen brachen wir auf. Unser Luftschutzgepäck war auf mein Fahrrad geschnallt, das ich schob, denn wir wagten nicht, unser Auto zu benutzen.
Wir gingen die Eckenheimerlandstraße entlang, durch Preungesheim, vorbei am Gefängnis und weiter, immer weiter. Die Sonne erschien an einem wolkenlos klaren Himmel. Das Gehen fiel uns immer schwerer; die Ruhepausen wurden länger. Bei jedem Geräusch drehte sich Vater sehnsüchtig um in der Hoffnung, ein Auto würde uns überholen und ihn mitnehmen. Bemüht, die Eltern nicht merken zu lassen, daß ich Schwierigkeiten hatte, das schwer beladene Fahrrad zu balancieren, spornte ich sie an mit dem Versprechen, daß wir im nächsten Ort sicher eine Bahn finden würden, die nach Bad Homburg führe. So marschierten wir mutig zum nächsten Ort und zum nächsten, und schließlich war wirklich eine Bahn da!
Ich gab den Eltern ihre Rucksäcke, behielt aber ihre Decken, in denen Schuhe, Wäsche, Schmuck etc. eingerollt waren. In Bad Homburg an der Endstation würden sie auf mich warten.
Ich keuchte weiter, nicht darauf achtend, wo ich mich befand. Ich starrte nur auf die staubige Landstraße, über die ich in der fast sommerlichen Wärme das beladene Fahrrad schob. In Gedanken versunken, hatte ich gar nicht auf dieses sonderbare Geräusch über mir geachtet. Plötzlich sah ich auf und entdeckte den Tiefflieger. Instinktiv schwenkte ich von der Straße ab und kauerte mich mit dem Fahrrad gegen eine einsame Mauer. Das Flugzeug flog einen Bogen, mit dem es sich vorübergehend entfernte. Aufstehend stellte ich fest, daß ich an einer Friedhofsmauer Schutz gefunden hatte. Das Flugzeug kam wieder und ich preßte mich erneut gegen die

Friedhofsmauer. Was für ein Ende, dachte ich mit Selbstironie, an einer Friedhofsmauer im letzten Moment erschossen zu werden! – Aber es war nicht das Ende. Er flog davon und ich richtete das Fahrrad wieder auf, während der Schweiß über mein Gesicht strömte und jeder Muskel in meinem Körper schmerzte.
Schließlich traf ich die Eltern und wir lieferten Vater im Krankenhaus ab.
Dann standen Mutter und ich vor dem Haus von Karls Mutter, die auf mein Schellen erschien und ein etwas betretenes Gesicht machte: „Ich kann Sie nicht aufnehmen, Lilikind – Diana ist hier. Karl hat sie einfach hergeschickt." Die Tränen traten in ihre Augen: „Es ist nicht meine Schuld. Ich wollte sie nicht."
Sie gab uns die Adresse einer Bekannten, die uns bereitwillig aufnahm. Diese Dame versorgte uns sogar mit einem bescheidenen Abendessen. Am nächsten Mittag jedoch erschien sie völlig aufgelöst, um uns zu erklären, wir müßten sofort ausziehen. Sie habe nicht gewußt, daß Mutter Jüdin sei. Wir könnten unter keinen Umständen in ihrem Hause bleiben.
Nach einigen Irrfahrten landeten wir bei einem Weißbinderehepaar in Obereschbach und teilten ein Bett, das so schmal ist, daß Mutters Füße an meinem Kopf liegen und meine an ihrem. Der Herr Malermeister ist deutlich gegen uns eingenommen, obwohl er keine Ahnung hat, wen er beherbergt. Sobald er jedoch das Haus verläßt, kocht oder backt seine Frau etwas für uns. Mit Ausnahme von einigen Reisemarken und den Dauerwürsten, die ich im Januar organisierte, haben wir nichts, denn ich halte es unter den obwaltenden Umständen für gefährlich, neue Lebensmittelkarten zu beantragen.
So sitzen wir hier und warten auf die Amerikaner, und ich habe zum ersten Mal wieder Zeit, mir Gedanken über die Weltgeschichte zu machen, die so oft von machthungrigen Narren gestaltet wird. Wenn es nicht

Menschenleben kostete und daher tragisch ist, wäre es komisch. – Es war längst fünf Minuten nach zwölf, aber die Nazis wollen immer noch nicht kapitulieren und zugeben, daß sie geschlagen sind. Vom Osten stoßen die Russen vor, vom Westen die Amerikaner. Große Gebiete Deutschlands sind bereits besetzt und da wurden noch vor neun Tagen zum Heldengedenktag Reden gehalten, wonach man das Andenken der Toten dadurch ehrt, daß man die Feinde mit dem letzten Aufgebot der Kraft zurückweise, bis der Sieg errungen sei!

27. März 1945

Gestern Vormittag fuhr ich noch einmal auf meinem Fahrrad nach Frankfurt, um die letzten Konserven aus der Wohnung zu holen.

Wir hatten erfahren, daß der Gauleiter inzwischen die Frankfurter aufgefordert hatte, die Stadt zu räumen. Ich erwartete daher, der fliehenden Bevölkerung zu begegnen; doch das Bild, das sich mir bot, überstieg bei weitem meine Vorstellung.

Mir entgegen kam das geschlagene Heer der Gläubigen, die Reste des siegreichen stolzen Herrenvolkes. Auf Leiterwägelchen, Schubkarren und Kinderwagen hatten sie ihre letzte Habe geladen und schleppten sich, halb verhungert, auf zerfetzten Schuhen die Eschersheimerlandstraße entlang, dem Taunus entgegen. Sie marschierten nicht mehr im Gleichschritt in geordneten Reihen, sondern stolperten einzeln und in kleinen Gruppen weiter, einem Ziel entgegen, an dem ihnen Verpflegung und Unterkunft versprochen worden waren.

Langsam fuhr ich weiter, entlang dem Zug der Verzweiflung, der mir durch diesen strahlenden Frühlinstag entgegenkam. Am Dornbusch, mitten auf den längst

nicht mehr benutzten Straßenbahngeleisen, stand verlassen eine Büste Hitlers, das Gesicht der verwüsteten Stadt zugewandt. Jemand hatte sich angewidert des Abbildes seines Gottes entledigt, das wohl einst einen Ehrenplatz in der Wohnung innegehabt hatte.
In unserer Nachbarschaft sah ich einige der Unentwegten emsig an der Arbeit. Sie schleppten schwere Steine und angekohlte Balken aus den Ruinen auf die Straße, offensichtlich damit beschäftigt, Barikaden zu errichten. –
In der Nähe unseres Hauses stand der alte kommunistische Gärtner, mit dem ich mich öfter unterhalten hatte.
„Was machen die Narren denn da?“ fragte ich während ich vom Rad sprang.
„Die bauen Panzersperren,“ erwiderte er.
Wir lachten.
„Und in einer halben Stunde,“ fuhr er fort, „werden die Mainbrücken gesprengt.“
Als ich nach Obereschbach zurückfuhr, hörte ich in meinem Rücken die dumpfen Detonation.
Ich kann mich nicht erinnern, je einen so warmen, strahlenden Frühling erlebt zu haben. Doch die Nächte sind noch bitterkalt.
Vorhin schaute ich vom Küchenfenster auf die riesige Wiese, die gegenüber mit dem Ende der Straße beginnt, eine Talsenke füllend, bis dahinter in der Tiefe der Wald steht.
Die ganze Wiese war in Bewegung. Tausende von Frankfurtern hatten dort die kalte Nacht verbracht. Weder Verpflegung, noch Unterkunft, nicht einmal Decken oder Zelte waren für sie da. Noch ein letztes Mal hatten sie den Versprechungen geglaubt. Nun liefen sie klagend und verloren hin und her. Das Volk, durch Jahre dazu dressiert, auf Befehle zu hören, hatte plötzlich niemanden mehr, der ihnen sagte, was sie zu

tun hatten. Sie waren sich selbst überlassen und völlig hilflos.
Entsetzen ergriff mich als mir klar wurde, wie man ein Volk im Guten, wie im Bösen lenken kann. In der Hand eines jeden Staatsoberhauptes liegt es, seine gesitteten, gehorsamen Bürger in eine Horde von Verbrechern zu verwandeln, die mordend in ein fremdes Land einfallen, wozu die Patrioten in der Heimat ihren anfeuernden Beifall spenden.
Noch einen letzten Blick auf die Massen werfend, die wie ein aufgescheuchtes Hühnervolk durcheinanderliefen, wandte ich mich irgendwie bedrückt ab. Eine wage Frage formte sich in mir: „Ist das wirklich das Ende oder wird eine andere Nation das Erbe der Nazis antreten?“

29. März 1945

Ich bin wieder zu Hause. Ein kleiner runder Durchschuß durch meine Balkontüre ist alles, was an unserem Hause von dem Kampf um Frankfurt Zeugnis gibt.
Gestern abend hatte ich noch eine letzte Stunde für mich alleine in dem Zimmer, das uns das Obereschbacher Handwerkerpaar überlassen hatte. Mutter war noch nicht von ihrem Besuch bei Vater zurückgekehrt und ich saß vor dem kleinen Tisch, den wir ans Fenster gerückt hatten und bemühte mich, an die Zukunft zu denken. Ich blickte hinaus in den Garten.
Die Bäume und Sträucher schienen ihre Farben zu verlieren und sich langsam in Silhouetten zu verwandeln, emporwachsend aus dem aufsteigenden Dunst der Wiesen, dem verdämmernden, seidigen Frühlingshimmel entgegen. In einem nahegelegenen Busch sang eine einsame Amsel ihr sehnsüchtiges Lied in den scheinbar friedlichen Abend. Aus der Ferne trug der Wind leise

das Grollen des Artilleriebeschusses zu. Das Kerzenlicht bewegte sich langsam in der leichten Brise, die zum offenen Fenster hereinwehte.
Die Dunkelheit hatte die Landschaft verschluckt, und mein Blick folgte den sanften Lichtern und Schatten der Kerze, um auf meinen Händen haften zu bleiben. Ich spreizte die Finger und sah mir die von dicken Frostbeulen entstellten, zerschundenen, verarbeiteten, schmutzigen Hände an mit den abgebrochenen Nägeln, um dann vor mich ins Nichts zu starren, in eine völlige Leere.
Nun war es so weit. Der Tag, auf den ich durch Jahre sehnsüchtig gewartet hatte, der mir den Mut gegeben hatte, gegen alle Vernunft zu hoffen und durchzuhalten, dieser Tag war gekommen. Wahrscheinlich waren zu dieser Stunde die Amerikaner bereits in Frankfurt einmarschiert und die Nazis wie ein böser Spuk verschwunden.
Das Gefühl einer unbeschreiblichen Müdigkeit überfiel mich. Ich kam mir uralt und erloschen vor. Das Ziel, um das ich jahrelang gekämpft hatte, war erreicht. Die Eltern hatten das Dritte Reich lebend überstanden. Dafür hatte ich gelebt... Und was nun? Was für ein Ziel hatte ich nun?
Den Mann, den ich liebe, habe ich verloren. An meinem alten Beruf habe ich kein Interesse mehr. Mich wieder in ein normales bürgerliches Leben einzuordnen, kann ich mir nicht vorstellen.
Die Nazis sind fort und haben meine Jugend mitgenommen, haben zwölf Jahre meines Lebens gestohlen, meine Gesundheit ruiniert und einen sehr anderen Menschen aus mir gemacht als den, der ich wohl ursprünglich werden sollte.
Ich persönlich habe den Krieg gewonnen, aber den Frieden verloren, denn ich kann mir keine Zukunft mehr vorstellen, weiß nicht, worauf ich mich freuen soll. Ich habe kein Ziel und bin ausgebrannt.

Vereinbarungsgemäß fuhr ich heute Vormittag mit Marina, der einen Dorfmanntochter, auf dem Fahrrad nach Frankfurt um zu sehen, ob unsere Häuser noch bewohnbar sind und um Benzin zu organisieren, um morgen gegebenenfalls unsere Eltern zurückzubringen.
Wir fuhren durch einen wiederum warmen, sonnigen Tag, doch die Landstraße war wie ausgestorben. Aus allen Häusern, die wir passierten, hingen weiße Tücher, Tischtücher, Bettücher, Handtücher in allen Größen.
Als wir durch die Vororte Frankfurts kamen, hatten wir plötzlich das Gefühl, uns im Zentrum einer marschierenden Armee zu befinden. Die lange Eschersheimerlandstraße war nur von Amerikanern bevölkert. Sie standen in Trupps zusammen, fuhren auf großen Trucks und kleinen Jeeps; Panzer rumpelten über das Kopfsteinpflaster und über uns dröhnten die schweren Flugzeuge. Die Zivilbevölkerung schien wie vom Erdboden verschwunden zu sein, nur die aus den Häusern und fensterlosen Ruinen wehenden weißen Tücher gaben Zeugnis, daß dort Menschen lebten.
In diesem Chaos wurden meine Augen plötzlich von einer einsamen Gestalt gefangen. Er saß alleine auf dem Rest eines Mäuerchens, das man seines Zaunes beraubt hatte. Irgendetwas an seinem wilden grauen Schopf und Bart erschien mir vertraut.
Ich rief Marina zu, auf mich zu warten und stieg vom Rad: „Herr Pötz!"
Er reagierte nicht.
Ich lehnte das Rad gegen einen Baum und schaute auf die verwahrloste, völlig in sich zusammengesunkene Gestalt, die von dem Treiben um sich her keine Notiz zu nehmen schien.
Meine Hand leicht auf seine Schulter legend, sagte ich behutsam: „Herr Pötz – ?"
Er hob den Kopf und blickte mich an, wobei ich das Gefühl hatte, daß seine Gedanken in weiter Ferne waren,

denn kein Zeichen des Erkennens erschien auf seinem Gesicht.
Meine Hand ruhte noch auf seiner Schulter, als ich halblaut fragte: ,,Lieber Freund – kann ich irgendetwas für Sie tun?"
Er runzelte die Stirne und lauschte angestrengt dem Laut meiner Stimme nach. Langsam kehrte etwas Leben in die stumpfen Augen zurück: ,,So –" überlegte er, ,,meine junge Freundin ist aus der Vergangenheit zurückgekehrt..."
Er strich verwundert mit einer schmutzigen Hand über meinen Arm, als wolle er sich vergewissern, daß ich keine Erscheinung sei.
Müde und mit unendlicher Traurigkeit sagte er: ,,Alles ist vorüber, meine Liebe. Übriggeblieben sind nur die Trümmer – und die Erinnerung an die Toten."
Seine Hand umschrieb einen großen Bogen, der weit mehr einschloß als die Ruinen und die wenigen noch stehenden Häuser in unserem Blickfeld.
Während er sich mühsam aufrichtete, schien ein Schatten des alten Pötz aufzuflackern: ,,Hier, mein Kind", sagte er in einem Ton, der klang wie das Echo seiner früheren überlegenen Ironie, ,,sehen Sie die weißen Tücher aus allen Fenstern flattern? Die weißen Fahnen?"
Er fing an zu lachen: ,,Die weiße Fahne, meine junge Freundin, ist die einzige in der Welt, für die keine Regierung von ihren Untertanen den Eid verlangt, sie mit der Waffe in der Hand zu verteidigen."
Er sank wieder in sich zusammen und murmelte gedankenverloren vor sich hin: ,,Die weiße Fahne – – "

*Lili Hahn* wurde im April 1914 in Frankfurt am Main geboren, wo sie zur Schule ging und sich anschließend dem Studium von Musikgeschichte und -Theorie widmete.

Kurz vor Ausbruch des Dritten Reiches begann sie ihre journalistische Laufbahn an einer kleinen lokalen Zeitung, in der sie bald für das Feuilleton verantwortlich zeichnete. Anfang 1936 erhielt sie aus rassischen und politischen Gründen totales Berufsverbot und arbeitete dann bis Kriegsende als medizinische Laborantin und Sekretärin.

Nach dem Krieg wanderte sie mit ihrem Mann nach Amerika aus, wo beide zusammen eine Art Studio betrieben.

Lili Hahn hielt Vorträge an namhaften Universitäten über das Dritte Reich und seine politischen Aspekte. Mit der Veröffentlichung ihrer Tagebücher, die in Amerika unter dem Titel „White Flags of Surrender" erschienen, widmete sie sich wieder ganz dem Schreiben und vollendete kürzlich zwei weitere Titel: „Nothing New on the Road between Babylon and Washington" und „The Yellow Dot".